周 原

华 青 著

陕西新华出版传媒集团
陕西人民出版社

图书在版编目(CIP)数据

周原 / 华青著. —西安：陕西人民出版社，2021.6

ISBN 978-7-224-14239-6

Ⅰ.①周… Ⅱ.①华… Ⅲ.①周原—文化史 Ⅳ.①K928.6

中国版本图书馆 CIP 数据核字（2021）第 122778 号

责任编辑：贾西周
封面绘画：王　潇
封面设计：杨亚强

周　原

作　　者	华　青
出版发行	陕西新华出版传媒集团　陕西人民出版社
	（西安市北大街 147 号　邮编：710003）
印　　刷	西安市建明工贸有限责任公司
开　　本	787mm×1092mm　1/16
印　　张	47
字　　数	700 千字
版　　次	2021 年 6 月第 1 版　2021 年 6 月第 1 次印刷
书　　号	ISBN 978-7-224-14239-6
定　　价	158.00 元

如有印装质量问题，请与本社联系调换。电话：029-87205094

楔子

小说《周原》，说的当然就是周原的故事。

周原在陕西。陕西的"原"很多，诸如咸阳原、鸿固原、高门原、细柳原等。所谓"原"，乃黄土地区常见的一种地貌，系由冲刷而形成的边缘陡峭、顶部平坦的台原之地。

同样是原，面积有大有小。有的只是城内的一处轩敞高地而已，方圆区区数里，如乐游原。有的原域窄狭，原颈窄处的宽度仅有几丈，如五丈原。周原沃野，广袤辽阔，南靠岐山，北临渭河，东西延绵近二百里地，横亘关中平原西部，涵括数县之域，面积比整个香港还要大得多。

原的得名由来，各有不同的历史文化背景。相传秦岭有黑龙探头饮于渭水，所以有了龙首原之名。白鹿原的得名，当然同自古白鹿的传说相关。由于汉代皇室陵墓的建造，咸阳原亦有五陵原之称，鸿固原后多称为杜陵原、少陵原。高门原上因有史圣司马迁墓祠而引人关注。细柳原则因与西汉名将周亚夫屯兵之细柳营异地而同名常常造成误解。提起乐游原，人们自然会想起唐人在此所作的"夕阳无限好，只是近黄昏"的美妙诗句。提起五丈原，三国诸葛亮在此屯兵北伐"出师未捷身先死"的历史故事便会浮现在眼前。古老的周原，不仅是传说中凤凰的故乡，更是同中国历史上的周人秦人、周秦王朝、周秦文化紧密联系在一起的。早在《诗经》中追溯的远古时代，便已有了关于周原的记载。《诗》云："周原膴膴，堇荼如饴。""凤凰鸣矣，于彼高岗；梧桐生矣，于彼朝阳。"

一方水土养一方人。数千年以来，世世代代的周原人家在这块土地上耕耘劳作，繁衍生息，改朝换代，你争我夺，演绎了一页又一页或慷慨雄壮或令人唏嘘的历史画卷，也留下了一个又一个古老的故事和神奇的传说。炎帝和姜水，先人与故土之间的故事；岐伯和黄帝，中医初祖与人文初祖之间的故事；姜嫄与后稷，母子之间的故事；周公与召公，兄弟之间的故事；穆公与由余，君臣之间的故事；萧史和弄玉，夫妻之间的故事；周原人氏白起在外乡坑卒屠俘的故事；外乡人氏苏轼在周原求雨拓湖的故事……。翻开周原史册，此类故事俯拾皆是。

所有的故事，说的都是人的故事。

小说《周原》，其实说的就是周原人家的故事。说到底，就是在周原这块土地上所发生的古人与今人的故事，男人与女人的故事，好人与坏人的故事。

故事发生的背景，说久远也不太久远。公元二十世纪初叶的中国，那是一个大变革、大动荡、大混乱的年代，同时又是一个出现新觉醒、新曙光、新希望的年代。周原是天下的周原，天下是包含着周原的天下。天下大变，周原岂能置身其外？周原人家又岂能无动于衷？

故事的主角儿，说普通也不太普通。那是一户世代定居故乡家园、具有典型地域特质的姬姓人家。他们敬畏天命、敬仰祖先，奉"周公吐哺、天下归心"之周公为本门姬氏之始祖。他们尊崇礼仪，讲究仁义，从其家人的名字中即可略见端倪。例如老一代的"秉礼""秉忠"，次一代的"崇仁""崇义""崇德""崇恕"。只是到了第三代，名字中的"远""真""智""勇"，才有了一些入世的味道。他们爱乡恋故，重文兴教，既万般崇仰周原地面上的历史文化遗产周公庙、法门寺，又十分珍爱周原地面下所埋藏的周代青铜古物国宝。他们如同千千万万普通周原人家一样：爱吃岐山臊子面，一顿能咥几十碗；爱听秦腔戏文，通过戏文理解人世百态，通过唱腔表达喜怒哀乐。当然，他们说的也是一口地道的西府方言俗语。

如此普通人家，有什么好听的故事可讲呢？

错！讲故事就是讲故事。讲故事不是讲历史。有许许多多在周原发生的佚闻旧事、奇闻逸事、珍闻秘事，都与这户姬姓人家有关。否则，这么大部头的一篇《周原》，谁能有耐心看得下去呢？

一门三代人，十余年间事。爱恨情仇，悲欢离合，大潮巨流中的一朵浪花，并不仅仅只是一个普通人家的传奇命运。这是一段桑梓故土的飘逝往事，一幅乡党先人的众生相；这是一页残存的历史诗卷，一曲悲怆的时代遗音。

故事由此开篇。

目录

上 部

第一章 "三喜"其实是"三难"

　　一、姬家大院和姬氏庄园　/ 003

　　二、"人么!"　/ 005

　　三、"一人?"　/ 009

　　四、心病　/ 012

　　五、远行的"美差"　/ 016

　　六、临行密密缝　/ 020

　　七、庶子　/ 023

第二章 筹建新式学堂的人们

　　一、女人手　/ 027

　　二、只闻其声、未见其人　/ 031

　　三、周公庙　/ 035

　　四、有凤来翔　/ 039

　　五、生要见人,死要见尸　/ 044

　　六、好人难做　/ 047

　　七、寒酸的富豪　/ 051

　　八、善缘寺善人遇善财　/ 054

九、善缘簿　/ 058

第三章　风暴刮进周原
　　一、建校庆典　/ 063
　　二、蚂蚁的生存智慧　/ 066
　　三、牛不喝水强摁头　/ 070
　　四、"天径"小院　/ 073
　　五、噩耗传来　/ 077
　　六、"学生娃们上街闹事了"　/ 080
　　七、屋漏偏逢连夜雨　/ 084
　　八、情迷"花世界"　/ 087

第四章　"三喜"还是"三喜"
　　一、时候该到了　/ 092
　　二、"不许弹嫌"　/ 095
　　三、临门三喜的变化　/ 097
　　四、缘分重于名分　/ 101
　　五、两颗红豆　/ 104
　　六、迁校风波　/ 106
　　七、熟悉的味道　/ 110
　　八、痛苦与无助之间的关系　/ 112

第五章　千里之行的收获
　　一、什么是"转机"　/ 116
　　二、心不能黑　/ 119
　　三、好心善行的代价　/ 122
　　四、假寐梦境　/ 126
　　五、江边发生的意外　/ 129
　　六、家乡就要到了　/ 132
　　七、岐山臊子面的联想　/ 135
　　八、老先人们　/ 137

第六章　岐山周公庙

　　一、话不投机 / 141

　　二、巧遇与偶遇的差异 / 143

　　三、冤家路窄 / 147

　　四、客栈之夜 / 151

　　五、我娘你娘 / 155

　　六、北山老爷岭 / 158

　　七、沉重的"尿罐" / 162

　　八、再上老爷岭 / 165

第七章　新婚之夜

　　一、小兄妹俩的伤心事和发愁事 / 170

　　二、奇特的婚礼 / 174

　　三、北园子 / 178

　　四、废弃的砖窑里 / 183

　　五、灯笼是亮着的 / 187

　　六、腊驴腿 / 191

　　七、老天爷在天上看着 / 195

　　八、"回来"与"撵来" / 198

第八章　东湖畔的石碑

　　一、没起作用的"空城计" / 203

　　二、关于"娘"的称呼 / 207

　　三、无言对视 / 210

　　四、重新旋转的陀螺 / 213

　　五、土药税 / 217

　　六、多了一尊碑 / 221

　　七、少了一个人 / 224

第九章　腊八粥

　　一、柿子采摘的哲理 / 229

　　二、屎（柿）落脸面 / 232

003

三、来了就是该来 / 234

　　四、河南军爷 / 237

　　五、同是"曹公后人" / 241

　　六、合算的交易 / 244

　　七、腊八前日 / 247

　　八、腊八寿宴 / 251

第十章　美哉柳林酒

　　一、家庭会议 / 256

　　二、同样的月光 / 259

　　三、"酒海" / 264

　　四、各有所忙 / 267

　　五、说酒 / 271

　　六、喝酒 / 274

　　七、害娃的汤药 / 278

　　八、天要下雪了 / 282

第十一章　来世结发

　　一、梳妆镜前 / 287

　　二、"那衣裳" / 291

　　三、圆觉庵 / 295

　　四、照样搬家 / 299

　　五、药酒也是酒 / 302

　　六、不虚此行 / 305

　　七、墓地前的承诺 / 309

　　八、系谁之力 / 313

第十二章　宛在水中央

　　一、撅断的烟杆儿 / 317

　　二、真假李逵 / 321

　　三、凤凰展翅的发卡 / 324

　　四、凤凰泉 / 328

五、宛在亭 / 332

　　六、高粱红了 / 336

　　七、败军之将不可留 / 340

　　八、秦穆公墓 / 345

第十三章　夕阳残照法门寺

　　一、粮多有粮多的难处 / 350

　　二、高粱有了 / 353

　　三、悄悄话 / 358

　　四、法门宝刹 / 361

　　五、"神佛显灵" / 365

　　六、飘落的白绸巾 / 368

　　七、"真"字不俗 / 373

下　部

第十四章　天下在变

　　一、变与不变 / 379

　　二、握手礼节 / 384

　　三、凤鸣高岗 / 388

　　四、泥巴糊起来的"马槽" / 393

　　五、倾诉与倾听 / 398

　　六、人活着该干些啥 / 402

　　七、离家前夜的坦白 / 407

第十五章　周原再遭劫难

　　一、路途偶遇 / 413

　　二、耙耙子和匣匣子 / 418

　　三、中山军事学校 / 423

　　四、孩子长大了 / 426

　　五、摸金团副 / 431

六、金家沟 / 435

　　七、尻子的功劳 / 439

第十六章　西府秦腔

　　一、秦腔艺人孙先生 / 443

　　二、虚云观 / 448

　　三、不可泄露的天机 / 452

　　四、击鼓骂曹 / 457

　　五、"求见"与"召见" / 461

　　六、岂因祸福避趋之 / 466

　　七、夜幕下的山路 / 470

第十七章　梦见周公

　　一、三千年前的讼案 / 476

　　二、各怀鬼胎 / 480

　　三、"闭关" / 484

　　四、梦中的灵感 / 488

　　五、出入北城门的运尸板车 / 492

　　六、平安无事的庄园 / 496

　　七、故人重逢 / 501

第十八章　古城攻防战

　　一、危墙之下 / 506

　　二、人生变异 / 509

　　三、七具棺材 / 513

　　四、找爹不如找爷 / 518

　　五、天圆地方 / 522

　　六、高高升腾的爆炸烟柱 / 526

　　七、城破时分 / 530

第十九章　城头变幻大王旗

　　一、洒向人间都是怨 / 535

二、一名女童与一队士兵的对峙 / 539

三、周原乡党白起 / 543

四、命令就是命令 / 547

五、自责之切 / 551

六、"缘"字照壁 / 554

七、走投无路 / 559

第二十章 津门遗老

一、哀莫大于心死 / 564

二、戏台上走下来的历史人物 / 568

三、独自一人的盛典 / 572

四、意外的旅伴 / 576

五、甘棠遗爱 / 580

六、报纸上披露的消息 / 585

第二十一章 人生不相见

一、风云突变 / 591

二、残阳枯木 / 595

三、往事不尽如烟 / 599

四、领路的人 / 602

五、有缘相见无缘相识 / 606

六、"无憾"很难 / 610

七、少小离家老大回 / 614

第二十二章 家人家园家乡

一、绿林好汉 / 619

二、剪断的发辫 / 622

三、斯人独憔悴 / 626

四、马匹在原上追逐 / 629

五、说来话长 / 633

六、好娃遇好汉 / 637

七、"总有"的"一天" / 641

007

第二十三章　自作孽不可活

　　一、地下暗道　/ 646

　　二、墓园之夜　/ 651

　　三、前度刘郎今又来　/ 654

　　四、墓碑除名　/ 658

　　五、签运上上大吉　/ 661

　　六、周原上的汉王陵　/ 665

　　七、到手的马蹄金饼　/ 669

第二十四章　吹箫引凤的传说

　　一、诱饵　/ 674

　　二、突发的奇想　/ 678

　　三、隐约的意愿　/ 682

　　四、靠山　/ 686

　　五、孔方兄的功用　/ 690

　　六、一夫当关　/ 693

　　七、飞镖插向脑门　/ 697

　　八、好人与好人走到一起　/ 701

第二十五章　凤凰涅槃

　　一、讲真话　/ 705

　　二、茅厕里的长袍　/ 710

　　三、"肉夹馍"　/ 713

　　四、"狼来咧！"　/ 717

　　五、雪地中的车辙　/ 721

　　六、枯柏复生　/ 725

　　七、不祥的预感　/ 728

　　八、《微子之命》　/ 732

　　九、浴火凤凰　/ 736

上　部

第一章 "三喜"其实是"三难"

一、姬家大院和姬氏庄园

大清王朝灭亡、中华民国初建的第四个年头，周原大户人家姬府面临着喜中有难的境地。年内将有三桩喜事临门，然而桩桩有着各自的难处。说是"三喜"，实则"三难"。

姬府年内第一桩喜事的主角儿，无疑是当家大老爷姬秉礼了。姬老爷适逢花甲之年，年底的六十寿庆显然是阖府上下的大喜之事。不过，此喜却有难处。难处就在于姬老爷本人对筹议寿庆的坚拒态度。

按照周原传统习俗，老者的六十花甲之年是为整寿，必得隆重庆贺。从年初开始，太太孔氏和大少爷姬崇仁就多次提议：尽管老爷的寿诞是年底腊月间的事，但须尽早筹划、早些做好准备。对此提议，老爷总是微微摆摆手，不动声色，不予回应。

诚心为爹祝寿的大少爷，对如何筹办不得要领，于是一再提说此事。说的次数多了，老爷就会用平时总不离手的旱烟杆儿不耐烦地敲敲炕沿或桌边，口气坚决地表示："年底贺寿的喜事，就不必办了。这寿酒，我说不喝就不喝!"

寿星老本主儿的态度如此，使得大少爷姬崇仁十分为难。自小懂事孝顺的他，自然不忍也不会拂逆父亲明确的意愿和已然的决断。但要真是完全依照父亲的交代，恐怕阖府上下情感上断难接受。再说堂堂姬府当家大老爷的花甲寿宴竟悄然取消不办，又该如何向众多亲朋好友、邻里乡党们说辞解释呢？

父亲究竟是怎么想的，一直没有明言。不过，他近来的言谈话语间，不时会流露出忧戚的意味。姬崇仁能够隐约体味出一丝不祥之感。年年寿酒年年喝，为什么偏偏今年花甲大寿的寿酒"说不喝就不喝"呢？难道……

"难道本年年内姬府有难、会遇到什么糟心之事吗？"姬崇仁不由得心头一沉。

说起姬府，整个周原谁人不知、何人不晓？地处陕西关中平原西部的周原，历史上曾是周秦王朝的发祥龙兴之地。根据姬氏家谱记载，先祖周公姬旦当年先后辅佐其兄周武王、其侄周成王，平定天下，治理国家，建立了不世的功勋。传说周公东征之后，去了遥远的地方，但其死后的祭庙依然西归建在了周原。他的一支后人，就成了后来久居周原凤翔府的世家大族。这个家族现今的当家人，大名姬秉礼，字号"姬三周"。

周原重男儿。子孙男娃官名大号的选取决定，乃是族中的一件大事，往往由男娃的祖父亲自操刀。姬府老爷当年呱呱坠地之时，其祖父兴奋地从袖筒中掏出一张对折的纸片，上面写着他早已为尚未出世的长孙预先取好的大名"姬秉礼"。秉礼，秉礼，秉礼行事为人，秉礼存身立世。这个大名，显然寄托着祖父对爱孙的人生期许。

至于姬老爷的字号"三周"，究为何时取得、由何人赐予抑或本人自定，虽不可详考，其中的含意却十分明确。所谓"三周"，即指崇仰先祖周公、信奉大道《周礼》、热爱家乡周原。

常言道：名如其人，人如其名。"秉礼"与"三周"，真就成了姬老爷六十年人生的行止概括和真实写照。自幼年时起，在家人和周围环境的影响下，姬秉礼就十分崇敬信仰周公和《周礼》。他熟读稔知史书中所载的周公生平事迹，十分喜爱传世的《周礼》典籍。地处周原岐山的周公庙，被姬府视为宗庙，也是姬秉礼时常前往虔诚拜谒的神圣之地。对于生于斯、长于斯的家乡周原，姬老爷一生都怀着深深的眷念之情。

早在大清光绪年间，青年时代的姬秉礼与其弟姬秉忠以及邻县岐山的一位杜先生，同为周原子弟，三人同年中举，整个周原一时传为佳话。中举后，姬氏兄弟二人各自走上了不同的人生道路。为弟的姬秉忠继续进京赶考，经过会试、殿试，得中进士，从此留在京城进入了顺畅的仕途。为兄的姬秉礼，不想离开家乡。取得举人身份后，他情愿告别应试生涯，终身远离官场，回到周原主持姬府家业，过起了普通乡绅的日子。

说普通，其实也并不普通。姬家毕竟是周原累世显赫的名门望族，多少代人的努力早已累积了一份偌大的家业。先人传至姬秉礼手中的，不仅有金银财宝和土地田产，还有药材庄和酿酒坊，更有两处颇有年头的古老宅院。一处是坐落在凤翔城内的姬家大院，另一处则是城外的姬氏庄园。姬家大院规模很大，在城内显得鹤立鸡群。姬氏庄园的规模则更大，很少有人能够把整个庄园的犄角旮旯全部查清转遍。

两处宅院，都是姬家的先人们在举族聚居、人丁兴旺时期造作扩建的，经过了上百年的不断经营。对于现今家人数量不多的姬老爷一家而言，别说是城外空置的姬氏庄园，就是目前常年居住、规模相对较小的城内姬家大院，已经显得过于空旷了。庭院深深，人影渺渺。姬老爷踱步其中，常常有孤寂冷清之感。

此时的姬老爷还不会想到：其后十数年间，许多传奇故事将会在这两处宅院发生。比方说，本打算为少爷所纳的小妾，竟造化弄人成了老爷的偏房姨太。花甲寿酒未饮，倒先又重进了一回花烛洞房。再比方说，当年同场中举的老兄弟俩，数十年未曾谋面，死后却会同院停灵、同日出殡、同地安葬。又比方说，曾在院内大批存放的青铜国宝，怎么就会不翼而飞了呢？凡此种种，详情都在后面的故事之中。

二、"人么！"

姬家大院中院的宽敞处，生长着一棵不算高大的柿树。树下置放着石桌、石凳。柿树枝繁叶茂时，此处可以纳凉。当成熟了的红柿子果实挂满枝头，坐在石凳仰头望去，又是一番风景。

此时的柿树，尚未长出新叶。两个小娃坐在石凳上，眼巴巴地望着前院的方向。男娃儿十岁左右，长着一双很有灵气的眼睛。六七岁的小女娃乖巧可爱、温润如玉。他们心不在焉地玩耍着、说笑着，但显然是算定了在此等候着什么人必会路过。

果然，一位三十岁左右的俊朗男子手持一个信函由前院走来。两个小娃儿急切盼望的眼中即刻放出光来，雀跃欢呼着向来人奔去。

来人就是两个小娃儿的父亲、姬府大少爷姬崇仁。他也正是姬府年内第二桩喜事的主角儿。

姬崇仁自幼聪慧好学、饱读诗书。在同一私塾里就读的众多书童中，学业超群的姬崇仁自然会引起众人的关注。在许多人的眼里，这个才华横溢的小小书童，将来的学业功名必定会有无量的前程，超越乃父甚或乃叔，当为预料中事。

天有不测风云。清末实行新政，停罢废除了科举考试制度，"学而优则仕"之途遭到断绝。书童中有人为己嗟叹，更多的人则为姬崇仁啧啧称惜。其实，失去了八股的束缚，姬崇仁更大的感受是轻松。至于功名利禄，本就志不在此。他的志向是：不负此生，当为周原干些大事、好事。这个志向，教授私塾的杜先生对之大加赞赏，乃至多年之后还对这个学生的人生理想念念不忘。

结束私塾的学业之后，小小年纪的姬崇仁即在府中协助父亲操持家业。闲暇之余，或学习《千金》《本草》之类的医方药理知识，或研读周原古物上的金石文字，心无旁骛，乐此不疲，颇有乃父之风。

刚刚学会读书写字的年纪，姬崇仁就向父亲求问自己名字的含意："什么是仁？"

老爷姬秉礼当时沉吟了一会儿，似乎不好回答，生怕娃们家难以理解："仁么……。仁者爱人，仁者恕人。就是对亲人、好人、可怜之人要爱，对仇人、坏人、可恨之人要恕。"

这几句话深深印进了姬崇仁的脑海，也成为他成年后的人生信条。他觉得：人与仁，是分不开的。只要是人就一定会重仁义、讲诚信。不知从何时起,"人么!"也就成了他的口头语。

十多年前,遵父母媒妁之命,姬府大少爷姬崇仁与一位素未谋面的姜氏女子成了亲。婚后的小两口儿,还真投缘,琴瑟和鸣,伉俪情深。谁知好景不长。姜氏年初成婚,当年年底即生下个男娃,取名怀远。就在怀远三岁时,姜氏再次怀孕。在那时的条件下,女人的每回生产都犹如要过一遍鬼门关。姜氏这次没能挺过去,在拼命挣扎着生出女娃儿怀玉后,力竭血崩而亡。

骤然间失去了爱妻,有仁有义的姬崇仁痛不欲生。再看看失去娘亲的一双小儿女怀远、怀玉,心如刀绞的姬崇仁一跺脚,端直去了周公庙。

周公庙的姜嫄殿前,姬崇仁发下了重重的毒誓。此生此世,绝不续弦再娶!夫人的名位永远只属于姜氏一人!绝不让怀远、怀玉成为受后娘欺负的可怜小娃儿!

这也正是姬府年内第二喜也是第二难的缘由。

大少爷已鳏居多年,老爷和太太多次促其续弦再娶,然俱遭坚拒。今年情况大有不同,太太孔氏似乎下定了年内必为长子纳媳的决心,并早早公开宣布此即为姬府年内非办不可的第二桩喜事。大少爷虽然不会公然忤逆抗辩,但始终未曾松口应允。此事尚在僵难之中。

话说姬崇仁由前院走来,本打算去后院找老爷议事。刚走到中院,就被从柿树下雀跃奔来的怀远、怀玉拦住了。小兄妹俩专门在此迎候父亲,其实也没有什么事情。近日府中事务繁杂,父亲无暇顾及这俩小娃儿。怀远、怀玉思爹心切,料定其这个时辰必经此处,故迎候在此借机与父亲说几句话而已。

姬崇仁当然晓得小儿女的心情,想想也确实有些话要交代,便笑吟吟地一手领着一个孩子,走到石凳处坐了下来。这里正是父子仨欢聚交流的常来之地。

甫一落座,怀玉立马又站了起来,娇嗔地缠住父亲:"爹,你昨晚给我讲的故事真好听!再讲一个嘛!"

怀远像个小大人一样,懂事地拉了拉妹妹:"好妹妹,你先让爹喘口气么!也许爹还有正事要说哩!"

姬崇仁笑着点点头:"是啊!爹是有话要说。爷爷今年六十大寿,你俩准备咋样给爷爷祝寿哩?"

小兄妹俩顿时喧闹起来，争先恐后地列举了多项选择。"我给爷爷专意写一幅临帖大字!""我给爷爷唱儿歌!""爷爷喜欢《周礼》，我可以诵读其中几段。""爷爷也喜欢读诗文，我能背好几首唐诗呢!"

听着这些选择，姬崇仁表示并不赞同。

"又不是学生娃考试！习字呀，诵读呀，背诗呀！这些事情你们平日里就可以多向爷爷展示讨教嘛！这样吧，爷爷寿辰当日，你们还是给爷爷谈谈各自的人生志向吧。人么！人各有志，虽然你们年纪还小……"

怀远挺挺小小身板，模仿着父亲平日的神态和口吻，学说着父亲常挂在嘴边的口头禅："人么！为人不求闻达，做事只需有成。"

怀玉即刻指出："这是爹说过的话！"

"是啊！这是爹对自己的人生期许，消沉了些。你们不应该这样。现在已经是民国了，年青一代的志向应当更远大一些。爹送你们一句话吧。人么！人有雄心当报国，胸怀壮志图救民。"

对于父亲的上述话语，两个小娃儿似乎并不很懂，只是低声重复着、沉吟着："报国……，救民……。"

姬崇仁摸摸怀远的小脑袋，语气中充满了期望："怀远呀！当年你爷为你取名'远'字，就是希望你长大之后能够比我们老一辈人看得更远、想得更远、行得更远！"

怀玉马上又不甘心地发问："爹，那我名字中的'玉'字又是什么意思呢？"

"你么……你的'玉'字，是爹给取的。女娃嘛！爹希望你能像你死去的亲娘一样坚贞如玉。"姬崇仁的语调不觉迟缓起来。

"我娘？我娘……"怀玉似乎还要发问，却被怀远悄悄制止了。

姬崇仁脸色黯然地站起身来，准备向后院走去。刚走出几步，又转身叮嘱了几句："爹可能很快就要出一趟远门。你们在家不要给爷爷奶奶惹麻烦。奶奶有病在身……"

懂事的怀远隐约微妙地察觉到，因为谈话中提到了母亲，无意触碰了隐秘的痛处，这才使父亲的情绪突然有了些许变化。

望着父亲渐渐远去的背影，怀远小声告诉妹妹。

"咱、爹、想、咱、娘了！"

三、"一人"？

怀玉一出娘胎，生母姜氏就气绝身亡了。对于亲娘的模样形象，怀玉没有丝毫的印象记忆。看到其他小女娃儿与母亲亲密依偎时，她时时会感到十分羡慕与向往，也会想象着自己的亲娘长的什么样。昨晚的梦中，她依稀见到了娘。娘离她很远很远，又好像很近很近，近在身旁。

毕竟还是个小孩子，刚刚在柿子树下与父亲谈话之事很快就放在了脑后。怀玉一转身出了姬家大院的大门，去找她的小玩伴们了。

贪玩是儿童的天性。不同时代，不同地域，儿童们有着不同的玩法。此时的周原，男娃儿们喜爱的游戏有打陀螺、滚铁环、端起一只脚独腿互搏"斗鸡"等。女娃们除了跳绳、踢毽之外，还流行一种名叫"剪蚰蜒"的儿童游戏。女娃们在地下围坐成一圈，各自伸出双腿，齐声唱着有节韵的儿歌。圈内有一当值者，随着歌声的节点，逐一轮流敲点着围坐者伸出的双脚。随着歌声最后一个音节的结束，正好被点到的那只脚须蜷缩起来。当某位围坐者的两只脚俱被点到后，即罚出围圈，去充任新的圈内当值者。

此时干枯的草地上，"剪蚰蜒"正在进行。围坐成一圈儿的小女娃中，可以看到怀玉的身影。她的一只脚蜷缩着显然已经被点到过了。

"剪子剪，剪蚰蜒。蚰蜒发，种芝麻。芝麻秆儿，核桃皮儿。记住点儿，缩缩脚儿！"其时流行的儿歌，颇有地域文化特色。

歌声结束。最后一个字的音点恰好落在了怀玉仅剩的唯一一只脚上。

"怀玉！怀玉！你的两只脚儿都没了！"女娃们开始起哄。

怀玉索性站起身来，跺跺双脚。

"我也不想要这两只脚了。我想要长着两只翅膀，像凤凰一样，飞到很远很远的地方去！"

说完这番话，怀玉扑扇着两只胳膊，做出小鸟飞翔状，低着头在草地上奔跑起来。

只顾着低头奔跑的怀玉，并未注意观察周围的情况，不留神竟然一头撞到了一个人的怀里。

怀玉感到歉意，抬头不好意思地向上望去。眼前出现的是一个年近二十、长相清秀娴丽的绿衣女子。她的胳膊上挽着个花布包袱，好像是走过一段长路、正巧路过此处。

"慢点儿跑！小心摔着！好可爱的小女娃，你叫什么名字呀？"

绿衣女子露出不以为怪的笑脸，一面顺势扶住怀玉，一面亲切发问。

"我叫姬怀玉。姐姐你呢？你叫什么名字？"

怀玉依然仰着头，目不转睛地望着绿衣女子，仿佛有一种似曾相识的感觉。

绿衣女子摸摸怀玉的头发，偏头一笑："我呀，我叫杜伊人。"

"一人？一个人？好怪又好听的名字。我叫怀玉，我爹说，就是希望我能像我娘一样坚贞如玉。一人姐姐，你的名字是什么意思呢？"

听着怀玉的发问，伊人笑了笑，逗趣般地弯腰瞧着这个可爱的小女娃："你读过唐诗吗？你读过《诗经》吗？"

怀玉立刻现出了一副恍然大悟的模样："噢！我知道了！所谓伊人，在水一方！我爹教我念过。伊人姐姐，你长得真好看！就跟我娘一样漂亮。"

听闻此言，伊人直起身来，四处张望找寻着："你娘在哪儿呢？"

"就在像那样的地方。"怀玉的小手指向远方。

顺着怀玉所指的方向望去，伊人看到的是：远方荒坡处，冷风瑟瑟，枯叶飘滚，只有一座孤零零的坟丘。

收回目光的伊人，不觉感到了一种刺心的寒意。

听到伊人与怀玉的对话，众女娃们围了过来，叽叽喳喳地说道："怀玉骗人！她就没有娘！""怀玉没有见过她娘，怎么知道她娘长得漂亮不漂亮？"

怀玉的目光顷刻间暗淡凝滞起来，仿佛在喃喃自语。

"我刚生下不久，我娘就死了。但我没有骗人，我在梦里见过我娘。就像伊人姐姐现在这样，也穿着一身绿色的衣裳……"

一种从未有过的情感体验，在伊人内心深处弥漫开来。她满脸怜爱而伤感的神情，默默地将怀玉搂在怀里，一时无语。不知为什么，眼睛开始湿润起来。

"姐姐,你怎么哭了?"怀玉感知到落下的泪珠,仰头望着伊人。她努力踮起脚尖,高高伸出自己的小手,去擦拭着伊人脸上情不自禁溢出的泪珠。

伊人怜爱地将怀中的怀玉搂得更紧。怀玉闭起了双眼,紧紧依偎着伊人,似乎十分享受这样的时刻。

许久许久,怀玉才睁开眼睛。两人依依不舍地相互告别。

"伊人姐姐,再见!我要去找我爹了。"

"再见,小妹妹!我也要去找我的爹了。"

伊人家居岐山周公庙附近。此次行程,系奉家母之命,专为探望自己的父亲而来。她的父亲,就是时任凤翔书院山长的杜先生。

杜先生出身于一个贫寒的读书人家,讲究清高气节。早年间,杜先生与凤翔姬氏两兄弟同年中举,三人曾聚饮共贺。然人各有志、径路不同。中举之后,杜先生既不贪图科考连捷、金榜题名的荣耀,也不追逐经商兴业、发家致富的美梦。他的志向是"传授礼仪、教化乡里",渴望在家乡的教育事业中实现自己的人生抱负。多年来,杜先生先后在周原各县的多所私塾和书院教书授业,提携和帮助过不少读书的家乡儿郎子弟。几年前,杜先生应乡贤之邀,前来凤翔书院主持教务。正是在这里,激发了杜先生新的向往。

自父亲在凤翔书院单身赴任之后,伊人还是第一次到这里。刚走进父亲的住处时,伊人不禁皱起眉头,连连摇首叹息。这隔门相连、里外两间的居室里,实在是又乱又脏。二话没说,伊人即刻挽起袖子,又洗又涮,里里外外忙活了起来。

杜先生膝下只有伊人一女,自然宝贝得不得了。课后回到居所,看着面目一新的住处,又吃着女儿亲手做的热腾饭菜,杜先生心满意足地大声发着感慨:"有女如此,何必有子!人生如此,夫复何求!"

"爹,我还是第一次来这儿哩!从咱岐山老家到您这凤翔书院,其实也没多远,几十里地而已。早知道您屋里这么脏,我就该多来几次,常为您洗洗衣服。"

伊人一边说着一边为父亲盛添饭菜。

杜先生放下手中的碗筷,认真地说了起来。

"洗洗涮涮都是小事。爹现下正在为创办新式学堂的事情愁烦着哩！"

伊人大感兴趣地发问："爹，你们准备创办的新式学堂，收不收女娃女学生？新式学堂么，就该让女娃也有受教育的机会。"

杜先生调侃道："咋？你也想到学堂来做你爹的学生？"

伊人似乎深感遗憾地长叹一声。

"唉！心向往之，实不能也！已经不是进学堂的年纪喽！虽然没有正式进过学堂，但我有一个饱读诗书又开通明智的爹，让我自小在家读书认字，总算不是一个睁眼瞎。"

杜先生也不无遗憾地说道："别说过去，就是现下，咱周原能够进学堂读书的女娃也不多哟！"

伊人若有所思地停下了手中的活计："爹，我今天就在附近碰见了一个小女娃，不过五六岁的光景，唐诗、《诗经》能背不少哩！大概她也跟我一样，有一个饱学开明的好爹。"

杜先生心在旁处，不在意地随口"噢"了一声。

沉浸在自己思绪中的伊人，继续说着："这小女娃的娘早就不在了，好可怜哟！她好像跟我特别有缘，还说我长得像她娘哩！"

一听此话，杜先生立刻警觉地抬眼望着自己的宝贝女儿："那小女娃没说她姓啥？"

"名字叫怀玉，姓么……好像是姓姬。"

"唔……姓姬……"杜先生没有再说话。

四、心病

姬府年内"三喜"，前两桩喜事的主角儿已经先后登场。那第三桩喜事的主角呢？其实，这第三桩喜事就没有主角儿，或者说主角儿在哪儿根本无人知晓。这是怎么回事呢？说来话长。话从太太孔氏说起。

孔氏乃官宦人家的千金，其父祖籍虽系周原人氏，但长期在省城身居高位。偶然的机缘，孔、姬两家结了亲。从省城嫁到周原，孔氏举案齐眉、相夫教子，是远近闻名的贤妻良母。

在生下长子姬崇仁、次子姬崇义之后，孔氏的肚子就不见了动静。偌大的姬府，添丁添口的责任很重。孔氏果断地为老爷姬秉礼纳了一房小妾，希望她能分担多子多福的责任。小妾很争气，很快怀了孕，但此小妾福浅命薄，就在为姬府诞下三公子姬崇德的当夜，难产血崩而亡。

对于自幼失去生身亲娘的三子姬崇德，孔氏视若己出，格外疼惜。为了防止孩子长大产生心理阴影，孔氏交代：不许任何人向三少爷说出他的身世。

三位少爷一天天长大的过程中，老爷和太太似乎对三少爷给予了更多的关爱。俗话说娇惯出逆子。确实如此。自小骄纵成性的三少爷姬崇德，常恃父母之宠而欺凌两位兄长。对于老三的霸凌和父母的偏袒，老大崇仁宽厚仁义，常常能够忍让，宁肯自己受委屈。正直硬气的老二崇义，一直不肯向骄纵自私、胡作非为的弟弟轻易让步，并时常对父母的偏心感到愤愤不平。

八年前的一天，三少爷无理鞭打欺辱府中的下人。正直的二少爷抱打不平，在劝阻无效的情形下，扭住三少爷抽鞭的胳膊，将其推倒在地。

自认为是吃了亏的三少爷姬崇德不肯罢休，决定"恶人先告状"。他自己在脸上抓了一道血印以作为兄长"欺凌"的证据，又编造了一通谎言，作出一副可怜状，跑到太太孔氏面前哀哀哭诉。

从未责打过孩子的孔氏，一时气急，没问青红皂白，迎面打了老二崇义一巴掌。

崇义正当年轻气盛的岁数，怎肯忍受如此委屈。一跺脚当即跑出了家门。一跑就是八年毫无音信，只听说是去了南方。老二的出走，从此成为孔氏的心病。

无论如何，老爷和太太的心里始终都盼望着、坚信着老二总有一天会回到周原。他们决定，年内要提前在周原为老二成个家。二少爷成家，自然是桩喜事。但成家的二少爷本人，又到哪里去找寻呢？这第三桩"喜事"，不又成了第三桩"难事"吗？

姬府的三桩喜事，桩桩难办。明知如此，孔氏却偏要急着统统在年内办完。其中的原因，只有老爷姬秉礼心里清楚。太太孔氏恐怕命数不久了，她想在撒手人寰之前不留遗憾地为家人作出一些安排。

老爷作为一名医术高明的郎中，早已洞知太太的病情，但苦心隐瞒，不忍告之。太太自己也已预感到黄泉路近，同样出于对老爷的怜惜而不愿明言此事。彼此深知隐情，彼此相互怜惜，彼此善意隐瞒。相濡以沫的恩爱夫妻之间，常常如此。

就在大少爷姬崇仁与怀远、怀玉坐在柿子树下石凳处交谈时，老爷和太太在后院住屋内也有一番对话。

年岁刚过半百的太太孔氏，满面病容，浑身无力地和衣靠卧在床头。

花甲之年的老爷姬秉礼，身体却是十分康健。他接过丫鬟端上来的药汤碗，侧身坐在床沿，亲手侍弄着太太喝完了药汤。

当丫鬟端着空碗离去，屋里只剩下老两口时，姬老爷轻轻握住了孔氏的手，心疼地端详着她的病容。

孔氏回望的眼神中，充满了感激和温情，又有些许遗憾。为了冲淡屋内的伤感气氛，孔氏故意调侃说道："看啥哩嘛！看了一辈子还没看够？是不是已经变得又老又丑、不配为老爷过六十大寿啦？"

老爷轻叹了一口气："唉！看看你病成这个样子，我哪里还有什么心思过寿么！……前些日子，我曾去道观抽了一签，抽到一个单字——'避'。这可能就是老天爷给我指路哩！避！要我避寿才能为你禳病。"

孔氏笑着反驳说："原来就是为了这个'避'字，老爷才推三阻四、不愿过寿的？这不对么！只有避苦避难、避病避灾的，哪有避福避寿的呢？"

看到老爷对此并未表示认可，孔氏换了一副口吻，继续劝说。

"老爷，人逢花甲不容易呀！咋能不庆贺哩？看我这身子骨，恐怕是等不到自个儿的花甲之年喽！今年就算咱们俩一搭儿过寿，还不成吗？"

老爷立刻打断了太太的说辞："不要说不吉利的话！"

"不说，可以。但不能不预做准备。有些事情啊，当办即办，不敢往后拖喽！"说着说着，孔氏愈发觉得许多事真的不敢再往后拖了。

在孔氏看来，为老大崇仁续弦填房，就属于"当办即办"之事。这些年来，崇仁既当爹又当娘的苦处，孔氏看在眼里，痛在心头。无论是为怀远、怀玉一对宝贝孙子孙女着想，还是为姬家大院未来的内当家着想，此事"真的不敢再往后拖了"。孔氏顾及崇仁曾发过的毒誓，也不愿硬拗着儿子自己的意愿，不知如何是好。左右为难中，老爷姬秉礼一锤定音："这事不能完全由着他！不愿正房续弦，可以偏房纳妾嘛！"孔氏加以补充："虽说是纳妾，人却一定要选好挑准。"此事算是有了定论。

正说到此处，恰恰手持信函的崇仁走了进来。老爷起身离开病榻，坐在堂前的太师椅上，"吧嗒吧嗒"吸起了旱烟。

崇仁趋前问候了病中的母亲之后，打算向父亲呈送那个信函。

老爷举起手中的烟杆儿作出制止的手势："其他事先不忙说。崇仁呐，你是个仁义孝顺的好孩子。爹问你，啥叫个孝顺？"

就在崇仁尚在愣怔间，老爷不慌不忙地开始了自问自答。

"孝顺孝顺，以顺为重。随顺老人的心愿，就是最大的孝顺。用你的话说，人么！人之将老，其言也善。只要老人的心愿不是出自恶意，不会产生恶果，娃们是不是就该顺从嘛！尤其是病中老人的心愿……"

老爷说着，仿佛不经意地向孔氏病榻处瞟去一眼，实则对崇仁有所示意。

崇仁恭敬站立着，诚恳说道："爹和娘刚才所说给孩儿纳妾之事，我在屋外已经听到了。只要爹娘觉得合适，只要怀远怀玉俩娃能够接受，只要不算作是正房夫人，孩儿就……听凭父母作主了。娘安心养病吧！不要再为孩儿的事为难了。"

老爷放心地放下了手中的烟袋，顺势说道："这回呀！连同给老二纳妾之事也一并办了。不管他人回得来回不来，照样办！"

孔氏马上表示赞同："不管老二他人在何处，咱都给他纳个妾室在屋里。要让他知道，他在周原有个家！"

话到此处，孔氏伤感起来，看着自己哆哆嗦嗦的右手，眼角泛起了泪花。

"一想起老二，我的心就痛啊！……当时，我咋就一失手狠心扇了他一巴掌哩？老二性子刚烈，一跺脚，一扭头，就出了家门，一去就没有回头哇！他是不是这多年一直恨着我、恨着这个家呀？"

看着孔氏愧疚、激动的神情，老爷站起身，走至病榻前，宽慰地递过一盏茶水。

"这事不怪你，不必过于自责和难过了。老二不会记恨你的，他是看不惯老三的为人与做派么！唉！这也怨我。老三那情况，自小我就对他有些怜悯宽纵，结果养成了他一身的瞎毛病。"

孔氏接过了老爷的话头："我也是因为有所顾忌，反而不敢对他严加管束。兄弟间发生矛盾时，我只会责怪老大老二，偏袒老三。那一天，按说也是老三的不对，我却在老二身上发了火……"

一旁站立的崇仁，理解而心疼地望着自责中的母亲，宽慰地说道："娘，我二弟不会真的对您心生怨恨的，早晚有一天他会回来的。"

孔氏现出了悲切而绝望的神情："只怕是我等不到这一天了。在我闭眼之前，哪怕只是知道了老二的确切消息，也是好的呀！"

就是在这一刻，崇仁的心里暗暗打定了主意，一定要找到二弟的下落，一定要满足母亲寻子的心愿。只是……难啊！八年来，姬府不知找寻过多少地方，始终未能获得准确的消息。如今又该向何处去探寻呢？

崇仁忽然看到了自己手中的信函，一拍脑袋，醒悟过来。自己来找父亲，本是有其他事情需要紧急商议的。

五、远行的"美差"

崇仁急着找父亲，是为了商议有关姬府药材经营的一桩大事。

周原北靠岐山，南临渭河。跨过渭河，就是雄阔高峻的秦岭太白山。自古以来，周原盛产杜仲、黄芪、连翘、党参等数十种野生药材，又紧靠着秦岭这个天然的草药仓库。"太白山上无闲草，天然药谷都是宝。"

如此优势资源，成就了姬府兴盛的药材生意。多年来，姬府"恒泰和"药材庄的生意越做越大。除了凤翔的总号之外，还在省城设立了分号。老爷姬秉礼执掌府务后，不仅着眼于巩固扩大西北地区的传统市场，而且开辟了新的药材商道。由陆路穿秦岭至陕南，换水路沿汉水一路南下。汉水汇入长江处的商埠重镇汉口，也挂出了"姬记恒泰和药材庄汉口分号"的招牌。

随着经营范围和规模的不断扩大，药材生意渐渐成为姬府的主要财源。但姬老爷志不在财，兴趣更倾注于把脉开方。近一两年来，姬老爷将"恒泰和"药材庄逐步交由大少爷崇仁掌管，自己则将更多的时间用于坐堂问诊，颇有一种交班卸任的意味。

交班者放心放手，接班者却不敢掉以轻心。大少爷崇仁手持信函向老爷报告，汉口分号的王掌柜来信称：当地的药材市场上，周原特产的一些野生药材很受欢迎，有些品种已经售罄断顿，希望今年尽早派人多运一些过去。

老爷抽着烟，不停点头，但并不搭腔。他是想先听听大少爷自己的想法和处置方案。交班嘛，就要有交班的样子。

崇仁认为，姬府可以汉口分号为据点，沿长江水路继续扩大药材在南方的销路，甚至还可销往国外。这样既扩大了姬家祖上传下的这份事业，也可以为更多的人送去治病良药。今年就应该按照汉口分号王掌柜的要求，多多组织货源，早早动身上路。

按照崇仁的安排，"恒泰和"药材庄全力以赴，已将准备运往汉口的药材全部打包停当，随时可以登程出发。至于行脚运输事项，崇仁已交由府中吕管家负责去物色合适的"过载行"。是时，凤翔地处交通要道，运输事务繁忙，故专营驴骡车马、货物运输的行当"过载行"颇为兴盛。

老爷对崇仁的安排并无异议，命人传召吕管家。

老实而勤奋的吕管家年逾五旬，自年轻时即在姬府中当差。他急匆匆赶到后院内屋，气未喘定即报告说："孟记过载行"的老板已主动上门来过几次，希望姬府这次行脚运输的生意交由他承当。他已做好了一切准备，说是"只要姬老爷一声令下，即刻就可扬鞭启程"！

老爷沉吟了一会儿，面向崇仁说道："前往汉口送货的差事，得由一个稳妥的人来主事。汉口分号交解凤翔总号的往年货款八万元，也要顺路收取回来。……咱姬府今年不是有'三喜'吗？需要用钱之处多哇！"

崇仁对此早有考虑："爹，这差事看来只能是我去比较合适。我已做好准备，打算早去早回，不耽误年底前返回周原为爹庆贺六十大寿。"

崇仁确实已提前做好了准备。他在柿子树下石凳处告诉怀远、怀玉"爹可能很快就要出一趟远门"，指的就是这趟差事。

老爷却有些迟疑不定："老大你亲自出马，事情一定能够办得妥当，我当然放心。只是……这府中一应大小事物，爹我也只能指靠着你呀！需要由你近期来操持的，恐怕还有一些与咱周原众人相关的大事哩！"

内室病榻上的太太孔氏，一直斜靠在床头静听，此时忍不住地开口插话："怀远、怀玉咋办哩？一双没娘的小娃儿，当爹的又要出远门，谁知多长时间才能回来！小娃们恓惶不恓惶么！"

操心何人承当汉口差事的，不只有姬家大院后院内室里的老爷、太太、大少爷和吕管家，还有"过载行"的孟老板。此刻，他正在凤翔县城的街巷中急切地寻觅一个人。他要找寻的，就是姬府三少爷姬崇德。

三少爷平日里除了伸手讨钱花，对府中的事务并不关心。今儿一大早，大少爷为了药材发运的事忙得脚不沾地。三少爷冷冷看在眼里，认为事不关己，便溜到城里街巷闲逛。

城里新开设了几家烟馆，三少爷姬崇德很想进去尝尝新鲜。看着烟榻上的大烟客们吞云吐雾非常惬意的样子，他是又好奇又羡慕。一名陪吸侍女搔首弄姿地在烟馆门前劝诱揽客，目标盯准了崇德。

侍女一扭一扭地蹭到崇德身边，一手搭在了他的肩头，娇声劝诱："小爷！进去嘛！我陪着你试试，受活得很哩！"

崇德心驰神往，一副跃跃欲试的模样。犹豫再三，终还是带着有所惧戒的神情，一步三回头地离开了这个充满诱惑的地方。

"兔子不吃窝边草嘛！"崇德自我宽慰着。他的心里常常想着：如果有一个天高皇帝远、远离父兄管束规诫、手中又有花不完的钱财的地方，该是多么自由和幸福。

"好我的三少爷哩！马上就要好事临头了，你还在这里瞎耽误工夫！"尖嘴猴腮的孟老板突然冒了出来，拍打着崇德肩头。

崇德莫名其妙，一脸茫然："孟老板，有啥好事？是天上掉下来个肉夹馍，还是被窝里钻进来了个大姑娘？"

孟老板急切地拉起了崇德的胳膊："走！赶紧走！肉夹馍也有，大姑娘也有。但你要是去晚了，那就都是别人的了。"

孟老板告诉崇德，姬老爷和大少爷此刻正在府中商定赴汉口运送药材的人选。"这可是一项又肥又美的差事哟！我想着，无论如何都要帮三少爷把它抢揽到手么！"

崇德大为动心，但也大感其难："恐怕我爹、我哥他们是不会让我去的。"

"三少爷你即刻回府如此这般说辞，我随后赶来为你帮腔助力。"孟老板交代了一番话语。

"你随我一同回府去游说此事，岂不是更好？两张嘴总比一张嘴强嘛！"崇德不明白孟老板的用意。

"咱俩一搭儿露面，会让你爹、你哥起疑心的。你这个瓜娃呀，这都不懂！"孟老板一语道破。

崇德急忙回府，老爷、大少爷在后院的议事尚未结束。按照孟老板交代的说辞，崇德鹦鹉学舌地学了一遍，并强烈表明了自己的态度："爹！反正我就是要去！不要小瞧了你儿子的本事！啥世面我没见过？"

老爷有些动心，但犹豫着尚未表态。

吕管家则是一副并不放心但又不便明言的神态。

孔氏招手将崇德唤到床边，摸摸他的衣衫，忧虑地开了口："我娃年岁还小，从未独自出过远门。这兵荒马乱，千里之遥，咋能让人放心么！"

老爷经过一番考虑，看看崇德，又看看崇仁，似乎下了决断："老三年岁也不算小喽。十七八的大小伙了！老大在老三现今这个年岁时，已经替我分担了多大的责任！"

崇仁也表明了自己的态度："爹、娘，既是我三弟主动要求承担这差事，让他出去历练历练也是好事。人么！人非磨炼难成材，玉不雕琢怎为器么！只是……身边能有一个相帮的人就更好了。"

吕管家不好意思地吭哧着："无论哪位少爷前行，按说我都应该鞍前马后地照应侍候着。只是我这身子骨不争气，只怕当不了帮手，反倒成了拖累……"

恰在此时，一名仆人领着孟老板走了进来。

一番打躬作揖之后，孟老板大包大揽地拍着胸脯："老爷太太请放心！请放一百个心！有我哩！骡子车辆，运送货物，本来就是'过载行'行当的主业么！我好马好车好伙计地侍候着，一路上抓紧些，保证三个月内事情办得顺顺当当，护驾三少爷平平安安回府！"

事出无奈，又没有其他更好的选择。老爷看看崇仁，两人相互点点头，表明了应允的意思。

六、临行密密缝

从多年前开始，姬府老爷姬秉礼就给自己立了一条规矩：农历每月各旬的逢三、逢六、逢九日，必定去"恒泰和"药材庄坐诊瞧病。

这一天正是该当坐堂的日子。因为商议发运药材之事，耽误了一些时辰。老爷怕有病人候着，事一议定，就急着出府前往药材庄。尚未出院门，就被孟老板拦住了。

姬老爷急于出门，连忙问道："汉口之行的注意事项，刚才咱已大致谈过。孟老板还有什么大事要说吗？"

孟老板一时似乎不好开口："没有，没有！没啥大事……"

"今日是我该当坐诊的日子。既然孟老板并无大事，咱就在此别过吧。"姬老爷撩起长衫，一副准备快步离去的样子。

"有事，有事！在下还有话说……。听说贵府年内要为二位少爷婚娶，不知是否已经寻到了合适的人家？"孟老板小心翼翼地观察着姬老爷的脸色。

姬老爷有些意外，不解地发问："不是正式婚娶，只是打算为老大、老二两个犬子纳妾而已。你怎么突然间问起这事来咧？"

"索性我就冒昧直说吧。我家妹子聪慧俊俏，年岁相当，不知可否嫁入贵府？"

"刚才说了，不是正式婚配嫁娶，只是纳妾。"

"舍妹情愿为妾。"

姬老爷一时沉吟不语，不知如何回答。

孟老板作出一副诚恳模样："在下父母早亡，家道中落，本不敢高攀贵府。只是……家父当年在世时，曾与老爷府上令尊大人有过约定，姬孟两家下代子孙当结秦晋之好……"

姬老爷点头认可："是有此事，所以我那孟氏妾侍就进了姬府，可惜……"

孟老板趁机插话："我那苦命的远房姑姑，可怜进入姬家大院刚满一年，就为了给姬家留后，自己一命归了西。现如今，若能再续前缘，亲上加亲，那将是我们孟家的万幸！……也不至于违背了老先人们的前世之约么！"

姬老爷似有所动："此事我记下了，待后回复。"

姬老爷离去后，留在原地的孟老板暗自窃喜。"只要攀定姬府这棵大树，我孟某人下半辈子吃喝嫖赌的花销就不用发愁喽！"

眼珠儿一转，孟老板又返身回到府中去找三少爷套近乎。汉口之行，正是搞定这个"瓜娃"少爷的好机会。

姬老爷急匆匆赶到药材庄，店内果然有人候着。一位衣着朴素、长长胡须的老者，此人名叫赵善人。

未待姬老爷表示歉意，赵善人半开玩笑地说了起来："今日是你姬大老爷坐堂问诊的日子，我老汉眼巴巴赶来候着，你却为何姗姗来迟啊？在姬府理财管事，你是姬老爷。在此处诊病，你是姬先生，万不可架子太大么！"

姬老爷连忙拱手致歉："屋里有些小事耽搁了。对不住老哥，让你久等了。怎么？你赵大善人也有身体不适、需要诊病抓药的时候？"

赵善人摇摇头："不看病，也不抓药，另有要事商量。你先坐下，听听我老汉的一番金玉良言。"

两人对坐，各捧一杯热茶。赵善人开口说道："此番前来，所谈乃兴教办学之事。眼下，咱周原一带虽然原下有横渠书院，原上有凤翔书院，但……"

未待赵善人一句话说完，姬老爷忍不住兴奋地拍案叫好，自己先就侃侃而谈起来。"兴教办学！老朽也早有此想！自从停罢科考之后，学而优则仕的路断了，很多人就认为读书没有用了。咱周原现有的几所书院或名存实亡，或半死不活，是该想些办法了。宋代关学大儒张载张横渠，就是咱凤翔府眉县乡党。他说过：为往圣继绝学。《周礼》中的学问，就学不完么！咱不能让《周礼》成为绝学么！"

"只是恢复旧书院？专意研究《周礼》？恐怕不合时宜呀！"赵善人犹豫地说着，随后改用如同念稿一般的语调，发表了一番言论。

"自民国建立以来，从北京到咱省城，一大批新式学堂陆续建立。咱周原自古就是礼仪教化之邦，此时岂能自甘落后？如果在咱凤翔现有的几所书院的基础上，革故鼎新，脱胎换骨，改造创建一所符合时代潮流的新式学堂，就必定能够为国家进步和家乡建设培养出更多的有用人才……"

就在姬老爷听得津津有味时，赵善人突然停了下来，戏谑地问道："以上见解，姬老爷意下如何？"

姬老爷略一思忖，大为赞同："这是大好事啊！《周礼》中就说了么——为政须'治建国之学政，而合国之子弟焉'。"

仿佛感到言未尽意，姬老爷又赞佩地伸出了大拇指："你赵善人名不虚传，果然是专做善事！刚才这番言语，也是谈吐不凡、极有见识啊！"

赵善人不禁"扑哧"一笑，从怀中掏出一张纸片晃了晃："真的？能得到你姬大老爷的表扬不容易呀！不过你这次却是张冠李戴、表扬错人喽！我赵善人爱听赞扬的话，但不敢揽功掠美。首倡此议者，乃是贵府大少爷姬崇仁。就连刚才那番金玉良言，也是崇仁的原话。这是我的记录，照本宣科而已。姬老弟呀，你真是有个好儿子啊！"

姬老爷有些得意，又有些不好意思："不知参与此事的同道，还有何人？"

"首先就是你当年的同窗、现在的凤翔书院山长杜先生喽！创办新式学堂，主要是靠杜先生和崇仁，我只是负责筹集建校费用而已。关于办学细则，我们三人准备近日详议一次。当需要姬老爷大驾出面时，可不要推脱哟！"赵善人拱手致意拜托。

姬老爷拱手回礼："不会、不会！岂敢、岂敢！"

赵善人告辞后，姬老爷暗自庆幸。"创办新式学堂之事，还真得靠崇仁操持出力，幸亏没有将他支派出远门。"

虽然交割了汉口差事的担子，崇仁依旧在为此事操心。待运的药材包裹已经整装完毕，无须再多费心。关键是许多注意事项需要向三少爷崇德交代。药材在长途运输中的防潮防霉，途中夜宿时的安全防范，货银交割时的财务手续，如何防范到达南方水乡后的水土不服，……需要叮嘱的事项实在太多太多。崇仁打算与出门经验不足的三弟当面好好交谈交谈，谁知没说几句就不欢而散。

崇仁一片苦口婆心："一路行程要安排紧些。儿行千里母担忧！咱爹咱娘一定会望眼欲穿地盼着你早日平安回来哩。……赌场烟馆，万不可进，那都是害人的地方。……银票和账簿的保管，务必亲自操心……"

话未说完，已被崇德不耐烦地打断："知道！我知道！我都知道咧！"

崇仁还想多说几句,"根据哥我出门办差的经验……"

崇德不服气地呛白着:"你以为就你能行!这一回呀,也让你看看本少爷我的本事!"

话音未落,崇德径直扬长而去。

恨铁不成钢且又无奈的崇仁,只能摇头叹气。谈话油盐不进,那就干脆写成文字吧。崇仁打算着,哪怕自己一夜不睡,也要把诸多的注意事项一条一条写下来,以图对旅途中的三弟有所裨益。

夜灯下崇仁伏案疾书的同时,太太孔氏也在自己的病榻上忙活着。

孔氏就着床头的烛光,缝补一件厚厚的棉袍。偶尔停下手中的针线,轻咳几声。

老爷爱怜地抱怨着:"你这是弄啥哩么!老三出行的随身衣物早就预备停当咧!"

孔氏心疼地望着一直陪伴她不肯先行休息的老爷,轻声劝道:"你呀!你先睡你的嘛!非要陪我干啥嘛!小心把你给冻着了!"

"就算有啥活计,让下人们去做就是了,还要你这个病人亲自上手?"

"我总觉得老三的棉袍有些薄,怕娃在路途中受冻,特意让人加添了一层棉花。今晚间查看时,发现有几处缝得不够结实。我再加补上几针,就快好了。"

老爷默默看着,突然发起了感慨:"唉!慈母手中线,游子身上衣。临行密密缝,意恐迟迟归……"

这件经过慈母夜缝的棉袍,曾使路途中的崇德感到了温暖,但最终却被他扔在了汉口的垃圾堆里。当然,这是后来发生的故事。

七、庶子

一大清早,姬家大院门前已经等候着几辆整装待发的马车。三少爷姬崇德马上就要出发南下汉口了。姬府众人拥在门前送行。

太太孔氏拉着姬崇德的手,一遍遍不放心地叮咛着絮叨着:"我娃一路多加小心。天冷时,记着把那件加厚了的棉袍穿上。事办完了,不要耽搁,记着你爹六十寿辰的日子，紧着赶回来。"

姬崇德满脸即将出远门的兴奋，心不在焉地听着孔氏的话语，应付地回答着："知道了！娘！"

大少爷姬崇仁殷切而又寄托式地望着即将远行的弟弟，从怀中掏出前夜所写的函件，双手递了过去："三弟，哥昨晚想了想，把行程中可能会遇到的问题和一些注意事项都写在了这几页纸上，你途中闲暇时可以看看作为参考。"

姬崇德不以为然地撇撇嘴："哥，用不着嘛！"说着，一边接过那个封套随手不在意地塞进了自己的行装。

回头四处张望了一番，姬崇德似乎有些奇怪："娘，我爹呢？他咋没出来送我？"

孔氏回复说："老爷一早就出门亲自去置办祭品了，打算明儿去周公庙呀！"

"去周公庙干啥？"

"给老祖先上香，祈求祖宗保佑你一路平安。"

就在此时，吕管家上前躬身报告："太太，大少爷，三少爷可以启程了，孟老板已在城外候着了。"

未等孔氏、姬崇仁发话，姬崇德已经蹦跳着向马车车队处跑去，口中还呼叫着："启程！启程！我要出远门喽！"

马车车队缓缓行驶着出发了。

马车车队渐渐远去。大少爷搀扶着太太孔氏，依然站立在门外送行处，遥望着去远了的车队背影，久久不肯离去。

三少爷兴高采烈地坐在前车车沿上，并未回头张望。

周原的官道，尘土飞扬。长途的马车行程，其实并不舒服。自小娇生惯养的姬崇德，哪里吃过这个苦。车行一日，行程不过数十里地。出发之初的新奇感已然不见，剩下的只有单调乏味和酸痛疲惫。同车而行的孟老板，一路无话，眯瞪着眼打瞌睡，心中暗暗打着自己的盘算。

暮色降临，车队疲乏地在路边一简陋客栈处停了下来。姬崇德身腿发硬地下了车，不满地看着这处客栈。

进入住宿的客房之后，姬崇德更加感到不满。他端起客房里的茶碗闻了闻，皱着眉，摇摇头，一口未喝就将茶碗放回了原处。他又拎起了客房里的洗脸铜盆，看了看上面的污垢，嫌弃地将铜盆"哐当"一声扔在地下。

同屋的孟老板一面冷眼瞧着姬崇德的行止，一面稀罕似的抽着香烟并假装全神贯注地欣赏着烟盒上的图案。

似乎感到了寒意，姬崇德取出孔氏所缝补过的那件棉袍披在身上并紧紧裹住了自己。或许触景生情，他不由得微微抽泣起来。

孟老板不耐烦地掐灭了已吸得很短了的烟蒂："咋咧？咋咧！刚出门一天，连周原还没出哩！就想家了？好好的，哭啥哩吗？"

"我想我娘了！"姬崇德索性出声抽泣起来。

孟老板皱皱眉头，想了想，端起油灯，走了过去："你娘？你哪个娘？"

姬崇德不解地抬起头"我娘就是我娘么！就是我家里的娘么！"

看着姬府三少爷疑惑不解的神情，孟老板不禁狞笑起来："瓜娃呀，瓜娃子！你家里的那个娘，那个孔氏太太，就不是你的娘！你的亲娘早就死了！"

姬崇德闻言一愣，根本不相信："你胡说，我娘就是我娘！自小儿娘就对我好，比对我俩哥都要好哩！"

"正因为你不是她亲生的，她才对你另眼相待么！索性告诉你，你就不是姬府的嫡子，而是姨太太所生的庶子！你的亲娘她姓孟，姬府小妾孟氏！算起来还是我的远房姑姑哩！"

听了孟老板这番言语，此前对此毫不知情的姬崇德有如五雷轰顶，一下子感到了一种精神上的致命打击。他一脸愕然又茫然地喃喃自语着："庶子……，我是庶子？竟然是个庶子！……丫头养的！"

小时候，听到别人吵架时互骂对方是"丫头养的"，懵懂的崇德跑去问孔氏："娘，丫头养的是什么意思？"孔氏闻言大惊，以为有人嘲骂崇德的庶子身份。后得知骂人之事与崇德无关，孔氏虽松了一口气，但仍严肃告诫说："这是骂人的脏话，你小娃家不要听别人胡说，自己也不许乱讲。"顽劣的崇德却似乎从孔氏紧张的神态中感到了这句话骂人的"威力"，从此时不时地将其挂在嘴边。

这句意谓骂人出身下贱且鄙夷其母亲的脏话，也正是后来造成二少爷崇义离家出走的那场冲突的引发点。那一次，崇德无理叱骂府中的一个下人"丫头养的"。偏偏那个下人是个极其尊爱母亲之人，他不甘受辱，拧脖低声回了一句："三少爷！我要犯了错，你打我骂我都可以，但你不能污蔑我的亲娘！……真有人是丫头养的，但那人不是我！"崇德看到了下人眼神中的轻蔑之意，便随手抄起了马车上的鞭子，不顾轻重地抽打起来。二少爷崇义拦阻时，崇德竟然对着自己的兄长骂出了这句话："你敢拦我，你就是丫头养的！"被激怒的崇义这才强行扭住了崇德挥鞭的胳膊并将其推倒在地。

随着年纪的增长，崇德后来明白了宗法制度下的嫡庶差别。他从《红楼梦》中看到，贾宝玉和贾环虽是同一个生父贾政，但贾宝玉系正房王夫人所生的嫡子，所以集贾府上下的万千宠爱于一身。而庶子贾环之所以不受人待见，就因为他的生母是奴婢侍妾赵姨娘。就连贾环同父同母的姐姐探春，因耻于自己的庶出身份，对生身母亲赵姨娘一声"娘"也不肯称呼。

自小就不曾怀疑过自己的嫡子身份，崇德对此有着一种莫名的优越感。如今没想到那句骂人的话"丫头养的"，竟然落到了自己头上。孤旅寒舍中的崇德，思来想去，很难承受。他感到很冷，身上和心里都冷。

今夜天气确实很冷。

感觉很冷的崇德，看看身上紧裹着的那件棉袍，突然有了一种陌生感。

他似乎很想松开、脱下这件棉袍，但寒冷的天气使得他把棉袍裹得更紧了。

刹那间，后悔此行的念头在崇德的脑海里一闪而过。为什么要自讨苦吃，抢揽这趟苦差呢？思来想去，他觉得，一切的一切都怪别人。一种无端的恨意，从心底隐隐滋生弥漫。

第二章　筹建新式学堂的人们

一、女人手

送走崇德后的第二天一大早，大少爷姬崇仁按照事先的约定前往赵善人的居处，打算接他一起去找凤翔书院的杜先生，共同商议创办新式学堂的事宜。

轻薄雾气中的周原大地，已可见到田间三三两两早起农人的劳作身影。马车行驶在乡间土路上。崇仁颇有心旷神怡之感。

一处简陋农舍前的庭院里，赵善人正在打太极拳。看到崇仁由驶来的马车中下来，赵善人并未理睬，若无其人继续打拳。崇仁立在近处静候。

一套拳路结束。收势之后，赵善人这才笑呵呵开口："来啦，真是个好娃，守时得很。早起我估摸着，这套拳打下来，崇仁就该到了，果然如此。"

崇仁还是第一次来到赵善人的居处，不禁好奇而又惊讶地打量着那处简陋的农舍。

赵善人抓起搭在一旁的外衣，抖抖落尘，穿将起来："走，咱就走。走着说着。"

二人在乡间土路上边走边说。崇仁乘行而来的马车则在后面空载跟随着。

"赵伯办善事花钱如流水,但自己的住宅却如此简陋,连车马也不置办一套。"崇仁说出了自己好奇惊讶的感受。

"咋,你对你赵伯的事很感兴趣?"

"打小我就听说过赵善人的大名。都奇怪着呢!不见有啥经商务农的产业,行善的钱财都是从哪里来的呢?"

赵善人故作神秘地指指天上,又指指地下:"不是天上掉下来的,就是地下冒出来的嘛。"

崇仁不以为然,一脸认真地评论着:"地下?咱周原的黄土之下确实有宝,但老祖先留下的宝物可不能轻易糟践!"

赵善人十分赞赏地点着头:"我知道你姬家的规矩,做生意只经营治病救人的药材,还有吃的粮、穿的布、喝的酒。其他什么金银珠宝,特别是文物珍玩,一概不碰么!你娃放心,伯的钱财也是从善处来、往善处用的。"

"当然放心,只是好奇而已。一提起赵伯的为人,我爹总是赞不绝口。"

"你爹呢?今日咋不一起去瞧瞧书院的动静、发表发表高见?"

"我爹去了周公庙拜祖,为我三弟远行祈祝平安。"

话到此处,赵善人大摇其头,稍作停顿,终于还是忍不住地开了口:"你三弟……。恕我老汉直言,你爹你娘啥都好,就是在对老三的管教上,做得不美气。老三的生身亲娘就为生他难产而死。老爷哩,可怜这个没有亲娘的小娃。太太哩,避闲话,有顾虑。老三自幼恃宠霸蛮,我一直看在眼里。就是他的无理横行,生生把你家老二给气走了。这个不懂事的老三呀!将来非给你们姬家招祸惹灾不可!"

提起老二出走之事,崇仁心里泛起一阵苦涩:"唉!我二弟这多年一直没有半点儿消息。我娘嘴上不愿提说此事,但心里不知道有多苦!"

赵善人摆摆手,似乎想摆脱不愉快的话题:"说这些干啥!咱去找杜先生商议正事。还是坐上马车吧,跑得快些。"

二人乘坐马车赶到书院门前时,青年学生白学才已奉杜先生之命在此迎候。

进入书院后,白学才一路滔滔不绝地作着介绍。

这些年来，在杜先生的主持下，传统的凤翔书院已经实施了一些初步的改革。新的科目陆续设立，还先后成立了师范讲习所、蚕桑学堂等新式教学机构。书院已不是以往只读四书五经的旧模样了。

介绍过程中，白学才言辞之间充满了对"我老师"杜先生的崇仰之情。

赵善人情不自禁地发问："学生娃，我看你张口闭口都是'我老师'，好像很崇拜你老师啊！"

"那当然！我老师说过……"白学才似乎还有更多的夸赞"我老师"的话题，但却被姬崇仁插话打断了。

"我老师"的话题，引发了姬崇仁诸多的回忆与感慨，忍不住以一种敬肃的口吻插了话。

"你老师也是我老师。很多年前，我在私塾读书时，执教的就是杜先生。那时候杜先生就常说，死啃八股不过是个人功名的敲门砖，对济世安民没有多大实际用处。"

白学才闻言肃然拱手致礼："原来姬大少爷还是我的前辈学长！失敬，失敬！后学晚辈在此有礼了！"

姬崇仁连忙回礼谦让："不敢当，不敢当！还是后生可畏啊！"

为了更好地向赵善人、姬崇仁介绍情况，杜先生已提前在一间书堂里做了准备。墙壁上挂满了图表，书桌上堆放了不少资料。

当白学才领着赵、姬二人来到此间书堂时，却发现书堂里坐满了正在上课的学生，并没有杜先生的身影。原来是因书院教室不敷使用，眼前这间书堂被临时派上了教学用场。

白学才一时无奈，自作主张地请赵、姬二人先去杜先生的居处等候，自己则去找寻杜先生。

赵善人大度地摆摆手："学生娃，你放心去寻你老师吧。他的陋室我去过，路径熟着哩！看来你们书院的教学设施确实不够使用，迫切需要改善呀！"

赵善人轻车熟路，领着姬崇仁，径直来到了杜先生居室门前。

居室外间大门虚掩，推门而入，不见一个人影。通往里间的隔门紧紧关闭着。赵善人进屋后，环视了一下外间的情形，面露惊讶之色。初来此处的姬崇仁，好奇地四处打量张望。

赵善人转身面向姬崇仁问道："崇仁，你是第一次到这儿吧？感觉怎么样？"

"清雅、干净、整洁、有序。"姬崇仁如实说着自己的观感。

赵善人恍然若有所悟："我来过这里。大变样了么！一定是屋里来人咧！平时这儿就杜先生单蹦儿一个，整天忙着读书哩、教学哩，哪有心思拾掇收拾么！"

满头大汗、刚刚进屋的白学才，立时接过了话头："赵先生一说一个准。我老师家里的大小姐刚来了几天，就把这屋里的被褥衣物全都洗涮了一遍。你们看，窗户上还贴上了小姐亲手剪的剪纸窗花！"

窗户上张贴的剪纸确实十分精美。

赵善人不由得发出感叹："就是那个叫作伊人的女子吧？我见过几次。真是个勤快孝顺又知书达礼的好女子！那句话是咋说着哩？凤翔有三美——西凤酒、东湖柳、女人手。伊人这女娃的手，看来不但勤快而且十分灵巧啊！"

"凤翔风水好么！酒好，湖好，女人劳作的双手能干灵巧。能刺绣、会编织、善剪纸，饭菜也做得好么！"姬崇仁接过了赵善人的话题，边说边走近窗户，仔细观看了一番窗花剪纸。

看过之后，姬崇仁由衷发出了赞叹。

"这剪纸手艺不一般啊！不单是手工精巧，在图案构思、布局设计上，更是透着一股灵气。有内涵、有品位！"

手持一卷图纸的杜先生匆匆赶来，一进屋门就拱手先向赵、姬二人打招呼表示歉意。

"对不住，让二位久等了！"

环屋一看，杜先生扭头又向白学才发出询问："伊人哪去了？连杯招待客人的茶水都没人料理。"

白学才也不知详情："我们进来时就没见人，大概是出去了吧？"

杜先生急忙将手中的图表摊在地上："委屈你二位就在这陋室里办差吧。咱们今天一定要把建校的事谈出个子丑寅卯来。"

二、只闻其声、未见其人

周原人家自古就有重教兴学的传统。远的不说，就明清以来，周原除了官办的府学之外，乡亲父老和士绅贤达捐资兴办的书院，先后就有岐阳书院、弘仁书院、凤鸣书院、凤邑书院、正谊书院，等等。其中就有姬府前辈捐资兴建的。

此刻，姬府的一位后人，连同一位书院学人和一位民间善人，三人就在这陋室的外间，办起了谋划筹建新式学堂的"差事"。

杜先生说明了自己的思路。新式学堂以"传授礼仪、教化乡里、启迪民智、培养人才"为办学宗旨。拟设科目包括修身、国文、历史、地理、数学、博物、化学、图画、手工、乐歌、体操等。为了适应教学发展的需要，在书院现有基础上，已经提出了未来学堂校园校舍的建设规划蓝图。

姬崇仁与赵善人一致赞同杜先生的思路。姬崇仁提出：创建新式学堂是现下周原父老乡亲们共同的迫切心愿。杜先生已经先着一鞭，提出了建校的基本设想。现在的问题在于如何推进加快建校的步伐。

杜先生伸出三根手指："眼面前主要有三个问题。一是费用，二是教员，三是校名。"姬崇仁似乎对此早有打算，不加思索地诚恳回复："人么！人多力量大，众人拾柴火焰高。校园建设的费用，赵伯和我们姬家会联络众人很快筹足的。请先生就放心地按照这个规划抓紧组织施工吧。"

"咱新学堂的教员，不仅要学问好，首要是人品好，为人师表嘛！"赵善人补充着发表意见。

杜先生说明，已经派人去省城及其他地方打探寻访合适的教员人选，还让去人顺便为学堂选购了一批合用的书籍资料及教学器材。

说到此处，杜先生面露为难之色："至于校名嘛，我还没个准主意。孔夫子说过，为政必先正名，名不正则言不顺，言不顺则事不成。新式学堂嘛，总不能再继续叫凤翔书院吧？"

姬崇仁缓缓而言："先生，我是这样想的，不知对不对。校名不能落入俗套，一定要与老派书院有所区别。培养人才，着眼点也不一定局限于凤翔，局限于周原。这一点，在校名上也要有所体现。新式学堂嘛，不是民办私塾，最好有点儿官办的身份。这倒不是希图官府给的那点儿不值仨瓜俩枣的经费，主要是对扩大学生的来源和学生毕业后的出路有好处。"

杜先生和赵善人对这些想法极为赞赏，一致表示同意。

姬崇仁接着又表态说，自己可以在近期去一趟省城。

"我姥爷前清时在省城做过学政，有不少门生现还在教育界谋生。我大舅留洋回国后，现也在参与筹建国立西北大学的事情。咱这兴办新学堂及校名之事，我也去询问一下他们的建议。先生，你看这样可以吗？"

杜先生流露着欣赏喜爱的眼神："崇仁啊！你为人实诚，虑事周详。我这当老师的，心里高兴啊！士别三日，更显稳重成熟了。"

"是啊！崇仁经过这些年的历练，让姬家又有了新的顶梁柱了。"赵善人也由衷地感慨着。

杜先生陷入了对往事的回忆之中。

"你小的时候，就好学上进，很有志气。记得有一回习文考试，题目是'吾生有涯'。本意是说人的生命是有限的，而要学习的知识是浩瀚无尽的，'知无涯'。而你当时写了些啥，你还能记得吗？"

姬崇仁不好意思地笑了笑："咋能忘了哩！那是我第一次用心写的作文，虽说是跑了题，但写的都是我的心里话。"

赵善人感兴趣又好奇地插话发问："你这个小碎娃儿，当时写了些啥？"

"人么！人生苦短，慨当以慷。既知吾生有涯，我想在有限的生命里办成些大事。"

赵善人继续问道："大事？啥大事？"

姬崇仁颇为激动地站起身来，紧握起拳头："为咱周原人家除三害、兴三利。除三害就是灭土匪、禁烟土、减赋税。"

赵善人不禁连声称赞，继而又怀疑地看着面前的这位姬府大少爷："写得好，写得好！土匪、烟土、苛捐重税，确实是咱周原人家的三大祸害。该灭、该禁、该减！你当时小小年纪的碎娃，竟会有如此深刻的见识，文章该不会是抄袭别人的吧？"

姬崇仁沉重地摇摇头："文章中表达的想法，自然是会受到长辈大人们的一些影响。但周原上的那些祸害，就是碎娃，也都看在眼里，甚至亲身感受。我……直到今天，我还是真心想除去这三种祸害呀！三害不除，周原岂能安宁？"

赵善人深有同感，听得入了神。

杜先生拍拍赵善人的肩头："赵先生呀，你还不知道这个姬府大少爷所要兴的是哪三利哩！建学堂，疏东湖，卖烧酒！"

赵善人一时没有弄明白："啥？啥？卖烧酒？"

未等杜先生和姬崇仁答话解释，突然门外有人进来报告：姬府来人传话，府中来了省城的客人，姬老爷去了岐山周公庙不在府上，请姬大少爷早些回府。

谋划筹议新学堂的"差事"，有了初步结论，暂告一个段落。姬崇仁和赵善人告别离去，杜先生和白学才出门送客。

刚才高谈阔论、余音绕梁的那个陋室外间，人去屋空，突然安静下来。一直紧紧关闭着的那扇通往里间的隔门，"吱呀"一声打了开来。杜先生的千金小姐杜伊人，小心翼翼地走出隔门，观察了一下外间的情况，手抚胸口，大喘了一口气。

原来，伊人并不知道舍宅中当日将有客人光临。正当她满头大汗、仅着内衣、热火朝天在外间忙碌家务时，门外忽然传来越来越近的男人说话的声音。

伊人看着自己不修边幅的模样，不禁大吃一惊。

回头一望，外间的屋门似乎只是虚掩着，而说话声音已近至门口。惊慌失措的伊人，一把抓过自己刚才干活脱下的外衣，匆匆躲进里间，并从里面牢牢关闭了隔门。

外间的"差事"进行期间，身在里间的伊人正陷入进退两难的尴尬境地。伊人无奈，索性悄悄坐在紧靠门边的小凳上，认真听起了外间人们的谈话。

隔墙有耳。外间的所有谈话，都被里间的伊人听得一清二楚。谈话的内容，引起了她的兴趣。她津津有味地听着，不时点点头，默默表示着赞同。为了听得更清楚一些，伊人不知不觉将自己坐着的小凳越挪越近地靠在隔门处。

其中一个人的谈话，使她感觉更加入耳、入心、入神。"人么！"她感慨又有些调皮地轻动口唇无声学着那人的口头语。

说这些话者，究竟是何等人物呢？只闻其声，未见其人，岂不遗憾？伊人蹑手蹑脚地从小凳上立起身来，扒在隔门处，企图从门缝中窥看外间的谈话人物。

当听到那人的人生志向是"卖烧酒"时，伊人一时忍不住差点儿笑出声来，不觉触碰到脚下的小凳子，发出了轻微的声响。就在她缩脖伸舌一副惊恐状、生怕惊扰了外间谈话时，幸亏又有来人催促，结束了外间的"差事"。

杜先生倒背双手回到居处时，脸上似乎还残留着兴奋的神情。

见到伊人就在屋里，杜先生不免有些奇怪："伊人，刚才你去哪儿了？"

"我就一直在里间待着哩嘛！"伊人似乎很平静、正常的神情。

杜先生一时没弄明白。

伊人急于辩白："我正在屋里干活哩，突然就听到有人来，衣冠不整不好见人，只好躲进里间。到后来，也就更不方便贸然出来了。爹，我可不是专意偷听你们谈话的噢！"

杜先生不在意地摆摆手。"没啥，听听也好嘛。你听了之后，觉得咋相？"

"啥咋相？"

"来人的谈话，咋相？谈话的来人，咋相？"

伊人略一沉吟。"我是只闻其声，未见其人么！不过，那个你把他叫崇仁的人，谈得很不错。有理想，有志向，有才华，有见识。"

杜先生抬眼望着女儿："这么多有，评价很高嘛！你知道他是什么人？"

"听口气，好像是爹过去的学生吧？"

"他叫姬崇仁，是姬府的大少爷，也就是你见过的那个名叫怀玉的小女娃她爹。"

"怀玉他爹？"伊人脸上不自觉地现出一丝莫名的复杂情愫。

收回飘远了的思绪，伊人想起了现实中的问题——自己明天就要返回岐山了。

"爹，我明日就回家了，你给我娘还有什么话要捎吗？"

杜先生不经意地回答："捎话？没啥话要捎。"

话音刚落，杜先生慈爱地望着女儿，又改了口。"噢！不，有话要捎，要捎一句最重要的话。"

伊人惊疑地停下了手中正在干的活计："啥话？啥最重要的话？"

杜先生半开玩笑半认真的口吻："告诉你娘，要是有人到咱屋给你提亲，她可不敢轻易应承！没有我的批准，谁也别想把我的宝贝女儿娶走！"

"爹！你说的啥嘛……"伊人害羞地扭过脸去。

三、周公庙

大少爷忙于"兴学"的"差事"，三少爷踏上远赴汉口的行程。老爷既没有与老大一同当差，又没有亲自为老三送行，而是领着长孙去了周公庙。

周公庙坐落在岐山县城西北不远的凤凰山麓。周公去世后，当时的人们即在此建祠祭祀。千百年来，历朝历代不断扩建修葺，遂形成了一处规模壮观、香火兴盛的庙宇建筑群落。

常年在邻县凤翔居住生活的姬府大老爷姬秉礼，当然是周公庙的常客。毕竟有着好几十里地山路的距离，姬府全家老少阖府前来共同参拜机会并不是太多。这回专程前来周公庙的目的，老爷对外宣称是为老三远行祈祝平安，其实他想祈求祖宗神灵保佑的人和事还有太多太多。亲自带领姬府唯一的孙男实现他对祖庙的初次参拜，更是包含了爷爷内心的万千寄托。

姬秉礼领着孙子姬怀远，行进在庙前的山路上。远远望去，山峦起伏，绿树掩映，庙宇建筑的丹楹灰瓦隐约可见。走近山门处，古柏参天，绿荫蔽日，一派令人肃然起敬的氛围。

怀远好奇地东张西望着："爷爷，这就是周公庙吧？我还是第一次到这儿玩呢。"

"今日咱爷孙俩到这儿，可不是为了游玩哦！咱们是来拜祖的。"姬秉礼一副严肃的神情。

"拜祖？周公是周文王的儿子，周武王的弟弟，周成王的叔叔，他们都是姓姬的呀！为什么偏偏周公成了我们姬家的祖宗呢？"

听到怀远如此一问，姬秉礼颇为宽慰。

035

"我的小孙娃，懂得的还不少嘛！周公吐哺，天下归心。在周公管理国政时期，天下的老百姓曾过了一段相对平安富足的生活。为了纪念周公的历史功绩，姬氏的一支后人就奉周公为初祖了。"

怀远一副好学求知的神情，认真听着爷爷的话语。忽然他的眼光被山门上的额匾所吸引："爷爷，那句话是什么意思？"

山门额匾上，"飘风自南"四个大字清晰可见。

对于怀远求知多问的态度，姬秉礼非常满意。他想起了孔夫子当年入太庙"每事问"的典故。不耻下问，不懂就问，多问多知，是为礼也。

姬秉礼一指周公庙周围的山势："飘风自南，出自《诗经》中的诗句。意思是说，周公庙的地势三面环山，春风只能由南飘然而入。"

怀远仔细观察着周围的山势，小大人似的点点头，表示认可："此话说得不错。确实只有一个南向的山口。"

姬秉礼笑了笑，似乎又突发联想地自言自语。

"飘风自南……，这就像当今的中国。中山先生的先进主张，由南方向北方传播。国民革命的希望，也是由南向北燃起。"

"我二叔就是去了南方，说不准也参加了南军革命哩！"

怀远童真的插话，一时触动了姬秉礼的心思。思子的心绪油然而生。先祖周公的神灵啊，能否知晓您的一个后代子孙姬崇义的确切下落呢？

爷孙俩走进周公庙的主要建筑区域——三公殿。三公殿内，居中的是主殿"周公殿"，两座偏殿"召公殿"和"太公殿"紧依其傍。召公殿的供主是周公同父异母的弟弟召公，太公殿的供主是民间传说很广的姜太公姜子牙。三位有作为的历史人物，在此同受后世人们的敬奉纪念。

当爷孙俩完成了在周公殿行礼如仪的正式拜祖程序之后，退殿而出，在殿前庭院稍作休息。

姬秉礼想到：自己竟然在周公神灵面前祈求了如此之多的事项，真是有劳祖宗了。他又想起怀远刚才一本正经跪拜的样子，不禁发问："孙娃，你刚才在祭祖跪拜时都祈求了些啥？"

"我只向祖宗发誓了一件事：我长大后，一定要成为像周公一样报国、救民的好人！"

听到孙子的回答，姬秉礼有些惊讶："你个碎娃，好大的志向！报国！救民！谁教你的？"

"我爹！"

"孙娃呀！你有一个好爹！"姬秉礼由衷而言。

"我也有一个好爷爷！"怀远也是由衷而言。

"应当这么说，是爷爷我有一个好孙娃！"姬秉礼一边说着一边想起一桩往事。

许多许多年前，姬秉礼和太太孔氏曾带着尚是童稚少年的三个儿子崇仁、崇义、崇德，一同参拜周公庙。就在这三公殿前的庭院中，望子成龙的姬秉礼曾语重心长地教诲自己的三个儿子："三个娃呀！希望你们能像周公、召公兄弟一样，一辈子走正道、办大事、做好人！"

如今三个儿子各有各的情况，姬秉礼思之，不禁怅然。

就在这工夫，好奇的怀远又另有发现。从三公殿望去，不远处有一座殿院。游人香客甚多，但大多数都是成年女人。

"爷爷，那里又是什么殿？"

姬秉礼又给孙娃讲了一段古。

"那是姜嫄殿。天荒地老之时，黄帝与炎帝共领天下。姜嫄就是炎帝族里的女子，后来成了黄帝族里的媳妇。司马迁《史记》中说，姜嫄曾神奇地生下了一个男娃，名字叫作弃……"

怀远认真听着，雀跃抢答："弃？……我知道，他就是后世的农神后稷么！"

姬秉礼满意地笑着点头："是啊！弃是传说中教民耕种的人。后来建立周朝天下的周文王、周武王，当然也包括周公，都是弃的后人。"

怀远一边听着爷爷的讲解，一边观察着姜嫄殿那边的情形。

"爷爷，弃的娘姓姜，我的娘也姓姜，我又是弃的后人。那我是不是也该到姜嫄殿去烧烧香、拜一拜？不过，我怎么看着，在那儿烧香的都是些女人家呢？"

姬秉礼忍不住笑着逗弄自己的小爱孙："现时变了。周公庙里的姜嫄殿成了祈求生娃的神殿了。怀远小孙娃，你现在就去给自己求子，是不是还早了些?"

怀远感到有些不好意思，遂放弃了前往姜嫄殿看看的愿望，径直向周公殿前的献殿跑去。

周公庙内，保存有不少诸如碑刻、匾额之类的古物。庙内各处建筑的楹柱上当然少不了历代文人撰著的楹联。对于不通古文的人们来说，别说理解其中的内涵，能够完全辨识楹联的所有文字并通读下来，即属不易。

祖先传下来的文字实在太多，误识错念之事本不足怪。但生活中常常会有这种情形，越是当众念出错别字时，念的声音偏偏越大。当众出糗，自己却还浑然不觉。

眼下就出现了这样一幕。

献殿前，有人还在磕磕巴巴、断句错误地大声念着献殿两侧的楹联。"制大礼作、大乐并戡、大乱大德……"

"你念的不对！"怀远忍不住上前喝止纠正。"制大礼、作大乐、并戡大乱，大德大名垂宇宙；训多士、诰多方、兼膺多福，多才多艺贯古今。爷爷，我念的对吧？"

姬秉礼并不想对孙子当众纠正别人错误的冒失行为作出评价，而是说明解释了楹联的内容意思。

"这是后人总结周公一生的作为、称颂他的功绩哩！周公了不起呀！真是咱周原的荣耀！"

姬秉礼话音刚落，旁观的人群中一个江浙口音之人插话表示异议。

"老先生说的并不全对。周公不仅是周原的先祖和荣耀，还是全天下姬姓人氏的共同先祖。鄙人也姓姬，江浙人氏。我们家谱上就明确记载，初代先祖正是周公。"

说话的是一个身着戎装的军官。

"这位兄弟，看来也是咱姬姓族人。你这是……"姬秉礼拱手招呼。

姬姓军官"啪"的一声，磕靴立正，行了一个举手军礼。"兄弟所属的部队，原驻南方，现移防路过此地，特顺路拜谒先祖周公之庙。"

姬秉礼似乎联想起什么，立刻关切地询问："江浙……南方……。对不住，这位兄弟，我想打问一件事。你在南方可曾听说过来自周原的姬姓子弟？"

一直在旁抬头听取大人谈话的怀远，完全明白爷爷的心思，心急口快地插了话："就是我二叔姬崇义。"

"姬崇义……姬崇义？好像……让我想想。"姬姓军官摘下戴着的军帽，挠了挠头皮，口气不定地沉吟着。

正是这番贸然的打探，使得姬秉礼的这次周公庙之行有了意外的收获。那位姬姓军官说：曾在南方某战地医院的一个重伤员病床前的名牌上看到过"姬崇义"三字。因为同是姓姬、同是姬姓"崇"字辈，所以就多看了两眼。至于究竟是不是确系"姬崇义"三个字，尚不敢肯定。那个重伤员的下落如何，更是一无所知。

这一星半点且又真假难辨的消息，促使姬秉礼立即结束了周公庙的行程。他想尽快返回姬府，把这消息告诉老大崇仁，商议该如何行动。

离开周公庙的马车上，坐着一个归心似箭的爷爷，还坐着一个留恋不舍的孙子。

怀远扭头回望渐渐远去的周公庙，似乎有一种割舍不断的情缘留在了这里。

姬府与周公庙确实有缘。姬府三代人都曾在此演绎了各自的传奇故事。就拿眼前这位马车里的孙少爷来说吧。十余年后的某一天，由于叛徒的出卖，青年革命者姬怀远就在周公殿前险遭危难。当时出手搭救他的，乃是一位有着前清御前带刀侍卫背景的绿林好汉。两人后来成为结拜兄弟，又是革命战友，一同兵变起义，一同会师陕北……。而两人结识的缘由，竟然是因为姬府前辈、前清遗老姬秉忠归乡途中在周公殿台阶上崴了脚。当然这些也都是后来以及后来后来的故事了。

四、有凤来翔

话说姬崇仁由书院匆匆回到府中，方知省城来的贵客乃是太太孔氏的内侄、自己的表弟孔启民。表兄前去省城那是常事，表弟到访凤翔还是首次。崇仁虽然年长几岁，但通过几次接触，由衷地敬佩这位见多识广、睿智干练的大学生表弟。

一见面,崇仁就高兴地说道:"只说是府里来了客人,真没想到是你!你这个稀客,还是第一次来凤翔吧!嘉宾光临,姬府有幸!凤翔凤翔,有凤来翔啊!"

听闻表兄调侃,启民也拽起文来:"区区小可,岂敢当来翔之'凤'的美称哟!"

崇仁一本正经地说着:"大学生嘛,岂不就是人中之凤!看来凤翔这个地方就是与凤凰有缘呐。"

对于凤翔这座著名的古城,启民心中仰慕已久,当然也清楚其地与凤凰之间的渊源。

凤凰系姬姓周人先祖崇拜的图腾,故周原有许多自古流传下来的与凤凰有关的地名,其中就包括"凤翔"之名。凤翔之地,古称雍州、雍城。早在《诗经》所描述的时代,即有不少有凤鸣于岐山、有凤翔于雍地之类的传说和记载。这块神奇的土地,早早就与凤翔之名结下了不解之缘。自唐代起,凤翔始成为地域区划的正式名称。其后,凤翔郡、凤翔府、凤翔路、凤翔县、凤翔区……,建制辖域历代虽屡有变易,但"凤翔"之名始终沿延不断,流传至今。

此次到访凤翔,启民并非无故而来。当然,他也想利用这个机会了解当地的风土人情和民众现状。崇仁充当了热情的向导。

表兄弟俩在街道行走时,途遇的不少路人纷纷驻足主动与崇仁寒暄问候。

"大表哥,认识你的人还不少嘛!可见人缘不错。"启民见此颇有感触。

"我跟着我爹坐堂问诊已经好多年了,这里有不少就是我诊治过的病人。"

就在崇仁解说的工夫,附近几家经营餐食小吃的店主纷纷围拢了过来。他们都曾在"恒泰和"药材庄问过诊、抓过药。看到姬府大少爷领着一个洋学生模样的客人走来,很想免费招待、尽尽心意。

各家店主七嘴八舌地争着宣报各自经营的吃食品种。崇仁笑着摇手,表示了谢绝之意。

"呀!周原上的吃食品种可真不少!"启民扳着手指头,早已记不下刚才店主们所报吃食品种的数目了。

崇仁当然也很想夸耀夸耀家乡的美食："周原上的面食天下闻名，千百年来老祖先留下的传统么。就拿面条来说……"

启民笑着抢先说道："我早就听说过了。最有名的就是岐山臊子面，讲究的是面要薄、精、光，汤要油、煎、汪，味要酸、辣、香。其他还有什么浆水面、蘸水面、刀削面、刀拨面、手扯面、麻食面、花花面、麦仁面、菠菜面……我还没说全吧？"

崇仁热情相邀："咱今日不说面，也不吃面。我领你去尝尝西府有名的腊驴肉夹馍，再喝上一碗凤翔豆花汤，咋样？"

启民好似心不在此，神情颇为落寞："吃啥都无所谓。大表哥，咱们还是去东湖看看吧！"

水面不大的东湖，因在凤翔城东而得名。东湖的前身，古称"饮凤池"。池容有限，后几近干涸。至宋朝时，大文豪苏东坡初入仕途就来到周原。时年二十多岁的苏东坡，血气方刚，锐意进取。他在任职凤翔期间办成的许多好事之一，就是把几近干涸的"池"疏浚扩建成了"湖"。东湖之名，也是由他亲自定名的。

漫步东湖之畔，看到的景色让启民很失望。凭栏望去：浑浊的湖水，不大的水面，残破的亭榭，依稀的垂柳，零落的游人……

"据说当年苏东坡浚疏建成东湖之后，凤翔民众颇享蓄水防洪之利和园林湖柳之美么！"启民感慨而言。

崇仁并没有听出此话中对现状的失望之感，只是领会了其中对苏东坡的赞美之意。"疏建东湖确实是东坡先生当年为凤翔民众干成的一件大好事。人么！人过留名，雁过留声。办过好事的人，后人总会记住他们的。东湖岸边，至今还有苏公祠留存么！"

"当年东坡先生由老家四川来到凤翔，不仅建成了东湖，还留下了不少赞美东湖景色的诗文。四川才子任职凤翔，干了好事，作了美文，'有凤来翔'，此其谓也！"启民说着，不无遗憾地一指："但看看现在的这个东湖……充其量也就是稍大一点的臭水潭子而已。东坡先生倘若在世，不知该作何感想。"

崇仁对此深有同感："东湖曾是凤翔的骄傲。东湖柳就是凤翔三美之一么。如今……唉！我小时候的一个人生理想，就是重振先贤东坡先生的事业，在自己手中再度疏通东湖。……可是现在又觉得，当下兵荒马乱，民不聊生，疏东湖、栽岸柳之类，好像还算不上是什么当务之急的大事。"

启民被崇仁的话语所触动，陷入在一种痛苦思索的情境之中。

"当务之急？当务之急……，什么是现今中国的当务之急？我的一些老师和同学也曾反复讨论这个问题。辛亥之后，前清皇上退位了，袁大总统上台了，国民革命难道就是取得成功了吗？我们时常感到非常迷茫，不知该去向何方……"

同启民相比，崇仁觉得自己的眼界和胸怀不够开阔，遂由衷发着敬佩之言。

"你的老师和同学，我也曾见过几个。好像个个都是忧国忧民、谈吐不凡啊！"

启民长长叹息一声，做出拔剑四顾的姿态："唉！……拔剑四顾心茫然呐！寻求一种理论，摸索一条道路，找准一个方向，形成一股力量，或许这就是我们的当务之急吧！"

突然，远处的湖畔传来一阵喧闹声。

两人循声寻去。

岸边草地上，停放着两具显然是刚刚打捞上来的溺水死者。浑身湿漉漉的船夫，还在一旁张罗着。周围旁观的游人中，有惊叫者，有垂泪者，也有似乎幸灾乐祸的冷言嘲弄者。

打听之下，船夫似乎颇知内情："惨呐！当哥的是个老实农户，交纳不起越来越重的赋税，去找为弟的借钱。谁知那个为弟的因吸食大烟而债台高筑，也正要找当哥的借钱。走投无路，兄弟俩手牵手一起投湖自尽了！"

崇仁和启民二人不忍心在死者面前停留过久。哀叹之中，起步离去。

"唉！这就是当今社会的现实！大表哥，过些时候我准备和几个同学去北京求学，要让我们的眼界更开阔、更高远一些。"启民接着又说道，这次来访凤翔，就是动身赴北京之前向姬府家人聊表告别之意。

"和你们比起来，大表哥我就像个井底之蛙，只想着办学堂、疏东湖、卖烧酒之类的细务俗事。"崇仁似有自惭形秽之感。

启民则诚恳指出："不，表哥要办的也都是些好事、正事。只是眼界不要只盯着周原。周原是天下的周原,天下是包含着周原的天下,周原不可能成为脱离时势大局的世外桃源。大表哥在周原生活、做事,也应时常关注省城、京城的消息动向。"

崇仁信服地点着头,似有所悟地思索着。

二人离开湖区、将要乘坐马车回府时,崇仁好似突然想起一事:"启民,劳烦你就在此稍候片刻,我去去就回。"

崇仁返身急步回到湖畔。

湖畔停放溺水死者处,刚才打捞死者的那位船夫已换过湿衣,披着外套,圪蹴着抽旱烟。

"这位乡党,请问你是否认识这俩落水死者的家人?"问话者是匆匆赶到的崇仁。

"认得么!这兄弟俩我都认识。已经去传知他们的家人了,马上就会到了。"船夫立起身来,莫名其妙地望着这个管闲事者。

崇仁从怀中掏出了四块银圆递给船夫:"麻烦你把这转交给死者家人。唉!也是太可怜了!"

船夫一时愣住,似乎不敢相信,不敢伸手接钱。

"素不相识,平白无故的……这么多的钱!"

崇仁急着去招呼启民,直接将银圆塞进船夫手中,扭头就走了。

"这位好心的先生,您贵姓?留下尊姓大名么!日后也好让死者后人报恩么!"船夫一边拱手致谢,一边高声追问。

崇仁头也不回地摆摆手径直走了。

一旁观看的游人中,有人悄声议论:"好像是姬府的大少爷。""为啥要给这么多的钱哩?""这钱要是给我该有多好哇!"

已经走远了的崇仁,当然没有听到这些议论。

有道是世事难料、人心叵测。行善者的动机和行为,很难为心灵扭曲者所理解。施善固不图报,但好心不得好报的现实,总会让人嗟叹。就因为一时出自怜悯之心而为素不相识者施舍了四块银圆,姬府大少爷姬崇仁给自己惹来了一场小小的麻烦。

043

五、生要见人，死要见尸

由周公庙拜祖返回府中后，姬府老爷姬秉礼交代的第一件事，就是安排家宴、为来访的孔启民接风。

酒席摆好，主客入座。姬老爷见布菜已毕，便起身端起了酒杯。环视一圈，奇怪地向崇仁发问："怀远、怀玉那俩小娃儿哩？"

崇仁恭敬地解释着："我怕俩小娃儿在场，大人说话不方便。再说按规矩他们也还没到可以上桌的时候。"

姬老爷迟疑了一会儿，又将手中端起的酒杯放回了桌面："都是自家人嘛，没有关系。叫来，叫来，小娃儿们来了更热闹。"

怀远和怀玉本已被安排在了另处就餐。怀远一直端坐着，不动碗筷。怀玉则表达着不能与长辈共餐的遗憾。

"哥，咱们什么时候才能长大呀？"

"到长大的时候就长大了，你急什么呀！"

"我想和咱爹一起吃饭，听大人们说话。"

怀远颇为自信地告诉妹妹："那你就像我一样，先别吃饭。会叫我们过去的。不信？你等着看吧。"

话音刚落，果然传来了爷爷传召的消息。怀玉佩服地看看哥哥，怀远则得意地笑了笑。

小娃儿们到了之后，餐桌旁顿时热闹了不少。

姬老爷再次郑重地端起酒杯，致辞祝酒。

"启民就要进京念书去了。临行之前，还特意来周原告别，真是个好娃呀！今日本是为他接风，可刚听说明儿一早就要走咧。来来来，都端起酒盅，能喝不能喝，都表达个为启民送行祝福的意思吧。"

酒未过一巡，俩小娃儿就耐不住了。

"表叔，表叔！从周原到北京，骑快马要走几天呀？"怀远拉住启民的胳膊抢先发问。

"快马……？"启民尚在沉吟间，怀玉又拉住了他的另一只胳膊表达着自己的心愿。

"表叔,我长大后也要到北京去念书呀!"

孔氏闻言嗔笑了起来:"你个小女娃家……"

启民回首笑着对孔氏解说:"姑,现在时代不同了。女娃进京读书、出洋留学的,也多得很了。"

"这我知道。我是说这娃还年岁小小的,就总去想长大以后的事,未免言之过早。谁知道以后是个啥样的世道?"孔氏面露忧戚之色。

崇仁站起身,把缠在启民身边的怀远、怀玉分别拉回到他们各自的座位:"你们表叔就要走呀,让他好好吃个饭,和你们爷爷奶奶说说话,你们两个不要麻缠个没完没了。"

席面上安静了起来。孔氏一面为启民添饭加菜,一面诉说着家常话儿。

"启民娃,你回省城就对你爹说,你姑全家人都好着哩,让他放心。过些日子,姑全家人找机会一搭儿去省城看望他呀。"

怀玉忍不住插话:"奶奶,奶奶!不是全家人,咱家人不全!我二叔三叔都还没回来!"

怀玉的无心之语,似乎戳动了大人们的心。

席面上一时冷场。

孔氏愣怔了一会儿,勉强打起精神,重新拉起家常。

"我娘家在省城亲戚多,七大姑八大姨的。启民你就替我问候到,不要失了礼数。"

启民点头应承着。

突然,"啪"的一声拍桌声响。众人皆吃了一惊。

原来是姬老爷由孔府的亲戚众多联想到目前姬府的人丁不旺,心中难免郁闷,一时忍不住拍案而起,并且大声发着感慨。

"唉!太冷清了,府中实在是太冷清了!全家人一搭儿吃饭,也凑不满一桌子。这个家,该添些人口咧!"

当日晚间,崇仁至后院父母居处问安。见父亲因心绪不佳已然睡去,便站在屋外与母亲孔氏悄悄说了几句话。

"娘,今日席间,怀玉提说起我二弟的话题,无意中又伤着了娘心里的痛处。娘的伤感，孩儿看在眼里，心里也疼啊！"

孔氏指指屋内："不说这些。有你这个好儿子，有怀远怀玉一对好孙娃，任啥坏事恶事伤心之事，娘还能经得起。倒是你爹，今日酒就没有喝多少么，但还是借酒把心里的难场话当众说了出来——他是担心咱姬家门庭冷落、子嗣不旺啊！"

崇仁又告诉孔氏，自己与启民还有些话没有说完，打算明儿单独多送他一程，途中还可以接着再谈。

第二天一早，姬府全家人聚在门前为启民送行。

马车就要启动时，姬老爷突然又想起了一件事，大声交代着："启民啊，我忘说了一句话。你到北京后，记着要去崇仁他二叔府上多走动走动。就说我这个当哥的，一直记挂着他哩！希望他有朝一日能够回到咱们周原老家来。"

启民答应着，与崇仁一起登车出发了。

送行途中，表兄弟俩弃车步行走了很远的路，也谈了很长时间的话。谈话的内容其实只有两项，两人各谈了一件重要的事情。

崇仁所谈的事项，就是为周原新式学堂审批校名大号之事。听了崇仁关于所拟办学宗旨、开设科目、建校思路等方面的情况介绍，启民表示：这是正事好事，理当尽力协助。赴京之前，将抽空去拜访几位省城的老师，相信他们一定会帮忙的。"家父当然更会为办成此事而略尽绵薄之力。"启民交代，崇仁就不必往省城跑了，暂且留在周原等着听消息。

启民所谈的事项，似乎并不好启齿开口。直到将要分手时，启民才最终下定了决心。

"送君千里，终有一别。大表哥你就此留步吧！其实，……我这次来，本是有个消息想告诉我姑和姑父。可是，一来消息本身不一定准确，二来看我姑身体状况很是不好，怕她一时难以承受，所以几次话到嘴边，终还是说不出口……"

崇仁的神情顿时紧张起来，迫不及待地追问起来。

"我就觉得你有话要说么！吞吞吐吐，欲言又止的！快些说！是不是我二弟崇义他……"

启民迟疑地点点头："听说崇义二表哥在南方投笔从戎，参加讨伐袁世凯的'二次革命'，战斗中负了伤。有人看到他伤势很重，恐怕已……"

"在什么地方？什么时候的事？"崇仁急切地询问。

启民一副不确切的口吻："听说就是年前发生的事。好像是在湖北、江西一带。他当时所在的部队的番号倒是打听清楚了。"

崇仁的神情瞬息间变幻着：震惊、疑惧、思虑、决断……

"我去找他呀！为了我娘我爹，我一定要得到崇义的准确消息。生要见人，死要见尸！"

启民担忧地问道："那你咋跟我姑、我姑父说呢？"

"万不敢直说，那还不把我爹我娘急得失塌咧！我就以接三弟为由，走趟南方。唉！也不知我三弟现在怎么样了……"

瑟瑟冷风中，崇仁挥手为启民送别。未待启民乘坐的马车走远，崇仁急切地登上了自己的随行车辆，朝着返回城里的方向匆匆而去。

六、好人难做

崇仁送走启民后，并没有返回姬家大院，而是直奔"恒泰和"药材庄而去。他知道父亲此时正在坐堂接诊。由于刚刚获知的二弟的消息，使他迫不及待地想见到自己的父亲。

一路颠簸中，坐在马车里的崇仁闭目思索着：有关崇义可能伤重身亡的消息，要不要对父亲和盘托出？如何在不使母亲生疑的情况下，提出自己南下的合适理由？如果自己南下远行，手头上又有哪些事务急待料理？思路尚未理清，马车已行至药材庄门前。

进入屋内，父亲果然正在为一位病人开列药方。喘息未定的崇仁，朝着前来迎接的伙计无声地摆摆手，示意不必惊扰接诊中的姬老爷。

崇仁随即转入里间账房处，见到了正在忙碌着的药材庄田账房。

"田账房，账簿我已在前日全部查看过了，咱'恒泰和'药材庄去年的经营收入还是很不错的。"崇仁向田账房打过招呼后，准备直奔主题。

"那是那是，咱药材庄由大少爷直接经管，老爷还亲自坐堂问诊，'恒泰和'的名气越来越大，收入也就越来越多了么！"田账房欠欠身子回复。

崇仁接着又提出了要求："这些年来，药材生意的收入，已经成了姬府的主要进项。生意要做大，收入要保证，但经营药材，必当把治病救人放在头前，切不可唯利是图啊！"

田账房钦服地连连点头："这话，老爷也反复叮咛过。咱'恒泰和'有规矩：凡穷苦人家，诊费免收，抓药的钱根据情况可减可免，宁可柜上赔本。"

"田账房，我已向老爷禀报过了，准备近日从咱药材庄柜上支用十万两银票，请你早些做好准备。"

田账房有些疑虑："一下子用这么多钱？"

"咱凤翔准备创办周原上的第一所新式学堂，教化育人哩！姬府总该支持支持吧。"

听闻崇仁此言，田账房立刻爽朗应答。

"没麻达！柜上一定早早做好准备。"

崇仁由里间账房处走出时，店面里的老爷已经开好了药方，正在正色规诫着诊客。

"本身没啥大病，只是那烟土不敢再吸了！这方子对你戒烟有些好处，但如果你自己不克制、胡拉海，再好的方子也没有用。看看你现在的这副尊容！小心再继续抽着大烟，神仙老子也救不了你的命喽！"

一个衣着颇为体面但却面黄肌瘦、满脸病容的诊客，接过方子，点头哈腰地猥琐离去。

店面清净起来。

姬老爷搓搓手，抬眼望着崇仁："启民送走啦？你这会儿来药材庄，是有急事吗？从周公庙回来后，我就有话要对你说，启民一来就把这事给岔开了。"

崇仁恭敬地向父亲汇报："爹，捐助新式学堂的款项已经筹措得差不多了。待我明儿一早和赵伯再核实一下账目，就可以移交给学堂的杜先生了。校名审批之事，也已请托启民表弟关照，省城那边近期就会有消息的。"

"嗯！这事办得不错。"姬老爷露出满意的神色。

崇仁稍作停顿，鼓足勇气似的继续说着。

"爹，夜来我梦见我三弟了。梦见他在汉口的差事好像办得不是太顺……"

姬老爷不由自主地叹了一口气。

"唉！老三毕竟年少啊！以往也没独当一面干过事。放他走后，我就有些后悔。这几天，我也是有些眼皮子跳啊！"

"爹，让三弟早些历练历练，本是好事。人么！人在世上炼，刀在石上磨。万事总有个开头，不过三弟的这个开头，开得确实有点远。"

"远是稍远了一点儿。不过，老大你很小不就是经常出门、走南闯北了吗？"

"当初汉口这差事就该当着我去。看着三弟急切心热的样子，我心一软，也没好意思再争。现下还是让我再跑一趟吧。如三弟遇着什么难事，我也能帮助处理处理。如没啥情况，兴许半道上就把返程的三弟给截住了，我们一搭儿回来。"

老爷沉吟不语，盘算考虑之中。

药材庄门外不远处，有喧闹声传来。

伙计进门禀报，门外有人聒噪，说是要找姬府大少爷算账！

崇仁莫名其妙，疑虑着跟随伙计出了门。

门外，七八个披麻戴孝的丧客聚在一处。看见崇仁，众丧客立刻齐声呼天喊地地号哭起来。

一个丧客冲上前来伸手想要抓住崇仁的前襟。

崇仁十分意外地愣在原地。

药材庄伙计大为恼火，一把打落了那个丧客的手臂。

其余丧客气势汹汹地围了上来。

不远处，有人手持竹竿呼喊而来。来人就是那位打捞溺水死者的东湖船夫。

姬老爷在药材庄内有些担心，不明白外面发生了什么事情。

不一会儿，崇仁颇有些狼狈地返回店内。

"咋？发生什么事了？找你算啥账哩？"老爷关切地问道。

崇仁苦笑着摇头："日前我和启民游览东湖，有人投水自尽。我看着可

049

怜，留下几块银圆，让人转交给死者家人。刚才就是死者家人穿着丧服，找我来闹事哩！"

老爷没有听明白："闹事？是来感谢你的吧？"

"死者家人责问说，凭啥平白无故留下几块银圆，肯定是我当时见死不救而心怀愧疚么！……唉，大概是还想着讹几个钱而已。"

"那你咋处理的？"

崇仁似乎松了一口气："还没等我反应过来，当时打捞尸首的船夫赶来咧。他了解当时的情况，也十分厌恶闹事者讹钱的行径，一顿竹竿连骂带噘就把他们撵跑了。"

老爷意味深长地看着崇仁，以略带嘲弄的口吻慢慢说了一声："人么……"

刚才护卫崇仁的那个伙计返回店内，气愤不平地说着："天下竟有如此不知好歹、恩将仇报之人！唉！好心不可滥、好人不可做哟！大少爷，没事了。那些人临走之前，都表示认错咧。"

老爷安抚了几句，便将那个伙计打发出外去办事。

店里只剩父子俩时，老爷面色凝重地开了腔。

"刚才说的去南方之事，你就去吧！不过，除了去接老三回来，你再专程去打探一下老二的情况。"

崇仁刚才正在发愁，不知该如何提起有关老二之事的话头，不料老爷竟先提说到了此事。

"爹，是不是有了我二弟的消息？"崇仁疑惑地盯着父亲。他知道，启民所说的情况，父母并不知晓。

老爷长吁了一口气，缓缓说起了周公庙偶遇姬姓军官听到的消息。

"唉！有影儿没影儿的事！这事到现在我也没敢对你娘说。"

不同的消息来源，都指说二弟可能在南方负了重伤，大大增强了这个消息的可信程度。崇仁心里更加着急，但他不想加重父亲的担忧。

"我二弟机灵得很，不会有啥事的。那位军官并不敢确认就是姬崇义这三个字，再说天下同名同姓之人也多得是，哪会那么巧哩！……爹，我把手头上的要紧事抓紧料理清爽，一两天内就动身呀，争取早去早回。"

知子莫若父。知父莫若子。从崇仁的宽慰话语中，老爷似乎感到了一种安然。

"对！老二不会有事的！你寻着他时，哪怕强拉硬扯，也要把他带回周原。我要在周原给他成个家，拴住他！"

崇仁打定主意，远赴南方去探寻二弟的准确下落。要去，就得尽快出发。早去才能早回。早回，才能不耽搁年底前的父亲六十大寿。

崇仁心里盘算着，究竟有哪些事情是必须在出发之前完成的呢？

七、寒酸的富豪

崇仁即将匆匆远行。仓促成行之前，父母的安顿、子女的嘱托、府务的交代，都必当妥善完成。除此之外的杂事细务虽然还有很多，但崇仁觉得必办不可的事项其实只有两件。一是兴建新式学堂所筹善款的移交，二是赵伯赵善人的生活安置。

自从去过赵善人的陋舍，亲眼看到其简朴孤寂的生活状况，崇仁的恻隐之心油然而生。他没有想到：一个如此有钱的富豪，竟然过着如此寒酸的生活。一个行善无数的好人，为何身陷如此孤寂的境地。为什么好人就不能得到好报，善人就不能结成善果呢？崇仁内心为赵善人鸣不平，由此而想到了一条解决途径：邀请赵伯迁至姬府共同生活。这样既可使总嫌府中冷清的父亲有了同年的谈伴，赵善人的生活起居也可得到姬府的照料和保障。

崇仁打算，先将手头杂务料理完毕，明日一早就去登门拜访赵善人的陋舍，当面向他提出至姬府共同生活的邀请，同时也就将移交兴学善款的事项一并办理了。

当日杂务忙完，已是傍晚时分。走在归府途中，崇仁心绪十分复杂。驻足远看，晚霞中的周原，辽阔、苍茫、瑰丽、灵秀。再朝远眺，峰峦起伏的秦岭山脉远山在望。千里之行，关山难度啊！但愿此行能有一个让爹娘放心、安心、舒心的结果。

夜灯之下，姬老爷和太太孔氏尚未休息。老两口儿正在商议着的事项，正是普天之下所有父母最为操心之事——儿女们的婚姻。

老爷俯身朝向病榻上的孔氏，轻声轻语诉说着。

"我把老大也准备支派出门了，去南方寻老二、接老三。一两天内就动身。他走他的，不影响咱们给他纳妾之事。这事儿我都想好了，老大老二纳妾喜事一块办，人回来不回来照样办。"

一辈子夫唱妇随的太太孔氏，向来顺从夫君的安排，此次当然也不例外。她斜倚在床，微微点头，表示赞同老爷的安排。

想了一会儿，孔氏说出自己的担忧之处："只怕一时难以找到合适的人家。"

老爷提出了一个人选："上次孟老板说起了自家的亲妹子，流露出了情愿到咱姬府为妾的意思。"

"听说那妹子为人有些刁蛮，名声不大好听哩。"孔氏疑虑不定地说着。

"咱老辈儿应许过人家……。言而无信，岂可为人？姬府担受不起嫌贫爱富、毁约赖婚之类的说道啊！"老爷颇为无奈的神情。

孔氏以征询的口气，说着自己的意见。

"老大宽厚仁义，恐怕收拾不住这等女子。再说怀远、怀玉这两个小娃，也断难接受此等后娘。要不，让她过到老二门下吧，刚烈的老二会降服她的。"

老爷觉得太太的意见很有道理，边听边点头，并补充着说道："只是给老二做妾室，这事咱们就做主了。但也不能让老二受委屈，将来老二再娶正妻时，那就必得他自己相中应许。至于老大嘛，我倒是为他相中了一个女子，但只怕她家不肯掉价做妾啊！"

另一处的夜灯之下，同样忙碌着没有休息的人，却是赵善人。

赵善人已将自己简陋的住室清理得干干净净。空荡荡的炕上，放着一个收拾好的青布包袱，旁边摆擦着三大册厚厚的账簿类物件。

就着飘忽摇曳的烛光，赵善人盘坐在炕桌前清理一叠票据。这些票据都是他准备明日捐出的善款银票，也是他最后的全部财产。

赵善人将票据分成两份。一份较厚，一份较薄。银票的数量显然有些差别。对这样的分配结果，他似乎有些犹豫。看了看，想了想，两手各持一份又掂了掂。最终做了调整，从较薄的那一份中抽出了几张票据，加添到较厚的那一份中。调整后的票据，分别装入两个封套。

忙完这些，赵善人吹熄蜡烛，和衣躺在光秃秃的炕上，身上只是披盖着一件长袍。

"从明日开始，既往的一切彻底结束了。最后的话，总要对当说之人说说吧？"躺在炕上的赵善人有一个预感：明日一早，那个人必定要来。

所谓"预感"，不同于有所根据的"预判"，更大程度属于一种神秘的直觉。有的预感，结局只是一场缥缈的春梦。有的预感，真就预先准确感知了尚未发生的事态进程。

第二天一早，赵善人的预感就应验了。

如同首次登门拜访一样，崇仁恰在赵善人打太极拳时，来到了其陋舍门前。

赵善人依旧旁若无人地只顾专心打着太极拳。

崇仁依旧耐心站立在远处静静等候。

赵善人依旧是在打完套路收拳之后，才与崇仁打招呼。

"走，进屋！"赵善人径直一声后，率先走进住室。

崇仁随着赵善人进屋后，发现炕桌上已摆放好了两副食具。两碗玉米馇粥，两块锅盔馍，一碟咸菜。

赵善人一摆手，招呼崇仁上炕。

两人上炕后，盘腿对坐在炕桌前。

"我就知道你崇仁今日要来，我就知道你一早儿连口稀粥都没喝就急着来咧！啥话甭说，先吃！克里马擦吃完再说。今日的话儿，多得说不完哩！"赵善人指了指炕桌上已摆好的早餐，催促崇仁赶紧吃饭。

"我就知道你是个善人，但我就不知道你还是个神人。你咋就能知道我还没吃早饭哩！"崇仁也开着玩笑，不客气地大口吃喝起来。

早餐过后，开始办理正事。

赵善人将昨晚整理过的那两个装有票据的封套摆放在炕桌上。崇仁不解地坐在炕桌对面。

"这些银票是给学堂修建校舍用的。崇仁你今日就给杜先生送去吧。"赵善人将炕桌上较厚的那个封套推向崇仁。

崇仁抽出封套中的银票，翻看清点了一番，抬头望向赵善人，认真地说道："这比咱当初说定的数目多了不少！赵伯，是不是你给自己再留下一些。看看你这个室屋也太简陋了么！"

赵善人做着仿佛要抛弃一切的手势："就连这个陋室，我也不准备再要了。"

崇仁不解其意地看着赵善人。

赵善人指点着炕桌上较薄的那个银票封套，敲击着炕桌："我这儿还留这一部分哩，另有用场。"

崇仁关切地问道："我听说赵伯年轻时就突然发了大财，到处做善事，可为啥也不成家，也不立业，一个人恓惶过日月哩？"

"娃呀！老伯的事你倒上心。上回问我，钱财是哪儿来的。这次又问我，为啥不成家立业。今日就打算着给你说个明白哩！实话告诉你，咱爷儿俩拉呱闲谝的机会，恐怕以后还真就不多了。不过，在此之前，我也有两个问题先要问你。"赵善人摆出了一副准备长谈的样子。

八、善缘寺善人遇善财

赵善人向崇仁提出的第一个问题，就是为啥在妻子姜氏亡故后不肯再娶。赵善人的心里，一直想为崇仁续弦之事尽力，其中的障碍缘由总要弄个清楚么。

崇仁实诚地回答了这个问题。

"不肯再娶的理由？……姬家与姜家历史上的特殊缘分，我与姜氏夫人的情深义重，对两个小娃儿情感上的顾忌……。这些都是理由么！还有一条，我曾在姜嫄殿发过誓，太太的名分永远留给姜氏夫人，否则将……。人么！人言天听，岂可食言？"

赵善人听罢崇仁所陈述的理由，十分理解但并不赞同地做出了评价："情义感人，但其实大可不必。"

评价过后，赵善人接着又提出了第二个问题。

"第二个问题嘛，就是关于酒。你曾说要为周原兴三利——办学堂，疏东湖，卖烧酒。办学堂和疏东湖，意思都很清楚。这个卖烧酒，究竟是要干啥吗？"

对于崇仁自小的人生志向，赵善人十分赞赏并且愿意助其一臂之力。但他也想弄明白，这个卖烧酒到底是个什么意思，值不值当给予支持。

崇仁似乎对此踌躇满志："卖烧酒，我就是想着把家乡的酿酒行当做大做强做美，让咱西府凤翔的美酒名扬天下。让天下人都知道，都爱喝，都能喝得上咱的西凤美酒！"

"原来是这个意思。"赵善人似乎对卖烧酒之事不大感兴趣。

看着赵善人淡淡的神情，崇仁不禁反问："怎么？难道这不是好事吗？"

"办学堂，我完全赞成。疏东湖，当然也是一桩好事。"

说着，赵善人将炕桌上的那个较薄的"另有用场"的银票封套，也向坐在对面的崇仁推去。

"这些银票，就是留给你疏浚水道、引水栽柳、修建亭阁时使用的。"

崇仁有些意外，连忙推辞："八字还没一撇哩！现时哪能早早收你这钱呢？"

赵善人的态度却很坚决："这钱你先拿着，到时替我捐纳，也算我赵善人一辈子为疏浚东湖略尽了一点儿绵薄之力。留给别人，我也不放心么。……至于卖烧酒，我就管不了喽！"

"赵伯，你今日这是咋咧？"崇仁感觉到了赵善人好像交代后事一般的口吻，难免有些惊疑。

"我今日给你讲个故事。这故事玄乎得很，我从未对旁人说起过。现在只准备讲给你崇仁一个人听，以后也不会再对人提起。"

赵善人喝了口水，清了清嗓子，开始了讲述。

周原自古多奇人异事。赵善人所讲述的故事，虽然细节的真伪难以详考，但事件本身在方志史书中确有隐隐约约的记载。

……

故事发生在几十年前。

一个原本出身于秀才家庭的少年，突遭变故成为孤儿。生活无着，只能以乞讨要饭为生。周原人家善心人多，小乞丐时常得到父老乡亲的接济。懂得感恩的小乞丐，非常感谢那些善心的人们，自己也很想成为一个善人。行善有时无关钱财，关键在于有无善心。正是出自一点点善心，才彻底改变了小乞丐的终身命运。

那是一个寒冷的雨夜。冻得瑟瑟发抖的小乞丐，四处查看寻找可以避雨的场所，终于发现了一座大门紧闭的寺院。寺院门外，尚有一处残破的前殿，小乞丐在此找到了落脚之地。

雷声频起，雨势稍歇。好似听到殿外有什么动静，胆怯饥寒中的小乞丐，缩身向殿内更隐蔽的黑暗处躲去。此时，他惊恐地看到了殿外发生的一幕。

两个黑衣人抬着一副简易棺材，贼手贼脚地来到殿前。一个脚下一滑，一个趔趄。另一人受到影响，站立不稳而倾倒在地。棺材被摔落在殿前石阶下。二人乘势蹲在殿边喘气歇息，并小声发出抱怨。

"……他自个儿连夜跑路了，却让咱冒雨干这苦营生。"

"唉！这棺材里也不知是个什么人，怪沉的，把人给累失塌咧！"

"刚走到殿跟前，棺木就摔下来了。这是老天爷叫咱俩撒手哩！要不……咱就把它搁毯在这儿。明儿早起，谁先看到，就是谁的差事。爱埋到哪儿就埋哪儿去。"

"我早有此意！趁这会儿雨势不大，咱说走就走。"

话音落后，两个黑衣人丢下那具棺材，拔腿走人，消失在夜幕之中。

躲在殿内暗处的小乞丐，听到这番对话，看到上述情景，狐疑惶惑，未敢出声，更不敢现身。

雷声又起，雨势转大。一道闪电过后，残破殿内供奉的四大天王塑像愈发显得面目狰狞。又冷又怕的小乞丐，缩成一团，忽然觉得有雨水注入脖领。抬头一看，屋顶漏雨处，雨落如注。

殿外雨水拍打棺木的声音传了过来。借着闪电的瞬息光亮，小乞丐看到：摔在殿前石阶下的棺材盖板仿佛开移了一道缝隙，如注的雨水正从那缝隙中流入了棺内。

小乞丐于心不忍，打算移步外出。看看殿外瓢泼的大雨，再看看殿内狰狞的神像，小乞丐几次欲行又止。几番犹豫之后，小乞丐自语着："活人怕雨淋，死人也不该遭受此罪。罢罢罢！我去帮他一把，也算是做点儿善事。"

冒雨前来的小乞丐，奋力将开缝的棺材盖板推正合位。就在棺盖合缝前的刹那间，棺材内仿佛闪出了一道白光。

小乞丐惊疑地一愣，随即又重新用力推开了棺盖，只看了一眼，仿佛不敢相信似的，马上又将棺盖再次合严。

当小乞丐手捂心口，长吁喘气，稍稍定神之后，又将棺盖缓缓推了开来。

棺材里放着满满的金锭、银元宝及其他一些珠玉之类的珍宝。

次日清晨，雨后初晴。

晨钟梵音中，寺院正门打开。

执役洒扫的僧人走出，看到了前殿处竟然有一具盖得严严实实的棺材，棺材旁还睡着一个小乞丐。

僧人及香客误以为小乞丐即是棺主，纷纷指责。

"你这个娃呀！咋能把先人的棺房浸泡在雨中么！赶紧拉走，妥善安葬了去。"

"再穷再没钱，也要把故去的先人安葬好么！"

小乞丐连忙摆手，急切地嗫嗫而言："不是我的！不是我的！"

众人谁肯相信？指责更为严厉。

"不是你的，能是谁的？"

"不认先人的人，还是个人吗？"

小乞丐手足无措，有口难辩。

僧人走近小乞丐，合十作礼："阿弥陀福！这位施主，人生无非是缘。传宗接代是缘，养老送终是缘，悲欢离合是缘，钱财聚散是缘。这棺房中装殓的，或是施主的血脉至亲，或是众生的身外之物。将其妥善安置，既是施主尘世中的责任，也是施主与这副棺木之间的缘分！"

佛法无边，确实有缘。恰在这时，有一牛车路过。

僧人拜托牛车主人行些善事，将这副棺木及小乞丐送到该去的地方。众香客不由分说，七手八脚就把棺木及不知所措的小乞丐一并抬上了牛车。

晕晕乎乎中，小乞丐指引着牛车到达了自身的栖身之地——一处荒凉的山崖，一孔破旧的窑洞。

离开寺院之前，小乞丐回首望去：寺院正门上方，题着"善缘寺"的字样。

……

不用说，当年的小乞丐，就是眼前的赵善人。

"就这样，一夜之间，鬼使神差地我就成了这笔飞来横财的主人……"赵善人的故事讲完了，但神情还似陷入在回忆之中。

听得津津有味的崇仁，好奇心大发，忍不住发问。

"这些金银财宝究竟是谁的呢？本主乃何许人也？"

赵善人缓缓摇头，吃不定地猜测分析着。

"我也寻找、打问过许久，但至今都没有一星半点儿可供查找的线索。也许是土匪正在转移的不义之财，也许是贪官希图藏匿的赃款……。想必是后来突然发生了什么变故，才使其成了无主之财。造化弄人呐！最终竟然落到了我赵善人的手中。"

崇仁被故事所吸引，许久才回过神来，发出一句感慨。

"善缘寺前，善人遇善财。缘分，缘分！"

九、善缘簿

崇仁将赵善人所讲的故事，概括为一句话："善缘寺前，善人遇善财。"赵善人认为，此话不错。

"你说得对。这确实是一笔善财，只是碰巧让我这个善人得到了。在我心里，这钱是我的，也不是我的。是我的，就是说我可以用它来行善，多做善事。不是我的，就是说绝不能将这钱用于我个人的生计。"

崇仁曾对富豪的穷酸生活颇为疑惑，此刻恍然大悟，十分感动地望着赵善人。

"赵伯，难怪呀！"

赵善人接着说明："所以我早早就在神明前发了誓，一辈子不娶妻生子，一辈子不成家立业，就是怕这些钱用得不是地方呀！如果有妻有子、有家有业，就难保不会将这笔善财挪为私用啊！"

崇仁虽然感佩但不尽赞同地摇摇头。

058

"这正是赵伯刚才说我的那句话——情义感人,但其实大可不必。"

赵善人自己也十分认同"其实大可不必","但谁让咱起了誓哩?咱周原人一旦起了誓,就是说出去的话,泼出去的水。不但水收不回来咧,干脆连泼水的盆儿也不要咧!"

说起这些钱财的用场和去向,赵善人捧起炕边上放着的那三大册账簿,感慨而言:"几十年喽!"

账簿封面,醒目的手写大字"善缘簿"。

账簿显然很有些年头了。

崇仁拿起第一册账簿,庄重地掀开了账页,看到了密密麻麻的账目记载。

"同治九年冬十月,为北乡冻馁童稚置办棉衣裤叁拾柒套,用银……两。"

"同治九年冬十一月,东乡权家庄李老三病亡无钱安葬,捐助安葬费用及遗属家用,用银……两。"

"同治十年……"

"同治十一年……"

……

"光绪二十六年,大旱、县民大饥。于东、南、西、北四乡及城关镇各设粥棚五处,施粥三月有余,共耗粮……石,折银……两。"

"光绪二十七年春二月,饿殍载道。建义冢,葬埋无主尸骨,共用银……两。"

"宣统元年……"

"宣统二年……"

……

崇仁将前两册账簿恭敬地归拢后,放在一侧,然后拿起第三册账簿,直接掀到了最后一页。

浓重的笔墨,新鲜的字迹。

"民国四年,捐助凤翔新式学堂校舍建设,用银……两。"

"民国四年,为筹备疏浚东湖预留用银……两。"

崇仁感动至极,热泪盈眶,久久无语。

在长叹一口气之后,崇仁将三大册账簿在桌上整整齐齐地摞好,自己后退一步，神情严肃而恭敬地向着账簿深深鞠躬致敬。

"这部善缘簿，真应当记入咱周原的史册之中！赵伯应当青史留名！"

赵善人摆摆手，表示谦让不敢当之意。"我之所以详细记录了每一笔银两的具体用项，并不是图企个啥。只是为了在神明之前能有个交代，为了不亏自己的良心。"

赵善人又拿起那第三册账簿，掀至最后一页，指点着说明。

"这就是我最后两笔善款了。那一棺材的金银财宝，总算让我全部还给老天爷了。善来善去。从此以后，我再也不想，也没有财力作善人了，也用不着再去记这个账了。"

崇仁由衷发着感佩之言："赵伯，你就是咱周原的一个奇人，一个神人，当然更是一个善人！"

"不当善人喽！当初，为了行善，刻意把自己的名字直接改成了赵善人。如今，不再当善人了，名字也要改呀！不叫赵善人，叫——赵道人。"赵善人似乎开着玩笑。

崇仁觉得正是谈话的合适时机，便诚恳地表明了自己的心愿：邀请赵善人迁至姬府，与姬家人共同生活。自己愿执子侄之礼，直至为其养老送终。

赵善人很受感动，久久没有说话。

"这个想法你事先征询过你爹的意见了吗？"赵善人之所以问这个问题，其实就是想知道，崇仁的提议是自作主张呢，还是奉父命行事。

崇仁坦承而自信地表示："目前这确实只是我个人的想法，尚未及向家父禀报。但我确信，我爹一定会极力赞同此事，姬府全家人都会从心里欢迎赵伯的。"

越是乐于施恩之人，越是懂得对别人感恩。越是诚心行善之人，越是会为别人的善行而感动。现实人生，大凡如此。

此刻，赵善人正是处在这样的情境之中。他从内心深处感受到了来自姬府父子俩的温暖，本能地升腾对亲情的渴求。但他不想，也不会接受这个善意的邀请。他早已确定了自己前后两个阶段的人生：善人的过程，道人的归宿。

望着崇仁诚恳的面容，赵善人由衷表达着自己的心意。

"其实，很多年前，你爹就已经提出过这个建议。如今，你又表达了同样的想法。你们父子俩的真心实意，是我一辈子感知的最大慰藉。对我孤寂的一生而言，姬府亲情温暖的生活，又岂能无惑？只是……，不能呐！因为我心已另有所属。"

未待崇仁继续追问，怀远突然跑了进来。

"爹，我爷到处寻你哩！"说着，怀远倒背着双手，学着爷爷的神态声气："明日就出远门呀，这会子还不赶紧回府准备！"

正在调皮间，怀远一回眼，看见了赵善人，立刻就收起了顽皮的嘴脸，规规矩矩地鞠躬问好。

赵善人一见怀远，笑逐颜开，方才略带沉郁的气氛为之一变。

赵善人一把拉住了怀远，伸手捏住了他的小鼻子。怀远则夸张地"噢噢"叫着。

临别之际，崇仁告诫怀远："咱周原的后人们，都不应该忘记你赵爷爷这样的大善人啊！"

怀远揉着自己的鼻子，嘟嘟囔囔地说着。

"咋能忘记哩！一见面就捏鼻子，到现在还疼着哩！"

赵善人笑着逗弄怀远："捏你的鼻子，是让你学小羊羔叫哩！我还正思谋着要给你这个小羊羔找个后娘哩！"

"我只要我爹，我不要后娘！"怀远十分抗拒地脖子一拧。

赵善人转脸关切地望着崇仁："唉！现时我只盼望杜先生学堂的事情早些有个眉目，也盼着崇仁你能早日有个好的内当家。"

崇仁还想追问"其心已另有所属"具体何指，赵善人以"很快你就会知道的"为回应。两人就此别过。

谁也没有想到，经此一别，即成咫尺天涯。此后，姬崇仁一辈子就再也没能见到过赵善人。只是听闻他在秦岭太白山做了道士。"只在此山中，云深不知处。"

直至十余年后，周原遭遇大瘟疫，姬府"恒泰和"药材庄的抗疫药物消耗殆尽。就在束手无策时，有人趁着夜色悄悄将几大车药材送到了"恒泰和"门外。送药者不留名、不要钱，而且似有预感，送来的都是急需的紧缺药材。

据说，组织此批药材采集、加工、运输的主持者，乃是一位须发皆白、仙风道骨的老道士。彼时的姬崇仁，眺望远山，内心坚信，这位白发老道一定就是赵善人。不！是赵道人。

至于那三大册"善缘簿"，姬崇仁终生难忘。后来，他曾找寻了很久很久，始终下落不明。姬崇仁很想将之保留下来，传至后代，成为某种历史见证。姬崇仁不知道的是：隐入太白山之前，赵善人专程去了一趟周公庙。就在周公殿前的香炉旁，赵善人亲手将三大册的善缘簿一页一页撕下，一页一页送进燃烧的火焰之中。他不想被后人猎奇索隐，他只想向先人神灵有所交代。

第三章　风暴刮进周原

一、建校庆典

大少爷姬崇仁离开家乡南下之后，姬府和周原接连发生了许多事情。

在太太孔氏的恳切要求下，老爷姬秉礼决定：将姬府的常住地由城内的姬家大院迁至城外的姬氏庄园。

偌大个姬府搬家，谈何容易。尽管杂事甚多，但主持其事的孔氏乐此不疲，精神头儿仿佛比在城里大院时好了许多。

孔氏要求搬家的表面理由是：城外空气新鲜，庄园内的庭院更为开阔，住着舒坦，心情畅快，有利于病体恢复。其实，她内心真实的想法是：预感黄泉路近，此处即是合适的闭眼升天之地。这个想法，当然不能对人言道，就是对老爷也不便说得过于直白。

搬家时，孔氏曾经交代吕管家："咱在这城外庄园里要常住哩，暂时就不回城里的大院了。两头的事情你都得安顿好，城里大院要有人看守照料，城外庄园所需的物件更要从长计议。"

吕管家也觉得搬家好处很多："在庄园里住着，就是比城里舒服。不在城里，老爷的应酬滋扰就少了很多。离城又不远，老爷隔三岔五去城里药材庄坐诊，坐上马车，用不了半个时辰也就到了。"

对于搬到城外姬氏庄园居住，感到更为高兴的当然是怀远怀玉俩小娃儿。庄园里可供玩耍的地方实在太多了。玩捉迷藏游戏时，怀远的隐身之处，怀玉往往很难找到。

在老爷姬秉礼心中，这个家搬与不搬，本无所谓。但看到太太孔氏自到城外庄园生活之后，身体和精神状况似乎都有好转，老爷自己心里也高兴起来。

就在这一天的上午，老爷由城外庄园前往药材庄，途中又获知了一个好消息：兴建新学堂之事有了结果。

马车进了城不久，坐在车内的老爷忽然看到了大步行走中的杜先生。两人已经多日不见了，老爷便下车上前打招呼。

"远远看着就像是你杜先生么！急匆匆地这是要到哪里去呀？"

"你姬大老爷一大早乘着马车扬鞭催马，是要出远门呀？"喜气洋洋的杜先生心情不错地反问一句。

"我是去药材庄坐堂问诊么。"

"从你府上大院到药材庄才有多远？何须动用马车，溜溜达达走着去，活泛活泛身体多好？"

杜先生的建议虽是出自好心，却也说明他并不了解情况。自接到崇仁移交过来的建校善款后，杜先生便全身心地投入到新校舍建设工程之中，其他事情无暇关心，自然也就不会知道。

"你老弟有所不知，崇仁他娘鼓动着，我阖府上下已迁到城外庄园去常住了。从那儿进城，乘着马车紧赶慢赶，也得小半个时辰。"姬老爷回答了杜先生刚才的疑问。

"贵府城外的姬氏庄园是比城里的姬家大院宽展得多么！……崇仁现时是否也在那儿？"

"你还没说你急慌慌要去哪儿么！要是路远，这马车是现成的，你就坐着去嘛"！

杜先生兴奋地摇晃着手持的一份函件。

"我是专意要去找你府上的大公子姬崇仁，告知一桩大喜讯呀！"

姬老爷闻言，大感兴趣："跟崇仁有关的喜讯？啥喜讯？"

"省府的正式公文已经到了。咱凤翔创建的新式学堂被定名为'陕西省立第二中学校'。这件事能够成功，崇仁功莫大焉！从策划谋算，到联络筹款，都离不开崇仁的努力么！这喜讯，我第一个要告知的，当然就是崇仁么！"

"哎呀！崇仁出远门咧！已经走了几日了。"姬老爷不好意思地打断了杜先生的兴头。

"走咧？"杜先生闻言十分失望，遗憾的神情显而易见。"我还想着，新学校的创立庆典上，请崇仁讲话致辞哩！……建校庆典，你姬大老爷到时一定要大驾光临哟！"

"一定，一定去！大好事么！再说我还有些私下话要对你说哩。"姬老爷满口答应。

"那你老兄就去坐堂吧。我也返回呀，幸好没跑冤枉路。"杜先生随即告辞，扭身沿来时方向返回。

刚走了几步，杜先生又回过头来询问："崇仁啥时才能回来？"

"山高路远，怎么着也得大半年吧？"

"大半年？这么长时间……"

杜先生的遗憾与失落，似乎还另有原因。

时间的长短维度本是恒定的，但也会因人们的感受不同而有所变化。难挨的痛苦、无奈的等待，自然会感受时间很慢很慢，所谓"度日如年"。相反，在幸福快乐、紧张忙碌、兴奋耽迷等情境下，感受到的却是时间的飞快流逝。

在杜先生的感觉中，简直就是一转眼间，建校庆典的正日子已然到了。

欢快热闹的鞭炮声中，凤翔书院大门前聚集了众多人员。有队列整齐的学生队伍，有围观庆贺的乡亲、儿童，有卖力演奏的锣鼓唢呐乐班。

鼓乐齐鸣，杜先生与新就任的凤翔县署马知事共同揭开蒙在校名牌匾上的红绸布。

红绸布缓缓落下，新校牌露出真容。

"陕西省立第二中学校"的白底红字校牌出现在众人眼前。乐班的吹奏更加卖力，鼓乐之声更加高扬，人群的欢呼更加欢腾。

欢庆的人群中，杜先生兴奋而又有些得意地告知姬府老爷姬秉礼：建校款项已经全部到位，新校舍正在抓紧施工。"时间等不得啊！为了让学生娃们能够早日入学，我就在这书院的旧址上打起锣鼓先开张了。虽是旧舞台，唱的却是新戏文呐！"

建校庆典上，虽然前来捧场庆贺的嘉宾甚多，但两位重要人物的缺席，难免使得杜先生深感遗憾。一位当然是姬府大少爷姬崇仁，另一位就是一生积德行善的赵善人。没有这二位的鼎力相助，兴建新校之事怎会办得如此顺利呢？杜先生原本打算，新学校成立后，正式聘请姬崇仁和赵善人担任新校的校董。事先找到赵善人征求意见，遭到其一口回绝。当时赵善人就说："别！别！千万别！让我担任校董之事，免谈！实话告诉你，今后你杜校长再要想见我赵善人，不，赵道人一面，可就难喽！"

一言成谶。从此，杜先生真就没有见过赵善人一面，包括在这建校庆典上。

建校庆典上最活跃的人物，当属新任的县署马知事。人如其名，马知事真就长着一张长长的马脸。杜先生在典礼开始介绍到会嘉宾时，首先介绍的就是马知事。因是刚刚到任，在场人员大多并不认识其人。议论声一时蜂起。

"县知事？县知事是个啥官衔么"？

"咳！民国把前清的知县改称为县知事，你连这个都不知道？"

"县令、知县、县知事，就是把猫叫成了个咪！其实一毬样，就是个县太爷么！"

"此人面相不好，姓讳也不好。马？马！恐怕就要啃吃咱周原上的草哩！"

马知事当然没有听到这些议论。

二、蚂蚁的生存智慧

马知事新官上任，很想利用建校庆典的机会露露脸，同时多结识结识当地的士绅名流。

当主持典礼的杜先生为马知事和姬老爷相互介绍时，马知事颇为失态。

"呀！久仰久仰！久仰姬老爷大名，如雷贯耳！今日有幸得见，果然气宇不凡呐！兄弟初到本县任职，还望姬老爷今后多多指教啊！"马知事先是拱手致礼，然后又夸张地抓起姬老爷的手猛摇一气。

"哪里哪里，马知事多礼了。"姬老爷稍有反感地淡然抽出手来。

看着马知事与其他嘉宾寒暄周旋、手舞足蹈忙得不亦乐乎的样子，姬老爷打算从典礼现场抽身悄然而去。原本想着有些"私下话"要对杜先生说，显然目下还不是机会。姬老爷决定先行回府，下午再次专程进城。

回到城外姬氏庄园时，太太孔氏正在侍弄庭院内的花草，怀远、怀玉则蹲在地下玩耍，老爷心情顿时大好。

"爷爷！快来看呀！"怀远蹲在庭院甬道的一个拐角处，扬手招呼着。

老爷乐呵呵地走了过去。原来小兄妹俩正在观察地面上的蚂蚁。排列成行的蚂蚁，似乎忙碌地搬运着什么。

"蚂蚁在搬家吗？咱们刚刚搬了家，蚂蚁也要搬家喽！"

怀玉欢呼着。

"不，蚂蚁这不是搬家，而是在运送食物。它们要把这些食物运送到地下隐藏储存起来。"老爷耐心解说着。

"蚂蚁为什么要把食物在地下隐藏起来呢？"怀远大感兴趣地追问。

老爷的回答则似乎包含了更多的内容。

"当然是为了防备被它们的天敌抢走偷走么！蚁穴藏宝，这是蚂蚁生存的一种智慧和本能啊！蚂蚁有天敌，需要防备。人哩？人世之间，也有很多需要防备的坏人，有时也需要向蚂蚁学习，需要蚁穴藏宝。"

怀远并没有完全听懂爷爷话中的意思。当然他也不会想到，十几年后的某一天，自己也有了"蚁穴藏宝"的亲身经历。此刻的他，只是兴奋地踩踩着脚下的地面，大声提议："爷爷，咱们就把这儿叫作蚂蚁仓库吧！"

事有凑巧。正是这处刚被怀远命名为"蚂蚁仓库"的地点，隐藏着姬老爷的一个秘密。时隔不久的一个风高月黑的夜晚，其中的秘密被姬老爷主动揭开了。当然，这又是后话。

老爷回到府中，急匆匆吃着午饭。饭还没吃完，就大声吩咐吕管家："快些备好马车，我要进城呀！"

"老爷你刚从城里回来，咋又要进城呀？"孔氏不免有些奇怪。

老爷二话没说，笑嘻嘻地拉着孔氏的手就要走。孔氏不好意思地看了众人一眼，顺从地跟着老爷离开了餐桌。

老爷拉着孔氏的手，走向内室。

一进屋，老爷便迫不及待地低声告诉孔氏："我去给咱老大提亲呀！是媒不是媒，先跑两三回。杜先生刚刚忙罢新学堂的建校庆典，有了空闲时间，有了喜悦心情，今日正是个提亲的好机会么！"

孔氏闻言，喜上眉梢，随即又以稍带埋怨的口气提出了疑问。

"老爷早就说过，那杜家女子知书达理，贤惠能干。既是如此好的女子，老爷你为啥不早点儿请媒人去提亲哩？"

老爷连连摇头地表示为难："嗨！你可不知道杜先生那脾性！我三番五次想托人去提亲，但都没敢轻易启口。怕的就是被那犟人一口回绝，话说死了就无法转圜了。"

屋外传来吕管家的声音："老爷，马车备好了！"

老爷迅速立起身来，准备出发。

孔氏一边帮着老爷端帽整衣，一边提醒似的问着。

"你就空着手去提亲呀？总要带些彩礼吧？"

老爷似乎心中另有所想，随口答道："带上一瓶酒。"

"一瓶酒？一瓶酒就能当个彩礼？"孔氏大为惊讶，生怕自己听错了似的。

老爷用手掌拍了拍自己的脸颊："啥彩礼！你想到哪里去了？这酒是我路上喝的。我亲自上门去提说此事，就是碰了万千钉子、钉子万千，也不至于传到外人耳朵，让我们姬杜两家丢了脸面。今日我得豁出这张老脸，上阵前不喝点酒壮胆能行吗？"

孔氏掩口一笑，充满怜爱之意地望着老爷。

姬老爷虽然在途中马车上独自喝了点酒，但胆量依然不足。到了杜先生住室，两人对坐饮茶。姬老爷端着茶杯，吭吭哧哧，半天开不了口。

杜先生对姬老爷要说的"私下话"，心里已能猜个八九不离十。说真话，他早就在等着，甚至是盼着姬老爷开口提说此事的这一刻。不过，出自读书人特别是家境贫寒的读书人特有的自尊，他是绝对不会自己先开这个口的。

他不愿高攀，更不会主动攀附，哪怕是为了自己唯一的宝贝女儿。

姬老爷仿佛终于鼓足了勇气，横下一条心决意直言。他放下手中的茶杯，两眼直视着杜先生。

"今日所说之事，本有三大碍难之处。现今趁着酒后遮脸，大胆直言，如有得罪，万望老弟勿怪！"

杜先生不以为然地瞅了姬老爷一眼。

"老哥你这是咋咧？多久不见你说话如此吞吞吐吐。有啥话就直说嘛！难道还怕我把你给吃了不成？"

姬老爷一副豁出去了的神情，一口气直截了当地开了口。

"我是前来提亲的。男方是犬子姬崇仁，女方是令千金杜伊人。"

说过之后，姬老爷注意观察着杜先生的反应。

杜先生似乎并没有吃惊的表示。

姬老爷稍感放心，放慢了语速，断断续续说了起来。

"此桩婚事的碍难之处，一是我那老大已曾有过婚配，先妻亡故，遗有一双小儿女。"

杜先生颇为大度地回应着。

"崇仁的情形我都知道。他小时候还在我的书院读过书么，孩子是个好孩子，忠厚老实，善良仁义，又有干事的志向和才干。虽说是填房续弦，不是原配夫人，但伊人跟了崇仁，我还是放心的。只是……自古后娘没个好，能否处好与两个小娃儿的关系么……。这事儿我还得回去听听伊人她娘和女子自己的想法。"

话到此处，开始进入"雷区"。姬老爷有些心虚，开始嗫嗫结舌。

"还有第二个碍难之处……。到时候，不是续弦，只能是纳妾。"

杜先生一愣，随之拍桌而起。此议显然出乎他的意外，也超出了他所能承受的底线。

"啥？你说啥？你……你姬大老爷真是财大气粗、口气不小啊！"

姬老爷对此已有所料，索性放胆一口气说完。

"还有三。老大现时人到南方去寻老二、老三了，过门的日期已经定死不可改变了，也许到时候老大还回不来，那就只能是女方单独一人办喜事了。"

杜先生已是勃然大怒，手指门外撵客。

"你走！走走走！你不要狗眼看人低，仗着几个臭钱……"

姬老爷反而平静下来，不慌不忙地开始解释。

"我就知道你是这话。你先不要下逐客令，让我把话说完说透么！"

三、牛不喝水强摁头

姬老爷安抚了杜先生一时激愤的情绪，向他详细地说明了其中的苦衷。续弦采用纳妾的方式，并非姬府老爷、太太的本意，更不是具体针对伊人而来。在姬府老爷、太太看来，无论名义上是"娶妻"还是"纳妾"，过门的都是崇仁的媳妇，都是一双小孙娃的继母，都是姬府未来的内当家。问题在于崇仁自己目前还存在的心理障碍。

杜先生神情渐趋平静，默默无语地坐着。

姬老爷又说出一番恳切的言辞。

"崇仁这娃，你也了解。自小讲信用，重然诺。按说我和他娘也可以不管不顾老大自个儿发过的毒誓，强逼着他接受为父为母的安排。但孩子毕竟是出自对前任夫人的仁义恩爱之情，我这当爹的如果硬来，恐怕反而会伤了他与续弦夫人之间的感情。"

杜先生依旧低头听着，沉默无语，此时伸出手势，似乎是制止姬老爷不必再说下去。

"我的话说完咧。我和崇仁他娘都是真心实意想和你结为亲家的。你再思谋思谋。"姬老爷起身告辞。

杜先生将姬老爷送至校园大门外。当日上午建校庆典的残痕，犹历历在目。姬老爷一下子想起了上午的事情，懊恼地拍着自个儿的脑袋。

"咳！急着要到你这儿来，把另一件大事给忘了个一干二净！上午马知事传知，要我今下午去县署开个啥重要会议哩！"

杜先生淡然回应："那会你没去也好！我也接到了通知，当下就给他不客气地回绝了。"

"马知事新官上任，初来乍到，礼请当地士绅名流，也是一番礼贤下士的姿态和好心么。一口回绝,恐怕不大礼貌吧?"姬老爷似乎有所不解。

杜先生神态冷静地提醒着:"那会就是个鸿门宴,不是个啥好会。……你老哥要防备着些,他还会专意去找你的。"

杜先生说的没有错。马知事召开的这次会议,确实就不是个好会。会议与袁世凯图谋称帝的大背景有关。

民国建立没几年,在位的大总统袁世凯就做起了"黄袍加身"的皇帝梦。他和他的爪牙们以"共和不符合中国国情"为由,企图推翻共和、复辟帝制,开历史的倒车。为了伪造民意,在当政者的操弄下,各地纷纷出现"签名劝进"的闹剧。

时掌陕西大权的陆督军,乃袁世凯警卫队长出身,故煽动"劝进"更为积极。此风已刮至周原。马知事也开始了自己的登台表演。

县署内堂,头戴礼帽、身穿中山装的马知事,站在穿衣镜前整装端详。

"这服饰总不如前清七品知县老爷的袍服马褂、顶戴花翎看着威风么!"马知事左看右看之后,今不如昔的评价脱口而出。

在旁侍立的是原县衙的苟师爷,现任县署秘书科科长,但人们还是习惯称呼他为"苟师爷。"

"就是的。大人的官讳,县知事也不如县官大老爷叫着顺嘴么!"苟师爷一脸谄媚地随附长官而言。

马知事事前经过思谋盘算,觉得今日就是开会"办那事"的好机会。新学校建校庆典上午举行,全县士绅名流必定齐聚祝贺,下午就便将他们一网打尽全部弄进县署,"那事儿"不就一下子办成咧!

苟师爷点头哈腰上前报告:"除了二中的杜校长和姬府的姬老爷,其余的乡绅们都来咧,就在前面大堂里候着哩!"

"嘟!——本老爷升堂喽!哐嚓、哐嚓、锵!"马知事端出一副老爷升堂的架势,迈着戏曲舞台上的官步,口中还为自己伴着节奏,迈出了内堂。

苟师爷亦步亦趋,紧随其后。

县署会议室就是前清时的县衙正堂。大堂内的陈设一如其旧,少有变化。公案前的两侧,各加放了几排长条凳。二三十位乡绅已坐在此处交头接耳等待开会。

马知事"升堂"后，趋步走向大堂公案的主位，正襟危坐。苟师爷侍立在其身后一侧。

"各位乡绅……"马知事清咳了嗓子，眼光威严地扫视着听众。

坐在长条凳上的乡绅们，纷纷摆出一副洗耳恭听的模样。

"本知事奉省府陆督军陆大人的指令，请各位在这份请愿书上签个名。咹……，都是自愿的，自愿的嘛！"马知事说着一摆手，给身后的苟师爷示意。

苟师爷随即拿出一份已事先誊录好了的文稿，交由参加会议的乡绅们传阅。

文稿上的标题赫然醒目："恭推今大总统袁世凯就任中华帝国皇帝请愿书。"

众乡绅一时愕然，大堂内议论声四起。

"民国刚刚建立么，咋又要改成帝国了？"

"日子过得倒回去咧！"

"大总统不过瘾么！还是皇上的龙袍穿着威风呀！"

马知事赶紧加重嗓音干咳了几声。

议论声悄悄平息后，马知事又强调说："各位都是本县有头有脸的人物，你们签了名，就代表了民意，反映了民心，说明咱凤翔全体民众都是衷心拥戴袁大总统登基当皇帝的。"

议论声再起，现场一时有些混乱。有的说："有头有脸？姬老爷、姬大少爷和杜校长人哩？不知他们对这事有啥说法。"有的说："民心民意？自愿请愿？这是牛不喝水强摁头么！"

马知事满面尴尬气恼，一甩手离开了大堂。

苟师爷在一片混乱的议论声中，站在公案前"啪"的一声敲响了案上的惊堂木，全场一时肃然。

"都得签，都得签哩！各位就请在这儿把你们的大名签上。县署已在隔壁'群贤居'酒楼备好了酒席。签过名的，就可以过去喝西凤酒、品驴钱肉咧！"苟师爷指指公案上的笔墨和那份文稿，提高了劝诱的音量。

"要是本老爷我心气不顺，不想签这个名，你苟师爷还把我的手给剁了不成？"有人喊着。

"那你就在这儿呕着！啥时签了啥时回府。"苟师爷恶狠狠说完，眼光向大堂门外望去。

顺着苟师爷的目光，可以看到门外有两名持枪士兵凶神恶煞地守着。

苟师爷故作神秘地压低了嗓音："你们知道现如今坐着咱省第一把交椅的陆督军陆大人是何许人呐？陆屠夫！杀人不眨眼！手段残火得很！听说在省城就为了不肯签名劝进这事儿，已经杀了十好几个人了！"

在苟师爷的劝诱和威胁下，众乡绅先后都在劝进书签上名。当他们聚在"群贤居"酒楼吃肉喝酒时，内心的感受各有不同。有的为无奈违心而面露羞惭，有的则毫不在意地只顾吃喝。一位乡绅端过酒盅，一饮而尽，突然发狠似的自扇了一个嘴巴，无奈地发泄着自己内心的痛苦："群贤居？群贤？亏咱先人哩！咱能当得个贤字？真正的乡贤，就连今天这会都敢不来参加，他们更不会昧着良心签下这不该签的名！"

县署大堂内，得逞后的马知事和苟师爷喜笑颜开。

苟师爷手持那份已有密密麻麻签名的劝进书，报喜讨功般谄笑着报告。

"都签了，都签了！只差姬府老爷、大少爷和杜校长了。"

"杜校长那儿我已然碰了一鼻子灰。咱现在就去姬府专程拜访。好说便罢，否则……。哼！他家二公子的事，恐怕他们还不知道吧？"马知事露出一丝狞笑。

苟师爷依然是一副献媚的嘴脸："知事大人不辞劳苦，亲自登门，真个是礼贤下士、爱民如子啊！听说姬府老爷近日都在城外庄园居住，好在路倒不远，坐上马车，一丢盹儿也就到咧！"

马知事一挥手，好似下令："那咱就放马起驾！"

刚走出大堂，马知事挥动手指作握笔签字状，又向苟师爷作出一番交代。

"咱也做两手准备。实在不行，你就捉刀代笔，替着把名一签。狸猫换太子，真假又有谁能辨得来呢？"

四、"天径"小院

姬老爷进城去提亲，太太孔氏的心仿佛也跟着一搭儿去了。她既担心婚事不成，儿子崇仁会失去一场好姻缘，更担心清高的杜先生回话难听，伤了老爷的脸面和自尊。几十年的夫妻了，孔氏深知老爷是个极重脸面之人。要是老爷心里受了委屈，太太也会为之心疼，很疼很疼。

为了能够早一刻知道老爷回府带来的消息，孔氏早早就搬了一把藤椅，坐在可以看见庄园大门的地方，焦急地等待着。她相信，只要老爷一进府门，远远观察他的脸色，提亲的过程和结果就可以一目了然了。

孔氏失望了。老爷迈进府门时的脸色平静如常、深不可测。仅仅根据他的脸色，无法做出任何有倾向性的推测和判断。

老爷平静地对吕管家安排着府务，一如往常地与两个小孙娃儿逗笑。直到老爷与孔氏进入内室单独相处时，他才不慌不忙地详细讲述了提亲的整个过程。

"杜先生正如我所料想的那样，对崇仁这娃，是真心喜欢。但一提纳妾，顿时发了火，差点儿把我给撵走！此事么，他当然不会同意。有骨气的读书人，谁会甘心让自己的女儿去有钱人家做小妾呢？"

孔氏虽对各种结果都有思想准备，但听到这个消息，情绪还是一下子低落下来，失望丧气的神情浮在脸上，发出长长的叹息。

"唉！这可咋办呀？"

老爷的话还没有说完，接下来说的话，又使孔氏产生了一丝希望。

"你先别着急么！说到最后，杜先生虽然没有松口说应承的话，但也好像没有彻底拒绝。看样子，是想要征询女子本人的意见哩！我估摸着，那女娃的态度，将会决定她家的最终态度。"

孔氏想了想，觉得不靠谱："女子本人能有啥意见么，还不是全听父母媒妁之言。想当初我嫁给你的时候，也没见谁专意来听听我的意见。"

"咋？现时后悔啦？要是当时听听你的意见，你还会同意嫁给我吗？"老爷不乏调侃之意。

"面都没见过一回，话都没说过一句，能有个啥意见？不过老天爷呀，对我真就是不错，让我遇见了你……"孔氏心满意足、充满爱意地望着眼前的夫君。

"这就是缘分呐！要是老天爷能让崇仁与那女子有个机会见见面、说说话，他二人一定会彼此喜欢的。"

老爷的内心，真就是这样想的。现实呢？又岂能尽如人意。

孔氏一言道出了其中的无奈："他二人现时咋可能有相互见面说话的机会么？就算是将来真有这么一天，也恐怕是时过境迁，黄花菜已经凉了，来不及么！咳！缘分呐！"

缘分！什么是缘分呢？有人认为，缘分就是一种不为人所预知、不为人所改变的神秘天命。其实，并不尽然。缘分犹如一枚有着两面的硬币，一面是天命，一面是人事。"天命不可违，人事不可弃。""尽人事以待天命。"先贤哲人就如何看待和把握"缘分"，早已为后人留下了深刻的至理名言。

姬老爷喝酒壮胆前去提亲，就是在为儿子的姻缘命运"尽人事"。为此而"尽人事"者，还有赵善人。他在成为赵道人之前，又做了以"赵善人"名义的最后一件善事。

这件善事，当然与崇仁的姻缘有关。但现时不是说此事的时候。因为马知事和苟师爷已经为强逼签名劝进一事，来到了姬氏庄园门前。他们的到来，给姬府带来了噩耗。从此，姬府祸事不断，经历了一连串的磨难。

天命乎？人事乎？

因为事前已得到过杜先生的提醒，姬老爷对马知事前来拜访并不意外，只是没有想到他会来得如此之快。

对于马知事其人，姬老爷并不了解。上午建校庆典的短暂接触，使得姬老爷对其稍起反感。但毕竟是登门之客，理当以礼相待。

"说来真就来啦？先请马知事到前堂喝茶，我换身衣服就来。"获知马知事已至庄园门前，姬老爷对吕管家发话交代。

正装以待客，此乃礼也。姬老爷换了一身正装，走进待客的前堂。

前堂的摆设并不奢华。略为抢眼的物件只有两件。一件是座那个年代尚不普及的自鸣座钟，另一件则是一尊祖传下来的青铜鼎器。

姬老爷走进前堂时，马知事正俯身凑在托架上的那尊青铜鼎前仔细查看。

"马知事事先未曾传令，突然光临寒舍，老朽未及远迎，失礼失礼！"姬老爷不卑不亢地拱手致礼。

马知事连忙拱手回礼，直接提出了参观庄园的请求："姬家乃周公之后，历朝历代的世家大族,何谈寒舍?可否先让学生开开眼,观赏观赏名满周原的姬氏庄园?"

"请!"姬老爷爽朗地作出礼请的动作。

姬氏庄园的建设规制复杂而壮观,多重院落分隔而相连。庭院深深,台榭几许。

"这是本府的书斋,我等及祖长数辈,幼年时都是在这儿读书的。"

"这是本府的议事堂。当年家族兴旺时,常在此聚会议事。如今没有什么大用场了。"

姬老爷领着马知事,边走边看边介绍。

当姬老爷准备绕过后院,结束这次参观时,马知事却停下脚步,指向一处僻静的小偏院,询问其用场。

陪同参观的吕管家随即回复:"一处无人居住的小偏院,平时储放些杂物。"

苟师爷不甘心似的,不待主人同意,径直快步走向那处偏院。

偏院围墙月门上方,"天径"二字十分清楚。

苟师爷扒着偏院关闭着的院门,从门缝中向里张望。里面的景状,吓得他不禁倒退了几步。他看到的是:荒草杂生的院落里,阴森森地整齐摆放着二十多具棺材。

吕管家以厌烦的神情看着苟师爷,显然十分讨厌他的无礼举止:"没有啥好看的,那是本府预置的几副寿材。"

众人动身返回前堂。苟师爷心有余悸,忍不住又回望了"天径"小院一眼。

这处僻静的"天径"小院,后来成了革命者的秘会之所。在这里,曾经密谋策划了一次重要的兵变起义。院内储放的棺材,后来也曾派上了一个罕见的用场,演绎了一段特殊的攻城传奇。

回到前堂,宾主分别坐定。

马知事对参观侦知的情况有些失望。姬府名声虽大,却看不出多少豪富之处。"礼"倒是不少。书斋门前两侧的楹联是"博学于文,约之以礼"。议事堂前的楹联是"道之以德,齐之以礼"。此处前堂的楹联是"非礼勿视非礼勿听，非礼勿言非礼勿动"。

马知事端起茶碗抿了一口，贪婪的目光在那件青铜器处流连不舍。

文人无行。就怕是无行的文人偏偏还真有些"文"。

马知事开始意有所指地卖弄起了自己在文物古玩方面的本事："周原真是周礼之乡、民风淳厚啊！姬府更是富而不露、雅气十足。就说这双层托盘的夔足铜鼎吧，造型极为独特，品相十分完美。学生自以为对青铜古物略懂一二，一般之物难入法眼。这尊鼎嘛，确是它处从未见过的宝物。"

"那得值不少银子吧？"苟师爷心痒眼馋地插话发问。

姬老爷虽然努力保持着礼貌的态度，但神情中的不悦与不屑也是显而易见。

"老祖宗留下的宝物，自然是价值连城，但那不是能用银子来衡量的。姬府祖上立下的规矩：家传的青铜礼器，只能用于观赏、研读、珍藏、传世，绝不允许倒卖获利或贿赠他人。至于那些出自坟坑墓道的物件，阴气重得很，更不能在府中摆设陈放。"

马知事噤然无语。

苟师爷尴尬干咳。

堂中摆设的自鸣座钟，"当、当、当"地响起了报时声响。

五、噩耗传来

姬老爷当日先后两次进城，身体已感疲乏，加之话不投机，难免心生逐客之意。恰在此时，自鸣座钟响起报时声响。

"马知事公务繁忙，拨冗光临寒舍，想必有什么要事吧？"姬老爷客气而又带着催促的口吻。

马知事从对那尊青铜器的贪馋欲念中回过神来，想起了自己的"正事"。

"是的，是的。无事不登三宝殿。学生专意登门，就是来礼请贵府老爷和大少爷在这份请愿书上签个名的。"

马知事接过苟师爷递上来的请愿书，双手转交给姬老爷。请愿书上，已经有了一大长串、密密麻麻的签名。

姬老爷将请愿书扫过一眼，皱皱眉头，随手将其搁在一边。

"那上面不是已经有很多签名了吗？为啥还非要我姬府父子俩再多此一笔呢？"

"身份不同啊！把那些签过名的人都加在一起，也不及你姬府的面子大呀！姬老爷和姬大少爷把名一签，对咱全县、对整个周原，都会有很大影响的。"

姬老爷假装不懂地问道："马知事言过其实了。老朽不过是一个普通乡绅，一个把脉坐诊的郎中而已，何谈什么影响力……这请愿书，讲究的是自愿吧？"

马知事犹如鸡啄米般拼命点头。

"当然！当然！都是自愿签名以表达民意么！"

姬老爷站起身，颇有送客的意味。

"既然是自愿，那这名我们就不签了。有劳马知事还屈驾专程跑了一趟。"

马知事显然对姬老爷公然而明确的拒绝感到意外，愣怔着与苟师爷对望了一眼。两人也站了起来。

再说人在后院的孔氏，左等右等，不见老爷回来，心里难免感到奇怪。新任县知事登门，无非是礼节性造访而已，寒暄几句就该当辞别了么。

孔氏招呼着怀远、怀玉俩小娃儿："走，咱们去前院看看你们爷爷的事情办完了没有。我还有重要的话没有问清楚哩么！"

怀玉拉着孔氏的手，想起父亲远行前"要照顾好奶奶"的交代，便关切地提醒着："奶奶，慢点儿走！"

"大夫说了，奶奶的病，不能着急，不能生气，也不能剧烈运动。"怀远小心翼翼地搀扶着孔氏。

"我知道，我知道。我的小孙子、小孙女都开始管奶奶喽！"孔氏宽慰地笑着。

前院厅堂内，姬老爷与马知事面对面站着，颇有点唇枪舌剑的味道。

马知事一扫刚才客气谦恭的神态，端起了架子和脸色。

"这名别人不签尚可，但你姬老爷姬秉礼恐怕就不能不签！大名秉礼，难道就不知道尊上为礼吗？"

"哼！尊上？知道尊上，就不会背叛旧主、窃国篡权！为礼？逼迫签名，强奸民意，何以为礼？！"姬老爷一声冷笑，据理驳斥。

马知事把控不住，声嘶力竭地叫喊起来："你！你这是攻击袁大总统的反叛言论！"

孔氏等人刚刚行至厅堂附近，里面的争辩之声清晰传来。众人皆大惊失色。孔氏停住脚步，立在厅外屏息静听。

厅堂内，谈话气氛更趋紧张。

马知事面露狰狞，语涉威胁之意。

"话说到此，本官就不能不实话实说了。你家二老爷姬秉忠，曾是前清朝廷的二品大员，至今仍然死心塌地地追随那个宣统废帝，不肯承认袁大总统的尊号。上峰早有指令，让本官密切注意你姬府有无复辟旧朝的动向！"

姬老爷一副不屑一顾的嘲讽口吻："复辟？现在要复辟帝制的，不正是你们那个袁大总统么！"

马知事恼羞成怒，气急败坏地吼着责问。

"二老爷的事暂且不谈，就说你那二少爷吧。他本人虽死有余辜、罪有应得，但贵府作为叛贼家属，又该当何责？"

"啥？你说啥？！"姬老爷一声怒喝。

一时间，姬老爷的心里风暴骤起。

他想起了周公庙遇见姬姓军官的那一幕。尽管那军官说的模棱两可、含混不清，但其所使用的话语，"血流殆尽""无人照料""命悬一线""无力回天"……，当时就使得姬老爷确信，二儿子姬崇义已然不在人世了。只是他在自己的内心筑起了一道堤坝，本能地阻挡着、抗拒着对此类信息的接收。他不愿相信、不肯接受崇义已死的事实。如今，来自官署的正式消息，终于击穿了姬老爷表面坚强的外壳。内心的堤坝，颓然倒塌。

他想起了二儿子姬崇义。崇义的面容在他眼前浮现，但那只是记忆中崇义年少时的面容。成年后的老二，该是怎样一副面容呢？老爷很难想象。知子莫若父。老爷知道，维系和振兴姬府家业，必当需要更加信赖倚重老大。老爷也相信，疾恶如仇、刚毅果敢的老二，会干出一番大事，其一生的作为，必定远远在老大之上。如今，尚未有所作为，老二年轻的人生戛然而止。思之念之，怎能不让老爷痛彻心扉。

他想起了大儿子姬崇仁。在明知没有任何线索、没有任何希望的情况下，老大毅然踏上了南下寻弟的漫漫长路。老大的心思，老爷心知肚明。为分担父母的责任，为减轻父母的痛苦，老大情愿付出自己的一切。支派老大南下寻弟，老爷心里还有一个残存的希望：既然"活要见人"已无法实现，那就勉力"死要见尸"吧。让老二魂归故里，希望老大能携回老二的尸骨安葬周原。

他想起了太太孔氏。自老二离家之后，思子之苦与责己之痛交错折磨，孔氏的心都碎了。老爷不敢想象，柔弱病重的孔氏能否经得住这个噩耗的打击。老爷此刻甚至想着，该用什么办法对孔氏继续隐瞒这个消息。

内心的风暴，外延至姬老爷的面容，那是一种震惊、悲愤、思念、心痛交织在一起的神情。

此时的厅堂里，苟师爷正以一副幸灾乐祸的口气，不阴不阳地说着。

"府上二公子姬崇义在南方参加反对袁大总统的叛乱，早就被枪子儿打死咧！县署已接获了通报，恐怕你姬大老爷还不知道吧！"

厅堂后传来有人跌倒的声响。紧接着又传来怀远、怀玉呼唤"奶奶"的声音。

"老爷！太太晕过去了！"一个丫鬟呼喊着由厅后闯进了厅堂。

姬老爷一把拨开挡路的马知事，毫不理睬他与苟师爷，大步流星地向厅堂后奔去。

空荡荡的厅堂里，只剩下尴尬的马知事和苟师爷二人。

当无人理睬的马知事和苟师爷灰溜溜地走出庄园大门时，只见一名县署役员骑马飞奔而来。看见马知事，那名役员翻身下马，跌跌撞撞地趋上前来，上气不接下气地紧张报告。

"出事了！出事了！县城出大事了！"

六、"学生娃们上街闹事了"

县城所出的大事，是指省立二中的青年学生们走上街头、举行了游行示威活动,"学生娃上街闹事了"!

这次活动不是临时爆发的,事先经过了策划和准备。省立二中建校庆典的前几天,青年学生们就酝酿着要上街游行反对袁世凯图谋复辟称帝。有人主张,直接去找杜校长,要他公开表态,支持学生的正义行动。有人更是提出:要弄就把事往大里弄,干脆就在建校庆典的时刻"揭旗造反",如此便能造成更大的影响。此议一出,附者云集。

刚刚就职的青年教员白学才,心里虽然理解学生们担负天下兴亡的热忱,但并不赞成其中的一些激进的主张,而且他尤其不愿给"我老师"杜校长造成麻烦。

经验与威望均感不足的白学才,很难对学生施以合理而有力的引导。有如神助,在最需要时刻,降临了最适合的人选。

"各位同学,这是咱校新近从省城聘请来的贾明贾老师。贾老师刚从省城过来,信息灵通。咱们先听听贾老师的意见,好不好?"白学才和同学们一样,对贾老师充满了期待。

贾老师果然出手不凡,很快就引导学生理清了思路。

一是游行宗旨。游行示威不仅是为了反对袁世凯开历史倒车的行为,更要反对丧权辱国的"二十一条"。贾老师指出:当下国家最大的危险,是来自日本的"二十一条"。所谓"二十一条",就是小日本妄图亡我中华而强行提出的秘密条款。如果袁世凯为了个人的"皇帝梦",不顾民族大义,接受"二十一条"以换取小日本对他的支持,那么我们国家的独立、主权和领土完整都将会受到严重损害,泱泱中国将会面临亡国的危险。

二是游行口号。贾老师拿出一个抄件:"这是京城及省城学生游行时所呼喊的口号,咱们可以此为参考。"贾老师指出:不要自行其是、乱喊口号,避免给污蔑学生运动的人造成口实。

三是游行时间。贾老师动容地指出:省立二中能在凤翔设立,杜先生和许多社会贤达不知为之付出了多少努力。如果庆典不能顺利进行,必将危及能否正式建校的大问题。"同学们总不会干这危害周原教育事业、危害师生自身利益的蠢事吧?"在场学生无不心悦诚服。经过协商,同学们同意不干扰建校庆典,游行改为当日傍晚举行。

四是游行主体。当日游行以省立二中师生为主,欢迎其他学校的师生参加。一定要理解杜校长的特殊处境,不做使他为难之事。

贾老师高屋建瓴,思路清晰,三下五除二就排除了一些不必要的干扰,引导和统一了学生的思想。白学才对其十分敬佩。

游行按照计划顺利进行。参加游行的青年学生们,更加体会到了读书人唤醒民众、肩负天下兴亡的神圣责任。围观的民众无不动容,深深为莘莘学子的爱国热情而感动。

"娃们太年轻,不懂事,太伥咧!怕是要招祸哩!"也有人发着叹息。

在参加游行示威活动的学生中,有一个表现十分活跃的学生给白学才留下了深刻印象。此人名叫刘文章。

游行过程中,刘文章在聚集的人群里发表了充满激情的演讲。演讲就要结束时,刘文章神情昂然地大声宣称:"我等学生,手无寸铁,唯有一颗报国之心!我……我恨不能蹈东海而死,以一死而唤醒国人!"

人群中爆发出热烈的掌声和欢呼。

白学才就是由此演讲而对刘文章留下深刻印象的。

对刘文章留下深刻印象的,还有马知事和苟师爷。

马知事和苟师爷在姬府碰了一鼻子灰,灰溜溜地出了姬氏庄园。在得知县城"出了大事"后,急忙返回县城。

看到城里聚集的人群和浩浩荡荡的学生游行队伍,马知事先是面露惊恐之色,但随即便恶狠狠开了口。

"咱马上去拜会驻军麻司令,我还不信治不住几个学生娃!"

苟师爷贼眼珠儿一转,显出颇有城府的神情:"学生娃们不懂事,只怕是后面有人哩!"

马知事坐在马车里没敢下车,指派苟师爷前去游行队伍中打探情况,特别是:"要把带头闹事的学生名字给我记下来!"

苟师爷打探时,正赶上刘文章在激昂地演讲。苟师爷由此记住了刘文章的名字。

在向马知事汇报游行情况时,苟师爷特意提到了这个青年学生的演讲内容:"学生娃口气狂得很!说是恨不能蹈东海而死以唤醒国人哩!"

马知事凶残地狞笑着："现在暂且不管他。等回头把这个带头闹事的姓刘的学生逮住后，我会对他说，咱周原离东海太远，但东湖就在眼前么！你要寻死，何必往东海跑那么远的路，直接往东湖一跳不就行咧？只怕到时候跳呀不跳，就由不得他了！不跳咱也把他给扔进去！"

马知事一生，说过无数假话、坏话、混账话，但这话真叫他说准了。很多年后，刘文章真就被人扔进了东湖。不过，扔他的人并不是马知事，被扔的刘文章本人也不再是热血方刚的青年学生了。扔他的人是谁？刘文章彼时又是什么身份？将其扔进东湖系何起因？这都是后来发生的故事。

游行结束后的第二天，新成立的二中开始逐步恢复了正常的教学秩序。杜先生唯恐县署当局会对学生采取什么报复行动，心中一直惴惴不安。几天过去了，似乎没见县署方面有什么动静。县城风平浪静，校园平静如常。杜先生放下心来，打算在新校园建设工程方面投入更多的精力。

游行归来，有些学生的心"野"了。刘文章等人认为，此次游行只是在傍晚时分小小闹腾了一番，不够过瘾。再说事后也未见县署有何报复举措，似乎不必担心当局的秋后算账。刘文章等人打算，近期内再组织一次人数规模更大、持续时间更长、呼喊口号更为激进的游行活动。

贾明得知这一信息，很是担忧，希望白学才出面加以劝阻。

"你注意到没有，近日县城内的驻军人数好像增加了不少。我看还是劝同学们暂且不要盲动，好汉不吃眼前亏。"

白学才似乎不以为然："他们敢？！能对手无寸铁的学生娃们咋样么？真敢动刀动枪下毒手？"

贾明沉默下来，缓缓情绪。他觉得可以信任眼前的这个纯朴、善良的青年教员，但对其单纯幼稚的一面则需加以提醒。

"他们敢！他们真敢下毒手！我和我的几位老师同学原计划去北京读书，临行前参加了省城反对袁世凯、驱逐陆屠夫的请愿游行。结果有三位同学被他们抓捕，未经任何审判，就被陆屠夫亲自下令即刻处死了。"贾明的口气十分沉重。

贾明随即向震惊、义愤中的白学才说明了自己的真实身份："我的真实姓名叫孔启民，因也在陆屠夫的通缉名单之列，只好临时改名逃了出来。贾明，假名而已。我在周原本有亲戚，但我不想前去投靠，唯恐给他们带去危险……。这几天的表面平静是不正常的，我预料县署方面是不会轻易放过咱二中的。"

后来事态的发展，一如贾明的预料。

七、屋漏偏逢连夜雨

俗话说福无双至、祸不单行，真就如此。姬府的祸事接二连三降临了。

二少爷姬崇义身亡的消息，给阖府上下造成了极大的震撼。受到打击最重的，自然是太太孔氏。当她在厅堂外听到老二"早就被枪子儿打死咧"的那一瞬间，顿时眼前一黑，身体一软，整个人便瘫倒在地。

姬老爷由厅堂内大步奔出，立即指挥众人将昏厥的孔氏抬回了后院内室。苏醒过来之后，孔氏目光呆滞，神情凄然，始终没有下床。

老爷无心料理府务，只在孔氏病榻前陪伴。就连每逢三、六、九的坐诊日子，也让人前去药材庄通知暂停了。

吕管家非常为难，有许多急需处理的府务需要请示，但他不敢前去打搅心情不好的老爷。要不要通知亲朋好友，为二少爷补行丧事典礼？要不要在家族墓地中为二少爷建一座衣冠冢？要不要举办招魂法事，让二少爷的亡灵魂归故里？……这一系列的问题，他不敢去问，老爷也没有来说。老爷只是交代：在前堂正厅的供桌上，摆放一块二少爷的牌位。

整个姬氏庄园，一派寂然。偶有来回走动的丫鬟和仆人，一个个俱轻手轻脚，噤声屏息，好似生怕弄出一点点的声响。

前院厅堂的陈设，一切如旧，并无任何家有丧事的装饰和表示。只是正中的供桌上，新添了一个小小的牌位。牌位上写着"姬府二公子姬崇义之牌位"。

整个姬府沉浸在这种氛围已经好几天了。

这一天，老爷如同往常一样，坐在孔氏的病榻边，一言不发，静静陪伴。屋内没有一点儿声响。整个庄园依然是静悄悄的一派寂然。

突然，一阵号哭之声由前院处传来。这号哭之声在寂静庄园里显得很不协调,更加刺耳,更加瘆人。

老爷恼怒地站起身来。

老爷恼怒地由屋内走出,看到吕管家正小心翼翼地侍立在屋外。

吕管家似乎很不忍心地报告着:"老爷,孟老板前来报丧,人已到了前院厅堂。"

"我早就交代过,姬府并不准备办丧事,更不需要外人来吊丧!……什么?孟老板?那三少爷呢?"姬老爷先是大为恼火,后是大为疑惑。

姬府三少爷姬崇德南下运送药材,几个月前与其同行的,就是这个过载行的孟老板。

吕管家不敢正面回答老爷的问题,只是更加小心翼翼地嚅嚅而言。

"是……是报丧,不是吊丧。"

老爷顾不得详问,赶紧同吕管家匆匆去往前院厅堂。

已独自坐在厅堂里等候着的孟老板,一身素服,怀中鼓囊囊地好似揣着什么。

一见姬老爷来到厅堂,孟老板迅即站起来身来,"扑通"一声跪倒在地,接着便放声大哭起来,边哭边抽泣着诉说。

"姬老爷!老天不公啊!三少爷多好的孩子呀,怎么就早早归了天呐!姬老爷啊!三少爷为了保护货款被强贼推进了长江,连个尸首也没有留下啊!"

老爷仿佛突遭雷击,一下子跌坐在座椅上。吕管家忙不迭地上前搀扶照料。

孟老板偷眼瞧着,继续说了起来。

"我们平安到达了汉口码头,运送药材的货船就夜宿在江边。谁知到了半夜黑天,一下子跳上船来十几个凶神恶煞般的江匪,硬生生把整船的药材全劫了!"

姬老爷此时已从最初的震惊中稍有平复。他想知道有关此事的更多详情,同时也略微感到孟老板的话中有漏洞。

"孟老板你先别哭,缓缓地把事情说清楚。你刚才说三少爷保护的是货款,这会子又说江匪劫走的是药材……"

孟老板急不择言地立即回复:"是药材,也是货款。药材和货款都叫江匪

085

给劫走了。"

"药材既然在船上还没有出手，又是哪儿来的货款呢？"姬老爷又有了新的疑惑。

孟老板一时语塞，吭哧结巴起来，但眼珠儿一转，似乎又找到了现成的答案。无论如何，他都不想把已经到手的这笔巨款再交还姬府。

"那家买主仁义，在船上验过药材后，当即就交割了货款。本说好第二天早上就来江边卸货，哪承想天亮之前就出了事！"

对于孟老板的这番说辞，姬老爷将信将疑。比起药材和货款，老爷更关心三少爷的真实下落。

"老三被江匪所害，是你亲眼所见吗？"

"自从周原出发之后，我就与三少爷形影不离。我一直在他身边侍候着么！出事时，我被两个彪形大汉架持着，眼睁睁看着三少爷……，无法相救么！想起三少爷，我就心里难过，半道儿就给三少爷做了牌位，一路上供奉着相伴着回来咧！"孟老板又号哭着从怀中抽出一块牌位。

姬老爷颤抖抖地从孟老板手中接过牌位。牌位上写着"姬府三公子姬崇德之牌位"。

手持牌位，悲从中来。姬老爷默默流着老泪，颤颤巍巍地走向供桌处，将老三的牌位与老二的牌位并排放在一起。

孟老板装出一副刚刚发现供桌上已有了一块牌位的样子，假作大惊失色。

"咋？二少爷也殁了！天呐！"

姬老爷对孟老板言辞的疑惑，不是没有道理。孟老板确实说了假话。

姬府二少爷姬崇义已然身亡的消息，孟老板刚返回周原就已听到了。"咋办哩？姬府二少爷死了，我妹子嫁给谁哩？"孟老板操心的症结，其实并不是对妹妹姻缘前程的担忧，而在于自己将要面临的尴尬境地。为了还清早先欠下的巨额赌债，他早已冒用姬府未来亲家的名义外借了不少钱。如果妹妹无缘攀上姬府这棵高枝，可如何是好。"不行！这门亲事绝不能断！"孟老板暗自盘算着新的主意。

"江匪抢劫"，更是一番谎言。"三少爷的真实死因、死前惨况，咋能对姬老爷实说么！那与我孟某人有多大的干系哩！三少爷已死无对证，药材货款的下落就交代给莫须有的江匪，自己岂不是……"这是孟老板早已打好的算盘。

谎言就是谎言。凡是谎言，必有漏洞。为了堵塞漏洞，又需要更多的谎言。于是又会产生一系列新的漏洞。

此时的姬老爷，无暇细究详察孟老板谎言中的漏洞。接连遭遇的丧子之痛，已使他的精神难以承受，也使他更加思念和担忧远行中的老大。

空旷的姬氏庄园中，一派更加死气沉沉的寂然。

空洞洞的厅堂里，只有姬老爷独自一人孤寂的身影。厅堂内的陈设，还是一切如旧。只是供桌上的牌位又多了一个。

姬老爷眼睛直瞪瞪地望着那并立而置的两个牌位，静静伫立着，许久不动，毫无声响。

突然，一声撕裂般的哀号，犹如长歌当哭般爆发出来。

"老天爷啊！你真是要和姬府过不去吗？……老大呀老大，你在哪儿呢？赶紧回家吧！"

父子连心，千里传音。姬老爷在周原姬氏庄园厅堂里所发出的这一声哀号，大少爷姬崇仁在白日假寐的梦境中真的听到了。当时，他在千里之外的汉口，一家妓院对面的茶楼上。正是在梦境中听到的这一声父亲的哀号，使他决定缩短行程、提前踏上了返乡的路程。

老大此行所发生的故事很多，很多很多。此刻无暇细说，只能留待后述。

还是先说说老三吧。

八、情迷"花世界"

不知天高地厚、不识人世艰难的姬府三少爷姬崇德，当初争着抢着把南下汉口运送药材的差事揽到了手。刚刚出发走了一天，长途跋涉的劳苦，就已使他对此行感到了后悔。

当他得知自己的生母乃小妾孟氏之后，自卑感、屈辱感、失落感，百味杂陈。姬府的"宠儿"，竟然是个"庶子"。一种无由的巨大心理落差，使他一路上情绪低落。

抵达汉口之前，崇德的心情开始好转。

"你说，这汉口镇有咱凤翔柳林镇繁华吗？"崇德向陪同前来的孟老板发问。

孟老板闻言撇了撇嘴，露出一副不屑一顾的神情。

"土包子瓜娃，你就没见过啥世面！汉口是天下四大名镇之一，号称'九省通衢'。不说别的，就说那好吃好喝的酒家店铺，你一天挨个换一家，三年也轮不过一遍。"

"食色性也。光有吃的也不行么！"崇德另有所指。

孟老板对此当然老到，于是兴致大发、眉飞色舞地介绍了一番。

"像汉口这样繁华都市的女子，一个比一个风流俊俏又爱钱，哪像咱山里的女娃蠢笨呆板。"

崇德不禁心痒难耐："那咱就在汉口不妨多住些日子，又不是没钱花。姬府太太虽不是我的亲娘，姬府老爷却还是我的亲爹。姬府的家产总还是有我的一份么！"

到达汉口后，崇德很快就与"姬记恒泰和药材庄汉口分店"的王掌柜接上了头。点验查看药材，移交相关款项账目，一应事务顺利完成。崇德心不在此，他不想在这些繁杂具体的事务上多费工夫，只要钱款到手，就万事大吉了。

王掌柜想着要好好接待远道而来的总柜三少爷，略尽地主之谊。崇德自己当然打算要在汉口的花花世界多盘桓几日。孟老板私下里却劝说崇德尽快向王掌柜辞行。

崇德满脸的不情愿，发着少爷脾气。

"我不走！好吃好喝住着，还没享受几天，就急着要回那穷山恶水的周原！要走你先走，我还要在这儿多耍几日哩。反正这多的银票钱款现在都由本少爷掌管，花点儿用点儿多方便的！"

"好我的三少爷哩，谁说要急着回周原啦？我问你，你住在这儿，王掌柜知道不知道？"孟老板赔着笑脸问道。

崇德没有好声气地回答："一天往这儿跑两三回，咋能不知道！"

"就是的嘛！你要在这儿继续住下去，王掌柜整天来看你，你烦不烦呀？

你要想着干点儿啥事，王掌柜不就立马知道了？小心他将来在老爷面前告你的状！"

孟老板看着崇德似乎心有所动的样子，继续花言巧语地劝诱着。

"我不过是让你换个地方，换个王掌柜不知道三少爷行踪的地方，他就只当是我们已经回周原了。没人监管，没人弹嫌，三少爷你还不是想干啥就干啥嘛！"

崇德顿时转怒为喜："你咋不早说嘛！"

一切都按着孟老板的计划进行中。摆脱了王掌柜之后，崇德想去找自己刚结识的相好——船妓荷花，却被孟老板劝阻。

"天下的鲜花多得很！梅花、兰花、桃花、杏花、芍药花、牡丹花……，何止只有一个荷花！跟我走，我让三少爷去见识见识。"孟老板嬉笑着带领崇德去了一个地方。那地方就是妓院"花世界"。

在去往"花世界"的途中，急不可耐的崇德嫌黄包车跑得慢，大声抱怨着："跑快些！再快些！我说你这个光头车夫，真是暮囊得很！"

"暮囊"，是周原一带的方言，意指迟缓，不利落。拉车的光头车夫当时并没有听懂暮囊的意思，但却对"暮囊"这个词和说这话的人留下了深刻的印象。也正是这个具有独特地域特征的方言词汇，后来为姬府大少爷姬崇仁提供了寻人的重要线索。

"花世界"门口，一群花枝招展的妓女卖弄风情地浪声招客。

崇德似乎还没见过这等架势，不由得有点踌躇。

身后的孟老板将畏手畏脚的崇德轻轻推向妓院门前。顷刻间，崇德便不由自主地被四五个妓女簇拥着进入了妓院门内。

面露得意笑容的孟老板，站在门外，扬臂招呼着："三少爷，你尽兴地耍着！过几日我再来看你！"

"把三少爷送进妓院，百花任采，没有十天半月，过不了瘾么！我孟某人也就自由了，想干啥就干啥。姬府的货款银票，你三少爷敢花，我这姬府未来的亲家也敢花，不花白不花！"孟老板想着，笑出声来。

孟老板兴趣广泛，吃喝嫖赌抽，样样能行。除了妓院，烟馆和赌场更是他喜欢的流连之地。当他玩耍得纵情尽兴、终于想起要接回三少爷时，情况却发生了变化。

来到"花世界"门前，孟老板自感财大气粗，趾高气扬地声言："前来拜见你家行院的贵客——周原来的三少爷。"

没有想到老鸨竟然不让他进门，还指指点点地骂着。

"少爷？什么狗屁少爷！一身脏病，早被我们赶出去了。"

孟老板闻言有些着急："我不信！少爷人呐？这才几天工夫，他随身带着的那些银票呢？该不会是你们图财害命了吧？"

老鸨大怒："放屁！就那么点银子，还不够给他瞧病的呐！"

孟老板不甘心，还想往里闯。

几个浑身刺青的打手，骂骂咧咧地将孟老板推搡出门。

"快滚！滚远点儿！你这个乡巴佬，想找死啊？也不看看这是啥子地方！"

孟老板知趣地退缩了。

孟老板傻了眼，真不知道该到哪里去找寻三少爷的下落。他有些后悔。后悔不该一路上引诱三少爷眠花宿柳，以致种下了病根。后悔不该让三少爷随身带着过多银票，以致别人见钱眼开而生出歹意。后悔不该沉耽于自己的享乐，以致忘了早日接回三少爷。孟老板担心，倘若三少爷有个三长两短，自个儿回去无法向姬老爷交代。三少爷的死因无法交代，已花销和损失的银票无法交代。更重要的是姬老爷一旦怪罪下来，自己成为姬府"亲家"的美梦也将化为泡影。

孟老板在"花世界"门口所遭遇的一幕，恰被一个好心的独眼乞丐看到。他告诉孟老板，江边一家客舍后院的牲口草棚里，躺着一个垂死之人，那人就是由"花世界"中抬出来的。

按照独眼乞丐的指引，孟老板找到了那家客舍。走近后院牲口槽边的草堆，果然发现了蜷缩倒卧着的崇德。

崇德似乎闭眼不省人事，发高烧的症状，时而打着寒战。

孟老板大吃一惊，不知所措。

"你是来找这人吧？赶快拉走！小店是客栈，不是停尸房！别让他死在小店，晦气得很！"客舍老板抱着草料恰好过来。

"这个人咋啦？得了什么病？"孟老板手指草堆的崇德，小心翼翼向客舍老板发问。

客舍老板厌弃地说着:"一身杨梅大疮不说,大夫说还是什么重度伤寒,拉回去准备料理后事吧!他还欠着小店多日的房钱呢!"

孟老板经过一番快速盘算,似乎有了决断。

"我不认识此人!与他毫无瓜葛!我是来贵店商谈雇用牲口之事的。"

客舍老板见是生意来了,口气马上好转:"客官请先验看牲口,小的去去就来。"

草棚中,只剩下孟老板与崇德二人。

孟老板俯身凑近崇德:"三少爷,看来你是在劫难逃,要留在异乡他方为鬼了!我得走了,不能陪你一搭儿死在这里。他日若有机缘,我定当重返此地,将你的尸骨带回周原。"

崇德突然无力地睁开了眼睛,直盯盯绝望地看着孟老板,说不出话来。

"你死后的鬼魂可别怪我,我也是没办法么!见着你爹你娘,我就说你是遇到了江匪,被推入江中淹死的,尸首也冲走不见咧。——总不能实情实说,让他们更加伤心吧?"孟老板匆匆留下最后一句话,生怕被客舍老板发现,快速溜出草棚,扬长而去。

躺在草堆上的崇德嘴唇嚅动着,眼睛绝望地垂下眼皮,闭着的眼角处渗出了一滴泪珠。

不知此时的姬府三少爷心里想着什么,反正他绝对不会想到孟老板返回周原后的那一套说辞。

第四章 "三喜" 还是 "三喜"

一、时候该到了

姬府接连遭难，弥漫庄园的死寂般的气氛持续了很长时间。

太太孔氏依然卧床不起。卧床期间，她想了很多很多。死者长已矣，生者常戚戚。她思念死去的两个儿子，两个英年早逝、死后尸骨无存的儿子，想起就会心痛。尤其老二的死讯，一举击破了她始终残存的渴望——临终前，亲手抚慰老二少年时代所感受的委屈和心灵创伤，当面向他表达作为母亲的痛悔与自责。如今不可能了，再也不会有这样的机会了……

最终促使孔氏警醒的，是她想起了自己已为时不久的未来时光。还有多少紧迫事务和未了心愿需要她来操持料理，时间已经不允许她继续一味沉耽在失子的痛苦哀伤之中。她要振作起来，她要给多难的姬府和她可怜的老爷带来新的希望。

孔氏躺在床上，看看一直陪护身边的面色憔悴的老爷，忍不住心疼地伸手摸了摸他的脸颊。

"老爷，该刮刮胡子了！这些日子真是辛苦老爷了。"

老爷看到孔氏的精神面貌和身体状况似有好转,略感欣慰地握着她的手,感慨而言。

"哪有心思刮胡子么!你一病倒,整个姬府就空落落的,没有魂似的,没有了生气。"

孔氏已开始摆脱初闻噩耗时的震惊颓丧,也很想给老爷以抚慰和激励。

"老爷啊,只要老爷你康健硬朗,咱老两口儿相互鼓励支撑着,姬府就不会垮!再说我们还有老大,还有孙子孙女么!"

孔氏说着,一边抚摸着老爷的花白头发,忽然又生发出另一个念头,口中不禁冒出一句:"老爷也还没有老嘛。"

老爷感动地回应着孔氏的鼓励。

"是啊!人都有个三灾六难。咱老祖先文王拘于羑里,周公惧于流言,最终不都是挺过去了吗?灾与难,都会过去的。明天的明天,还是明天!"

孔氏被老爷的话所感,由衷称赞而言:"你呀你,你是姬府的好老爷,也是我的好老汉!"

老爷得到孔氏的称赞,一时不好意思,讷讷无言。

"管家!"孔氏似乎精神一振,向外招呼着。

多日来,太太孔氏没有主动说过一句话,也未安排交代过任何一件事项。突然一叫,倒使候立在屋外的吕管家吃了一惊,急忙应声躬身进屋。

"我要起床,安排人帮我梳妆。吕管家,不要哭丧着脸。告诉大家,从今儿起,姬府一切恢复正常。越是遭难时,越是要显出姬府的硬气!"孔氏朗声交代。

"是!太太!"吕管家看到重新振作的太太,自己仿佛也顿时硬气起来,躬着的腰也直了,回复的话音也高了。

奶奶的身体不好,爷爷的心绪不佳,懂事的怀远怀玉这些天一直不敢轻易进屋打扰。此时,他俩也呼喊着"奶奶"奔进屋来。

孔氏一左一右将两个小孙娃搂进怀里。

老爷感慨地看着,脸上露出好久没有见过的笑容。

沉寂的姬府,开始恢复了生气。

在太太孔氏的安排下,家仆和丫鬟们忙碌起来。收拾庭院,务弄花草,

093

打扫室屋，晾晒衣物……庭院内似乎到处都有来回走动的人影。

一度闭门谢客的姬府，打开了大门。就在那供奉着两块牌位的前院厅堂里，姬老爷时不时地接待着登门来访的贵客。但老爷的规矩没变：不办丧事、不接受吊唁。一贯讲究礼仪的姬府，这次为何非要立了如此不符丧仪、不合人情的规矩呢？令人疑惑不解。老爷究竟是怎么想的，他自己不说，别人也不敢问。冥冥之中的潜因暗果，又有谁能明辨早识呢？

在登门前来的访客中，大多数人都拘于姬老爷"不接受吊唁"的规矩，不敢直言涉及姬府所遭之难，只能王顾左右而言他，所谈并无实质内容。只有杜先生除外。

杜先生来访时间很短。匆匆一晤，寥寥数语，但却给了姬府老爷和太太极大的慰藉和振奋，给接连遭难的姬府带来了久违的喜讯。杜家同意与姬家结亲，理解姬家的难处，不在意"妾室"名义，不在意成亲仪程，一切都由姬家安顿，只要当事人杜伊人与姬崇仁今后的共同生活能够幸福。杜家的大度与宽容，使姬府老爷和太太深受感动。特别是在遭难的此刻，他们看到了对方善心伸出的援手。

这个消息，使得太太孔氏心情大好。

"吕管家，庭院里的花花草草，都要务弄好。干枯发蔫的，人看着也提不起精神么！"孔氏在检查庭院状况时，提出了要求。

孔氏将整个庭院环视一圈，自言自语。

"这整个庄园，都该提前收拾布置喽！姬府现时就要呈现出喜庆的样子。……时候也就该到喽！"

跟着孔氏身后的吕管家，一时没有明白太太所说的"时候"，到底是指什么时候。

"老爷此刻在做啥哩？"未等吕管家关于"时候"发问，孔氏先问起了老爷的行踪。

"老爷在前院厅堂接待那个孟老板哩。"吕管家恭敬禀报。

孔氏略一思忖，随即移步而去。

"孟老板？……正好，我去看看。"

二、"不许弹嫌"

前院厅堂里，姬老爷与孟老板正在谈话。

姬老爷坐在主位上。孟老板仄侧着身子在客位上只坐了半边，一副恭谨的样子。

此前，孟老板已来过几回。姬老爷与他的话题，主要集中在三少爷崇德身上。孟老板心中惦念的"那事儿"，老爷始终没有主动提起。孟老板不免着急，今日又来，打算着直奔主题。

"姬老爷，日前咱们曾经提说过的那事儿……"孟老板探测的目光，观察着姬老爷的反应。

姬老爷有所误会，以为孟老板三番两次前来是要主动退还彩礼而不好开口。

"我家老二已经走了，总不能让新人一进门就成了活守寡。咱日前所说的那事，就算咧。已经送过门的礼金，你就留着不必退还。"姬老爷诚恳表示意见，态度通情达理。

孟老板连连摆手，做出一副恳切的表情。

"老爷刚才的话，彰显着姬府的仁义！我孟家可不能这样想。当初只说是纳入姬府为妾，并未说定非是二少爷不可嘛！既已收了姬家的聘金，人就已是姬家的人喽，无非是东院、西院、前院、后院，换个院子罢了！"

说话间，孔氏来到厅堂。

"太太身体已经大好了？"孟老板连忙立起躬身行礼。

孔氏淡然一笑，做出"请坐"的手势。

"本来就没有什么大病。孟老板，你请坐。"

孔氏自己落座后，又看着孟老板重新入座，这才缓缓开口。

"孟老板，听你刚才那话的口音，只要你妹子进到姬氏庄园，无论到哪院为妾都是愿意的，是不是这个意思啊？"

"是的，是的，就是这个意思。"孟老板再次站起身来，连连点头。他一边注意观察着老爷太太的神色，一边讨好般地继续说着。

"贵府子嗣不旺，急需添丁添口哩！俺妹子一看就是个旺夫多子相。不瞒姬老爷姬太太，俺孟家养的母猪，一窝都下十几个小猪娃哩，年年不空窝。我妹子进门后，肯定很快就会为姬府生下个一男半女哩！"

孔氏率先站起身来，虽然很不屑孟老板言谈的粗俗，但仍客客气气表示着送客之礼。

"孟老板，话就说到这儿。你先回吧，明儿一早听我姬府的准确回话。"

姬老爷也跟着站起身，直接拱手与孟老板道别。

临别之际，太太孔氏好似刚刚想起一般，加重语气，特意交代了一句。

"孟老板，明儿一早你来时，不必再去打搅老爷。让吕管家领着你，直接到后院来找我听信儿。"

第二天一早，孟老板急不可耐地直奔姬府，吕管家已在门前迎候。

到了后院，太太孔氏与孟老板进行了一番单独的交谈，老爷并未参与。

交谈之后，孟老板一副喜出望外的神情，兴冲冲走了。

太太孔氏心中有了数。她打算先与老爷谈谈，然后开始实施自己的行动计划。

后院内室，老两口儿促膝交谈。

孔氏深情地望着老爷，款款而谈。

"自我嫁到姬府，几十年夫唱妇随，大小事情都听凭老爷做主。临了了……，当下的这几件大事就完全交由我来做主，行呀不？"

老爷半是疑惑半是理解地点头认可。

"这阵子我确实感觉到老了！姬府内外需要有人支撑啊！眼下这些事，你说咋弄就咋弄。"

孔氏稍带调皮地一笑。

"我说咋弄就咋弄……，那你不许弹嫌！"

老爷连忙真诚地表态："咋会弹嫌么？一切由你做主，咱现在是妇唱夫随么！"

孔氏的思路似乎又跑到了别处，目光迷蒙，喃喃自语，满意的神情中似乎又有一丝失落。

"孟？姓不错。我姓孔，她姓孟，孔孟之道嘛！"

老爷不知其意地呆望着孔氏。无论孔氏提出什么要求,他都会答应的。他想满足已是风前残烛的太太的全部心愿。

"办完这些事,老大也该回来了。"孔氏眼望远方,长吁了一口气。

孔氏摇摇头,似乎想摆脱无谓思绪的干扰回到现实中来。

"吕管家!到前院厅堂议事!把府里管事的都叫上!"孔氏大声向屋外招呼着。

商议府里的内务,一般都在后院进行。孔氏专门交代,在前院厅堂议事,显示出所议之事的不同寻常。

参加议事的人员范围,也与往常不同。

姬老爷和太太孔氏并排端坐在厅堂正中。主持议事的,不是老爷,而是太太。

怀远、怀玉在两侧就座。如此正式的议事现场,他俩还是第一次有了属于自己的座位。

供桌上并排放置的两个牌位,好像象征着二少爷姬崇义、三少爷姬崇德也在参加议事。

吕管家及各位管家约七八个人,在堂内垂手恭立着。

厅堂内,似有大事将要发生的严肃气氛。

孔氏的神情,犹如临阵的将军,语气果决地做着安排布置。

"当初说过,年内姬府有三喜临门。现如今,还就是临门三喜!"

孔氏开场白的第一句话,就使众人感到了讶异和疑惑。

当初确乎如此。姬府有"三喜","三喜"又是"三难"。但无论如何难办难成,喜事毕竟是喜事,喜就是喜。可现在 呢?姬府祸事连连,哪有"喜"的征兆和氛围。

就在众人疑惑眼神的注视下,孔氏一一扳起手指头,历数起将要临门的"三喜"。

三、临门三喜的变化

孔氏所说的"临门三喜",究竟是哪三喜呢?

孔氏扳起一根手指："第一喜，老爷六十寿诞！花甲之庆，隆重举办！但只请亲朋好友，不招待官府人员。"

老爷点头，表示赞许。

这一喜乃是老生常谈，众人并无意外。

孔氏接着又扳起了第二根手指。

"第二喜，老爷纳妾！"

这二喜之事，众人皆无听说。姬老爷本人也是第一次听闻此事，满脸莫名其妙的神情。孔氏之所以之前未将此事告知老爷，是怕老爷会以各种理由加以反对，索性自己独断专行，直接拍板决定了。

孔氏似乎对众人的讶异没有看到或干脆不予理睬，依然冷静地继续做着安排。

"老爷六十寿辰之前，先行纳妾之礼。此事说办就办，快刀斩乱麻，克里马擦。纳妾就是纳妾，不必对外过于张扬，悄悄办好即可。吕管家，你尽快做好安排，在下院收拾一处房屋，以便让姨太太进门之后居住。"

孔氏为老爷选定的纳妾人选，就是孟老板之妹孟氏。对于这个人选，孔氏原本多有犹豫。孟家妹子其人如何，孔氏并不清楚，但就听到的传闻而言，似不宜充任姬府内当家的接班人选。再说原来曾拟将她纳为老二之妾，如今"父纳子妾"，传出去总不大好听，好在"子妾"之议，并未成为事实。孟老板本人的态度，又是十分积极。孔氏自己实在也是没有更多时间去慢等细察了。这事就仓促决定下来了。

孔氏当众宣布的第三喜，又是出乎众人的意料。

孔氏扳起第三根手指，大声宣布："第三喜，大少爷娶亲！——都听清楚了哦！是娶亲，不是纳妾！"

老爷以为自己的耳朵听错了。杜先生已经表态，伊人女子本人及杜家不在意妾室的名分。崇仁与伊人结为连理之间的碍难之处不复存在了，太太孔氏对此是知晓的嘛，怎么突然又……

老爷惊讶地想着，俯身凑向孔氏，似乎想要说些什么。

孔氏也转身面向老爷，以亲切的眼神做着无声的抚慰和解说。

吕管家和众位管事当然清楚大少爷本人对正式娶亲续弦的坚拒态度，此时难免会有一些小声嘀咕和议论。"不是一直说的是纳妾吗？""大少爷自己不会同意吧？"

孔氏轻咳了一声，堂内议论声平息，恢复了肃然静场。

"吕管家，各位管事，既是娶亲，就要按照咱周原的规矩来，各项礼仪不得轻慢！"孔氏的眼光扫视了众人一眼，明确地提出了要求。

"是！绝不敢轻慢，一定办好！请太太放心。"吕管家赶紧表态。

众管事也跟着表明态度："绝不轻慢，老爷太太放心！"

孔氏点点头，长喘了一口气，接着继续做出具体安排。

"娶亲日期，定在老爷纳妾之后，六十寿诞之前。到时，不论大少爷回得来回不来，新人照娶！喜事照办！"

孔氏斩钉截铁般的口气，宣布了自己的决定。随后，她举起手来，亲切地招呼着两侧就座的怀远和怀玉。

怀远、怀玉离座扑向奶奶身边。

孔氏一手搂着一个小孙娃，慈爱地左看看右看看，怜悯之情溢于言表。

"可怜的小孙娃们呐！奶奶就要为你们再找一位母亲娘喽！"

怀玉立即欢快地回应着："娘？我要有娘喽！"

怀远一脸抗拒的神色，嘴里低声嘟囔着："娘……，娘？"

孔氏在姬氏庄园宣布"临门三喜"的时候，孟老板也急匆匆地赶回了自己的家宅，准备向妹妹报告这个喜讯。

孟家是一处破落的小宅院。门楣上"孟宅"二字已残缺不全。院内到处都可以看出曾经殷实、现已中落的痕迹。祖上留下来的家产，本就不多，早已被孟老板吃喝嫖赌抽折腾殆尽。

孟老板的妹妹，长相还算俊俏，稍有几分姿色，略识一二文字。由于父母早亡，孟妹自小缺乏良好的家教。受其兄孟老板的影响，坏毛病也有不少。她的年纪已逾二十，却始终不肯放下身架嫁入寻常农户人家。

此刻，孟妹坐在镜前无聊地修剪着指甲。她不时地瞟一眼镜中的自己，夸张地做着各种媚人的表情，自我欣赏一番。

"大喜呀！大喜！"孟老板高呼着掀帘而入，一副狂喜的神情。

孟妹无动于衷地看了其兄一眼，不屑地问道。

"啥大喜？得是你在赌桌上手气好，自摸、单吊、杠上开花，捞回你的赌本咧？"

孟老板则作出一副被冤枉、受委屈的神情。

"妹子呀！你咋这样糟蹋你哥哩？我说的大喜，是妹子你的大喜！"

"我能有啥大喜？原本倒认为攀上高枝喽……"孟妹的神情略带些许失落。

孟老板得意地说着："姬府传过话来，咱两家联姻之事，就算是锤子打磨扇——石（实）打石（实）咧！"

孟妹感到有些奇怪："不是说姬家二少爷死了吗？"

"升辈儿喽！升辈儿喽！本只想掏摸一颗鸡蛋，谁承想竟逮住了老母鸡！二少爷不算啥！妹子你现在一进门就是姬府大掌柜姬大老爷的姨太太了！"孟老板显然感到了什么叫喜出望外。

孟妹则神情不满，有所纠结。

"啥？要我去伺候那白胡子老汉？年岁也相差得太大了些吧？……姬府人又没有死绝，除了二少爷不是还有旁人嘛！"

孟老板的如簧之舌又派上了用场。

"瓜妹子！你高不成低不就，已经老大不小了，还想要咋？二少爷已经死翘翘了，三少爷就是没死也是个碎娃。大少爷？大少爷能看上个你吗？再说一进门就是大老爷的姨太太，身份也不同么！说不定，过上几年，整个姬府的内当家，就是妹子你呀！姬府那是多大的家业！哥我还等着沾妹子的光哩！"

孟妹为这番劝说心有所动，但又有些猜疑。

"哥，该不是你为了贪图钱财，把妹子卖给那姬家老汉吧？"

孟老板直嫌妹子不开窍，只好白话点拨："说的啥话吗？咋能算是卖哩！这事儿还是我上赶着三番五次主动登门，好话说了三大车，才谈成的。要不是哥我使了些手段，妹你这辈子也别想能吃上姬府的饭、睡上姬府的炕。再说，你不懂！老夫少妻，老牛吃嫩草，女人才受宠哩！关键是你也要使出俊女子的手段，笼住姬老爷的心！"

孟妹似乎再无话说，已是一副心甘情愿的样子。

"过门后，你的眼睛放亮些，心思放活些，据说姬府的财宝大多不在明处……"孟老板仿佛看到了姬府财宝的藏身之处，忍不住流露出垂涎的神态，对其妹进行了一番教唆和点拨。

屋外传来赌友的召唤："孟老板！三缺一，赶紧走，就等着你咧！"

赌瘾大发的孟老板顿时拔腿就走，出门之前又丢下一句话。

"这几日你就老实在家待着，不敢出去胡跑！小心传出闲话，再让姬府休了你！"

孟老板走了，屋里安静下来。

看看眼前这个破败的家，想想自己当下的孤寂生活，孟妹心中忽然生出一股强烈的厌弃之感。她想早一点儿离开这个家，早一点儿开始自己的新生活。她想尽快"吃上姬府的饭、睡上姬府的炕"，她还想尽快"怀上姬府的娃"。

四、缘分重于名分

按照太太孔氏的安排，姬老爷与杜先生重新商议了崇仁、伊人的婚配之事。重新提亲，重新下聘，重新完成了正式嫁娶之前的全部礼仪程序。

对于姬府态度的突然转变，杜先生虽欣然接受，但也没有感到多么特别的喜悦。他已然觉得，曾经那么看重的所谓气节名分，其实并不重要。重要的是女儿的幸福与否。他相信，崇仁一定会使女儿幸福的。这就足够了。

当初，将女儿纳入姬府为妾的提议，曾使杜先生怒不可遏，以为是极大的屈辱。但后来他却主动前往姬府，明确表明了不在意妾室名义的态度。这个变化，同女儿伊人的再次到来有关，同她带来的一封信有关。

就在二中学生上街游行事件发生后不久，提着花布包袱的伊人又出现在杜先生面前。

"你咋又来了？"刚走不久又突然出现的女儿，使杜先生感到有些奇怪。

"我娘听说学生娃们上街游行了，怕爹受到什么连累，不放心么，让我来瞧瞧。"伊人说着，又从包袱里抽出一封信函，递给了杜先生。

"这是我赵伯让转交给爹的。几天前……"

101

伊人此次前来的主要目的，其实就是为了递送这封信函。信是赵善人写的。信的内容事关伊人的终身大事。

在赵善人的眼中，崇仁与伊人是天造地设的一对儿。本是良缘，其间却有碍难阻隔之处。他要为消除这个碍难阻隔而主动出力，这将是他作为"赵善人"所做的最后一件善事。

进入太白山修道之前，赵善人专程去了岐山县。在周公殿前的香炉里，焚毁了那部记载自己善款去向的"善缘簿"。随后，他又去了杜先生的老家旧宅。在那里，他同伊人谈了很久。

"我这就要去太白山修行学道了。这一去，恐怕就要终老在此山中了。临行前，特来周公庙拜一拜，给咱周原的老先人们道个别。另外，请你把这封信转交给你爹。有些话，当面不好说。信中和你爹谈一谈，也就了却了我在尘世间的最后一份牵挂。"

说完这番话后，悠然离去的"赵善人"从此便在尘世间彻底消失了。雄浑崇峻的秦岭太白山中，从此多了一个仙踪飘忽不定的赵道人。

经过赵善人的介绍和劝说，伊人心里有了自己的主意。她已认定：那个"只闻其声、不见其人"的人，是个好人。她不愿失去这个姻缘。作为女儿家，有些话不好在父亲面前率先开口。她在等着父亲首先发话，可一连几天都没有等到这样的机会。杜先生总是沉默地手捧书卷阅读。

"爹，我这次来，都住了好几天了，你咋一直不多说话呢？"伊人还是忍不住率先开口了。

杜先生放下手中的书卷，叹息着说出自己心中诸多的忧烦。

"唉！心里不踏实啊！总觉得好像学校里要出啥事……。姬府那边，接二连三地不得安宁。按说我本应过去看看，但此前姬府老爷说过一件事，我还不知如何回话，所以去呀不去，一直还犹豫哩。"

伊人不动声色地表着态。

"该看望就看望，该回话就回话，犹豫啥么？"

杜先生心里其实也已经有了主意，也是觉得不好在女儿面前率然开口。看过赵善人的信函后，杜先生自己好似豁然开朗，但他还不十分清楚女儿的心思。听女儿刚才那话的口风，倒像是在催促父亲表态。

"你赵伯让捎这封信时，就没说啥话？"杜先生抬眼望着女儿，试探性地问着。

伊人平静地回复道："就说了一句，缘分重于名分！"

"噢！原来你已经知道这件事了，那我就可以敞开谈咧。"杜先生作出恍然大悟的样子。

伊人故作不解："啥事嘛？"

杜先生拿出赵善人让伊人转交的那封信："你赵伯在信中说，要体谅人家有人家的具体情况，并不是有意作践咱哩。再说也就是个叫法而已，又没有正妻管辖，又没有三房六妾争宠……"

"爹！"伊人害羞地打断了父亲的话语。

杜先生稍一停顿，又接着说了起来。

"人是个好人，家也是个实诚人家。……只是怕你在名分上受委屈呀。"

伊人扭头不语。

"那你自己到底是个啥想法么？"杜先生看着女儿的神情，继续追问。

"我听我爹的……。我也听我赵伯的。"伊人羞怯而明确地回答着。

杜先生心里已经明白，但仍打趣地追问。

"到底是听谁的么？"

伊人此行的目的已经达到，揣着明白装糊涂。

"爹的意思和伯的意思一样的，都是一个意思……。爹，那我今儿就回呀！"

杜先生浑身轻松，面带喜色。

"回吧！回去叫你娘赶紧做好送女儿出门的准备！"

就是在伊人离去的当日下午，杜先生去了姬府，正式表明了态度：杜家同意与姬家结亲，理解姬家的难处，不在意"妾室"名义，不在意成亲仪程，一切都由姬家安顿。

现在情况又有了新的变化，成为姬府正房少奶奶，当然会使伊人和她娘更加高兴。既是正式出嫁，嫁妆及其他准备事项必当更加隆重，更加繁忙。杜先生一边这样想着，一边屈指算起预定的婚礼日期。"呀！也没有几天了！正式成为崇仁岳父的日子说到就要到了么！"

世间计划中的事情无不如此，看着好似还很遥远，但说到也就到了。

五、两颗红豆

姬老爷纳妾的日子，说到也就到了。

按照太太孔氏的安排，老爷纳妾之事，说办就办，对外也没有过于声张。姬氏庄园的庭院中挂上了几对贴有"囍"字的红灯笼，略作喜庆装饰，就将姨太太孟氏接进了府里。

孟氏入府当日晚间，穿着新人服装的姬老爷，神情惶惑多于兴奋，坐也不是，立也不是，依旧盘桓在后院孔氏所居内室里，踌躇着似乎不知如何是好。

"这就算把事办了，你过下院吧。人家还在等着你这个新郎官哩！"孔氏默默看着老爷，似乎也舍不得让他离开。最终，孔氏还是不明显地叹了口气，好似平静地催促老爷离去。

老爷依然是一副不知如何是处的神态。

孔氏站起身，走近老爷的身旁，轻轻地将他推出屋外。

下院新任姨太太的居室里，则是一派喜庆气氛。

红烛灯下，孟氏一身嫁衣坐在婚床，红绸盖头尚未揭去。

老爷走进屋内，一时手足无措。轻咳一声之后，便坐在太师椅上。

两人无语，新房静场。

坐在床沿的孟氏，似乎坐立不稳，身体微微摇晃，略略发出声响，大约是想发出提醒的信号。

依然久无动静，耐受不住的孟氏索性自己动手揭去了红绸盖头。

孟氏大胆地望着老爷。老爷似乎不敢直视。

"老爷不理睬我，是嫌我长得不好看吗？"孟氏率先开口发问。

老爷连忙面朝孟氏摆手表白："不不不！你正当青春妙龄，阴差阳错，陪伴我这老朽，让你受委屈了。"

"我自己愿意么！"孟氏大方地说着，站起身来收拾床铺。"老爷累了一天，也该歇息了。"

老爷偷眼望去，孟氏在床边已脱得只剩了内衣。人当此境，岂能无感。老男人更不例外。老爷想看又不敢看，偷看一眼后又赶紧转过眼神，正襟危坐。

"老爷！你来看！"孟氏一声低喊。

老爷吃了一惊，似乎担心出了什么事，赶紧走到床前。

躺在床上的孟氏，掀开被子，酥胸半露。

"老爷，我这儿长着一颗红豆豆，你看心疼呀不？"孟氏嫣然一笑。

老爷心情荡漾而又惶恐地望去，只见孟氏乳房下方有一颗圆圆的小红痣，确实有点儿令人心疼。

"这儿还有一颗，老爷你来看嘛！"孟氏手指自己的下身处，娇声挑逗着。

新房内，燃烧着的红烛，跳跃着的烛光。烛光忽闪忽闪，终于熄灭。

该会发生的一切，自然都会发生。

第二天早晨，天一放亮，老爷就出现在孔氏住屋外的庭院里。

老爷刚发出一声轻咳，孔氏闻声即由室内走出。

一见到老爷，孔氏的眼神便关切地上下打量观察起来。

"老爷，这大早的你跑过来干啥！咋不在下院多睡一会儿嘛！"孔氏口是心非，表面上是抱怨的口气，内里却隐藏着一种欣喜。老爷没有"从此君王不早朝"，老爷也没有忘记对病妻的关心。

老爷颇有些不好意思。想起昨夜间下院新房婚床上所发生的颠鸾倒凤的那一幕幕，老爷局促着似乎不敢直视孔氏的眼睛。

"在别人的屋里头睡，还有些不习惯么！"老爷小声喃喃着。

孔氏笑着打趣："别人的屋？这满庄园的屋，都是老爷你的屋。"

说话间，一阵杂乱的脚步声传来。后院院墙外的通道上，几个仆人和丫鬟分别端着洗漱用具和盛放食物的托盘，快步小跑着，向下院方向而去。

"这是……"孔氏疑惑地问着。

"下院姨太太叫哩！"由院外进来的吕管家，躬身回复。

"排场还不小嘛！不能惯这毛病！"孔氏脱口而出，不满的态度溢于言表。

老爷的神情颇有些尴尬。吕管家则是左右为难的样子。

孔氏看了老爷一眼，悄悄回转了语气。

"吕管家,告诉她,只此一回,下不为例。以后吃饭都要过到后院来,全家人一搭儿吃。早晨也不能起得太晚。古人说过,黎明即起,洒扫庭除嘛!"

老爷点着头,露出完全赞同的神色。

同一天的同一时辰,有人在二中校园里也说着同一句古训。杜先生一边说着"黎明即起,洒扫庭除",一边与师生们打扫校园。

朝阳刚刚升起。充满活力的校园显得生机盎然。

"你们看看,那边的新校舍,建设进度还是挺快的嘛!乐观的估计,明年开春咱们就能搬到新校园去上课喽!"杜先生停下手中的大扫把,兴奋地指着不远处的工地。

周围的师生们一片欢呼。

后来事态的发展,说明此时的杜先生确实过于乐观。新校园建设工程的进度,与他的估计完全相反。就在这一天的几个时辰之后,建设工程便被逼迫下马夭折。而且,终杜先生其后一生,这座倾注了他多少心血和梦想的新校园,始终未能建成完工。

当局马知事之流终于向二中及其进步师生们下毒手了。

六、迁校风波

学生娃们上街游行事件平息后,善心的人们唯恐学生娃会遭到县署的秋后算账。没想到,很长一段时间不见动静。众人(甚至包括杜先生)都渐渐放下心来,认为平安无事了。

因为辖境内"学生闹事",马知事受到了上司的训斥,其官声和仕途也受到了影响。马知事极为恼火,恨不得早早就痛下杀手。他强忍一时之愤,想出了一条将省立二中这个眼中钉连根拔出的毒计。不过,这超出了他的权限,需要上司的批准。他正在磨刀等待。

这一天,马知事心绪不顺,倒背着双手,焦躁地在县署大堂来回踱步。

"来咧!来咧!省府的批文来咧!"荀师爷小碎步跑着赶来报告。

"批文咋说?"马知事急着想知道批文的内容。

荀师爷谄媚讨好地伸出大拇指,将批文交给马知事。

"知事大人早有高见！省府的批文和大人的意见完全一样么！"

马知事面露得意之色，摇晃着手中的批文，恶狠狠地下达指令。

"好！这咱就有了尚方宝剑咧！你明儿去麻司令那儿借几个兵带着，长长威风，撑撑门面。咱先把二中的事料理了，回头再来算他姬秉礼的账！"

姬老爷坚拒在劝进书上签名，使得马知事大失颜面。他总想着迟早要报这一箭之仇，他还贪念觊觎着姬府中那一尊极为值钱的青铜鼎。

苟师爷当然清楚马知事的心思，趁机又说起了风凉话，脸上则是一副艳羡的神情。

"那个姓姬的，骨头硬得很！两个儿子都死了，现在还忙着给自己纳妾哩！听说，今晚就是洞房花烛夜，艳福不浅呐！"

这一天，正是姬老爷接姨太太进府的那个日子。

次日早晨，就在孔氏与杜先生分别在不同地点感念古训"黎明即起，洒扫庭除"的时候，马知事一伙也是"黎明即起"，一大早就率兵拖刀带枪地来到了校园门口。

马知事等人企图强闯校园，遭到了学生们的阻挡。更多的师生闻讯后，也纷纷涌向学校门口。

校门处，十几个士兵端着上了刺刀的步枪，与众学生紧张对峙着。

"陕西省立第二中学校"的校牌下，刘文章和另外两个同学挺着胸膛，张开双臂，拦住了士兵的去路。刘文章等人的身后，十几个同学胳膊挽起胳膊，组成人墙，紧紧护卫着校牌。

正在"洒扫庭除"的杜先生，接获校门处出事的消息，扔下手中的大扫把，急忙赶去。

"怎么回事？这是咋咧？"气喘吁吁赶到的杜先生，吃惊地连忙发问。

众学生七嘴八舌地嚷嚷着。

"杜校长，他们要抢咱们二中的校牌哩！"

"校长，他们不讲理，还要动刀动枪的，吓唬谁哩！"

苟师爷看到杜先生来到现场，便从士兵身后现出身来，阴阳怪气地大声说着。

"哦嗬！幕后的校长大人终于露面了！我说这帮学生娃腰杆咋这么硬哩？

107

身后有人给撑着哩么!"

苟师爷说完,转身卑顺地弯腰躬身作出"有请"的姿态。

马知事大摇大摆地出现了,并以故显威风的眼光扫视着人群。站定之后,他装模作样地掏出一份公文,以公事公办、官气十足的口吻大声当众宣布。

"哎——,本知事奉命执行公务。接到省府指令:自即日起,省立二中迁往省城!——陕西省立第二中学校,省立!这名牌也太大么!咱凤翔边远小县,承受不起!"

苟师爷在旁小声帮腔:"迁走了好。省得学生娃们受人挑唆,整日搅扰地方。"

杜先生及师生们都为这突如其来的消息感到十分震惊和气愤。

"迁校如此大事,为何事先不与学校商量?"杜先生挺身而出,义正词严地提出责问。

马知事一副蛮横的面容,一腔以势压人的口吻。

"杜校长,你是读书人,君臣之道是懂得的吧?上峰有令,执行就是,用得着与你们商量吗?"

杜先生毫不畏惧地指着那些士兵,继续发出责问。

"现在已经是民国了,这用刺刀强行摘牌、派兵威逼迁校,是何道理?"

杜先生身后的众师生此起彼伏地自发呼喊着口号。

"不许欺负读书人!"

"誓死保卫学校!"

"国贼不除,永无宁日!"

"打倒不讲理的马知事!"

看着群情激愤的师生,马知事有些畏惧地后退了几步,狰狞地向苟师爷点头示意。

"上!把那校牌给摘了!我就不信猫不吃个浆子!"苟师爷指令士兵们强行下手。

一片拉动枪栓的声响过后,士兵们步步紧逼,更加逼近到校牌处。

现场抗议的师生人群中,贾明悄悄拉了拉白学才的衣袖,对其低语。

"姓马的已经铁了心,啥坏事都干得出来。你去劝劝杜校长,不要让学生娃们吃了亏。"

白学才不动声色地悄悄走近杜先生。两人轻声交流了几句。

端着枪刺的士兵已进至校牌下。刺刀尖已经抵近到刘文章等学生的胸膛。现场剑拔弩张的气氛更加严峻。

杜先生直接走到了刺刀之前，以自己的身躯护住了学生。然后，他面向人群挥挥手臂以平息现场的嘈杂。

"同学们！老师们！我们一定要保卫学校，保卫娃们上学读书受教育的权利！学校并不只是一个校名的牌子，就算他们今日强行把这二中的校牌摘走了，我也不走，我要留下，就在这里继续办学！而且我相信，用不了多久，这陕西省立第二中学校的校牌，一定还会回到咱周原上来的！"

在场的师生们一片呼应的呐喊声。

"我不走！""我也不走！""我们都不走！"

士兵们强行摘下了校牌。扛着校牌的士兵，在愤怒的师生人群中，像过街老鼠一样，灰溜溜撤走了。

马知事和苟师爷慌不择路地狼狈后撤。身后师生们的怒吼声一阵高过一阵。好似生怕学生们追撵上来，他二人不时惊恐紧张地回头探看。慌乱中，马知事一只鞋脱落跑丢了。

"今天这事儿没有完！哼！强行摘牌、威逼迁校？这不算啥，我还要抓人逮人、开刀问斩哩！"马知事强作镇静，掩饰着自己的狼狈失态，并咬牙切齿地发着狠。

早晨还是朝霞绚丽，此时顿成冷风雾霾。被强行摘走校牌之后，校门外显得光秃秃的，缺少了生气。路人行客望之，莫不嗟叹。校内师生的悲愤之情，更不待言。

几天之后，人们突然发现，原先挂着木质白底红字的"陕西省立第二中学校"校牌之处，又挂上了新的校牌。那是用纸临时写成的，上面写着新的校名"吐哺中学校"。

纵使严岩巨石之下，总会有生命顽强冒出新芽。

七、熟悉的味道

县署大堂里，马知事与苟师爷又筹划了新的恶行。

苟师爷一脸无奈地报告着迁校风波后的新动态。

"木头的校牌刚摘下么，纸写的校牌又挂上咧！校迁了，人没走么！"

马知事气急败坏，大为光火。

"看你这点本事！啥事都弄毬不成！人没有走？好么！那就抓人！领头闹事的教员和学生，你不是都记下了吗？"

苟师爷赶紧随声附和："对着哩！枪打出头鸟么！"

马知事不光要缉拿抓捕"出头鸟"，他还想以此来威吓那些更多的不算"出头"的"鸟"。果然，随着几个教员、学生的被捕，许多胆小怕事的师生纷纷离开周原，随校而迁了。

县城街巷不时响起的枪声，甚至波及了城外。夜晚时分，姬氏庄园附近，似有枪声响起。附近的农人们诧异地议论着："姬府纳妾都过去了多少天咧，咋还放炮仗哩？""不像是鞭炮声，怕是枪响，不知又出啥事咧！"

听到附近有枪声响起，姬老爷并没有在意。他正全神贯注地在庄园里寻找一件东西，那从不离手的旱烟杆儿不知被丢到了哪里。

月光下老爷东找找、西寻寻的身影，被闲逛中的姨太太孟氏无意中看到。"老爷在寻摸啥哩？"孟氏突然想起其兄孟老板的提醒。"过门后，你的眼睛放亮些，心思放活些，据说姬府的财宝大多不在明处……"孟氏一个激灵，便悄悄地跟随在老爷身后。

老爷终于在院墙暗处的甬道边上，找见了自己的宝贝。他捡拾起烟杆儿满足地摇晃着，转身悠哉悠哉地回返。

跟踪的结果，使孟氏大失所望。看到老爷回返，孟氏赶紧躲进了暗处。她不想被老爷看到，月夜跟踪毕竟不大光彩。

老爷刚刚离开院墙甬道，突然有两个黑乎乎的人影，由外翻墙而入。

"什么人？"老爷警觉地发问。

"姑父，是我。"来人是贾明（即孔启民），身后跟着刘文章。

姬老爷松懈下来，忽又觉得有所疑惑。

"哦，启民。你咋这个时候来咧，见过你姑没有？"

"我都到凤翔几十天了，用的是假名。现在不是说这话的时候。"贾明走近姬老爷身边，神色严峻地低声说着什么。

姬老爷的神色随之严峻起来。

"啥话甭说！我这就叫人把你们连夜送往省城。等你平安到北京后，记着给你姑和我捎封信来。"

不大一会儿，老爷便做好安排，在夜色中为贾明、刘文章送行。

刘文章深深鞠躬向老爷表示感谢后，跳上了马车。

已经上了车的贾明，又从车上跳了下来。他走近姬老爷，将其紧紧拥抱。

姬老爷显然还不适应此等礼仪，不自然地怔了一怔。他拍拍贾明的肩头，催促起行。

"走吧！赶路要紧！记着，车上放了些银两，是给你们做盘缠的，还有到北京后的花销。"

马车起行，马蹄声起。

姬老爷站在便门外，一直看着马车的背影。

急促的马蹄声响越来越小，马车的背影越来越远。声响和背影，终于都消失在夜色之中。

老爷长吁了一口气，放心地转身进入便门。

"老爷这一晚上好忙啊！"孟氏从暗处闪身而出。

老爷一直没有发现孟氏在后跟踪，突然见她现身，不免一脸愕然。

"这唱的是哪一出啊？该不会是老爷私放朝廷通缉的潜逃要犯吧？"孟氏似乎是开玩笑的口吻。

"不敢胡说，小心惹下麻达！"老爷警觉地看看四周，低声喝道。

"惹麻达还是不惹麻达，那就要看老爷咋样对我哩！"孟氏依然一副调侃的口气。

孟氏话语中的威胁意味，使得老爷顿生反感。

"今晚我有事要料理，就不去下院了。"老爷说过此话，径直离去。

此时的老爷能去哪儿呢？当然只能回到后院孔氏住处。

屋内，只有孔氏孤零零一人。

孔氏在灯下阅看着一双孙儿女的写字习作，口中自言自语地作着评论。

"怀远这字，写得周正有力，快赶上他爹小时候的水平了。啧啧，怀玉的字也越来越像模像样了。这俩小娃，还真是给姬府争气呀！"

开门声响起，孔氏望去。

老爷一副孤单落寞的神情走了进来。

"咦？你咋这个时候到我这搭儿来咧？"孔氏放下手中的习字本，一边惊奇地问着，一边起身为老爷端上了茶碗。

"看见屋里灯亮着，进来坐坐么。"老爷自然地落座在自己熟悉的太师椅上，似乎很惬意地挪挪身子，调整调整坐姿。

"那就坐坐么。"孔氏看了看老爷，似乎神情平淡地打了招呼。

老爷端起自己所熟悉的茶碗，茶水是自己所熟悉的味道，喝着感到很是香甜。

"听说杜先生学校遇到了些麻达，明儿我打算去看看。"

"那就去看看么。"孔氏依然平淡回应。

老爷感觉到了孔氏的故作冷淡，一时语塞，似乎又找不出话说，只好又端起茶碗喝起茶来。

看着老爷不肯离去，有话不好提起的样子，孔氏叹了一口气，主动提起了话头。

"看你那磨磨唧唧的样子，是有啥话要说吧？……你的那位新人……怎么样？"

老爷似乎就在等着这一问，迫不及待地马上放下了手中的茶碗，说出了自己的真实感受。

"到底跟咱不是一条心。能不能真正成为一家人，还要看哩！"

八、痛苦与无助之间的关系

自孟氏进府之后，老爷一直在下院留宿。其间，老爷也曾有几次想留在后院孔氏处过夜，均被孔氏坚拒撵走。可每次撵走老爷后，孔氏又总会感到浓浓的失落和丝丝的酸苦。就其内心而言，她渴望着自己不多的时光里能够得到老爷更多的陪伴。

孔氏毕竟是姬府多年的内当家，她不会只考虑自己的内心感受而不顾大局。尽管她对孟氏有着诸多的不满，但仍由衷希望老爷与新任姨太太之间能够尽快建立起更亲密、更信赖的关系。她还奢望着可怜的老爷丧妻后能从孟氏那里得到慰藉和温暖，奢望着孟氏能够真正成为老爷的贤内助，奢望着会有一位姬府四少爷很快面世……。孔氏心里清楚：奢望就是奢望。只有无望的、渺茫的、大抵不会实现的希望，才叫作奢望。遗憾的是，自己正是在奢望。

当夜，孔氏容纳了老爷的留宿。虽说算不上"久别胜新婚"，但也别有一番温存。老两口儿谈了多半宿的话。他们谈到了化名出逃的内侄孔启民，谈到了被逼迁校的省立二中，谈到了神游太白的赵道人，谈到了日渐懂事的一对孙儿女……。谈得最多的，当然是远行中的老大崇仁。他们盼望着崇仁早日归来，也盼望着早日将伊人迎娶入门。

次日清晨，老爷早早即由孔氏住处走出。

吕管家见到，略微一怔，站立静待老爷发话。老爷交代，备车进城。就在吕管家应声离去时，老爷仿佛不经意地又交代了一个事项，把他的一些常用物件由下院搬回后院。

朝阳还是每日正常升起的朝阳，景物却已非往日模样。杜先生照例"黎明即起"，但已没有了"洒扫庭除"的心情。

原二中的校园门口处，杜先生独自黯然抚着贴有"吐哺中学校"新校牌的门柱，感慨万千。他想起了自己当初创办新式学堂时的慨然之志，想起了为新校命名时崇仁的侃侃而谈，想起了新校园建筑工地上几天前还存在的那种大干快上的繁忙场景……

一辆马车由远处驶来。姬老爷下车后，急步走近。他看看满脸凄苦神色的杜先生，又看看"吐哺中学校"的纸质校牌，默然无语。

直至两人走进校园后，姬老爷才关切地开口发问。

"学校的事，我已听说了。今后你咋打算哩？"

杜先生停住脚步，环视四周。

113

校园因师生人数减少而显得比前冷清多了。

"迁校走了一部分老师学生,留下来的师生不能没人管。周公吐哺,天下归心。我还想留在这儿,继续为周原培养一些有识有德有用的人才。只是……,学校的规模要大大缩小。原来设想的新校舍,才建了个半拉子,恐怕只得停下来……。唉!可惜了崇仁和赵善人他们的一片好心善意啊!"杜先生神情不忍地摇摇头,缓缓而言。

"等着吧!熬着吧!或许总有天下归心的一天。"姬老爷说着安慰的话语。

看看四周无人,姬老爷警觉地压低了声音。

"马知事那里,没有再来寻事吧?他们要抓的人,我已经悄悄送到省城,转道去了北京。你就不必担心了……"

杜先生心里非常感谢姬老爷对遭难师生的仗义相救,也非常感谢在自己心境如此低落凄苦之时他能主动前来抚慰。但杜先生似乎不好意思说出一个"谢"字,只好以歉疚的口气说起了其他的事情。

"不说学校的事了!为这糟心的事,连你姬老哥府上的喜事,我都没顾上去登门贺喜呀!"

姬老爷似乎不好意思地嚅嚅而言。

"说起老朽纳妾……只是因为府里太冷清了,需要增添人口,需要增添人口啊!崇仁她娘……"

仿佛说到了伤心处,姬老爷一时说不下去,忽然间眼泪夺眶而出,无声地老泪纵横。

杜先生一时没有思想准备,不知道是个啥情况。

"这是咋啦?咱进屋说去,进屋缓缓说。走。"

杜先生连拉带扶地拖着姬老爷向自己的那处陋室走去。

进屋之后,尚未待杜先生奉上茶水,姬老爷便急切地开了口,似乎想一吐为快。

"崇仁他娘……之所以失急慌忙地让我纳妾,失急慌忙地筹备为我祝寿,失急慌忙地让崇仁和伊人成亲,就是因为……就是因为她已知道自己没有几天了,总想着她走之后,我老汉不至于太过孤寂凄惶,崇仁能有个好的内掌柜,一双孙儿女能有个叫娘的人呐!她……她想在闭眼之前,办完这一切……"

　　杜先生不胜感慨："老嫂子呀！亲家母呀！真是用心良苦啊！"

　　姬老爷脸上泪痕未干，神情凄苦地呆坐着。

　　杜先生理解而无奈地摇摇头，递给姬老爷一杯茶水，轻轻拍拍他的肩头，无言地传递着抚慰之意。

　　姬老爷依然沉浸在自己的心绪之中，断断续续地悲切诉说着。

　　"我……我……我只能装作啥都不知道，依顺着她，听她安排。可我心里……苦哇！先是老二，再是老三，现在相依为命的老伴儿又……"

　　姬老爷悲从中来，无法自制，终于失声号哭起来。

　　人的情感经历中，痛苦与无助相依相伴。痛苦者常常感到无助，而无助则加深着痛苦的程度。所以，痛苦需要向他人倾诉，在倾诉中，痛苦得以宣泄和减轻。痛苦需要有人分担，变无助为有助，如此方能尽快地摆脱和战胜痛苦。

　　对于此刻深陷在痛苦之中的姬老爷而言，杜先生无疑是合适的倾诉对象，但分担者的角色就只能由老大崇仁来承当了。

　　姬府大少爷姬崇仁如今在哪儿呢？

第五章　千里之行的收获

一、什么是"转机"

为了寻找其二弟姬崇义的下落消息，姬府大少爷姬崇仁离开周原，开始了曲折的南下行程。此时，他手中所掌握的全部线索仅仅只是：崇义参加了讨伐袁世凯的"二次革命"，战斗中负了重伤，负伤地点可能在汉赣沿江某地。还有崇义当时所在的部队番号。

所谓"二次革命"，乃是当时国民党革命派联合各省掌权军阀共同举行的武装起义。波及范围虽广，持续时间却很短。宣布起兵讨袁不到两个月，"二次革命"就偃旗息鼓宣告失败。领导者们遭到通缉，相继流亡海外。各怀鬼胎的地方军阀纷纷改旗易帜，由"讨袁"而变为"拥袁"。各路"讨袁军"原来就是乌合之众，此时更是如鸟兽散。本无统一的组织和系统的建制，其后又屡经变易，仅凭一个当时的部队番号，要想找到一个热血报国的普通军人的下落，谈何容易！

姬崇仁并不知道这个背景。他拿着那张写有崇义当时所在部队番号的纸条，没头苍蝇似的寻查探问了多少地方。最终，他明白过来：所谓"南方"，那是一个多么广大辽阔的地域范围；所谓"番号"，又是一个多么不可靠、不着边际的线索。不仅"活要见人"，是根本无法实现的目标；就连"死要见尸"，同样也是无从谈起。

想想此行无果，姬崇仁很难过。他是为父母的思子之痛不能得到宽慰而感到难过。寻找二弟下落之事既已无望，姬崇仁决定转赴汉口，接上三弟姬崇德，同返周原。

船行途中，夜宿江边小镇的一家简陋客栈。

一身疲惫的姬崇仁，一进客房就重重躺倒瘫卧在竹床之上。

屋外，暮色苍茫。室内，光线昏暗。

鞋也未脱、和衣而卧的姬崇仁，仰面朝天躺着，感到极度的劳乏和沮丧。

随着一声敲门声响，客栈伙计提着一桶热水进来。门开的瞬间，从外面传来一阵阵叫疼的呻吟声。

姬崇仁感谢伙计送来的烫脚热水，勉强坐起身，强打精神与伙计寒暄。

"外面的喊叫声是怎么回事？"姬崇仁随口问着。

"惊扰客官您的休息了吧？隔壁有个受了刀伤的黑小子，大概是伤口疼得受不了了吧？客官不必理他！"伙计不在意地说着。

"刀伤？我还是去看看吧。"

姬崇仁从随身行李中翻找出一节竹筒，走出客房，循着呻吟声寻去。

伤者乃是一个面色黧黑、其貌不扬的小个子。他左臂上刀扎伤口处，虽已经过简单包扎，但仍有血水不断渗冒而出。

姬崇仁二话不说，即刻手法熟练地重新处理了伤口，并在伤口里敷填了少许竹筒里装着的药末。

伤者轻捂着已经重新包扎好了的受伤左臂，惊奇地望着姬崇仁手中的那节竹筒。

"先生，你那竹筒子里装的是什么神丹仙药？抹进我的伤口里，感到凉凉的、麻麻的，好像已经不怎么疼了。真是神呀！"

姬崇仁耐心说明。

"祖上传下来的方子，以我们周原特产的药材调制而成，取名金疮生肌散。对刀枪创口不仅有明显的止疼作用，还能收到去腐生肌、促进创口愈合的功效。"

伤者有些疑惑："出门在外，你怎么会随身带着这种药呢？"

姬崇仁伤感地苦笑着："我要找寻的人，听说受了枪伤，本打算就便为他诊治诊治……"

伤者颇感幸运地叹息着。

"没想到老天爷却让我先遇到了你这位神医，缘分呐！谢谢先生了，请问诊费药费该交多少呢？"

姬崇仁不以为意地摆摆手，打算离去。

"天涯旅人，萍水相逢，能帮一把就帮一把，咋能收取你的诊费药钱哩？你休息吧，告辞了。"

伤者似乎没有想到世上竟有如此侠义仁慈之人，不免有点儿不敢相信。

"这怎么可以呢？能对素不相识之人主动施以援手，已是这世上难得的好人喽！哪能让好心之人赔了工夫，还倒贴药钱呢？"

"人么！人心都是肉长的。听到你的疼痛叫喊声，我也是于心不忍么！啥赔了工夫、倒贴了药钱的，不必再提了。"姬崇仁大度而言，再次准备辞别而去。

伤者大为感动，伸出右臂拦住了姬崇仁的去路。

"先生请留步。人么！套用先生你刚才的话路子，人么！人敬我一尺，我敬人一丈。我也想着对先生有所报答呀。"

姬崇仁微微一笑，诚恳坦然地辞别而去："古人云：勿以善小而不为。虽说是善有善报，但若是为了图报而行善，也就失去了行善的意义了。我没有图报的念头，你也不必为区区药钱而介意。小事一桩，无须萦怀。咱们就此别过，各自珍重吧！"

"请问神医贵姓？"伤者追出门来，紧着问了一句。

"鄙人姓姬。"姬崇仁已然走远。

对于寻找二弟下落一事，姬崇仁已然绝望。但此夜所发生的这桩"小事"，却使事情有了新的转机。

冥冥之中有天数。为人行事，常常会在意想不到之时，意想不到之地，出现意想不到的转机。什么是"转机"？转机，就是扭转既定的结局，就是摆脱深陷的困境，就是拯救已然的绝望。

姬崇仁的南下寻弟之行，有了峰回路转的结局。

这转机发生在次日清晨。天还没亮的时候，人生地不熟的旅人行客姬崇仁，被几名持枪士兵堵在被窝，连人带行李强行带走了。

客栈老板和伙计无力阻止。

姬崇仁本人莫名其妙。

二、心不能黑

事情发生时，姬崇仁尚在客舍被窝里蒙头大睡。

"咚！咚咚！咚咚咚！"砸门声响起。未等床上的姬崇仁有所反应，两名荷枪士兵已经强行进屋。

"两位军爷！这一大早的，怎么可以擅闯客人的住房呢？"客栈老板及伙计跟在士兵身后，无力地阻拦着。

士兵推开伙计，手指着床上的崇仁，发出命令。

"你！起床！跟我们走！"

姬崇仁莫名其妙，大声抗议："我犯了什么事？凭什么跟你们走！"

"你是不是姓姬？"

"是啊，本人姓姬。"

"这就对了。走！把你的随身行李全部都带上！"

押解途中，姬崇仁难免心中有些忐忑不安。不知所为何事，也不知将关押何处。

姬崇仁被单独引进的地方，不是牢房监所，而是军营内的一处长官用房。墙上挂着军用地图，屋内散落着军帽、枪套等物。桌上还摆放好了较为丰盛的酒菜。

就在姬崇仁疑惑不安地观察屋内情况时，屋外传来了对话的声音。

"报告营长！人已带到！"

"你就是这样去的？"

"是的！"

"妈的！让你去礼请贵宾，谁让你拖刀带枪去的？不会办事！滚！"

话音刚落，昨夜晚江边客栈里那个小个子伤者一阵风似的进入屋内。伤者一身戎装，进门先敬了个军礼。

"姬先生，对不起，手下不会办事，让你受惊了！"

姬崇仁一看，原来是此人，于是先问起伤情。

"是你啊！伤口情况怎么样了？"

"好多了，好多了！怕你一早出门，从此天各一天，无缘再见，岂不遗憾，所以就让人早早去堵你的被窝了。来，来，先请吃早点。"伤者一边解释一边做着礼请的手势。

姬崇仁被折腾一早上，确实有些饿了。他不客气地坐下，指指那桌酒菜："早点？如此丰盛的早点？"

"这是在下特意让人置办的，为了表示对姬先生你的感谢嘛！"伤者诚恳说明。

"还没有打问阁下尊姓哩。"姬崇仁吃着早点，客气地询问。

"鄙姓黑，任职营长。"

"黑……黑营长。"

黑营长连忙自嘲地解释："黑是个小姓，不大好听。不过，我长得黑不溜秋的，倒也名副其实。"

"姓氏百家，各有所源。肤色容貌，父母所赐。姓黑也好，脸黑不怕，重要的是心不能黑。"姬崇仁随口一说。

黑营长一听此话，大有感悟。他立刻放下手中的筷子，立起身来，拱手致礼。

"姬先生此话，兄弟我当铭记终生。姓黑也好，脸黑不怕，重要的是心不能黑。"

"黑营长不要误会，我不是说黑姓不好。黑是小姓，但却是古姓。说起来我们两家的老祖先之间还有一些缘分哩！"姬崇仁连忙解释。

黑营长一听，大感兴趣："真想有机会听姬先生讲讲古。"

姬崇仁话锋一转："你一大早派兵把我抓了来，恐怕不是为了听古吧？"

黑营长诚实回答："我想求你把那个竹筒里的什么生肌散，能否再给留一点儿。"

姬崇仁爽快答应:"好说。那个竹筒我整个都给你留下。药么!本就是治病救人才派上用场。"

黑营长大为意外,也大为感动:"姬先生如此豪爽大度,兄弟我也就实话实说了。"

黑营长俯身靠近,压低了声音,多少有些不好意思。

"兄弟昨天便装去逛窑子,为了一个婊子,与人争风吃醋,结果被捅了一刀。这不是啥光彩的事,说出去丢人呢。本想躲在小客栈里,找个江湖郎中悄悄处理一下。没想到折腾得我吱哇乱叫,幸好遇见了你这个周原来的神医!叫我怎样感谢你才好呢?"

姬崇仁长叹一口气,不抱任何希望地说着。

"感谢谈不上。我倒想向你打探一件事。这个番号的部队,你是否知晓?"

说着,姬崇仁从怀中掏出一张纸条递给了黑营长。

黑营长接过纸条,一眼扫去,抬头直盯着姬崇仁,似乎恍然大悟。

"噢!我明白了!我说你不远千里跑这儿干什么来了。游玩?神情不像。经商?行装不像。原来是想找到这支部队投军的!你找错门喽!这个番号的部队已被打垮,不复存在了!"

姬崇仁尽管事先未抱希望,但闻此依然流露出落寞失望的神情。

黑营长有所误会:"要投军还不容易?就留在我这儿当军医官吧!兄弟可不是普通的营长,而是军部直属的炮兵营长!比其他团长、师长都牛!全军只有一辆洋汽车,就配属给了我这个炮营,当然是拉炮的车。"

姬崇仁苦涩一笑,指指那张纸条。

"我上有年迈的父母,下有年幼的子女,还有失踪的兄弟,根本就不可能有投军的想法么!我那失踪的兄弟,原来就是这个部队的,听说受了伤,下落不明么!"

黑营长很有感慨:"古有孟姜女千里寻夫,今有姬先生千里寻弟,不容易啊!你就这点儿线索,不是大海捞针吗?"

"唉!我娘我爹心里苦哇!多少次说过,探问不到我失踪兄弟的消息,死不瞑目啊!我就拿着这张写有我兄弟大名和所在部队番号的纸条,已经向多少人打听过了……"姬崇仁继续说着。

黑营长突然一拍大腿,好像想起什么。

"我想起来了,我手下那个三连长好像在那部队干过,不知他能否知道点情况。卫兵!把三连长给我叫来!"

屋外有人应声而去。

姬崇仁对此似乎并没有抱什么希望,依旧一脸落寞麻木的神情。

在黑营长的劝让下,姬崇仁无滋无味地吃着饭。

"姬先生说祖籍周原,恕兄弟才学疏浅,周原的大名倒是听说过,但具体方位并不知晓。"黑营长是好心改变话题,试图冲淡姬崇仁低落的心绪。

"陕西关中,你知道吧?"

"周秦汉唐咱老祖先的皇都之地,这当然知道。"

"周原就在关中西部,渭水以北,方圆好几百里地哩!西周王朝在此发祥。春秋战国的强秦,曾在此建都历时将近三百年。秦始皇兼并天下,但他的加冕大典还是在周原举行的。"

听着姬崇仁的介绍,黑营长充满了神往之情。

"这辈子真想有机会去神奇的周原看看呐!地灵人杰,出将相人才,出英雄好汉呐!就说你姬先生吧,偶遇路人有难,主动出手相救。施人以恩,又不图回报!真是一个有仁有义、豪爽大度的周原男儿、关中汉子啊!"

姬崇仁又是点头又是摇头。点头是表示赞同黑营长对周原的称颂,摇头则是表示不敢当对自己的那一番评价。

"过奖了,不敢当!不过,周原嘛,倒真是值得一看,如果你将来有机会……"

屋外传来响亮的声音:"三连长到!"

三连长到了。他会带来什么消息呢?

三、好心善行的代价

姬崇仁与黑营长边吃边谈间,三连长到了。

黑营长将那张纸条递了过去。三连长平静地看着。两人之间的对话非常简单明确。

"三连长，好像你当初也曾在那个军头上干过？"

"是的。"

"你再看看，纸条上写的那个人，姬崇义，你是否认识？"

"认识。"

简短的几句对话，一下子吸引了姬崇仁的全部听力。他简直不敢相信自己的耳朵。踏破铁鞋，无处寻觅。如此重要的信息线索，就这样简单而平静地得到了。

"他还活着吗？他现在在哪里？"姬崇仁忽地一下站立起来，兴奋而急切地连续发问。

三连长怀疑地看着姬崇仁，向黑营长附耳低语。

"不对吧？那位官长不姓姬呀！"黑营长一脸惊愕，似乎并不相信。

三连长再次向其附耳低语。

黑营长转身面向姬崇仁。

"姬先生，不，姬大哥！吃过饭后，你就随这位三连长去见见一个人吧。"

"是去见我兄弟吗？"姬崇仁顿时满怀希望又不敢相信。

"是不是你兄弟，你去了不就晓得了？"

"那还吃啥饭哩！走！现时就走！立马就走！"

黑营长显然十分理解姬崇仁此刻急不可耐的心情，立即作出了一个极为大胆、后果又十分严重的决定。

"相隔好几十里地呢！大哥你空着肚子咋走？这样吧，三连长，就用咱拉炮的洋汽车把我大哥送去。"

三连长知道这样做的后果，缩缩脖子，畏惧地说道："这……全师、全军就这一辆宝贝汽车，除了军长大人，谁也轻易动用不得……要是上峰知道了，怪罪下来……"

黑营长指指天上，又拍拍自己脑袋，大大咧咧地表态："怕个毬呢！有啥事我顶着。"

在与姬崇仁道别时，黑营长真有些依依不舍。

"知道大哥你此刻的心情，恨不能一下子飞过去，兄弟我就不耽搁你的时间了。……唉，如果兄弟我能有一个像你这样如此仁义的亲兄长，该有多好！再见吧！"

姬崇仁拱手辞别："你不是对周原很有兴趣么？希望有朝一日咱们能在周原再见，后会有期！"

黑营长也充满了期待："兄弟一定去！我还要听大哥讲古，听大哥讲咱黑氏与姬氏两家老祖先们的故事呢！"

他们二人此时表达的希望和期待，十多年后都实现了。他们真的在周原重逢再见了。黑营长也真的听到了黑、姬两家祖先们的历史故事。当然，彼时黑营长的身份不会还是营长。

以后发生的事，以后再说。先说眼下事态的发展。

送走姬崇仁的当天下午，黑营长祸事来临。军长带着新娶的姨太太莅临炮营，本想坐坐拉炮的洋汽车，在江边兜风。姨太太还是第一次尝鲜坐洋汽车，早已对此充满了期待。这唯一的洋汽车此时送人尚未返回。姨太太的娇泪痴怨，军长的雷霆震怒，可想而知。军长当即在全营将士面前，一脚将黑营长踹倒在地。军长扬长而去的第三天，处分决定下达。黑营长因"竟为无关之人擅自动用重要军事设备"的罪名，官职连降六级。"黑营长"从此成为"黑班长"。黑班长的命运从此改变。

对于姬崇仁来说，黑营长动用洋汽车的决定，多么英明，多么重要！倘若不是这个决定，倘若迟到了那么小半个时辰，姬崇仁则不仅本次南下寻弟之行无功而返，而且还将从此永远失去再度寻找二弟的机会。二弟的部队番号变了，二弟的姓名也变了。原来的症结在于：去哪儿找？不清楚。此后将会面临的问题是：去找谁？不知道。寻找的目标都不知道了，又何谈寻找的路径和结果。

姬崇仁乘坐洋汽车赶到目的地时，二弟的部队即刻就要紧急移防。作为这支部队的长官，二弟有太多的紧急军情要处置。兄弟俩虽然久别重逢，心中纵有万语千言，却实在没有时间长谈。戎马倥偬的二弟扬鞭待发的时刻，确实不便将大哥久留军中。大哥既知二弟平安，亦急于踏上返程，以便早日将喜讯报知父母。

短短几分钟的晤面，其实已使姬崇仁感到了满足。眼见耳闻的二弟相关信息，已足以使远在周原的爹娘听闻后感到宽慰。

二弟虽然确曾在战斗中负过极重之伤，但今已痊愈，平安活着。

二弟早早投身新军，参加了推翻清廷的武昌首义。虽然年纪不大，但由于作战勇敢，屡立战功，为人侠义，又有文化，现已在军中担任颇为重要的职务。

二弟已经结婚娶妻，太太姓林。

二弟虽以"国事大于家事，军情重于亲情"为信条，但他始终没有忘记父母家人和故乡周原。他记挂牵念着爹娘，从没有记恨过母亲的那一耳光。他怀念着在家乡度过的少年岁月，怀念仁义的大哥，甚至也怀念那个顽劣的三弟。

……

在所有有关二弟的信息中，姬崇仁觉得只有一条不能如实告知父亲。那就是二弟的改名，连名带姓都改了。

二弟现在的姓名叫谢林。

二弟伤重，命悬一线，是一位林姓护士将他从死亡线上拉了回来。获得重生的二弟姬崇义，重义重情，改名以示报恩。谢林，感谢林姓护士之意。这位林姓护士，也就是二弟现在的妻子。

姬崇仁知道，在父亲的心目中，姓氏乃祖辈血脉的传承与象征，神圣不可更改，改姓即意味着弃祖背宗。为了不使父亲难过，姬崇仁决定：二弟改名之事对父亲保密。

后来，当谢林成为革命队伍中的一位重要领导者之后，他的姓名又做过多次变动。他不想让敌人知道自己的真实身世，以免给家乡的亲人带去危害。但不管公开的姓名如何更改，在心底深处，他永远都认为自己是周原的姬氏子孙。

再后来，已是姬府老太爷的姬秉礼，临终前得到了一个消息：老二已然有了一对双胞胎男儿，两个男儿都姓姬，并按周原的排辈规矩定了名。这个消息给了姬老太爷极大的宽慰，使他终于安详地闭上了眼睛。

此话又是说得远了。还是先说归途中的姬崇仁吧。

四、假寐梦境

姬崇仁与二弟匆匆一面,好似多年来压在心头的大石头一下子落了地,随即就浑身轻松地乘舟踏上了归程。

船行江中,虽是逆水,但江流平缓,路程不远。两三天的时间,小船就已经停靠到了汉口码头。

姬崇仁离船登岸后,急着去寻找"姬记恒泰和药材庄汉口分号"的王掌柜。因新来乍到,路途不熟,难免东张西望、四处打问。不意间,在码头附近街巷处,看见了一个跪地行乞的独眼乞丐。铁皮的乞讨罐前,铺着一张写有"行乞讨钱,治病治人"字样的纸板。

"一个乞丐,还治病救人哩!""骗子!快滚。"行人的不屑指责和谩骂声中,乞丐依然跪地低头企盼着善心人们的施舍。可惜所得无多。姬崇仁本已急匆匆走过去了,忍不住回望一眼,也许是那"治病救人"四个字打动了他的心。他又回转身走了过去,将一大把铜币投入到了那个铁皮乞讨罐中。"哗啦啦"铜币落罐的声响,促使低头行乞的独眼乞丐不禁抬头一看。他记住了这个善心人的模样。

姬崇仁找到王掌柜时,听到的是好消息。

"三少爷和随行的那个孟老板,时间抓得很紧。交割了药材,拿到银票之后,一天也没耽搁,就急着返回了。说是一大早动身,也没让我前去送行。"

听到王掌柜这番话,姬崇仁对三弟的表现很满意:"这是想着家中的老父母!所以不敢在路途耽搁。按时间算,现今他们也该回到周原了。好!这事就算放心了。"

既然"这事就算放心了",姬崇仁打算就便同王掌柜谈谈其他事情,"临行前,家父曾与我作过商议,就扩大药材生意的销路和规模之事,还想与王掌柜探讨探讨。"

王掌柜以拳击掌,正中下怀。

"好啊!我也正琢磨这事哩。三少爷来时,我就想听听老爷有啥想法和交代。三少爷就此一句话也没说,急匆匆就走了。现在好了,大少爷大驾光临，我也可以当面聆听大少爷的高见了。"

姬崇仁谦让几句后，直奔主题。

"高见谈不上，倒是有些想法，要向王掌柜讨教。我这次到南方看了看，发现一些北方特产的药材在这里十分稀缺。咱'恒泰和'药材能否在南方开辟出一片新天地呢？"

王掌柜认真听着，不时点点头表示赞同。

姬崇仁一边思索一边继续说着。

"我觉得，有三个问题要搞清楚。一是有没有市场需求，哪些药材品类是我们那边富余，这边紧缺的。否则千里之遥运来一些不需之物，又是何必。二是有没有盈利余地，两边药材的差价多少，运费几何，赔本的生意总是做不长的。三是有没有发展的空间，能否通过王掌柜你这个分号，南下东往，拓展南方市场，甚至也发展出一些国外的客户呢？"

王掌柜大受鼓舞，兴奋的神情溢于言表。

"听闻大少爷一席话，令人茅塞顿开啊！你看看，汉口这几日正好有一个南北货物交易市集，我想可以趁此机会去打探打探行情嘛。"

姬崇仁一听，觉得这是个难得的考察机会，当即决定两人同去长长见识开开眼。

姬崇仁在约定地点等候王掌柜时，久候不至，随口抱怨了一句："这王掌柜，也够暮囊的了。"

说者无意，听者有心。一旁等待揽客的一个光头黄包车夫，闻言大感兴趣。

"暮囊？这位客官，请问暮囊是个啥子意思嘛？"

姬崇仁礼貌的微笑解释。

"这是我们陕西的土话，就是慢、迟缓、不利索的意思。"

"噢！我曾听过这话，一时弄不懂哟，还以为是骂我的呢。"光头车夫恍然大悟。

"南方北方口音不同，难免有误会的时候。这位大哥就不必再去计较已经过去的事了。"姬崇仁宽厚地劝解。

光头车夫领情地点点头，表示心意。

"先生对我们这些苦力下人说话也是客客气气的。好人呐！不像那位嫌我暮囊的客官，凶巴巴的，还号称是什么三少爷呢，进了妓院就不见出来。"

"妓院？三少爷？"姬崇仁闻言一愣。

难道三弟姬崇德流连妓院至今未返？姬崇仁不免有些不安。按照光头车夫的指引，姬崇仁与王掌柜寻找到了"花世界"妓院。

刚到妓院门前，两个拉客的妓女主动出击，一拥而上，分别拉住了姬崇仁的两条胳膊，一边言语挑逗，一边往院内拖拽。

"来嘛！来嘛！好好耍耍再走嘛！"

"这位大哥长得好帅哟！少收点儿钱，也要让大哥巴适巴适。"

姬崇仁哪曾经见过这等阵势，手忙脚乱地拼命挣扎，好不容易才摆脱了那两个妓女的纠缠。

颇有经验的王掌柜，决定自己进去探问情况。他一手搂着一个妓女，说着话，就进了妓院。

"莫慌，莫慌！总得让大爷我挑选一个中意的吧？"

按照王掌柜的吩咐，姬崇仁坐在妓院对面的一家茶楼中等待消息。

枯坐干等的姬崇仁，倦意袭来，打着瞌睡，不觉进入了假寐状态。他梦见了自己的父亲姬府老爷姬秉礼。

梦境中，姬秉礼独自在一个昏暗的空间跌跌撞撞地摸索着。就在他艰难地迈腿跨过一个门槛时，一个麻袋状的重物从天而降压在他的肩头。他痛苦地咬牙坚持着，却又有一件重物再次从天而降。姬秉礼不堪重负地挣扎摇晃。梦境中的姬崇仁极力前去相救，却怎么也到不了父亲的身边。姬秉礼终于被压倒了，他绝望地大声哀号："老大呀老大，你在哪儿呢？赶紧回家吧！"

"爹！"姬崇仁一声凄惨的呼喊，从假寐中惊醒过来。他捂着胸口，揉揉眼睛。眼前站着王掌柜。

姬崇仁明白了自己在白日做梦。但他仍未能从梦境中完全醒来，沉迷着喃喃自语："爹……爹！不行！我得赶紧回家！"

后来，姬崇仁回到周原之后，曾向父亲姬老爷说起过自己在汉口所做的这个梦。姬老爷惊奇地发现，老大在汉口做梦的时分，正是自己在周原姬府因绝望而发出哀号的那一刻。同一日期，同一时辰。父子同心，千里传音。

信然！

当姬崇仁从白日梦中完全醒来，王掌柜已经完成了在妓院的打探过程来到茶楼。

"老三是真的进到那里面鬼混了？"姬崇仁赶紧发问。

"看样子三少爷真是在这里被纠缠了一些时日。据说因为身染重病，钱财耗尽，被老鸨撵出去了。"王掌柜似因未能尽到责任而有些不好意思。

"后来呢？"姬崇仁急着追问。

王掌柜无奈地摇摇头："去向不明呐！里面跟三少爷好过的几个姑娘都不知道，也不关心他的下落，只是说他离开时病势沉重。"

"那个孟老板，后来找过你寻求帮助没有？"

"再也没有见过孟老板的人影。也许他已服侍着三少爷返回周原了吧？"

姬崇仁听着王掌柜的分析，觉得有些道理。

"孟老板在家父面前拍着胸脯打了包票的，他绝不会扔下三少爷不管，不然回去后他咋交代？"

自梦境中听到父亲哀号之声的那一刻，姬崇仁即已作出了不顾一切急速返乡的决定。此时出现的有关三弟的新情况，虽然使自己心有所乱，但并不足以延缓回乡的计划。"爹娘肯定还眼巴巴地等着我带回去的另一个消息哩！"他想尽快将二弟的消息告知父母，哪怕早一天也是好的。

五、江边发生的意外

自汉口返程，需乘船沿汉水溯流而上，然后转入丹江继续逆水行船。船行直达陕南后，水路转为陆路。穿越秦岭，即是关中平原。

是时汉水、丹江航运发达，舟楫甚多。姬崇仁专门包租了一只帆橹给力的小船，以图缩短航行时间。

就在他即将登舟启航之时，又发生了意外的事件。

江畔码头处，几个药店伙计正在殴打那个独眼乞丐。被打倒在地的乞丐，不顾自己的疼痛安危，极力将一捆已包装捆扎好了的中药包紧紧护在胸前。一个伙计抬起脚来，准备向倒地之人头部用力踏去。

"不敢！"路见不平的姬崇仁大喝一声，将那个伙计推至一边。"不敢呐！一脚下去是要出人命的！你们是咋回事吗？"

店伙计手指倒地之人，恨恨地指责训斥。

"这个臭要饭的，说是要抓药，药材抓好包妥，钱还没交，抓起就跑，这不是抢人吗？"

"这是多大个事嘛！药材本来就是用来治病治人的。"姬崇仁边说边打算扶起倒地之人，却被店伙计们拦住。

"你这个外乡人，说得倒轻巧！你家的药材是不要钱白送人的？"店伙计们不依不饶。

"人么！得饶人处且饶人。这个药钱，我来付了。"姬崇仁大度地息事宁人。

打人的店伙计们接过姬崇仁递上的药钱，悻悻而去，嘴里尚在污言秽语。

被扶起的独眼乞丐，显然已认出眼前这位曾经给他慷慨施舍之人。仅有的一只眼睛中，流露出感激的目光。

姬崇仁对此人并无印象，将其扶起后，又随手帮其拍打着衣服上蹭抹的灰尘。

"唉！有病就得看病，没钱也得抓药。只是……硬抢别人的东西，到底还是不好么！"说着姬崇仁掏出两块银圆塞在乞丐手中。

这场意外看似结束。姬崇仁转身朝江边走去。

独眼乞丐依然停留在原处，口中不停地发着感叹："好人呐！善人呐！恩人呐！"他的目光追随着姬崇仁远去的背影。

好似突然起了什么念头，独眼乞丐抱紧了药材包，捡拾起被打落在地的讨饭竹竿，朝着姬崇仁的背影追去。

江边停靠的客船舷上，已搭上了登舟的木板。姬崇仁就要踏上木板登舟时，身后传来"恩人请留步"的呼喊声。

来者就是那个独眼乞丐。他气喘吁吁地赶到，"扑通"一声跪倒在地。

姬崇仁有所误会，连忙逊让着："不谢，不谢！这位大哥，不必行此大礼！这点儿小事，不值得你专程又跑来……"

独眼乞丐庄重地磕了三个头，然后抬头提出了一个新的请求。

"恩人呐！我看准了你是一个善心的好人，所以还想拜求你，再行一个善事。"

姬崇仁慌忙搀扶起跪在地下的独眼乞丐，不解地问道："说吧，什么善事？只要我力所能及。"

独眼乞丐举起手中的药包，述说起来。

"这药，不是我吃的，而是为了搭救一个我素不相识的可怜外乡人。他在昏迷和睡梦中，时常哭着喊着'回家''回家'！听口音好像与恩人差不多，想必家乡离得不远。我想替他求求恩人，就让他就便搭着恩人这船一道儿回家吧。"

独眼乞丐所搭救的那个"可怜外乡人"，正是姬府三少爷姬崇德。

姬崇德病重濒危之际，被同行的孟老板弃之不顾。所余的货款银票，也由孟老板席卷而去。除了随身衣物，姬崇德别无分文。既无谋生手段，且又病势危重。倘若不是善良的独眼乞丐收留了他，为他行乞要饭讨药，他这个堂堂姬府的三少爷恐怕早已成为了客死他乡之鬼。

听到独眼乞丐提出的请求时，姬崇仁虽有几丝疑惑与联想，但并不敢想象这个"可怜外乡人"会真是自己的三弟。世上怎会有如此之巧的事呢？不管怎样，独眼乞丐的善行已使他非常感动，他决定伸出援手。

江边拾荒者凑合搭建的窝棚里，大病尚未彻底痊愈的姬崇德身披一件棉袍，躺在稻草铺成的地铺上，两眼了无生气，漠然而绝望。

他绝对没有想到自己的大哥会同独眼乞丐一起走进这个窝棚。他不敢相认，反复眨巴着眼睛，两只手不觉地相互捏弄着。

姬崇仁一脸惊愕。短短几个月工夫，骄横自负的三弟怎么就会变成眼前这个落魄猥琐的乞丐？三弟究竟经历了多少磨难？

"三弟？……三弟！"姬崇仁忽然感到有些心酸。

"哥……，大哥！"姬崇德终于哭喊出来。

看着崇德声泪俱下、涕泪纵横的样子，崇仁既有同情与疑惑，又有惊喜与激动。一瞬间，崇仁的眼前似乎浮现出爹娘焦急盼望的面容。

"三弟，走，咱回家！"崇仁一把抓住崇德的胳膊，拉起来就往外走。

独眼乞丐一时没弄明白，疑惑地看看崇德，又看看崇仁："恩人，你们这是……"

崇仁拉着崇德，一同跪在独眼乞丐面前。

崇仁由衷而发："恩人呐！你才是我三弟的恩人，我们姬府全家的恩人！"

崇德默然无言。

崇德离开这座窝棚时，无须收拾行装。因为除了披在身上的这件棉袍，他一无所有。收拾什么呢？没有物品可供收拾。对他来说，棉袍已不再需要，大哥必然会马上为他置办全套新装。

他可以保存这件棉袍，它是母亲孔氏带病连夜加工缝制，一路为他抵御风寒，颇有纪念意义。但他不想保存也没有保存。

他可以将棉袍赠予独眼乞丐。对于衣不蔽体的乞丐来说，棉袍颇有使用价值。而他也可以由此表达一点点感谢之意。但他不想赠予也没有赠予。

他趁崇仁和独眼乞丐不注意的工夫，悄悄把棉袍扔进了江边的垃圾堆里。为什么要这样呢？他是怎么想的？没人知道。

小人的阴暗心理，常人往往很难猜测和理解。

六、家乡就要到了

姬崇仁急切而又高兴地踏上了归程。他觉得很幸运，此行的两个目的——探寻二弟下落、迎接三弟回家，竟然全部达成。回想整个南下行程，虽然屡遭困境，但每逢此时总有贵人出手相救，使困境得以转机，已然的绝望出现意外的良好结局。而每次贵人（比如黑营长、比如独眼乞丐）的突然出现，又似乎总与自己的一点点好心善行有关。难道真有所谓"善有善报"吗？

"善"之所报，不一定是"善"。此时已成为黑班长的"黑营长"，对此有着切身的体会。正是这种体会，才促使他后来一度成为一只凶恶的"黑狼狗"。还有那个善良的独眼乞丐，他的结局更是令人唏嘘。当他在江边挥动着手中的讨饭竹竿，向已乘舟远去的崇仁、崇德告别后，回到了自己的那间窝棚。崇仁临行之前给他留下的馈赠，足以使他摆脱窝棚的日子。但他决定依然在此继续生活。他甚至有点儿留恋为那"可怜的外乡人"行乞要饭讨药的时光。就在这时，他看到了江边高高垃圾堆上被崇德抛弃了的那件棉袍。为了捡回这件棉袍，独眼乞丐失足落入江中，被滚滚的江水所吞没。他手中的那根讨饭竹竿，在江水旋涡中盘旋翻滚几下后，也同它的主人一样消失不见了。独眼乞丐为什么还要捡回这件棉袍？他想用它继续御寒吗？他想以此来保留对那"可怜外乡人"的怀念吗？没人知道。姬崇仁当然也不会知道。

独眼乞丐落水的时刻，崇仁、崇德正船行江中，风帆高悬。前面是一条宽阔平缓的水道。

几天航程下来，崇仁已与船老大混熟了。船老大一边奋力摇橹，一边与崇仁拉着家常。

"这位客官，你俩到底谁是掌柜的，谁是伙计么？看着你像个掌柜的，但一路上咋只见你伺候着他，不见他关照你哩？"

崇仁正在船尾处的小炉灶上熬药。药罐里冒出的水汽，即刻就被江风吹散。他一边观察着药罐的熬煮情况，一边回复着船老大的询问。

"我们是兄弟俩，我是哥，照顾弟弟是应当的么！"

船老大一脸不相信的神情："兄弟俩？不像！一个说话和善文气，一个整日板着个哭丧脸，好像天下所有人都欠他八百大钱似的。"

崇仁掀开翻滚着的熬药药罐的罐盖，用筷子在里面搅动着，不愿继续刚才的话题。三弟一身臭毛病，做哥的当然心里清楚。但当别人对此指责时，他的心里却感到有些不舒服。

"这逆水行舟不容易啊，船老大真是辛苦了。"姬崇仁转换了话题。

船老大加大了摇橹的力度："知道客官你归心似箭呐。虽说是上水行船，但江面开阔，水流不急，再加上老天爷帮忙，这几日风向很顺很给力，船家我省力不少哇。"

崇仁与船老大在船尾处忙活的时候，崇德则百无聊赖地在船舱里呆坐。

"药熬好了，快趁热喝了。"崇仁掀开船舱的舱帘，端着药碗，进入船舱。

崇德接过药碗，自顾自地喝了起来。

崇仁关切地观察着崇德的面色，甚感欣慰。

"你的气色好多了，看来身体恢复得不错。连水路带陆路，再有个把月的行程，咱就能到家了。爹的六十寿辰，咱准定能赶上。"

崇德放下药碗，自怨自艾地抱怨起来。

"我咋就碰不上个好人哩?那个瞎眼要饭的整日就讨要不了个啥,把我给饿的,身体咋能恢复么?"

崇仁闻言立时沉下了脸,不高兴地开了口。

"你甭说这话!人要知道感恩哩!要不是人家在危难中收留搭救了你,你还能……"

崇德看着崇仁的脸色,迟疑地提出了一个请求。

"哥,我在汉口的这些事,见着咱爹时,能不能不说?"

"不说咋能行?总不能编谎欺骗咱爹他老人家吧?三弟呀!人么!人非圣贤,孰能无过。只要……"崇仁一口回绝并恳切规劝。

崇德打断兄长的话头,露出乞求般的神情。

"哥呀,我这也是为了咱爹好么!六十寿诞的大喜日子,总不能让他老人家添堵败兴么!"

这番话语,似乎打动了崇仁。他一时默然,虽未应承,亦未明确拒绝。

客船沿丹江西行,终于停靠在商州龙驹寨码头,到达了本次水路航程的终点。

弃舟登岸后,又将是一段不短的穿越秦岭的山路行程。

秦岭像一道巨大的屏障,横亘在秦地与蜀地、楚地之间。自古以来,老先人们为了贯通南北,不知经过了怎样漫长而艰苦的踏勘筑探的过程,才终于形成了穿越秦岭的若干著名古道。如楚汉相争时韩信"明修栈道,暗度陈仓"的陈仓道,三国诸葛亮屡屡北伐时所经过的褒斜道,唐代"一骑红尘妃子笑"特为杨贵妃运送荔枝的子午道,秦代末年刘邦灭秦时为避要塞强敌而改行的武关道。

游子返乡,近乡情热。崇仁兴高采烈地为三弟介绍着此后的行程。

"这已是咱陕西的地界了。前面不远就是秦岭的东端,咱要走的,就是有名的蓝关古道。也就是当年咱老先人周公伤于流言奔楚时所走的武关道。咱出商州,经黑龙口,在牧护关翻越秦岭,然后是六郎关、七盘峡,也就到了蓝田。蓝田之后,八百里秦川,平展展的官道,快溜溜的马车,咱只要跑八百里中的一小段,也就到家咧!"

与崇仁的近乡情热不同,崇德的感受是近乡情怯。

"哥，咱缓缓走，行呀不？累失塌咧！"崇德无精打采地请求着。

"再坚持坚持，没有多少天的行程了。咱爹咱娘都着急等着咱哩！"崇仁鼓励地拍拍弟弟的肩头。

崇德胆怯地望着远方，似乎有所担忧。

"咱爹……不会责罚我吧？"

山道弯弯，山峦层层。

入秋时节的秦岭，山景美不胜收。涧水、巨石、飞瀑，更有那五彩斑斓的山林。

崇仁饶有兴致地观赏着沿途美景，不时发出惊叹赞美之声。每当车行绝路、突又豁然开朗之际，崇仁为大自然的鬼斧神工所倾服，忍不住发出由衷的感慨："这真是车到山前必有路啊！"

面对山色美景，崇德无动于衷。随着返回家乡的时刻愈发临近，他的心情愈发忧惧。不知那个挨千刀的孟老板编造了一套怎么样的谎言？南下行程中的所作所为，特别是那笔巨额款项的下落，自己又该如何向父亲交代？车到山前必有路，可他的出路又在哪里？

俗话说：不怕慢，就怕站。只要坚持前行，再远的路途也终将到达终点。

出秦岭，越蓝田，过省城，穿咸阳，崇仁与崇德终于踏上了周原的土地。家乡和爹娘就在眼前。

七、岐山臊子面的联想

周原的东端是扶风，扶风往西是岐山。岐山再往西，就是凤翔了。

崇仁一路东来。踏上周原，首先经过的就是扶风县。扶风有座千年古寺法门寺，因供藏佛祖释迦牟尼指骨舍利而成为万众景仰的佛教圣地。以往路过此地，崇仁总要驻车进庙，上香参拜一番。此次因急于返乡，便未做停留，过门而不入，只在行驶中的马车里盘坐合十、闭目默祷。

马车在官道上快速驶行，很快就进入了岐山县境。中途打尖时，崇德说什么也不想当天继续赶路了。

"哥，前面官道上一拐弯，就是岐山县城了。咱今儿不赶路了，就在这儿歇下！"崇德的口气，不像请求，不像商量，而像是必须如此的意思。

回家的路，崇仁的想法是：能早到一天就早到一天。崇德的想法则是：能晚到一天就晚到一天。

对于崇德下令式的提议，崇仁本不情愿，但看看太阳，又转念一想，便点头应允了。

"天已过午。还有五十里地，今儿天黑前恐怕也赶不到了，歇歇也成。"

进入岐山县城，崇仁与崇德并肩走过街市，空载的马车跟随身后。

繁华的集市，林立的店铺，云集的摊贩，如织的客流。

崇德的目光巡睃着街巷两边的店铺，东张西望，似在寻找什么目标。很快，"神仙乐"大烟馆的招牌映入了他的眼帘。

自从被"花世界"老鸨撵出妓院后，贫病交加的他再也没有机会品尝过吞云吐雾的快乐了。他很想进去再一次解解馋。回到凤翔之后的日子，他还不敢或不愿想象。在被父兄严加管束之前，他也很想在这里最后一次过过瘾。

崇德远远看着"神仙乐"的招牌，暗中多盯了几眼。他记住了这个地方，这个他打算要来、肯定会来的地方。

崇仁对崇德的举止神态感到有点儿奇怪。

"你东张西望的，是不是想买些啥哩？"

崇德没有回答兄长的问题，而是掩饰地说起别的话题。

"呀！这岐山县城好像比凤翔府城还要热闹嘛。"

崇仁点头解释："岐山的热闹，主要集中在后响儿的集市。所以咱周原有着'金宝鸡，银凤翔，不如岐山一后响'的说法。"

一个走路稍拐的路人，从旁热心插话。

"就是的。岐山虽然热闹，但也危险。一早一晚，集市散了，市面上就没有人了。北山上的土匪，趁着没人的光景，时不时还会来此光顾哩！"

一直跟随在崇仁、崇德身后的马车车夫，个子虽高，胆子却小。听闻"土匪"，不禁胆怯地发问。

"土匪？那歇宿在这儿会不会遇到危险？"

拐子路人好像很热心。他打量着崇仁、崇德身后随行的马车，手臂指向前方一歪脖树下的客栈，自告奋勇地要上前引路。

"不怕，我可以领你们去家保准儿安全的客栈歇息住宿。"

崇仁客气地婉言谢绝："不了。谢谢这位乡党！我们在这儿有熟识的常住客栈，就不麻烦你了。"

崇仁在岐山常来常往，自然会有熟识的常住客栈。是时，岐山商贾云集，旅人行客不断，三六九等的客栈在所不少。出于姬府大少爷的身份，崇仁所选择的常住客栈，就是当地档次最高、条件最好的那家"全如意"客栈。客栈之内，分布有几处安静幽雅、各自独立、互不干扰的客居小院。

崇仁与崇德在客栈安顿好后，先去寻了一家面馆。周原人爱吃面条，不吃面条就等于没有吃饭。兄弟俩远行南方，早就思念贪馋着家乡的美食。

岐山臊子面热腾腾地端了上来，兄弟俩痛痛快快地每人吃了几十碗。岐山臊子面的吃法，一碗只有不到一筷头的面条，调味主要靠臊子汤。臊子指的是肉丁，汤内还有多种配菜，有黄色的鸡蛋皮、黑色的木耳、红色的胡萝卜、绿色的蒜苗、白色的豆腐等。先不说味道，光那五彩缤纷的颜色，就足以使人胃口大开。由于碗小面少，只吃面不喝汤，一个人一顿轻而易举能吃几十碗。当地面馆的一般规矩都是：只要一顿吃够九十九碗，所吃面条一概免费。食量达此标准者，虽然不会多见，但也并非绝对没有。

崇仁看着面前的臊子面汤，不禁生发联想。一只小小的碗中，竟同时容纳着这么多的内容。人的一生，犹如一只巨大的碗。生老病死、悲欢离合、喜怒哀乐、酸甜苦辣……，各种经历，各种遭遇，各种体验，各种感受，全都在这只巨大碗中搅和凝结在一起。

崇仁将最后一碗面条"哧溜"一声吸进肚里，同时也收回了杂乱的思绪。看着还在埋头吃面喝汤的三弟，崇仁打算利用在岐山的机会，和他好好交谈交谈。希望出现在父亲面前的，还是一个能让父亲感到欣慰、不使父亲伤心的老三儿子、姬府三少爷。

八、老先人们

回到"全如意"客栈时，天色已黑。

也许是臊子面吃多了，崇德一进入客房，立刻就往床上一躺，好似不想动弹的样子。

崇仁为兄弟俩洗脸洗脚之事安顿忙碌着。

崇德躺在床上,"神仙乐"的招牌似乎在眼前晃动,仿佛有缕缕大烟香气直往鼻孔里钻涌。他暗暗盘算:明日必须寻找单独行动的机会。

"这个全如意客栈的床铺,睡着还是怪舒服的……。哥,我想明儿在岐山再多歇一天,成不?"崇德先用试探的口吻提出要求。如果此招不灵,他已想好了其他的说辞和对策,但没想到长兄立刻就痛快地答应了。

崇仁正在洗脸,对于崇德的请求似乎不加思索就作出了回答。

"能成。我也正在想着,明儿领你去趟周公庙哩!"

"去周公庙干啥?"崇德显然不感兴趣。

崇仁却兴致勃勃地说了起来。

"拜祖么!咱姬家的老祖先不简单呐!最早来到周原建功立业的周太王,三个儿子都很贤德,老三更为能干。太王临终遗嘱,三个儿子轮流继位,意思是让老三也有机会。老大老二明白父亲的意思,主动躲避谦让,早早儿跑到了南方。老三提前继位,干得不错。但是,老三的儿子更了不起,那就是咱中国历史上赫赫有名的周文王。"

崇仁所说的这段历史并非杜撰,确实史有所载。周太王的三个儿子,名曰泰伯、仲雍、季历。

周原地域历史悠久,周原的人们喜欢追溯祖先。通过对老先人们历史业绩的追溯,他们感知了家族世代传承的荣耀,形成了传统道德及人生价值的判断衡量标准,也找到了后世子孙们所应学习的榜样。

崇仁讲述这段故事的本意,就是希望作为姬氏后人的三兄弟崇仁、崇义、崇德,能够向作为姬氏老先人的三兄弟泰伯、仲雍、季历学习,能像他们一样兄弟和睦,相互谦让,追求贤能,各自成就一番事业。他想以此教育和鼓励不争气的三弟崇德。

说起三千多年前的老先人们,崇仁有些激动,崇德却听得颇不耐烦。

"哥,你就跟咱爹一个样,谈起姬家老祖先的事,两眼就发光!睡吧!我都累乏了。"

崇仁见状,只好放下了话头:"你累乏了就早些休息吧,有些话咱明儿到周公庙再接着说。"

崇仁走出客房，来到客栈后院马棚处。那个高个子车夫正在给马匹饲喂草料。车夫及车马是崇仁在咸阳雇佣的。

进入平原地带后，崇仁都是沿途一段一段地接续雇佣车马，车马费按日结算。因为明日行程的改变，崇仁特来告知高个子车夫。

"明儿我们不打算走了，你也不必再在这儿干耗候着，抓紧时间另揽些生意回咸阳吧。我们动身时，再另雇车马。"崇仁在结算了当日的车马费后，好心告知车夫。

高个子车夫不停地表示着谢意："今日的车马费给得多了么！谢谢客官额外的赏赐。难为客官还替苦力下人着想，不让我们空等着耽搁明天的生意。"

"不必客气，你们一路也辛苦了。"崇仁挥挥手离去。

抬头仰望夜空，月明星稀。"明日必是一个大好晴天。"崇仁心情不错，借着月色，信步走出客栈门外溜达。"月是故乡明，还是回家好啊。"崇仁走着想着。他想着即将见面的爹娘和子女，想着自己临走前正在为创办新学堂忙碌的杜先生和赵善人，想着爹娘可能已为自己选定的妾侍会是何等人物……

月光下，摇曳的树影婆娑起舞。崇仁隐约看到，还有一个人也在客栈附近闲逛溜达。那人有些眼熟，好像在哪儿见过。猛然间崇仁想起，此人就是曾在街头为自己热心介绍客栈的那个拐子路人，方才在面馆吃面时似乎也见过他的身影。

"这人是干什么的？"这个念头在崇仁的脑子里一闪而过。一闪而过，意味着不会细想深究。崇仁不在意地返回客栈歇息了，

此人乃是北山"老爷岭"土匪团伙的"二当家"。自崇仁、崇德进入岐山县城，即已落入了"二当家"的视线。他本想通过"岐山有匪"的恫吓，将崇仁一行引入歪脖树下的客栈——"老爷岭"土匪把控的黑店。当他冷眼看到崇仁、崇德选择的是上等客栈"全如意"时，更是断定了此二人必是有钱的主儿。经过跟踪窥测，他已制订了行动计划。

"二当家"姓曹。早年打家劫舍时，被人追赶，跌腿受伤，至今走路稍有瘸拐，江湖人称"曹拐子"。

人人都有祖先，土匪当然也有祖先。周原人氏喜欢追溯祖先，周原的土匪同样也喜欢追溯祖先。曹拐子大字不识几个，偏认准了自己的老先人是魏武帝曹操。不过一个土匪毛贼，却也是响当当的帝王之后！曹拐子对此身世深为自豪，时不时就扯出"先祖曹公"炫耀一番。

有人对曹拐子的这一套不以为然。"曹公？曹操有什么了不起！咱周原人家往远里扯，家家都与周秦汉唐的皇上能够搭上关系，人人都是皇亲国戚么！"说这话的人，正是老爷岭的"大当家"郭复礼。

周原多文化，土匪也有文化人。郭复礼曾是前清末期的乡村穷秀才，久考不第，家遭危难，无奈才上山做了土匪。做了土匪，也没有忘记读书。他爱读的书是《三国演义》《水浒传》《七侠五义》之类，他还爱读《周礼》。为人豪爽侠义，又会读书识字，所以他在土匪队伍"进步"很快，现已坐上了"大当家"这个头把交椅。

郭复礼当然也喜欢追溯老先人。但郭复礼是读书人，读书人讲究于史有据。他从自己的"郭氏家谱"中考据出：本门郭氏乃大唐中兴名将郭子仪郭老令公之后。

郭子仪平息安史之乱，于大唐李家朝廷有再造之功。当朝皇上尊称其为"尚父"，并以公主下嫁其子。公主以父皇之尊而倨傲，驸马则因其父之功而反击，小两口儿闹了矛盾。当朝皇上和郭老令公大度，各责其子，终使矛盾化解，有了皆大欢喜的结局。这段故事就是当地流行的秦腔剧目《打金枝》的基本内容。

郭复礼不仅自己喜欢吼吼《打金枝》的戏文唱腔，还在土匪队伍中进行了普及。在老爷岭，是否会唱秦腔《打金枝》，也就成了"考察任用干部"的重要标准。实事求是说，这也是周原土匪有文化的一个表现。

因为曹拐子和郭复礼二人将在后面的故事中充当重要角色，所以在此提前推出他们的登场广告。

俗话说：不怕贼偷，就怕被贼惦记。进入梦乡的崇仁、崇德兄弟并不知晓，他们已经成了曹拐子盯准和惦记的目标。

第六章　岐山周公庙

一、话不投机

一如崇仁的估计，第二天真是个艳阳高照的大晴天。这一天，来到岐山及周公庙的人很多，也发生了很多巧遇和故事。头绪很乱，只能慢慢地一一道来。

一大早，崇仁就催促着崇德起身前往周公庙。

庙前山路上，香客游人络绎不绝。

路途中，崇仁一直是兴致勃勃地走着说道着。崇德则始终是勉强跟着应付地哼哼着。他们的身后，似有几个黑衣人尾随跟踪。

刚刚进入周公庙，就听见姜嫄殿方向传来一阵童音吟诵的歌谣声。

那是一首当年周原流行的《祈子歌》。"七里胡同八里套，转过弯弯周公庙。周公庙，修得高，两口儿进庙把香烧。娘娘婆，你听着，或儿或女给上个！要给给个吃肉的，不要叫街要饭的。要给给个带把的，不要蹲着尿尿的。"

歌谣中的"娘娘婆"，即是指此庙供奉的始祖姜嫄。能不能求得来子，求来之子是富是贫、是男是女，似乎都是由"娘娘婆"来决定的。

听到歌声，崇仁抬眼向姜嫄殿处望去。只见殿前香炉烟雾缭绕，求子香客甚多。一个慈眉善眼的白发道姑，低首闭目施礼，口中念念有词，好似在为求子香客祝福。

"今天是不是个求子的正日子呀？姜嫄殿那边真热闹。"崇仁不禁发出感叹。

求子，当然与此时的崇仁和崇德毫无关系。两人径直去了周公殿。

当初，崇德离开周原动身南下的第二天，姬府老爷姬秉礼就领着长孙怀远来此拜祖。"咱爹是专意为你的远行祈求平安哩！"崇仁提说此事，是希望崇德能够体会老父亲的怜子、护子、爱子之情。

崇德可不是这样想的。

"祈求平安？我咋就没有平安哩？"崇德的心底始终不会反躬自省，他宁愿将此次远行的悲惨遭遇归咎于父亲祝福的心意不诚和祖宗神灵的护佑不力。

自己遭遇的孽缘、恶果，不从自己的孽心、恶行找根源。怨天怨地，不怨自己。千错万错，错在别人。此刻的崇德，正是如此。

正式祭拜结束、走出周公正殿之后，崇仁还想继续昨晚的谈话，以老先人们的道德情操和功勋业绩对崇德教育引导。

"周公一生，辅佐成王，管理天下，制礼作乐，率军东征，功劳多大的！但他也有被猜疑、受委屈、不舒心的时候么！"崇仁扯起了老先人们的话题。

崇德无心听讲，故意指着周公正殿前的侧殿发问打岔。

"周公庙么，咋除了供奉周公的殿，还有旁人的殿呢？"

"那是召公殿。周公、召公，还有周武王，都是周文王的儿子。召公虽说是庶子，但深得文王、武王的信任，也配合周公办成了不少大事。"崇仁耐心解说。

"庶子？"崇德似乎对此十分敏感，不由得脱口而出。

崇仁有所误会，忙着解释起来。

"庶子就是非正妻所生，姜室生下的娃。"

说者无心，听者有意。崇德顿时不自然起来。

"几千年前的事咧，跟咱现在就没有啥关系么！"

崇仁又赶紧拾起了话头，进入正题。

"古今道理是一样的。兄弟同心，其利断金。周公、召公合力为国家办了好事大事，所以一直受到后人景仰。我想说的是，咱兄弟虽不敢与周公和其他老先人相攀比，但只要同心协力，也一定能为周原办成一些大事好事。人么！人行有脚印，鸟过有落毛。一辈子咱不能白活，总要留下一些足以为后人所称道的痕迹吧？"

崇德对此番说教毫无兴趣，再次打断了崇仁谈兴十足的话头。

"哥，你自己在周公庙继续转吧。我先下山回去了。把你身上带的银票，给我一些吧。"

"银票？你到汉口收的货款咋个相咧？一路上我都没问，你也一直没说。"崇仁态度认真起来。

崇德支支吾吾地应付着："哦——，那事等回府我再向咱爹禀报吧。"

"你这会子要银票弄啥？"崇仁追问。

"我想到岐山县城集市逛逛，给咱爹选购一份寿礼。"崇德随口编出一套谎言。

一听三弟关心着老父亲的寿礼，崇仁很高兴，痛快地答应了他的请求。

"好！好！你想得周到。给爹买寿礼的银票，那还会有啥问题么。"

崇德接过银票，头也不回地走了。

临走时，崇德甩头留下了一句话。

"我在县城还想拜访几个旧日的同学，晚上可能回来得晚，哥你就先睡，不要等我。"

崇仁见崇德渐已走远，赶紧大声叮嘱着："不要回来得太晚！明儿一早咱还要雇车马早些赶路哩！"

二、巧遇与偶遇的差异

崇德匆匆离去后，崇仁继续在庙内观览。

想起刚才看到的姜嫄殿前盛况，崇仁不觉移步前往。一边走着，一边想着姬家与姜家历史上的渊源关系。

据司马迁《史记》所载，姜嫄乃姬姓周人始祖弃的母亲。后世的姬、姜两家联姻不断。最早在周原开田辟土、建功立业的姬姓首领周太王，其妻亦是姜氏之女，史称"太姜"。刚刚参拜过的周公正殿之前，共有两座侧殿，一为召公殿，一为太公殿。其中太公殿供奉的就是姜太公姜子牙。说起来，他也可算是姬家子孙娘舅家的老先人么！

崇仁这样想着，愈发觉得自己与已逝的姜氏夫人的确有缘。

来到姜嫄殿前，看着献殿两侧的楹联："培斯世真男异女，育周家圣子贤孙。"崇仁不胜感慨。

进入正殿之内，竟然空无一人。

面对庄严慈祥的姜嫄神像，崇仁神态恭敬，行礼如仪。因殿内无有他人，崇仁遂大声祈祷起来。

"姜嫄娘娘在上，小子今番前来，不为求子。小子亡妻，原亦系姜门女子。十年生死两茫茫，不思量，自难忘！故小子曾在娘娘殿前立誓，此生绝不续弦娶妻。今家父家母执意为小子纳妾，小子不忍拂逆父母心意，勉为同意。然与此妾并无一面之缘。为人品行如何，两不相知。祈愿娘娘保佑，愿此妾能善待姜氏所遗一双小儿女，并能与小子投缘相契！"

崇仁诚心诚意的一番祈祷刚刚结束，只见一只蝴蝶由殿外飞来。

蝴蝶在供案前稍作盘旋后，径向神像背后处飞去。

崇仁仿佛神使鬼差，好奇地追随蝴蝶来到神像之后。

蝴蝶缓缓落下，扑扇着翅膀停靠下来。

崇仁不觉蹑手蹑脚上手，用两只手指轻轻捏住了蝴蝶。

正在此刻，殿门外传来说话的声音。

"好，殿里正好没人。你自个儿进去吧，姑婆在殿外给守着，不让人进去打扰。你有啥心愿，就大声禀告娘娘，娘娘一定会保佑你的。"

随着一个青年女子"谢谢姑婆"的答谢声，接着就是"吱呀"关闭殿门的声音。

崇仁明白：祈祷的女子已经进殿，殿门已经关闭，自己已经陷于进退两难的境地。他只好尴尬地悄悄躲停在原处，手中还捏着那只蝴蝶。

崇仁只能听见那女子祈祷的声音，看不见女子的身形面容。此时的崇仁当然不认识这个女子，当然更不会知道她在几天后就是自己的新婚妻子。

进入殿内的女子，正是伊人。

伊人的娘家就住在周公庙附近。从小到大，伊人多次来过周公庙。但如此庄重地在姜嫄殿参拜，还是头一回。

不久之前，经过与父母的商议，特别是在赵善人的撮合劝说下，伊人已经应允了以侍妾的身份与姬府大公子联姻。后来姬府又改变了决定，重新议婚，重新下聘，准备正式迎娶伊人为大少爷的续弦夫人。

由小妾变为夫人，伊人自然是更加欣慰高兴。但是伊人心里由此产生了新的忧虑。

姬府作出新的决定时，大少爷本人并不知情。对于事态的变化，他会是什么态度呢？倘若他只是迫于父母之命而违心接受，伊人会很难受。既为他难受，也为自己难受。

听说那人曾在姜嫄殿发过毒誓……。倘若未来的夫君就因为自己"妾"或"夫人"名分的变化而遭受老天爷的惩罚，伊人将会感到无法自谅的内疚。

预定的婚期两三天后就要到了，那人何时归来尚无消息。在自己独个儿结婚成亲之前，伊人想在姜嫄娘娘面前诉说心愿以求护佑。

跪在娘娘神像面前，伊人并不知道神像之后还藏着一个大活人，毫无防备，毫无顾忌，坦诚地将自己的心愿大声向娘娘禀告。

"姜嫄娘娘在上，小女子今番前来，不为求子，而是另有三个心愿，乞望娘娘护佑。头一个心愿——姜嫄娘娘是姬家远祖的母亲，小女子想拜求娘娘护佑当世的一个姬姓子孙免受灾难。如有什么必当的责罚，小女子情愿挺身为他遮挡！"

神像之后躲藏着的崇仁，闻言大感兴趣，不觉趋前附耳静听。

伊人继续诚恳地表明心事。

"二一个心愿——小女子就要出嫁了，虽初为人妇，但一过门即为人母，前房姜氏姐姐遗有一双小儿女。祈请娘娘转告我姜氏姐姐，请她放心，小女子一定像亲娘一样抚养、照顾、教育好那俩可怜的小娃儿。"

崇仁越听越感疑惑，似乎与自己的情况有些相似，愈发注意地附耳静听。

"三一个心愿——那人对故去的前妻未肯遗忘背弃，可见是个重情重义之人。小女子虽然与他未曾谋面，却有幸偶然听到过他的一番话语，知道他是个好人。愿娘娘赐福，让我和……让我和我的夫君能够相知相契，……相亲相爱！"

伊人表明了三个心愿之后，虔诚叩首，起身离殿。

神像之后的崇仁越听越觉得与己有关，但似乎又何处不太对卯。

强烈的好奇，使得崇仁三番几次想去探头窥看。但他口中喃喃自语着："非礼勿视，非礼勿视。"以此告诫自己，强行压抑了探看究竟的欲望。

神像前处好像安静下来。

崇仁由神像后闪身而出。

殿内空无一人。

崇仁回头望去——神像姜嫄庄严慈祥，似乎在应允着他、鼓励着他。

崇仁拔腿就向殿外奔去。他的手上，还捏着那只蝴蝶。

殿外石阶下，静立着一个白发道姑，未见其他人的身影。

"请问姑婆，刚才殿内出来的那位女子……"崇仁走近白发道姑，不好意思地打听着。

白发道姑由衷赞叹着："真是个好女子啊！临出嫁之前，对着姜嫄娘娘祈祷，情愿自身替未来的夫君挡灾遮难。"

"难道她的夫君有什么灾难吗？"崇仁疑惑而好奇。

"都是那位夫君自寻的！说是不愿明媒正娶，只肯纳作妾室。也不管人家心中的委屈！听说还立下了什么毒誓哩！"白发道姑的神情颇为不屑。

崇仁越发相信此女子与己有关。他很想从白发道姑处打问出更多的情况。他想知道那女子是否确为父母已然决定为他选定的侍妾，他想知道那女子娘家姓甚名谁，他还想知道那女子此刻人在何处。

他的问题太多了，引起了白发道姑的怀疑和不满。

"与己无关之人，何须多加打听。"白发道姑的口吻中，透出一种警觉。

"在下就是觉得那女子好像与我有关么！"崇仁一时急不择言。

"觉得？好像有关？这位先生就不要自作多情喽！那女子已经有主儿喽！现当下，还是娘家的好女子，几天后就是婆家的好媳妇喽！人么！都是个缘呐！"白发姑婆淡然一笑。

崇仁一时垂头丧气，低头却发现蝴蝶翅膀还捏在自己手中。他扬臂松开手指，放飞蝴蝶。

蝴蝶立时欢快地扑扇着翅膀，高飞而去。

不一会儿，那蝴蝶盘旋着还复飞来，就在崇仁伸手可及处降落停飞。

崇仁望之怅然。

后来，崇仁在离开周公庙的途中，徒劳地用张望着、搜寻着，好似想要在零落不多的游人中找到那位女子。这怎么可能！他并没有看到那女子的长相，只闻其声，未见其人，纵使相逢应不识，又如何能够找得到呢？崇仁只能惆怅不已地回到"全如意"客栈。

再后来，崇仁与伊人成亲后，恩爱的夫妻俩时常甜蜜地回忆起他们之间的两次"巧遇"。两次都是"只闻其声，未见其人"。一次是伊人"隔门有耳"，隔着门扇听到了崇仁有关人生志向的一番侃侃而谈。一次就是崇仁这番在姜嫄殿的经历了。说起这段经历时，崇仁坦承：听了那女子的真诚祈愿，自己心里是多么多么感动，又是多么多么想要看到她真实的面貌长相。伊人娇嗔打趣："好哇！你偷听人家未婚女子心里的私房悄悄话，已经违背了'非礼勿听'的祖训！你竟然还想追着去看那女子长得咋样，忘了'非礼勿视'吗？"夫妻俩调笑之后，不约而同地发出感慨："巧遇！真是巧遇啊！"

巧遇，巧遇是茫茫人海之中，擦肩而过之人的意外相遇。同是意外相遇，巧遇不同于偶遇。偶遇更强调偶然性，巧遇则更突出巧合性。巧遇，就包含着缘分的因素。巧遇，也意味着惊喜的感受。

并不是所有的意外相遇都是巧遇。比如说，崇德匆匆离开周公庙后的意外相遇，说是巧遇显不合适，那只能叫作"冤家路窄"。又比如说，孟氏这一天在周公庙山林中的遭遇，确有偶然性，是偶遇的事件。

三、冤家路窄

崇德意外遇见了他最不想见、但又最想见到的人。

崇德拿着从兄长处讨要来的银票，急匆匆离开了周公庙。他当然不是去为老父亲选购寿礼。他没有这份孝心。他的目的地很明确——"神仙乐"大烟馆。

147

当他躺在烟馆雅间的烟榻上，手捧烟枪吞云吐雾时，不由自主回想起了在汉口"花世界"妓院中的快乐时光。他一边过着鸦片烟瘾，一边腾出一只手不老实地在侍奉使女的乳房处乱摸乱捏着。一股久违了的享受感，重又弥漫全身。

隔壁雅间也有人正在享受。调笑说话之声，时有传来。崇德只顾自己享乐，起初对那声响并不在意。但听着听着，似乎听出了说话之人乃何许人也。仔细辨听一番，确认无疑。

崇德狠狠地憋足劲吸了最后一口大烟，扔下烟枪，窜出门去。

这一去，崇德果然见到了他此时最想见到、但又最不想见到的人——孟老板。

孟老板是在前一天与他的妹妹、姬府姨太太孟氏一同来到岐山的。

孟氏前来岐山的目的很明确，就是前往姜嫄殿求子。她已感觉到了老爷近日来的冷淡，很想早日生下一男半女以巩固自己在姬府的地位。但这话不能对老爷明说。她向老爷提出了一同前往周公庙、拜拜姬家先祖的请求。老爷和太太正在为迎娶伊人之事忙碌着，一时无法脱身。"无须劳动老爷大驾，让我哥陪着去就成。"孟氏早已想好应对之策，老爷也就勉强同意了。

来到岐山，孟老板将妹妹在"全如意"客栈安顿好后，心里就急着离去。孟氏对其兄的打算心知肚明，却故意好心发问。

"哥呀，这全如意客栈的客房不错么。你咋只顾照管妹子，不给你自己也在这儿安排下榻之处哩？"

"哥另有住处。嗯……要不要哥明儿也陪你去姜嫄殿烧烧香？"孟老板心里并不想去。

"不用！假心假意，装啥好人哩？我就知道你想要去的那个地方！机会难得么，你还不得抓紧时间去那'神仙乐'过过瘾！"孟氏撇撇嘴。

"那我就不管你了。后天一早，我再来此接你回府。"孟老板撂下一句话，人已走远。

"神仙乐"大烟馆提供"吃、喝、住、嫖、赌、抽"一条龙全套服务。孟老板是这儿的常客，还是一个欠债大户。欠钱的人，见了债主，腰杆儿就总是发软。但这一回，情形不同了。

掀开烟馆门帘，孟老板昂然而入。

烟馆老板喜笑颜开，点头哈腰地招呼着。

"呀——！这不是姬府的舅老爷么！几日不见，今非昔比啊！"

孟老板矜持地点点头。

"我是来还债的。我妹夫，噢，也就是姬府大老爷说了，你欠下的那点儿钱，算个啥么！这不，趁着陪同姬府姨太太，噢，也就是我妹子到周公庙上香的机会，我顺道就把欠你的那点儿零碎钱还咧！"

说着，孟老板施舍一般，随手将十几枚银圆掷向柜台。

掷落在柜台上的银圆，叮叮咣咣响着，滴溜溜地旋转滚动着，一块一块地落到地下。

"就这几个小钱，还值得你三番五次催讨要债哩？"孟老板一副财大气粗、不屑一顾的口吻。

烟馆老板露出一副巴结讨好的面孔，一边拾捡着地面上散落的银圆，一边献着殷勤。

"不急，不急么！有姬老爷在哩么！你孟老板，不，你孟舅老爷，今后想欠多少，想欠多久，都能成！……今日有好货哩，你不进去尝两口？"

"今儿，我还打算就住在你这儿不走咧，你好好安顿着。"

孟老板向雅间走去。

说话间，这已是前一天的事了。孟老板也没有想到，刚住进"神仙乐"一天，就在此冤家路窄，碰上了他最没有想到会遇见的已"死去"之人。

崇德循声寻至孟老板所在的雅间，果然见到了这个致自己于绝境又弃而不顾之人。

仇人相见，分外眼红。崇德怒气冲冲地一把揪住孟老板的前襟，将其从烟榻上拖了起来。

"你……你难道没有……？"孟老板一见崇德，大惊失色。

"难道没有死？当然没有死！死了咋能回来找你这个王八蛋算账哩？我的那些银票呐？"崇德恶狠狠地瞪着孟老板。

烟馆老板闻声赶了过来，衣衫不整的侍女也在一旁莫名其妙看着。

孟老板一时心虚："咱是不是换个地方谈？在这儿说话不方便么！"

149

"换啥哩换！今儿就在这把话说清！"崇德一口回绝。

孟老板只好很为难地向在场的烟馆老板及侍女提出要求："你们是不是可以回避一下，我和这位兄弟有些话要说。"

烟馆老板回避离去时，很是担心。他害怕这位新任姬府舅老板挨打吃了亏，会影响烟馆将来的生意。

事态的发展，说明烟馆老板的担心完全是杞人忧天。他低估了孟老板欺天哄地的手段。

几番话语下来，孟老板的处境已然化险为夷，愚蠢而自负的三少爷重又被他玩弄于手掌之上。

孟老板手舞足蹈地连比画带说，嘴角冒出了白沫。

"我已跟姬老爷禀报过了，货款被强贼抢去，三少爷为了保护货款，被江匪推入长江，连尸首也寻不见咧。现今姬府厅堂的供桌上，三公子的牌位都神神气气地摆放好咧。"

崇德闻听此言，长出了一口气，好像解除了心中的一个莫大担忧。

"一路上我都在担心，货款的事咋向我爹交账呀！这下可倒好，现成的有了说词了。"

刚松了一口气，转念一想，崇德似乎还有担忧。

"就算我后来被人从江中营救打捞上来，但在汉口'花世界'烟花巷中的那些花花事，我大哥已经都知道了呀！"

"不矛盾么！先在'花世界'里享福，后在长江遇难，再得老天护佑，大难不死，幸遇独眼叫花子相救么！你大哥若真拿你当亲兄弟，难道不会替你遮掩遮掩？"孟老板连哄带安慰，且语带挑拨。

"我大哥那人难说，恐怕他不会为了我而去欺骗我爹。"崇德觉得此事难度很大，基本没有可能。

"你娘姓孟，他娘姓孔，还真就不是一条心！我那妹子已经是你姬府的姨太太了，她也姓孟！咱们成了亲亲的一家人咧！"孟老板花言巧语，一箭双雕。

崇德冷冷地看着孟老板："一家人？一家人也要明算账哩！我那货款哩？"

孟老板索性摆出一副无赖的嘴脸。

"一半儿已被我还了赌债，再想讨要回来，那是不可能的了。剩下的一半儿，你我二一添作五，如何？"

崇德怀疑的目光，迟疑的神态。他暗暗在心里打着算盘：南下一路花天酒地、吃喝玩乐，花费共约几何？在"花世界"，妓女的诱骗、老鸨的敲诈、打手的强抢，损失总计多少？最终被孟老板席卷而去的剩余货款，数量如何估算？

就在他还算不清账的时候，孟老板潇洒地一挥手，仿佛很大度似的重新开价表态。

"好好好！六四开，你六我四，咋相？好我的三少爷哩，这点儿小钱还值当放在眼里？只要你和我妹子联手，还怕姬府里的钱不够你花么？"

崇德有所动心，似乎默然应允的样子。

孟老板觉得危机已安然渡过，顺势拉着崇德一起倒向烟榻："来来来，咱们再继续过过瘾！"

烟榻上，崇德与孟老板像一对弓身的虾米，面对面吸着烟枪。

孟老板头也不抬地向外间大声招呼。

"掌柜的，再叫两女子过来伺候！"

四、客栈之夜

孟老板自顾自地寻快活去了，把妹妹孟氏独个儿留在了全如意客栈。

当夜无话。孟氏一觉睡去，醒来已是近午时分。自进入姬府之后，受太太孔氏"黎明即起"的约束，孟氏不得不随着众人每日早起。此番独个儿出府，颇有些获得解放之感。

孟氏睡眼惺忪，摇摇摆摆地由住房内走出，看了看已当正午的太阳，依然一副慵懒的神态。

正在院落中浇花的客栈管家，出于好心地发出提醒。

"太太不是说今儿要去周公庙么，咋都这个时辰咧，还没有动身？"

孟氏揉揉眼睛，打着哈欠："多睡了一会儿，起床晚了么！"随后她又翻着白眼，加补了一句："这与你又有啥相干么？"

151

客栈管事好心讨了个没趣，赔着笑脸转过身去。

待到孟氏返回其住房后，留在原地的客栈管家悄悄摇摇头，低声自我解嘲。

"真是的，与我有啥相干么！不过是好心提醒一下，时辰太晚上山，一个人总不安全么。"

周公庙三面环山，周围山林茂密。在土匪猖獗的年代，一个人时辰太晚上山确乎不安全。客栈管事的提醒没有错，可惜孟氏没有听见。

孟氏精心梳妆打扮一番后，午后时分才晃晃悠悠地一个人踏上了去往周公庙的山路。路途中，游人香客已渐稀少。袅袅婷婷的孟氏颇为引人注目。尚未进入周公庙，她就已经被人盯上了。盯上她的人，就是老爷岭土匪"二当家"曹拐子。

从一大早起，曹拐子就领着五六个土匪，一路跟踪崇仁、崇德来到了周公庙附近。他们原本计划，在崇仁、崇德离庙下山时，将其二人掳至山林抢劫随身财物。曹拐子后来改变了主意。

山林中响起几声凄厉的野猫叫声。这是土匪们事先定好的联络信号。在山林中分散潜藏的匪徒集中到了一起，曹拐子宣布了新的行动计划。

众匪徒经过一番折腾和等待，显得有些疲惫，希望早些行动或者早些休息。

曹拐子开场讲话。

"原想着趁他二人下山时，咱就抢了他的随身银票，财物是多是少咱都下手！"

"对！二当家说得对着哩！多少都得要，不要白不要。这就是那个那个啥——拾进篮里都是菜，苍蝇爪爪也是肉么！"

插话的是曹拐子的一个亲信，本姓茅，因脸颊上长着一撮黑毛，人称"一撮毛"。一撮毛也是周原土匪中颇有文化者，说话喜欢拽文吊袋，但常常不合时宜，贻笑大方。

此刻，曹拐子不满地瞪了一撮毛一眼，继续说着。

"现时计划变了！据打探来的消息，那二人是兄弟俩，打算明儿一早雇车马赶路。咱就不劫财了，劫人！绑了其中一个人质，其兄弟必当会送钱赎人。

行动时间嘛……你们不要着急，慢慢候着……"

一撮毛马上表态，表示拥护。

"不急，不急。我们一切都听二当家的。这就是那个那个啥——心急吃不着热豆腐么！"

"就你话多！"曹拐子喝止了一撮毛的插话。

曹拐子决定今夜后半夜寅时初刻开始行动，"现时各位兄弟全部从此处撤退，回歪脖树客店休息。"曹拐子将众土匪打发走后，自己并没有走，依然留在山林处。他还另有计划。这计划他只想由自己一个人单独进行。

在搜寻物色后，他瞅准了孟氏这个目标。经验老到的土匪，当然更会把握如何吃着"热豆腐"的火候。他想等到那人返程下山的时候，那时山林更静，行人更少，下手更为方便。他等待的机会终于来了。

孟氏孤身一人下山时，山林的上空已有些许暮色，山道上已不见游人踪影。昏鸦声中，孟氏不觉加快了步伐。

曹拐子闪身而出，拦住了孟氏的去路。

"小娘子，你不是刚去过姜嫄殿求子吗？这晚的时辰才去敬香，未免不够心诚啊！"

"你……你是谁？"孟氏不免大惊失色，颤声发问。

曹拐子淫声一笑："我是专意为你送子的。要求子，那还不容易？跟我走！"

孟氏慌忙探看四周，看看有没有获救或逃跑的机会。

曹拐子掏出腰间的匕首，凶狠地发出恐吓。

"不要不识相！小心老子用刀弄花了你的脸！走！赶紧跟我走！"

孟氏恐怯的眼神，踉跄的步态。

下山土路旁，一条小径通往了山林深处。

半个时辰后，衣衫不整、花容失色的孟氏出了山林，回到了全如意客栈自己的客房。

一进房门，孟氏迅即将门闩插入，自己反身背靠着门扇，手捂胸口，大喘了几口气。

受到惊吓的孟氏，内心感受十分复杂。痛苦、耻辱，但又有所回味。她皱皱眉头，呃呃嘴唇，长时间背靠着门扇未动。

　　孟氏未出阁时，虽然生性轻浮，但也没有做过太出格的事。初到姬府的那一天晚上，她还真是个黄花闺女之身。老爷的疼爱，唤醒了她作为女人的情欲。就在她弄懂了并切盼着房帷之趣时，老爷却对她冷淡起来。每每独宿孤眠，免不了就有手指头忙活的时候。山林间所发生的那一幕，孟氏感到了惊恐和屈辱，但那人的强壮身体和调弄手段，也使她有了一些异样的感受。"就像个驴似的"的念头，在她脑海一闪而过。失身对于她来说，自身的羞耻感并不很强，主要是心里对老爷的负疚感。她暗暗决定，一辈子都要对老爷隐瞒此事。

　　孟氏在错综复杂的思绪中熄灯睡去。不料惊恐一幕当夜再次发生。

　　夜半时分，一个蒙面黑衣之人以匕首拨开门栓，溜进了孟氏睡觉的房间，并返身关闭了房门。

　　"你是谁？"孟氏被惊醒，惊恐地喝问。

　　黑衣之人一把摘下蒙面黑巾，露出了曹拐子的真容。

　　"不认识啦？傍晚刚在山上帮你求过子么！"曹拐子狞笑着走近床边。

　　"你咋又来了？"孟氏惊恐稍解。

　　"没过瘾么！"曹拐子无耻一笑，点燃了客房的油灯。

　　"你真胆大！就不怕外面有人看见！"孟氏吓得直往床里蜷缩。

　　"怕就不来，来了就不怕！实话告诉你，我就是老爷岭二当家的，人称曹拐子！你想喊叫就喊叫，看咱谁丢人！"曹拐子拍拍胸脯。

　　孟氏迫于无奈，只得乞求着："那你把灯熄了。"

　　曹拐子淫邪地笑着挑弄孟氏的下巴颏儿："我就是要亮着灯，要好好看看你身上那两个心疼的小红豆豆哩！"

　　孟氏一时情热："你，你，你就是个属驴的！"

　　曹拐子在屋内一直折腾到丑时将尽才恋恋不舍地离去。离去之前，意犹未尽的曹拐子，一边说着"我再来次二进宫，你再尝尝回锅肉"，一边又一次扑向了赤身裸体的孟氏。

　　孟氏没有抗拒，甚至还有一点顺从迎合的意思。

　　孟氏此夜注定无眠。

全如意客栈内，无眠的还有其他人。

五、我娘你娘

全如意客栈内，崇仁一夜无眠。

发生姜嫄殿巧遇的那一幕后，崇仁惆怅不已地回到了全如意客栈。

晚饭时分，崇仁又去了那家面馆，独自吃了几碗岐山臊子面。面，还是昨天那般"薄、精、光"；汤，还是昨天那般"油、煎、汪"；味，还是昨天那般"酸、辣、香"。但吃到崇仁嘴里，感觉却大不相同，引不起多少食欲。"未见其人"的遗憾巧遇、三弟崇德的迟迟不归、即将返家的激动兴奋，使得他颇为心神不宁。

天色暗黑之后，仍不见崇德返回客栈。崇仁不免有些焦躁，三番五次走出客栈门外，引颈候望。但次次都是久候不见人影，只得无奈独自返回。

直至子夜时分，客房内的油灯依然燃亮着。崇仁和衣入睡，辗转反侧，睁着眼睛等待着。旁边崇德的睡铺处，还是空空如也。

又过了约一个时辰，"咣"的一声门响，稍带酒意的崇德进入客房。他门也不关，径直倒向了自己的睡铺。

和衣而卧的崇仁，起身关门，然后走近崇德，准备为其解衣脱鞋。

似乎发现情况不对，崇仁贴近崇德脸部，使劲嗅了嗅，不满地小声指责。

"看你这一身酒气味！啥时辰了，才回来！不知道明儿要起早赶路么！"

"赶路？……去哪儿？"崇德似乎还在迷糊的状态，口齿不清地嘟哝着。

"还能去哪儿？回家！"崇仁有些不高兴了，提高音量回应着。

躺倒在床的崇德，摇晃着手臂表示拒绝。

"回家……我不想回。……我还要在这儿多住几日。"

崇仁有些火了："你这一路上拧拧疵疵的，是咋咧？也不想想咱爹咱娘……"

"咱爹咱娘……，咱爹根本不在意我的死活。我还没死哩，听说府里牌位都摆下咧！"崇德说着，索性从床上坐起身来。

崇仁忍无可忍，发起火来："你胡说！听谁满嘴喷粪哩！"

"胡说？明儿你回家就自个儿看到喽！再说咱娘……，咱娘？我娘姓孟，你娘姓孔。那孔氏太太是你娘，不是我娘！"崇德在床边站起，一只手还指指点点着。

"你混蛋！"崇仁气极，一只手抓住了崇德还在指指点点的那条胳膊，一只手甩了他一个大耳光。

崇德手捂被打的脸颊，仿佛受了多大的委屈。

"打得好！我该打！谁让咱是庶子么！妾室生下的娃！"

说完之后，崇德扭头跑出屋去。

崇仁一时愣住。

崇仁看看自己刚才失控打人的手，脸上激愤的神情尚未褪去，却又增添了些许后悔内疚的感觉。

此刻已近寅时，土匪预定动手的时间就要到了。

众匪徒陆续从客舍中走出，会聚在歪脖树下。

"咋不见二当家的人哩？一晚上都没见他在客舍休息么。"有土匪问道。

"约定的时辰还没到么，急啥？"一撮毛时时忘不了维护二当家的威信。

说话间，只见远处有一黑影快速窜来。

"来咧！二当家的来咧！说是个拐子，但你们看！他赶路的架势，就是说书中的那个那个啥——飞檐走壁么！"一撮毛兴奋地比画着。

一声猫叫。一身黑衣装束的曹拐子，已窜到众匪徒面前。

虽然曹拐子在"全如意"客栈孟氏住房已有一番"鏖战"，但此时仍精神头不减。人刚到，便开门见山地一伸手："准备好了没有？"

一撮毛赶紧递过已写好的勒索纸条。

大字不识几个的曹拐子把纸条横过来竖过去看了一番，不满地责问着："这写毬的是个啥么！"

一撮毛讨好地将纸条放正，并大声念了出来。

"大洋300，上山赎人。"

曹拐子不满地瞪了一撮毛一眼。

"唉——，我真想把你脸上的那一撮黑毛揪下来，临时做个毛笔用一下，但这一时半会儿也寻不下个墨汁来。"

说着，曹拐子向一撮毛招招手："你过来。"

一撮毛赶紧趋至曹拐子近前。

曹拐子一手握着匕首，一手将一撮毛战战兢兢的一根手指拉了过来。

一刀下去，一撮毛的手指顿时冒出血来。

曹拐子拉着一撮毛那只冒血的手指，在勒索纸条的"大洋300"后加添了一个"0"。

一撮毛疼得龇牙咧嘴，但仍忍不住发出提醒。

"大洋3000？这要价也太高得离谱了吧？我们跟踪了两天，那人天天只吃面条，看作派也不像个多有钱的主儿……"

曹拐子得意自负地一笑。

"这一招叫虚张声势。能到手百八十的，就已经是咱的造化了。加添一个'0'，不过是让他们见点儿血，吓唬吓唬而已。"

又是几声猫叫。负责监视的匪徒赶来报告："出来了一个，在客栈外瞎转哩。"

"这就是机会，马上动手！"曹拐子即刻发出命令。

一撮毛用另一手按压着出血的手指，赶上前献殷勤。

"二当家的，我带几个弟兄去把留在客栈里的那人也给绑了来吧？就是那个那个啥——一网打尽么！"

曹拐子闻言似乎哭笑不得，作出恨不得扇他一巴掌的样子。

一撮毛吓得又倒退了几步。

曹拐子晃了晃手中的那张勒索纸条。

"唉——，你懂个锤子！一网打尽？一网打尽了，这个留给谁？谁来给咱交款送钱？"

夜色笼罩下的街巷，空无一人。

崇德独自漫无目标地晃荡着。

郁闷中，崇德举起双臂，仰面朝向夜空，仿佛在向老天爷求主意。

"老天爷呀！我该咋办呀？没有路了，我就上山当土匪去呀！"

话音刚落，即刻就有人接口调侃。

"想当土匪？那容易得很么！"

157

接话者就是曹拐子。

曹拐子一挥手。众土匪一哄而上，打算将崇德捆绑起来。

崇德一边挣扎反抗，一边急于表白。

"我不去！我说的是气话，咋能真当土匪么？我不去！"

崇德的反抗丝毫无用，很快即束手就擒。

"不去？去呀不去，也由不得你！"曹拐子冷冷说完，摆手做出撤离的手势。

崇德跑出客房后，崇仁稍稍怔愣了片刻，即拔腿出去寻找。客栈庭院各处，不见崇德的人影。客栈外的街巷，空旷静谧，仿佛什么人也没有来过，什么事也没有发生过。

崇仁找了很久。晨曦朦胧，无眠之夜过去。寻弟无果的崇仁，残存着一丝的希望。"也许三弟已经自个儿回到了客栈？"

回到客栈，一进客房，残存的希望即刻破灭。崇仁并没有看到三弟崇德，却看到了一张勒索纸条。

纸条上写着："大洋3000，上山赎人。老爷岭郭。"其中"3000"中的最后一个"0"，系暗红色，与前面两个"0"有明显反差。拿近嗅嗅，可以闻到一股血腥气味。

六、北山老爷岭

得知三弟崇德已被土匪绑为人质，崇仁心急如焚。看到勒索纸条的那一瞬间，崇仁毫不犹豫地就做好了打算：立即前往老爷岭救人。

稍作安顿后，崇仁即迈出了客栈大门，其时天色尚未大亮。

门外，已有一辆马车停靠等候。

崇仁尚在诧异间，车后闪出那个高个子车夫。

"客官，小的知道您二位今日启程，怕一大早寻雇车马不方便。小的车马今日得便，就早早儿提前赶了过来，看看二位还雇不雇用车马。"高个子车夫因对崇仁心存感激，故而殷勤提供服务。

高个子车夫探头向崇仁身后望去，似乎有些奇怪。

"还有一位哩？"

"谢谢这位乡党。我兄弟被北山老爷岭的土匪给劫持了。今日启程归家的计划只得取消。不救回我兄弟，我咋回家去见我爹我娘么！"崇仁说着，拍拍驭车之马的脖颈处，突然又想到了一个主意。

"乡党，咱商议个事。我不雇你的车，只用你的马，这样能够跑得快些。我想先赶紧上山打探打探情况再说。"

高个子车夫对人质被绑深表同情，但提起用马之事则多有担忧，故迟疑着没有即刻表态。

崇仁非常理解，补充说明起来。

"是这，我给你多放些押金，万一……也不至于让你遭受啥损失。"

高个子车夫好似解除了顾虑，痛快地答应了，立刻就去动手卸马套。

动身之前，崇仁已向客栈管事打问清楚了去往老爷岭的路径。跨上没有马鞍的光背马上，崇仁一路疾驰而去。

山路分岔处，路边草丛中，一块山界石碑隐约可见。碑石上的"老爷岭"三字，字迹漫漶，但仍可辨识。

崇仁在此处小憩后，继续前行，目的地已经不远了。

峻峭的山岭间，一条羊肠小道通往山坪处坐落的土匪营寨。

营寨栅门处，有几个手持弓箭和大刀长矛之类武器的土匪把守着营门。

营寨内，有高悬着"聚义厅"大旗的旗杆。偶有土匪在营寨内走动。

此刻，老爷岭大当家郭复礼正在自己的居室里读书。室内虽有刀矛剑戟之类的摆设，但字画书籍也有不少，颇有自附风雅的味道。

精瘦干练的郭复礼手持书卷看得津津有味，时而摇头晃脑，时而抚卷长叹。

"报——！大当家的，寨门前有人求见！"一名肩背新式步枪的匪徒进门来报。

郭复礼兴有未甘地看了书卷一眼，似乎不忍罢读的样子，不慌不忙地随意问着。

"这么说，单枪匹马一个人？"

持枪匪徒立正报告："报告大当家的，匹马，对着哩。就是骑了一匹光身子的马。单枪，谈不上。已经搜过身了，就是赤手空拳一个人么！"

"胆子倒不小！就这赤手空拳一个人，敢来闯我老爷岭！三班衙役伺候！升堂！"郭复礼下令。

郭复礼下过令后，自己也起身就走。刚走了几步，突然又停下脚步，改变了主意。

"不过才来了一个人嘛！聚义厅大堂那整套唬人的场面咱就不弄了。直接把人带到这儿来吧！"

崇仁被带进来后，不卑不亢地直接将那张勒索纸条交给了郭复礼。

郭复礼坐在蒙着虎皮的太师椅上，疑惑地看着纸条，似乎不明就里。

"这么说，你是上山来交款赎人的？"未等崇仁回答，郭复礼又抬头向室外高声发问。

"来人呐！二当家的回来了没有？"

那个持枪匪徒由室外跑步进来，立正报告。

"报告大当家的，还没有。二当家的他们一夜没合眼，估计要在山下睡一觉才回寨哩。"

郭复礼感到很奇怪地望着崇仁。

"你倒是麻利！抢人的人还没有回来，赎人的人倒先急着上了山！真是没见过呀！"

崇仁的眼光已经将这个土匪大当家的居室情况扫视了一圈，特别注意到了书桌案头上放着一函《周礼正义》。

"抢人，是害人哩。赎人，是救人么！救人如救火，岂能不急？救人一命胜造七级浮屠。大当家是读过书之人，这话不会没听说过吧？"

郭复礼大为惊讶，仿佛感到更加奇怪地望着崇仁。

"哎呀！看来你这个上山赎人的人，真是不简单呐！办事麻利，说话也残火得很嘛！赎人，没麻达！钱呐？"

崇仁不慌不忙，不待相邀，便自己看准了一处座椅，平静地安然落座。坐稳之后，缓缓而言。

"大当家的，请问那纸条上的赎人要价，到底是多少吗？"

纸条是二当家在劫持人质现场临时安排的，远在山寨的大当家并不知详情。

郭复礼看着纸条，心里很清楚，不要说三千，就是三百，也是二当家抬价冒叫、虚张声势的一个幌子。能有百八十的进项，就很不错了。他沉吟地说着。

"要价嘛，总是要留下一些还价的余地的。"郭复礼暗自思量：对手如此干练，想必会有一番艰难的讨价还价的过程。

他想错了。干练未必意味着不豪爽。

"八百！"崇仁一副果断而不容否决的口吻。

"能成！钱呐？"郭复礼当然是喜出望外。

"八百大洋，不可能随身带着么！今日我是上山打探情况的。只要你们将所绑架之人毫发无损地交还给我，我也保证将八百大洋分厘不差地交给你大当家的。"

郭复礼豪爽应允："好啊！三日为限，一手交钱，一手放人，如何？"

崇仁痛快答应："一言为定！三日之内，我亲自将八百大洋送上山来。"

就在崇仁起身准备告辞时，郭复礼突然一伸胳膊，将其拦住。

郭复礼狡黠地一笑："你就不怕我翻脸不认账？八百大洋到手，扣押之人不放，到时你能咋？"

崇仁坦然地一笑："不会的。人么！人活脸，树活皮。人的名儿，树的影儿。难道你郭复礼郭大当家，会为了八百大洋而不顾自己的名声么？"

郭复礼一时愣住，不知如何回答是好。

崇仁继续说道："我在上山之前，就先去打听了老爷岭郭大当家的家世和为人。戏文里的大唐忠臣、平息安史之乱的大将军、郭子仪郭老令公的后人么，咋会干那些下三烂的事哩！"

郭复礼一拍大腿，仿佛遇见了难得的知己，感慨兴奋之情溢于言表。

"噢呀呀！我可真的不想让你走了！这满山洼洼里，都他妈一窝子土匪，连一个能和我谈古论今的人也寻不下。你就留下当我的军师爷吧！老爷岭第三把交椅，就让你坐咧！"

崇仁哂然一笑，意味深长地说出一番话语。

"往近里说，我若留下不走了，谁去下山寻那八百大洋哩？往远里说，我

161

估摸着,这老爷岭的头把交椅,你郭大当家自己也不会愿意久坐的。"

郭复礼莫名其妙,并没有听懂崇仁所言之意。

崇仁将目光投向案头放置的那函《周礼正义》,又说出一番话来。

"一个喜爱'周礼'、大名又号称'复礼'之人,一定不会自甘下流、当一辈子土匪的。终究会醒悟过来,复归正礼,践行正道的。"

这话戳到了郭复礼心底的痛处。他不愿听,更不敢想。他深深低着头,似乎不敢抬头直视崇仁的眼睛。叹息一声后,他依然低着头默默挥挥手。

崇仁泰然自若地转身离去。

七、沉重的"尿罐"

上山赎人之人,已经完成了谈判过程,下山去筹集赎款。被赎之人尚在上山途中。

崇德双手被绑、头部蒙着遮眼的黑布条,像只狗一样被土匪用绳索牵着,跌跌撞撞地走在山路上。他从来没有步行走过这么远的路,双眼被蒙更增加了行路的艰难。

走着走着,崇德终于实在走不动了,蹲了下来,发出带哭音的呻吟低喊声。

曹拐子自己已经骑着马先行返回山寨休息了,负责押解崇德的是一撮毛等人。

一撮毛凑近崇德身边,催促他继续前行。

崇德嘟哝了几句,一撮毛突然狂笑起来。

众土匪莫名其妙:"咋咧?他说了啥?"

"你们知道他说了啥?他说,他的脚赶路磨破了,走不了路。如果没有马车,就是弄来匹马让他骑上,也是好的!"

刚说完这番话,一撮毛觉得很好笑似的,忍不住又大笑起来。笑声戛然而止,一撮毛马上又是另一副恶狠狠的腔调。

"你他妈的以为你是谁呀!口气倒不小!在这老爷岭上,除了大当家、二当家,谁敢轻易张口要马骑哩!"

骂过之后，犹觉余怒未消，一撮毛上前一脚，将蹲着的崇德踢翻在地。

崇德发出哀哀的嚎叫，蒙眼的黑布条也掉落下来。

一撮毛一把又将崇德揪起，嘲弄地问道："这位大人，请问你现在是要骑马哩，还是骑驴哩？"

崇德吓得上下牙直打战："不敢了，不敢了。我自己……能走。"

一撮毛用力一推，崇德险乎再次跌倒。

崇德终于到达山寨，被直接押解到二当家曹拐子住处。

躺在床上的曹拐子，慢吞吞地起了身，打着哈欠，伸伸懒腰，踱步至崇德身边，打量着自己的猎物。

被松绑后，崇德搓搓手腕处的勒痕，恐慌地看看周围的情景。

"看你这个怂样子，还想上山当土匪哩！就先让你当两天试试。"曹拐子不屑地训斥着崇德，转身又对一撮毛交代："不过是个行脚赶路的贩子，不是多大油水的主儿，还能当神一样敬着供着？给他多安排些活计，甭让闲着！先让他把我屋里的那个尿罐子给倒了，洗刷干净！"

在一撮毛的监督下，崇德立即进入角色。

自小养尊处优的少爷，何曾干过给别人倒尿罐的活计。崇德满脸委屈地双手端着一个尿罐，由屋内走出。那尿罐显然很有一些分量，崇德端着很吃力。

大概是想躲避罐中的尿骚味气，崇德扭着头，皱着鼻子，却忘了看清脚下的路。

一个趔趄，崇德摔倒在地。

尿罐掉落下来，碰到地面的石头，发出了金属的声响。

罐中流出的尿液，在地面上漫流，也流到了倒地的崇德身上。

一撮毛一脚踢向崇德的头部，嘴里不干不净地骂着。

"连个尿罐子也端毯不动的货！幸亏是铜的！要是瓦的，还不叫你一下子就给摔失塌了！"

崇德曲身蜷缩，双手护着被踢的头部。看着漫流过来的尿液，他厌恶地想要躲避却未能如愿。尿液几乎流到了他的嘴边。

崇德感到屈辱、疼痛、累乏、饥饿、后悔、怨恨……终于忍不住放声大

163

哭起来。

哭，只是一种情绪的宣泄。哭，并不能改变命运。

第二天一早，崇德照样被逼迫着干起了倒尿罐的活计。

那尿罐确实挺沉的。因为它不是一个普通的尿罐。它是一件有着三千年历史的西周青铜尊。曹拐子当然不会认识它，也不知道它的价值。姬崇德对此也是一窍不通。

那尿罐的命运，后来发生了很大的变化。当"尿罐"，确实委屈它了。

就在清晨崇德刷洗尿罐时，山寨专门给大当家、二当家做饭的伙夫老王头，腰缠围裙，手提食盒，前来给曹拐子送饭。

"老王头，今儿早点给二当家的送啥好吃的来咧？"一撮毛边说边凑上前去，掀开食盒的盒盖，抽答着鼻子，贪婪地嗅着盒中散发出的香味。

"起开你的脏手！"老王头一把将一撮毛扒在食盒上的手拨开，重新将食盒盖严实了。

一撮毛咽着口水，喉管蠕动着，嘴里"吧唧"有声。

老王头和一撮毛向二当家的居处走去。正好看到了正在洗刷尿罐的崇德。

"这就是你们弄上山的那个身价八百大洋的稀罕货？"老王头好奇地向一撮毛打问。

一撮毛鄙夷地一撇嘴。

"啥？看他那个怂样子，还能值个八百大洋？二当家的说了，不送个百八十大洋的赎款，就一直把他留在山上伺候洗脚倒尿罐！"

一听一撮毛这番话，正在刷尿罐的崇德立即扔下手中的刷子，腰杆子好像顿时硬了起来。

崇德拦住一撮毛，说话口气也变得硬了起来。

"百八十大洋？就为了区区百八十大洋，你们竟然把我弄上山来刷洗尿罐？本少爷在汉口时，一天的花销也不止百八十么！我要见二当家的，有话要说！"

曹拐子听了崇德的一番话后，立刻兴奋起来，连老王头送来的水盆羊肉都顾不上吃，慌忙去找大当家郭复礼报喜。

郭复礼刚刚吃完早点，兴犹未尽地将碗中剩下的残汤仰头一口喝尽，又用手背擦了擦嘴唇。

只见曹拐子兴冲冲、满脸喜色地闯了进来。

郭复礼打着招呼:"今早起的水盆羊肉香得很!老二你没有多喝上一碗?"

曹拐子着急地搓着手,一眼看见书案上放着那张勒索纸条,伸手就拿了过来,指点着给郭复礼观看。

"你看看!原本想着弄个百八十就不错咧。没想到啊没想到,竟然瞎猫碰了个死老鼠,逮到了一条大鱼!"

郭复礼有所误会,以为所谓"大鱼"就是指新谈成的赎金价码八百大洋。对此事,他颇有感慨。

"那人真是爽快!我本想着:讨价还价么——他开口八十,我讨价二百五;他还价一百,我再提出二百;总得有几个回合。没想到他一开口就报了个八百大洋!我都不好意思再多要了。还没下鱼钩哩,大鱼就自己蹦上来咧!"

"嗨!这算啥大鱼?我说的不是这!"曹拐子恨不得三言两语能说个明白。"就我们昨儿弄上山的那个肉票,你知道他的身价几何?别看他那个窝囊怂样,竟然是咱周原首富人家的三公子!"

"不会吧?"郭复礼不敢相信。

曹拐子像发现了座金矿一般亢奋。

"今儿早上,他找到我,主动招认的!他还说,只要放了他,他愿意给咱带路,去发一笔大财哩!"

郭复礼一时惊愕,迟疑地没有说话。

八、再上老爷岭

离开老爷岭之后,崇仁一路快马返回了岐山县城。

方才土匪山寨中的经历场景,不时在崇仁脑海闪现。他对土匪大当家郭复礼其人,莫名地产生了一些好感,觉得此人可交。直觉告诉他,此生与这个前清不第秀才出身的土匪首领之间还将多有交道。他之所以慷慨大度地一口提出八百大洋的赎人价码,除救弟心切之外,与此因素不无相关。

165

关于赎人价码，崇仁在上山途中已经过一番考虑。三千大洋的漫天叫价，绝不能轻易答应，否则将会引发土匪更大的贪欲，后患无穷。这帮土匪心理期望的最大值，估计撑死也就是三二百元大洋。那张勒索纸条最初写的数目"300"，就是证明。倘若自己坚持三十、五十地梯次讨价还价过程，想必在三二百元的范围内也能成交。但若自己率先一口提出一个远超对方心理期望值的诱人价码，则必将会使对方喜出望外而迅即表态，从而缩短谈判过程，早些救出人质。

崇仁的考虑，不无道理。但问题在于，此时他的身上，并无现成的八百大洋。崇仁南下时，因无经营交易之类的需求，只是一路上的盘缠路费，所以随身携带的银票并就不多。几个月的行程下来，目前更是所剩无几。崇仁打算，抓紧时间返回县城，趁打烊之前，找到岐山"胡记钱庄"胡掌柜。

一进县城，崇仁先去找到那个高个子车夫，交还了马匹，从优结算了相关费用。高个子车夫很高兴，主动表示明日还可继续为这位客官车马伺候。

前往"胡记钱庄"借款之事，办理得很顺利。

崇仁诚恳如实地向胡掌柜说明了情况：路经此地，兄弟被土匪绑架，事出突然，不想惊扰家中老人，打算就近筹借钱款，反正数额不大，能够尽快把事情了结即可。

当崇仁客气地提出"所借款项不知贵号是否方便"时，胡掌柜痛快地一口应承。

"方便，方便，当然方便！你姬府大少爷金口一开，甭说八百，就是八千、八万也没麻达么！想当年姬府曾帮过小号多大的忙！这还有啥话说的哩！"

胡掌柜当即做了安排。

"大少爷你少安毋躁，喝茶候着，我这就叫伙计去准备银票。"

崇仁一边拱手致谢，一边又提醒叮咛着。

"多准备些三十、二十的零碎票子，凑够数就行。囫囵一张整八百的显出财大气粗的样子，土匪更会狮子大张口，对我兄弟的安全也不利么。"

胡掌柜赞许地不停点头："大少爷考虑得真周到。"

"今日之内能准备停当吧？我打算明儿就上山赎人呀。"崇仁问道。

胡掌柜表示绝无问题。

崇仁再次躬身作揖致谢。

"那就多谢胡掌柜了！……本来还想趁这个机会，与胡掌柜商讨商讨，咱能不能合股经营，把西凤酒的生产做得更大么……。但现当下救人要紧，没心思详谈了。"

胡掌柜闻言，击掌称绝："合股经营，把西凤酒的事弄大！这真是个好想法。大少爷方便时咱再详谈，在下随时恭候。"

胡掌柜临出门前，又折返身来，悄声告诉崇仁一个消息。

"我在北山老爷岭有一个眼线，就是给当家的掌勺做饭的伙夫老王头。万一在山上有啥事，大少爷还可以找找他。"

次日一早，高个子车夫如约来到。崇仁乘车开始了再上老爷岭的行程。

行至那块标注着"老爷岭"的山界石碑处，高个子车夫"吁——"的一声，勒住了马缰绳。

观察一番前路情况后，高个子车夫为难地表示：只能将客官送至此处，前路已不便车行。再说临近匪窝，自己实在不敢再往前走了。

崇仁非常体谅，与高个子车夫挥手告别，开始步行上山。

步行毕竟不同于骑马。崇仁花费了比昨日初登老爷岭更多的时辰，正午时分才抵达营寨附近。

临近寨门时，一个持枪的暗哨由山林中窜出，拦住了崇仁。

崇仁定睛一看，正是昨日在大当家处见过的那个持枪匪徒。

"怎么？你不记得我了？"崇仁淡然一笑，好似遇到了熟人。

"咋能不记得哩么！"持枪匪徒的警觉立时松懈下来，一路说着话，领着崇仁进了山寨。

"昨儿你下山后，大当家的一连声地夸赞你哩！唉！我上山都快三年了，尽日挨骂受训，还没得到过大当家一句夸赞哩！"持枪匪徒颇有些伤心。

"我看你们山寨弟兄们拿的家伙，不是大刀就是长矛，只有你扛着洋枪，可见大当家是特别信任你的么！"崇仁好言宽慰。

持枪匪徒顿时高兴起来，一副自鸣得意的神情。

"那是！洋枪贵得很，不好弄么！不是贴心兄弟，这几杆稀罕洋枪也轮不

167

上扎么！"

　　崇仁趁其高兴，抓紧开始探问消息。

　　持枪匪徒知道的情况是：刚吃过早饭，二当家急匆匆领人下了山，还押着那个肉票。没多久，大当家又领了些人撵追去了。"去哪儿？干啥去？啥时候回来？都没交代么！"

　　崇仁大为失望："约好的事么，咋又变卦了？"

　　持枪匪徒这时有所发现，举臂摇晃，向远处大声招呼着："老王头！今儿山上人不多，中午弄些好吃的么！这儿还有一位大当家的客人哩！"

　　"老王头？正好有事找他。"崇仁心里想着。

　　得知"胡记钱庄"胡掌柜的介绍，老王头甚是热情。他先领着崇仁去看了"肉票"在山上的安顿场所——二当家住处的前院。

　　"那怂人弄上山后，就安顿在这儿，给二当家的洗脚倒尿罐。"老王头口气中似有不屑之意。

　　"再……没受其他罪吧？"崇仁颇有些心酸，但并没有说明此"肉票"乃自己的亲兄弟，也没有暴露自己的身份。

　　老王头手一摆，一副瞧不上眼的神态。

　　"那怂人就是软骨头！还没受啥苦哩，就主动表示要带路去抢劫一家大户。二当家当即心热，执意要去。大当家刚开始时并不同意，说是已经答应人家，一手交钱一手放人，不能说话不算数。二当家不听，愣是带着肉票走了。大当家随后也撵去了。"

　　"抢劫一家大户？没说去哪儿吗？"崇仁顿生警觉。

　　"说是有几十里路程哩！那怂人尿罐洗刷了一半儿，手也没洗，就上赶着引路去了。"老王头说着，用手指了指那尿罐。

　　崇仁顺着老王头手指的方向看去。尿罐的奇特造型引起了他的注意。走近察看一番后，他的心里已经明白，这是一尊珍贵的西周青铜礼器。

　　没容崇仁多想多问，老王头接下来的话，又使他心头一惊。

　　"大当家临走时，匆忙留下一句话：如果有人上山交款赎人，就让来人在山上多待一半天。大当家说，告诉来人，他保证遵守约定，分厘不差收款，毫毛无损放人。今夜抢劫得手后，他必当还把那肉票带回山寨。"

"今夜抢劫?"崇仁猛一惊怔,预感到了一个更大的危险正在来临。"我得赶紧走了,不然就来不及了!"

崇仁急切地向老王头和持枪匪徒提出了请求。

"山上可有马匹?"

"只有大当家和二当家的坐骑。"

"能否将大当家的坐骑借我一用?

老王头和持枪匪徒俱不敢承担此责。

崇仁恳切地望着他二人的眼睛。

"我有火急的事情必须在今夜之前见到大当家!现已耽搁不起步行下山的时间了!我既能上山送来八百大洋的赎金,又何至于承担不了一匹马的责任!你们放心!办完事后,我必当将马完璧归赵亲自还给大当家。大当家绝不会为此事怪罪你二位的!"

也许是被崇仁诚恳的眼神和话语所感动,也许是为崇仁留下的二十块大洋谢仪而心动。老王头和持枪匪徒默默牵来了大当家的坐骑,将缰绳交到了崇仁手中。

崇仁急驰而去。

崇仁骑着土匪的马,追撵着土匪的人,企图及时阻止土匪所要干的事。

崇仁知道:姬府今夜有难!

崇仁不知道:今夜正是他自己的新婚之夜。

第七章 新婚之夜

一、小兄妹俩的伤心事和发愁事

姬府大少爷姬崇仁出门远行期间，在他本人不知情的情况下，老爷和太太为他确定了续弦新婚的人选和正式娶亲的日子。这日子就要到了，大少爷的归期仍杳无消息。

预定娶亲正日子的前一天，太太孔氏挣扎着病体在庄园里巡看了一遍，对婚礼的各项筹备事务还算满意。走着走着，身体不堪劳累，差点儿晕倒。老爷赶紧扶着太太，回到后院住处休息。

太太斜靠在床休息。老爷坐在堂前太师椅上，默然吸着自己的烟袋锅。

虽说老大的喜日子就要到了，庄园里也早就装饰出了一派喜庆的气氛，但老爷心中的哀伤忧愁依然难消难散。他的身体，坐在椅上吸烟。他的眼神和心思，却好像已经跑到了很远很远的地方。

太太孔氏的连续咳嗽声传来，将姬老爷从神游中猛然唤醒。

姬老爷愣怔一下后，连忙熄灭了自己所吸的烟袋锅。

"呛着你了吧？我已经把烟给掐灭了。"姬老爷起身走近孔氏身边，关切地询问。

孔氏斜靠在床上,正在剪纸。听到老爷带有歉意的问话,孔氏不在意地回着话,手中的剪纸活计并未停下。

"不咋,你吸你的。"

姬老爷心疼地劝说着:"你可不敢再劳累了,快歇下吧!"

孔氏看着老爷担忧的神情,浮出笑容宽慰着:"老爷不必担心,我的身子我知道。明日就是咱老大娶亲的喜日子。伊人过门后,我和她一搭儿操持着再给老爷你办好六十寿庆,我就……我就再也没啥可劳累的了。"

姬老爷拿起孔氏刚刚完工的剪纸,抖去剪落的纸屑,颤颤巍巍展开,乃是一个大大的"寿"字。

孔氏的眼神充满希冀,转而又稍带些许遗憾。

"老大到现在也没个准消息。娶媳妇、进洞房的正日子,看来是赶不上了。但愿在老爷六十寿辰之前,老大能够回来。……唉,婚礼庆典只能是伊人的独角戏了,也够难为她的。"

"好在伊人和她爹都宽谅咱家的实情,从没说过一句弹嫌的话。"姬老爷宽慰地说着,轻轻抚着孔氏的肩头。

孔氏轻轻地向姬老爷身上靠了靠。

老两口儿在屋内相互安慰时,怀远、怀玉正并肩坐在屋外窗前的台阶上。听到奶奶晕倒,小兄妹俩很想进屋看望,又怕影响奶奶休息。坐在此处,总觉得离奶奶能够近一些。

爷爷和奶奶的对话声音,断断续续地从窗里传出,偶尔可以听到一言半语。

怀远眼中好似有一种与其年纪不符的忧郁神情。他以小大人的口吻小声叮嘱妹妹。

"奶奶病着哩,你说话声气要小一些。自己的事,也不要去劳烦奶奶。记下了没有?"

怀玉懂事地使劲点头:"记下了!我懂!"

窗户里传出了奶奶的话音:"……伊人过门后……"

怀玉对这个名字似曾相识,关心地向哥哥发问。

171

"伊人？奶奶刚才说伊人咋咧？"

"那人就是爷爷奶奶给咱俩寻下的后娘。"怀远一脸老成。

怀玉面带喜悦："我见过她，长得可好看了！"

怀远却是一脸不屑："好看顶个啥？你没听老人们说过，自古后娘没个好。"

怀玉似乎不敢肯定地辩解着："那不一定。……不知咱爹会不会喜欢她。……爹……"

突然，怀玉无声地流下泪来。

"妹妹，你咋了吗？"怀远一边用小手为妹妹擦泪，一边小声问着。同时，他又担心地向窗口里望去，好像生怕惊扰了爷爷奶奶或引发他们的伤心。

"我想咱爹了。"怀玉开始小声抽泣起来。

怀远不觉停下了为妹妹擦泪的小手，自己也控制不住地抽泣起来："爹……"

小兄妹俩相依为命似的，并肩坐在台阶上，同时小声抽泣着。

怀远哭着哭着，好似突然想起了什么，果断地站起身来。他一手擦了擦自己的眼泪，一手拉起了妹妹。

怀远朝窗户处扬了扬头，示意妹妹不要惊扰了屋内的爷爷奶奶。

怀玉懂事地站起身，点点头，压低了自己抽泣的声音。

两人轻轻地从窗前处离去，去往那棵柿子树下。

小兄妹俩在庭院内牵手而行。他们的背影，显得十分孤独而可怜。

此时，另一对兄妹俩再次登场。孟老板和其妹孟氏由岐山回来了。返程马车一大早启动出发，漫漫长路中兄妹之间几乎无话。孟老板是因为在"神仙乐"大烟馆鬼混过度，精疲力竭而无力说话。孟氏则是因为"全如意"客栈的无眠之夜意绪纷杂而无心说话。

孟氏回到姬府，只见庄园内外一派喜庆气象。大红灯笼，红绸彩束，随处可见。到处张贴着大大的"囍"字。迎亲喜事的规格，显然大大高于当时老爷纳妾的场合。

孟氏见此不免心生妒意。她撇撇嘴，恨恨不平地自言自语："我过门来的时候，悄没声息，我还是长一辈儿的姨太太哩！现今娶个儿媳妇，还是个续弦，看大张旗鼓的，不知要闹多大动静哩！"

吕管家正在庭院内忙碌，看见孟氏满脸妒意迎面走来。

"姨太太去周公庙拜祖回来啦？"吕管家侧身恭立让路，并低声问候。

孟氏爱答不理地"嗯"了一声，便从其面前走过。

吕管家连忙转身对孟氏的身后大声提醒。

"太太身子不舒服，老爷也在后院陪着哩。姨太太不过去看看吗？"

"不舒服就歇下么，我去看看也不顶啥。"孟氏头也没回，毫不在意的口吻，说着便径直离去。

吕管家望着她的背影，不满地叹息摇头。

孟氏穿过庭院，准备经过岔路去往下院自己的居处。就在刚要分岔转弯时，她看到了柿子树下石凳上坐着发呆的怀远、怀玉兄妹俩。

孟氏停下脚步，想了想，又转身回到前院庭院，朝着柿子树的方向走去。

城外姬氏庄园前院的庭院中，有一棵枝叶繁茂的柿树。这棵柿树，要比城里姬家大院中院的那棵高大得多，结的果实也更多更大更甜。如今，树上已挂满了成熟的柿果。一个个红通通的，像只小灯笼，煞是好看。

怀远与怀玉坐在树下的石凳上，回忆起不久前的往事。

"爹临走时，就是在城里大院的那棵柿树下给咱们讲的故事，还要咱们准备在给爷爷祝寿时好好表现哩！"怀远一副怀念的口吻。

怀玉抬头望着树上繁茂的柿果，也沉浸在回忆之中："那时候，城里大院的那棵柿树才刚刚长出新的树叶。"

怀远想到了另一个问题，一副替爹担忧的神情。

"那时候，爹还不知道爷爷奶奶给他寻的这个人哩……你说，要是爹不喜欢那人，可咋办呀？"

怀玉似乎对此并不担忧："我想，爷爷奶奶喜欢的人，爹一定会喜欢的。"

怀远马上又想到了一个让自己发愁的问题。

"那人到咱家后，你咋称呼她呀？"

怀玉一脸天真，似乎觉得天经地义："当然是叫娘喽。不叫娘，叫啥？"

怀远一脸抵触的神情："我不想叫。"

"为啥么？"怀玉觉得不可理解。

"啥也不为，就不想叫。"怀远依然一副倔强的口气。

怀玉则是一副规劝的口气："这样行不？她要人不好，你就不叫；她要是人好哩，你就叫娘。"

怀远有点动心，正在迟疑没有表态。

孟氏特意走了过来，插言挑拨。

"这跟人好不好有啥关系么？你们的亲娘姓姜，那人姓杜！"

孟氏说完，一扭一扭地走了。

怀远惶惑的神情，没有说话。

怀玉忧虑的神情，小声说着："不叫娘，恐怕奶奶不高兴。"

二、奇特的婚礼

姬府大少爷迎亲的日子到了。

姬氏庄园门外张灯结彩。乐鼓唢呐声起。长龙般的多挂鞭炮等待燃放。贺喜的宾客陆续进入。老爷姬秉礼与太太孔氏一身新装在门首处迎客。

一切都是正常婚礼的常见场面。

高亢喜庆的唢呐声中，迎亲队伍簇拥着新娘花轿逶迤而来。

一切都是正常迎亲的常见场面。

但是，本应陪伴在新娘花轿旁边、由迎亲新郎骑乘的马匹上，空无一人。马鞍上，搭着一块红绸。红绸上，系着一顶轻飘飘的黑呢礼帽。

新娘进门的时刻到了。鼓乐喧天，鞭炮燃鸣。

姬老爷和太太孔氏在门口处迎接新人。

头蒙红盖巾的新娘进门。

陪同新娘的是一个作为新郎代表的大公鸡。一个丫鬟一手抱着一只五彩羽毛的红冠大公鸡，一手则托着那顶黑呢礼帽，走在新娘身边。

婚礼如仪。一拜天地，二拜高堂，夫妻对拜，均由新娘和手抱公鸡的丫鬟共同完成。

司仪宣布礼成，新娘被送入洞房。

前院厅堂前，婚宴开张。

姬老爷端着酒盅，站起身来，清咳一声。

喧闹的婚宴现场安静下来。

姬老爷似乎欣喜而平和地开始致辞。

"今日乃犬子大婚之喜，这日子是早已选好定死了的。无奈今日的新郎远出未归，婚礼也就成了新娘一个人的独角戏。幸蒙亲家公亲家母的体谅，也多承各位亲戚乡邻不弃，这才有了今天这不寻常的婚礼。在此，我姬某感谢上苍，感谢诸位啦！"

姬老爷仰脖一饮而尽，随后又斟满了酒，再次端起酒盅。

"近来姬府家门不幸，迭遭变故，膝下三子，现只剩下……"

姬老爷突然悲从中来，哽咽语塞，索性一仰脖再次一饮而尽。

身旁坐着的孔氏，不放心地悄悄扯扯姬老爷的衣襟以示提醒。

姬老爷低头关爱地看着孔氏，似乎在强忍住了眼眶中的泪水，嘴里忍不住地喃喃自语。

"不说了，不说了。今天这日子，咱不说不喜庆的事，不说！"

姬老爷又一次斟满了酒，又一次端起酒盅。

"大家都知道的原因，今日婚礼的怠慢失礼之处，就多多包涵原谅吧！"

姬老爷又一次仰脖一饮而尽。

孔氏盯着姬老爷，关切、担心、理解的神情尽浮于颜面。

众宾客感慨万端，嗟叹不已。

姬老爷略显醉态地站立着，不肯落座。

偏席上就座的怀远，离席跑到爷爷身边，好像要挺身护住爷爷一般。

"爷爷！爷爷你别再喝酒了！我替你喝！"说着，小小的怀远拿过爷爷手中的酒盅，也学着像爷爷那样仰脖一饮而尽。

姬老爷感慨地抚着怀远的小脑袋，眼泪不觉流了下来："我还有个好孙儿啊！"

"这小小年纪，就知道孝敬爱护爷爷了！"

"跟他爹一样，从小就仁义！"

宾客们交头接耳的议论声四起。

孔氏很为老爷担忧，用眼光在人群中搜寻着，并小声询问身边侍立的丫鬟:"下院姨太太呢?"

丫鬟用眼光示意。

孔氏看去,只见孟氏正轻佻地与宾客划拳饮酒,对老爷这边的情况毫不关注在意。

孔氏不满地一翻白眼,无奈地交代丫鬟:"扶着老爷去后院歇息吧。"

老爷既已离席,太太就不便退场。孔氏虽然体力不支,但仍勉力支撑着回应宾客的祝贺。

忙乱的应酬中,孔氏想着,已入洞房的新娘,初来乍到,情况不熟,恐多有不便,需要有人关照。孔氏自己不便脱身,便向一位熟人交代了几句。这位熟人乃是一位白发道姑。

婚房即是东院大少爷姬崇仁的居室。大红囍字,红烛高照。一派新婚喜庆的装饰。

新娘端端正正坐在婚床上,头上依然蒙着红盖巾。

白发道姑走了进来,传达了孔氏的关照之语。

"你娘怕你一个人不自在,要老身过来陪陪你。你娘说,别太拘束了,想吃就吃,想喝就喝,这已经是自己的家了嘛!"

新娘在蒙头盖巾中微微点头。

白发道姑又小声说着:"你娘还特意交代,需要方便时,你也别不好意思说。"

新娘闻听此言,忍不住"扑哧"一声轻轻笑了,并且感动地低声说着:"我娘想得真周到,谢谢娘的体贴。"

白发道姑一听新娘话音,觉得有些熟悉,随即伸手揭去了新娘的盖头巾:"这个可以揭去了。"

盛装的伊人露出了真容。

伊人与白发道姑对视,相互认出了对方。

"没想到新娘就是你呀!"白发道姑大为感慨。

伊人很有礼貌地躬身弯腰。

"谢谢姑婆那天在姜嫄殿对小女子的鼓励和指教。"

白发道姑从新房走出后,径直来到孔氏近前,躬身作揖,真诚祝贺:"恭贺太太！"

孔氏略感讶异："道长怎么如此多礼，刚才不是已经行过礼了吗？"

白发道姑微微一笑："不一样啊！刚才只是一般客套的泛泛之贺，这次可是发自内心的真诚贺喜呀！"

孔氏迷惑不解，不知其意。

白发道姑一副严肃庄重的神情："姬府家门有幸，娶了一个好儿媳呀！"

再说婚房内的伊人，被揭去红盖巾后，稍觉自由，便在屋内随意走动着。她好奇地观察着屋内的陈设，感兴趣地翻看着书架上的书籍。

突然，门外传来窸窸窣窣的声响，好像有人将要进来，

听到声响的伊人，快步返回床前，又作出了正襟危坐的端庄模样。

就在她手忙脚乱找着了那方蒙头的红盖巾，准备重新遮盖时，突然看清了来人，忍不住"扑哧"一笑，放下心来，轻松地作出"过来，过来"的手势。

小心翼翼轻手轻脚进来的，正是怀玉。

怀玉走近伊人身旁，仔细观察着她新娘的妆容。

"伊人姐姐，你真的要到我家做我的娘吗？"

伊人故作认真的神态："当然是真的！这不都已经来了吗？你愿意我来吗？"

"我愿意，可我哥不愿意。"

伊人一副高兴而自信的神情："你愿意我真高兴！你哥他慢慢也会愿意的。"

怀玉渴求地追问着："我愿意，那你愿意吗？你愿意做我和哥哥的娘吗？"

伊人拍拍怀玉的小脑袋，动情地说着："有你这么可爱的宝贝女儿，我怎么会不愿意呢？"

怀玉又提了新的问题。

"伊人姐姐，那我以后是叫你姐姐呢，还是叫娘？"

"当然是叫娘喽！不过，也得看你自己愿意不愿意。你想叫什么呢？"

怀玉充满渴望的神情："我……我想叫娘，现在就想叫。"

伊人充满期待地鼓励着："那你就叫呗！"

177

怀玉好似将渴望已久的情感一任发泄:"娘……!"

伊人幸福地闭住了眼睛:"嗳……!"

怀玉幸福地依偎在伊人怀中。娘儿俩相拥依偎着。

怀玉从伊人怀中挣脱出来,对面直视着伊人,似乎还不敢相信似的。

"娘,以后我有什么事都可以找你吗?"

伊人一副理所当然、毫无疑问的神情:"当然!"

怀玉先是一副放下心来的表情,随即又是一番小大人似的义气回报的表态。

"娘,以后你有什么事也可以找我!"

"真的吗?"伊人故意作出疑问的神情。

怀玉生怕别人不相信,着急地伸出小手:"不信?咱们拉钩!"

伊人郑重其事地与怀玉拉过勾后,立刻现出一副急切的神态:"娘现在就有一件急事要找你。"

"说吧!什么事?"怀玉是一副赴汤蹈火、在所不辞的神情。

伊人几次张口,都没好意思说出来。她内急已久,在这陌生的地方,不知去哪里解决。

伊人急切地用手势比画着,一时总也无法准确表达。她急得转来转去,终于做出了小孩把尿的姿态和口哨。

"就是……嘘、嘘、嘘……"

怀玉立刻明白了,一边笑着一边用小手刮刮脸蛋。

"羞!羞!羞!走,跟我来。"

怀玉拉着伊人的手,领她走出了婚房。

三、北园子

怀玉拉着伊人的手,将她领到了一个僻静之处。姬府称此处为"北园子"。

姬氏庄园面积很大,从建筑规制上主要分为南、北两个部分。主家及下人们的生活居住区集中在南部。南部又分为许多各自独立又彼此相连的院落。

除了主轴线上的前院、中院、后院之外，还有东院、西院、下院等。

庄园的北部，即是北园子。这里不仅有供主家怡情养性的池台园林，还散布着马棚、猪圈、苗圃、花房之类的场所。北园子隐藏了姬氏家族的许多秘密。比如，北园子顶西端，就是那个储放着几十具棺木的"天径"小院。再比如，信奉"蚂蚁的生存智慧"的历代姬家先人们，确曾有将金银浮财埋藏在地下的传统。某些单线相传的埋藏秘密，或系偶然原因中断失传，只给后人留下了一些模糊而诱人的传说。姬家的后代子孙们虽然无法确知埋藏财宝的具体地点，但他们相信：秘密都在北园子的地下。

姬氏庄园的范围如此之大，布局如此复杂，初来乍到之人一时很难摸清路径。

伊人当然也是如此。跟随怀玉来到北园子的一路上，伊人东张西望地注意观察着。她想要尽快熟悉自己未来的生活环境。

伊人的内急解决了之后，浑身轻松，更加好奇地看着四周的场景。

怀玉主动解释说："今儿府里人太多，我专意把娘领到后园子这僻静的地方，不会碰见人的。"

"真是个懂事的乖女儿！"伊人摸了摸怀玉的脸颊。

怀玉指向园林假山处的一个隐蔽洞口，就像要告知亲人一个秘密般的神情，小手掩着嘴巴，探至伊人耳边。

"娘，我告诉你个秘密！那里有间密室，是我和哥哥玩捉迷藏的地方。藏在那里，谁也找不着。下次娘和我们一起玩吧！"

伊人盯了一眼，记住了这个地方。她蹲下身子，把小小的怀玉搂进怀里，亲着她的小脸蛋。

"谢谢你把秘密告诉了娘，娘一定会替你保守秘密的。不过呀，我这个宝贝小女儿不管藏在哪里，娘都一定要找到，也一定能找到！"

怀玉快乐地咯咯笑着。

此刻，太太孔氏正在后院住处发愁。

婚宴酒席散后，疲惫不堪的孔氏在丫鬟搀扶下回到后院自己居处。

一进屋门，就看见姬老爷醉倒在床边，卧姿似极不舒服。

孔氏心疼地想将其扶正，但力不从心。她稍一用力，便不时发出咳嗽之声，不得不停下手来，去揉按自己的胸口。

孔氏招呼丫鬟："你去找人把老爷扶到下院歇息。"

丫鬟吭吭哧哧地抱怨着："……下院姨太太自己倒先喝醉了，咋能照顾老爷么！"

孔氏无奈叹气。

看着老爷极不舒适的睡姿，孔氏还是于心不忍。她招招手，让丫鬟与自己一起动手替老爷脱去外衣，在床上安顿睡好。

一阵忙活，累得孔氏咳嗽加剧，喘不上气来。

孔氏一手扶着床边，一手伸向门外，支使着丫鬟。

"你去叫……，唉！叫谁来哩？这个家还有谁在哩么！"

太太孔氏很发愁，愁在当下没有一个能够支撑得起这个家的人。

吕管家也很发愁，愁在不知姬府的事务目前谁能当家作主。

前院的庭院婚宴处，宾客已经散尽，一派乱糟糟的残席景状。直至日暮时分，乱象依旧。

疲惫至极、头晕脑涨的吕管家，愁眉苦脸地蹲在台阶上发呆。

还是一副新娘装束的伊人，快步走来，试探着看看现场的情况。

看见伊人来到，吕管家立刻规规矩矩地站起身来，敛手恭敬地询问。

"大少奶奶，有什么吩咐吗？"

伊人客客气气地回应着："你就是吕管家，吕叔吧？这一整天忙的，累坏了吧？"

"谢谢大少奶奶的体谅！累倒不怕，只是一大堆事情哩，给谁禀报？谁来作主么？"吕管家一脸的为难。

伊人一副理解并宽慰的口吻。

"吕叔别急。这府里的情况你都熟悉，小事你就作主了！大事嘛，等老爷酒醒了，太太身体好些时，你再禀报就是了。我来是想关照一声，今晚要把怀远、怀玉两个小娃安顿好，人来人往乱糟糟的，得有人管着。我这身份……，现在还不大方便么。"

吕管家十分感动："是啊！新婚第一天，新郎又不在，老的老，小的小，真是难为你了。"

忽然，从后院处传来了呼唤的声音。

伊人与吕管家对视一眼，觉得情况不好，两人同时拔腿就向后院处快步走去。

太太孔氏将醉酒的老爷安顿好后，想着要去照料怀远、怀玉，却发现四处不见俩小娃的身影。

孔氏靠坐在床上，急得胳膊颤抖着指向屋外。

"怀远怀玉俩娃儿哩？赶紧给我寻了来！"

丫鬟已经出外寻找了一圈儿，没有找见。此时，她急得快要哭了似的："一转眼咋就不见了呢？太太千万别急！我再去找寻！"

孔氏急得更加喘不上气来。丫鬟一时手足无措，不知该上前照顾太太，还是该出外寻找小娃。

伊人与吕管家恰好赶到。

伊人刚刚进屋，见此情形，连忙赶至孔氏身边，一手扶着她的后背，一手为她轻轻抚着胸口。

看着干着急的吕管家和手足无措的丫鬟，伊人先轻声对吕管家交代："你安排些人，再去园内找寻找寻，俩小娃不可能走远的。寻见了，记得立马给太太禀报一声，免得太太着急伤身。"

吕管家走后，伊人又吩咐丫鬟："太太身边离不开人的。你就安心在这儿服侍太太吧，俩小娃会找到的。"丫鬟心中有了着落，使劲地点着头。

孔氏默默看着这一切，似乎稍觉安心。

"唉！娃呀，这新婚之夜，对不住哇！"孔氏拉起了伊人的一只手，看着她一身的新娘服饰，口气不免有些歉疚。

"娘，不说这话。从今儿起，就是一家人了么！"伊人一脸真诚。

好像突然想起了什么，伊人急忙站起身就走。

"娘，你别急。刚才怀玉和我在一起，我这就去看看。"

伊人估计的没错，怀玉就在婚房里面。

伊人回到婚房，看见醒目的囍字和燃烧的红烛，想起这毕竟是自己的新婚之夜，不无遗憾地叹了一口气。

红烛旁，放着一把剪刀。伊人拿起剪刀，剪了剪烛芯。

181

红烛更加明亮了。

红烛光下，可以看到婚床上睡去的怀玉。怀玉像只熟睡的小猫，曲蜷着和衣而眠。

伊人轻手轻脚地为怀玉脱去外衣，放好枕头，盖好被子，然后转身就要离去。

怀玉在睡梦中含混不清地叫了一声"娘"，小手贪恋似的抓住了伊人的一根手指。

伊人怜惜地看了怀玉一眼，轻轻抽出手指，向红烛处走去。

红烛烛光明亮。旁边的那把剪刀十分醒目。

伊人吹熄了红烛，走出婚房。

此时天色已晚。吕管家等人打着灯笼满园找寻。有仆人扯着嗓子喊叫："孙少爷——！"

伊人打着一把灯笼走来，新娘嫁衣之外，加裹了一件披肩。

"吕管家，告诉大家，不要高声喊叫，以免惊扰了老爷，也让太太更不得安宁。除了园子，各个屋里也看一看，也许在哪儿睡着了呢。怀玉就是在我那里睡着的。对了，派人给太太禀报一声，怀玉没事，让太太先放一半的心。"

听了伊人的吩咐，吕管家仿佛有了主心骨。他先对家仆丫鬟们交代："按大少奶奶的吩咐去办。"后又转身叮嘱伊人："大少奶奶，这园子你还不熟悉，天又黑了，你就回屋歇息吧。找寻孙少爷，有我们这多人哩么。"

伊人摇摇头："寻不见娃，哪个当娘的能睡得着么！"

庄园内，灯笼在多处游动。

夜幕中，闪烁晃动的灯笼十分显眼。

伊人打着灯笼，也在寻找。她的寻找，漫无目的地，她并不知道可以去哪儿寻找。她的寻找，还是漫无目标人，直至此刻她尚无见过怀远一面，她还不认得这个不愿叫她娘的儿子。

走着走着，伊人停下脚步。她的耳畔响起了怀玉的声音："那里有间密室，是我和哥哥玩捉迷藏的地方。藏在那里，谁也找不着。"

那密室就在北园子的园林假山附近。

伊人提着灯笼，摸索着向北园子走去。

她要去北园子寻找她从未见过面的儿子。

她在北园子找到了怀远。

四、废弃的砖窑里

怀远此刻真的就在北园子的这处密室里。

这里不仅是怀远与妹妹玩耍的乐园，也是他与想象中的生身亲娘心灵谈话的圣地。

对于生身亲娘，怀远其实并无多少真切的记忆。亲娘去世时，他的年岁还太小。随着年岁渐长，他不满足于"娘"只是一个概念，他本能地渴求真实的母爱。他想象着亲娘的抚爱，想象着亲娘的教诲，也在想象中与亲娘心灵对话。这处密室，就成了怀远独自冥想时的藏身之所。

这天的婚宴结束后，爷爷醉酒，奶奶病倒，妹妹不见了踪影。怀远不愿面对自己的"后娘"。对于"后娘"，他无端地有着一种排斥抗拒之感。孤独寂寞促使他躲进了这处密室。

伊人打着灯笼，找到了这里。她一眼确认：这就是怀远。

光线昏暗的洞穴式密室里，怀远曲蜷着倒卧在石板地面上睡着了。

伊人走近后看到：怀远脸腮上残留着未干的泪珠，一只手中紧握着一个什么东西。

伊人放下手中的灯笼，想要双手抱起熟睡中的怀远。

还未抱起，怀远一下惊醒过来。

怀远揉揉眼睛，好一会儿才清醒过来。他警觉地望着伊人不说话。

伊人关切地看了看怀远的气色，又抬眼看了看这间不大的密室，生怕孩子躺在阴冷的石板地面挨冷受冻。

"你怎么一个人睡在这儿？冻着了吧？"

"你来这儿干什么？"怀远冷冷地发问。

伊人索性就地坐下，语气和蔼而平等。

"来找你呀！"

"找我干啥？"

伊人坦率说着："不放心你呀！我就要做你的娘了，宝贝儿子不见了，娘能不着急吗？"

怀远一时沉默，没有说话。

怀远进入这间密室已经有一段时间了。他并不知道庄园里有多少人正在忙着四处寻找自己，当然他更不知道庄园外也有人忙着，忙着准备抢劫夜幕中的姬府。

打算抢劫姬府的人，就是老爷岭的土匪们。导引土匪前来抢劫姬府的人，却是姬府自家的三少爷姬崇德。

崇德被劫持到山寨后，吃了一些苦头。他不愿留在山上继续给土匪洗脚刷尿罐，他想要重获自由。获得自由的途径，就是帮助土匪弄到钱。哪儿弄钱最方便？自家姬氏庄园。他没有告诉土匪，抢劫目标就是他自己的家。他在"神仙乐"大烟馆曾听孟老板说起，姬府已由城内姬家大院搬至城外姬氏庄园常住。城外抢劫总比城里好下手么！但他没想到，这一天竟会是姬府迎亲的大喜日子。

曹拐子兴冲冲地带着一帮土匪，化装奔走了几十里地，直扑姬氏庄园而来。对于这次行动，曹拐子很有信心。一是有钱，目标有大钱。二是有人，有"内线"帮手。到了附近，远远望去，那户人家正在操办喜事。曹拐子不免又喜又忧。喜的是，既办迎亲喜事，宾客的贺仪礼金必多，抢劫现场的油水更多了。忧的是，既办喜事，宾客必多，人多不好下手。曹拐子决定：就近潜伏。

潜伏地点是附近一处废弃的砖窑。从砖窑处可以远远看到姬氏庄园大门处的情景。曹拐子安顿好后，正想从那个"内线"——已是一身土匪装束的崇德处多打问一些情况时，几声猫叫，探哨来报：大当家也撵来了。

郭复礼进到窑内，看了看周围地形，表示非常满意。

"这藏身之处选得不错！窑口很多，进出方便。窑内也很宽敞，埋伏七八十兄弟没一点麻达。"

曹拐子上前报告："大哥，这户人家今天好像办喜事哩。现在天还没黑，怕人多不好下手，咱夜间再行动吧？"

郭复礼点头认可，并拍拍曹拐子的肩头，表示赞许。

"老二，有你的！这趟下来，还不弄个三万两万的。"

郭复礼当然不反对这票抢大户的生意。土匪么，还有嫌钱多的？他之所以自己追撵而来，是要在抢劫之后，确保仍把那个"肉票"带回老爷岭。他要讲信用。他把自己的信用看得很重。

郭复礼指了指缩在窑边的崇德，态度十分明确地下令。

"今夜完事后，这小子不能放，还给我带回山上去！我答应过人家的事，不能不讲信用么！"

崇德一听这话，惊恐地缩成一团，口中不停地苦苦哀求着。

"我不上山，我不到山上去！求求你们，完事后把我留下，把我留下！"

郭复礼不屑地斜睨一眼，冷冷说道。

"把你留下？你领着土匪抢了这正在办喜事的人家。人家能轻饶了你？恨不得拿刀剁碎了你哩！留下，你就是个送死！"

说着，郭复礼随手扔过去一副遮盖面部的假面具，加补了一句："行动时，把你那副嘴脸蒙上！看着就让人恶心！"

土匪们在砖窑里耐心潜伏，直至天色黑了下来。负责探哨的一撮毛赶来报告："宾客都走得差不多了。不知道咋咧，那多的灯笼在院子里乱晃哩！就是那个那个啥——满园灯火阑珊处么！"

曹拐子不耐烦地挥挥手，转身向大当家请示。

"既然客人走得差不多了，咱就抓紧动手！弟兄们都在这破窑里憋屈了好几个时辰了。"

郭复礼显然更为沉着。

"窑里有吃有喝，还能躺着歇息，急啥？再等等！"

曹拐子只得继续在这砖窑里耐心等待。

说起来，曹拐子与这座废弃的砖窑还挺有缘分。十多年后，同样的故事再度重演。曹拐子和崇德又一次在此砖窑潜伏，同伴还有孟老板。抢劫的目标是"少小离家老大回"的姬府二老太爷姬秉忠。抢劫没有得逞，他们扑了个空。这故事后面再讲。

一撮毛所说"灯笼在院子里乱晃"，正是吕管家和众人打着灯笼四处寻找怀远的时候。

伊人已经找到了怀远，两人的谈话还在继续。

稍作迟顿之后，怀远直截了当表明了自己的态度。

"我是不会叫你娘的。"

"为什么呢？"伊人故作疑问的神态。

"我娘姓姜，你姓杜。"怀远脱口而出。

伊人微微一笑："好孩子！连我姓杜你都知道，真不简单。不过，你听我说，我的夫君是姬崇仁，而你是姬崇仁的儿子。我夫君的儿子当然也是我的儿子嘛！你说对不对？"

怀远似乎有些被弄糊涂了："那我爹喜欢你吗？"

伊人一下子改变了哄小孩的口吻，完全是一副真诚而忧虑的神态："这我可真不知道。我和你爹，既没有说过话，也没有见过面。"

"你喜欢你爹吗？"伊人仿佛是在与同龄人商讨问题。

"当然喜欢！"

"为什么喜欢？除了因为他是你爹，还因为什么？"

怀远不假思索地张口就来："因为我爹是好人！"

伊人深深地点着头，若有所思地说着。

"我知道他是个好人，所以我一定会喜欢他——你的爹、我的夫君。我自己也一定要做个好人，希望你的爹、我的夫君，能够喜欢我。当然还希望你——我的宝贝儿子也喜欢我，在你愿意的时候叫我娘。"

似乎被谈话的气氛所感染，怀远半天说不出话来，只是不停地玩弄着手中所握的那个东西。

"要是你爹他不喜欢我，你能帮帮我吗？"伊人故作可怜地发问。

怀远一挺胸膛，好像要马上作出小男子汉的承诺。但他没有。他又沉默下来，只顾玩弄着手中的那个东西。

"你手里拿的是什么呀？"伊人看出了这个物件在怀远心目中的分量。

怀远连忙将手放在背后，不想让别人看到那是何物。

"我早看到了，不就是半个馍嘛！"伊人故意使用激将法。

"才不是呢！不信，你看！"怀远将藏在背后的手伸了出来。

怀远的手上，是一颗已摔坏了的陀螺。

这陀螺，是母亲姜氏在怀远三岁生日时买的礼物。可惜当时怀远太小，尚不知陀螺为何物。等他到了可以抽玩陀螺的年岁时，爷爷郑重其事地将陀螺转交给了他。爷爷当时叮嘱说："记住，这是你娘临终前送给你娃的最后一件礼物。"从此，这陀螺就成了怀远与生身亲娘之间心灵感应的唯一念物。怀远十分珍爱这陀螺。即使已摔缺一角，无法旋转，他仍不肯丢弃，始终珍藏着。

关于这颗陀螺的来历以及它在怀远心目中的价值，伊人是后来才从怀玉处得知的。但此时，她记住了这个摔坏了的陀螺，也看出了怀远对它的珍爱。

正待伊人还想进一步交谈时，一阵呼叫声由外传来。

伊人一惊，迅即站起身来，凝神静听。

"快来人啊！土匪抢劫喽！来土匪喽！"

园内传来凄厉的呼喊声。

伊人对怀远做了一个"别动！"的手势，自己走出了密室。

五、灯笼是亮着的

土匪真的来了。

郭复礼、曹拐子率领几十名土匪乘夜冲进了姬氏庄园。

土匪们挨个搜查各个院落。搜查中发现的所有人员，不分主仆，通通被押解至前院集中。凡青壮年男性被一律捆绑了起来，以防止他们可能的反抗。查找到的金银浮财和值钱物件，也被集中堆积在庭院空地上。

姬氏庄园实在太大了。土匪们的搜查还需要一段时间。

伊人从密室出来时，北园子尚属安全。

伊人站在黑暗僻静处，仔细倾听和观察庄园里的动静。

土匪喝叫的声音，家仆丫鬟哭喊的声音，从前院方向清晰传来。

伊人顿时紧张起来。她努力克制自己的慌乱心绪，想着当下该怎么办。

伊人神色紧张地回到了密室。她觉得，当下最重要的事，就是先保护好怀远的安全。

"好像真是土匪闯进咱家了。"伊人告知怀远。

怀远一下子站起身来，握紧了小拳头，眼神焦急而又茫然。

伊人拿起灯笼，准备出去。她手抚怀远的小脑袋，口吻严肃地交代着："你就藏在这儿别出去！我去看看到底咋回事。"

"不！我要去！不许土匪欺负我爷爷奶奶，还有妹妹！"倔强的怀远一口拒绝。

伊人的语气严厉起来："不行，你不能出去！"

"我为啥要听你的？"怀远不服气地反问。

"因为我是你的娘！好儿子，你听着，你是爷爷奶奶的命根子，要是你被土匪抓走了，爷爷奶奶还能活下去吗？保护好你自己，就是保护了爷爷奶奶。对不对？"伊人的话，说到了要害处。

怀远终于犹豫着点了点头。

就在伊人拿起灯笼转身离去时，怀远不好意思地提出了一个请求。

"能不能把灯笼留在这里，我……我怕黑。"

伊人爱怜地抚摸着怀远的小脑袋："瓜娃呀！灯笼亮着，不等于就是给土匪报信嘛！"

伊人提着灯笼，走向密室的出口，但很快她改变了主意，转过身来，熄灭了灯笼中的光亮。

洞穴式的密室，顿时黑暗起来。

伊人取下自己嫁衣外加裹的那个披肩，裹在了怀远身上，轻轻说着："别把我娃给冻着了。"

怀远的眼中，流露出温暖和感激的神色。

伊人又将那个已经不亮的灯笼交到怀远手中。

"好儿子，别怕！把这留给你。你心里就想着：这灯笼是亮着的，就不会怕黑了！家里平安后，娘一定早早来接你！"

伊人走后，密室里只剩下了孤零零的怀远一人，他裹紧了那件御寒的披肩，一手拥着那没有光亮的灯笼，一手紧握着那残破的陀螺，紧张地靠壁而坐。

出了密室，伊人搂起些茅草，将入口处掩藏得更加严实。走出两步后，她又回头看看，隐蔽的入口，确实不易被人发现。

这是一个月色晦暗的夜晚。没有灯笼照明的伊人，更加看不清本就不熟悉的路径，只能深一脚浅一脚跌跌撞撞地走着。

伊人终于摸索着找到了婚房。

婚房内没有燃烛，一片昏暗。

伊人摸黑进屋，看到怀玉还在浑然不觉地睡着，放心地长吁了一口气。她想在烛台旁边寻摸点燃红烛的火镰，却触碰到了刚才剪烛用过的那把剪刀。

就在这时，两个手持火把的土匪闯进了婚房。

火把的光亮，使婚房内的情景看得一清二楚。

"哈！新娘子在这儿哩！"

"哟！床上还有一个小碎女娃！"一个土匪走近婚床。

伊人就手迅速握起剪刀，大声喝道："你敢动我女儿一下试试！"

也许是伊人拼死相搏的气概吓住了两名土匪。他们放过了床上睡着的小怀玉，只是把伊人押解到了前院庭院。

前院厅堂前的庭院，就是当日白天婚宴的场所。十几个手持火把的土匪，在庭院外围各处站立，形成了一个包围圈。

包围圈内，自然分成了两个阵营。姬老爷等姬府成员被驱赶至一处，另一处则是以郭复礼为首的众土匪。

姬老爷身穿内衣，披着一件长袍，一手拄着拐棍，一手搀扶着病恹恹的孔氏。丫鬟们低首敛眉侍立在后。孟氏躲在一旁，瑟瑟发抖。吕管家及男性家仆俱被捆绑。人群中，没有伊人和怀远、怀玉的身影。

凶神恶煞般的土匪群中，有一个戴面具的蒙面人躲避似的蹲在暗处。

郭复礼坐在那棵大柿子树下的石凳上，旁边的石头茶几上还有一个悠然冒着热气的茶杯。大概是嫌坐在石凳上不舒服，郭复礼抬起屁股看了石凳一眼，不满地干咳了一声。

一撮毛见状，屁颠屁颠地跑到圈内的财物堆里拖出一把太师椅，搬到石几旁，谄笑着伺候郭复礼就座。郭复礼傲然坐下。

圈内堆放的，就是土匪们从各个院落搜寻来的财物，包括衣物、小件家具、线装书函以及那尊双层托盘青铜鼎等。总量并不太多。

曹拐子大失所望地指着那堆物品,发着牢骚。

"咋?折腾了半天,总共只有这么一点点?还不及个苍蝇爪爪上的肉么!"

一撮毛一把将那个蒙面者揪了过来,搡倒在地,就势又使劲踢去一脚。

蒙面者团身闪避,压抑着不敢出声喊痛。

一撮毛不解恨似的再踢一脚,嘴里还骂出声来。

"你狗娘养的,不是说这家钱多么?领着弟兄们跑这一趟,费了多大的劲!结果就是那个那个啥——竹篮打水一场空么!"

此时,那两个闯进婚房搜寻的土匪,押着伊人走了过来。

"哟!这不是新娘子嘛!"一撮毛迎了过去,凑近一身婚装的伊人。

伊人狠狠瞪着他,神情凛然不可侵犯,胸前是两手紧握着的剪刀。

一撮毛看看剪刀,知趣地退下。

伊人走近姬老爷和孔氏面前,仪态优雅、不失气度地庄重施礼:"爹!娘!"

施过礼后,伊人走到孔氏的另一侧,与姬老爷一边一人共同搀扶着孔氏。伊人的另一只手上依然紧握着剪刀。

"新娘屋里还有一个睡着的小碎女娃。我刚想着把她也弄过来,新娘子端着剪刀就要和我拼命哩!我的爷呀!"搜查婚房的土匪心有余悸地报告。

曹拐子对此不感兴趣,另行发问。

"小碎女娃?发现有男娃没有?有男娃就带走!有钱人家最害怕的就是断子绝孙,家无香火!没钱?到时候借债也会来交钱赎人的。"

一撮毛又一次抬脚踢向那个蒙面者。

"怂货!你说,这户人家有男娃没有?"

蒙面者恐惧胆怯地低声说着:"有……有一个男孙娃。"

姬老爷眼盯着那个蒙面者,心里忽然感到惊异与疑惑。他明白过来,震惊、痛苦、忧惧、强烈失望,种种感受一齐涌上了心头。

"整个庄园都搜遍了,没有发现男娃么!"一撮毛疑惑不解地报告。

一提起孙娃,孔氏不觉颤抖起来。

伊人搀扶孔氏的手悄悄用了点力以示意。

"爹,娘,放心!"伊人低声轻语。

看着伊人眼神中的那份安然与确定，老爷和孔氏的紧张忧惧得以释然。

六、腊驴腿

土匪忙活了半夜，所获无多。

曹拐子当然不甘心。他走近姬老爷身边，恶狠狠地追问当日婚礼所收贺仪礼金的下落。

"这事你来问我！我是府上的管家。"被捆绑着的吕管家唯恐老爷受辱，在人群中大声喊了起来。

曹拐子相信，就凭这户人家庄园的派头，所收礼金的总额一定非常可观。他想追寻这批礼金此刻存放地点："礼金现在何处？"

对于曹拐子的喝问，吕管家因胳膊被捆，只能头部点指方向："就在那儿，你自己看么！"

吕管家所指示的方向，正是当日的婚宴之所。残席尚未完全撤除，一张红纸写的大幅告示依然贴在引人注目处。

曹拐子走过去将告示揭下，又返身将其递交给了太师椅上安坐着的大当家。

郭复礼知道曹拐子识字不多，接过告示就大声念了出来："犬子大婚，感谢相贺，只收心意，不收礼金。"

"这是啥意思？"曹拐子丈二和尚摸不着头脑。

吕管家大声说明："我家老爷说了，今年天旱，整个周原夏粮歉收。不能因为咱府的喜事，给乡邻亲戚们增添负担。老爷早早作了训示，婚礼当日贺客，不论贫富，一律不收礼金。"

郭复礼大为感慨，与曹拐子相视无言。

众土匪议论纷纷。

"迎亲大喜，不收礼金，从没听说过的稀罕事儿！"

"这府上的老爷，真是咱周原上的一个怪人么！"

曹拐子心中大为懊恼。他不甘心地走近圈内的那堆财物，随手翻拣着，似乎没有瞧得上眼的物品。扫兴之中，他随意一脚踢去，正巧踢在那尊青铜鼎上，疼得顿时缩回脚来，口中发出抱怨。

"这玩意儿有啥用？和我屋里的那个尿罐差不多，死沉死沉的。"

一直没说话的郭复礼，好像看到了中意的物件，用手一指示意。

一撮毛顺着郭复礼指示的方向，找准了目标。他从那财物堆中抱起一函线装书，毕恭毕敬地呈送到郭复礼面前。

那是一函善本《周礼正义》。郭复礼不慌不忙将书函放在身边的石几上，解开封套，仔细察看着里面的书卷。他似乎有些爱不释手的味道，不自觉地发出了赞赏之声。

"这套《周礼正义》，比我案头上的那部，版本要好得多么！"

姬老爷满脸心疼之色，不忍神圣被亵渎。他终于忍不住了，抬起手中的拐棍指向郭复礼，不屑地讥问："就你！也配读《周礼》？"

郭复礼闻言大怒，开始发作。

"你不要狗眼看人低！想当初，本大当家也曾是前清的秀才！要不是……"

郭复礼话说一半，突然从他手中拿着的书卷中掉落出一封信函。

随手拾起信函，郭复礼好奇地看了信函封面一眼，顿时大为惊讶。

信函封面的文字是："恭呈当今皇太后老佛爷御览，公车小民姬秉礼叩进。"后面还注明此系"自存底稿。"

郭复礼当即放下手中的书卷，连忙取出信函上的书信，先是迅速地浏览了一遍，然后又从头到尾重新复读起来。

看着看着，郭复礼"忽"的一声从太师椅上站立起来，趋步走向姬老爷面前，迟疑地问着："老爷的大号可是叫姬秉礼？"

"老朽正是姬秉礼。"姬老爷一时莫名其妙，态度依然不卑不亢。

郭复礼连忙转身喝止那些还在抬箱提包往外搬运财物的土匪："慢！且慢动手！"

众土匪不知所以，一时愣住，陆续放下手中抢夺来的财物。

郭复礼似乎要确认一个事实。他再次走近姬老爷，大声问道："你就是那位给慈禧老太后上疏的姬秉礼姬老爷？"

"正是老朽。"姬老爷这时看到了郭复礼手中一直拿着的那封书信，坦然正色而言。

郭复礼神情激动地搓搓双手，亲自将那把太师椅搬到了庭院正中的位置。他恭敬地将姬老爷扶到椅前，恭敬地礼请姬老爷落座。

看到这一幕，不仅姬老爷本人莫名其妙，在场众人无不感到讶异。

更让人感到奇怪不解的一幕接着发生了。

老爷岭土匪大当家郭复礼，竟然向被其打家劫舍之人下跪了。

郭复礼恭敬地跪在姬老爷面前，恭敬地行着三叩首之礼。每一叩首，口中都念念有词。

"叩见前朝举人姬老爷！"

"叩见行医善人姬老爷！"

"叩见周原乡党的恩人姬老爷！"

曹拐子忍不住大声发问："大当家的，这到底是咋回事吗？"

不止曹拐子，在场众人都想知道到底是咋回事？

郭复礼站起身来，讲述时颇为激动。

"姬老爷在前清高中举人之后，不愿继续赶考为官，一方面在乡传承家业，一方面行医治病救人。但我要讲的故事，不是这些！"

一撮毛咋舌惊讶："举人老爷？"

郭复礼稍喘了一口气，继续开始讲述。

"十多年前，前清那个老佛爷慈禧老太后领着皇上逃避洋人的兵乱，移驾到了咱们省城。我的个天爷！那些个省官、府官、县官们，一窝蜂似的进贡各地特产，争着抢着巴结讨好。咱凤翔知府不甘落后么，端直给李总管进奉了周原特产腊驴钱肉二十斤。"

一撮毛忍不住再次插话："李总管？就是那个大太监么！吃啥补啥，太监就没有那个啥么。补啥呀？咋补呀？补了又能咋呀？"

曹拐子正听得津津有味，很不高兴一再被一撮毛打断，斜瞅了他一眼。

一撮毛知趣地缩缩脖子闭了嘴。

"没承想，这拍马屁一下子拍出了个大麻达。"郭复礼缓缓地绘声绘色地讲述了如下故事。

……

话说省城北院门，乃前清巡抚部院衙门所在地，也是慈禧西行避难时的行宫所在。这一天，大太监李总管趁老太后不在行宫的时机，传令召见本省巡抚及凤翔知府。不知召见是福是祸，凤翔知府难免有些忐忑。赴行宫途中，知府恭敬而紧张地向巡抚询问："巡抚大人，不知总管大人召见，所为何者啊？"巡抚本对知府越级讨好的行为很是不满，此时难免有些幸灾乐祸："我看你凤翔知府是当到头了！送啥不好？偏要进贡什么驴钱肉！难道不怕触碰了太监的忌讳？"知府方知可能要大难临头，哆嗦着不停擦去额头上的冷汗，后悔地不停嘟哝着："没有想到，没有想到啊！"

……

故事说到此处，曹拐子听得入了迷，自己也忍不住插嘴评论起来："这知府活该倒霉！"郭复礼摇摇头："哪里哟！要倒霉的是咱周原的乡党们！知府见了李总管……"

……

故事继续。知府见了李总管，吓得腿也站不直。不料李总管似乎并无怪罪之意，反倒问起了贡品之事："哎——，上回你进贡的那个腊驴……什么肉？"一旁的巡抚赶紧圆场："腿。李总管，那是腊驴腿。"李总管仿佛不经意一笑："是，腊驴腿。肉色鲜亮，酥烂可口，香而不腻，淡而不俗！就连老佛爷尝了都赞不绝口啊。老佛爷说：这凤翔知府还挺有孝心的，就让他加升一品官级吧。从今儿起，别人的知府都是从四品，只有你是独一份儿的正四品知府喽！"就在知府喜出望外、受宠若惊时，李总管仰脖朝天高宣："老佛爷懿旨——着凤翔府此后年年进贡腊驴……腿五千斤，以供内廷之用，不得有误！"知府颓然跪地，大惊失色。

……

大惊失色的，还有曹拐子和一撮毛。

大惊失色的曹拐子，摇晃着脑袋替古人担忧："老太后恐怕不知道，驴钱肉，那就是个驴锤子么！一个女人家，吃着不嫌寒碜吗？"

大惊失色的一撮毛，掰着手指头算细账，然后一拍自己的脑袋："我的个爷啊！五千斤！把咱周原上的叫驴全杀光了，把那玩意儿全骗下来，看能不能凑齐这个数的零头！"

郭复礼叹息着，对一撮毛的算法表示认可："谁说不是哩？一头叫驴的那玩意儿，割下来才有几两重么！"

曹拐子与一撮毛异口同声地追问："后来呢？"

郭复礼将崇敬的目光投向坐在太师椅上的姬老爷。

"后来，听说咱凤翔有个举人姬老爷，就为这事儿专意上省城，找巡抚大人去理论了。"

七、老天爷在天上看着

姬府大老爷姬秉礼确曾有过这番经历。他始终不认为此举有多么伟大、多么荣耀，只不过是尽了一个读书人为民请命的本分而已。这么多年过去，他从未对人提说炫耀过此事，甚至太太孔氏也不知其中的详情。

当年疏章底稿的出现，勾起了他对往事的回忆。十多年前在巡抚内宅谈话时的场景，活灵活现地浮现在眼前。

……

堂堂一省巡抚，竟在自家私宅的客厅里，屈尊接见了一个普通的乡间举人。被接见的举人姬秉礼当然明白，这完全是由于其兄弟姬秉忠的面子。为弟的，踏入仕途，官越做越大。为兄的，从未产生过一丁点儿"仗势""沾光"之类的念头。但这次不同，他不得不打出其兄弟的旗号。

"朝廷现任二品户部侍郎的姬秉忠大人，是你何人呐？"巡抚客套地寒暄问话。

"是学生的亲兄弟。"姬秉礼谦恭地躬身回答。

"你兄弟真是年轻有为、前程无量啊！听说你弟兄二人同时中举，可是传颂一时的佳话呀！"

姬秉礼急于直奔主题："学生此次冒昧打扰，是为谏止凤翔进贡腊驴腿之事。"

"说句不雅的话，谁屙的屎谁收拾！那凤翔知府眼里就没有本抚堂，张得很么！"巡抚语气中透着对凤翔知府越级讨好、因祸得福的不满与妒意。

"他再张，也不可能每年变出五千斤腊驴……腿么！"姬秉礼愤愤不平地说明情况。

"他打算在周原加征'驴腿税',收取税款再去外府外省收购叫驴么。"巡抚冷嘲地一笑。

姬秉礼气得一时失控,拍案而起。

"本来赋税就重,再要加征'驴腿税',那不是雪上加霜么!周原百姓乡党咋能受得了呢?"

"那能咋办?总不能对老太后的懿旨抗命不遵吧?"巡抚无奈地双手一摊。

"上疏劝说老太后收回成命!"姬秉礼口气坚定。

"上疏劝阻老佛爷?本官既没有这个雅量,更没有这个胆量。估计就是你兄弟,他也不敢呐!"巡抚一脸苦笑。

"学生已将谏书写好在此。普通举子,无法上达天听。只好斗胆恳请巡抚大人转呈。"姬秉礼拿出事先准备的疏函,双手递呈巡抚。

巡抚却并无接受的表示,为难不语。

"大人放心!这封谏书绝不会给大人惹麻达的。"姬秉礼诚恳地做着保证。

巡抚心有余悸地摇着头,并不相信一个普通举子的保证。

"你不懂啊……,伴君如伴虎!一言不慎,就是杀身之祸啊!你那谏书中都是咋说的?"

姬秉礼狡黠地一笑,一副轻描淡写的口气。

"学生只如实说明了那驴钱肉究竟是个啥,女人吃着不雅么!如果这懿旨传扬天下,岂不影响老太后的清誉?"

巡抚转念之间,觉得此事可行,伸手接过了那封疏函。

"此言可说能说,这也是一片替老太后声誉着想的忠心么!说不定,本官还会为此受到褒赏哩!这封谏疏,本官一定转呈。不过……丑话说到头里,如若老佛爷怪罪下来,就休怪本官不讲你兄弟的情面了!"

……

晦暗的月光,渐渐变得皎洁明亮起来。

姬氏庄园内的土匪抢劫现场,气氛也发生了变化。

土匪大当家郭复礼摇晃着手持的那封信函,向众人示意。

"你们看,这就是姬老爷当年那封谏章的留存底稿!"

"后来怎么样了？"曹拐子急着询问此事的后文。

"后来么，后来当然是老太后撤销了那道懿旨。如若不是这位姬老爷不顾自身风险，仗义执言，为民请命，那年年五千斤的腊驴腿，那混账官府加征的'驴腿税'，还不把咱周原百姓坑害苦了吗？"

郭复礼说这段话的时候，众人皆聚精会神地屏息静听。太太孔氏还是首次听闻此事，惊奇而赞赏的目光流连在老爷身上。伊人听得入了神，心里充满了对自己公爹的敬佩之情。包括曹拐子在内的众土匪，一个个也都是赞佩嗟叹不已。

郭复礼站到了一个石凳上，手指着苍天夜空，大声呼问："兄弟们说，这等好人家，咱能抢吗？敢抢吗？老天爷在天上看着哩！"

众土匪纷纷回应。

"不敢！不敢！遭报应哩！天打五雷轰哩！"

"大当家的，咱撤吧！抢了这等好人家，晚上睡觉都不踏实！"

众土匪纷纷放下抢来的财物。有的主动归拢着零乱的箱包，有的不好意思地掏出偷藏在怀里的赃物，有的赶紧去解开了捆绑吕管家等人的绳索。

郭复礼果断下令："撤！"

曹拐子也跟着发出命令："走！撤！到别户人家看看去！"

众土匪纷纷撤离。

随着土匪大当家下达了撤退令，本次入户抢劫事件好似就要结束了。但是没有。故事又有了新的转折和变化。

就在郭复礼等人已经转身离开时，一直坐着的姬老爷从太师椅旁站立起来。

"慢！"姬老爷高举起一只手臂，大声喝令。

众土匪不知何意，一时愣住。

郭复礼也愣住了。他站在庭院通道的一个拐弯处。那里是姬老爷与孙子怀远所说"蚂蚁仓库"的所在地。

姬老爷举起的手臂朝郭复礼处扬了扬，作出"退后"的示意："退后！"

郭复礼不由得遵命后退了一步。

"再退后！"姬秉礼再一次喝令。

郭复礼老实地又后退了一步。

"就这儿！挖！"姬老爷指着郭复礼刚才脚下的站立处，又一次喝令。

几个土匪找来两三只铁锹，开始挖了起来。

铁锹交错下挖。所挖之处，出现了一个土坑。土坑不断扩大加深。

火把照耀下，土坑中出现了一只被埋藏的硕大陶坛。陶坛被抬出土坑。陶坛的封口被打开。

陶坛中，装满着白花花的银圆。

"拿走！"姬老爷指着那装满银圆的陶坛，向郭复礼发出指令。

郭复礼、曹拐子及众土匪一时呆愣，不知所措。

八、"回来"与"攥来"

就在土匪大当家郭复礼心甘情愿主动撤兵打算空手而归的时候，姬府大老爷姬秉礼却巴巴地自愿送上了一大坛银圆。这自然使得众土匪们十分意外，姬老爷有什么说道哩？

姬老爷看似十分沉着平静的面容，缓缓而言。

"你们兴师动众地忙活了大半夜，总不能让你们空着手走么！把这些银圆拿上，今夜就不要再去祸害别户人家了！"

说完这番话，姬老爷大喘了一口气，好像终于无法维持刚才表面上的那种沉着平静的假象，内心的火山就要爆发了。

"再说，你们把我的儿子也给带回来了，老朽我总该表示感谢呀！"

话音未落，姬老爷一个转身，抢起手中的拐棍，朝着那个龟缩在土匪群中的蒙面者头部打去。

蒙面者的面具被打落。

露出的是姬府三少爷姬崇德的真容。恐惧、羞惭、猥琐。

姬府中人的感受当然各不一样。姬老爷漠然、恍然、凄然。孔氏震惊。伊人好奇。孟氏无所谓。吕管家不敢相信。

崇德跪在姬老爷面前，低着头不敢直视。

姬老爷刚才就已经大致看出了端倪。确认事实后，他仿佛一下子衰老了许多。面对跪着的这令人不齿的三儿子，姬老爷始终没有搭理，也未曾正眼看去。

"老三？真是老三！老三还活着！"孔氏从最初的震惊中醒来，挣扎着病体，想要扑向崇德。

伊人搀扶着孔氏，努力使其不致跌倒。

"太太！"崇德依旧跪着未动，淡然打了招呼，并没有回应母亲热切的呼唤。

这戏剧性的一幕，郭复礼未曾料到。惊奇与愕然之后，他又趋近姬老爷，不相信地发问核实。

"姬老爷，这真是你的亲儿子？"

姬老爷没有回答，但作出了惭愧默认的表示。

郭复礼连连摇头："这龙生龙，凤生凤。恕在下直言，姬老爷，你这儿子真不咋样！"

曹拐子已认出了人群中的孟氏。趁四周无人注意的时机，他走近孟氏，瞟过一眼淫邪的目光，小声说道："怎么？不认识我了？没有想到你还是如此大户人家的姨太太！咱们后会有期！"

孟氏惊恐地观察着四周，生怕引起别人注意，同时慌乱地朝后躲避。

此刻已近子时，郭复礼打算收兵回寨。他示意土匪们将那坛银圆抬走，并转身拱手向姬老爷告辞。

"谢姬老爷的赏！既然你们父子久别重逢，我们就不再打扰了。在下告辞！"

"慢！"姬老爷又一次喝止。

在众人不知所措的目光注视下，姬老爷步态蹒跚地向大柿子树下的石凳石几处走去。

石头茶几上，还摊放着被郭复礼翻看过的《周礼正义》。

姬老爷把一册一册的书卷归拢码齐，轻轻拂去书卷上沾染的些许灰尘，然后小心翼翼地将其放入函套，认真地插好函套上的边扣，仔细端详了一番，郑重其事地双手捧起。

"这个送给你！喜欢周礼，循礼而行，最终一定会成为好人的！"姬老爷

199

觉得郭复礼其人天良未泯，潜意识地认定他将来一定会成为好人。

对于这份珍贵的礼物及其所象征的意义，郭复礼大出意外并十分感动。他趋步上前，单腿下跪，双手高捧着接受了这份礼物。

"在下感谢姬老爷的重赏和恩德！老爷大号秉礼，一生秉礼行事。在下虽名复礼，却是自甘堕落，背礼而行，实在是惭愧啊！"

姬老爷伸手将单腿下跪的郭复礼扶起，勉励有言。

"孔子曰：克己复礼。记住，先存克己之心，必有复礼之日啊！"

这一夜，发生了许多姬老爷和郭复礼没有想到的事。紧接着，又有一桩他们根本不会想到的事情发生了。

姬府大少爷姬崇仁回来了，或者说撵来了。对于老爷而言，少爷归府，当然是"回来"了。对于土匪而言，崇仁却是"撵来"相搏护驾的。

当日午后，崇仁来到老爷岭交钱赎人。得知情况有变，土匪可能要在当夜抢劫姬氏庄园时，崇仁心急如焚，当即乘马撵来护驾（家），想要保护爹娘亲人不受土匪的伤害。路途遥远，连续五个多时辰，马不停蹄。幸亏那是匹好马——土匪大当家的坐骑。

纵马行至姬氏庄园门前，崇仁跳下马就朝园内奔去。

火急火燎般闯进门内的崇仁，恰与正待离去的郭复礼等人碰了个面对面。

郭复礼一眼认出了崇仁，但却不明白为何此时此地遇见此人。他对崇仁的来意有所误会。

"哟嗬！你这个人真是神呐！竟然追踪撵到这儿来赎人了。抱歉得很，你要赎的那个人，我已交还给这个府上的姬老爷了，咱俩的约定只得……"郭复礼拱手表示歉意。

崇仁着急地以眼光查看着土匪们的"战利品"。除了两个土匪抬着个陶坛之外，并无他物，亦无人被绑架。他略觉放心，开口说道。

"只要没有伤害我的家人，咱俩的约定照样算数！"

"家人？你是这府里……"郭复礼不免有些惊奇。

"在下是姬府的大少爷姬崇仁。"崇仁坦坦荡荡地表明了自己的身份。

郭复礼立时明白了"此时此地遇见此人"的原因。

"哦！你失急慌忙连夜跑来，是要来保护你的家人的呀！好！仁义！有胆量!"

一旁的一撮毛闻听此言,不大服气。

"保护?就你?一个人,单枪匹马。……这就是那个那个啥——飞蛾扑火,自寻死路么!"

崇仁坦然一笑:"单枪匹马?怎么会!我已经到驻军麻司令那里请来了百多个洋枪手,马上就要到咧!既然你们没有祸害我的家人,我也不想让你们狭路相逢、损兵折将。你们还是抓紧时间快撤吧!"

众土匪闻言大为紧张,纷纷加快了撤退的步伐。

郭复礼也着急要走,但他不想失态失礼,还是回身向崇仁拱手致谢:"谢了!姬大少爷!"

"慢!"崇仁一声喝止。

郭复礼没有想到,崇仁同他爹一样,喝止的声量还是如此吓人。郭复礼停下脚步,回望崇仁。

崇仁手持一沓银票:"大当家的,咱俩可是约定好的,毫发无损放人,分厘不差交款。既然你亲自把我兄弟毫发无损地礼送回府,当初说好的赎金我还是要分厘不差地给你哟!这些是八百大洋的银票。"

郭复礼满脸惭愧地摇手拒绝。

"这咋能还要哩?受之有愧么!"

崇仁笑了笑:"我能及时赶到,还多亏了大当家的这匹宝马良驹哟!现在完璧归赵,在此谢了!"

曹拐子从旁一把扯过了崇仁手中的那叠银票。

"当土匪的,还能嫌抢的钱多了?"

郭复礼边撤退边发着感慨。

"咋会是两兄弟呢?一个是苍天上的蛟龙,一个是地洞里的虫虫么!"

众土匪已全部从庄园内撤出,仓皇地向黑暗中逃去。

崇仁追出,似还有话说。郭复礼、曹拐子已不见踪影。崇仁一把将土匪逃跑队伍队尾的一撮毛抓住。一撮毛吓得直哆嗦。

"你去告诉大当家的,你们二当家屋里的那个尿罐,是咱周原老祖先留下的宝物,好好爱惜着,不要糟践了!"

一撮毛鸡啄米似的直点头。

崇仁一松手，一撮毛抱头鼠窜而去。

崇仁一转身，喜悦之情瞬间布满了整个脸庞。

爹和娘正站在门口处，迎接他的归来。

第八章 东湖畔的石碑

一、没起作用的"空城计"

得知土匪将要劫府的音讯后,大少爷姬崇仁不顾一切连夜赶回了姬氏庄园。他不知道,这一天还是自己的大喜日子。

当崇仁还在庄园门口与撤退的土匪打交道的时候,"大少爷回来了"的喜讯已经传到了园内。老爷、太太及家人们一齐涌到庄园门口前去迎接。

远行的老大平安归来,又是在这样一个特殊的日子、特殊的情境,老爷和太太十分意外和惊喜,激动得不能自持。

太太孔氏手拉着儿子不愿放开,忽然想起儿子还不知自己的喜讯:"老大啊,你还不知道吧?今儿就是你新婚大喜的日子啊!你还没有见过你媳妇吧……"

孔氏的目光在人群中搜寻着老大的新媳妇伊人。

伊人不见了。

伊人本已随着众人来到了庄园门口,远远看到了崇仁的笑脸。这还是她第一次真切地看见自己的夫君,似乎就是暗中想象的模样。她喜悦、激动、害羞，想走到夫君身边，又不好意思走近。

忽然，伊人想起了怀远和怀玉，想到了自己母亲的角色和责任。她转身向园内跑去，跑动中顺手拿起了一根土匪们留下的火把。她的目标，是北园子。

当感到园内的嘈杂喧闹声已然平息之后，怀远由藏身的那间密室里走了出来。北园子寂无一人。四周的黑暗，静夜中的各种莫名的声响，都使他感到有些紧张和害怕。他的手中，提着那个并无光亮的灯笼。灯笼似乎给了他勇气和安慰。他警觉地沿着小径慢慢走着。

远处一个火把，正在急急靠近。火把越来越近。怀远机灵地钻到甬道边灌木丛后，观察着火把的动向和小径上的情况。

火把的光亮，照亮了灌木丛前。手持火把的人，是满脸着急、快步疾走的伊人。

怀远看清来人后，一下子从灌木丛后窜了出来，直扑伊人。他紧紧抱着伊人的大腿，手中依然紧握着那个晃荡着的无光亮灯笼。

"娘接你来了！好儿子！"伊人扔下手中的火把，弯下腰来，上上下下察看着怀远的身体，担心儿子是否有什么磕着碰着的地方。

看到怀远一切安好，伊人长出了口气，关切地问道。

"乖儿子，一个人害怕了吧？"

"刚才娘说了，只要心里想着灯笼是亮的，再黑的天也不会害怕了。"怀远感受到被人关爱的温暖，不自觉地脱口而出。

怀远"娘"的称呼，使伊人一时激动不已，好像没有听清似地追问了一句。

"你再说一遍，刚才是谁说了？"

"刚才就是你说的嘛！"怀远并没有意识到伊人想让他再叫一声娘的意思，一脸认真地回答着。

"好儿子，快走！"伊人此时还顾不得这些。她拾起了那个尚未熄灭的火把，拉着怀远的小手，快步离开了北园子。

伊人领着怀远，直奔东院婚房而去。

一进婚房，伊人直扑婚床。看到怀玉依然在床上酣睡，伊人放下心来，这才发现婚房的昏暗。

"好儿子，能帮娘把屋里的灯烛都燃亮吗？"伊人向怀远求助。

"当然能。看我的！"怀远欢快地应承着。

喜庆的红烛，一支一支被怀远燃亮了。

婚房又充满了喜庆的气氛。

烛光照亮了婚床。婚床上的怀玉正好醒来。

怀玉坐起身，揉揉眼睛，好奇地观察四周，一时还没明白自己身在何处。

依然是一身新娘装束的伊人，笑容可掬地瞧着怀玉，眼光里却有催促的神情。

怀玉好像一下子清醒过来，亲热而撒娇地向伊人身上扑去。

"娘——，我……我梦见我爹回来了！"

"快起来，快起来！你爹就是回来了！"伊人急切地为怀玉穿衣。

简短忙碌后，伊人一手拉着怀远，一手拉着怀玉，满脸喜悦地三步并作两步向房门奔去。

婚房门口处，崇仁已经迈步跨进了门槛。

怀远、怀玉一下子挣脱了被伊人牵着的小手，高声呼喊着"爹"，直扑崇仁而去。

崇仁一手抚着一个孩子，俯首怜爱地看着，三人停在门口处。

老爷和太太就跟在崇仁的身后，见到崇仁与怀远、怀玉的亲热场景，老两口儿就在婚房外停住了脚步，不想打扰崇仁父子仨重逢的喜悦时刻。

孔氏以眼色示意老爷：不要冷落了屋里的新娘。

姬老爷会意，轻咳了一声，以示提醒。

门口众人都走进了婚房。

"老大，来，见过你的新媳妇。"孔氏将崇仁推至伊人近前。

伊人难掩激动喜悦的神情，端庄行礼之后，略带羞涩地垂首而立。

崇仁也躬身施礼，客气而淡然地表示着歉意。

"今天……，今夜晚，难为你了。"

孔氏再次向老爷使着眼色，示意该离去了。

姬老爷当然明白孔氏的意思。他关心而亲切地对新婚小两口儿交代："刚才就算你们补行了夫妻对拜礼。好！大家都折腾了一个晚上，我们也回去歇息了。其他的话，咱明儿再慢慢说。"

"现在天还没亮，还是你们的新婚之夜呢！"孔氏说着，就要领着怀远、怀玉离去。

怀远、怀玉紧紧依偎在崇仁身边，不愿离去。

"娘，就让他们留下吧！"伊人十分理解俩小娃的心思，主动为他们求情。

怀远、怀玉也以感激的目光回报着伊人。

"爹、娘，你二老赶紧去休息吧。怀远、怀玉就交给我……我们吧。"崇仁表态。

姬老爷搀扶着孔氏转身离去。

还没走出房门，姬老爷又回身略带紧张的神情发问。

"老大你刚才说，在麻司令那里借了百十号洋枪手，一会儿就要到了？"

崇仁浅浅一笑："我那是哄土匪哩！本意是吓唬吓唬他们，逼着他们早些撤离。真要是请了官军，那还不是引狼入室么！"

姬老爷放心地点点头，欣赏地看着儿子。

"我就说么！老大不会干那前门拒虎、后门迎狼的蠢事。官军来了，祸害不比土匪小。不过，你单枪匹马自个儿回府救驾，也真够危险的！"

怀远从崇仁身后窜了出来，急着插话。

"爷爷！爷爷！我爹这叫——先是赵子龙单枪救主，后是诸葛亮空城退敌！对不对呀？"

崇仁笑着拍拍怀远的脑袋："其实呀，我那空城计还没起作用呢，土匪就已经先撤兵了。我还没顾上问是咋回事哩。"

伊人略带拘谨地对怀远、怀玉说道。

"让土匪主动撤兵的，是你们爷爷。你们爷爷这叫——一封救民疏章，感化成百凶残土匪！"

怀玉疑惑不解地向崇仁发问。

"我娘说的是什么意思呀？"

怀玉问话中"我娘"的称呼，引起了孔氏和崇仁的特别关注。

二、关于"娘"的称呼

老两口儿想着要为新婚的小两口儿腾个方便,尽管还有许多话要说要问,但还是强忍着走出了婚房。

太太孔氏想着同样是远行意外归来且"死而复生"的老三,提议去崇德住处看看。姬老爷满心的不情愿,陪着孔氏行至崇德住房门外便停住了脚步,不肯前去敲门。此刻,老爷还不想见到这个孽子。

"老三,老三!还没睡吧?娘来看看你!"孔氏只得自个儿上前轻敲房门。

屋内灯烛亮着,却无人应答。

崇德和衣躺在床上,沮丧、羞惭而又自觉委屈。他装作听不见,不愿应答。

直至孔氏在门外再次轻声呼唤,崇德才不耐烦地向屋外回话:"太太!你们别理我……,我已经睡下了。有啥话明天再说吧!"说完,他悄悄起身,吹熄了灯烛。

孔氏一直耐心地站在屋外等候。看到窗户里的灯烛光亮径直熄灭,她有些诧异不解。更使她诧异的,还有崇德那声"太太"的称呼。从小到大,崇德同两个哥哥一样,对孔氏的称呼始终都是"娘"。今天这是怎么了?

此时在屋里的崇德,也在想着关于"娘"的称呼问题。自己做了坏事恶事丑事,本应受到良心的自责。但崇德不会如此自觉。他只会将一切都归咎给别人,归咎于自己的庶子身份。同样是远行后的意外归来,自己遭到的是父亲一拐棍的当头棒喝,而崇仁却受到父母及府中众人的蜂拥欢迎。造成如此反差的因果关系,他不敢也不愿去深查细究。他只是悲凉地自怜自悯着:到底是嫡庶有别啊!他暗自决定:彻底忘掉之前孔氏对他所有的好,今生一辈子他对孔氏的称呼将只能是"太太"或"老太太",而绝不再是"娘"。

自这个难忘的夜晚之后,姬崇德又干了很多自绝于姬府、自绝于亲人的坏事。他真的一辈子再也没有称呼过孔氏一声娘。直至他不长的一辈子行将结束时,困在阴森墓道奄奄待毙的他,最怀念的人还是自小疼爱他的孔氏,咽气前吐出的最后一个字还是"……娘……"。

当然，现下还不是细说此事的时候。

关于"娘"的称呼问题，当夜在姬氏庄园的其他地方也有人在讨论，讨论地点是怀远的住屋。

崇仁来此本是安顿孩子歇息的，但却被俩小娃纠缠住了。崇仁实在感到累乏，和衣躺倒在怀远的小床上。

两个孩子一边一个，还竞相把父亲拉近自己一边。

"怀玉，你到你房间睡去么！今晚先让爹在我屋里睡，明晚再让给你，行呀不？"怀远很想让妹妹妥协。

"我不！我要爹给我讲故事。"怀玉扭着身子不答应。

怀远"小大人"似的企图以理服人。

"你知道呀不，咱爹今儿一天先是徒步上山，而后又骑马跑了好几十里地，累乏得很，该让爹好好歇息么！"

怀玉一听此话，懂事地点头同意，但继而又提出了新的方案。

"要不……把娘也叫来，咱们一搭儿睡。"

怀远似乎很自然地就表示了同意。

"咱娘也来？那更好啊！"

怀远迅即起身，好似马上就去"把娘也叫来"。不过，他将自己这张小床打量了一番，挠挠头皮，很遗憾地认真说着："这床太小了，恐怕睡不下么！"

一直怜爱地听着小兄妹对话的崇仁，注意到了他们谈话中"娘""咱娘"的称呼，不觉翻起身来，关爱地询问着，生怕孩子们受委屈。

"是不是有谁强逼着你们叫她'娘'了？"

怀玉抢先回答："我娘说了，当然应该叫娘，不要叫姐姐，不过叫不叫娘，要看我自己愿意不愿意。"

"那你愿意吗？"崇仁问道。

"当然愿意喽！我娘可好了，我娘说……"

怀玉露出一副"那还用说、当然如此！"的神情。

怀玉正说着，怀远从旁插了话。

"她说，我是爹的儿子，而爹是她的夫君，所以我也是她的宝贝儿子。还说——在我愿意的时候，再叫她娘。我娘还说，她喜欢她的夫君，因为她的夫君是个好人。她也希望她的夫君能够喜欢她。"

"我娘还说……"怀玉还要抢着说话，却被父亲打断了。

崇仁好似不相信地问着："我娘说，我娘说，她进门还不到一天嘛！怎么就跟你们这两个小碎娃说了这么多的话哩？"

怀玉怨嗔地望着父亲："我喜欢我娘。我跟娘一天说的话，比我跟爹一年说的话还要多哩！"

崇仁深有所感，从床上起身向外走去。

怀玉也急忙起身，似乎想追随而去。

怀远拉住了妹妹，小声而懂事地说着悄悄话。

"咱、爹、找、咱、娘去了。"

怀远说的没错，"咱爹"是去找"咱娘"了。

崇仁离家已久，对近期府务详情一无所知，包括今日之自己的"喜事"。种种迹象说明：新娘的身份是妻不是妾，这使崇仁对父母的做法多少有些不满，进而对这场"婚事"也产生了一丝淡淡的排斥。与新娘匆匆一面，虽初有好感，但具体情况不甚了解。通过短暂的接触观察，特别是孩子们"我娘说、我娘说、我娘还说"的讲述，崇仁对新娘好感陡增。他想尽快回到婚房，对新娘的贤明大度当面表示真诚的感谢，也为新娘所感受的冷落、尴尬而表示歉疚之意。

新郎虽然已经回来了，但婚房内仍然只有新娘一个人。伊人兴奋、激动，又有些紧张地等待着与夫君单独见面的那一刻。她时而悄步走到门边，侧耳附门听着门外的动静。时而误以为有人来，实则虚惊，失望地在屋内来回踱步。时而一惊一乍地坐在镜前端详，担心自己的仪容。这一回，她真的听到了门外有脚步声走近。她感到门外有人，近在咫尺，只有一门之隔。她屏住声息，一动不动，充满了期待。但那脚步声在门外稍作停留后又轻轻地渐渐远去。附在门边倾听的伊人，再度失望，但也轻松地呼出一口气。

门外来人，正是崇仁。他走到婚房的门外，就在准备打开房门进去的一刹那，又缩回了伸出去的手。他默默地在门外站了一会儿。矛盾犹豫之后，他无奈地叹了一口气，轻轻转身离去。

崇仁打算即刻先去看望父母。久别之后，作为父亲，他急切地渴望着触摸抚慰自己的两个孩子。他能够理解，作为父母的老爷和太太，同样也在急切地渴望着同他这个儿子倾心交谈，特别是在经历了这样一个大起大落、大喜大悲的无眠之夜之后。更重要的是，他自己也有一个天大的消息，有关老二的消息，要尽早禀知父母。

三、无言对视

时近凌晨，姬老爷仍然没有歇息。他坐在孔氏内宅堂屋的太师椅上，"吧嗒吧嗒"吸着旱烟。他的目光盯着案台上新摆放的两块牌位，心中涌动着复杂的情感思绪。两块牌位原先一直在前院厅堂里供奉。

躺在偏屋病床上的孔氏，时而轻咳两声。

"老爷，老大、老三回来了，你是不是又在思念老二哩？"孔氏见老爷的心思沉浸在牌位处，轻声抚慰地问道。

"这两块牌位……，今早起我就把他们挪到咱后院来了。……前院要办喜事哩么！"老爷的回话是另外的意思。

"爹。"崇仁招呼着轻声走了进来。他轻轻地在另一侧太师椅上坐下，生怕惊扰了病中的母亲。

"爹，我就知道你还没睡，过来看看。我娘她不要紧吧？"崇仁小声问着。

"老大，是老大来了吗？"偏屋处传来孔氏的问话。

崇仁原地站起身来，面向偏屋问候。

"娘！是不是打扰你歇息了？"

孔氏已颤巍巍地从偏屋里走出来了。

"我就知道老大今夜会来，一直没睡等着你哩。"

崇仁扶着孔氏坐在自己刚坐的座位，自己改在侧座处坐了下来。

老爷突然站起身来，扔下手中的烟袋锅，快步走向案桌牌位处，抓起一块牌位，狠狠摔在地下。

崇仁吃了一惊，连忙将地下的牌位捡起，抬眼一看，牌位上写着"姬府三公子姬崇德之牌位"。

老爷哆嗦着双手,陷入极度悲愤的情绪之中。

"姬府咋就出了这么一个东西!出生难产,克死生母;年少轻狂,气走家兄;成人无行,竟然领着土匪,抢劫亲爹,还险乎出卖嫡亲侄儿!你们说,这还是个人吗?!"

崇仁一手持着那块牌位,一手搀扶着悲愤激动的老父亲,温言劝说着,力图平息他的情绪。

"爹,你老人家先不要太生气了。我三弟确实干了一些瞎瞎事,应该受到责罚和教育。不过,他这趟出去也受了不少苦。我想,眼下咱家里暂且谁也不要再提说这事儿。一是为了不要破坏爹六十寿辰的喜气,二是让他有段时间反思反思,也歇养一下身体。爹,你说……"

孔氏在旁应和:"老大说的对着哩。老爷你也压压火,啥话都款款说么。"

老爷没有正面辩驳,似乎是一种默认的态度。他的目光又转向了案桌上的另一块牌位。

"同样都是姬府的骨肉,一个为民请命、为国捐躯了!一个却是如此不堪、太不成器啊!"老爷的语气充满了伤感。

崇仁顺着父亲的目光,看到了案桌上的另一块牌位。他走近案桌,看清了上面写着"姬府二公子姬崇义之牌位"。

崇仁没有说话。他将案桌上的这块牌位取了下来,与手中拎着的另一块牌位并拢一处。他将并在一起的两块牌位放倒搁置在堂屋的角落处。他又打眼一看,随手找出一块帛巾,遮盖在那两块已不是牌位意义的木板上。

老爷和太太以疑惑不解的眼光,看着崇仁的上述行为。

崇仁看着年迈的父亲和多病的母亲,眼泪默默流了下来。他能够想象:在自己外出不在期间,孤苦无援的父母经受了多少磨难;那两个虚假误传的儿子夭折的噩耗,又使父母遭受了怎样的精神痛苦;而悲凉心境下的父母,又是如何挣扎勉力地支撑着这个家;父母果断决定为自己正式迎亲娶妻,又是蕴含他们对姬府未来怎样的一种期望和希冀;……

流着眼泪的崇仁,跪倒在父母面前,声音洪亮且清晰。

"爹!娘!我二弟他没有死!"

公鸡报晓。

此起彼伏的鸡鸣声中,天色渐晓。

姬氏庄园的庭院里,平静安然。

然而,昨日婚宴典礼的残迹,昨夜土匪抢劫的伤痕,尚历历在目并交织在一起,共同诉说着庄园里发生了怎样不寻常的故事。

鸡鸣声中,崇仁走进了婚房。

婚房内,红烛依然亮着,几近燃尽。

伊人似乎疲惫不堪和衣趴在婚床上昏然入睡。

崇仁快步走进,一脸歉疚。

听到开门声响,伊人惊醒。她迅即从床上起身,一面不好意思地整理衣装,一面正视着崇仁的面容。

崇仁依然是那身奔波一日又彻夜未眠未及更换的尘渍行装。

伊人依然是那身独拜花堂且又历经一夜匪患、同样未及更换的婚装。

崇仁与伊人长久地无言对视着。

崇仁感伤、观察的目光中,又有一丝惊喜和宽慰。

伊人期待、探询的目光中,又有一丝不安和失望。

崇仁与伊人无言对视着。崇仁慢慢向伊人靠近,伊人闭目等待着。

婚房里,红烛燃尽而自然熄灭。

新婚第一夜的奇特经历,成了其后几十年崇仁、伊人永远不会忘记的回忆和夫妻之间时常提起的话题。说到眼下两人"无言对视"的这一幕时,伊人曾娇嗔问道:"当时你的眼神中为什么会有一种感伤?"崇仁老实回答:"我为对前妻姜氏的盟誓失约而感伤,更为对你的伤害而感伤。"崇仁反问:"当时你的眼神中为什么会有一丝不安和失望?"伊人调皮答曰:"不安,是因为看你对我淡淡的,担心你看不上我。失望,原想着你会对我更主动、更亲热一些,谁知你就像个木头人似的,站着不动么!"

此夜姬府所发生的事情,杜先生很快就知道了。女儿伊人回门时,杜先生曾当着她的面,作出过一番评论。

"你公爹家遭土匪的事,我已听说了。你公爹嘛,是这个!"杜先生说着,竖起了大拇指。

"你嘛,也是这个!"杜先生朝伊人一点头,晃晃竖起的大拇指。

"那两个小碎娃嘛，还是这个！"杜先生继续晃着大拇指。

"至于崇仁嘛……"杜先生拖长了语调。

"咋相？"伊人着急地想听到父亲对夫君的评价。

杜先生故意作出一副很不满意、十分失望的神态，收回了那只竖起的大拇指。

"你说嘛！崇仁咋相吗？"伊人真有些急了。

杜先生逗趣地一笑："看把你给急的！生怕看低了你的夫君！我知道……不就是赵子龙单枪救主、诸葛亮空城退敌嘛！"

说着，杜先生同时伸出两只竖起大拇指的手。

"爹——"伊人转嗔为喜。

杜先生收起逗趣的神态，严肃而关切地询问起来。

"怎样？这新媳妇好做、后娘难当吧？"

伊人一脸认真地回答："怀远、怀玉都很乖巧懂事，我很喜欢他们。他们好像也已经开始接受我了。尤其是怀玉，大约是从小缺乏母爱，现在对我亲得很。公婆对我也都很好。只是崇仁他……"

"崇仁他怎么样？对你不好吗？"这次轮到杜先生着急了。

伊人一副忧思的面容："不是不好，而是不冷不热，客客气气的。"

杜先生松了口气，放下心来。

"崇仁那娃老实，不会装么。……一张纸，一点就着，但瞬间就烧完了。燃得快，熄得也快。一块煤，燃着不易，一旦燃着，那火力热量，且得烧一阵子哩！夫妻之间的感情……"

"爹，我懂了。"伊人点头沉思。

这一懂，就懂了一辈子。

四、重新旋转的陀螺

伊人过门之后，很快就顺利地融入姬府的生活之中，完成了从"女娃"到"女人"的转变。她在新婚之夜和婚后生活中的表现，赢得了姬府众人的一致称赞。孔氏更是觉得与这个儿媳妇之间很是投缘。

213

孔氏出身大户人家，平时对于自己的衣着颇为讲究，虽不追求奢靡，但在款式、色泽等方面却十分挑剔。年初以来，姬府多事，孔氏无心梳理，衣着随便起来。自崇仁归府、伊人入门以来，姬府的气氛为之一变。老爷脸上有了更多的笑容，庭院里时时洋溢着怀远、怀玉追逐玩耍的欢声笑语。孔氏一高兴，又对自己的衣着操心起来。

　　这一天晚间，孔氏打开衣橱，忙碌着挑选衣物。老爷六十寿辰还有一些日子，孔氏已在为自己当日的装束开始准备。她看中了一件红色大花暗纹图案丝绸面的薄袄，又恐色彩过于艳丽，一时拿不定主意。犹豫不决，孔氏便吩咐丫鬟："你去东院大少奶奶处看看，如她现时方便，就让她到后院来一趟。"

　　伊人没有来，来的是崇仁。

　　崇仁急匆匆赶来，抱歉地告知母亲："怀远、怀玉睡觉前，非要缠着伊人给他们讲故事哩。这会儿伊人不好脱身么。"

　　孔氏并未感到扫兴，而是高兴地说着："没啥大事。就是几句娘儿们家之间的话，啥时说都能成。嗨！人心都是肉长的。伊人过门后，是真心关爱那俩小碎娃儿。怀远、怀玉也是没白没黑地恋缠着他娘哩。就跟你们三兄弟小时候一个样。"

　　伊人此时正在给怀远、怀玉讲故事。讲故事之前，她专门送给怀远一件礼物——修复好的旧陀螺。

　　在北园子那间密室里，伊人看到怀远对一个摔坏了的旧陀螺爱不释手，当时她就有所决定。

　　伊人为修补这个陀螺，专门去找了木匠师傅。

　　木匠师傅接过陀螺看了一眼，又还给了伊人："不值当修补的。买一个新的给娃耍吧，要不了几个钱。有新的，谁还要旧的哩！"

　　伊人再次将陀螺交给木匠师傅："在娃的心里，旧有旧的念想。还是修修吧。"

　　"修补的手工费，可比买新的还要贵噢！"

　　"只要娃心里舒坦，贵就贵吧！"

　　木匠师傅当时发着感慨："世上只有不懂事的娃，没有不爱娃的娘啊！"

木匠师傅错了，念旧并不等于不懂事。

当晚讲故事前，伊人掏出已修补好的陀螺，递给怀远："我问过怀玉，知道这是你娘当年给你买的。你很珍惜，虽然不小心摔坏了，但一直舍不得扔掉。喏，现在修补好了，又可以重新旋转起来了。"

怀远默默接过陀螺，没有说话。

第二天清晨，怀远、怀玉早早就起了床。

庭院里，怀远不停地抽打着陀螺。

陀螺在地面上旋转飞舞，越转越快。

怀远与怀玉又蹦又跳，高兴地欢喊着。

他们的笑声，惊动了正在遛弯的姬老爷。

姬老爷近日心情不错，看着孙儿孙女欢闹的场景，不禁"老夫聊发少年狂"，也想亲自下场对着旋转的陀螺抽打几鞭。

老爷拿起陀螺一看，似曾相识，知道它是孙儿的心爱之物："怀远，你的这个陀螺，不是早就坏了吗？"

怀远自豪地从爷爷手中又夺回了陀螺，珍惜地反复观看着。

"我娘让人给修补好了。我娘还说，这是我娘给我买的，要我好好珍惜它，让我一辈子不要忘了我娘。"

老爷听了有点儿不以为然："给娃办点儿事，当然是好的。……不过，帮着修补了个陀螺，就好像多大功劳似的，还让娃一辈子不要忘记……这是不是有点儿……"

"你错了！你错了！爷爷你听错了！"怀远连忙喊着。

怀远生怕爷爷有所误会，急切地解释着："我娘让我不要忘记我娘，就是……就是……就是现在的我娘，要我不要忘记过去的我娘，一辈子都不要忘记！爷爷，这下你听明白了吧？"

姬老爷不但听明白了，而且颇受感动。

"好啊！好啊！啥叫仁义？这就是以仁义教子啊！"

恰在这时，伊人在远处匆匆路过。

"娘！"怀远突然动情地呼喊了一声。

伊人笑着，从远处挥了挥手臂。

怀远停下了手中抽动陀螺的鞭子,满脸童稚真诚的神情,又一次高声喊着:"娘!谢谢你!"

伊人感到心头一热,边走边自言自语。

"跟他爹一个样,整日谢个没完没了。"

好似抱怨的口气,但实则是满心的幸福感和喜悦感。

伊人匆匆赶到后院。进入孔氏居室后,只见丫鬟正在服侍太太洗漱。

伊人顺手接过丫鬟手中的活计,自己动手一下一下地为婆婆梳理着头发。

孔氏看着铜镜中反射的伊人脸庞,不由得发出感叹。

"崇仁有福啊!娶了你这样一个好媳妇!怀远、怀玉也有福啊!有你做他们的娘!"

伊人发自内心地回应着:"多谢娘的夸赞。其实也是我有福啊!有崇仁这样的好夫君,有怀远、怀玉这样乖巧懂事的好娃儿,还有爹娘这样的好公婆。我心里不知有多知足、有多幸福哩!"

梳洗完毕,婆媳俩来到衣橱前。伊人也是一眼就相中了那件红色大花暗纹图案丝绸面的薄袄。"这件好!娘穿着喜庆,别人看着也喜庆,整个姬府都喜庆么!"孔氏主意遂定。

后来,老爷六十寿庆当天,太太孔氏穿的就是这件衣裳。她穿着这身衣裳,当众宣布了她的一个重大决定。

再后来,临终之际,孔氏又让伊人为她换上这身衣裳。她穿着这身衣裳,哼唱着秦腔,离开了人世。

婆媳俩在屋内挑选衣装的时候,姬老爷依旧在庭院中看着孙子玩陀螺。

他觉得,就像这陀螺又能重新旋转一样,姬府重新活过来了,又有了新的生气。

生活不是陀螺。陀螺借助鞭子抽打的外力,能够在原地不停旋转。生活有着自身的逻辑和轨迹,一时的顺境、片刻的欢娱、短暂的幸福,往往不能应随人们的美好愿望而久久延续。

周原和姬府又开始遭难了。

就姬府而言,多事之秋尚未结束。

就周原而言,匪患、烟毒、苛政,"三害"愈演愈烈。

五、土药税

二十世纪初叶的中国，以袁世凯为首的北洋军阀集团把持着北京中央政权，盘踞各地的军阀们拥兵自重。为了争夺权力和地盘，军阀之间战事连年。战争需要养兵，养兵需要用钱。钱从哪来？军阀们一方面通过提高税赋加重对民众的盘剥，另一方面也把可恶的鸦片大烟视作更为便捷的生财之道。

国家大势如此，周原一隅岂能例外。

凤翔县署马知事召集会议，为全县各乡各里派税。

马知事在大堂上正襟危坐，眼光威严地向堂下扫视一圈，清咳嗓音，开始训话。

"咳！各位乡约、各位里长，本知事奉省府陆督军陆大人的指令，哎——，将本县今年应征收的田赋总额，分解到了各乡各里……"

马知事开始训话时，堂下的听众也就是各乡乡约和各里里长们并不在意。有的假装毕恭毕敬、洗耳恭听的模样，有的倨傲而坐、视堂上如无人，有的干脆闭目养神。一听是关系到切身利益的税收话题，众人立刻神情紧张起来，全都注意听着马知事的下文。

"哎——，你们都仔细看看，各自摊了多少。哎——，谁家的娃谁抱走，谁的份额谁就保证按时、足额交纳！"马知事说完一挥手，苟师爷屁颠屁颠地将派税数额的表格分发给了堂下众人。

乡约里长们心急火燎、手忙脚乱地翻看查找着本乡本里摊到的指标数额。看清之后，乡约里长们无不大惊失色，愤怨之声四起。

"去年的田赋，已经比前年增加了七成。今年比去年还翻了一个跟头，端直涨了一倍！"

"真要强行派征下去，乡邻们还不掘了我的祖坟！"

"这真就是那句话：县知事开会——催命鬼派税！"

对于乡约里长们的反应，马知事早有所料。他笑眯眯地往下空按着双掌，作平息会场气氛状。

"各位少安毋躁！陆大人说了，各县的田赋总额，那是一分也不能少的。

但是税收的名堂，那是可以各显神通的。比方说：生娃，可以收添丁税；渡河，可以收过桥税；进城，可以收歇脚税嘛！咳——，是不是啊？不过，最重要的，是要多种大烟，多收大烟税！"

站在马知事身后的苟师爷，连忙小声提醒。

"知事大人，是土药税。叫大烟税不好听么！"

马知事经此提醒，马上改口："对，叫土药税。大烟也是一种药材，一种土药么！各位算个账，一亩庄稼的田税，才能收几个大毛？可要是种大烟，不，种土药哩？按照省府的章程，烟农每亩纳洋九元。咱就加码按每亩一十一元收取。只要少种些庄稼，多种些土药，那点儿税款总额算个啥？县署和各乡各里还可多留成一些么！农人虽然上交的税多了，可总比种庄稼的收入要多得么！如此一来，岂不是皆大欢喜？"

苟师爷急忙接口："省府陆大人专意派人去邻省弄来了一些上好的土药籽种，先就供应了咱周原各县。各位回去后，可以向农人推介推介。"

议论声再次泛起。

"推介籽种？谁知道他们从中转手又赚走多少黑心钱！"

"种大烟、吸鸦片，前清时期就明文禁止过么！"

"民国初建时，同样查禁烟土么！各县还从乡绅中选任过禁烟委员，咱县的禁烟委员就是姬府姬老爷么。"

苟师爷连连咳嗽，打断众人的议论。

"县署人手不够，准备扩招一些团丁，防止有人在收纳土药税时捣乱。这扩招团丁的费用，各乡各里也要分担一些。为了减省支出，县署还要裁汰冗员。像禁烟委员一职，就已经裁撤了，不合时宜么！"

堂下的乡约里长中，有人嘲笑起来。

"苟师爷，你又说人手不够，又说裁汰冗员，到底是嫌人多呀还是嫌人少？要减省支出，首先就该先裁汰了你苟师爷。县署就你搂的钱多！人家姬老爷担任禁烟委员这多年，从没有在你县署中支过一文钱的俸禄！"

众人哄笑声中，苟师爷十分尴尬恼怒。

在马知事和苟师爷的安排下，县城街巷和乡村祠堂到处都张贴了县署的告示。敲着锣四处游荡的团丁，高声吆喝着告示中的内容："推广土药种植！

县署供应良种！"

团丁的吆喝声传进姬氏庄园，姬老爷和崇仁都十分气愤和担忧。

姬老爷曾作为乡绅代表，出任过县署禁烟委员一职。前些年，整个周原禁烟一度颇见成效。可如今呢？

"你听听！还供应良种哩！这是什么世道，官府公然提倡种植鸦片！远的不说，就在几年之前，民国初建，还严禁鸦片嘛！官军就曾提着铡刀，在咱邻县开刀问斩，把两个鸦片贩子的人头铡咧，悬挂在城门楼上示众哩！可现在……"姬老爷气愤地指着院外传来的团丁吆喝声。

崇仁忧虑地接口而言："现在不光是咱县，整个周原种植罂粟的农田越来越多，有些农人还想着靠这个来发家致富哩！"

"这边是发家致富，那边就是家破人亡！难道鸦片的危害还认不清楚么！先贤林则徐林大人就曾说过：鸦片之毒……"姬老爷话说一半，突然停了下来，因为他有一种不好的联想，没有说出口。"我咋好像从老三身上也闻到过鸦片的味气，难道他也染上了这瞎瞎毛病？"

崇仁则从老爷的话中得到了另外的启示。

"爹，我打算去看看杜先生……我岳父。难道就听任鸦片在周原泛滥成灾吗？不知杜……我岳父有啥想法。"

姬老爷点头赞同："是该听听杜先生的意见。让伊人跟你一搭儿去，去看看她爹。"

崇仁临走前，老爷提醒说："你先去新校园那半拉子工程的工地上看看，杜先生心情不好时，常在那儿转悠。"

果然，崇仁就是在那空旷冷寂的残存工地处找见了杜先生。

神情落寞的杜先生，看着眼前残存的建设痕迹，当初校园工地热火朝天的建设场面浮现在脑海，又想起自己在创建新校时的抱负和期冀，不由得长叹一声，颓然坐在工地残存的砖石沙堆上。

崇仁由远处走来，恭敬地向自己的恩师和岳父打着招呼。心绪不佳的杜先生并未起身，只是默默地指指自己的身旁。

崇仁扫视着工地现场，十分理解杜先生的心绪，就势坐在了其身边的砖堆上。

两人沉默了片刻，崇仁开口劝慰。

"爹，不必难过了。新校舍总会有建成的一天。"

杜先生沉郁地吐出一口闷气。"我就不明白，这世道究竟咋了？为什么办点好事、善事，就这么难！"

"要办坏事、恶事，反倒成了天经地义！这不，县署发了告示，要大面积推广种植鸦片哩！"崇仁气愤地说道。

杜先生愤怒地站起身来。

"鸦片那是国外列强专意戕害咱中国人的毒品么！先贤林则徐林大人虎门销烟至今已七八十年了，怎么到了民国的今天，竟然还……"

崇仁跟着站起身来："难道就任由他们胡作非为吗？"

杜先生由此又说出一段沉重的话题。

"这些年来，我越来越感到，这世道不变，只凭个人的好心善意和据理抗争，不顶个啥哟！崇仁你自小就有为周原兴三利、除三害的理想。兴三利么，个人还可以出力出钱，赞助、襄助、互助。但除三害哩，灭土匪、禁鸦片、减赋税，这些原本就该是当政者的责任啊！"

崇仁深有同感："可现今的官府咋样哩？灭土匪？官匪如同一家！禁鸦片？官府公然提倡！减赋税？正是那句老话儿——官税多如牛毛，苛政猛于虎！"

"就当下而言，种植鸦片之风一旦在周原漫延开来，可不得了啊！摧残当代、贻害子孙呐！"杜先生满脸忧戚之色。

崇仁到底是年轻气盛、血气方刚。他打算会同社会有识之士，公开表明对鸦片种植的抗争态度，给官府以棒喝，予民众以警醒。他想到了一种形式、一个载体。他需要得到杜先生的理解和支持，希望堪称书法家的岳父为之挥毫泼墨、写几个大字。

杜先生听了崇仁的设想，十分赞同："这事，该做！这字，我写！"

崇仁主动搀扶着杜先生离开了工地。

"爹，咱回屋吧。伊人还在等着哩。"

六、多了一尊碑

杜先生的居室里，伊人已经为父亲和夫君做好了饭菜。

看着饭桌上颇为丰盛的菜肴，又看看正在忙碌的女儿脸上的幸福神色，杜先生的情绪明显好转。

"看看我女儿做的饭菜，手艺不错么！人说凤翔有三美，其中之一就是女人手呀！"杜先生满意地夸赞着。

伊人边上菜边不好意思地辩驳着。

"爹！哪有对着外人自吹自擂夸赞自己女儿的么？"

杜先生兴致颇高："崇仁是我女婿，女婿半个儿，咋是外人哩？再说夸赞女人手，又不是单说你一个，是说凤翔的女人手巧。不过嘛，你现在是凤翔的媳妇，已经算是凤翔的女人了，这夸赞也有你一份儿！来！有了一美，再加一美，给咱把西凤酒斟上！"

伊人殷勤地为杜先生和崇仁斟满了各自面前的酒盅。

杜先生端起酒盅，笑呵呵地面向崇仁："来！干！今儿咱爷儿俩好好喝几杯！"

崇仁随着端起酒盅，恭敬地做出敬酒的动作，然后率先一饮而尽。

杜先生笑着点头，随之一饮而尽。

伊人喜悦地看看父亲，又喜悦地看看夫君，继续为二人斟满酒盅。

杜先生品咂着酒味，兴犹未酣。"崇仁，这酒味道咋相？口感不错吧？"

"好酒！真正的西凤美酒！酒一入口，如饮仙醪啊！"崇仁真心夸赞着。

杜先生心情不错，开着玩笑："刚才伊人那话是咋说的呢？噢！自吹自擂！崇仁，这可就是在说你哩！因为这酒，就是你姬府经营的顺昌酒坊酿造的。我昨儿专意悄悄去打了几斤。回来一尝，果然不错！"

崇仁闻听此言，放下手中端着的酒盅，一副商议正事的严肃口吻。

"爹，说起酒，我倒有一个想法。过几天，我想把咱全县各家酿酒作坊的掌柜们，邀集到一搭儿，商议商议卖烧酒的事。"

"你咋这个时候想起来卖烧酒的事了？"杜先生一时不解。

伊人也好奇地凑过来听着。

"三言两语说不清。简单地说,这既是为了让咱周原的西凤美酒天下扬名,更是为了同官府公然提倡种植鸦片作抗争么!"崇仁简要说明。

"卖烧酒与反对种植鸦片有啥关联么?"伊人一时不大明白。

杜先生若有所悟,频频点头。他想起前几日听到一些农人关于明春播种计划的议论。有的说,种大烟吧,收入能多些,但又怕招人骂哩,毕竟是伤天害理的物件么。有的说,种高粱吧,又怕酒坊不收,粮价上不去。杜先生明白,酿酒业的发展,必然需求更多的谷物原料。一旦谷物的销路和价格得到保障,农人的种植意愿会随之改变,普遍种植罂粟大烟的现象就会得到遏制。

"爹,到时请您老人家去给酒坊掌柜们讲讲咱周原古酒的典故,行呀不?"崇仁恳切地提出了希望。

杜先生满口答应:"你的这个想法好!我去!"

酒足饭饱。杜先生想起方才在工地上崇仁的请托之事,遂乘着酒兴,挥毫泼墨,书写了一幅端庄有力的楷书大字。

崇仁将略显醉态的杜先生扶进里间休息后,卷起岳父的书法作品,交代伊人几句,便急匆匆找学校青年教员白学才去了。

外间只剩伊人一人,屋内显得空荡荡的。

伊人的心里,也感到空荡荡的。尽管崇仁只是短暂的离去,竟也使她有些失神不舍。她拿起崇仁临走时遗落下的围巾,紧紧贴在自己的脸颊。她觉得,自己此后的一生,已经与刚才离开的那人永远无法割舍。

想起崇仁临走前的交代,伊人抓紧时间,为父亲收拾房间,洗理衣物。

时间不觉过去。杜先生揉着眼睛伸着懒腰,一副尚未彻底酒醒的模样由里间走出。

"到底是老喽!喝了点酒,就迷糊过去了。崇仁呢?"

"已经回去了。你喝过酒,乘着酒兴,写了些大字。我忙着洗锅刷碗,也没顾得上看写了些啥、写得咋样。反正崇仁好像很满意,兴冲冲拿着就和白学才一搭儿走了。"

杜先生理解而体谅地看了伊人一眼:"那你咋不夫妻俩相跟着一起回哩?"

伊人递给父亲一杯热茶。

"崇仁说，让我等你酒醒后再走，怕你身体不舒服么！"

几天之后，县城里几乎同时发生了两件引人注目的大事。一是多了一尊碑，二是少了一个人。

先说多了一尊碑。

这天清晨，人们发现：县署大门对面，一夜之间多了一通新立的石碑。

石碑前，已围拢了一大堆人。观者中，好几个人抢着大声念出碑文："林文忠公则徐禁烟遗教碑。"

"鸦片之毒，甚于洪水猛兽。"

"此祸不除，十年后，既无可用之兵，且无可筹之饷。"

围观者越来越多。有的诵读着碑文，并不时发出大声的感慨赞叹。有的猜测说，那碑上的字体好像是杜先生的手笔。

人群中的姬崇仁与白学才，也为激奋的群情所感染，忍不住内心的激动。

白学才站在众人面前，挥臂大声讲演。

"这石碑虽然刻的是先贤的遗教，但更是当下周原百姓的呼声！石碑刚刚刻好，先就立在县署门前亮相，就是要让官署的执政者们睁开眼睛看看，什么是历史潮流，什么是民心民意！"

围观者叫好声起。

崇仁站了出来，拱手向众人致意。

"各位乡党，咱是否可以将这尊石碑永久树立在东湖之侧？一为纪念先贤，二为告诫当世，三为流传后代。让每一个去东湖的人，每一个看到这尊石碑的人，都能见贤思齐、观文悟理，时时想着自己的责任。诸位乡党，以为如何？"

众人纷纷叫好，齐声拥护。

从此，凤翔东湖之侧，真就多了一尊《林文忠公则徐禁烟遗教碑》。至于当时孰人立意、何者书字、勒石为谁，是否真如故事所述，似不必细究。故事就是故事。但这尊反映民意、见证历史的石碑，实实在在地矗立此处，据说至今仍存。

继续讲故事。话说县城几乎同时发生了两件大事：多了一尊碑，少了一个人。少了一个什么人呢？就是那个长着一张长长的马脸、说话装腔作势、惯于媚上欺下的县署马知事。他因官场倾轧失势，被免职罢官了。在当地百姓的骂声中，他灰溜溜地离开了凤翔。

历史长河，大浪淘沙。一时泛起的沉渣，瞬间就会被翻滚的巨浪席卷而去。一如马知事之辈。

马知事得知自己被免职的这一天，正是"多了一尊碑"的同一天。而狗鼻子颇为敏锐的苟师爷，私拆偷阅公文，提前获知了消息。他打定主意，要在马知事离职之前，敲诈这个贪官一笔。

七、少了一个人

就在县署门前突然"多了一尊碑"的当日早晨，马知事获知此事，在县署大堂内大发脾气。此时，当然他还不知道自己被免职的公文藏掖在苟师爷手中，他还以为头上的乌纱帽戴得很稳。

苟师爷大摇大摆地走近马知事，拍了拍他的肩头。

"老马，县署大门对面的那尊碑你看了吧？那碑文上还说，要把咱种的土药消除净尽，乃可杜绝病根！"

马知事一时还没有反应过来苟师爷神态、称呼、语气上的变化，只顾着为立碑之事发火。

"何人如此大胆！本大人刚刚发出告示，要推广土药种植，他竟敢叫嚣要消除净尽！这些话是谁说的？赶紧多派几名团丁先把他抓起来！把本大人惹急了，直接就砍了他的脑袋！"

苟师爷不以为然地看了马知事一眼，一副轻慢的口吻。

"老马你给谁耍威风哩？那人你抓不了，更砍不了他的头！"

马知事一副蛮横的口气："为啥不能？本大人有权……"

苟师爷略带嘲讽地将马知事摆谱的话打断。

"这些话，是前朝先贤林则徐林大人说的。林大人早已过世六七十年了，咋抓他的人？咋砍他的头？"

马知事颇有些尴尬和泄气，但仍强撑着架子。

"那也不能把这块石碑立在县署大门对面么！等于在扇咱的脸么！派人去把那碑给我砸了！"

苟师爷已经不把马知事放在眼里。他轻蔑地一笑，戏弄地用手压了压马知事的肩头。

"让本师爷先看看你姓马的肩头能担多沉？要砸碑，你自己动手去砸……看众人不把你先给砸扁了！"

马知事这才感受到了苟师爷前恭后倨的态度变化，不禁大为恼火，开口训斥起来。

"你！你放肆！你不想吃这碗饭了？"

苟师爷索性公开翻脸："姓马的，你以为这碗饭有多香哩！告诉你，老子今日是来辞职、来要遣散费的！好说好散便罢，不让老子满意了，小心我把你的那些黑账全部给亮出去！"

马知事一下愣住，气恨至极，狠狠自扇了一个耳光。

"我咋瞎了眼，错认了你这个狗东西！"

苟师爷阴阳怪气地嘲弄着："扇！扇么！使劲扇！以为自己的脸面多值钱哩！袁大总统的皇帝梦恐怕做不安稳，陆督军被撵出省城是早晚的事。他们的脸面哩？没有了他们的脸面，哪有你的什么脸面！告诉你吧，老子已经另攀高枝喽！"

马知事在苟师爷的威逼下，当场自掏腰包，拿出了作为遣散费的银票。

银票到手后，苟师爷将私自藏掖的免职公文一把掼到马知事脸上，然后扬长而去。

苟师爷其人，善于见风使舵、投机钻营。他的身份后多有变易，他的事迹还将出现在后面的故事中。

马知事在看到自己免职公文的那一刻，才知道又被苟师爷耍弄了。无奈掏出"遣散费"，原本想借此堵住苟师爷的嘴，以免影响自己的"乌纱帽"。早知道"乌纱帽"已经没有了，何必再出这个冤枉钱。自己的"遣散费"，还不知该从哪里去讨哩！马知事很郁闷。

马知事很快就被人们遗忘了。这个人物也在故事中彻底销声匿迹了。

县城同日发生的两件大事，确实大快人心。姬府大老爷姬秉礼当然也很

225

高兴。大少爷姬崇仁趁着父亲心情不错的时机,委婉地提出建议:希望父亲亲自出面,找老三崇德好好谈谈。

三少爷姬崇德自回府之后,自觉无颜见人,整天钻在自己屋内,极少出门。姬老爷对他还是不理不睬,正眼都很少瞧上一眼。吕管家及府中下人们对其则是敬而远之,颇有些看不起的意思。

崇仁新婚宴尔,与妻子伊人的关系日渐亲密。但他并没有沉耽于自己的幸福而忘了他那不争气的三弟。他曾几次主动找崇德谈心议事,却屡屡碰壁。

在崇德的住屋内,崇仁苦口婆心地劝导。

"三弟,你回来都多长时间了,总不能老是这样一蹶不振吧?咱府中的好些个事,都指望着你能给哥搭把手么。当下,咱周原的民众禁烟的热情高涨,你也该到外面……"

"我啥事都不想干,哪儿也不想去!咱爹叫我闭门思过么!"崇德负气的口吻,一口回绝。

崇仁忽然警觉地嗅了嗅室内的味气,注意看了看崇德的脸色,迟疑地提出了告诫。

"你自己闻闻这屋里的味气,你可千万不敢再做什么瞎瞎事!"

崇德顿时紧张起来,顺手拿起把蒲扇在屋内挥舞扇动着,并压低了说话的声量。

"哥呀!小声着点儿!要让咱爹听见误解了,还不把我给零刀碎剐咧!"

"你知道就好!三弟呀,一进腊月,说话间爹的寿诞就到了。我想和你商量一下……"

"那事?你说咋办就咋办。"崇德一副事不关己、不感兴趣的神情。

几次劝说无效,崇德依然颓丧如故。崇仁无奈,只得趁父亲高兴时,再次提起这个话题。

"我三弟外出回来都多长时间了,爹还没有好好跟他谈谈吧?"

姬老爷余怒未消:"一提起他,我就来气!他这趟外出,两手空空回来,说是货款被劫,自己落入长江。听着就是谎话么,漏洞百出!钱财倒不是什么大事,只是……唉!家有孽子啊!"

话虽如此,孽子也是子。老爷强咽下一口气,勉强打起精神,打算前去登门教子。谁知这一去，又让老爷看到了令人害眼堵心的一幕。

屋内，崇德慵懒无聊地和衣斜躺在床上。

门外响起轻微的敲门声。崇德听了听，以为又是孔氏前来嘘寒问暖，便没有搭理，索性翻身换个方向，背朝门外躺着。

房门被轻轻推开，又被来人反身掩闭，但门未关严。

来人走到床边，将手抚在崇德肩头。

崇德头也不回，不耐烦地扭动肩头，企图将那只抚在肩头的手抖落。

"哟！三少爷你是咋咧？怎么连好坏人也不分呐！"来人却是姬府姨太太孟氏。

"你来干啥？"崇德闻言，知是孟氏，这才翻身坐了起来，冷冷发问。

孟氏顺势在崇德身边坐下，又往近里靠了靠。

"三少爷你忘了吗？和你亲娘一样，姨娘我也姓孟！"

崇德斜瞅一眼，不屑地回问："你算哪门子的姨娘？"

孟氏抬手搭在崇德的肩头，故作关切的口吻。

"三少爷，何必同那些人怄气？我哥说了，往后的日子还长着哩。只要……，还愁没有三少爷出人头地的那一天吗？"

崇德另有所图，急切地打断孟氏的话语。

"你去和你哥说，给我多弄点那个来。上回你拿来的那些，我已经用完了。"

崇德边说边做出吸食大烟的动作。

孟氏故作好人地一口应允："没麻达么！一两天我就给送来。"

崇德忘情地双手握住了孟氏的一只手："在这个家里，只有你对我最好！"

孟氏一副娇态："哟！听了三少爷这话，我心里真是暖暖的、甜甜的、亲亲的，……其实我也比你大不了几岁。"

前来登门教子的姬老爷，心有不愿地慢吞吞走近崇德的住屋，就在他犹豫不决打算伸手推门时，听到屋内有人说话。缩回手，停下脚步，从没有关闭严实的门缝中，正好看到了屋里两人拉拉扯扯的那一幕。

一瞬间，姬老爷首先感到的是尴尬，十分的尴尬，似乎进退两难。继而他又感到了疑惑和恶心。他似不愿惊动屋内之人，迅速轻步离开了房门处。

直至走出一段距离后,他才大声咳嗽一声,重新向房门处走去。

房门打开。孟氏扭腰扭胯地从门里走出。

姬老爷原地站立不动。待孟氏迎面走近时,老爷不搭正眼地教训了几句。

"太太身体不好,你没事时多去看看。有这到处瞎逛的工夫,你就应该到太太屋里端个茶,递个药,干点儿正事!"

孟氏不服气地一撇嘴:"端茶、递药,我又不是使唤丫头!再说我也不是瞎逛,是来看三少爷。没人疼、没人爱的娃,可怜着哩!"

姬老爷没有继续搭理孟氏,径直向崇德住处走去。但尚未走近房门,老爷就改变了主意。他没有进屋,转身去往了别处。

第九章 腊八粥

一、柿子采摘的哲理

周原大地,冷风萧瑟。

原畔路旁的柳树,叶落殆尽。

姬氏庄园里,前院庭院内的那棵高大的柿子树同样叶落殆尽,但仍有一些残留的熟透了的柿子悬挂枝头。

姬老爷领着孙儿、孙女,坐在柿树下的石几石凳处,晒着初冬的暖阳。

怀玉看着树上的柿果,发出感叹。

"红红的柿子,挂在树上,一个个像小灯笼一样,真好看!"

怀远则有另外的问题。

"爷爷,咱树上结的柿子,都成熟多久了,为啥还不摘完摘净么?"

姬老爷手指上苍,说着颇有哲理的话语。

"咱周原的传统习俗,果子成熟采摘时,不可一个不剩地全部摘光,总要留下一些在枝头上。要给树儿留几个,给鸟儿留几个,给上天留几个。留给树儿,是为感恩。留给鸟儿,是为行善。留给上天,是为祈缘。"

怀远、怀玉半懂不懂地点着头。

崇仁正巧路过此处，接口插话。

"还要给自己的良心留几个。人么！人心不可太贪，万事不可赶尽做绝么！"

姬老爷拍拍怀远的脑袋，继续对孙儿的教育。

"你爹说得对。为人，不可赶尽做绝。处事，务要留有余地。"

怀远似有领悟："想不到这小小的柿子中，竟然有这么多的道理。"

一个丫鬟匆匆赶来传话，太太有事请老爷去趟后院。

太太请老爷去后院，是为了让他为姨太太瞧病。当日，孔氏将孟氏和伊人召集至后院，交代有关老爷过寿的安排。不知为何，孟氏颇有些心神不定。

"老爷说了，寿诞那日，不请外人，就由咱全家人为他庆贺六十大寿。老爷还说，当日他有事要交代。"孔氏不慌不忙地交代着。

孟氏不觉抬起头来询问："啥事嘛？"

"不急么。到时候就知道了。"孔氏不动声色，依然慢慢说着。

孟氏突然一阵干呕。

孔氏关切地看了孟氏一眼，继续说着："这几日你们就都待在屋里，不要外出，有好多事要办哩。"

孔氏的话语，被孟氏再次泛起的干呕所打断。

"身体不舒服，就该看大夫么！咱老爷就是眼跟前现成的好大夫么！"孔氏停下话语，一边关切地劝说孟氏，一边命丫鬟去前院请老爷过来。

前一刻，姬老爷还在前院给孙儿孙女讲着"为人不可赶尽做绝、处事务要留有余地"的哲理，好似一位诲人不倦的教书先生。此一刻，当他为病人把脉诊病时，则完全是一副职业郎中的神态做派，严肃而专注。

不愧是周原神医，一为孟氏搭上脉，姬老爷就有了发现。似乎是奇怪的发现，他不禁流露出怀疑的神情，仿佛不敢相信自己的诊断结论。他调整了一下把脉的位置，搓搓手掌，活动活动手指，又一次重新把脉。

当他内心已确认了自己的诊断结果之后，反而在外表上是一副无动于衷的样子。

"没事，好着哩。"姬老爷平淡地说着，默默站起身走出屋外。

孔氏和伊人先是为孟氏的病情担忧，听到老爷"没事，好着哩"的结论，便放下心来。不过，孔氏还是感到了一种疑虑。她悄悄对伊人说："我咋觉得老爷为下院姨太太把脉时，两个人的神色都是怪怪的哩，不会有啥事吧？"

"不会有啥事的。真要有事，我爹一定会对娘说的么。"伊人极力宽慰。

"那也得看是啥事哩。我的这心口啊，时常跳得慌慌的，怕是再也经受不起啥瞎瞎事来折腾喽！好在现在有了你，娘心里总觉得有了个依靠。"孔氏还是心有不安。

孔氏的观察没有错。老爷和孟氏确实"神色都是怪怪的"。老爷的事，以后再说。先说孟氏。

孟氏清早一起床，就发生了一件让她心惊肉跳的事。爱睡懒觉的她，被丫鬟叫早的声音惊醒。屋外，丫鬟提醒："姨太太，起床的时辰到了！"屋内，孟氏气呼呼地无奈慵懒起床，嘴里还嘟哝着："哼！黎明即起，洒扫庭除！什么破规矩！等我当了内当家，非立马改了它不可！"就在她磨磨蹭蹭起床过程中，无意中发现了有人在夜间从窗缝中投进的一封信函。

这封信是老爷岭土匪二当家曹拐子派遣一撮毛送来的。"二当家的，咱刚从那户人家弄了不少钱财，你咋又去投信要钱哩？"一撮毛对递送此信颇有不解。"这回不是要钱，而是要人！上次在周公庙山林中打了一回野食，没想到那俊俏小娘们儿竟然是个大户人家的姨太太！脸面要紧呐！我让你给她传的那封信，就是约她出来吃个回锅肉，谅她不敢不来！"曹拐子得意地说明。当一撮毛对"她不敢不来"表示怀疑时，曹拐子一脸坏笑："我有证据哩！不怕她不来！她家掌柜的那个姬老爷，恐怕比她更要顾脸面哩！"说着，曹拐子伸展手掌，掌中有两颗红豆。

孟氏收到了装有同样两颗红豆的威逼信函，内心十分恐慌。她尚未想好应对之策，老爷的把脉又增添了她新的不安。她并不关心或担忧诊断的结果，因为她已经可以确认自己怀孕了。她注意观察的是诊断结果明确后老爷的态度与反应。老爷的平淡与无动于衷，使她感到疑惑和惴惴不安。

她只得向其兄孟老板求救。

二、屎（柿）落脸面

孟氏急得在屋里转来转去，一副紧张失措的神情，并且夹杂着几分恐惧。

孟老板安坐在太师椅上，对孟氏的焦躁不安感到难以理解。

"你消停点坐下好不好？没头苍蝇一样瞎转啥哩！我当是啥火烧眉毛的祸事，急慌慌让人把我叫了来。怀上娃了，这不是你一直求之不得的好事么！那姬老爷老牛吃嫩草，胃口还真行！"

孟氏恼羞成怒："你知道个啥！老爷都已经多长时间不进我的屋了。"

"噢！原来这是老大的种！"孟老板似乎恍然大悟。

孟氏恼怒："滚一边去，什么老大！"

孟老板再度猜测："那难道是老三的？"

"老大！老三！你咋就不说老二哩！"孟氏恨恨地反问。

"老二？老二不是死了嘛！"孟老板一头雾水。

孟氏一迭声地脱口而出："就是老二，就是老二！北山老爷岭的土匪老二，二当家曹拐子！"

听了孟氏的情况说明，孟老板真的感到了担忧。

"你和曹拐子这事，老爷知道不知道？"

"当然不知道。不过那天老爷给我把脉后，很奇怪，啥话没说就走了。"

孟氏的疑惑，也是孟老板的疑惑。

"按说姬老爷的医术，一搭脉就能准定知道你肚子里已经有了货，而且他心里可能也明白不是他下的种。……可他那时为什么没有当场发作呢？"

孟氏似乎还怀着一丝的希望："是不是老爷顾全我的脸面，打算着宽容我哩？"

"你的脸面？你的脸面值几个钱？老爷心知肚明，却有苦难言，一定是另有顾忌。"孟老板毕竟老辣，一言抓住了要害。

孟氏尚有疑惑："另有顾及？还能有啥顾及么！除非是事关姬府的脸面。"

"对！就是为了姬府的脸面！老爷必定是顾及着府中的某个人。为了这个顾及，老爷很有可能将错就错，认下这个娃！"孟老板顺着自己的思路继续推测。

"那我该咋办?"孟氏急着追问。

孟老板越说越觉得胸有成竹:"你也同样么!揣着明白装糊涂。坚持把娃生下来,姬老爷还能不认?"

"要说顾及,老爷只会想着是三少爷。那我就再烧把火,把他那个顾及给坐实了!……哎呀!不行!现在另有一个大麻缠哩!"孟氏拿出了那封信函:"曹拐子派人送来封信,约我再去同他相会。"

孟老板一听就急了:"这个时候千万不可添乱!姬老爷一旦知道了真相,那个顾及也就没有了。真把你撵出姬府,咱就一个钱也弄不出来了。"

孟氏更显着急:"可他攥着我的把柄,说是不从他愿,就要向老爷告发我哩!"

说着,孟氏从信函中掏出两颗红豆。

孟老板不解:"这是啥把柄吗?古人表示相思的红豆?"

孟氏又羞又恼不便明言:"你不要管!反正他只要把这一说,老爷准定知道他与我确有私情!"

"那咋办?"孟老板似乎也没了主意。

"办法只有一个。"

"啥办法?"

"你去一趟老爷岭。"孟氏注视着孟老板的反应。

孟老板自然感到害怕,畏惧地往后一缩。

孟氏轻蔑地一笑:"看把你吓得那样子!你放心,他把你咋也不咋!我又没有回绝他么,只是让他在这要紧的时候先不要来闹腾。等老爷打落牙齿往肚里吞、不得不认下我肚里这娃以后……你就说,我现在身子不方便,以后再……"

孟老板自嘲着答应了:"我只有一个妹子,可我既有姬府大老爷这个妹夫,恐怕又有土匪二当家这个妹夫咧!既如此,他还得好吃好喝款待我这大舅哥哩!我去!"

孟氏千叮咛万嘱咐:"娃的事千万不敢跟他露馅!我娃一生下来,就是姬府的四少爷,不能有个当土匪的爹!"

同样是孟氏所怀之胎来路不正这件事，当事双方孟氏和姬老爷的处境却有很大不同。孟氏尚可与其兄狼狈为奸、共谋对策，而姬老爷却只能独自承受其痛苦与耻辱。

姬老爷一搭上脉，即已诊断出孟氏身怀有孕。根据脉息粗粗估算，成孕的日子与己无关。此时他首先想到的就是孽子作孽、姬府面临奇耻大辱。如何是处，他一时没有主意，也无人可以与之倾诉商议。无论是对太太孔氏，还是对大少爷崇仁，他都觉得此事无法启齿。

姬老爷只能独自坐在那棵柿子树下的石凳上，颓然发呆。历史上有所谓"脏汉乱唐"的说法，即使在汉唐盛世的皇家帝室，"子烝父妃、父纳子媳"之类的宫廷秽事亦不绝于史。崇信礼义廉耻的姬老爷，对此岂能容忍？他很想公开发作，直接将"孽子"和"淫妇"赶出家门。但是他不能。他不得不把这件不伦丑闻掩盖下来。他必得首先顾及整个姬府的名声。

坐在石凳上的姬老爷，抬头仰望苍天。脸上充满了难言之隐的痛苦。

从石凳处上仰望去，可以看到犹有柿子残挂在枝头。熟透了的柿子摇摇欲坠，随时可能掉落。

不远处，传来崇德与孟氏的浪语嬉笑之声。姬老爷朝笑声处扫过一眼后，厌恶地扭过脸去。他无奈地摇摇头，仰面朝天，闭目而坐。

一阵风过，一颗早已熟透、残留枝头的软柿随风坠落。柿子正巧落在了姬老爷的脸上。顿时稀软的红黄色柿浆流溅在他的半张脸上。

仰望苍天、半脸柿浆的姬老爷，一任柿浆残留在脸上，毫无擦拭的动作和表示。他的内心苦苦挣扎着。

"老天爷啊！这屎（柿）落脸面，如何是处啊？难道只有我不顾自己的脸面，装聋作哑，咬牙承受，才能保全姬府的名声吗？"

他暗自决定，将这份耻辱永远埋藏在自己心底，所有的痛苦都由自己一人独自默默承担。他不想在孔氏离世之前，再发生什么让她无法闭眼的事情。

三、来了就是该来

太太孔氏是从丫鬟处才听到孟氏怀孕消息的。

老爷六十寿庆眼看就要到了，孔氏将前些日子特意剪好的那个大"寿"字拿了出来，又一次仔细端详着，脸上充满了喜悦。

丫鬟看着孔氏喜悦的神情，嗫嗫嚅嚅地报告信息："太太，老爷六十大寿又有喜事了。我听下院丫鬟议论，姨太太好像有喜了。"

孔氏有些疑惑，似乎不太相信。

"老爷那天不是亲自为她把过脉吗？咋没说有动静哩？老爷人哩？"

丫鬟是在柿子树下找到老爷的。

姬老爷来到后院时，已是一副漠然平淡的面容。脸部的柿浆已经擦拭干净，但肩头处的衣服上残迹犹存。

孔氏一见老爷，立刻趋近询问："下院那边是不是身子有喜了？"

"嗯，有了。"姬老爷漠然应道。

孔氏一面喜形于色，一面疑惑问着："老爷你那天把脉时咋没说哩？"

"嗯，没说。"姬老爷再次漠然应道。

孔氏似乎对此很能理解但并不以为然："那为啥没说？是不是老爷怕我心里不畅快？我咋会那么小心眼哩，不会的么！"

"嗯，不会。"姬老爷依然漠然应道。

孔氏吩咐刚才随同姬老爷一起进屋的丫鬟："快去把下院姨太太请过来！另外，把老大、老三，还有老大家的，都叫了来。这喜事要让大家都知道哩！"

孔氏一脸喜气地安排着。姬老爷无动于衷地安坐无语。

丫鬟离屋走远后，孔氏折转身，关切地询问老爷。

"刚才屋里有人，老爷怕是有话不好说。现在这屋里只有咱老两口儿了，有啥话你就说嘛。"

"嗯，没话。"姬老爷还是漠然应道。

孔氏大为奇怪："你这是咋咧？大喜事啊！你不是一直都嫌屋里人口少么？"

姬老爷终于长吁一口气，缓缓摇摇头："该来的没来，不该来的却来了。"

"该来的没来？老爷是在说老二吧？老大回来不是说了嘛！老二在南方好好的，在干大事哩！先为国尽忠，后为父母尽孝，但总有一天要回来的。"

"我没说老二。该来,我说的是希望老大和伊人给咱再添个孙娃的意思。"

"噢——,你的意思是……姨太太肚里的娃不该来?咋?老来得子不好意思啦?啥该来不该来!只要来了,就是该来,就是姬家的骨肉、姬家的缘分么!"

孔氏无心的一番话语,使得姬老爷闻言一惊,似有所悟。他喃喃地重复着:"只要来了,就是该来,就是姬家的骨肉、姬家的缘分。"

孔氏关切地走近姬老爷身边,无意中发现了他肩头衣物上的柿浆印迹:"你这是啥呀?"

"柿……"

"屎?"

"树上的柿子落下来,正好砸上了。"

"这东西沾染在衣服上,不好洗哩!"

姬老爷喃喃自语着,似乎话里有话:"衣服上的脏物尚难洗净……有的污迹只怕是永远也无法抹去……"

全家人到齐后,孟氏在丫鬟的搀扶下最后到场。

孟氏一进屋门,便停下了脚步,装模作样地故作呻吟。

"哎哟!我咋感觉这会儿咱姬府四少爷在我肚子里乱踢腾哩!"

孟氏一边说着,一边偷眼观察姬老爷的反应。

孔氏笑着对孟氏解释:"娃在肚里踢腾?不可能么,这才几个月?"

面对在场众人,孔氏宣布:"姨太太身子有喜了。咱姬府又该添丁添口,大喜事呀!"

孔氏示意自己身边的丫鬟也去搀扶孟氏。

待故作娇弱态的孟氏坐定,孔氏身边的那丫鬟施礼道贺:"恭喜姨太太!"

孟氏眼光投向姬老爷。姬老爷冷漠地不予正眼。

"该恭喜老爷!都是因为老爷龙马精神旺健!"孟氏娇声娇气说着,眼光瞟向崇德。

崇德因心中有鬼,听闻此讯,不禁面露惊恐之色。

姬老爷一句话没说,默然起身离去。

崇仁和伊人都很高兴,真诚地向孟氏表示祝贺。

怀玉欢天喜地地拍着手掌："好哇！好哇！我就要有一个小弟弟喽！"

怀远一把拉住蹦跳的妹妹，小声训诫道："别胡说！他虽然年纪比我们小，但他是爷爷的娃，辈分比我们高。我们该把他叫叔哩！一个小叔叔。"

孔氏笑着夸赞："怀远娃真懂事！"

孟氏看到老爷无言离去，内心感受十分复杂，眼神惶然而怅然。此时的她，感到了些许悔恨。她多么希望自己肚里的娃就是老爷亲生的娃，真的就是怀远和怀玉的"小叔叔"。

"姨太太怀娃的喜讯，也该向你娘家哥禀知一声吧？"孔氏关切地提醒孟氏。

"我哥有事外出了。"孟氏心虚地回答。

四、河南军爷

姬府姨太太孟氏为了摆脱土匪二当家曹拐子的纠缠，无奈向其兄孟老板求救。孟老板为了自身利益，答应出手帮助其妹摆平此事。

孟老板壮着胆子出发了。马车行至岐山，轻车熟路，直接驶往"神仙乐"大烟馆。

烟馆老板发现，急忙趋前迎接："哎呀！孟老板、孟舅老爷大驾光临，那就是小店的财神爷到了么！"

孟老板挥挥手："坐了这长时间的马车，累乏得很。把你那最好的雅间收拾好，让本舅老爷在里面歇息歇息，好好过过瘾！"

烟馆老爷点头哈腰奉承着："没麻达么！那雅间专门就是给孟舅老爷准备的，别人也消费不起么！"

雅间里，孟老板很快进入状态。一手搂着侍女，一手掇弄着吸食大烟。酣然入瘾，飘飘若仙。不料此时有人坏其好事，连连轻拍肩头。

孟老板不耐烦地耸耸肩头，将那人之手抖落。转头一看，却是烟馆老板。

"孟老板，孟舅老爷，实在对不起，给你换个房间吧！"烟馆老板赔着笑脸，但难掩恐惧之色。

孟老板不愿起身，躺着不动："我这才刚要过瘾呀！你来捣乱个啥么？

咋咧?"

"有人非要用这个雅间不可么!"烟馆老板无奈地指指室外。

"凭啥?老子……"孟老板不服气地一扬脖子。

烟馆老板吓得急忙去捂住了孟老板的嘴。

"小声点儿!小声点!那些人你我都惹不起!"

说话间,房门被猛然推开。

两个身挎驳壳枪的军人,以河南口音骂骂咧咧地闯进来,并拍打着身上的枪套。

烟馆老板立刻恐慌地招呼:"军爷别急,雅间这就腾出来了。"说着,他赶紧对孟老板使眼色,催其快走。"孟老板,走吧!"

孟老板见状,识趣地爬起身,二话没说准备离去。

"站住!"河南口音的军官突然喝令。

孟老板吓得一哆嗦,乖乖站住了脚步。

"孟老板?你是做什么生意的?"军官听闻此人是"老板",故有此问。

"这位长官是曹副官,我们师长的左膀右臂!"另一名军人立正着介绍河南口音的军官。

"禀告曹副官,在下经营的是过载行。"孟老板连忙向曹副官欠身致礼,并毕恭毕敬地回答。

"过载行是个什么鸟玩意?"曹副官不懂。

"就是经营运输货物的车辆、牲口的。"

"你们运输的货物中,有什么宝物吗?"

"不知道曹副官所说的宝物,具体指的是啥?"

"青铜古物嘛!"

"没有,没有。小店运输的主要是药材和粮食。"

曹副官闻此大失所望,挥手将孟老板赶走。

"没有?没有你还啰唆啥唻!还不快滚!"

孟老板与烟馆老板赶紧缩着脖子溜出去了。

直至到了烟馆门外,孟老板紧缩的脖子才伸展开来。

"这帮丘八,也太凶恶了!"孟老板心有余悸。

烟馆老板拱手作揖赔不是:"孟舅老爷受委屈了!……他们师长要给北京的高官送礼,指名要咱周原的青铜古物。曹副官奉命到此,就是来搜寻购买的。"

孟老板摇摇头:"看他们那个样,哪像个做生意的!就是真弄到了宝物,他们付不付钱恐怕也不好说。"

"他们还真没钱,说是要用枪支弹药换哩!"

"不关咱的事!我走呀!"孟老板一挥手,告辞而去。"自己的事,还忙不过来哩!到了老爷岭,话咋说哩?"

孟老板赴老爷岭途中无意获悉的这个信息,后来帮了他很大的忙,也拉近了他与曹拐子之间的关系。

曹拐子获知自己屋里的那个"尿罐"是"宝物"的消息,十分意外,十分高兴。当然,更是十分疑惑。他不明白,这看似普通的"尿罐",究竟有何珍贵之处。

"尿罐"的待遇,已今非昔比。它被彻底清洗干净后,摆放在了屋内的案几上,已显出了青铜尊的真实面貌。

曹拐子围着青铜尊左看右看、上看下看,仍然看不出什么名堂,只好扭头再问一撮毛。

"看不出这是个啥宝物么!卖破烂顶多也就是个三五毛钱。那人到底咋说的?"

一撮毛使用尽量模仿的口吻:"那人说:告诉你们大当家,二当家屋里的那个尿罐,是老先人留下的宝物,要爱惜着,不要糟践了!"

曹拐子头一扭,很不服气的样子。

"我屋里的东西,凭啥要告诉大当家的!"

一撮毛连忙讨好地说着:"就是的么!我直接报告了二当家的,给大当家就没说!"

曹拐子满意地"唔"了一声。

屋外传来报告的声音:"山下有人给二当家的送信来咧!"

曹拐子立马来了情绪,朝着一撮毛得意地眨眨眼皮,示意好事来了。

"男的女的?"一撮毛仿佛这"好事"也与自己有关似的,急切向屋外

239

发问。

屋外答复："一个男的。"

曹拐子顿时大为扫兴，没好声气地发话："让他进来！"

孟老板眼蒙黑布条，被一名肩背大刀的土匪押解进来。

一撮毛上前，一把扯去蒙眼的黑布条。

孟老板揉着眼睛观察四周，似乎认准了曹拐子，并向其躬身施礼："这位就是二当家曹爷吧？"

曹拐子开门见山，直截了当开口连声发问。

"你是何人？为何人送信？信在哪里？"

孟老板掏出两颗红豆，放到曹拐子掌中。

曹拐子立刻心领神会地淫笑了一声。

"嗬！那小娘们儿……"

孟老板连忙解释："那是我家妹子。她说现时因怀着她家掌柜老爷的娃，身子不方便……"

孟老板指了指曹拐子掌中的红豆，接着往下说道。

"我妹子说，以后该是二当家的，还是二当家的。只是现时不要去寻她的麻缠。"

曹拐子顿失兴趣，鄙夷地吐出一口唾沫："去去去！一个大肚子婆娘，谁还有兴趣么！"

说着，曹拐子一扬手，将手中的两颗红豆用力抛甩出去。

被扔出的两颗红豆，恰好砸中了案几上的青铜尊，发出了两声"当"、"当"清脆的敲击金属的微弱音响。

孟老板循声看到了案几上的青铜尊。

曹拐子注意到了孟老板的目光所向，试探着发问："你识货不识货？看这玩意儿值不值钱？"

孟老板收回观看青铜尊的目光，一脸茫然地猜测："我也不大懂。但在下听说，只要青铜宝物上有字，兴许就能值几个钱。"

孟老板说着，向青铜尊走去。

一撮毛已抢先几步，赶到青铜尊前，仔细察看。

"有字！有字！有好些个字哩！"一撮毛手指青铜尊的腹底部。

孟老板正欲凑前详看，却被曹拐子一把揪住了前襟。

曹拐子手指着青铜尊，一副不容商量的蛮横口气，打算将其强行卖出。

"你说有字就值钱，可见你还是懂行的。这件宝物就卖给你了！你今日就把它带走，十日之内交来一百大洋！……我也不会再去寻你妹子的麻缠了。"

孟老板立时心疼地倒吸一口冷气。

"一百大洋？我要这破罐子有啥用？这么重，我也拿不动呀！曹爷，你就放过我吧！"

"曹爷"显然不肯放过他。看着孟老板不欲成交的态度，敬酒不吃吃罚酒，曹拐子瞪起了凶恶蛮横的眼睛。

五、同是"曹公后人"

孟老板壮着胆子来到老爷岭，本是为着化解妹子与曹拐子之间的情欲纠葛，却不料给自己惹来一场节外生枝的"经济纠纷"。曹拐子要强行推销自己的"尿罐"，孟老板却舍不得出这份"冤枉钱"。

眼看无法脱身，孟老板灵机一动，想出了一招"移花接木"的路数。他知道"洋枪"对于曹拐子之类人物有着何等的吸引力，于是马上又换了另外一副口吻。

"不是在下舍不得一百大洋么，而是二当家的这件宝物，正有机会派上更好的用场哩！我在上老爷岭之前，遇见了几个河南当兵的，说是要拿洋枪换青铜宝物哩！"

"啥？洋枪？"曹拐子闻言，顿时睁大了眼睛，冒出贪婪的目光。

由老爷岭下山的马车上，曹拐子、孟老板、一撮毛三人围着青铜尊，挤坐在一起。

一撮毛充满憧憬地向往着："要是能换来两杆洋枪、几十发子弹就美咧！大当家对他那几杆洋枪，看得紧得很，只让他身边的人扛着，别人摸都摸不着么！"

"好！这次如能弄来洋枪，也让你扛着神气神气！"曹拐子心情不错，大度地将手一挥。

孟老板在颠簸晃荡的车中闭目养神。他想的是："但愿能省下我这一百大洋的冤枉钱。"

马车直奔"神仙乐"大烟馆而去。

烟馆老板见了孟老板，刚要寒暄招呼，却被其挥手打断。

"那几位河南军爷走了没有？"孟老板急切发问。

"唉！没有走，还没有走。东西没弄到手么！"烟馆老板立时锁紧眉头，发愁地直摆手。

"没走就好！"孟老板将烟馆老板召至近前，窃窃私语一番。

烟馆老板大为动心，连连点头。

"嗯！好！你咋样说，我就跟着帮腔敲边鼓。只要能早日把那几个丘八瘟神打发走！整日在小店吃、喝、嫖、赌，一文钱也不交！"

孟老板露出索要好处的神情："那事成之后……"

"那还用说？给你孟老板的谢仪那是少不了的！"烟馆老板连连作揖。

趁着孟老板与烟馆老板商议交谈的时机，曹拐子与一撮毛进入烟馆店内。曹拐子一边观察店内的情况，一边想着自己将要扮演的角色。一撮毛则乘人不备，拉开收银台的抽屉，顺手将里面的几块银圆塞进了自己的怀里。曹拐子对此看在眼里，装作视而不见。

经过孟老板一番操作，一场好戏正式开演。

"这位是咱周原有名的富商大户曹老爷，家产万贯，良田千顷。"孟老板为曹副官介绍曹拐子的虚假身份。

曹拐子似表谦让的姿态，略一欠身，复又落座。

"区区家产，不足为道。全仗先祖曹公的余荫……"曹拐子故作矜持地客套着。

"先祖曹公？"曹副官一听曹拐子的自我吹嘘，不禁立刻打断。

"不才先祖，就是当年叱咤风云的魏武帝曹操曹公么！"曹拐子一提起"先祖曹公"，不免眉飞色舞。

"呦嚄！那咱俩还是同宗哎！"曹副官一副惊喜状。

"曹老爷，这位曹副官也是曹公的后人。"孟老板插话介绍。

曹拐子与曹副官同时拱手重新见礼，大有相见恨晚之态。

孟老板及时转入正题："曹老爷府上有不少价值连城的宝物。出手吧，咱当地人就出不起那个价，曹老爷也不稀罕那俩零花钱。听说曹副官的长官有急用场，情愿用枪支弹药交换。在下从中好话说了一大车，曹老爷这才点了头。"

"曹老爷乃富商大户，要枪支弹药弄啥咦？"曹副官表示不解。

曹拐子煞有介事地解释："近来地方不大安宁，土匪很猖狂。府中有几杆洋枪，也好看家护院，壮壮胆子么！"

曹副官不欲细问，急于看到所要交换的青铜宝物。

孟老板一挥手，一撮毛与烟馆老板两人合力抬着红绸覆盖着的大礼抬盒走进屋内。走至近前，孟老板也上前搭手，三人将其安置在案几上。

曹拐子装模作样地来到案前，毕恭毕敬地三鞠躬之后，轻轻揭开了覆盖所用的红绸。

曾经是土匪尿罐的青铜尊露出了真容。

曹副官围着青铜尊转来转去查看。

孟老板与烟馆老板也跟随在其身后转来转去游说。

曹副官俯身就近查看铜尊腹里，突然抽动着鼻子嗅了几嗅，露出疑问之色。

"这味气，俺闻着咋有些不大对劲？"

曹拐子一脸尴尬，一张口就差点儿说了实话："这个曾经是我的尿……"

"这个曾经是曹老爷的庙藏珍宝，家庙里供奉的宝物么！年久的物件，自然有一些味气。你瞧瞧这纹饰和色泽，一看就知道是几千年流传下来的宝物。"孟老板赶紧打断曹拐子的失言，圆场掩饰。

烟馆老板也来帮腔："啧啧！这造型，这气度，摆放在哪儿都显出尊贵大气么！今儿如果不是沾曹副官的光，我等小人恐怕一辈子都没有福气看这宝物一眼。"

曹副官看了看铜尊腹底的铭文，马上作出了决定。

"不说了！这东西我要了！"

曹副官一挥手，两名士兵上来，准备将青铜尊抬走。

曹拐子上前一伸胳膊，将他们拦住。

"老规矩么！一手交钱，一手交货。你的货呢？"

曹副官连忙解释："我的货不可能随身带着，不会少了你的！这玩意儿我先带走。"

曹拐子的胳膊依然固执地伸着，明显表示不同意。

"怎么，不相信俺？俺俩都姓曹，都是先祖曹公的后人，难道还会互相欺骗不成？"曹副官拍着胸脯。

曹拐子狡黠地一笑："先祖曹公说过，宁教我负天下人，休教天下人负我。同是曹姓之人，岂不更要相互提防一点儿？"

曹副官摇头苦笑："真不愧是曹公后人呐！好！人不我欺，我不欺人。咱们现在就另择地点，当场交割！如何？"

曹拐子立表赞同："真不愧是曹公后人呐！爽快！"

在双方约定的地点，交易进行得很顺利。

曹副官再一次对青铜尊查验复核后，下令士兵抬过来一个军械木箱。

军械木箱的箱盖被士兵用刺刀撬开。里面贮放的枪支情况一览无余。

"这是两支步枪和一挺新型机关枪。机关枪，没见过吧？嘟嘟嘟嘟嘟，可以连着击发不停歇。有多少土匪上来也不怕，就是个送死！这儿还有一千发子弹。怎么样？"曹副官一边炫耀着机关枪的威力，一边观察着曹拐子的反应。

曹拐子显然大喜过望，不由得与惊愕失色的一撮毛交换着眼色。两人一时说不出话来。

"怎么！嫌少？"曹副官似乎误会了他们的意思，索性将自己身上斜挎的驳壳枪背带卸了下来，连枪带套一并放在了军械木箱上。"嫌少，就把这个也加上，再另加五百发子弹！"

曹拐子等人将军械木箱及子弹箱抬上自家的马车，丢下青铜尊，匆匆走了。

六、合算的交易

一桩交易是否合算，对于交易双方而言，什么等价交换、公平合理之类的原则并不重要。合算与否，更大程度上只是一种主观感觉，取决于交易前双方各自的心理预期。

当同是"曹公后人"的曹副官和曹拐子完成了"尿罐"换机关枪的交易后，双方皆大欢喜，都认为自己合算、很合算、太合算了。

"哼！土老财！还以为自己沾了多大的光唻！"曹副官面露轻蔑的讪笑，看着曹拐子的马车远去。

回首看看留在自己手中的青铜尊，曹副官欣喜而得意地告诉随从士兵。

"把这玩意儿拉回去，一倒手，起码值个三五百人武器装备的价钱唻！可惜咱不敢卖，得上交师长。不过，咱也不吃亏。师座给的这货款就成了咱的辛苦钱喽！"

随从士兵巴结讨好地恭维着："曹副官，这趟差事办好了，师座肯定升官。师座一高兴，也就该提拔你当团长了吧？"

曹副官喜形于色："你也有功劳嘛！我当团长的一天，也就是你当连长的一天。"

随从士兵感恩戴德地又是敬礼又是鞠躬表示谢意。

曹副官心情大好，向远处站立等待着的烟馆老板钩钩手指。

烟馆老板赶紧趋前听命。

"吃住在你这破店，运气还是真好！好吧，你也跟着沾沾光吧！"曹副官流露出做成一笔合算生意后的喜悦，掏出一把银圆，扔给烟馆老板。

烟馆老板伸出双手，只接住了其中几枚，另有更多的几枚滚落在地。

"谢军爷的赏！谢军爷的赏！"烟馆老板一迭声谢着，一边急忙弯腰寻觅着滚落地面的银圆。

曹副官以极小的代价换来了一件无价之宝，从而为自己及其师长职务的晋升增添了砝码。他的得意与欣喜之情，可想而知。

对于这桩交易，相较曹副官而言，曹拐子则更是感到了意外的惊喜。

曹拐子用一个"尿罐"换来了机关枪等军械，大大超出了他的心理预期。这桩"超合算"的交易，使他欣喜若狂，一时也十分担心。他担心的是一旦那个"河南土鳖丘八"醒悟过来，将会后悔和取消这桩交易。

交易刚刚完成，曹拐子即命马车启程。一路疾驶急行，生怕后面有人追来。

直至狂奔至老爷岭山界碑石处，马车才停了下来。

曹拐子等人下车后，又去翻看了一番那个军械木箱。

曹拐子身上斜挂着那支最后时刻"搭饶"来的驳壳枪，双手抚弄着机关枪，摸了又摸，不忍释手，自言自语地惊叹着。

"到了这会儿，我还不敢相信这是真的。跟做梦一样，咋会有这好运气哩！不过是一个破尿罐么……那河南土鳖丘八还把它当成金镶玉了！"

曹拐子又摸摸自己身上挂着的驳壳枪枪套，确认了这场好运真不是梦："这枪都是真的，真不是梦！"

曹拐子放下心来，招手将一撮毛召至近前。

一撮毛不知何事，赶紧俯首帖耳地凑到曹拐子身边。

曹拐子将手探入一撮毛怀中，顺手从中掏摸出了三五枚银圆。他斜睨了一撮毛一眼，另一只手捏住其脸颊上的那一撮黑毛，揪扯了几下。

"心眼倒不少，懂得藏私货了！"

"这是我从那大烟馆柜台里拿的，没敢想着私吞，打算回去就交给二当家的。"一撮毛护着脸毛，疼得龇牙咧嘴。

曹拐子放过一撮毛，转身将手中的那三五枚银圆扔给孟老板。

"拿着！二当家我今日高兴，赏你几枚跑路钱。回去告诉你那个骚妹子，老子的女人多得很，跟她不会再有啥毬相干了！"

孟老板拾起掉落在地的几枚银圆，独自返程下山了。他为自己没有损失一百大洋的"冤枉钱"而暗自庆幸。

孟老板离开后，曹拐子依然站在军械木箱前看了又看。经过一番思索，他似乎不舍地将身上一直斜挂着的驳壳枪取下来，在手中把玩了几下后，放入了箱内，并随即盖严了箱盖。

"这事跟谁也不许说！这枪咱也暂时藏着不敢炫耀！等着有一天，需要分道扬镳时，这机关枪可就能派上大用场，足以让大当家喝一壶咧！"曹拐子说着，威严地瞪了一撮毛一眼。

一撮毛赶紧哈巴狗似的讨好表态。

"我懂，我懂！这就是那个那个啥——一山不容二虎么！"

246

后来，这挺用"尿罐"换来的机关枪真的帮了曹拐子很大的忙。老爷岭土匪内讧时，凭借这挺机关枪，曹拐子占据了优势，撵跑了大当家郭复礼，而后率众匪徒投靠了北洋系军阀，为自己换了顶乌纱帽。

再后来，尝到用"尿罐"换军械甜头的曹拐子胃口大开，野心更炽，竟然动用军队，大规模地盗挖周原地下埋藏的青铜宝物，犯下了更多的罪行。

交易双方皆大欢喜。欢喜的还有中人孟老板。他本为平息妹子潜在的祸端而来，目的已然达到。无意中促成的这桩交易，又使他得到了曹拐子数量不多的"跑路钱"和烟馆老板足可称道的"谢仪"。此外，他还想着回去后如何向妹子说明此趟差事的"危险"与"艰难"。腊八节就要到了，妹子总该给他更为丰厚的"辛苦费"吧。

七、腊八前日

腊月初八，是周原地区颇受重视的一个传统节日。民间习俗当日喜食由多样食材熬制的粥，号为"腊八粥"。腊八节的由来和食粥的传统，与佛教传说有关。

相传佛祖释迦牟尼成道之前，修行多年无果。后在河中洗沐醒脑时，失足溺水。经一农妇相救上岸并赐以杂谷之粥，佛祖食后元气大增，遂至菩提树下幡然觉悟。后世的佛门弟子将这一天即农历十二月初八称为"佛成道节"。每逢此日，寺庙会向世人布施稀粥。

姬府年年重视"腊八"，因为这一天还是老爷姬秉礼的生日。孔氏更重视本年的"腊八"，因为恰逢老爷六十诞辰大庆。同时，她也自知，这将是她最后一次在阳间为老爷过生日了。

腊八前一天，姬氏庄园内外已开始洋溢着节日的气氛了。

庄园外的村庄里，农家小儿们聚在一起，欢快地唱着当地有关腊八的儿歌。"鸡儿鸡儿吃腊八，吃到肚里结疙瘩（祈祝鸡儿多生鸡蛋之意）；狗儿狗儿吃腊八，吃了腊八把欢撒；树儿树儿吃腊八，吃了腊八长丈八（祈祝树儿长得快长得高之意）。"空旷田地，歌声传得很远，当然也传到了庄园里面。

三少爷崇德心情很烦躁，对什么腊八毫无兴趣。但他在听到院外传来的儿歌"吃到肚里结疙瘩"时，疑心生暗鬼，一下子想到了孟氏"肚里结疙瘩"之事，不免心惊肉跳。他很后悔，想不到一次纵情竟会有如此严重的后果。他很害怕，不知此事该如何了结。

正当他心情沉郁在庭院低头徘徊时，一个人影挡住了他的去路。

崇德抬起头来，即刻现出一副唯恐避之不及的神情。孟氏站在他的面前。

"三少爷，这几天怎么尽躲着我呀？"孟氏故意问道。

崇德顿时惊恐地东张西望，观察着四周有无人来。

"怕啥哩！老爷进城了，不在府里！"孟氏鄙夷地一笑。

崇德稍觉安心，但依然心神不定。

"现在知道害怕了？当初咋就……"孟氏调侃嘲弄的口吻。

崇德慌忙撇清："咱们那个……才有几天么！咋就能怀上呢？反正跟我没关系！"

"反正跟老爷更没关系！老爷心里清楚得很！只是为了……"孟氏直接说明。

"只是为了顾全三少爷我的脸面？"

孟氏不屑地斜睨了崇德一眼，鄙夷地唾了一口。

"你的脸面？呸！老爷连自己的脸面都不顾了，他是为了维护整个姬府的名声。你想想，这要是传出去，如此讲究礼仪名节的姬府，少爷竟然乱伦……"

崇德紧张地捂住了自己的双耳："我不听！我不听！这个家，我是没法儿再待下去了！"

在孟氏颇有点儿心酸的冷笑中，崇德一溜烟儿地逃走了。

此时，伊人正在后院内室服侍孔氏吃药。

"太太，北京的二老爷托人捎来封书信。"吕管家手托一封信走进禀报。

孔氏略感奇怪："你咋不去前院直接呈送给老爷？"

"老爷进城坐诊去了。"吕管家回禀。

孔氏更觉奇怪："今儿不是腊月初七吗？不是老爷惯例三、六、九的出诊日子呀？"

吕管家颇有些担忧的神情："这些天，老爷几乎天天都去城里药材庄坐诊，也不让我陪着。听说在那儿除了问诊看病，一句话也不多说，好像有啥心事哩。"

孔氏有所误解，对此不太在意。

"明儿就是腊八喽，也就是老爷六十大寿的正日子。他不是说过，寿诞当日，有话要说，有事要交代嘛！也许就是为了这，心里有些乱吧。"

伊人从吕管家手中接过信函，放在案桌上。看着信封上端正恭谨的字体，不免好奇地发问。

"娘，北京的二老爷不常来信吧？"

"和咱老爷虽说是亲兄弟，但几十年都没见过面喽！这次来信，估计是知道咱老爷六十大寿就要到了，表表贺喜拜寿之意吧。"孔氏猜测着。

伊人离开后院，返回东院途中碰见了外出归来的崇仁。

"一大早起，就不见了你的人影！去哪儿了？"伊人关切地问道。

崇仁一脸兴奋："进城了。专意去拜访了几位酒坊掌坊，收获不小！"

两人一同走进自己的屋内，崇仁犹在兴奋地说着。

"待明日给咱爹过罢六十大寿，我那卖烧酒的计划就要敲响开场锣鼓喽！这一回，我要大干一场呀！"

伊人从案桌处拿过几本书籍递给崇仁："喂！你不是要卖烧酒嘛，我从我爹他们学校那儿专意给你找了几本有关造酒的书，不知对你有没有用。"

崇仁接过书籍，快速浏览了一遍各个书名：《酒经》《造酒法式》《白酒酿造工艺》《世界酒类博览会》。

"太好了！真是及时雨啊！我正需要补充补充这方面的知识哩！谢谢！谢谢你了！"

伊人顽皮地一撇嘴，娇嗔地抱怨着："谢谢，又是谢谢！自从我嫁到姬家，已经听了你多少个谢字了！"

崇仁将怀中的书籍放到案桌，用双手拥握住伊人的人，诚挚地表示："我是真心实意地谢你么！是你为了咱爹咱娘，为了怀远怀玉，更为了我做了那么多值得我发自内心感谢的事么！"

伊人非常幸福但又有几丝遗憾，学着崇仁的口头禅。

"人么！人生不知足，得陇又望蜀。能够得到你的认可和感谢，我当然高兴！但我又想要你的谢，又不想要你的谢么！"

"这是啥意思？"崇仁有些不解。

"懂得感谢别人，是因为你知情知义、感恩图报。但你我之间，谢字多了，就总感觉好像还有一层隔膜。等到有一天，你就是我，我就是你，也许就不用再说那么多的谢字了。"伊人憧憬地说着。

"你就是我，我就是你……"崇仁玩味地沉吟着。

腊八前日，小夫妻俩说着情话，感受到了彼此倾诉的快乐。

姬老爷也想找个人倾诉。压在心头的难言之隐又能对谁诉说呢？进城之后，他无心去药材庄坐诊，而是不自觉地去往了原二中新校舍的建筑工地。他知道，在那儿准定能遇见杜先生。

"我知道，你心情不好的时候，准定在这儿。"这是姬老爷见着杜先生时所说的第一句话，也是这次会面过程中姬老爷所说的唯一一句话。

"唉！心情当然不好！人生哪能多如意，万事只求半称心。可现在，连半称心也做不到啊！论国家大事，那袁世凯不顾国人反对，公然复辟做起了什么洪宪皇帝。看眼前小事，咱这学校……！唉！心情咋能好么！"杜先生落寞地坐在砖堆上，郁闷地看看四周，悲从中来。

姬老爷满腹心事，沉郁着脸，就便也在砖堆上坐了下来。

杜先生观察着姬老爷的神态脸色，似乎有所感觉。

"你不会也是心情不好吧？好像是有满腹心事，想找人一吐为快的样子。"

姬老爷身子微微颤动了一下，沉默不语。

杜先生为了调节谈话气氛，开始调侃。

"咋？不好说，还是不想说？那我就说说让你心情好的话吧。这男人一生有三大得意之事，你姬老爷可是都占全喽！一是少年得志，你早早中了举。二是中年得财，你经营着偌大家业。三是老年得子，我已听伊人说了姨太太有喜之事了。"

说者本是好意，听者却被无意刺痛。"姨太太有喜"是此刻姬老爷最不想提起的话题。他索性站起身来，一句话没说，径直离去。

杜先生莫名其妙，自言自语地猜测："看来我这玩笑开得不是时候，不知哪句话说得不美气了……"

话不投机半句多。姬老爷郁闷地打道回府。

姬老爷回到府中，一时不知该去往哪里，脚步习惯性地迈向了那棵柿子树下。不料崇仁已先到一步，正在此处等候着父亲的到来。

"爹，你是不是遇到啥不舒心的事了吧？我看爹这几日老是喜欢一个人在这儿坐着，就想着找个机会来闲谝闲谝。"崇仁仔细观察着父亲的脸容，并搀扶着他一起坐在石凳上。

姬老爷看着儿子，忽然觉得有了靠山。他很想将心中的块垒一吐为快，但话只能点到为止。他记得就在这棵柿子树下自己曾经说过的话。"为人，不可赶尽做绝；处事，务要留有余地。"他不想赶尽做绝，他要为其他人留有余地。

"要说爹心里有事，确实有事。但这事既不能对你娘说，更不想对别人张口。就是对你，唉！也不能明白直说。没人能说啊！压在我心里，就像一块大石头！"姬老爷说着自己的苦衷。

崇仁理解地看着父亲，娓娓劝解："爹不想说、不能说，就一定有不想说、不能说的理由。那就不说。就是不说，老天爷也会知道的。人么！人善人欺天不欺，人恶人怕天不怕。是非善恶，老天爷能明辨；进退取舍，老天爷能决断。咱自己心里的石头，自己该放下就放下么！"

崇仁接着又说起了自己儿时与父亲的一些谈话。

姬老爷默默无言，却好似有了某种顿悟。

所谓"顿悟"，意即顿时的醒悟、瞬间的释然。顿悟需要条件，比如柿子树下这个特定的环境，儿子崇仁这个特定的谈伴。顿悟更需要诱因，正是崇仁谈话中出现的某些特定词语，成了诱发顿悟的引子。

第二天就是腊八了，也就是姬老爷的六十周岁生日了。这一天的姬老爷，会有什么变化呢？

八、腊八寿宴

清晨，笼罩周原大地的雾霾渐渐散去。村庄上方，炊烟袅袅。各处时时隐约传来村妇的呼唤声音："娃呀，回家喝腊八粥喽！"

腊八节到了。

姬氏庄园前院厅堂正中，悬挂着太太孔氏亲手剪制的大大的"寿"字。

厅堂内的一张大八仙桌上，已碗筷齐备。

厅堂外的庭院中，家仆们正在摆放另外几张食桌。议论声不时小声响起。

"今儿是老爷六十大寿，就这几张桌椅咋能够用哩？"

"太太不是早就说过嘛，老爷六十寿诞，不大办寿宴，不请外客。"

"不请外客，那摆这几张桌椅作啥？"

吕管家由厅堂内走出，当众大声宣布。

"老爷交代了，今儿早起，合府上下，不论主仆，都到这前院来，大家伙儿一起喝腊八粥。各位就把手上的活计先放一放，都来喝粥。老爷大概有话要说哩！"

合府上下聚在一起喝粥，颇有一些仪式感，但饭菜却很简单。

厅堂内的主桌旁，姬府主家众人均已围坐就位，只有姬老爷的座席处空着无人。桌上，除了每人一碗腊八粥之外，只有简单的几样小菜和蒸馍。

厅堂外，各食桌旁围坐着吕管家及众家仆、丫鬟。食桌上的饭菜与厅堂主桌完全一样。

厅堂内外的众人，都端端正正坐着等候。全场很安静，无人喧哗。

怀玉忍不住端起了自己面前的粥碗，好像要偷偷先尝一口。身边的怀远扯扯她的衣袖示意。怀玉懂事地又把端起的粥碗放下，端正坐好，与众人一起静候。

姬老爷旁若无人地走进厅堂，径直走到自己的座位处坐下。

主桌所有家人的目光，都关注地盯向姬老爷。

姬老爷自己似乎并没有注意别人的关注，若无其事地随意端起自己面前的粥碗，大口喝了起来。全场依然很安静，只听见老爷一人喝粥的声响。

小半碗粥下肚之后，姬老爷伸出筷子去撩小菜。伸出的筷子停在半途，姬老爷似乎这才发觉主桌和全场其他食桌的人们都还端坐未动。

"吃啊！你们怎么都不吃？是嫌今日这腊八粥熬得不好？"姬老爷颇感奇怪地问着。

主桌边的姬家众人松了一口气，开始各自起动进餐。

吕管家看到厅堂内的动向后，也向厅堂外各食桌做出了开动的手势。

顿时，厅堂内外一片呼哧呼哧的喝粥之声。

一位家仆"哧溜"一下将碗中之粥倾吸到肚中，趁着到粥桶处盛粥的机会，悄声询问吕管家："老爷不是有话要说吗？咋没见动静，就喝上粥咧？"

吕管家不满地小声制止："喝你的粥！这香甜的腊八粥还堵不住你的嘴！"

主桌处。姬老爷气定神闲地大口喝粥。孔氏心中有数地慢慢小口啜粥。孟氏的筷子挑三拣四地在小菜碟中翻拨。崇德狐疑不定，不敢正眼瞧人，只顾埋头喝粥。崇仁似有不解地关注着父亲。伊人的注意力集中在照顾两个孩子。怀远、怀玉一边喝粥一边天真无邪地小声喧闹着。

其他食桌处。在吕管家的示意下，不少已经吃饱喝足的家仆，依然端坐着未敢率先离去。

姬老爷放下自己的碗筷后，看看主桌的情况，又伸头看了看厅堂外的各食桌，觉得时候差不多了，便大声咳嗽了一声。全场静了下来。

"各位粥都喝好啦？我有几句话要说。"

厅堂内外的众人都将碗筷搁在桌上，端坐静听。

"今儿腊八，也是老朽我的六十寿诞。早起这腊八粥，请大家伙儿一起喝，也就把这花甲寿宴算是办过了。各位可不要弹嫌这寿宴的饭菜简陋啊！"姬老爷说着，向厅堂外的方向拱拱手，以示抱歉。

"我早已声言在先，六十寿宴上有话要说，有事要交代。其实，也就是一件事、一句话。"

此言一出，众人皆聚精会神地注视着姬老爷，等待着他的下文。只有孔氏淡然自若。

姬老爷缓缓站起身来，提高了声量，大声说出了一个他早已作出的决定。

"啥事嘛？啥话嘛？那就是：从今儿起，喝罢这一碗腊八粥之后，我，我姬秉礼，就再也不是这姬府的老爷了！"

全场震惊。

厅堂内，除了孔氏依然平淡安坐之外，其余姬家众人均站立起来，惊愕地望着老爷，随即又把眼光询问似的转向孔氏。孔氏对他人的目光视若不见，只是亲切、依赖地望着自己的夫君。

253

厅堂外，吕管家一脸惊愕，率先站了起来，走到厅堂前台阶下恭敬站立，疑惑不解地望着自己相与几十年的东家老爷。众家仆、丫鬟们纷纷起身，围立在厅堂前，等待听取姬老爷的后话。

姬老爷伸手将崇仁拉近自己身边，向众人宣布。

"从今往后，姬府的大小事务就由大公子姬崇仁作主安排。也就是说，姬府现今的大掌柜，就是姬崇仁姬老爷了！"

崇仁一听，大感意外，急忙劝止："爹！这怎么可以……"

姬老爷一伸手掌，阻止了崇仁的话语。

"吕管家人呢？"

吕管家应声走到姬老爷身前。

"吕管家，所有需要请办禀报的事项，以后就不要再找我了。明白吗？"姬老爷特意对吕管家叮咛交代。

"明白了。老爷！"吕管家明确答复。

姬老爷听闻吕管家的答复，不满地盯着他不说话。

吕管家一时不知其意，但很快就恍然大悟，重新改口回应。

"明白了。老太爷！"

姬老太爷满意地点点头："对！就是这样！称呼也都要跟着改！"

怀远、怀玉也同众人一样，注意听着爷爷的话语。怀玉似乎有什么问题没弄明白，自己想了一会儿仍然不得其解，只好小声去问哥哥。

"爷爷说，称呼也都要跟着改，是什么意思？"

怀远想了想，小声回答："你以前的称呼是孙小姐，现在就跟着改为大小姐了。"

怀玉觉得很无所谓："我还是我，怎么称呼还不是一样吗？叫我大小姐，我也不能马上变大几岁。"

姬老太爷接着交代吕管家，要将姬府大掌柜变更的情况，多派人手，今日即传知遍告城内各相关店铺商号。吕管家连连应诺。

吕管家见一时无话，便趋近老太爷，刚要开口，又突然想起，改为趋向崇仁请示。

"老爷，堂下众人可否散去？"

崇仁一时尚不习惯,手足无措地望向父亲。

老太爷却装作没有看见,头部淡然扭向一边。

"都先别走!我也有话要说,有事要交代。"

一直安坐着的孔氏,缓缓站起身来。

"刚才,老太爷已经把姬府大掌柜的责任交给了崇仁。现在,我也把姬府内当家的担子交给崇仁媳妇。"

孔氏说着,一招手。

一个丫鬟手捧托盘,走上前来。托盘的绸布垫面上,除三四册账簿外,另有成串成串的几十把旧式锁钥。

伊人一下跪在孔氏面前,真诚地极力推辞。

"娘!可不敢呐!我不行,真不行!"

孔氏亲切地做着搀扶起身的象征动作。

孟氏嫉恨不满的神情充溢于脸面。

"噢!我娘升官喽!"怀玉喜悦地拍手跳跃着小声欢呼起来。

怀远一脸忧戚地拉过妹妹:"以后咱娘就没有时间陪咱玩了。"

怀玉顿时由喜悦转为失落。

孔氏面对吕管家及众家仆、丫鬟大声叮咛交代。

"记着!从这会儿开始,姬府内宅的大小事项都由太太杜氏当家作主。内掌柜的,不再是我孔氏老太太了,也不是老姨太太或者其他什么人。都记下了吗?"

众人回应:"记下了!老太太!"

孔氏拉起下跪的伊人,亲切地小声单独交代。

"老爷接手老太爷的那摊事,还可以有个逐步熟悉的过程。你这新太太上位,可没有多少时间练手啊!我这身子,说不行就不行了。"

伊人担忧地望着孔氏病态的脸色,一时无语。

"走吧,咱一起走。老太爷在后院内宅还有话说哩。"孔氏招呼着姬家众人。

期待已久、筹备已久的姬府老太爷姬秉礼的六十寿宴,就这样结束了。但腊八这一天,还没有过完。当日晚间,还有一些故事发生。

255

第十章　美哉柳林酒

一、家庭会议

　　一碗腊八粥喝过，姬府发生了很多变化。

　　姬老爷姬秉礼变成了姬老太爷姬秉礼。姬老太爷的日后打算和现时心态也发生了变化。

　　前院的腊八寿宴结束之后，姬家众人又齐聚后院内宅，老太爷有话要说。

　　"今后我打算每日都去咱'恒泰和'药材庄坐诊瞧病。为着方便，两三天后就搬回城里常住呀。你们呢，随各自心愿。想住回城里姬家大院，还是继续留在这城外姬氏庄园，都由你们。"姬老太爷抽着烟袋杆儿平淡述说。

　　"老太爷到哪儿，我当然是跟随到哪儿么！"孔氏首先表态。

　　崇仁正中下怀："我正准备和城里的各家酒坊掌柜们合伙儿做些事哩，住在城里方便联系么！"

　　伊人笑着逗弄怀远、怀玉俩小娃儿："咱娘儿仨，能让你爹一个人跑了吗？"

　　怀远、怀玉配合一般地振臂高呼："不能！爹到哪儿，我们就追到哪儿！"

"爹，怀远也该到城里学堂进学读书了。"伊人面朝老太爷补充说明。

孟氏暗自想着：他们都进城了，自己留在这儿倒自在，不知老三愿不愿意也留下做个伴儿。她一时沉吟不语，眼光瞟向崇德。

"我听爹的安排。"崇德极力躲避着孟氏的眼光，嚅嚅表示自己的态度。

"你随便。"老太爷口衔烟杆嘴，平淡回应。

"我也听老太爷的安排。"孟氏也随着连忙表态。

"你也随便"。老太爷依然一副平淡的口吻。

搬家之事就算确定下来了。孔氏信任地看着伊人点点头，表明了内宅事务已经移交了的意思。想着操办搬家的繁杂事项，伊人不免有些惶恐。

老太爷拿出那封北京来信，交给崇仁。

"把你二叔的来信念一下，前头那些问候的话就不必念了。"

崇仁从信封中取出信来，扫了一眼起首处，眼光盯着信函中间开始念起。

"曩者蒙皇上恩赐，擢弟为一品顶戴，内廷行走。此浩荡天恩，弟感激涕零，无以为报！虽空有官号，不预政事，然君臣大义……"

老太爷打断了崇仁的诵读："算了，不用念原文了。你把信中的意思说说就行了。"

"哎呀呀！咱北京的二老太爷得是又受到当今洪宪皇帝的赏识重用了？"孟氏一阵惊喜，忍不住插话询问。

老太爷翻翻白眼，没有理睬。

崇仁解释："这些年来，咱二老太爷多次拒绝了袁世凯的重金礼聘，不背旧主，始终在紫禁城侍奉那个已经退位的前清宣统小皇上哩！"

"伺候退位的皇上，那还有啥用？赏赐提拔的那些官号，也就只是个空名儿么！"孟氏大为失望。

崇仁手持信函，继续解说着大意。

"我二叔信中说，近来那个宣统皇上赏赐甚多，都是原来皇宫中的珍宝。按照宣统的要求，二叔将其中的一些珍宝变卖，在天津置业定居。二叔如今独居一所大院，替宣统看守着这笔巨富。因年老思乡，时时感到十分寂寞，希望咱周原的亲人们能够去天津看望他哩！"

崇德听到此处，一改漠然的神态，聚精会神听着，眼中冒出希冀之光。

"你们二叔光绪年间进士出身，年轻时即在朝廷为官。遵循咱姬家祖先传下来的家规：为官者不经商不发财。你们二叔他讲求清廉，自我规诫甚严，伤于忧国情怀，终身未曾婚娶，未置家产。"老太爷回忆着说起往事。

孔氏补充说道："那些年，京官正途的俸禄不高，开销却不少。咱二老太爷又不肯收取外财，所以有时生活难免拮据。咱周原老家时常都接济他银两哩。"

"当年前朝重臣，时常囊中羞涩。如今一介草民，反倒成为巨富。不过，这巨富要随时听候宣统调用，并不是你们二叔的私产。"老太爷哂笑着站起身来。

崇仁将信函交还给老太爷。

老太爷摇晃着手中的信函，放心地看着崇仁。

"希望家人去天津看望？此事如何是处，……如今是你崇仁当家了！"

家庭会议结束后，伊人感到十分惶恐和紧张。新官上任，即刻就面临着主持搬家的重大责任，而且准备时间很短，老太爷的交代是"两三天后就搬回城里常住"。城里的姬家大院，伊人一次都没去过，那儿的情况一无所知。经与孔氏商议，伊人决定当日下午即由吕管家陪同进城，提前安顿好城里大院的各项准备工作。

家庭会议结束后，崇德也感到十分惶恐和紧张。近来发生的事变，已使他暗暗下定了"这个家不能再待下去"的决断。他从天津二老太爷的来信中，似乎为自己找到了一条新的出路。在脱身之前，他还有事要办。他已生发出了一个恶毒的计划。这计划使他惶恐，而且感到紧张。"两三天后就搬回城里常住"，到时可就不像城外庄园里这般好下手了。尽管他当面表态"听爹的安排"，实际上他压根就不打算随同家人一起搬回城里。

家庭会议结束后，老太太孔氏感到一身轻松。她不仅为自己交卸了内掌柜的责任感到轻松，更为老太爷心境的变化而感到轻松。

家人散尽，内宅唯有老两口儿絮谈。

"老太爷呀，自今往后，你就可以歇歇肩、喘口气儿啦！昨儿我还看你心里不畅快的样子，今儿寿宴上好像一下子就轻松了。"孔氏心疼地望着老太爷。

老太爷点点头，十分认可孔氏的观察结论。

"昨儿我在前院那柿子树下，同老大闲诌了几句，确有所悟啊！"

孔氏欣慰地一笑，语近调侃。

"怎么？儿子给老子当先生、老爷给老太爷上课了？"

老太爷轻松一笑："老大小时候，问我他名字中的那个'仁'字，是啥意思。我说，仁者，爱也，恕也。对亲近自己的人要爱，对伤害自己的人要恕。昨儿老大把这几句话又还给我了。"

孔氏似有不解："这话也平常得很，还能让你确有所悟？"

"时候不同，处境不同，领悟自然不同啊！孔夫子说，六十耳顺。啥叫耳顺？就是好话赖话能够听得进，真话假话能够辨得清。话中有话，要能理解。话中没有的话，也要能参悟。"老太爷大发感慨。

孔氏大感兴趣地继续追问："那你究竟都参悟了些啥么？"

姬老太爷发自内心深处似的说起："内心的纠结，当放下时须放下；外人的伤害，得饶人处且饶人！"

孔氏并不明白姬老太爷的顿悟心境，反而有所疑惑。

"最近也没见有人伤害你么！……倒是小心你伤害着别人。下院老姨太太那里，你有多少日子没有去了？人家有了身子，你应该多关心关心。"

姬老太爷缓缓点头："我今晚就去看看她……"

孔氏似还有话说，几次欲言又止，终于还是忍不住地说出口来。

"老三最近一直怪怪的……。自从南方回来后，突然改口随着众人称呼我为太太、老太太，没有叫过我一声娘！是不是听到啥闲言碎语了？"

二、同样的月光

伊人在吕管家的陪同下，查看了城里姬家大院的情况。大院常年有人留守，随时居住并无大碍。伊人见此，略觉放心。返程途中，她与吕管家又商议些具体事项，决定了当晚及次日的急务安排。

回到城外姬氏庄园时，天已擦黑。伊人想了一下，决定次日一早再向孔氏禀报。她先去查看安顿了怀远、怀玉歇息，而后匆匆回到了自己和崇仁的住屋。

崇仁正在阅读那些有关造酒的书籍，看到妻子忙碌辛苦的样子，心疼而关切地问道："这就接手啦？"

伊人一脸发愁："这么多的事情，想想头都大！……咱娘这么急着交代家务账簿，恐怕……恐怕她自己有啥不好的预感。你……咱们要多注意一些娘的身体哩！"

崇仁放下手中的书籍，走近伊人，轻轻将她揽在怀里。

"你自己也要多注意身子哩……听说下院老姨太太去了一趟姜嫄殿就灵验了。要不，你抽空也去一趟？"

伊人露出可爱的笑容："你让我去姜嫄殿祈求啥？其实，姜嫄殿我早就去过了，不过可不是为了你想的这个事。"

"你啥时去的，我咋不知道。"崇仁感到奇怪。

伊人笑着伸出手指点点崇仁的额头。

"我去的时候，还没见过你的面哩！虽然没有见过面，但却听过你说话，知道你是个好人。我去姜嫄殿，是为了禳解你曾发过毒誓。"

"听我说过话？那是啥时的事？"

"有一回，你和赵善人赵伯一起去书院找我爹，谈的是创建新式学堂的事。当时，我被困在里间不方便出来么。你在外间大谈特谈除三害、兴三利，我可听了个一清二楚。心里想着，这么好的人，长得咋么么？想偷看一眼，没敢看，也不好意思看么。哪承想，这个好人竟然成了我的夫君，我可以天天看着了。"

伊人说到动情处，忍不住双手捧着崇仁的脸庞，仿佛看不够似的。

崇仁却想到了另外的场景，急切而认真地追问。

"你去姜嫄殿，具体是啥时候？"

"就在我出嫁的前两三天么。"

崇仁恍然猛醒似的小声叫了出来："那就对了！是你！就是你！我也同样，之前虽然没有见过你的面，但却听到过你说话！你是不是在姜嫄殿神像前祈求了三个心愿，其中第三个心愿是：愿我和我的夫君能够相知相契、相亲相爱？"

260

"是啊！你怎么知道的？"伊人大感奇怪。

"嗨！当时我也是被困在神像之后，不方便出来么。听着一个女子祈求的心愿，觉得好像与我有关，想偷看一眼，也不好意思看么！后来，当我追撵出来，人已不见了踪影。"

伊人不好意思地撒起娇来："好啊！偷听了人家女子的心里话，还想偷看女子长咋样。你忘了，姬老爷，非礼勿听，非礼勿视！"

崇仁还沉浸在自己的回忆之中。

"一个在场的道姑告诉我，那女子出嫁前专意到姜嫄殿祈祷，情愿自身替未来的夫君挡灾遮难。我向那姑婆打听女子的情况，姑婆叫我不要自作多情，说那女子已经有主了。"

伊人也陷入回忆之中："那位姑婆当时对我说了不少宽解鼓励的话，到现在我也都能记得。"

崇仁感慨着："姑婆最后对我说：人呐！就是个缘呐！"

伊人真诚地望着崇仁："人生是缘，但不尽然。当初你家来提亲，说是只能纳妾、不可婚娶。不说我爹咋想，就我也不可能接受么，这不是大户人家仗势作践人吗？"

崇仁一脸歉疚的表情，欲作解释。

伊人宽容地笑着摆摆手："不用解释。其中的过节后来都清楚了。你知道吗？就为这事，赵善人赵伯在进山修道之前，还专意去了一趟我娘家，不仅对我一番游说劝导，又给我爹留下了一封信。"

这些情况崇仁还是第一次听说，不免大为感慨。

"看来缘分不只是你我两人之间的事，如果没有赵伯的好心撮合……"

"如果就太多了。如果没有咱爹咱娘的真诚关爱，如果没有我娘家爹娘的宽容大度，如果没有我与怀玉的巧遇垂怜……"

崇仁疑惑不解："这里有怀玉的啥事嘛？"

伊人调皮一笑："这是我和怀玉之间的秘密，不能告诉你哦！"

崇仁与伊人相拥着，坐在窗前，看着窗外的半轮明月，幸福感洋溢在两人的脸庞。

崇仁附在伊人耳边，期盼地小声说道："姜嫄殿，有缘之地啊！有机会咱俩一搭儿再去一趟。"

伊人调皮地揪揪崇仁的耳垂："老实说，你去那儿想干啥？"

崇仁意味深长地笑着不说话。

伊人改容正色，认真地说着："说真的，有怀远怀玉，我就已经知足了。"

崇仁故意露出不以为然、并不知足的神情。

伊人在崇仁怀里依偎得更紧了一些："当然，知足不知足，还得看你呐！我的姬老爷。"

相爱的两人情不自禁地拥吻在一起。

半轮新月。清冷的月光，不仅射进了情热的窗内，同时也洒满了整个庭院。

月光下，姬老太爷走近那棵柿树，手扶树干，仰望星空。放下执念，不再纠结，他的心里轻松了许多，脚步似乎也轻快起来。他正向下院方向走去。

同样的月光，毫不吝啬地洒映在下院孟氏住屋关闭着的窗棂上。屋内，孟氏神情寂寞地孤坐在梳妆镜前。这面颇为时髦的西洋式梳妆镜，是老太爷（当时还是老爷）专门派人从省城为她购买的。她很喜欢这面镜子。她知道，整个姬府包括孔氏的住屋都没有这种洋式的梳妆镜。从这面镜子中，她感受到了老太爷对她的疼爱。如今，镜中映出的只有她孤寂的面容。

突然，敲门声轻轻响起。

很长时间以来，没有人在这个时辰来敲这扇门了。孟氏惊疑地起身开门。姬老太爷默默站在门口。

"老……老太爷，你怎么还会到我这里来？"孟氏意想不到，难免张口结舌。

老太爷环顾四周，看看屋内寂寞冷清的样子，不禁长叹了一口气。"唉！是太冷清了。"说着，他亲自回身关闭了房门，在座椅处坐了下来。

孟氏看到老太爷不是马上就走的样子，很是高兴，也赶紧找座坐了下来。

"当初我就说过，你正当青春妙龄，陪伴我这老朽，让你受委屈了。"老太爷发自内心地开口诉说。

孟氏颇为感动，一时也感到了自责："我……我一时糊涂，做了错事。"

老太爷举手制止了孟氏的自责之语。

"啥话不说！过去的事，就让它真的过去吧！我今晚过来，是想和你商量搬回城里住的事。你还是随我和老太太一起，搬到城里大院去住吧！一个人留在这里，太寂寞了。再说你身子不便，也需要有人照顾么。一家人住在一起，总归要好些。"

孟氏不觉喃喃自语："一家人？老太爷你还拿我当一家人？能宽容下这个娃？"

老太爷诚恳地望着孟氏："我是姬家老太爷，你是姬家老姨太太。你生的娃，就是我的娃。咋不是一家人哩？"

"我……我真不是个人！"孟氏惭愧而激动，摇晃着站起身，一时身体明显不适。

老太爷扶着孟氏坐下，为其号脉。

"没啥大事。回头我开好药方，明儿让他们抓好送来。你早些歇息吧。"老太爷起身准备离去。

孟氏内心非常希望老太爷今晚留下不走，但始终不好意思开口，只能眼巴巴看着老太爷离去。

老太爷刚走到屋门，忽然又转身返回。

孟氏面露惊喜。

老太爷没有说话，只是示意孟氏坐下再次为她把脉。

老太爷表情十分复杂，一手把着脉，一手掐指计算着什么。

姬老太爷离开下院后，步履沉重地缓步而行。时而停下脚步，似乎犹豫着是否继续前行。

同样的月光，同样映洒在崇德住屋门前。

老太爷踌躇再三，仿佛下定决心一般，快步走到门前，轻轻敲起门来。门内没有反应。

老太爷加大了敲门的力度，敲门声响更大了。门内依然没有回应。

不远处，巡夜的吕管家闻声而来。

"老太爷，三老爷不在屋里，后半晌儿就进城去了。"吕管家向老太爷报告。

"进城？没说进城干啥去了？"

"说是身子不适，要去城里药材庄看病抓药。"

"看病抓药？"姬老太爷充满了疑问。

三、"酒海"

一大早，姬府新任大掌柜姬崇仁老爷即驱车进城，直奔顺昌酒坊而去。

周原自古酿酒业发达。是时，仅凤翔城内及城西柳林镇，较大规模的酿酒作坊就有数十家之多。姬府经营的顺昌酒坊，其产量及酒品质量，当属其中的佼佼者。

顺昌酒坊梁掌柜正与伙计们搬运酒篓，准备装车外运，忽然看见崇仁前来，不禁喜形于色。

"呀！姬大老爷！昨日才新官上升么，咋今儿一大早就进城来咧？"梁掌柜系崇仁"发小"，彼此说话颇为随意。

"今日进城，并无他事，专意来找你梁掌柜的哟！"崇仁兴致颇高。

"昨儿下午，接获姬府通知，老太爷将大掌柜的担子交付予你了。好事么！咱先进店里喝两盅祝贺祝贺？"梁掌柜拱手祝贺后，又作出礼请入店的手势。

崇仁摆摆手："你的酒总是要喝的，但不是此刻。你先引我去酒库看看。"

顺昌酒坊占地颇广。前面是售酒的店面，后面是酿造的作坊。此外，还有一座储藏陈放成酒的大规模酒库。酒库内，成排成排贮放着巨大的盛酒器具"酒海"。

周原各家酒坊常用的盛酒器具，外壳以藤条编成，内则以猪血、豆腐为浆，麻纸、白布糊之。复糊多次，晾干即可。此类器具，小者称为"酒篓"，可盛酒五斤、十斤乃至一二百斤。大者称为"酒海"，一尊酒海可盛酒数千斤乃至上万斤。

顺昌酒坊的酒库内，梁掌柜领着崇仁在成排的酒海之间穿行，边走边看边介绍。

"这些是今年新酿之酒，经过多年陈放后，口感才会更好。"梁掌柜说着，手又指向远处的一排酒海，夸耀之色形于脸上："那边的都是储存期在十年以上的老陈酒。酒篓封口一打开，那酒香扑鼻香得没法说。就是不打开酒篓的封口，隔着篓子也能透出一股香气出来！"

崇仁点头赞赏着，仿佛随口一问。

"咱这酒库，最大的贮藏量是多少？"

"那就大得很了！"梁掌柜仿佛觉得那就是个无法计算的天文数字。

"我看着，不够大！"崇仁摇头表示不够满意。

梁掌柜不服气地辩白着："咋不大？在咱全县不是数一就是数二！"

"咱的眼睛，不能只看眼皮子底下的这点儿光景么！走，咱上店里去谈。"崇仁拉着梁掌柜离开了酒库。

酒坊前店内，前来洽谈购酒或直接沽酒的顾客甚多。

梁掌柜领着崇仁来到内室。

崇仁刚刚坐下，梁掌柜一手各端着一只酒碗走来，顺手递给崇仁一碗。

梁掌柜端着自己手中的酒碗，看看，闻闻，抿了一小口："姬老爷尝尝，新酒，还没有经过勾兑和陈放。"

崇仁端起酒碗，先闻闻酒味，看看酒液的色泽外观，又晃晃酒碗，观察酒液挂壁的情况，然后送到嘴边，小抿一口，品咂品咂，接着又是一口豪饮，吞咽后作回味状。

放下酒碗的崇仁，赞不绝口。

"好酒哇！清香浓香融为一体，清而不淡，浓而不绝，酸甜苦辣香，诸味谐调。真是好酒！梁掌柜你是欺负我不懂酒？这绝不可能是没有经过勾兑陈放的当年新酒！"

梁掌柜先是狡黠一笑，然后佩服地伸出大拇指。

"我这是要你检验哩，检验咱的酒到底咋样。我也是对你检验哩，检验咱的新老爷到底懂不懂酒。以往咱酒坊的事都是老太爷直接经管，你大少爷很少过问么。行！有酒把式掌柜，咱酒坊的事准定能办好！"

崇仁还在品咂着酒香的余味。

"梁掌柜，说实在的，在其他地方我还真没喝到过像咱西凤这样的好酒啊！"

"姬老爷，你这是老王卖瓜、自卖自夸喽！姬府是咱顺昌酒坊的大东家，自家的酒，当然自家人爱喝。"

崇仁笑了笑："梁掌柜此言差矣！我还真不是老王卖瓜、自卖自夸。今日来此，就是要告诉你一个好消息的。你还记得一年前，我曾经向你调用了二百篓咱的酒吗？"

梁掌柜记得很清楚："咋不记得？要年份六年的，要五斤一篓的，要包装精美，要便于运输的。当时我就想，这恐怕是姬府要往远处去送礼哩！"

"远是真远，跨洋过海，万里之遥，美国的旧金山。但不是送礼，而是代表咱中国参加那儿举办的万国博览会。"崇仁充满自豪地介绍着。

梁掌柜大感兴趣地急切发问："结果咋相？"

崇仁从怀中掏出一张报纸，兴奋地甩动着："广泛赞誉，评价甚高！荣获世界白酒类银牌奖！咱自己还不知道哩，京城的报纸已经发消息咧！"

梁掌柜一把抢过报纸，兴奋地查看着。

崇仁接着又向梁掌柜说明了自己关于"卖烧酒"的一些新想法。梁掌柜虽然有疑虑，但总体赞成。

崇仁交代："请你多派出些人手，分头传话递信，明儿把咱全县城还有柳林镇这几十家酒坊的掌柜们都邀集到一搭儿，共同商议商议，如何？"

"能成，没麻达！"梁掌柜一口应承。

"地点嘛，就在'群贤居'酒楼。咱中午总该请大家伙儿吃顿饭、喝喝酒么！"崇仁说着，笑了笑，补充了一句："不过，这中午的酒，可不能只喝咱'顺昌'一家的噢！"

梁掌柜不解其意。

崇仁趋近附耳说了几句。梁掌柜笑着点点头，爽快答应。

"这差事有点麻烦，但能办到！"

崇仁离开顺昌酒坊后，直接去了吐哺中学校杜先生处。明日各酒坊掌柜的聚会，杜先生是不可缺少的主角。崇仁早已拜托过他，请他在此聚会上讲讲周原古酒的典故。崇仁相信，有德高望重的杜先生出面讲解，必能使酒坊掌柜们增强"承续先人余绪、光大周原酒业"的信念和信心。

对于崇仁拜托之事，杜先生满口答应。因搬家在即、府中杂事颇多，崇仁急于返回城外庄园，正事说完，随即告辞。临分手时，杜先生郑重其事地将一个小包袱交付崇仁手中："崇仁你回府后,把这包袱交给伊人。里面有些重要物件,你途中注意经管着,不要随意丢失了。"

四、各有所忙

姬府新老爷崇仁进城忙着酒的事。姬府新太太伊人在城外庄园里忙着搬家的事。

一大早,伊人就与吕管家来到后院向孔氏禀报有关搬家事宜的各项安排。

"城里大院昨日已去做了安排。爹和娘居住的后院,老姨太太居住的东院,崇仁和俩娃儿还有我居住的西院,给兄弟们和来客准备的偏院,都已安置妥当。初步定在后日一早搬迁。搬迁时所需的车马、人手也都预先做了准备。"伊人不慌不忙地做着汇报。

孔氏对城里大院各院落的居住分置方案表示满意,特别又强调了搬迁日期不可延后。"既决定后天搬迁,庄园这边需搬运过去的行李物件都须提前打包装扎,不可迟误了后日搬迁的时辰。"

伊人点头应承:"庄园这边各院都已经开始准备了。一会儿,我和吕管家再给各位管事交代交代。今儿明儿两天,准备时间完全来得及。搬迁日期不会延误,请娘放心。其他方面娘还有什么交代吗?"

孔氏略微想了想,提醒式地问了一下。

"下院老姨太太那里,有人帮助打点了吗?"

吕管家禀报:"回禀老太太,太太已特意交代,下院那里要多派几个人手,因为老姨太太原来不想搬回城里,所以一直没做搬家的准备。现在临时收拾张罗,事情自然要紧火一些。"

孔氏点点头:"老姨太太身体不适,也要有人照顾。"

"老太爷已为下院开了药方,太太安排了下人正在煎熬着哩。"吕管家回复。

"谢谢娘的提醒。我抽空到下院老姨太太那里多去几次,看看她还有什么交代和吩咐。"伊人说着,同吕管家一起匆匆离去。

下院那边,孟氏正在自己动手收拾打包衣物,嘴里还哼唱着秦腔小调。

老太爷昨晚一席话，使她颇受感动，心情畅快不少，身体不适的状况似乎也明显改善。

老太爷连夜开好药方，连夜派人进城抓药。一大早，伊人即催促丫鬟将药煎好。孟氏看在眼里，心头感觉到丝丝暖意。

孟氏在丫鬟的服侍下，将药汤喝完，皱着眉头，赶紧以清水漱着口中的苦味。

丫鬟见状，好心问着："老姨太太，这药汤是不是太苦啊？"

孟氏擦拭着嘴角处残留的药渣，抚着胸口："这药汤喝到嘴里当然是苦的，但心里却感到舒坦么！"

丫鬟收拾好药罐、药碗离去："老姨太太，你先歇息着。我一会儿就来打包收拾行李。太太说了，不要让老姨太太累乏着了。"

丫鬟刚走，崇德探头探脑走了进来。

崇德昨夜进城，早晨返回姬氏庄园后，一直在下院附近徘徊，等待着单独与孟氏见面的机会。

"我只一句话。我想去天津投奔二老太爷，你愿意不愿意同我私奔，一起远走高飞，离开姬府、离开周原这个是非之地？"崇德瞅着周围无人，马上抓紧时机小声问道。

孟氏一愣，思忖再三，终似下定了决心，难以启齿地开了口。

"三老爷！人错了，不可再错！咱老太爷真是好人呐！我不忍心……。这肚里的娃，是我的错，与你没有……"

丫鬟的声音逐渐走近。

"那你就等着自作自受吧！"崇德恶狠狠地打断了孟氏的话头，急慌慌溜走了。

孟氏渐趋平静的心境，被崇德的到来而打破弄乱。她心神不定地原地转了几圈，决定去后院看看老太太孔氏。

后院庭园中，孔氏坐在藤椅上闭目晒太阳。她似乎很享受这恬静的时刻。自交卸了姬府的内掌柜的担子，她感觉轻松多了。

孟氏静悄悄走近，不忍惊扰老太太的美好时光，遂悄然候立。

孔氏无意中一睁眼，惊奇地发现了站在那里的孟氏。

"我想过来给老太太请安。以往是我不懂事……"孟氏规规矩矩地表示问候。

孔氏大度地摆摆手:"自家人不必客气。倒是听说你的身子不爽嘛。咋个相了?"

孟氏活动活动身腰,似乎很轻松的样子。

"服用了老太爷开的汤药,感觉好多了。"

孔氏面露得意之色:"咱老太爷的医术没得说,药到病除么!"

两人聊着天,孟氏心里又趋平静。

与后院这种悠闲、恬静的气氛不同,东院则是一派忙乱的景况。伊人与吕管家分别给各位管事交代了任务、明确了责任。众人各自领命而去,各司其务。

吕管家刚刚迈出屋门,就与急匆匆归来的崇仁碰了个迎面。

吕管家还在为刚才伊人的干才所折服,由衷赞佩地感慨着:"老爷啊,太太真是个练干人!一二三四五,一五一十,项项要求交代得清清楚楚,件件事情安排得妥妥当当。本以为全府搬家,不知有多麻烦哩!现时看来,只要按照太太的交代去办,就不会有大麻烦的。"

崇仁有事心急,不欲多说,应付着打哈哈。

"好,好!吕管家辛苦啦!我还要去找老太爷有事……"

伊人闻声由屋内迎出。

"回来啦?事情办得还顺利?"

"你去忙吧。"崇仁先将吕管家打发离去。

"我刚从你爹那儿回来,明儿我要请他老人家喝酒,还要请他讲课哩。"崇仁告诉伊人。

伊人笑着问道:"啥事嘛?"

崇仁一副着急慌忙的样子,顾不上细说,只是将手上的那个小包袱递给伊人。

"这是你爹给你捎的东西,说是里面有重要物件,是啥我也没顾上看。我还有要事去找老太爷……"崇仁说着,匆忙离去。刚走了几步,又转过身叮咛:"搬家的事,不要太操心了。一次搬不完,还可以分几次搬嘛,反正离得又不远。"

崇仁急匆匆穿过庭院,却被正在道中等候着的崇德拦住。

"哥,整日见不着你的人影儿,知道你忙!我只一句话。去天津看望二老太爷的差事交给我吧!"崇德直接提出了要求。

崇仁"卖烧酒"的计划正需要帮手,他一把拉住崇德的胳膊,兴奋而诚恳地说服动员着。

"三弟,我正想着咱兄弟联手办件大事哩!把咱凤翔烧酒卖到全天下!……"

崇德兴致索然地打断了崇仁的话头。

"酒、酒、酒!难道这烧酒比你兄弟的命运还重要吗?爹已说过,这事由你做主。你现在是姬府的大老爷么!我只要你句痛快话!不过,不管你咋说,我都是非走不可!"

不远处,传来了姬老太爷的咳嗽声。崇德闻声一惊,好像是不敢和父亲见面似的,赶紧溜走了。

崇仁望着崇德匆匆溜走的背影,失望而无奈地大摇其头。随后,他刚欲转身离去,看见老太爷已缓步走至近前。

"爹,我正急着要去找你哩!"崇仁连忙招呼。

"刚才那人是谁?咋一见我就像老鼠见了猫一样溜得倒快!得是老三?"姬老太爷眼看着崇德刚才离去的方向,疑惑着发问。

"就是的。他来找我,想讨要去天津看望二老太爷的差事。我本想着让他帮我……。唉!人么!树挪死,人挪活。也许换个地方,我三弟他还能重新振作起来。"崇仁的态度似有松动。

姬老太爷极度失望地摇摇头:"他呀,不是重新振作的事,而是看他能不能改邪归正、重新做人呐!"

老太爷又将一个信函交给崇仁:"这是我给你二叔的回信。你回头看看,先放你那儿。啥时候办嘛,咱再斟酌斟酌。"

看到老太爷似乎就要离去的样子,崇仁急忙拦住了父亲。

"爹,你老人家先别急着走。我急慌慌跑回来,就是为明儿的一桩大事急事,想向爹讨教哩!"

"我已经知道了，酒的事么。你掂量着办就是了。崇仁啊，你现在是咱整个姬府的大掌柜，遇事不可过于急躁冒进，但该做主时就果断做主，看准的事就大胆去办么!"老太爷不慌不忙说着，语气中充满了信任和鼓励。

崇仁感激而诚恳地望着父亲："爹，您老经过的事多，见识也广。您若明儿能到酒坊同行的聚会上露露面，帮着把把关，我就更踏实了。"

"不要等我，你们商议你们的。我如果要去，也就在后面悄悄听听就是了。"姬老太爷未置可否，说了个活话。

五、说酒

太阳落山又升起。新的一天开始了。

天刚蒙蒙亮，姬氏庄园门外已有一辆早行的马车即将起动。姬府老爷姬崇仁又要进城去办关于"酒"的大事。夫人伊人在车前送行。

"明儿一早咱就要搬家呀。今天你可不敢在城里耽搁太晚，尽量早些回来。"伊人千叮咛万嘱咐。

"谨遵夫人之命!"崇仁开玩笑似的唱个大喏，随即乘车而去。

车行至县城城门处，只见进城的马车颇多。路人驻足纷纷议论。

"今儿一大早，咋会有这么多马车，排着队进城哩!"

"你没见？来的都是柳林镇各家酒坊的掌柜么！听说姬府老爷做东，请喝酒哩!"

"请酒坊掌柜喝酒？酒坊掌柜还能少得了酒喝？"

听着这些议论，崇仁不禁一笑，催促车夫："今儿咱是做东的主家，迟到了不好，走快些吧!"

"群贤居"酒楼门口，崇仁及梁掌柜迎接来宾，不时拱手招呼着客人。

来客陆续进门，鱼贯而入。

一名司仪在大声唱名通报来客。

"德兴昌，李掌柜!""顺兴丰，刘掌柜!""义盛福，张掌柜!""德生祥，孔掌柜!""福顺海，赵掌柜!""一家春，严掌柜!"……

酒楼各餐桌处，宾客已基本坐满。落座后的宾客们相互招呼着，调侃着，

271

十分热闹。

主桌就座的人员中，有雍容平和的杜先生，受宠若惊的孟老板，新奇谦和的岐山"胡记钱庄"胡老板等人。

酒楼门前，似乎再无新的来客。

"人基本到齐了。"梁掌柜趋近崇仁身边，小声报告。

崇仁的眼光还在往远处搜寻。

"老太爷没有来。"梁掌柜显然知道崇仁的心事。

崇仁感到一些失落和遗憾："原本老太爷就没说死一定来。咱就开始吧。"二人走进酒楼。

主桌上，崇仁同坐在其身边的杜先生低语几句后，站起身来。

喧闹的会场逐渐安静下来。

"各位掌柜，今日聚会，两件事。一是喝酒，二是说酒。有人说，请酒坊掌柜喝酒，这不就是给东海龙王献鱼虾、给山神老爷送石头么！"

崇仁的开场白，使全场笑声四起。

崇仁接着说道："意思就是各位整日就是同酒打交道的，还会稀罕喝酒么？稀罕不稀罕，一会儿喝着就知道咧。咱先办第二件事，说酒。人么！人不亲行亲。诸位都是酒坊同行，说起酒来，话就多了。不过，咱凤翔烧酒到底有啥说道，知道的人就不多了。所以，今日专意请了我的岳丈大人、学堂的杜先生，先给咱讲讲凤翔烧酒的典故。"

全场宾客热烈鼓掌。

掌声中，杜先生站了起来，缓缓而言。

"刚才崇仁说了，请酒坊掌柜喝酒，就等于给东海龙王献鱼虾、给山神老爷送石头。现在，我给酒坊掌柜说酒，也好有一比，叫作：鲁班门前耍大斧，孔子府里卖文章。"

全场又是笑声、掌声、议论声四起。

"我先给诸位讲个故事吧。话说大唐高宗年间，西域波斯国的王子参访大唐后回国，路途经过咱凤翔地界……"

……

大唐盛世，万国来朝。时有"九天阊阖开宫殿，万国衣冠拜冕旒"的诗句。西域波斯国王子在唐都长安逗留多年，后因其国国王去世，唐高宗决定派兵护送王子归国登基。率兵护送的大臣，就是唐代著名儒将、时任礼部尚书的裴行俭。

裴行俭陪同波斯王子由长安出发，一路谈笑风生，纵马驰缰，不几天工夫就进入了凤翔——丝绸之路的必经之地。

"裴大人，大唐国土辽阔，物产丰盈，真是让我大开眼界啊！"波斯王子感叹不已。

裴行俭雍容大度，随口笑问："王子殿下，大唐何物使你最为难忘啊？"

波斯王子想了想，摇着头似乎无从说起。

"太多啦！不胜枚举。就说现在吧，离开长安还没有几天，我就已经开始怀念起长安城头上的明月、长安酒肆中的美酒喽！"

军卒来报："裴大人，前方就是凤翔府柳林镇。"

裴行俭以鞭遥指远处的一个亭子，对军卒下达指令。

"就在前方亭子处稍作歇息，今夜就住在柳林镇吧。"说着，裴行俭又转身面向波斯王子。"王子殿下，今夜你就会有好酒喝喽！"

此时的波斯王子，却全神贯注地被另一现象所吸引："裴大人，你看那边！"

那座名叫"亭子头"的路边小亭。亭边树下，群蜂"嗡嗡嗡"地围绕成一团，似乎昏昏迷迷，欲飞不起。成群的飞蝶摇摇晃晃飞着，不时有蝶纷纷坠地。

裴行俭与波斯王子下马步行至亭边树下，一股强烈的酒香扑鼻而来。循着气味，军卒们在树下挖出了一个陶坛。

裴行俭走近一闻，喜形于色："窖藏老酒，浓郁芳香啊，难怪蜂蝶闻着都被醉倒了。"

裴行俭与波斯王子遂在"亭子头"小亭的石桌石凳上开怀畅饮，并交代在挖出陶坛处，埋入几枚波斯金币。

波斯王子不胜感慨："遇见这酒，就是你我与这酒之间的缘分呐！"

"如此美酒，岂可无诗！来啊！笔墨伺候！"酒兴激发了裴行俭的诗兴。

"送客亭子头，蜂醉蝶不舞。三阳开国泰，美哉柳林酒。"

一篇诗作，便在石桌上书就完成。

波斯王子感慨而言："我一定要把这坛中华美酒和本王子在凤翔的奇遇带到遥远的西域去！当然，还有裴大人的这篇诗作。"

……

杜先生讲述的这段故事，并不是瞎编乱造。裴行俭护送波斯王子归国事，正史明文有载。在"亭子头"因蜂蝶醉舞而巧遇柳林酒事以及那篇诗作，则见诸方志野史。

听了杜先生所讲的故事，众宾客议论纷纷。

"呀！咱柳林酒在唐代就很有名咧！"

"亭子头，这地名现在还在哩，就离咱县城不远么。"

"咱老先人开创的美酒名号，可不敢在咱手里给败坏糟蹋了！"

杜先生对众人的议论点着头表示认可，继续说酒。

"其实，早在周公时代，周原就有'为酒为醴'的记载。到了汉代，周原所产的关中'白薄'酒，已名扬天下。波斯王子所尝到的唐代柳林酒，以甘泉佳酿、清洌醇香著称，不仅列为贡品，畅销中原，而且还通过丝绸之路远销到了西域。"

众宾客有的点头赞赏，有的入迷神往，有的似乎很想插话却又欲说还休。

姬老太爷悄悄进入会场，在无人关注的地方就便坐了下来。

酒楼伙计开始在各食桌布设酒具。

崇仁为杜先生奉上一杯热茶："爹，您先歇会儿吧。"

见伙计们布设酒具已毕，崇仁站起身，面向众宾客宣布："说酒，咱以后还有机会慢慢说。现在，就请各位喝酒！"

随着崇仁的话语和手势，众宾客仿佛刚从"说酒"的沉迷中苏醒过来，低头看向各自面前的食桌。

每位宾客面前，各排列着八只酒盅。

"姬老爷，这是个啥喝法么？"宾客们一个个惊异不解，有人大声发问。

六、喝酒

姬府新老爷姬崇仁请众酒坊掌柜喝酒，每人面前各摆了八只酒盅，这是什么喝法呢？

"在座诸位，每人面前都摆着八只酒盅。八只酒盅里的酒，看起来都是一模一样的，没有什么差别。但究竟口味有没有区别哩？各位逐一品尝，比较比较，咱再说后面的话。各位，请！"崇仁开宗明义。

宾客们开始逐一品尝各自面前的八只酒盅中的酒。

没有比较就没有鉴别。一比较就发现了其中的差异。表面上看起来没有多大差别的酒液，入口后即有不同的感觉。各种不同的评价之声也纷至沓来。"这酒好，味正！""这盅酒寡淡无味，喝着没劲。""这还能算是咱凤翔烧酒？亏先人哩！"

梁掌柜站起身，笑着说明。

"这是按照姬老爷的吩咐，从咱县城八家不同的酒坊分别打来的酒。怎么样？虽然都叫作凤翔烧酒，口味大不一样吧？"

崇仁随即补充说道："各位到底是行家，酒一入口，立马就辨出了不同。可是外地的客户呢？人家可不知道这是张家酒坊还是李家酒坊的酒，而是将所有这些酒，一概认作是凤翔烧酒。要是碰上这盅好的哩，竖起大拇哥，说一声凤翔烧酒古有盛名，名不虚传！可要是碰上这盅寡淡无味的哩，人家会说啥？……凤翔烧酒不过是诸葛亮出门——空名（孔明）在外！"

整个会场像是炸了锅，众位酒坊掌柜七嘴八舌抢着发表自己的看法。崇仁认真听着，觉得众人的意见主要涉及了以下几个方面。

要珍惜凤翔烧酒的名声。应公议一些行规，制定一些统一的标准和要求，保证酒的品质，不能任由各家酒坊自行其是、砸了全县酒业的招牌。

要统一凤翔烧酒的名称。同是凤翔烧酒，酒名有柳林酒、柳林春、雍城酒、雍泉酒、凤柳酒、石柳酒、西府酒、西凤酒……。酒名太多，行内人都弄不清，更甭说外地客户。统一名称、统一品牌，才更好营销。

要规范凤翔烧酒的口味。不论哪家酒坊的产品，只要是叫凤翔烧酒，酒的品质和口味就要基本一致。

要加强酒坊同行之间的交流。在酿造技术和工艺方面相互学习，取长补短。诸如制曲配方、粮曲配比以及蒸料、发酵、蒸馏、贮存、勾兑等环节各家酒坊的"独门密招"可否相对公开，以保证产品质量、口味的基本统一。

要统一和改进盛酒器具。方便运家和买家。

听到这些意见和建议，崇仁如获至宝，兴奋溢于言表。

"各位掌柜，凤翔烧酒刚在万国博览会上获得银奖，为咱中国白酒长了脸，争了光。如果我们共同努力，按照刚才各位所提出的建议，统一品牌，严格标准，提高品质，扩大生产，那咱这凤翔烧酒还不知能开辟出多大的市场哩！"

梁掌柜笑着插话："谁不知道你姬老爷小的时候，就有卖烧酒的理想么！说是要让咱西府凤翔的美酒名扬天下，让天下人都知道、都爱喝、都能喝得上咱的西凤美酒么！现在是不是实现你的理想的机会来咧？"

崇仁接着又说出了一个大胆的想法。

"我还有一个想法，不知能否行得通。咱凤翔几十家酿酒作坊自愿入股，共同设立一家大规模的酒业工厂。一年的产量，可以大大超过现在几十家作坊的总和。不仅产量可以大幅度增加，而且统一品牌、统一品质、统一销售，就更有保障了。"

这个想法显然超出了各位酒坊掌柜的想象。有的沉思着默默点头作赞同状。有的摇头表示不可行或不赞成。有的交头接耳、窃窃私语。有的公开表示疑问和反对。

"一家春"酒坊獐头鼠目的严掌柜站了起来，阴阳怪气地质问崇仁。

"姬老爷，照你刚才的说法，就是大鱼吃小鱼的意思嘛！一家独大的工厂，那光要一个梁掌柜当厂长就行咧，我们这些掌柜的干啥呀？回家抱娃？"

崇仁诚恳解释："严掌柜，你有所误解。我的意思是：各家作坊还是各自经营，但在经营项目上可以分工。比如说，制曲的只管制曲，酿造的只管酿造，经管酒篓、酒坛的就只管供应相对统一的盛酒器具。储藏、勾兑、销售各个环节也可由某家作坊分工承包专管。此外，搞运输的过载行、筹款项的钱庄铺，也都可以参股入行。广募资金，才能把规模做大么！"

座中又有人发问："姬老爷，你这想法有啥根据没有？"

"有！"姬老太爷从角落不显眼处站了起来，大声说着："《周礼》中就有'民同货财''合钱共贾'的记载，说的就是崇仁刚才所设想的那种经营方式。《周礼》中还提到：官府对此应当予以批准和保护，叫作'国法行之'。"

众宾客的目光齐齐投射至姬老太爷发声处。"呀！是姬老太爷！""姬老太爷也亲自出马咧！"

崇仁激动而感谢地望着父亲。

杜先生也站了起来，面对众宾客，动情地说着。

"其实，崇仁希望大幅度提高西凤酒的产量，还有着另外一个方面的原因。咱周原气候温润，土地肥沃。自古以来，后稷就在这里教民稼穑，被后世尊为农神。《诗经》有云：'周原膴膴，堇荼如饴。'意思是说，因周原土地壮美肥沃，就连地上长的野草都甘甜如饴。可看看现在，周原大地上都种了些啥？漫山遍野的罂粟，那都是害人的鸦片呀！咱还要引导农人种粮植谷，不敢都去走邪路啊！"

崇仁进一步说明："咱今儿关于酒的话题，就与此相关。我算过一笔账，像咱一家酒坊，假设年产烧酒十万斤，约需原料高粱四十多万斤，大麦、豌豆等曲粮十五万斤左右。若是咱合股经营、做大酒业规模，年产酒量提高十倍、几十倍，那么不仅酒坊的利润可以大大增加，更重要的也是为周原农民生产的粮食提供了销售出路和价格保障啊！"

席间众人纷纷表示赞同。"咱打算大幅度提高西凤酒产量的消息，要早些公布出去，也好让农人们开春前做好多种高粱、大麦的准备。""开春时，若是农人们都忙着大种特种稳赚不赔的高粱和大麦，谁还会对那害人伤德的罂粟大烟感多大兴趣么！""只有开春时农人种植的高粱大麦多了，咱扩大烧酒产量才能得到足够的原料么。"

姬老太爷仍在众宾客人群中的不起眼处。他赞许而自豪地看着儿子，对会场的气氛颇为满意。一个姬府家仆匆匆走进，附在老太爷耳边低语数句。老太爷脸色大变，也没跟崇仁打声招呼，急忙起身离开了酒楼。

酒楼里的宾客开始陆续离场散去。

一家春酒坊严掌柜蹭到梁掌柜身边，还是一副阴阳怪气的口吻。

"梁掌柜，你顺昌酒坊的酿造秘诀可要公之于众哟！让我们也能酿出好酒，品质与你相一致么！"

"秘诀谈不上。只要用心，就一定会酿出好酒来。"梁掌柜不疼不痒地回复。

"挂棍子挂个长的，交朋友交个强的。按照梁掌柜的独家配方，咱的酒也能沾沾光，跟着卖出好价钱喽！"严掌柜眼露贪婪之光。

梁掌柜应付地打着哈哈送客。

宾客散尽。崇仁兴奋的神情未褪，似乎显得很有信心："人么！人心都是肉长的。这事办成了，对几十家酒坊都有好处。我相信，只要今日这些个掌柜的心往一处想，咱西凤酒就一定能够名气越来越高、品质越来越好、产量越来越大、市场越来越广！"

梁掌柜却没有崇仁那般乐观。他不无忧虑地学着崇仁的口头语，说出了自己的担心之处。

"人么！人心隔肚皮。谁知道各家掌柜都是咋想的！"

酒楼门外不远处，杜先生还在等候着崇仁。

"我只想提醒一句话。凡事要往好处着力，但也要从坏处着想。万不可以为，别人的眼光心思会和自己完全一个样。好人好心办好事，有时却不一定能够得到好运好报好结果。"杜先生隐隐觉得崇仁有些过于乐观了，需要及时予以提醒。

崇仁认真听着，默默思索。

"刚才我看你爹接着个口信后急匆匆走了，也许府中又有什么事了。你不必送我，早些回去吧！"

杜先生摆摆手径直步行而去。

崇仁想起清晨伊人要他今日务必早些回府的叮咛，随即吩咐车夫："走吧！赶紧回府！"

七、害娃的汤药

这一天，在崇仁和姬老太爷先后进城之后，姬氏庄园里确实出事了。

一大早，伊人送崇仁进城。而后，她先去了下院。

下院庭院里，丫鬟正在收拾已煎好的中药，从煎药瓦罐中向一只大碗滗出药汤。

伊人走来，见状询问丫鬟："老姨太太起来了吗？"

屋内的孟氏听见伊人的声音，隔窗传出话来："是伊人吧？我已起来一会儿了。黎明即起，洒扫庭除嘛！"

伊人觉察出孟氏心态和身体状况的好转，心中为之高兴。她顺手接过丫鬟手捧的药碗："我来吧。我来看看老姨太太这儿东西都收拾好没有。"

伊人端着药碗走进屋去。

伊人服侍孟氏服过药后，说起明日搬家之事。孟氏只强调了一件事。

"我这屋里的物件，就由着下人们弄去。只有这面镜子，必得随我同车。我要亲自看护，以免磕着碰着。"

孟氏指的就是那台老太爷专为她买的西洋式梳妆镜。

伊人知道这梳妆镜是孟氏的心爱之物，也知道它的来历。她不无调侃地笑了笑："听说老太爷派人去省城时，专意交代：年轻女人爱臭美。不论多贵多麻烦，都要把这稀罕的西洋镜购置到手并妥妥运回咱下院。"

孟氏纳入姬府没几天，姬老太爷（当时的姬老爷）就发现了她喜欢抚镜自顾的习惯。老太爷只是不屑地说了一句"年轻女人爱臭美"，孟氏并没在意。没想到几天后，这台时髦的梳妆镜突如其来地就摆在了下院的案桌上。孟氏当时十分惊喜，当安置镜子的下人刚一离屋，她就搂着老太爷的脖子撒起娇来，弄得老太爷满脸通红。

想起那时的情景，孟氏不禁露出了甜蜜和羞涩的神情，但很快内心就又泛起了一股负疚自责的酸苦之感。

离开下院，伊人又去各处查看了一圈，觉得明日搬家的各项准备已基本就绪，遂安心地去往后院。

孔氏独自在后院的庭院中盘桓。看看这，看看那，环顾四周，不忍心离去。

"娘，明日就搬回城里大院常住了。咋？又舍不得离开这里了？"伊人笑着走来。

孔氏看看四周，颇为伤感："如果不是为了老太爷，我是真不愿意离开这儿啊！我这有日子没日子的身子，咋愿意多折腾么！原本就想着在这儿闭眼哩！"

伊人正欲劝说，随着一阵慌忙的脚步声，一个丫鬟上气不接下气地跑来报告。

"老太太！不好了，不好了！下院老姨太太那儿出事了！"

伊人冷静地制止丫鬟的慌乱："别急！出了什么事儿了？慢慢说，说清楚！"

"老姨太太早起喝过汤药后，一直就说肚子疼。刚才……刚才下面一下子流出好多血来，好像里面还有些肉团团哩！"丫鬟满脸紧张的神情。

孔氏闻言立刻焦急起来："糟了！怕是流产了！快去看看！"

伊人与丫鬟搀扶着孔氏迅即去往下院。一路上孔氏步态踉跄，胸口甚感不适。

孟氏正在下院发火。愤怒、伤心且又明显体力不支的她，双手举起那个熬药的瓦罐狠狠向屋外摔去。

"咣当"一声，药罐被摔碎在室外院落的石地面上。药罐的碎片与煎煮过的药渣混杂在一起。药渣还残留着一丝丝的热气。

盛怒的孟氏一手扶着房门门框，一手指着屋外地面散堆的药渣，厉声责问熬药的那个丫鬟。

"说！是谁熬的药？是不是要存心害我的娃！"

熬药丫鬟吓得跪倒在地，带着哭音地申辩着："老姨太太，药是我熬的，但今天的药和昨天的药，都是一样的呀！"

"会是谁干的呢？是谁要害我和我的娃？"孟氏大喘着气，气急败坏地喊叫着。

伊人与一个丫鬟扶着孔氏，进入院落。

孟氏一见伊人，仿佛一下子发现了新的嫌疑人，失去理智般伸手指向伊人。

"你！就是你！早起的药碗就是你端来的！肯定是你趁机在碗里下了害娃的药！"

伊人很诚恳地辩解着："发生了这事儿，老姨太太心里难受，可以理解。但平白无故我为什么会要去害老太爷的娃呢？"

孔氏也为伊人辩解说明："是啊，伊人这几天为搬家的事忙得连大门都没迈出一步，就算是有害人之心，也没有时间去找那害娃的药呀！"

孟氏好似突然想起："有！昨日她娘家爹给她捎来一包东西，也许里面就包裹着害娃的药！"

伊人一下愣在那里。

孟氏似乎觉得有了证据。

孔氏也把不解的目光投向伊人。

伊人略略定神，想了起来："我娘家爹昨日是让崇仁给我捎来一个小包袱，究竟是啥，我到现在还没顾得上看哩。"

伊人安排一个丫鬟立即去东院将那个小包袱取来。

小包袱拿来后，伊人就在院落中的石桌上当众将其解开。包袱中只有几本小儿课本和一个封着的信函。

伊人指着摊放在石桌上的物品，自嘲地说着："说是给我捎的东西，里面没有一件是给我的。这些课本是给怀远、怀玉的，这封信是给崇仁的。"

孟氏上前一把扯过包袱皮，狐疑地拿到鼻子边用力嗅闻一番，顿觉释然，又将包袱皮放回石桌。

"真是没有一丝儿药味。那你说说看，究竟会是谁要害我的娃么？"孟氏神经质地求问伊人。

伊人一脸茫然。

孔氏吩咐身边的丫鬟："先扶老姨太太回屋，躺下歇息。这事儿咱慢慢查访！咦？老太爷人哩？出了这事儿，咋不见老太爷过来？"

"老太爷进城了。"丫鬟报告。

"不是说不去么，咋又去了哩？赶快派人去城里，接老太爷回府！"孔氏大声交代。

孟氏进屋躺下歇息后，伊人扶着孔氏返回后院。

回到后院，两人还在猜测着出事的原因。伊人推测：会不会是因为准备搬家老姨太太过于劳累伤身的原因？老太太孔氏毕竟更有经验，她相信还是那服汤药中出了问题。喘息未定，又有丫鬟紧急来报：老姨太太请老太太务必即刻再去下院。

按照孟氏的请求，孔氏一进下院，立刻将所有丫鬟和家仆打发出院，并吩咐不许旁人走近下院。

下院院落中静悄悄的，摔碎的药罐残片和药材残渣依然摊堆在地面。

孔氏没有想到，已经有人趁着刚才的混乱潜入了下院。在院内一处极不易被人发现的隐蔽墙缝中，藏着一个偷听屋内谈话的人。此人正是满脸紧张怯恐神情的崇德。

屋内。孟氏虽然有些虚弱地躺在床上，但过度的激动和些许神经质又使她显得亢奋。伊人时不时端茶递毛巾地照顾着这个刚才还毫无根据指责自己的人。

孔氏坐在椅上，冷冷地开了口。

"我和伊人刚从你这里离开回到后院，你又急慌慌差人把我们叫来。你不是说有什么见不得人的话要说吗？说吧！"

孟氏吭吭哧哧地不好开口。

孔氏不满地催促着："屋里现在没有旁人，按照你的要求，丫鬟们都已经打发出去了。难道还要伊人这个姬府内当家的正房太太回避吗？"

孟氏断断续续地开了口

"老太爷……是老太爷开的这副汤药里有问题。"

孔氏不以为然地驳斥着："你昨日还说，服用了老太爷开的汤药，感觉好多了哩！"

孟氏悲戚地摇摇头："先给俩甜枣，然后再下黑手！"

孔氏大惑不解："下黑手？下黑手是个啥意思？"

孟氏自顾自地接着说了下去："是老太爷有意害了我的娃。"

孔氏根本不相信："胡说！老太爷咋会害自己的娃哩？"

孟氏索性撕破脸皮："因为他知道，这肚里的娃，不是他的！"

孔氏与伊人初闻此言，惊愕不已。

八、天要下雪了

孟氏流产了。这使她的精神和身体都受到了沉重的打击。她感到了深深的屈辱和绝望，还有满腔的愤怒与怨恨。她要把内心的隐秘和感受喷泻而出、一吐为快。

"老太爷有意害了我的娃。因为他知道，这肚里的娃，不是他的！"孟氏向孔氏说明了她自认为的真相。

"你刚才说啥？……你，你能再说一遍吗？"孔氏一脸惊愕，似乎担心自己听错了。

孟氏喃喃自语着，语气中既有自暴自弃的懊悔与无奈，又有着一些无望的希冀与遗憾。

"这娃，怎么就会不是老太爷的呢？"

孔氏和伊人疑惑地望着孟氏。

孟氏坦诚地诉说起来。

"我自幼父母双亡，只有一个不成器的兄长。他的眼里，只有钱财和享受，根本没有什么亲情仁义。有幸进入姬府，但我知道，老太爷怎么会真正爱上像我这样浑身都是毛病的女人呢？可我真想为姬府生下一个娃呀！有了这个娃，才是我活人的唯一念想呀！我也是个女人！也想做母亲！……老天爷捉弄人呐！有了娃，可……怎么就会不是老太爷的呢？"

屋外墙缝处偷听的崇德，如坐针毡，内心感受十分复杂。忽然，附近传来脚步声。他赶紧贴紧墙缝，极力想藏得更隐秘一些。

姬老太爷走进院落，手中提着一个小包袱。看到地面上的药材残渣，他走了过去，弯腰用手抓起一把，扒拉着检视了一番，又放在鼻下嗅了嗅，随后愤愤地扬手将抓着的药渣扔回地面。他走近房门，听到了里面传出的说话声音，不禁停住了脚步。

屋内的谈话还在继续。

"这娃不是老太爷的，能是谁的？"孔氏满脸紧张，但又好像抱有最后一丝希望。

伊人也好像不大相信："爹怎么会知道不是他的呢？"

孟氏好似已经无所谓了："娃是谁的，我也不想说了。反正老太爷为了自己的脸面和姬府的名声，一直没吭声，好像打算忍辱负重、自个儿冒认了。"

"姬府的名声？难道是那个没人伦的孽子吗？天呐！"孔氏一下子恍然大悟，满面惊恐，似不敢接受这个冷峻的事实。

看着孔氏过度激动的情形，本在孟氏身边照料的伊人，赶紧快步走到孔

283

氏身边，搂抚着安慰。

孔氏双手紧抓住伊人的手，似乎是明白了一切的神情。

"我说这几日老太爷的情形咋不对劲哩！原来是……可怜的老太爷啊！屎抹在脸上，不擦不拭，装作没事人似的，心里不知有多苦啊！"

孟氏有所自责，但更多的是愤懑和怨恨。

"我自个儿做的丑事，活该受到老天的惩罚。但我想问问老太爷，前儿夜里为啥要骗我呀？既然已经答应宽容我，宽容这个娃，为啥又要在汤药中下黑手害娃呀！我本来心已经死绝了，心想坏就坏到底吧！是老太爷的仁义，拉了我一把，使我真心想脱胎换骨，重新做人，重新做一个好人。谁承想啊，谁承想这仁义竟然是假的！"

"咣当"一声，姬老太爷推门而入。

孔氏又心疼又责备地伸出胳膊努力挣扎着起身，想要趋近老太爷。

"老太爷，你不该呀！你不该一个人忍受这多的苦啊！你心里的憋屈、熬煎，也该让我帮你分担一些嘛！……老太爷呀！不管是什么孽种，也是一条命！你也不该……"

伊人努力搀扶着孔氏走到姬老太爷身边。

老两口儿相互扶持着，眼泪默默流下。

老太爷将孔氏扶回椅处坐下，轻轻拍拍她的肩头，然后向床边走去。

老太爷走近床边，表情复杂地看着孟氏，语气看似平淡，却难掩内心的酸苦。

"我知道你还想做一个好人。我说过我们是一家人。你的娃，当然就是我的娃，也是老太太的娃。你看，这是老太太在病中挣扎着给你娃，不，给咱娃咱们的娃做的……"

老太爷将手中的小包袱打开。里面是两双小小虎头鞋，几件手工缝制的婴儿衣服。

孟氏将包袱中的婴儿用品捧在胸前，眼泪刷刷流下。

老太爷又从怀中掏出一张对折的纸片。

"我给咱娃的大号都起好了，崇字辈。"

打开的对折纸片上，赫然醒目地写着"姬崇恕"三个大字。

孟氏手捧这张纸片，闭目摇头落泪，似不忍多看。

老太爷走到孔氏身旁，表情严峻地愤慨而言。

"今日这服汤药中，确实有人动了手脚使了坏。我已经到城里药材庄查清楚了，是……"

"爹！"随着一声呼喊，崇德跟跄着推门扑了进来，直接跪在了老太爷面前。

"爹！饶恕了我吧！我害怕呀！我害怕这娃出生后，算是我弟呢？还是我娃呢？我说不清呐！"

老太爷环顾四周，只搜寻到一把扫帚，便顺手拿了过来，猛地砸向崇德的脑袋。

"滚！姬家没有你这个畜生！今天晚上你就滚出去！"

崇德又急忙扑向孔氏脚下："老太太！……娘！饶了孩儿吧！"

孔氏厌恶地将眼光扭向一旁："你不要叫我娘，我也没有你这样没人伦、没人性的娃！"

崇德怀中飘落出一张对折的纸片。

崇德一把捡起纸片，歇斯底里地嚷着。

"你们看，我也给我娃起了大号，怀字辈。"

像个疯子一样，崇德打开对折的纸片，向在场诸人展示。打开的纸片上，"姬怀恕"三个大字赫然醒目。

孟氏挣扎着从床上起来。伊人见状赶紧上前搀扶。

孟氏一把将崇德手中写有"姬怀恕"三字的纸片掠了过来，三把两把撕成碎片，扔向崇德的脸上。

"你？你也配给我娃起大号？你算什么东西！"孟氏的语气充满对崇德的鄙夷和愤慨。

"滚！"老太爷再次扬起了手中的扫帚。

崇德抱头逃窜，逃出屋去。

孟氏跪在姬老太爷和孔氏面前，真诚地坦白着："老太爷，老太太，这娃跟老三真没有关系。我是那天去周公庙时在山林中被土匪给糟蹋了。后来发现有了身子，我总想把这娃与姬家的血脉扯上关系，所以……"

老太爷欲扶起跪在地下的孟氏。

"这孩子就是姬家的血脉。前儿我又给你把了脉，胎息很明确。从时间上算，就是你刚进姬府那几天的事。老三才回来几天？去周公庙的日子也不对。跟他们都没有半点儿关系。这娃，就是我姬秉礼亲生的娃，老四姬崇恕。"

跪在地上的孟氏，听闻此言，如五雷轰顶。懊悔、惭愧、内疚、不甘，百味杂陈。尚未立起，又重新跌倒在地。

伊人上前，协助老太爷将孟氏扶起，安置在床上歇息。

"爹、娘，您二老回去歇息吧。这儿有我呐。"伊人操心着刚刚落胎且内心极度痛苦的孟氏，但她更担心衰弱的孔氏如何能承受这一波又一波的巨大精神冲击。

老太爷与孔氏互相搀扶着由孟氏住屋走出，蹒跚而行，穿过院落，去往后院。

院落近窗处，崇仁默默站着。他的神情震惊而沉重，显然已经知晓了刚才屋内发生的一切。

已是迟暮时辰。庄园四周阴云弥漫。

天要下雪了。

第十一章　来世结发

一、梳妆镜前

　　世上的坏人很多，坏人的种类也很多。有的阴险奸诈，有的残忍毒辣，有的既凶恶又狡猾。可像崇德这样的没心肝、没头脑、极度自私且又十分愚蠢者，却是少见。

　　当他溜进城里购买"虎狼之药"之时，当他潜入下院在药罐中投毒之刻，他并没有充分考虑此举将会产生的后果以及自己将要面临的处境，他甚至也没有事先谋划好自己的脱身之计和未来生路。

　　被老太爷撵出下院后，崇德神色慌张地回到自己住屋，手忙脚乱地收拾行装。他知道，自己已是这个家不会再予容留的孽子。他本人也想早一点离开这个家。可是他又该去往何方呢？没有老太爷的恩准和大哥的安排，想去天津投靠二老太爷，只能是一个不切实际的梦想。除了那个陪他吸大烟、玩女人的孟老板，他在周原也没有一个可帮助他的朋友。

　　此刻的崇德，并没有去想这一切，只有一个念头指导着他的行动。"走！赶快走！赶快离开这个地方！"

手提行装的崇德，急匆匆环视了一下自己的住屋，毫无留恋地扭身打开了房门。

夜色中，只见门外站着一个人影。

崇德看见门外有人，不禁吓了一跳。

崇仁就站在门边，冷冷地看着行色匆匆的崇德。

"哥……"崇德神情尴尬，乞怜似的口吻。

崇仁举手制止了他后面的话语，轻声但坚决地说道："你走吧！"

庄园门外，崇仁已安排好了一辆马车。

崇德慌忙将行装放入车内，自己也急不可待地想往车上窜去。

崇仁伸手拦住了他："你打算去哪儿？"

崇德垂头丧气，一脸茫然。

"我没有啥打算，我只想着赶快离开这儿。"

崇仁递过几张银票和一封信函。

"这些银票，你拿着路上用吧。其实，咱爹早几天就已经同意让你去天津了。这是他给咱二叔的信，信中拜托二叔在天津关照、教育、规诫你。以后的路怎么走，你好自为之吧！"

极度自私的人，从来不知感恩。接过银票和信函，崇德的脑海只浮现出了一句话："此生绝不再踏入周原一步！"

夜色中，马车起动，渐渐走远。

夜色中，下院十分安静。

孟氏闭目躺在床上，一动不动，好像已经睡去。

伊人小心翼翼走近床边，轻轻招呼着。

"老姨太太……老姨太太。"

孟氏毫无反应。

伊人稍觉安心，小声自言自语："总算睡着了。大怒伤肝，大悲伤心，确实该好好歇息歇息了。"

伊人轻手轻脚退出屋去。

静悄悄的屋内。孟氏并没有睡着。她睁开眼睛，失神地望着远处。她在等待着静夜无人的时刻。

"当、当、当"，屋内的自鸣钟响起报时的音响。

同样的报时音响，也在东院响起。

伊人走进屋时，崇仁正坐在桌边阅读杜先生的那封信函。

"离得又不远，见面又不难，还用得着写信吗？我爹在信中都说了些啥？"伊人颇为不解。

崇仁长叹一声。

"唉！你爹把当时建新学堂时赵伯和咱姬府捐助的银票大部分退还回来了。你爹信中说，新学堂的复建不知要到猴年马月，除了已经用去的部分外，剩余款项放在他那儿不合适。当面退还给我，又怕我不收，只好以信函的方式交还了。"

伊人感慨不已："人这一辈子呀，好像要办坏事，容易得很。可是办好事，不知为什么就这样难哩？"

"是难啊！难怪连咱杜校长都有些心灰意冷了。"崇仁说着，将信函中的银票单独收纳起来。他希望：新学堂复建的"猴年马月"能够尽快到来，这笔款项还能有发挥作用的机会。

伊人看了崇仁一眼，小心翼翼问道。

"你真把三弟送走了？"

崇仁默然点头。

伊人更加小心翼翼。她知道此刻老太爷和老太太难言的心底之痛。

"那咱爹咱娘的心里……"

"咱爹咱娘这会子肯定在等着咱哩。走，咱们去看看。"崇仁说着站起身来。

伊人随手燃亮了引路的灯笼。

夜色中，庭院的路径不甚分明。

看看越来越阴沉的夜空，伊人想起明天的搬家任务，不禁担忧地叹了口气。

对面打着灯笼查巡的吕管家走了过来。

"吕叔，今儿你忙了一整天，明儿早起还要大忙哩。早些歇息吧。"伊人关切地打着招呼。

289

吕管家恭敬地候立路旁,客气地回应。

"谢谢太太的体谅关照!老爷和太太更辛苦!"

崇仁拉拉伊人的衣角,催促着快走。

伊人随崇仁刚走了两步,又回身叮嘱吕管家。

"老姨太太今晚需要好好歇息将养,你给巡夜的交代一下,不要去下院惊扰。"

吕管家答应着离去。

崇仁随口说着:"吕管家这人呐,有时说话太啰唆!"

伊人看了崇仁一眼,没有说话。

两人继续向后院走去。

伊人离开下院时,其实孟氏并没有睡着。她怎么可能会睡着呢?

她睁着眼睛,一动不动地躺在床上,空洞的眼神凝视着虚空。在什么也看不见的地方,她也许看见了什么。

虚无缥缈间,仿佛有微弱的唱经声音由远及近传了过来。好像被这声音所吸引,孟氏缓慢地从床上爬起,点着一支蜡烛,并手持蜡烛坐到镜前。

镜中的孟氏面容,面如死灰,了无生气。

孟氏看着镜中的自己,忽然感到那"面如死灰,了无生气"的形象幻化为一身僧服的光头尼姑。

孟氏坐在镜前,一下一下梳理着长发。

虚无中传来的诵经声,由弱渐强,越来越强。

孟氏空洞的眼神中有了些许生气,些许生气又进而成为某种决断的神情。

她从怀中掏出那张对折的纸片,打开看着"姬崇恕"三字,口中喃喃自语。

"谢谢姬老太爷给我娃、给咱娃赐的大号。"

孟氏将那纸片又对折后珍惜地放入怀中。她珍爱地看着自己面前的这台西洋式梳妆镜,抬手轻抚了许久。

看着镜中的自己,孟氏举起了一把剪刀。

二、"那衣裳"

后院内宅里的老两口儿。孔氏靠躺在床头，老太爷坐在床边的椅子上。屋内烛光昏暗。

孔氏无力地向老太爷伸出手去，老太爷赶紧接住并紧握起老伴儿的手。

"原本想在我闭眼之前，办完办好这几件事。可是……为老太爷你庆贺六十大寿吧，结果只喝了一碗腊八粥。"孔氏深情地望着老太爷，心有所憾。

老太爷一脸认真的神情："那碗粥喝得好啊！就是从那天起，我身上的重担就卸下了么！心里压着的石头，也放下了么！"

孔氏还是一副心有不甘的口吻："原想再给老太爷找个伴儿，老了有人陪着说说话。可那人……，虽然也够可怜，但可怜之人必有可恨之处。还是怪我考虑不周、选人不准啊！"

"咋能怪你哩？那是逃不脱的命数啊！"

"不过，看她今日的言谈，倒像是要真心改过的样子。人还年轻，还有改邪归正、重作好人的机会，也还会有再为老太爷生娃的机会。……你为咱老四取的大号好呀！恕！恕就要真恕，恕人也就是恕己嘛！"

老太爷沉吟着，一时没有接话。

孔氏眼中忽然冒出了光亮："只有给老大娶亲这事儿办对了！虽说娶亲当日遭了土匪，但有惊无险，逢凶化吉。咱们给老大娶了个好媳妇，给小孙娃们寻了个好娘亲，给咱姬府内宅找了个好掌柜啊！"

老太爷频频点头，表示认同。

孔氏喘息着，咳嗽着。老太爷赶紧站起身来，手忙脚乱地照料着。

孔氏举手制止了老太爷的照料，拍拍床沿，示意其坐下，自己还有话说。

老太爷甫一落座，孔氏便急切地询问着。

"老三他真走了？不会……"

老太爷叹了一口气："你就放心吧！饿不死他，也苦不着他。以后的路，就看他自己咋样走吧！"

孔氏呼出一口气，仿佛稍感安心，但很快又露出担忧之色。

"老二，现在也不知在哪儿，怎么样了……"

老太爷略感奇怪地愣了一下："老大到南方时，不是见着他了吗？老二说了，好男儿志在四方，先国后家，总有一天他会回周原来看你哩。"

孔氏仿佛得到了极大的安慰，进入了闭目养神的状态，可没过多久，忽然又睁开了眼睛："怀远、怀玉那俩娃儿，该进学堂喽！"

"你今天是咋了？所有的事情都要交代一遍！"老太爷更加感到奇怪。

孔氏没有回答。她抓起并紧握住老太爷的一只手，又进入闭目养神的状态。

崇仁与伊人进来的时候，屋内烛光依然昏暗。

孔氏依旧靠躺在床头，老太爷依旧坐在床边椅上。老两口儿依旧手攥着手。

伊人将几支灯烛燃亮，屋内顿时明亮起来。

孔氏大睁着眼睛，眼神一直追随着崇仁、伊人的动向，仿佛十分贪恋这样的时刻而不忍将目光移去。

崇仁与伊人二人齐刷刷地站立在床前。

孔氏一手紧握着坐在床边的老太爷的手，一手招呼崇仁，示意其更靠近一些。

"你爹老了……。老大你要照顾好你爹，我就把老太爷托付给你了，别人都靠不住啊！"孔氏信赖的眼神直盯着崇仁。

崇仁连忙跪倒在床前："娘！我会照顾好我爹的！我也要照顾好娘！"

"娘！"伊人也随之跪在床前。

孔氏慈爱地望着伊人，轻声说道。

"伊人，给娘添加衣裳，娘有些冷了。"

伊人起身，就近找了一件日常衣服准备为孔氏加添。

孔氏摇头表示拒绝。

伊人又找到一件浅色外衣，孔氏还是不满意。

"娘，因为明儿搬家，娘的其他衣物都已经打包装箱了，一时半会儿怕不好寻找。"伊人不好意思地解释。

孔氏微微一笑："那衣裳，我已专意挑了出来，单另放着，就是为了今日穿哩!"

在孔氏示意的地方,伊人果真找到了"那衣裳"——那件红色大花暗纹丝绸面料的薄袄,老太爷六十大寿当日孔氏曾穿过的"那衣裳"。

伊人服侍孔氏加添了"那衣裳"。

孔氏满意地看看衣服,抻抻衣襟。加添了"那衣裳"的孔氏,好像一下子精神起来。

虽然还是靠坐在床头,但孔氏却将身子挺直坐正,郑重其事地对伊人交代。

"按计划,咱是明天全家都搬回城里,是吧?"孔氏的口气颇为严肃。

伊人也严肃回复:"是的。城里大院的居处,都已安置妥当。明儿一早搬家要用的车马和人手,也预先做好了安排。"

孔氏满意地点点头,然后很认真地提出了要求。

"好!我相信,这些事你都会安排好的。娘只交代一件事——不管发生什么事,明天的计划不变,照样搬家,照样开始过新的日子!你记下了吗?"

"娘,我记下了!"伊人点头应诺。

"你把我的交代再重说一遍。"孔氏提出要求。

"不管发生什么事,明天的计划不变,照样搬家,照样开始过新的日子!"伊人又重复了一遍孔氏的交代。

"对!就是这样!你能做到吗?"孔氏又追问一句。

"娘放心,我一定做到!"伊人态度明确。

孔氏松了一口气似的,信任地望着伊人。

"好!娘相信你。"孔氏说着,又抬头面向老太爷和崇仁父子俩:"我刚才对伊人的交代,你爷俩也都听着了?"

老太爷和崇仁默默点头。

老太太孔氏对搬家日期的苛刻要求,完全是出自对老太爷的一片关爱之情。她有预感,当日必有大事发生。她不愿老太爷睹物思情、长久陷入痛苦之中。她希望老太爷当日即能换个新环境,开始过新的日子。

此外,她已悄悄查过皇历吉凶运势。明日准时搬家,虽是中中卦,但"宜移徙""卦中爻象如推磨,顺当为福反为祸"。已决定的事项,依顺进行

293

即是福，更改违反则有祸。倘若延误一日，则是"行险用险下下卦""所忌移徙入宅"，特别是与"肖兔者相刺相刑"。老太爷的属相正是兔。孔氏如同所有的周原传统女人一样，丈夫就是天，就是她的全部。她不愿看到老太爷有一丁点儿哪怕是可能的风险。当然，孔氏的这些想法和顾忌，老太爷和崇仁、伊人并不知晓。

看到孔氏一副心身俱疲、诸事均已交代的神情，崇仁和伊人起身告辞准备离去。

突然，孔氏又招手将伊人召至身边。随后，她面露羞腼之色，不好意思地对老太爷和崇仁提了个要求。

"你们爷儿俩可以不可以暂到门外堂屋那里候一下下，我和伊人还有几句娘们儿家的话。"

老太爷和崇仁相视哂然一笑，自觉出去回避。

等屋里只剩孔氏与伊人二人时，孔氏立刻急切说起："你对怀远、怀玉俩娃儿……"

"娘放心，我对俩娃儿一定会好、会亲的。"

"我相信你对俩娃儿会好、会亲的。我担心的是：你对他们太好、太亲！太亲了，舍不得撒手，总想把娃拴在自己眼皮子底下，娃咋能走得远、飞得高么！太好了，容易溺爱，娇宠出孽子啊！我对待老三，就是教训呐！对待娃们，太好、太亲了，最终反倒是不好、不亲了。"

孔氏的这番肺腑之言，对伊人触动很深。她倾听着，领悟着，沉思着，感慨着。她充满亲情地拉起孔氏的一只手，攥在自己的双手掌心。

"娘，您这一辈子真不容易啊！今儿身体如此虚乏，您还一会儿担心老太爷哩，一会记挂孙娃们哩，您自己……"

孔氏好像想起了一个心愿，眼神望向很远很远的地方。

"我自己……。我自己也还有个未了的心愿，看来也只能拜托你了。"

"娘有啥事尽管交代，我一定办好。"

"我想，我想请你替我去一趟法门寺。"

"法门寺？"

孔氏陷入回忆之中："法门寺古来就是周原的神圣之地啊！我还在娘家未

出阁时，听着秦腔《法门寺》的戏文，就向往着能去法门寺进香拜佛，看一看那块民女跪拜哭诉冤情的青石板。嫁到周原，咱家离法门寺说远不远，说近不近，可也一直没有机会了却这个心愿。"

伊人连忙接口："娘！待您身体好一些时，我陪您一搭儿去。"

孔氏万般诸事皆已看开的神情，淡然一笑。

"恐怕没有这个机会、这个福气了。……伊人，《法门寺》的秦腔戏文你看过吗？"

"全本的《法门寺》没有看过，其中《拾玉镯》的折子戏看过。"

孔氏忽似顽皮地一笑："会唱一小段吗？"

孔氏率先低声哼唱起了秦腔唱段。

伊人随声附和，也小声跟唱起来。

老太爷和崇仁坐在外间堂屋里"回避"。

"你娘今儿怪怪的，明儿一大早就要搬家呀，今黑里絮絮叨叨把每个人的事都交代一遍。"老太爷似有不解。

崇仁留恋地看看四周，似可理解地推测："大概是舍不得离开城外的这个家吧。"

忽然，里间传来了孔氏与伊人低声合唱秦腔唱段的声音。

"告空中过往的神灵监察，在今生不能把蛾眉来画，我情愿许终身来世结发。"

老太爷大为奇怪："这咋就还唱起来咧？"

崇仁扶着老太爷打算去里间一探究竟，却迎面碰上了正轻手轻脚出屋的伊人。

伊人做着手势，示意轻声："娘睡着了。"

老太爷和崇仁向里间望去。

身穿红色喜庆的"那衣裳"的孔氏，一脸安详幸福的微笑，恬然入睡。

三、圆觉庵

姬府搬家前夜，老太太孔氏所说的奇怪话语和所做的奇怪举止，自然引起了在场家人的关注。崇仁和伊人由后院内宅走出后，一路还在议论此事。

"咱娘好像又有啥预感了，今晚间交代的话都怪怪的。"伊人颇有感触。

崇仁回望了一眼父母屋内尚未熄灭的灯烛光亮，说着宽慰的话。

"这一向儿，娘的身体不美气，总是七想八想的，咱就顺着她老人家的心愿就是了。"

夜色笼罩着整个庭院，脚下的路径难以辨清。

崇仁抬头望望夜空，发现了下雪的征兆。

"呀！不好！明儿恐怕要下雪！哟！已经下了！"

伊人一听就急了，伸出手掌去试探着接住飘落的雪花："那咋办呀？娘刚刚交代了，不管发生什么事，明天搬家的计划不能变！我已答应了咱娘，说到就要做到！不要说下雪，就下刀子，咱也照样搬家！"

崇仁也伸出手掌，接住了几片飘落雪花。他疼爱地望着妻子，说出暖心的话语。

"谨遵夫人令，照样搬家！下雪，我就替你接着。下刀子，我就替你挡着！"

伊人甜蜜地依偎在崇仁怀里。身体的扭动，引发了一阵干呕。

崇仁一惊，随之一喜。

"你……莫不是有了？"

伊人默默点头，但又紧接着连连摆手。

"可能是有了，但现时还不敢乱说。"

"这是大喜事么！该让咱爹咱娘早些知道么！"崇仁一脸欣喜。

伊人颇为伤感地说出自己心中的顾虑。

"老太爷……，老来得子，本是人生一大喜事，可现在这起起伏伏的……，老太爷心里苦着哩！老姨太太对她肚里的娃金贵得很哩，突然一下子没了，整个人也好像没有了支撑，彻底垮了。将心比心，咱在这时候，就不能光顾着炫耀自己的喜悦，去触碰人家的痛处啊！"

崇仁感慨地将伊人紧紧搂住，口吻中充满了感动。

"你真是个好人！"

伊人调皮地一笑，伸手去刮着崇仁的鼻子。

"你就不是好人啦？好人爱好人，再生下一个好娃！"

崇仁忍不住转头去亲吻伊人。

伊人躲闪着，想起了其他的事。

"老姨太太刚刚失了胎气，如何能经受明日搬家的劳累呢？明儿早起，咱们先去老姨太太那里看看吧！"

冬日拂晓。辽阔的原野上，覆盖着薄薄的雪层。

天已转晴。刚刚升起的太阳，标志着新的一天开始了。

崇仁和伊人穿过庭院，踏雪而来。

孟氏所居的下院院落里，薄雪覆盖，洁净静谧。院落里的雪地上，没有一个脚印，未经任何打扰。

崇仁和伊人穿过院落，行至屋门前。

屋门并未关严。伊人轻轻一推，屋门"吱哑"而开。

屋内毫无反响。

崇仁与伊人惊疑地对视一眼，走进屋去。

屋内，人去屋空。

床上，堆放着叠得整整齐齐的衣物。

桌面上，堆放着孟氏平时爱不释手的种种珠宝首饰。

崇仁与伊人更为惊疑地对视一眼，目光转向梳妆台处。

梳妆台下，地面是一堆剪落的长发。

"老姨太太人呐？难道……"伊人惊疑地看着地面的落发，大约也猜出了孟氏的去向。

崇仁默默无语。

"要不要派人四处去寻找寻找？"伊人心有不甘地望着崇仁。

两人的背后，传来老太爷的声音："不用找了，找是找不回来了！"

姬老太爷看着屋内的景状，眼神中流露着丝丝怅惘。

曾经那么贪图虚荣和钱财的她，把老太爷为她所购置的所有首饰和衣物，统统留了下来。

曾经酷爱"抚镜自顾"、喜欢臭美的她，就在她十分珍爱的西洋式梳妆镜前，亲手剪去了自己颇为自傲的一头秀发。

姬老太爷颤巍巍地走近梳妆台，向镜中望去。

镜中的老太爷面容，疲惫苍老，怅然失落。

老太爷看着镜中的自己，忽然感到那"疲惫苍老，怅然失落"的形象幻化成了孟氏的形象。镜中的孟氏，虽难掩一丝轻佻，但孤寂、悲戚而带有希冀的神情，使她显得有些可怜可爱。

老太爷闭目摇摇头，再向镜子望去。

镜中的老太爷，失神而略带愧疚的面容。

老太爷默默弯下腰，从地面的落发中，拈出一缕长发，轻拂了几下，珍爱地放入了自己怀中。

伊人心情复杂地看着老太爷的举止神情，不忍地闭上了眼睛。

崇仁上前扶住了老太爷，眼光投向屋外院落的薄薄积雪，轻声说道。

"雪地上没有脚印，下雪前她就走了。"

孟氏是在下雪前离开姬府的。但她刚离开姬府，天就开始下雪了。她冒着雪，一路向南，走了一整夜的山路。她头顶的长发已经剪落，只留下参差不齐的发茬。内心的各种痛苦似乎已经麻木，下身的血水尚沥滴未尽。途中她曾多次跌倒在泥泞湿滑的山路上，唯一一根可以借力支撑的木棍也折断了。

天快要亮时，雪停了。孟氏终于到达了一个她以往曾多次听说过、但却未曾实际到过的地方，秦岭山脚下的"圆觉庵"。

在圆觉庵，孟氏换过尼服，经过剃度，被赐予法名"了空"。了空，了空，"尘缘已了，万般皆空。"

秦岭很大很大。

秦岭山里山外，圆觉庵之类的庙宇道观很多很多。

古往今来，有无数所谓"看破红尘"的人们，例如官场、商场、情场中的失意者，战乱、动乱、心乱的遁世者，人海、人世、人生的觉悟者，哲理、玄理、佛理的追寻者，都在此处寻觅到了自己的归宿。对于此种行为，有一个通俗的称谓"出家"。所谓出家，就意味着离开了世俗的家庭生活，断绝了与家庭亲人之间的经济联系、社会联系、血缘联系、情感联系。但真能做到如此吗？

很多年之后，圆觉庵住持了空师太圆寂。她最后的遗言只有两个字："从速！"她的弟子们百思不得其解：从速？似乎话未说完，从速去做什么呢？伊人洞解其中的玄机：了空师太说的是"崇恕"，那是她与姬府老太爷姬秉礼的未出世便夭折了的骨肉。崇恕或许真是爱的结晶。哪怕只是瞬间的短暂的爱，只是物质的肉欲的爱，那也是刻骨铭心的爱、终生难忘的情。

了空，了空，"尘缘已了，万般皆空。"

了空，了空，了犹未了，空即不空。

四、照样搬家

雪停了。天亮了。

按计划，这天是姬府由城外庄园搬至城内大院常住的日子。一大早，庄园大门外排列了长长的马车车队，已是整装待发的模样。

吕管家跑前跑后照应着，十分忙碌。

姬老太爷和崇仁、伊人离开下院后，直接来到庄园门外的车队处检视。

"昨夜黑一直下着雪，我还担心天亮搬家咋弄呀！老天爷真是帮忙，天一亮就把雪给停了，给咱姬府搬家让方便哩！"吕管家趋前发着感慨。

崇仁颇有些不耐烦，直接问道："你就说当下还有啥麻烦事吧！"

吕管家嚅嚅似乎不便启口："老姨太太和三老爷的行装，如何处置？"

"搁在原处，今天不动，回头再说。"伊人果断回复。

吕管家唯唯而去。

姬老太爷在崇仁、伊人陪同下返回后院。

"咱府中的人口，又少了两个。"老太爷扳着手指头，伤感地计算着。

崇仁瞅瞅伊人的肚子，宽慰父亲："爹，姬府一定还会人丁兴旺起来的。"

走近后院内宅处，可以看到孔氏住屋窗户透映出屋内灯烛的光亮。

"你娘昨晚说了好多话，一晚上点着灯烛不让熄灭。今早起，我动身去下院看看时，你娘还睡着没醒哩！"

老太爷边说边轻手轻脚走进屋去。

崇仁和伊人停下脚步，候在门外。

忽然，老太爷的惊呼声从屋内传出。

崇仁与伊人闻声一惊,赶紧冲进屋去。

屋内灯烛,依然燃亮着。

姬府老太太孔氏一脸安详地平躺在床上,身上正是那身昨夜伊人为她加添的"那衣裳"。

老太爷放下孔氏把脉的手,默默地老泪纵横,努力压抑着偶尔露出的低声呜咽。

"娘!"崇仁、伊人悲呼着扑向床边。

孔氏走了。

她在办完她所要办的事、说完她所要说的话,穿着喜庆的"那衣裳",唱着祈愿与老伴儿还将"来世结发"的秦腔,安详地走了。

庄园大门外,车队中不时传来马的嘶鸣声。

等待搬家运行的车队,似乎感受到了庄园内的变故。车夫们不知所措,小声议论着,引颈向院内张望。

吕管家六神无主,不知道庄园内发生了什么,也不知道该如何是好。他想了想,一拍脑袋,快步向院内走去。

后院内宅里。

崇仁、伊人搀扶着老太爷坐回他常坐的太师椅。

怀远、怀玉还围在孔氏床边抽泣。

老太爷一时显得方寸大乱,依赖地望向崇仁、伊人。

"你娘的后事,说准备也有准备,说没准备也确实没咋准备。现在该咋办呀?"

崇仁也确实感到为难:"按礼数,府里该准备开设灵堂,对外要给亲友发送讣告,还要提前安排发送下葬的各个事项。只是,只是因为搬家,所有的东西都已经打包装箱,重新折腾要费些时间哩!"

伊人低头陷入沉思和回忆之中。她想起了孔氏最后的交代,想起了婆母对她的信赖和托付。

"爹,崇仁,娘好像对此早有预感,已经提前为我们做了安排。"伊人抬起头,有了主意。

"你是说……"崇仁也想起了昨夜母亲的交代。

"搬家计划不变。先搬家，在城里姬家大院为娘办后事。"伊人平静地说出了自己的决定。

"在这个时候，先去搬家？"老太爷似乎有所疑惑。

伊人平缓而坚定地说着："我娘昨晚特意交代——不管发生什么事，明天的计划不变，照样搬家，照样开始过新的日子！我娘说的是：不管发生什么事，也许就预感到了……"

吕管家此时悄声走进屋来，默然候立。

伊人一眼看到，即刻大声交代："吕管家，按计划搬家，现在就出发吧！"

吕管家似乎不敢作主地看看崇仁，又看看老太爷，不知该不该服从搬家的指令。

姬老太爷从太师椅处站起身来，一副威严的口吻。

"按姬府当家太太的吩咐办！"

"咱们不能违背了老太太生前最后的嘱托！"伊人补充着说明。

太阳升起，残雪犹存。

一列长长的马车车队有序地行驶在乡间土路上。

车队鱼贯驶入凤翔县城城门。

由城门向城外望去，万木萧条的田野，一派冬日的肃杀景状。

姬府搬回城里的当天，即在府中设立灵堂，为过世的老太太开丧迎吊。"头七"满后，隆重安葬。大年初一春节、正月十五元宵，姬府仍在丧期之中，干脆闭门谢客。老太太"七七"忌辰期满，已是早春时节。

春天降临周原大地。先是蜡梅花盛开、玉兰花现蕾破苞，很快即是桃红柳绿之时。

县城里的清客闲人们，不负春光，把酒品茗，谈天说地，从时局的变迁到姬府的动向，都是他们的谈资。

"这世道变化真快呀！北京的袁皇帝又退位变回了袁总统，省府的陆督军已变成了陈督军。"

"这算啥变化？换汤不换药！要说变，咱周原还有点儿变化。今年开春以来，种植高粱的农人明显比往年增加不少，田里的罂粟大烟少得多了么！"

"姬府姬老爷领着各个酒坊下了告示，今年要扩大烧酒产量，保证以优厚的价格大量收购高粱。高粱的销路和价格有了保障，农人吃了定心丸，种植的积极性当然就高了么！"

"说起姬府，过去的一年可真是姬府的多事之秋啊！姬府老太爷和老爷父子俩都是咱周原的好人。老太太'七七'忌辰刚满，老太爷就坚持着每日去药材庄坐诊瞧病。姬老爷也开始出门忙着料事了。"

"姬老爷又为啥事忙哩？"

"啥事？水么！种高粱需要灌溉用水。水在哪儿？东湖么！东湖水咋相？不得够么！那咋办？开渠引水么！这就是姬老爷现在正在忙的大事、善事！"

五、药酒也是酒

一昼夜之间，姬府连出四桩大事：流产了一个，撵走了一个，出家了一个，升天了一个。杜先生深知，这些变故使得姬老太爷遭受了怎样的精神磨难。他想找个恰当的机会，与姬老太爷老哥儿俩单独谈谈话。

这一天，杜先生在"恒泰和"药材庄附近的街巷溜达了许久，终于等到了一个合适的时机。

"老哥啊，我可是看到一个又一个的病人刚走，你有了空闲，才瞅准机会进来的。"杜先生一进店面，招呼没打，先做解释。

姬老太爷平静淡然地解释着："我才开始恢复每日的坐堂问诊。间断多日，积压的病人是多了一些。让你杜校长久等了。"

两人落座后，杜先生首先扯起了话题。

"老嫂子亲家母的后事，你姬府办得好哇！既庄重大气又不虚浮奢靡，体现了追思逝者的一种良风益俗啊！"杜先生同情又赞赏地望着姬老太爷。

"我那故去的老伴儿，身前就与我有过约定，不论我俩谁先走，葬之以礼，丧则以节。入殓下葬，按礼仪规矩办，但丧事不可过奢，丧期不可过久。死者常已矣，生者照样开始过新的日子！"姬老太爷追忆的口吻。

"葬之以礼，丧则以节。开明之语、开明之举、开明之心啊！"杜先生赞不绝口。

"具体操办后事的，是你女子，不，是我姬老太爷的儿媳妇、姬府的内当家伊人。伊人把府中的事务经管得顺顺当当。正是有了伊人这贤内助，崇仁才能成日不落家地出门办他的那些个大事么。我老太爷更是啥事不管，只管在这儿坐堂把脉。"姬老太爷一番话后，突然想起："你今日到我这儿，不是来号脉的吧？"

杜先生流露出少见的喜悦之色："你这儿有酒没有？"

姬老太爷大惑不解，看了看药柜处。

"酒？我这儿只有药酒。"

"药酒也行，药酒也是酒，只要是酒！倒上，倒上。"杜先生几乎有些喜不自禁。

"咋？有喜事？"姬老太爷从药酒坛中斟出两盅酒，分别放在各自面前。

"窃国大盗袁世凯的皇帝梦只做了八十几天，就在全国民众的反对声中被迫退位。我看这个独夫民贼的末日，也就没有几天了！这难道不该庆贺一下么？"

杜先生说着，端起酒盅，率先抿了一小口。

姬老太爷微微点头表示赞同，陪着端起酒盅抿了一小口。

"树倒猢狲散。咱省城的那个陆督军陆屠夫也跟着灰溜溜地被撵下了台。听说他离开时随行着几十辆马车，装满了在任时搜刮来的金银财宝。出了省城，不到二十里，当地民众就把他的车队整个儿给截住了，吓得陆屠夫身无分文地一个人逃走咧！你说，这是不是大快人心！"

杜先生说着，再次端起酒盅，又抿了一小口。

姬老太爷频频点头，也再次陪着抿了一小口。

杜先生的神情更为兴奋："这就该说到咱自己的事咧。我一直谋划着，争取着，想让省立二中再迁回咱周原。陆屠夫一走，此事或许会有新的机会。近日，我准备去趟省城，看看有没有希望。"

"咱周原有句俗话，有枣没枣打一杆。有没有希望我们都应当去努力争取么！祝愿你不虚此行、马到成功！"姬老太爷热情鼓励、真诚祝愿。

"今儿我来，就是想听到你这话哩。来！谢谢老哥你的鼓励！"

杜先生第三次端起酒盅，与姬老太爷碰杯后，一饮而尽。

姬老太爷随之一饮而尽。

303

杜先生站起身来，打算收拾茶几上的已结束使命的药酒酒盅。

姬老太爷一把将其拉住，示意其继续坐下。

姬老太爷自己起身，将两只酒盅拿到酒坛处，再次斟满。

"你的三下喝了，不能就走么！还有我的三下哩！"

姬老太爷端起自己的酒盅，率先抿了一小口。

"第一下，感谢亲家公亲家母培育了伊人这个好娃，而且在当时那种情况下，还能宽容大度地同意伊人与崇仁结亲。"

杜先生随之抿了一小口："崇仁是多好的一条汉子！有夫如此，也是伊人的福气么！"

姬老太爷再次端起酒盅。又抿了一小口。

"第二下，感谢学堂杜校长对曾经的学生娃姬崇仁卖烧酒的人生理想的理解和支持。"

杜先生犹豫着端起酒盅，犹豫着再次抿了一小口，犹豫着开口说了话。

"这件事嘛……。合股做大酒业，人心不齐，此事恐难做成。你我都该劝诫崇仁收敛一些、现实一些。"

"你说的没错！但今日不说此事。来，这第三下，咱先干了再说。"姬老太爷端起酒盅，与杜先生碰杯后，一饮而尽。

杜先生随之一饮而尽。

"第三下，为的啥？就为你杜老弟就要有外孙、就要当姥爷了！我又该再添一个小孙娃喽！"姬老太爷一脸喜色。

"啥？伊人有了？"杜先生又惊又喜，又似不敢相信，欲再次加以确认。

得到姬老太爷再次肯定的答复后，杜先生一下子兴奋地站起身来，在店内来回踱步，口中似乎还在念念有词。

"看把你高兴的！嘴里叽里呜噜地念叨的是啥么？"姬老太爷理解而嘲讪的口吻。

"我正在给我的大外孙娃起大号哩！"杜先生兴奋不已。

姬老太爷忍不住笑了："你这是大年初一吃元宵——时候太早！再说，给孙娃起大号，这事还轮不到你！"

杜先生一听此话，真的有些着急了："我说姬老哥，这事你就不能让一让吗？非得跟我争？我还是大姑娘坐轿头一回，刚刚当上爷哩！"

"这事呀，轮不到你，也由不得我。"

"怎么？是崇仁非要……"

"哪里哟！伊人说了，这事谁也别操心，她自己早就想定了一个字。"

"啥字？"

"我也问了，啥字？伊人不说么，看来非要到娃出生之后才给咱公布哩！"

此时，又有求诊的病人进入店内。老哥儿俩不便继续长谈。

姬老太爷将杜先生送出门外。

"府上伊人那里我就不去了。等我从省城回来后，再去你府上拜访，好在你阖府都搬回城里住了，离得近，来往更方便了么。"杜先生拱手告别。

姬老太爷点点头，拱手作别送客。

杜先生稍作犹豫，迟疑没有迈步。

"其实，我今日前来，是有一个消息要告诉你的。你曾经的姨太太……。那人的下落，我打听清楚了。她在秦岭太白山山脚下的圆觉庵出家了。……法名了空。"

这是姬老太爷第一次听到孟氏离开姬府后去向下落的准确消息。他的神情瞬间凝滞起来，眼神怅惘而复杂，嘴唇微微嚅动着低声自语。

"了空……。尘缘已了，万般皆空……"

六、不虚此行

姬府老爷姬崇仁眼下要干的大事是疏浚东湖。就在姬老太爷与杜先生连碰六下药酒的同一天，崇仁在吕管家陪同下，一大早就出城前去东湖考察。

城门口处，运载酒篓的马车一辆接一辆驶出城去。马车上装载的酒篓，外观整洁美观、规格统一。酒篓外，张贴着"万国博览银奖、西凤陈年佳酿"的标牌。

梁掌柜站在城门外处，认真检查着每一辆出城马车所载酒篓的情况，脸上流露着满意的神情。

崇仁乘坐的马车路过，见此情形便下车走上前去。

305

梁掌柜没有想到会是崇仁，颇有些惊喜。

"姬老爷，府上的事都处理妥结了？是不是专意为咱外销的酒送行来了？"

"我是去东湖有事哩，正巧路过，就见你梁掌柜像个为出征壮行的大将军一样，威风得很呐！"崇仁高兴地赞叹着。

梁掌柜得意地扬手指着车队。

"这些都是咱顺昌酒坊销往外埠的优质佳酿！你看看这车队！"

崇仁点头赞赏不已："咱这运酒的车队，真像是一支出征的军队，够壮观！"

梁掌柜自豪的神情洋溢在脸上："咱的酒获得国际大奖后名气更大咧！销量那是大幅度增长呀！"

崇仁回首对吕管家交代："吕管家，你看到了吧。咱酒坊的生意越做越大，卖烧酒的收入很快也会成为咱府上的主要进项之一。但是目前，梁掌柜那里占用的资金会多一些，府上总柜要提前做好安排。"

"没麻达！老爷放心！"吕管家一口答应。

崇仁准备与梁掌柜告别，扭头一看，皱起了眉头。

城门内又驶出了几辆运酒的马车。

马车上装载的酒篓又脏又旧，规格品相也不一致。但酒篓上也照样张贴着"万国博览银奖、西凤陈年佳酿"的标牌。

"这是哪家酒坊的马车？"崇仁不满地大声发问。

马车后面钻出来了一家春酒坊严掌柜。

"呀！是姬老爷！沾姬老爷和梁掌柜的光，我家的酒越卖越多，供不应求，每天外运都来不及啊！"

"我是说你这酒篓的包装……"崇仁不高兴地指着严掌柜车上的酒篓。

严掌柜显然误解为指的是酒篓上的获奖标牌。

"哦，姬老爷是说这？有这，酒才能卖得好！你不是说要统一品牌么？"严掌柜手指酒篓上的获奖标牌，狡黠地笑着。

梁掌柜不客气地驳斥着："我说严掌柜，你家的酒又没有获奖！再说姬老爷和各位同行一再强调，要统一盛酒器具。你自己看看！你家酒坊用的这些酒篓像是个啥么？"

"客户喝的是酒,又不是喝酒篓。能省就省一点儿,降低成本么!省下的就是赚了的。"严掌柜嬉皮笑脸不以为然地狡辩着。

"看看你的酒篓,就知道里面装的酒也好不到哪儿去!光顾着自家赚钱!也得珍惜珍惜咱西凤酒的口碑名声么!"梁掌柜十分生气。

崇仁脸色沉重地摇着头:"如果这样下去,用不了多久,西凤酒的品牌非被弄得塌火倒灶不可!"

严掌柜躲避回缩着,慌忙领着自家的那几辆马车溜走了。

望着严掌柜溜走的背影,崇仁一脸无奈。

"我总想着,大河有水小河满,这道理人人都该懂么!酒的名声大了,品质好了,产量高了,对各家酒坊都有好处么!可总有人只顾自家眼皮底下那点儿蝇头微利,损害的却是咱整个行当嘛!"

梁掌柜稍一沉吟,趁机提出了自己早已想出口的规劝。

"姬老爷,有几句话,我早就想说了。因为怕扫了你大卖烧酒的兴头,一直没敢开口。这合股投资、分工经营、共同作大酒业的想法,恐怕不大现实。咱能做到的,就是把咱顺昌酒坊自己的酒名声做大、品质做好、产量做高。别家酒坊的事由他去吧。"

崇仁似乎不情愿地接受了这个现实,沉默许久没有说话。

梁掌柜同情地看着崇仁,忍不住又说了一句。

"我再多说一句。人都是为了自己,有几个能像你姬老爷一样仁义么!"

崇仁又想起了另外的难事,长叹了一声。

"唉!做大酒业是大家伙儿共同赚钱哩,尚且如此之难!疏浚东湖,是要大家伙儿共同捐钱哩,谁知又会咋样!……吕管家,咱还是先去东湖看看吧。"

崇仁这次考察东湖,打算重点了解两方面的情况。一是如何有效扩大东湖的容纳水量,二是怎样才能节省疏浚工程费用。

到了东湖,崇仁与吕管家弃车登舟,查看东湖水面。

小船在湖面缓慢行驶。

"姬老爷,还记得小人吗?"撑篙的东湖船夫主动发问。

崇仁看了看船夫,似乎并不认识,便不好意思地解释着:"东湖我不常来，上回到这儿，已是一年前的事了。"

"正是一年前的事。小人从湖中打捞了两个投水自尽之人，姬老爷正好路过，好心给死者家人留下了几块银圆。"东湖船夫提醒着说起往事。

崇仁一下子想起此事，连忙向船夫拱手致谢。

"我记得此事。后来那死者家人还找上门闹过事，全凭船家大哥仗义执言，替我解了围。如今那死者的家人情况如何？"

"他们就用姬老爷给的银圆做起了小本生意，日子还能过得去。这世上啥混账人都有哇，现今说起当时的无理取闹，他们还羞愧得抬不起头来。"

崇仁摆摆手，示意过去之事无须多提。

经过简短交谈，得知此船夫祖孙三代都是在东湖以撑船为生，崇仁认为找到了当问之人。

"请问船家，你看如何才能让这东湖多蓄一些水呢？"崇仁一副虚心讨教、不耻下问的神情。

"多蓄水？首先就要多进水么，疏通上游的进水河道，保证丰水季节的河水全部入湖，这个好像还不太难。"船夫对情况非常熟悉。

吕管家闻此不禁咋舌："清疏河道，多大的工程！这还不算难啊！"

"更难的是扩大库容！东湖就这么大，进水多了，如何盛放么！"船夫一边撑篙，一边手指着东湖不大的水面。

"是啊！如何盛放，你看有啥好办法？"崇仁赶紧求教。

"办法好不好，也只有两个。一是清理湖底，把几百年来积存的淤泥挖走，湖底深了，盛水自然就多了。二是扩大湖面。这个道理不用多说，但东湖周围尽是良田，地价甚高，拓展湖面，谈何容易！"

吕管家听着，连连摇头："无论是挖淤泥、清湖底，还是购良田、扩湖面，都是一项巨大工程，巨额的费用难以计算呐！"

东湖船夫惊疑地看着崇仁："姬老爷，你这就是随便问问哩，还是有啥打算哩？"

"前些日子，四众乡邻来找过我，希望能在咱这一代周原儿女手中，把疏浚东湖的大事干出一番光景。我今日来此，就是想实地考察考察。"

东湖船夫闻听此言，感慨万端，放下手中的篙杆，直接跪在了船头处。

"疏浚东湖,是我等湖岸乡民多少代人的梦想啊!如果姬老爷发愿行此善事,我等乡民一定会一呼百应,追随姬老爷,共同办好这桩造福子孙后代的大事!"

崇仁颇为感动,立起身来想去搀扶下跪着的船夫。

小船晃荡着。崇仁重心不稳,左右摇摆。

船夫见状,主动立起身来,扶住了崇仁。

"姬老爷小心!东湖几乎年年都有不慎落湖淹死的孩童。小人还是领姬老爷上岸去看一个地方吧。"

上岸后,三人来到了离湖岸不远的一处面积甚大的天然洼地之旁。

崇仁查看四周的情况,为工程费用感到发愁。

"疏浚东湖,需要巨额的款项。官府是根本靠不住的,只能依靠民间乡绅百姓自愿捐助的善款。一旦决定开工,咱也得想法尽量减省工程的费用。"

船夫分析指出:"蓄水多了,引水灌溉的农田面积必然增加。那些受益的田主农户,应当并且也会乐意多出一些资金和劳力。"

崇仁和吕管家频频点头认可。

"湖底的淤泥,都是上好的肥料。如果能定上一条规矩,谁家挖掘清理出的淤泥归谁家所有,那些需要肥料的农家就会主动参加清淤的行动。"

吕管家不禁拍手称绝:"好!这个办法好!两全其美。农家得到了免费的肥料,咱的清淤工程也可省下不少的人工费用。"

船夫手指着面前的洼地,又说出一个想法。

"这片弃之不用的洼地,面积不小,离湖很近。如果将其与东湖挖通,引水过来,等于又有了一个新湖。两湖相连,融为一体,湖面大大拓展,而且还不必过多侵占现在湖岸四周的沃土良田。"

崇仁兴奋得难以自抑,庄重地躬身向船夫施以一礼。

"孔子曰:三人行,必有我师焉!船家大哥,请受学生一躬!今日实地考察,真是不虚此行啊!"

七、墓地前的承诺

东湖考察之行,崇仁收获颇多。返程途中,他的兴奋之色未褪,疏浚东湖的决心更坚定了。

"疏浚东湖，势在必行。募集善款的事，要抓紧安排了。"临近城里姬家大院时，崇仁向吕管家提出了要求。

吕管家面露难色，语调吭吭哧哧。

"募款不容易啊！有钱的不愿出，愿出的没有钱。弄不好，到最后大头还是落在了咱姬府的名下……。老爷，这疏浚东湖的事，不知老太爷是咋想的……"

崇仁不动声色地看了吕管家一眼，没有说话。

马车行至姬家大院门口。吕管家下车进府，崇仁继续乘车又去办事了。

城里姬家大院的规模，当然比城外姬氏庄园小了很多。但其内部的院落和庭园，却更显精致。

吕管家一进府门，就看见伊人手持扫帚，正与丫鬟们一同清扫庭院。

"太太，太太，这些活计交代下人们干就是了，哪能让太太亲自上手哩！"吕管家说着，连忙去抢夺伊人手中的扫帚。

伊人无奈地交出了手中的扫帚，抬头向吕管家身后望去，却未见再有来人，不免有些奇怪。

"咋没见老爷和你一搭儿回来哩？"

"老爷连府门都没进，又去联络筹集善款的事了。"

"你们去东湖实地考察，情况怎样？"

吕管家颇有担忧之色："考察倒是有一些收获。不过，实地一看，就知道那工程确实需要花费大笔的款项。难怪这么多年空喊者虽然甚多，就没有人敢真正上手弄这事哩！"

"你是担心……"伊人关切地发问。

"我是担心……担心咱老爷要是过于心热，好大喜功，摊子铺得大了，咱府上的财力支撑不住哇！"

伊人继续问道："你的担心给老太爷说过没有？"

"说过么！老太爷不搭腔，不表态，也不知是啥意思。"

伊人平静安稳的口吻："咱尽职尽责，有啥担心及时提醒，这是对的。但是，要相信咱的老爷。老爷决心要办的事，就必定有要办的道理！"

话虽如此说，但伊人心里也不免担心，她也想听听老太爷的意见。

姬老太爷这一天很忙，送走杜先生后，又连着接待了六七位病人。回到府中，独坐后院，不免又想起了故去的老伴儿。心情郁闷，他伸手拿起自己的那个烟杆儿，准备点火吸烟。好似突然想起什么，他很快又决绝地将烟杆儿放回案桌。

"爹，饭时到了，咱去吃饭吧。"伊人进屋招呼。

老太爷看见伊人，做出招呼进屋的手势。

"吃饭的事不急，伊人你先进屋坐下，爹有几句话要说。"

伊人规规矩矩坐好，静待公爹发话。

老太爷坐定后，习惯性地又拿起了烟杆儿。伊人赶紧起身，准备为其燃烟。但老太爷摆摆手，又将烟杆儿放回案桌，然后缓缓开口。

"伊人啊，今日你爹到咱药材庄找我来了。"

伊人一听，面露惊喜之色，但语带抱怨。

"我爹来啦？咋没到府上来看看我哩？"

"他是要到省城去争取将省立二中迁回周原，临行前特来告知我一声。"老太爷解释说明。

伊人十分理解父亲的心事："在周原办一个好学堂，那是我爹一辈子的心愿么！"

姬老太爷开始进入正题："我把你身子有喜的事，告诉你爹了，把他高兴得像个娃似的。伊人呐，子女孝顺以顺为先，如果你爹有啥心愿，你就顺一顺，让一让，不要争，行呀不？"

"啥事嘛？我咋会跟我爹争哩？"伊人莫名其妙，但表明了态度。

老太爷点头表示满意，但点到为止，不欲详说。当日谈话时，看到即将初次当"爷"的杜先生对给孙娃起大号之事如此上心，姬老太爷十分理解同情。他想动员伊人"顺一顺""让一让"，把起大号这桩好事交由她的父亲，满足杜先生的心愿。

姬老太爷确实一番好心。但后来事态的发展，使他的好心最终没能实现。伊人此刻所怀她已早早起好了大号的娃，尚未出世就夭折了。而当后来伊人真正"十月怀胎、一朝分娩"之时，杜先生自己却已溘然长逝了。

311

当下，老太爷对伊人同意"让一让"的态度很满意，认为自己的好心已大功告成，便轻松地站起身发话："好！那就好。那咱就去吃饭。"

伊人抓紧时间，提出了问题。

"爹，我也有一件事想问哩。崇仁为啥这会子突然对疏浚东湖的事如此上心呢？"

老太爷略一沉吟："疏浚东湖……，若说起心动念，那还是崇仁小时候的事。"

"这我知道，除三害、兴三利么！崇仁自小的理想和志向。"伊人对此当然了解。

老太爷的神色复杂起来："为啥这会子突然如此上心呢？这是因为崇仁答应了湖周乡邻的请求，就是你娘下葬当日发生的事。"

……

孔氏下葬当日，一切程序全部结束之后，参加葬仪的人群散去。姬老太爷神情黯然地站在墓前，依依不忍离去。披麻戴孝的崇仁，脸上泪痕犹存，陪伴在父亲身边。墓地现场，只剩下这父子二人。

崇仁扶着父亲，一步三回头地离开墓地。他们在乡间土路上行至不远，便被一群黑压压跪倒在地的乡民们拦住了。

崇仁见状，有所误会，上前一步也跪在了众人面前。

"不敢呐！不敢行此大礼！承蒙各位乡绅乡亲前来参加已故家母的葬礼，在下感激不尽！本应由孝子我行礼致谢，岂可劳动诸位？……你们这是……"

"他们有事找你，又不好打扰葬礼，已经在此等了好几个时辰了。"人群中的白学才一番解说。

一位跪在地下的老乡绅满面赧颜："姬老爷热孝在身，我等实在不该在这个时候、这个地方……"

崇仁起身想扶起那位下跪的须发皆白的老乡绅："既然来了，但说无妨。"

老乡绅及众乡亲坚持跪下不肯起来。

……

姬老太爷给伊人说起了当时的情景。

"如果不是万般无奈，那些乡亲是绝不会在那个时候、那个地方去苦苦哀求崇仁的。东湖年久失修，四周乡民未蒙水利，时遭水害，整治的心情急迫得很呐！"

伊人当时领着怀远、怀玉已先行回府了，所以并不知道葬礼当日还有此幕场景。

"那些乡民们跪着请求崇仁出面，立即推动疏浚工程上马。他们生怕失去了今年工期和蓄水时节，当下就要崇仁答复哩！"老太爷继续说着。

伊人关心问着："崇仁当时是咋答复的？"

"崇仁一腔热血么！当下答复，待你娘的七七忌辰一过，马上就去东湖实地考察，并尽快提出工程方案和筹款计划，与大家伙儿商量。"

"爹，这事你觉得该咋办？"

"我已经说过了，现今姬府的大掌柜是崇仁。这事儿当然由他决定么！"

二人由后院走出，前去吃饭。

伊人见老太爷两手空空，忽然想起一事。

"爹，你的宝贝忘了，我去给你拿来。"

伊人转身小跑而去。老太爷不知所以，莫名其妙，停住了脚步。

伊人风风火火跑回后院，拿起了案桌上老太爷的烟杆儿又往外跑，返回了老太爷身边。

"爹，这烟杆儿你平时都从不离手么，今儿咋忘了拿咧？"

老太爷接过烟杆儿，喜爱地在手里晃了晃，不无遗憾但十分坚决地说着："不吸了！不吸了！再不吸烟喽！"

伊人不明就里，疑惑地望着老太爷。

八、系谁之力

伊人得知了崇仁突然对疏浚东湖之事上心的原委，心里更是对丈夫又敬又爱，很想助其一臂之力。

晚间，崇仁独自在书房里查阅资料，翻看书籍。

伊人悄悄走近，探头窥看崇仁所阅读之书。《凤翔县志》《关中水文概要》《水利工程学》等，都与水有关。

伊人钦佩赞赏的目光，扫过那些书籍。

"刚研究完酒么，又琢磨着水了。"

崇仁微微一笑："是啊！马上就要开始疏浚东湖的工程了，完全是个门外汉不行。我请白学才在学堂给找了些资料，算是临阵磨枪吧！"

伊人深有感触，看看周围无人，偷偷上前吻了崇仁几口，然后转身快步离去。

"我得让俩娃儿也来受教育，现身说法么！"

崇仁不以为意，笑了笑，继续翻阅着书卷。

不一会儿，伊人领着怀远、怀玉欢声笑语地进来了。

"这位先生不得了！上知天文，下懂地理，会鉴识文物，能把脉诊病。简直就是个天才么！"伊人故弄玄虚地对怀远、怀玉介绍。

"怎么会是天才？人么！人非生而知之，只有学而知之。"崇仁一脸认真地反驳。

"说对了！这位先生之所以了不得，原因就在于他勤于学习。年前要卖酒，就学习了有关酒的知识。现在要修水利，你们去看看，他又在读什么书。"伊人手指着崇仁案头的那些书籍。

怀远和怀玉一下子扑到父亲身边，抢着翻看他面前的书籍。两个小娃各自高举起一本书，呼叫着："水！""水！"

伊人心疼地望着崇仁："你也休息一会儿吧。"

怀玉立刻抓住机会，提出了要求。

"爹，趁你休息的工夫给我们讲个故事吧！"

"讲故事？讲个什么故事呢？"崇仁不想扫小娃们的兴。

伊人顺口说道："你现在搞的是水的事，看的是水的书，就给娃儿们讲个水的故事吧。"

怀远、怀玉一齐欢呼着表示赞同。

崇仁略沉吟了一会儿，开始讲故事。

"很久很久以前，有两只美丽的凤凰乘风飞翔，来到咱们周原。"

怀远告诉怀玉："咱凤翔的地名，就是从这儿来的么。"

崇仁点点头，接着说了下去。

"凤凰飞得渴了，就落在咱凤翔的一个水池边饮水。后来，人们就把这个水池叫作了饮凤池。有一年，周原大旱，饮凤池里的水也快要干了。正好这时在咱凤翔主事的，是一位贤能的官员，他就领着近千名官员百姓上了太白山去求雨。"

怀玉忍不住插话问道："这么多人去求雨，求来雨了吗？"

怀远拉拉怀玉的袖子，示意她不要打断父亲的故事。

崇仁继续讲着八百年前发生在凤翔的求雨故事。那故事的主角，就是宋代的苏轼苏东坡。

……

当年，年轻的苏东坡初入仕途即来到凤翔任职。任职不久，即遇大旱。苏东坡陪着知府，率近千名官员百姓齐聚太白山求雨。祈雨文就是由才华横溢的苏东坡执笔书就并亲口诵读的。

祈雨文言辞恳切，请求太白山神早降甘霖。"瓶罂罐勺，可以雨天下，而况于一方乎？"酌取山神的一瓶一勺之水，即可以润泽天下，何况乎凤翔一方之地！

也许祈雨起了作用，苏东坡等人由太白山返回凤翔途中，天气骤变，阴云密布。兴奋的苏东坡不能自已，写诗纪念此事。"云阴暗暗将嘘遍，雨意昏昏欲酝成。"

可惜这只是空欢喜一场。云阴只是"将"，并没有真正"嘘遍"。雨意只是"欲"，并未能实际"酝成"。等苏东坡等人回到凤翔，云阴和雨意都没有了。

苏东坡失望了，愤怒了。他在责问老天爷，难道真忍心让周原的庄稼旱死，让凤翔的百姓断粮吗？

盼望已久的喜雨终于来了。恰逢府堂之北有一小亭建造始成。苏东坡在喜雨之中遂将此亭命名为"喜雨亭"。雨歇之后，他又特意写了一篇《喜雨亭记》，专纪此事。

大雨一下，却不停止。连下三日，小小的饮凤池就被灌满了，甚至水溢伤人。

立志造福当地民众的苏东坡，带头捐出自己的俸禄，并号召众人有钱出

315

钱、有力出力，共同整治饮凤池。

经过努力，水源找到了，河道疏通了，池容扩大了。"池"也就变成了"湖"。因在凤翔城东，故名"东湖"。

……

崇仁给孩子们讲述了"水"的故事。

怀玉一下子联想到了自己去过的地方："噢！东湖！东湖我去过，我还想去！喜雨亭还在，就在东湖边上。"

伊人笑着拍拍怀玉："瓜娃呀！那都是八百多年前的事了。那时的府衙和亭子咋还能在？现在东湖边的喜雨亭，是后人为了纪念先贤苏东坡而重新修建。为民众做了好事的人，后人是不会忘记的。"

崇仁接着说道："先贤苏东坡开浚东湖，不仅造福了当时的凤翔民众，而且流荫于后世。他自己也很高兴，特意为此写了一首很长的诗，诗名就叫《东湖》。"

"《东湖》诗我没有读过，但《喜雨亭记》爹教我读过。"怀远说着，背诵起了此文。怀玉也跟着一起背诵。

"亭以雨名，志喜也。古者有喜则以名物，示不忘也。……"

崇仁若有所思："东坡先生在这篇有名的文章中说，老天爷为何始旱而赐之以雨，而且'一雨三日'，'系谁之力'？这是谁的力量和功劳呢？是地方官员吗？不是！是皇帝老子吗？不是！天爷神仙吗？说不清。东坡先生最终也没有明确的答案。'系谁之力'？你们自己去想，也许长大了就会明白的。"

怀远、怀玉似懂非懂地认真听着思索着。

伊人开始鼓动："如今的东湖，年久失修，湖底积满了淤泥，河道壅塞不畅。咋办哩？这位先生，也就是你们的亲爹、我的夫君、咱姬府的当家大老爷，决心和乡亲们一起，效仿先贤苏东坡，重新疏浚东湖。你们说，这是不是好事？我们该不该支持？"

怀远、怀玉振臂高呼着："好事！""我们坚决支持！"

崇仁感激地望着伊人，宽慰地对孩子们露出笑脸。

第十二章　宛在水中央

一、撅断的烟杆儿

疏浚东湖需要大笔的款项。款项的筹集并不顺利。诚如吕管家所言：有钱的不愿捐，愿捐的没有钱。崇仁城里城外四处奔波，拜访和联系了不少大户人家。结果是所得有限，与实际所需尚有很大的差距。

崇仁与学堂青年教师白学才商量，准备举行一次面向公众的大型公开募捐活动，以图形成"募集善款、疏浚东湖"的社会氛围，促进实际筹款的进度。

募捐现场设在县城中心区域，周围插了不少旗帜和宣传标牌。现场围观民众人数虽多，但多为看热闹之人。真正前往认捐处捐钱者，寥寥无几。

满头汗水、口干舌燥的白学才，一直在围观的人群中宣传着整治东湖的必要和好处。

吕管家和账房先生坐在登记善款、接纳捐物的桌台前，无所事事。桌台旁放着的大箩筐中散落着不多的一些铜钱。

崇仁来到了现场。他拍拍白学才的肩头，自己走到了围观人群前，神情颇有些激动地大声开始讲演。

"各位乡党，各位父老乡亲，咱脚下的这块土地叫啥？叫作周原！自古以来，后稷在此教民稼穑，周公和他的先祖们在此开创了西周天下的基业。看看咱现在的凤翔城，城中一直保存有秦穆公墓，为的是纪念这位两千五百年前的国君开地千里、称霸西戎的历史功绩。城东有苏公祠，这是后人为怀念先贤苏东坡任职凤翔期间的德政而修建的。一代又一代的老先人们，都在周原大地上留下了他们的足迹脚印！"

崇仁讲演过程中，围观的民众越来越多。姬老太爷手持烟杆儿悄悄走来，站在人群之中。伊人领着怀远、怀玉从另一方向走来。怀远抱着一个陶罐。一个小尼姑畏缩着走来，远离人群站定。

崇仁继续自己的演讲。

"人么！人过留名，雁过留声。一代人有一代人的作为，一代人有一代人的责任。现在轮到咱们这一茬周原儿女了，难道咱就不能在东湖整治方面，做出些上对得起先人、下无愧于子孙的好事善事么！"

围观众人感慨嗟叹，议论纷纷。不少人跃跃欲试，准备前去捐款。

"我来捐款！"一个苍老而洪亮的声音从人群中传出。

姬老太爷穿过围观人群，走至认捐处，双手郑重地将烟杆儿呈递给吕管家。

吕管家惶恐地赶紧站起身，不得不接但又莫名其妙地接过了烟杆儿。

人群中出现了各种议论。"咋回事吗？""说了半天，姬府的老太爷也只捐了一个烟杆儿！""一个烟杆儿，才能值几个大毛？"

姬老太爷面向围观人群开始解释。

"我，姬秉礼，已不再是姬府的大掌柜。姬府公柜上钱财如何支用，不该由我说话。我个人现在要捐的，是我未来十年的烟钱！"

崇仁关切地走了过来，从吕管家手中拿过那根烟杆儿又递给了父亲。

"爹，这个你拿着，我已经……"

姬老太爷奋力将手中的烟杆儿一撅两截儿。

"我老汉从今儿起，不，从昨儿就开始了，今后一辈子一口烟也不再抽了！我要从姬府公柜上预支我未来十年的烟钱，作为我个人今日的捐款！"

崇仁对吕管家示以眼色。

吕管家当众高声报账："姬府老太爷个人捐款——十年烟钱，大洋一千元！"

账房先生飞快地在登记簿上记录着。

围观人群中一片赞叹。

伊人含着眼泪，走到认捐处，默默摘下双耳戴着的耳环，又脱下手腕处的玉镯。

伊人双手捧着耳环、玉镯，呈递给吕管家。

吕管家接也不是，不接也不是，尴尬两难。

崇仁小声说道："伊人，你的首饰本来就不多……"

伊人摇摇头，制止了崇仁的劝阻，并将手中的首饰直接放在了账房先生处。

账房先生一愣，但很快就感动地在账簿上登记起来。

吕管家高声报账："姬府大太太个人捐物——金耳环一对，玉镯一只！"

伊人转身看着手持已断成两截的烟杆儿的老太爷，不禁热泪扑扑簌簌地流下。她用手背擦了一把脸上的眼泪，面朝围观人群含着泪音恳切真诚地说着。

"各位乡亲，容我说上两句。我爹他……，一辈子就这一点爱好。愁烦时，高兴时，疲乏时，抽上一口儿旱烟，那烟杆儿成日不离手。可刚才，当我爹他狠心把烟杆儿一撅两断的时候，我这做晚辈的心里难受哇！难道是偌大的姬府连老太爷的烟钱都供不起了吗？姬府的太太连金银首饰也佩戴不起了吗？不是的呀！我爹他、我、我们只是想表明，宁肯节省自己，也要把疏浚东湖这件大事善事办成办好啊！"

台下围观人群中，赞叹声、叫好声、抽泣声混杂在一起。

白学才挥挥手臂，示意全场安静。他也忍不住自己的激动，大声宣布："疏浚东湖，是咱凤翔民众特别是沿湖四周乡民大家的事。大家的事大家办。捐钱多少，都是心意。不过，我要告诉大家的是，姬府老爷早已表了态，工程费用不管塌欠多大的窟窿都由姬府公柜负责托底填补！"

围观人群中爆发出热烈的掌声和欢呼声。

欢呼声中，怀远一手抱着陶罐一手领着妹妹怀玉，走到认捐处。

"请收下吧。这是我和妹妹两人好多年存起来的压岁钱。"

怀远直接将陶罐中的铜钱全部倾倒进了那个箩筐之中。

围观人群纷纷涌往认捐处，争先恐后地报着认捐数额。

吕管家忙得目不暇接，手忙脚乱。

账房先生手不停笔地在账簿上记录着。

大箩筐里的铜钱、首饰等实物不断增多。

募捐活动已近尾声，围观的人群已基本散去。吕管家与账房先生准备撤摊离去。

一直躲在远处的那个小尼姑，畏畏缩缩走近认捐处。

"这位小师傅，你是……"吕管家打个问讯。

"我是专门来替别人捐款的。"小尼说着从怀中掏出一个纸包。纸包打开，里面只有不多的几枚铜钱。

小尼似乎有点儿不好意思，羞腼地解释着："我们圆觉庵是山中小庵，平时只有很少一点香火布施。可了空师姐说，钱再少，也是一份心意，非要我赶好几十里山路送了过来。请你们不要嫌弃！"

崇仁与姬老太爷闻言一起转过头来。

崇仁合什作揖感谢小尼："怎么会嫌弃呢？好心善缘值万贯！在下诚心感谢贵庵的恩德！"

"了空？……"姬老太爷喃喃自语念着这个法名，眼中一股莫名的忧伤。

募捐现场的情景，使崇仁深受感动。姬老太爷的举动，伊人和孩子们的表现，都是崇仁事先不知晓的。家人的鼓励和支持，使他格外感受了温暖，提振了信心。

崇仁正在回味着自己的内心感受，只见梁掌柜从远处匆匆走来。

崇仁笑吟吟地问道："梁掌柜，你是不是代表咱顺昌酒坊给东湖工程捐款来啦？"

梁掌柜大大咧咧地摆摆手："代表顺昌酒坊谈不上，你这个东家还没发话呢！我只是代表我个人来捐一点儿体己私房钱。"

"你来晚了一步，没看到刚才大家伙儿热情捐纳善款的那个场面。"崇仁急不可耐地想要介绍刚才捐款的热烈场面。

"掌柜的,赶紧回店,出事了!"一名酒坊伙计火急火燎地跑来,一边擦汗,一边向梁掌柜报告。

二、真假李逵

这一天,顺昌酒坊来了一位特殊的客人,省城来的杨老板。杨老板是位身穿中山装、颇有城市做派的年轻人。他来顺昌酒坊不是来买酒的,而是来退酒的。

杨老板一行共三四辆满载酒篓的马车,由城外驶来。刚进城门,杨老板跳下马车,随意拦住一个路人,大大咧咧地问路。

"喂!老乡!到你们凤翔卖西凤酒的酒坊咋走?"

路人显然对他不礼貌的口吻有所不满,斜乜了一眼,但仍给他指了一个方向。

沿着这个方向不远,就是顺昌酒坊。

杨老板的一行马车,驶到顺昌酒坊门前,依次停靠。

杨老板气呼呼地跳下车,昂首向酒坊走去。

酒坊伙计连忙出来,热情迎客。

"请问这位客官,是来买酒的吗?"

杨老板气势汹汹地呵斥着:"买酒?老子是来退酒的!叫你们东家和掌柜的给我出来!"

伙计一看势头不妙,赔着小心。

"不知客官如何称呼?从何地而来?"

杨老板一副盛气凌人的口吻:"老子姓杨,是从省城来找你们算账的!"

"对不起,杨老板。我们掌柜的不在,刚走了一会儿,为整治东湖的工程捐纳善款去了。"伙计小心地说明情况。

杨老板认为可能是酒坊掌柜推脱不敢露面,遂大为光火:"这边公然赚着黑心钱,那边又假仁假义去捐什么善款,还要脸不要脸!告诉你,不把你掌柜的叫来,我是不会走的!"

伙计见来者不善，只得派人赶紧去通知梁掌柜，同时请杨老板喝茶稍候。

崇仁和梁掌柜接获酒坊"出事了"的消息后，即刻赶了过来。

"这位是小店的东家姬老爷，这位是小店的梁掌柜。"

伙计向杨老板作了介绍。

坐在椅子上的杨老板，傲慢无礼地依旧坐着，好像憋了一肚子的火。

梁掌柜拱了拱手，主动询问："这位客官就是杨老板吧？"

杨老板忽地站起身，二话不说，只做了简单的手势，示意"跟我走"，径直就出了店门。

梁掌柜莫名其妙跟着出了店门。崇仁想了想，也跟随梁掌柜而去。

杨老板从随行的马车上，取下一篓酒，用力向地下摔去。

摔破的酒篓中，酒液不断涌出。酒液在地面上漫延渗透。

杨老板指着地面上的酒液，向已跟出店外的梁掌柜和崇仁发出责问。

"你自己看看、自己闻闻、自己尝尝！这就是你们的陈年佳酿？万国银牌？亏先人哩！"

梁掌柜一愣。他蹲在那只摔破的酒篓旁，看了看，闻了闻，又用手指沾了些酒液尝了尝，随即皱着眉头，嘴里往外吐了几口。

蹲在地面的梁掌柜，站起身来，二话没说，直接向店内走去。

杨老板莫名其妙地傻看着梁掌柜的背影。

崇仁也不知其意地一时愣住。

很快梁掌柜抱着一篓酒由店内走出。

就在相距那只破酒篓不远之处，梁掌柜用力将抱着的酒篓摔向地面。

酒篓摔破，酒液流出。

梁掌柜用同样的口吻教训着杨老板。

"你也自己看看、自己闻闻、自己尝尝！你那酒，是不是咱这酒！"

杨老板疑惑起来。他蹲在梁掌柜刚摔破的酒篓旁，看了看，闻了闻，又用一根手指沾了些酒液尝了尝，不觉面露惊奇之色。

仿佛不敢相信似的，杨老板又去仔细看了看酒液，使劲儿嗅了嗅酒味，再用两根手指蘸了更多的一些酒液尝了尝，又尝了一尝，终于露出了信服的神情。

杨老板站起身来，一脸信服地向崇仁、梁掌柜拱手致礼："两只酒篓中的酒，是不一样，真不一样，大不一样！"

回到店内，三人分宾主而坐。主客之间谈笑风生，气氛与前迥然不同。

"兄弟年轻气盛，又是憋了一肚子的火而来，适才多有失礼得罪之处，恳请两位老哥见谅！"杨老板再次拱手致歉。

崇仁不以为怪地摆摆手。

梁掌柜关心地询问着："你那些酒是咋回事嘛？"

杨老板一脸懊恼："我是在省城批发弄到了这几车酒，只说是万国银奖、西凤佳酿，也不知具体酒坊是哪一家，反正酒篓上都挂着这获奖的标牌哩。谁知买回去后，我自己先打开了一篓品尝，根本没法儿喝么！我还想着，这不是自家砸自家的招牌么！"

梁掌柜长叹了一口气："十根手指头不一般长短。咱这里酒坊有好几十家哩！良莠不齐么！凤翔烧酒获奖，本是好事。有些无良店家，却趁机拉大旗作虎皮，以次充好，把这标牌当成了赚取昧心钱的幌子！"

杨老板豪爽地表示了自己的态度："看来我是上当了，买了假酒，幸亏来了这一趟，刚才尝了贵店的酒，真是好酒啊！两篓子酒一比较，李鬼遇见了李逵，真假立见！在下已吩咐过了，把那几车假酒统统倒掉，直接在贵店买些正宗的西凤美酒，拉回省城，也不枉白跑这一趟。"

崇仁感慨地站起身来，拱手向杨老板致意。

"常言道，酒品如人品。饮酒如此，造酒、卖酒，亦是如此啊！杨老板虽然年轻，处事却令人佩服。买着了假酒，宁肯倒掉自己吃亏，也不为着转嫁损失而去欺骗接手的下家。这叫啥？人么！为人不做亏心事！"

"不敢当，不敢当！姬老爷过奖了。"杨老板也连忙起身回礼并谦让着。

崇仁继续说着自己的感慨。

"这多的酒，这远的路，不计成本也要亲自拉着来查问个究竟。这又叫个啥？人么！为人不吃哑巴亏！不做亏心事，不吃哑巴亏。为人如此，杨老板乃是可信可交之人呐！"

梁掌柜也跟着站起身，指着门外的那几辆马车处。

"杨老板办事较真，为人爽快。这样吧，你要的这几车货，本酒坊不收你的酒钱了，就托你在省城把这李鬼李逵之事给张扬张扬，也省得再有其他人上当。"

就在杨老板拱手表示感谢的时候，崇仁走到柜台存放展示酒篓处，心有不甘地轻手揭下了酒篓上所贴挂的那块"万国博览银奖、西凤陈年佳酿"的标牌。

"这名号，从此咱自己再也不要用了。已经让人给糟蹋了！"崇仁痛苦而无奈的神情。

"真正的李逵，自家的大号自家反而不好用了。黑旋风的美名，倒叫李鬼们给霸占玷污了！"杨老板感慨万端地摇头叹息。

崇仁一脸正气地诚恳表示："获奖的名声固然重要，但更重要的是老百姓的口碑呀！"

杨老板满脸则是感动、赞佩的神情。

关于李鬼冒名李逵一事，《水浒传》中有精彩的描写。李逵的名声是靠手中的两把板斧实打实挣来的，"力如牛猛坚如铁，撼天摇地黑旋风"。而那李鬼则只需装扮一番，"把黑墨搽在脸上"，打出李逵的名号，便敢拦路"剪径"，强逼行人"留下买路钱及包裹"。李鬼遇李逵，岂能是对手？"却待要走，早被李逵腿股上一朴刀，搠翻在地。"这是小说中的描写。现实中呢？现实中的李鬼们常常得手而得志，他们的日子往往比李逵们过得更舒心、更如意。

崇仁是后来才认识到这一点的。

三、凤凰展翅的发卡

"英雄识英雄，惺惺惜惺惺。"崇仁与杨老板越谈越投机。

梁掌柜兴之所至，热情邀请杨老板实地参观本酒坊的酿酒过程和储酒场所。杨老板正中下怀，欣然而往。

三人来到酒库。

杨老板看到成排的巨大"酒海"，赞叹不已。

"我们东家姬老爷自小就有一个理想，就是要让全天下的人都知道、都爱喝、都能喝得上咱的西凤美酒！"梁掌柜颇感自豪地介绍着。

"少年狂言呐！谈何容易！但我不愿放弃努力，起码要让周原包括你省城民众喝的都是真正的西凤好酒，也希望咱正宗的西凤美酒能在省城的酒桌上独领风骚！"崇仁内心的激情溢于言表。

杨老板看看眼前这座有着巨大容量的酒库，再看看身边这两位值得依赖的侠义汉子，一个新的主意在脑海形成。

"姬老爷良善仁义，是条真正的周原汉子！二位老哥也是小弟我在生意场上难得遇见的良师益友。我现在有个新的想法，想同贵店建立一种更紧密的合作关系。"

梁掌柜很感兴趣："咋个合作法哩？"

"我在省城的几家小店，从今往后，啥也不卖，专门营销咱酒坊的西凤佳酿，省城的市场由我负责。贵店销往省城的烧酒，往后也就只通过我这一个渠道，正宗的货源由贵店负责。咱产销联手，专供包销，分工负责，共同努力，必定很快就能占领省城酒桌的半壁江山！"

崇仁与梁掌柜兴奋地交换眼神，表明了赞同之意。

"好啊！如此一来，那些李鬼们欺哄骗人的路径也能堵住一些。"梁掌柜拊掌赞叹。

杨老板大闹顺昌酒坊之事，有了皆大欢喜的结果，双方还有了意外的收获。当杨老板的车队出发返程时，崇仁与梁掌柜专门赶来送行。

杨老板指着马车车队，开着玩笑。

"今后，我专意雇些车马，每月两趟，直接从你的酒库中装货出发，再不怕还会遇见那不入口的假酒了。单只怕你库中的酒不够我马车拉哟！"

梁掌柜摆摆手："不用你来拉货，我这儿直接给你送货上门，不收你的运费。"

崇仁诚恳表态："我这儿还可以有三项保证。一是保证货源，不会让你在省城卖酒卖得断了顿。二是保证品质，不会让你杨老板再次亲自赶着马车来退货……"

杨老板不好意思地自我解嘲。

"小弟不分青红皂白地登门问罪，实在是过于莽撞了，但若没有这次误打误撞，哪会有咱今后的缘分哩！"

崇仁继续自己的表态："不打不成交嘛！还有三，就是保证价格不会因为货卖火了就贪利加价。"

杨老板不胜感慨，再次拱手致意。

"这痛快人碰上痛快人，办事儿就是痛快！买家还没提啥要求哩，卖家已经主动地自行约法三章！还有啥话说么！"

杨老板手一挥，示意马车车队启动。

停靠路边的马车上，满载着新的酒篓。

车队起行，渐行渐远。杨老板却站在原地未动。

"怎么？杨老板是不是还有什么事？"梁掌柜有些奇怪。

杨老板轻松地笑了笑："这趟凤翔之行，小弟是气呼呼而来，兴冲冲而归。几马车冒牌酒换成了正宗佳酿，又有幸结识了两位豪爽侠义的老哥，谈成了一桩互利的合作事项。心里高兴啊！打算着明日到东湖游览一番后再回哩。"

"来了一趟凤翔，不看看东湖岂不遗憾？正好我已与人约好，明儿一早去东湖考察。杨老板如有兴致，可随我们一同前往。"崇仁诚意相邀。

杨老板大喜过望，一口应承。

"好啊！好啊！正想着能有机会多听听姬老爷教诲哩！"

城里姬家大院内，太太伊人也在打算着要去东湖看一看。此刻，伊人在屋内桌前查阅着账簿，时不时还抬眼关注着同在屋内做作业的怀远的情况。

怀玉头发蓬乱地由屋外跑进，直接扑到伊人身边。

"娘，哥哥不理我，我一个人玩没意思。"

伊人疼爱地将怀玉拉进怀里，帮她理着乱发。

"哥哥已经进学堂喽，要做完作业，才能和妹妹玩。来，让娘给你梳梳头，看你这头发乱的！"

伊人一边给怀玉梳头，一边注意着怀远做作业的动静。

"我的小怀玉都快要成大姑娘喽！用不了多久，说不定你就会和哥哥一起，去省城、去京城读书喽！"伊人感慨着梳理怀玉的头发。

"去省城读书？娘！……"坐在小凳子梳头的怀玉，惊喜地一下子窜起身来。

伊人一把又将怀玉拉住，摁在凳上坐下。

"可现在我的怀玉还是个小姑娘，哪儿也别想去！……头发这么乱，也不知道用个发卡！"

怀玉老老实实坐在小凳上："我本来想自己买个发卡，可是哥哥把我俩共同存的压岁钱全都捐了。"

"哥哥做得对！……不过，我的小怀玉也该有个发卡……你等一等！"伊人站起身离去。

翻箱倒柜地找了一会儿，伊人手里拿着一个凤凰展翅形状的发卡，回到怀玉跟前。

"这是娘小时候用过的发卡，送给你了！凤凰展翅，喜欢吗？"

"喜欢！"怀玉大声雀跃。

伊人将发卡卡在怀玉头发上，左看右看端详着，欣赏着，露出满意的笑容。

怀玉幸福地笑着，没看够似的，自己伸手将发卡取下，爱不释手地看着，嘴里喃喃自语："这是娘小时候用过的……"

怀玉又珍惜地看了一眼，自己用双手重新将发卡卡在头发上。

伊人侧耳听着屋外的动静，仿佛自言自语一般。

"你爹怎么还不回来呢？听说东湖那边的先期工程都已经开工了，明儿我想跟着你爹去现场看看呢。"

怀玉闻听此言，立刻就坐不住了。她拉起伊人的手，恳求道："去东湖？我也去！我要和娘一起去！"

伊人笑着点点头，表示同意。

怀玉连蹦带跳地欢闹起来。

"娘，这道题怎么做？"怀远拿着作业本，走到伊人身边。

伊人不自信地接过作业本："先让娘看看，还不知道娘会不会哩！"

看过题后，伊人一脸释然，招呼怀远近前。

"你来看，这道题是这样……"

怀远的目光并不在作业本上，而是直盯着伊人。

"我自己会做。"

"自己会做，为啥还要来问娘？"伊人感到奇怪。

"我就是想找个借口，和娘说句话。"

"好吧，有什么话说吧。"

"娘，明天我也想和娘一起去东湖……"

看着怀远哀求的样子，伊人一时心软，差点儿便随口答应了。

犹豫片刻，伊人硬着心肠正色而言。

"怀远呐，你已经是学生了！学堂有学堂的规矩，不得无故旷课，不得随意请假。去东湖有的是机会么！我知道，你心里并不是非要去东湖这个地方，而是想和爹、娘、妹妹一家人在一起……"

怀远被说中了心事，感受到被对方理解似的使劲点着头。

"好孩子！一家人呐！"伊人感慨地将怀远一手搂进怀里。

"娘！还有我呐！"怀玉一边喊着一边也往伊人怀里钻。

"当然有你！怎么能没有我的小怀玉呢？"伊人伸出另一只手搂住怀玉。

四、凤凰泉

崇仁最近很忙。忙于"卖烧酒"，忙于"疏东湖"，都是他心目中的大事、好事、善事。一忙起来，就是早出晚归。就连府中的吕管家也很难找到向老爷禀报府务的合适机会。

这日晚间，吕管家手持一本账簿，在姬家大院院门内来回踱步。他想在崇仁回府时将其截住，请禀一项姬府总柜上的重大财务事项。

崇仁终于回来了。进门时，他低头思索、步履匆忙。

吕管家急忙迎上前去："老爷，我想把……"

崇仁仿佛从思索中被打断，颇显不耐烦的神情。

"如果不是太急的事，就以后再说！我今晚还要查一些资料哩。"说着，崇仁已匆匆离去。

吕管家心里虽急，却也只能无奈地摇头。

庭院幽静处，伊人也在等待着崇仁的归来。

匆匆而来的崇仁，见了伊人，并无停下脚步的意思，只是抱歉地一笑。

"我直接去书房呀，为明儿一早的事情翻查些资料。你先睡吧，不要等我。"

"明儿我想和你一起去东湖看看，怀玉也闹着非去不可哩。"伊人抓紧时间提出请求。

"可以么。"崇仁边回复着边急步离去，刚走了两步，又回过头来："明儿一早我要先上山哩。你带着怀玉直接去东湖，在那儿等我，中午一块儿吃饭。对了，还有一位省城来的客人。"

"有客人？那我和怀玉也去一块儿吃饭，怕不合适吧？"

"没啥不合适，那人挺好的。"

崇仁在书房一忙又是一个多时辰。伊人不放心，端着一杯热茶去探望。

崇仁趴在桌面上的一张地图上，仔细查看着，不时又去查阅书桌上翻开的书籍。

伊人悄悄走进，没敢说话，轻轻将热茶放在书桌一边，站着并未离去。

崇仁抬头发现，歉然说道："好了，好了，就快结束了。咱爹还好吧。今晚我就一直没有过去。"

"爹没事。我已经给爹说过，你今夜要忙哩。"

崇仁仿佛突然想起，一下子放下了手中的书籍，趋近伊人身边，轻轻抚摸着她的腹部。

"你看我这个人呐！差点儿都忘记了现在正是你的特殊时期。这些日子，我真是对你照顾不够啊！"

伊人娇嗔地拨弄了一下崇仁的头发。

"你忙么！又是卖烧酒哩，又是修东湖哩！我都吃东湖的醋了！所以我明日非要去亲眼看看，把我夫君的心夺走的东湖，到底长的是啥样么？"

崇仁轻轻搂住伊人："自从有了你，谁也不可能夺走我的心了！"

伊人幸福又有些发愁地看着自己的肚子。

"再过些日子，我的身子会越发显怀，行动也会更不方便了。所以趁着现在还方便，赶紧去看看疏浚东湖的现场吧。"

次日清晨，崇仁一大早就动身出发了。

吕管家比崇仁起得更早。他早早就手持账簿，等候在门口，想在崇仁出门时汇报府务。

崇仁出门时，神情专注，步伐快速，似乎并未看到等待着的吕管家。

吕管家几次欲挪步而未动，犹豫着不敢前去拦截打扰，终于又错失了机会。崇仁已匆匆走出门外。

自从崇仁接任姬府大掌柜之后，吕管家自我感觉无论是说话还是做事都很难跟得上新老爷的节奏。碰过几次钉子后，吕管家愈发感到紧张和怯火。一急一怯，说话禀报更加含混啰唆、词不达意，从而又会引起崇仁更大的不满。

吕管家此番所打算禀报的"重大财务事项"，确实重要。为了垫付整治东湖先期工程所需的费用，吕管家从姬府总柜上挪支了崇仁预留给梁掌柜的收购高粱的专款。这项专款的缺位，将会给顺昌酒坊带来灾难性的影响。吕管家没有恶意，只是不了解详情。当然，他更不会预前知道，这一天将要发生的意外事件，极大地改变了姬府老爷姬崇仁的心境，使得吕管家更难找到及时汇报、及时补救的合适机会了。

崇仁一早出门，先去客栈接上了杨老板。两人乘坐马车，出了城门，一路向西北方向驶去。

崇仁此行打算，沿着先贤苏东坡当年为饮凤池寻找水源的足迹，前去探访著名的凤凰泉。

马车在官道上疾驶。马车在山路上缓行。马车行至无路处，停了下来。那位东湖船夫已在此等候。

杨老板下车后，疑惑不解地看着四周的山林。

"姬老爷，咱今天不是去逛东湖吗，怎么上到山上来了？"

崇仁笑了笑，指了指山林上方。

"问渠那得清如许，为有源头活水来。咱先查看查看东湖的水源，然后再下山，不耽搁你游览东湖。这位船家大哥已经打捞出了东湖的鲤鱼，等着你中午品尝哩！"

东湖船夫在前引路，崇仁、杨老板沿着山林间的小径攀登上山。没过多久，他们就到达了目的地。

一泓清澈的山泉，泉水汩汩涌出。

杨老板蹲在泉边，手掬一捧清泉，一饮而尽。他用手背擦擦嘴，由衷赞叹。

"真是又清纯又甘甜的山泉水啊！以此水酿酒，酒岂能不美？"

崇仁充满神往地想象着："八百多年前，先贤苏东坡惊喜地发现了此眼清泉时，想必也发出过同样的感慨吧！"

山泉旁，有一处不显眼的石碑。石碑上，字迹斑驳。"凤凰泉"三字仍可辨识。

东湖船夫手指石碑处："当年苏公就是将这凤凰泉水引入饮凤池，才拓展成了后来的东湖。"

杨老板崇敬地看着自己脚下的土地。

"苏东坡踏勘凤凰泉时留下的足迹，说不定此刻就在我的脚下呢！"

崇仁不无遗憾地指着山泉："仅仅沿袭先人的足迹，恐怕还不够哇！此泉水质虽佳，但流量已远远不敷使用喽！"

苏东坡当年经过踏勘，选定了凤凰泉作为饮凤池新的水源。那时的凤凰泉，水量充沛，一年四季泉涌不歇。不断涌出的泉水，从出口处分为南北两支，分别流向凤翔城四周，形成了一条天然的护城河。南北分流的两股泉水，至东南城角处复又汇集合流。此即为当年饮凤池的引水处。

数百年岁月流逝。山水依旧，但具体情形却多有变迁。对于崇仁计划中的东湖整治工程而言，当务之急是寻求新的水源，扩大入湖流量。

崇仁有备而来。他从怀中掏出一纸手绘的示意简图，递给东湖船夫。

"我最近查找了些资料，图中做过标记的这几处山沟里可能还会有新的山泉水源。请你找些当地的山民，尽快去实地查看查看。"

东湖船夫在衣襟上擦擦双手，恭敬地接过了简图。

"姬老爷，按照您的吩咐，扩张湖面的先期工程已经动工，而且进展很快。只要再解决了水源问题，咱这工程必定会当年见效。农人们所种的那些高粱，天旱时就能喝上咱东湖的水喽！"

崇仁笑着面向杨老板："疏浚东湖的工程搞好了，高粱的丰收就有了保障。周原的高粱收得多了，杨老板也就不愁没有西凤美酒可卖了喽！"

杨老板感佩莫名:"姬老爷的胸襟眼界,又岂止在酒?"

崇仁一挥手,招呼杨老板、东湖船夫二人:"咱抓紧下山吧,东湖还有人等着哩!"

五、宛在亭

按照崇仁事先的交代,伊人带着怀玉提前到了东湖。

东湖北畔,有一处引人注目的庭院。此即著名的苏公祠。

拜谒苏公祠后,怀玉转身回望着祠堂建筑及牌匾,有些奇怪地发问。

"娘说这苏公祠有好几百年的历史了,怎么看起来还挺新的嘛!"

"你爹他们刚刚整修过呗。你爹说了,疏浚东湖的款项不多,主要要集中用于扩大库容和开通水道,其他栽花种草修亭子之类的,以后再说。但苏公祠一定要提前整修,不可马虎。"伊人认真回答。

怀玉又提出了新的问题。

"娘,我好像记得哥哥说过,苏轼苏东坡先生是四川人吧,那为什么要在周原给他建造祠堂呢?"

"为了纪念他在凤翔任职期间做过的好事呗!一个人一辈子或许不可能只在家乡生活。就像你小怀玉,虽然生在周原,但说不定有一天会到很远的地方去办大事、做好事。"

怀玉充满向往地望着远方。

"娘,我一直想要生出一双翅膀,能够飞到很远很远的地方,就像周原传说中的凤凰一样。"

伊人不由得想起了第一次与怀玉相遇时的场景,突然一阵心酸。她弯下腰,拉近怀玉,轻声诉说着自己的忧戚与失落。

"我的小怀玉啊!要是有一天你真的飞走了,飞得很远很远,娘想你了可咋办呀!"

"我就带着娘一起飞!"怀玉充满了儿童特有的豪情。

伊人眼中闪过一丝惶惑和遗憾:"一起飞?恐怕是不可能喽!"

怀玉抬手抚摸着自己头上所戴的那只发卡,天真而诚挚地表白着:"娘,不管飞到哪里,我都会想娘的,都会一直戴着娘送给我的这只凤凰展翅发卡。"

"太太,老爷和客人已经到了,在'宛在亭'边的酒家等着你们呢!"一个家仆匆匆赶来报告。

宋代苏东坡创修东湖后,即在湖区建造了君子亭、宛在亭等亭台建筑。当年的建筑,早已毁弃。后世的人们又在原地重新复建,以示纪念。

来到宛在亭前,伊人停步,捋捋头发,整整衣衫。又替怀玉整理一下头发和发卡。

怀玉抬头望着亭额上镌刻的"宛在亭"三个大字。她记住了这个地方。

两人朝酒家走去。崇仁和杨老板、东湖船夫已在里面等候。

席间,宾主双方吃得尽兴,谈得甚欢,唯一的遗憾是原本说定要来的梁掌柜迟迟未到。

酒宴结束。众人在亭外为杨老板送行。

"承蒙姬老爷款待!小弟我酒足饭饱,周原美食名不虚传呐!"杨老板拱手告谢。

崇仁颇有些遗憾:"梁掌柜想必是有事耽搁了,他也真该来听听杨老板刚才席间提出的那些好建议啊!回头我一定转告他。"

"我那是无稽之谈,何足挂齿!倒是姬老爷几番言谈,小弟受益匪浅呐!与君子语,乃人生一大享受耳!"杨老板由衷而言。

崇仁与杨老板在湖边揖手告别。

"杨叔,再见!"怀玉也挥起小手。

"怀玉,来省城吧!杨叔带你去好玩的地方。"

"我要去省城,但不是去玩。我娘说了,要送我去省城读书。"

"那也不能光读书,不去玩嘛!"

"到了省城去哪儿玩?那里有东湖吗?"

怀玉的这个问题,使杨老板有些为难和遗憾。他略微想了想。

"小的水面倒是有几块,但都不足以与东湖比啊!不过,省城的东南,有著名的曲江池。省城西南不远,曾经有过昆明池,汉武帝在那里操练过水军,你说那水面有多大,一百个东湖加在一起也比不上啊!"

怀玉大感兴趣地追问起来:"那现在呢?"

"干喽!湖面早就萎缩干涸喽!只剩下一大片低洼的大坑。真希望有一天,能有一个像你爹这样为广大民众、为子孙后代而慷慨解囊的好人,或许曲江池和昆明池还会有再现往日盛景的机会吧!"杨老板有着无限的感慨。

"杨叔,你说得不对!我爹说过,办大事做好事不能只靠一己之力。那天为东湖工程捐款的人有可多可多呢!"

杨老板望着怀玉严肃的面容,惊异地说道:"这小女娃真不简单。"

……

这小女娃真就不简单。

半个多世纪之后,一位在北京担任要职的老奶奶,领着她的小孙女,来到东湖,来到了宛在亭边。老奶奶沉湎在往事的回忆中,眼角泛起了泪花。她告诉孙女,就是在这儿,她第一次认识了她的"杨叔"。很多年后,她被敌人逮捕,惨遭酷刑,关在了省城的监狱,是地下党组织营救了她。亲自赶着拉酒的马车,把遍体鳞伤的她送到陕北根据地的,就是这位卖酒的"杨叔"。"就是认识杨叔的这一天,我遇到生平的第一次危险。为了救我,我娘她……"奶奶流下了泪来,将手里紧攥着的一个凤凰展翅的发卡,颤抖着别在了自己花白的头发上。孙女显然早已知道这发卡的来历,她问奶奶:"奶奶,你娘叫什么名字?"奶奶抬起头来,目光直接看向亭上的"宛在亭"三字,口中喃喃自语:"伊人宛在水中央。"

……

杨老板辞别之后,崇仁交代伊人:"你先带着怀玉去四周附近看看景吧。我在这儿再等等梁掌柜。"

梁掌柜并没有忘记中午在东湖为杨老板践行之事。从早上起,他就在酒坊柜上算账。一边噼里啪啦打着算盘,一边挠着头皮自言自语:"预购高粱的钱款,缺口这么大!也不知吕管家咋安排的!"

直到酒坊伙计前来提醒:"掌柜的,你不是中午在东湖有应酬吗?这都啥时辰了!"

梁掌柜猛然惊醒,看看门外的日头,懊恼地一拍脑袋。

"糟了!一算起账来,就忘了时辰。这早晚赶过去,只怕是酒席也散了,杨老板人也走咧!"

梁掌柜赶到"宛在亭"时,只有崇仁一人还在酒家等着他。

"我就知道,你梁掌柜是一个守约之人,再晚也会来的。但我就不知道,你梁掌柜还是个健忘之人,约好的时辰竟然都忘记了。"崇仁心情不错,笑着批评梁掌柜。

梁掌柜懊恼地直摆手。

崇仁指着餐桌上预备的饭菜:"啥话不说,先吃!知道你早晚也会来的,所以各样菜色都分拨了一些给你留着哩!"

梁掌柜真是饿了,狼吞虎咽吃了起来。他一边吃,一边急于说话,但却因嘴里塞满食物而不能清楚表达。

崇仁笑了笑,举手制止了梁掌柜的急于开腔。

"君子食不语、寝不言。你好好吃你的饭,光听着就行了。那个杨老板,到底是省城见过世面的人。关于咱酒的营销方面,他提出了不少好的建议。"

梁掌柜一边吃饭,一边感兴趣地专注听着。

"咱卖出的酒,要根据成色、品质、年份的不同,分出档次来,优质优价,以适应不同人群的不同需求,不能像现在这样稀里糊涂都是一个价码。"

梁掌柜好不容易咽进了嘴里的食物,连忙又大灌了一口茶水。

"这个建议好!以往咱的酒,定价高了吧,怕一般农人喝不起。定价低了吧,也确实对不起咱的好酒。以后咱就按品质分档次,按档次定价格。买家可以自己选择,贵贱各取所需。"

崇仁接着说道:"杨老板还建议,咱能不能多搞些小包装零卖的酒,比如一斤装、两斤装的小酒篓。这样零买的顾客提着酒篓就走了,很方便,用不着再拿着其他的容器来提酒打酒了。"

梁掌柜深表赞同地不停点头。

"咱造的酒,不仅要遵循古法传统,也还要学习别人的长处,注意创新哩。"崇仁说着,从旁边桌上拿过来一只空的玻璃酒瓶。"这是杨老板拿来的,说是西洋外国装酒的玻璃酒瓶。看着就方便、美观么!据说密封性能还好,有利于酒的长期保存。咱周原生产的酒,要普遍使用这种玻璃酒瓶,目前还不具备这个条件。但咱总要逐步有所尝试吧。"

梁掌柜接过那个洋酒酒瓶，仔细观察着。

两人从酒家走出后，还在继续刚才的谈话。

"看来杨老板是个不错的生意合作伙伴，也是一个可深交的朋友，今后咱也要主动和他多联系哩！"崇仁颇有体会。

梁掌柜恳切而言："我这个酒坊掌柜，当得不够称职。每到节骨眼上，如果没有你姬老爷亲自出马提调，恐怕……"

远处突然传来"快救人呐！有人落水啦！"的大声呼叫。

二人吃惊地愣住。崇仁马上联想起上次在东湖遇到兄弟二人投水自尽的事情。

"怎么？又有人投湖自尽了？走！咱快去看看，能帮就帮帮手救人！"

六、高粱红了

落水的是伊人和怀玉。先是怀玉不慎落水，后是伊人跳水救人。

吃过午饭之后，杨老板告辞而去，崇仁留在酒家等候梁掌柜。伊人领着怀玉在湖边赏景游玩。

离宛在亭不远，有一座拱桥。拱桥不高，护栏很低。站在桥上，湖面仿佛近得伸手可掬。

伊人发现了远处施工的情况。她兴奋地快步走上拱桥最高处，踮起脚尖儿向远处张望。

远处的扩湖工程，一派热火朝天的开工场面。拿着铁锹挖土的，推着小车运土的，拿着砍刀清理湖畔杂草的，河工们都在紧张卖力地劳作着。

怀玉扒在桥边低矮的护栏上，看着湖面上自己的倒影，不时发出咯咯的笑声。

湖面上折映出怀玉的倒影。倒影中的怀玉，头发上的发卡十分醒目。在阳光的照耀下，倒影中的发卡忽闪忽闪地熠熠发光。

扒在桥边护栏上的怀玉，咯咯笑着，十分珍爱地用手去抓取那个发卡，嘴里自言自语："我要永远戴着娘给我的发卡。"一不小心，发卡从头发中脱落。怀玉一愣后，似又猛醒。她眼明手快地要去抓住将要脱落入水的发卡。

就在怀玉一把抓住坠落的发卡的瞬间，身体失去重心，跌落进看似平静的湖水之中。

伊人听到落水声，慌忙呼叫着怀玉的名字。

只见怀玉在水中拼命挣扎着。

伊人跑到怀玉落水的护栏边，急得团团转。

"救人呐！"伊人高声喊着。

四周空无一人。

伊人手足无措，心急如焚地看着还在水中苦苦挣扎的怀玉，摸摸自己微微隆起的肚子，不知如何是好。

水中挣扎的怀玉渐渐无力，呛水后她努力喊出了一声"娘——！"

听到怀玉呼喊"娘"的声音，伊人又一次摸摸自己的肚子，不顾一切地跳进了水中。

远处传来有人呼救的喊声："快救人呐！有人落水啦！"

扩湖工程的工地上，依然是热火朝天开工的繁忙场景。

湖边垂柳，青翠的柳叶生发不久。

从仲春到盛夏，几个月的时间一晃而过。

湖边垂柳，枝条繁茂，开始有了知了的鸣叫。

扩湖工程的工地处，已是一片辽阔的水面。

田野里，成片成片的高粱地。

高粱红了。已经进入了即将成熟收割的季节。

田间地头，蹲着美滋滋吸着旱烟的农人们。面对丰收在望的高粱，他们喜上眉梢。从他们的议论对话中，可以看到高粱行情及农人心态的变化。

"今年多亏了东湖的水啊！虽然老天爷几十天都没下场透雨，但咱的高粱还是大丰收啊！"

"收下的高粱，你打算咋个卖法哩？"

"去年冬里，姬老爷就领着各家酒坊掌柜定了一个章程。说是要统一收粮时间和收购价格，不准压低粮价，要保障咱农人的粮食销路和收益么！"

"现时情况变化喽！各家酒坊都争着要多酿酒哩，高粱成了抢手货，哪家酒坊收粮时间早、出的价钱高，我就把高粱卖给谁。"

"那怕是不仁义吧？咱俩都曾口头答应过顺昌酒坊的梁掌柜，今年的高粱由他来收购么。再说姬老爷又是顺昌的东家，没有姬老爷一手经办的东湖疏浚工程，哪会有今年咱高粱的丰收么！"

"咳！仁义？仁义多少钱一斤？眼前的现大洋才是真的！咱的高粱只要每斤多卖半分几厘钱，全家人半年的盐醋钱就赚回来咧！"

精于盘算的酒坊掌柜们，当然更加关注高粱行情的变化。正如梁掌柜曾预言的那样。"人心隔肚皮，谁知道各家掌柜都是咋想的！"在利益面前，不顾行规、破坏公议章程的行为总会发生，而且还会相互传染、愈演愈烈。

一家春酒坊内，严掌柜与孟老板正在为相互合作之事讨价还价。

"孟老板，我严某人真是有点儿信不过你！说起来，你曾是姬府的老姨舅太爷哩！咋会干这吃里爬外的事哩？"严掌柜一副不信任的神情。

孟老板信誓旦旦地急于表白。

"断了，断了！我与姬府的关系已经一刀两断了！姬府的钱，我早就花不成了，谈不上什么吃里爬外！"

严掌柜狐疑的眼光探测着孟老板："你妹子与姬府还有什么联系吗？我咋听说，姬府搞什么东湖工程，你妹子还专意让人来捐款哩！"

"说来也怪。我妹子被姬府逼得出家当了尼姑，可她好像并不恨姬府，倒是对我这个亲哥六亲不认咧！她现在与姬府没有任何联系，更不会为我的事向姬府开口。"孟老板不解且无奈的口吻。

严掌柜哂然一笑："原来是你孟老板在姬府的财路断了，就想到我这里混吃混喝来咧？"

"咋是混吃混喝么？我是想着和你联手合股卖烧酒哩！"

"我也想着，要干就把事弄大！但是合股？你哪来的股金嘛？"

孟老板很痛快地拍拍自己的胸脯。

"股金没麻达么！我把我的过载店卖了，全部入股酒坊，酒坊的利润大么！"

严掌柜投石问路："梁掌柜已把姬府祖传的酿酒秘方在行内公开了，说是要统一品质哩！照这个秘方，咱也能酿出好酒。不过，顺昌酒坊有姬府作后盾，人头熟，销路广，咱的酒恐怕还是卖不过人家呀！如何对付顺昌……"

孟老板恶毒地一笑："我早想好办法咧！酒粮上市之前，咱提前下手！"

严掌柜一时没有明白："提前下手？提前下手干啥？"

"姬老爷这个人呐，死板得很。既然行内共同约定了收粮的时间和价格，他就一定会严格照办，自缚手脚！咱们只要稍微提前那么几天时间，稍微提高那么半分几厘的价格……"孟老板说明了自己的意图。

严掌柜顿时明白过来，颇有些兴奋。

"对呀！到时候整个周原的高粱都会争着抢着进到咱的库房里来喽！别人嘛，迟了一步就吃不上热蒸馍咧！打麻将，这就叫作截胡！"

孟老板露出恶狠狠的神态："顺昌酒坊？哼！名气再大，销路再广，到时候让他巧妇难为无米之炊，无粮可收，无酒可卖！"

"想不到啊！对待这曾是你妹夫的一家人，孟老板也会下此狠手啊！"严掌柜摇着头感叹。

孟老板眼珠儿一转，转而谈起了要害话题。

"咱俩之间的账，今后咋个算法哩？"

严掌柜理所当然的口吻："按股金比例分红么！"

孟老板的眼光瞟向店面门外的"一家春"酒坊招牌，表示了不满："咱现在是两家股东哩，再叫一家春，恐怕不合适吧？"

严掌柜仿佛被人触碰了命根子，立即露出一副坚决不会让步的神情。

"这是祖上传下来的招牌名号，绝对不能改变！"

孟老板早已算定了严掌柜的态度。他看着严掌柜拒不让步的神情，自己好像吃了多大亏似的，故作大度地表示："好！招牌名号不改就不改，那我的分红比例要多加一成！"

严掌柜犹豫再三，作出让步："一成不行！半成……"

孟老板手一挥："半成就半成。成交！"

后来事态的发展，一如孟老板的算计。

一家春酒坊的库房里，堆满了一麻袋一麻袋的高粱。严掌柜和孟老板收的高粱太多了。多得库房里盛放不下，多得收粮款额出现了赤字。

农人们把高粱送进了一家春酒坊的库房，换到手的是一张张的白条。困惑的农人手持白条询问严掌柜："掌柜的，咋不付现大洋么？这张白纸条能顶

339

个啥?"

严掌柜热情而诚恳地说明:"咋是白纸条哩?那是白纸黑字的欠条!十天半月后,就凭这欠条到咱柜上兑现么!"

"到时一定兑现?不会有啥麻达吧?"农人尚有疑惑。

孟老板翻动如簧之舌,一旁帮腔。

"不过就是早几日迟几日的事嘛!你拿到手的现大洋,肯定比别人多!哪家酒坊有咱出的粮价高么?"

拿到白条的农人们,充满期冀又将信将疑地离去。

正如俗话所言,聪明却被聪明误。"聪明"人总喜欢给别人挖坑,"聪明"人却常常给自己挖了坑。

严掌柜和孟老板控制了高粱货源,确实给顺昌酒坊造成了极大的困扰。但最终的结局却是搬起石头砸了自己的脚。孟老板负债而逃。严掌柜彻底破产。一家春酒坊从此在周原永远消失了。

当然,距离这一天,还有一段时间。

七、败军之将不可留

几个月来,姬家大院里气氛压抑,死气沉沉。

大小姐姬怀玉不慎落入水中。被打捞救上岸后,只是呛了几口水,受到一番惊吓,其他并无不碍。她上岸睁眼说的第一句话就是:"我的凤凰展翅发卡呢?"当看到那发卡还在自己手里紧紧攥着时,她的头一歪,吐出几口水,整个人就没事了。

有事的是姬府大太太伊人。伊人被打捞上岸时,已是昏迷不醒,肚子胀得像只鼓,鼻腔和口中俱是泥沙。虽经崇仁现场施救,保存了性命,但她却永远失去了腹中所怀的孩子。身心两个方面受到的摧残,使她不得不在病床上将养数月之久。

在此期间,崇仁放下了手头上的所有事务,日夜守护在伊人病床之前。看着心爱的妻子憔悴的病容和凄苦的神情,崇仁心肝欲裂,后悔不迭。他后悔不该将送别之宴的地点选在湖边,他后悔不该同意伊人与怀玉同赴东湖观览，他最后悔的是妻子出事时自己不在她的身边……

随着伊人身体的渐渐好转和心情的逐步调复，姬府的运作也慢慢恢复了正常。

这一天，梁掌柜焦躁地快步向姬家大院走来。行至门前，却又有些犹豫，不免行步迟重，踟蹰不前。他深知崇仁此时的心境，本不欲轻易打扰。

梁掌柜抬手招呼门内的一个家仆："你去把吕管家请到这儿来，我就不进院了。"

吕管家来到院门时，梁掌柜立刻迎了上去，急切问道："太太近日的情况怎么样？"

"还在恢复，近日已可下床走动了。"吕管家略感欣慰。

"太太一点儿水性也不识，为着救娃，啥也不顾就跳下湖咧！我和老爷赶到现场时，太太还在水中扑腾着，一只手尽力往上托举着大小姐，自己的头脸全在水里。唉！如果没有太太拼死相救，大小姐恐怕就小命休矣！"梁掌柜回忆起当时的情景，后怕不已。

吕管家叹息着："太太虽然大难不死，但却大病一场，一躺就是几个月，肚子里怀的娃也没能保住哇！"

"唉！老太爷添丁进口的心重啊！折了一个未出世的娃，太太和老爷心里不定多难受！"梁掌柜设身处地，对姬府老太爷以及崇仁、伊人两人的心境十分理解。

吕管家更是有着自己的感受和苦衷："太太心里当然难过么！不过，当着众人的面，太太强忍着一滴眼泪也没流过。老太爷一句话也不说，每日早出晚归，光是在药材庄诊病开方。老爷心里不好受，整日黑着个脸，我有啥事也不敢轻易近前去开腔搭话儿。"

梁掌柜想起了自己的正事，赶紧催问吕管家。

"我知道姬老爷心情不好，酒坊那边的事就没敢进府去打搅。今天的事，我也只想找你吕管家。收购酒粮的款项，早就该由总柜拨转酒坊，咋迟迟不见动静哩？"

吕管家一脸为难。"好我的梁掌柜哩！总柜也是捉襟见肘，一时腾挪不开么！东湖工程那边，还有一笔支出没给人家付款哩！"

梁掌柜一听，着急起来，难免口不择言。

"这笔款项，姬老爷早就对你有过交代！真要是延迟几日，是要误大事的！你吕管家该当何责？古代打仗时，这就叫贻误军机，按军法是要杀头的！"

吕管家不以为然，露出无可奈何的苦笑。

"哪会这么严重哩？我也是没办法么！"

"不行！这事我还得直接去找姬老爷！"

梁掌柜用手拨开吕管家，径直迈门而入。

书房内，心绪不佳、面色沉重的崇仁听了梁掌柜报告的情况，并不相信。

"咱顺昌酒坊的酒粮收不够数了？怎么可能！整个周原今年的高粱可是大丰收啊！"

"是大丰收，但有人做了手脚。他们许诺付以高价，提前将高粱预购走了。"梁掌柜解释。

"各家酒坊不是有过公议吗？当时就共同商定了统一的收粮时间和购粮价格呀！"

"有人根本不把那个公议当回事么！一家先动，众家跟风。如今整个周原生产的高粱，恐怕已经被他们抢购空了。像咱这样遵守合约的酒坊，真成了无米之炊！今年拿啥来酿酒么！"

崇仁不相信地问着："吕管家从总柜往酒坊调转的款项，真的至今还没有到位吗？"

"到位？要是早到位了，我还在这个时候寻你姬老爷干啥？"梁掌柜话中包含着对吕管家的一股怨气。

崇仁面现恼怒之色。

梁掌柜直接去找姬老爷之后，吕管家情知不妙，拿上账簿，打算前去解释。

走至书房门外，吕管家听到了崇仁在屋内发火的声音，不由得停下了脚步。

"这个吕管家，怎么不来找我？东湖工程需用的款项，我另有预留么！"崇仁发火的声音。

"咱刚跟省城杨老板夸下海口，保证货源，不让咱的酒在省城卖得断了顿。要是收不下酒粮，这保证不就成了空话？"梁掌柜说话的声音。

"吕管家呀！误事不浅！我看，该让他卷铺盖了！"崇仁火气更大的声音。

站在门外的吕管家，感到十分震惊和意外。痛苦、内疚、委屈、伤心，百味杂陈。

仿佛一下子衰老了许多，吕管家蹒跚孤独地缓慢离去。

或许是因为脾气性格和行事习惯的差异，崇仁对吕管家早有不满。在崇仁看来，顺昌酒坊此次"败军误事"的后果，是同吕管家的失职分不开的。

老爷对管家不满、管家将要"卷铺盖"的消息，引起了府中众人的不安，其中当然包括病中的太太伊人。但老太爷却仿佛没事人似的，依旧稳坐钓鱼台——照常在药材庄坐堂问诊。

此时的老太爷，侧身坐在接诊处，聚精会神地手持一卷医书阅读。

对面病人的座位处默默走来一人。

姬老太爷看书正在紧要处，头也未抬，举手示意让座。

"对不住，你先请坐！哪儿不舒服？"

来人默默坐下。

姬老太爷依然没有抬眼，只是职业性地伸出了自己的两根手指，示意为病人搭脉。

病人没有说话。

姬老太爷放下书卷，转过脸来，这才惊讶地发现来人竟是伊人："伊人？你怎么来了？"

"爹，我来不是看病的……"伊人开口解释。

老太爷举手制止了伊人的解释。

"既来之，则安之。先给你号号脉再说。"

把过脉后，老太爷松了一口气。

"伊人呐，经过这几个月的调养，你的身体恢复得不错。对今后……，不会有啥大的影响。"

"爹，我来是有事要谈哩！"

"你平时很少到药材庄来。今日能来，肯定有事。……是为了吕管家的事吧?"

看着老太爷不动声色的平静样子,伊人似乎感到有些奇怪。

"爹,这事难道你就不出面说句话吗?"

老太爷依旧一副不动声色的淡然口吻。

"现今姬府当家的是崇仁。我早说过,对于崇仁的任何决定,我不干预、不掣肘、不当太上皇!"

"那要是崇仁做得不合适呢?"伊人有些着急。

老太爷沉吟了一会儿,反问伊人:"这事你咋看呢?"

"吕管家虽有失职失责之处,但责任不能全部归咎于他!再说,吕叔在咱姬府辛辛苦苦已几十年了,犯了错误就让人家卷铺盖走人!这也未免……。崇仁正在火头上,容易做出之后自己也会后悔的事。"

"这些话,你为啥不去当面和崇仁谈哩?"

"我刚提起这个话头,他一句话就把我给怼回来咧!"

"一句话?啥话?"

"他就哼了一句——败军之将不可留!"

老太爷闻言微微一笑:"败军之将不可留……。伊人呐,你是真心不想让崇仁犯错、不想让他后悔?"

"当然么!"伊人口气十分肯定。

"一个当家大掌柜已然作出的决定,碍于他老爹或者他媳妇的情面,而不得不违心地朝令夕改,别人会咋看?会不会影响大掌柜的威信和面子?"老太爷循循善诱地提出问题。

"可能会。"伊人迟疑之中,又有些担忧。

老太爷一言道破:"咱既不想让崇仁犯错,又不想让他失面子,唯一的办法就是让他自己心悦诚服地主动收回成命。"

"咋样才能做到这一点呢?"伊人十分赞同但又感到为难。

"咱配合着,讲一段古。响鼓不用重槌敲。咱点到即可,崇仁自己会领悟的。"老太爷俯身低声又对伊人说了几句。

伊人满脸惊喜而佩服的神情。

"爹!这个办法好!我回去让怀远、怀玉也配合配合。"

八、秦穆公墓

　　姬府一家人围坐在餐桌吃饭。

　　怀玉腻在伊人身边，手中还珍爱地攥着那个发卡。

　　"怀玉，好好吃饭，别光顾着玩那个发卡。就为着这发卡，那天在湖面桥上，连小命也不顾了。"伊人随口说着。

　　怀玉颇有些得意："掉进水里的时候，我的手里还紧紧抓着这个发卡呢！发卡好像会说话，它告诉我，我娘一定会来救我的！"

　　崇仁的口气颇为严肃："你娘为了救你，差点儿把自己的命都搭进去了，而且连……"

　　伊人急忙打断崇仁，并以眼色示意他不要再说下去。

　　"怀远，这豆花汤你喜欢喝吗？"

　　怀远伸出自己的空碗："娘做的豆花汤真好喝，我还要一碗！"

　　伊人一边为怀远加盛豆花，一边交代在旁服侍的丫鬟："把这豆花汤趁热给吕管家送去两碗。"

　　吕管家愁眉苦脸地孤坐在自己屋内。

　　床铺空着。已捆扎好了的铺盖卷儿搁在地上。

　　丫鬟手捧托盘进来，托盘中是两碗热气腾腾的豆花汤。

　　丫鬟放下托盘后，传达了伊人交代的话语。

　　"吕管家，太太说，后响儿你就歇息歇息，哪儿也别去。晚间老爷肯定要找你商议事情哩！"

　　姬府一家人饭后围坐在一起谈天说地，尽享天伦之乐。

　　"怀远，这两天学堂里都上了些啥课？"伊人询问怀远的学习情况。

　　"老师出了一道考题，与周原有关的地名都有哪些？我能说出来的全班最多，凤翔、岐山、扶风、西府、宝鸡、武功、岐州、雍州、雍城……"怀远一一列举着相关地名。

　　"雍城？雍城在哪儿？我去过吗？"怀玉提出了问题。

　　老太爷缓缓而言，给孙娃们介绍家乡的历史。

"雍城就是咱凤翔古时的地名。春秋战国时期，秦国在雍城建都将近三百年，先后有十九位国君在雍城执政。"

"爷爷，爷爷！我有一个问题。"怀远举手提问。

老太爷笑着点头，对孙娃的表现提出了表扬："到底是学生娃呀，知道先举手、后提问了！有啥问题，问吧！"

"爷爷刚才说，先后有十九位秦国国君在雍城执政，可为啥咱现在凤翔的地面上只能看到一位秦国国君的陵墓呢？"

"你说的是秦穆公墓吧？后人为啥在十九位国君中专意推崇、纪念秦穆公呢？原因可能有很多。但我想，一是因为他打的胜仗多，在咱周原建立了强秦的霸业。二是同他的容人雅量有关。"

"爷爷，什么叫容人雅量？"

"就是要能够宽容别人的过错。有一回，秦穆公喜爱的好马被人偷偷宰杀煮着吃了。吃了马肉之人，按说要被处死。但秦穆公不仅免其一死，还赏赐了一些好酒，说是吃了马肉不喝酒容易得病。"

爷孙俩的对话，引起了众人的共同关注。

伊人感慨地插话评论："如此宽仁的国君，必得好报！"

老太爷解释说明："秦穆公心里清楚，不管如何处罚偷吃马肉之人，死去的爱马也不可能复活了，不如借此展示一下自己的容人雅量。"

崇仁当然也熟知这段历史。他接过老太爷的话头，补充说了起来。

"后来打仗时，秦穆公受了伤，被敌军包围，处境十分危险。正是那些偷吃马肉之人，拼命相搏，击退敌军，才把秦穆公救了回来。他们也是为了感念和报答秦穆公当年的容人雅量和不杀之恩呐！"

"这么说，秦穆公还是一个了不起的人喽！"说话的是怀玉。

"秦穆公了不起的事还多着呐！"说话的是怀远。

"叫你们这么一说，我倒很想去秦穆公墓祭拜祭拜这位了不起的咱周原老先人！爹，你有兴趣去看看吗？"说话的是伊人。

"好啊！近得很！饭后咱溜达溜达就去了。崇仁小时候就经常去那儿耍哩！"说话的是老太爷。

这就是他们计划好的"配合"，目的就是要让崇仁自愿去秦穆公墓接受

"现场教育"。

夏日傍晚，残阳犹存，蝉鸣阵阵。

一座高大的土冢，孤零零地耸立在荒丘之上。

秦穆公墓前的石碑，碑文斑驳。

崇仁与老太爷、伊人三人站在墓前，两千五百年前的周原故事仿佛就在眼前。

伊人轻声问道："爹，秦穆公一生打过无数胜仗，但他打过败仗吗？"

"胜仗多多，败仗亦是多多。其中最惨重的一次败仗，秦军全军覆没。率军出征的三位将军，也被敌军俘虏。"

"这三位败军之将的下场，一定很悲惨吧？"

"这三位将军后来侥幸逃出敌国。可就是逃回周原、逃回秦都雍城，作为败军之将，也是死罪难逃啊！秦穆公是咋想的呢？"

姬老太爷讲述着，沉思着，想象着。

……

秦都雍城的殿堂上，大臣们也在关注着"国君是咋想的呢"？

秦穆公沉稳地看着众臣："寡人的想法嘛，就是要先听听老臣、重臣们的建议。咱们这三位被俘的将军，据说已逃脱出来，不日即可返回雍城。三个败军之将，该当如何处置呢？"

近臣义正词严："主公！败军之将不可留！否则，将会削弱军心，有损国威！"

老臣态度恳切："主公，此次败军的主将乃是老臣的儿子，老臣不敢为其求情讨饶，请主公按律处置，不必顾及老臣的情面。"

秦穆公一概点头称是，未作明确表态。

雍城东门之外。三位丢盔卸甲、蓬头跣足的败军之将，意外地受到了一支白衣素服的浩大队伍的迎接。率领郊迎队伍的，竟是秦穆公本人。

三个败军之将，跪倒匍匐在迎接队伍之前，流着眼泪禀报：败军之将，前来请死。

秦穆公严肃指出："尔等阵前料敌不足，军纪不严，处置不当，以致全军覆没，确有罪责！"

败军主将率两名副将连连磕头:"末将知罪!我等狼狈逃脱,忍辱偷生,就是为了今日能在国君面前请罪赴死。"

秦穆公自我检讨:"不过,此战之败,主要责任不在尔等,而在于寡人!是寡人不听老臣的忠言苦谏,贸然决策出战,以致今日之败啊!寡人在此向阵亡将士的英灵,向忠诚谋国的老臣,也向你三位败军之将,致歉谢罪了!"

秦穆公提振宽衣大袖,拱手伸臂,深躬行礼。

队列中的老臣、近臣,率先下跪。整个白衣素服的迎接队伍,随之跪下。一片高呼"主公"的含泪声响。

跪在地下的三名败军之将,匍匐跪行,仆倒在秦穆公脚下。

秦穆公将三人扶起:"今日寡人亲率百官众将,白衣素服,在这雍城的东门之外,列队郊迎。一是为祭奠,祭奠前方战死的将士。二是为慰问,慰问这三位宁愿回国请罪伏死,也不逃亡苟且偷生的败军之将。三是为宣誓,宣誓咱大秦报仇雪耻、重振国运的诺言!"

百官众将及整个白衣素服的队伍站立起来,齐声高呼:"报仇雪耻!重振国运!"

秦穆公手执败军之将之手,脸上洋溢着信任与慰勉之情:"寡人信任你们,未来的雪耻之战,依然由你三位担任率军主将、副将!"

三位败军之将泪流满面,再次跪倒。

……

夕阳洒照。蝉鸣依旧。

在低垂夕阳照射下,秦穆公墓碑之后拖着一条长长的影子,犹如历史的残痕。一阵风刮过,仿佛千百年的岁月随风而逝。

姬府老太爷讲述着周原老先人的故事,思绪慨然:"三年后,正是在这三位败军之将的率领下,秦军再战出征,结果大获全胜。秦穆公再次率领百官众将至雍城东门之外郊迎。不过,这次他所迎接的,就不是败军之将了,而是凯旋之师!"

"咱周原的老先人秦穆公真了不起!要是听了有些人的话,败军之将不可留,也就不会有秦国后来的凯旋之师了!"伊人感慨有言,话中有话。

老太爷说得更为深刻:"秦穆公的了不起之处,不仅在于有容人的雅量,而是首先要有责己的胸怀。有啥失误过错之时，先要看到自己的责任。"

一直沉默不语、低头静听沉思的崇仁，忽然抬起头来。

"爹，你和伊人后面慢慢走着，我先赶紧回府，不然就来不及了。"

"啥事吗？咋就来不及了？"伊人明知故问。

崇仁已撩开大步，快速离去，边走边回头一笑。

"不敢让败军之将自个儿先跑了么！"

伊人与老太爷相视一眼，会心地一笑。

姬老太爷所讲述的有关秦穆公的故事，主要人物及事件，俱于史有据。败军主将名为孟明视，两名副将名为西乞术、白乙丙。前阵全军覆没、后阵报仇雪耻的战事，历史称作"崤山之战"。秦穆公的"自我检讨"，则见之于《尚书·秦誓》。

第十三章　夕阳残照法门寺

一、粮多有粮多的难处

姬府老爷姬崇仁与吕管家之间产生了隔阂。急怒之下，崇仁打算"败军之将不可留"。姬老太爷和伊人通过秦穆公容人雅量的故事，使得崇仁改变了成见。这位姬府大老爷准备登门认错，连夜去做挽留工作，"不敢让败军之将自个儿先跑了"。

"败军之将"没有跑，而是陷入了深深的自责之中。

灯光暗淡的屋内，吕管家愁苦地孤坐着。

床铺依然空着。铺盖卷儿依然是捆扎着的状态。

崇仁大步迈进屋内。扫视了一眼屋内的情景，他二话没说，先将那个已捆扎好的铺盖卷抱至空床铺上，并动手解开了捆绑铺盖卷的绳索。

"吕管家吕叔，我一时心急，说话不好听，请你多原谅了！今后我有啥虑事不周、处事不当之处，还请吕叔及时提醒。"

吕管家站起身来，拦住崇仁，自己将铺盖卷重新在床铺上铺陈起来。

"老爷，是我遇事掂不来轻重缓急，误了府中的大事啊！"吕管家含着眼泪，以负疚的口吻恳切说着。

崇仁诚恳大度地表示："这事我也有责任。咱明儿就共同商议有啥补救措施么！"

崇仁主动去找吕管家的这一幕，被悄悄侦察情况的怀远、怀玉看到了。

待老太爷和伊人返回府中后，两个小"侦察员"急忙赶来汇报情况。

怀远仿佛在报告一个重大消息似的："爷爷，娘，我爹去了！"

伊人明知故问："你爹去哪儿啦？"

"我爹主动登门，负荆请罪去了！"

伊人佯怒："胡说！用词不当！负荆请罪？你爹何罪之有？你爹这叫……反躬自省，见贤思齐，闻过则改，宽宏大量！"

老太爷笑着调侃："你这是批评崇仁哩，还是表扬崇仁哩？"

伊人搂着怀远、怀玉笑成一团。

崇仁与梁掌柜、吕管家着手商议补救措施。

崇仁手持一沓银票，交付给吕管家。

"这是我为东湖工程早早就预留的款项，还是赵善人赵伯进山修道前特意留下的。"

吕管家清点着银票，边计算边汇报。

"东湖工程的两个主要项目，疏通水道和扩充湖面都已基本完工。在减少水患、增加水利方面，已初见成效。咱姬府总柜承担了工程费用的大头，再有这笔款项贴补，估计预算的窟窿也就填还得差不多了。"

崇仁不得不承认现实："我原先的设想过于好大喜功。现在看来，还只能量力而行。更多的美好设想，只能留给后人去实现了。"

"唉！好心不得好报啊！咱捐钱出力，疏浚东湖，保证了今年大旱之下的高粱丰收。可丰收的高粱却不顾咱么！吕管家已经从总柜上将收购酒粮的款项拨到了酒坊，但整个周原已经没有待售的高粱喽！"梁掌柜气愤不平又无奈其何。

崇仁将手指向远方："实在不行，就准备派人去陕北、去山西，到远处去收购高粱。成本高就高一些吧。宁肯赔本，也要保证兑现咱答应过的诺言。"

"原料不能保证供应，今年咱酒的产量甭说大幅增长，能达到正常年景的

351

一半就算不错了！"梁掌柜还在发愁。

崇仁略带自我解嘲的口气："这些人破坏公约，擅自提高了酒粮的收购价格，虽然苦了咱咧，但总算让种粮的农民多收入了一些么，也是好事吧。"

"农人能够获益？我看未必！"梁掌柜大摇其头。

崇仁突然想到了一个问题。

"不对呀！谁家能收那么多高粱，他们也用不完呀？何况又要占用那么多的资金！"

梁掌柜的推测和崇仁的分析都是对的。

奸诈的酒商严掌柜、孟老板之流，以哄抬酒粮收购价格的手段，控制了高粱的货源。种植高粱的农人们，交出了自己的劳动成果，却没有获得实际的利益，只是得到了一些画饼充饥的白条。那些当初贪图每斤高粱加价半分几厘蝇头微利的农人们，开始感到上当受骗了。以下发生在农人们之间的对话，就反映了他们的心情。

"老哥，那酒坊严掌柜把欠你的高粱钱还清了吗？"

"还清？这都到了种小麦的时节了，那高粱的粮款连一分一文还没见着哩！"

"这咋办呀！俺屋里等着钱急用哩，我手上只有这几张啥也不顶的白条子！"

"当初要不是因为你，贪图多赚几文钱，咱咋会是现时这处境么！人家姬老爷的顺昌酒坊，一手交粮，一手付款，都是当场现大洋结算么！"

"这会儿后悔也晚咧！明儿咱多找一些人，共同去找那狗怂严掌柜算账！我今儿已经又去白跑了一趟，看来人去少了不顶啥。拿了他家的白条子的人多喽，咱都招呼上！"

世上愁烦的人很多。愁烦的人们各有各的愁烦。崇仁和梁掌柜为有钱也收不到酒粮而发愁，农人们为交纳了高粱却迟迟收不到粮款而发愁，严掌柜和孟老板则为酒粮收购太多导致资金链断裂而发愁。

让严掌柜更加发愁的事态发生了。

一家春酒坊门外，围聚着成群的农人。

农人们一手挥舞着白纸条，一手持着棍棒农具，高声叫喊着，讨要酒坊拖欠的粮款。

"当初收粮时，说得多好呀！现如今都已经拖欠多长时间了？"

"快还钱！我娘还等这钱去省城看病哩！"

"再不还钱，就把你这酒坊给砸咧！"

严掌柜与孟老板躲在酒坊门内互相指责埋怨。

"都是你出的好主意！如今酒，酒卖不出去多少。粮，粮堆在仓库里就要霉烂咧。钱，钱都换成了粮兑不了现！你说咋办！"严掌柜指着孟老板的鼻子厉声责问。

孟老板一面心惊胆战地观察着门外的情形，一面不满地对严掌柜反唇相讥。

"这咋能怪我？要怪就怪你的酒酿得不好么！"

"收粮时写下的欠条，啥时才能还清？外面那些要账讨债的人都疯了！一旦冲进来，跑不了我，也逃不了你！"严掌柜手足无措。

就在二人相互抱怨时，门外愤怒的人群已经冲了进来。

愤怒的人们一拥而入，纷纷举起了手中的棍棒农具。

酒坊被砸得乱七八糟。地面上到处都是砸烂的酒坛、酒篓。酒液在地面漫延流淌。

严掌柜和孟老板被愤怒的人群围殴。

"他是掌柜的，有事去找他！我只是店里雇来的伙计。"孟老板十分狡猾。他一面护着自己的脑袋躲避挨打，一面手指指向严掌柜。

围殴孟老板的人群涌向严掌柜处。

孟老板趁无人注意之机，偷偷地溜之乎也。

严掌柜则被更多的人围殴。他无法逃脱，只能抱头蜷缩号叫着。

二、高粱有了

东湖整治工程进入扫尾阶段。崇仁曾经的很多"宏伟理想"并未实现。他不得不务实地调整了计划，总算基本达成了水道有所疏通、湖面有所扩大的有限目标。

为东湖工程捐助的最后一笔善款，来自伊人。

这一天，受伊人的委托，崇仁专程来找东湖船夫。两人在湖畔泊船处席地而坐。

崇仁看着整治过的东湖，颇有感慨。他感谢地望着船家大哥，关心地问着："现在的东湖，水道通畅了不少，湖面也宽阔了一些。咱的工程，也就只能这样了。船家大哥，你为这次工程出力不小哇！应该付给你和那些河工的工钱没有拖欠吧？"

东湖船夫充满谢意："府上的那位吕管家很负责任，尤其是对下苦力的人，工钱常常是预先支付的，从来没有过拖欠。"

崇仁点点头。他想起伊人交代的任务，便从怀中掏出一张银票，递给了船家大哥。

"这是我媳妇的体己私房钱，钱数不多。她想用这笔钱把桥上的护栏加高些，在湖岸危险的地方也增加一些护栏，防止小娃们不小心栽进去么。这事就想委托你来经管，如何？"

东湖船夫郑重地接过银票："这是大家伙儿的好事么！承蒙姬老爷和太太信得过，我一定把这事办好。"

崇仁站起身，拍拍身后沾着的泥土，准备离去。

突然，阳光下有金属反射的光亮。

崇仁奇怪地顺着光看去。

湖岸边，一尊青铜鼎半埋在地下。

鼎耳的空环系着小船的缆绳。

东湖船夫发现了崇仁的目光，开始解释。

"前些天，在扩展湖面的工地上，开挖出了这么一个铁疙瘩。没啥用场，我就用来系缆绳了。"

崇仁摇摇头，深为可惜地劝说着："说不定是老先人留下的古物哩，不敢胡糟践。"

"我一会儿就把它挖出来送到姬老爷府上，看看是个啥。这小船的缆绳系在哪块石头或木桩上都一样。"东湖船夫爽快地回应着。

当这尊青铜鼎经过清洗、摆放在姬家大院书房案桌之后，立即引起了崇仁很大的兴趣。他翻检着资料，逐一辨识着鼎上的铭文。

怀玉探头探脑地来到书房，目光即刻被鼎所吸引："爹，这是什么东西呀？"

"这是老先人们祭祀时用的礼器。"

"礼器？礼器是做什么用的？"

崇仁觉得不好给小娃解释："礼器……，怎么给你小娃解释呢？比方说这只鼎吧，它不是用于煮肉做饭的日常生活，而是具有某种纪念意义。三千多年前，一位将军打了胜仗，他很感谢母亲对他的养育和保佑，就专门制作了这只鼎，并将其传之后代子孙。"

"爹，你怎么知道的呢？"怀玉颇有疑问。

崇仁指指鼎的内壁："这上面刻着文字么。"

怀玉一听，大感兴趣，爬上案桌，往鼎里探看。

"真有好些个字哩！爹，你给我念念嘛！"

崇仁笑着摇摇头："爹也念不下来。大部分字都不认识，要一个一个查、一个一个猜哩！"

说着，崇仁将爬到案桌上的怀玉抱下地来，随口问道："你这会儿跑到书房干啥来了？"

怀玉好似猛然醒悟，懊恼地一拍脑袋。

"糟了！差点把正事忘了！我娘要我来偷偷看看，要是爹不忙的话，就请爹过去说说悄悄话。"

崇仁不禁一乐："你娘有令，又是要说悄悄话，爹就是再忙，也不敢不去呀！"

崇仁领着怀玉，兴冲冲正要离去，吕管家匆忙走进。

看到崇仁似要急切离去的样子，吕管家欲言又止，吞吞吐吐起来。

崇仁看了他一眼，耐心地停住了脚步，主动问道："吕管家，有什么事就说吧。"

"梁掌柜派人来紧急传话，让咱派往外地收购高粱的车马暂且不要出发。另外他还说，请老爷最好现在就去一趟酒坊。"

崇仁疑惑地自言自语："这是酒坊又有啥新情况了？"

崇仁弯腰小声对怀玉交代："回去告诉你娘,爹去去就来。有啥悄悄话,回来再说。"

赶到酒坊时,崇仁一进店面里间,就见梁掌柜兴奋地搓着双手在来回踱步。

一见到崇仁,梁掌柜便急切地开了口:"有了!有了!"

"什么有了?"崇仁莫名其妙。

"当然是高粱么!高粱有了!咱不用再去跑远路、出高价了!"梁掌柜兴奋不已。

"哪儿来的高粱?天上掉下来的?"

"哪儿来的,你一会儿就知道了。我只要你一句话,今儿这事就交由我全权负责了,行呀不?"

"酒坊的事本来就是你负责嘛!"

梁掌柜双手一拍:"好!好!有这句话就行。一会儿来人咧,你千万不要出面,就躲在这里间听着。"

"啥人嘛?谁呀?"崇仁更加糊涂了。

"来了,来了!就要进门了!"酒坊伙计进入里间报告。

梁掌柜做出让崇仁待在原处别动的手势,自己和伙计一同走出了里间。

店面外间,鼻青脸肿的严掌柜垂头丧气地走了进来。

梁掌柜故作惊讶地关切询问。

"严掌柜,几天不见,你这是咋了?"

严掌柜连连摆手,一副无法细说的神情。

"唉!说不成,说不成!"

梁掌柜热情地招呼严掌柜入座,并让伙计上茶。

严掌柜甫一落座,即刻又站起身来,拱手躬身向梁掌柜提出请求。

"兄弟在酒坊这一行再干不下去了。恳请梁掌柜搭救兄弟一把。"

梁掌柜故意作出疑惑不解的神情。

"前一向儿,你家的酒不是越卖越好卖,供不应求,每天外运都来不及么?"

"不说咧,不说咧!不说当日的事咧。只说今日,务请梁掌柜出手相救!"

严掌柜再次拱手相求。

"啥事嘛？咋个相救法么？"梁掌柜明知故问。

"一家春酒坊办不下去了。我那满库房的高粱，就转手卖给贵店吧？"严掌柜充满希望地请求着。

梁掌柜一口拒绝："小店已经从外地购进了足够的高粱，质优价廉呐！再要多购进原料酒粮，那不是就要占用大量资金嘛！严掌柜还是另寻其他主顾吧！"

严掌柜索性扑通一声跪倒在地，鼻涕一把眼泪一把地苦苦哀求。

"梁掌柜呀！你就全当是行善做好事、救人一命吧！我那些高粱都是打白条从农人那里赊购来的！如今还不上欠款，他们寻上门来，把我打了个鼻青脸肿。三日之内，再要没钱还账，他们会活活把我打死哩！"

梁掌柜故作沉吟状："这不是个小数字，我得请示东家姬老爷。"

严掌柜一听更急了，连连摆手。

"我知道这事梁掌柜就能做主，万不敢去惊动姬老爷呀！"

"为啥？"

"这里牵扯那个孟老板的事哩！孟家与姬府之间的恩恩怨怨……"

崇仁坐在里间，倾听着外室传来的对话。

酒坊伙计提着茶壶，轻手轻脚进来为崇仁斟茶。

崇仁示意伙计就近坐下，暂且不要出去。

外室的谈判还在继续进行。

梁掌柜放出了活话："把这些酒粮收下嘛，也不是不行，但小店有两个条件。"

"啥条件？"严掌柜仿佛看到了生路。

"已经发霉的高粱，小店不收。"

"当然，当然。当初就是孟老板的鼓动，小店收进的高粱，多得库房都搁不下去！确实有一小部分已经生毛霉变咧。"

"第二个条件嘛，就是价格。小店只能以当初酒坊同行共同商定的价格购进。贵店擅自提价造成的差额，你严掌柜就自行料理了。"

"应该，应该。我自作自受么……就是这两个条件？"跪着的严掌柜站了起来，稍感放心地重新落座。

这两个条件都是理所应当，也比严掌柜的预想要宽容得多。顺昌酒坊并没有乘人之危而落井下石。

里间的崇仁，作手势将酒坊伙计招至身边，附耳低语了几句，最后小声强调着："最重要的前提是……"

伙计侧身倾听，频频点头，随后提着茶壶，向外间走去。

三、悄悄话

酒坊伙计趁着到外间加添茶水的机会，向梁掌柜低声传达了崇仁的意见。

梁掌柜不动声色地站了起来，颇有送客之意。

严掌柜也随之站起身来。

"这事就可以这样定了！不过……"梁掌柜似乎还有话说。

严掌柜一惊，生怕事情有变："这……还有啥条件吗？"

"不是条件，而是前提。没有这一条，其他都免谈！本店付给你的粮款，必须在本店的监督下，首先用于兑现你的那些白条。不然的话，你严掌柜卷款一逃，被债主活活打死的，不就成了我梁掌柜了吗？"梁掌柜不客气地击中要害。

严掌柜仿佛被说中了心事，脸色一红，极力辩解着。

"咋会么？咋会干出这种事哩？"

梁掌柜不屑地笑了一笑。

"不会？你严掌柜啥事干不出来！你的那位联手同伙孟老板不是就一个人偷跑了吗？"

严掌柜虽有些犹豫，但见梁掌柜对此前提态度坚决，只好尴尬地点头认可。

梁掌柜宽慰地拍拍严掌柜肩头。

"你放心吧！我算过账了。还完欠款，剩下的钱足以你养家糊口、另谋生计的！"

严掌柜千恩万谢地告辞而去。临出门时，又不放心地回过头来叮咛了一句，手上还伸出了三根手指。

"三天呐！咱得在三日的期限之内，把这事彻底了清了！那帮不要命的债主们，只给了我三日的宽限期！"

梁掌柜一挥手："放心！明儿一天咱就可以钱货两清！"

严掌柜走后，崇仁由里间出来。

"像严掌柜这样的人呐，是该得到些教训了！"梁掌柜感慨不已，对崇仁解释着。

"唉！真是早知今日，何必当初啊！"崇仁不免有些恻隐之感。

"姬老爷呀，我就担心你心软，到时下不了狠手，给严掌柜答应的条件会过于宽厚，所以就没敢让你出面么！再说，中间还夹缠着个孟老板，当年姬府的老姨舅太爷么，处置起来你也为难哩！"梁掌柜说明了此事不让崇仁出面的本意初衷。

"那孟老板人哩？"

"跑了！债主和仇人太多啊！"

崇仁沉吟着，似有不忍："也该给他一条生路啊！……不过，人生的路，都是自个儿选下的！"

有了高粱，就不愁顺昌酒坊没有酒卖了。崇仁和梁掌柜遂放下心来。

崇仁返回府中，向伊人提说了高粱之事。说起严掌柜和孟老板害人害己、自作自受的下场，崇仁又一次慨叹着："人生的路，都是自个儿选下的！"

伊人接口说道："人生的路，都是自个儿选下的。但是小娃们的路哩，做父母的就要多多操心。就说娃们的名字吧，都是父母给起的。起的啥名，实际上也就是父母对小娃们人生之路的期许么。"

伊人小时候就亲身感知了父母对娃们名字的重视。有一次，父亲曾开玩笑说，女儿的名字当初起得不好。"伊人"，虽然字义颇有诗意，但字音不美气，听着就是"一人"么。当时杜先生摇头晃脑地自嘲着："难怪哟！难怪你娘自从有了你，再也没有开过怀。咱杜家下一代，就只有你一人（伊人）单蹦儿了！"就在伊人嫁入姬府的前夜，杜先生又开着玩笑说吉利话："伊人呐，你和崇仁可是天生的一对好姻缘哟。你看：你是一人，崇仁的'仁'字是二人。一人加二人，就是三人。三人成众么！这可是你们人丁兴旺、家族繁盛

359

的好兆头啊!"

崇仁对伊人莫名其妙提起娃们名字之事,一时不解。

"我急慌慌跑回来,是想听你的悄悄话哩!咋说起给小娃们取大号的事了?"

伊人拿出两张对折的纸片,将其中一张递给崇仁:"你先看看这个再说。这个字咋样?"

崇仁将对折的纸片打开。

纸片上只有一个大大的"才"字。

崇仁手持这张纸片,无所谓地解说着。

"一个单字么,说不上好坏。要看在啥场合使用,和其他啥字咋配合哩!"

伊人试探地询问着:"配合?要和我这个杜字配合哩?"

"才字和杜字配合?杜者,有土有木。才者,木少一撇。才与杜比,叫作缺土不成木,不好么!"

伊人深信不疑地点点头,又将手中那第二张对折的纸片交给崇仁。

崇仁再次将对折的纸片打开。

纸片上三个大字:"姬怀才"。

"这是……"崇仁手持纸片,惊愕地询问着。

伊人满脸苦楚,不忍回忆。

"这是……我给咱那未出世就夭折了的娃,提前起好的大号。他昨晚给我托梦了……"

刚怀孕那时,伊人早早就宣布了:"给娃起大号之事,谁也别操心。"她想自己亲自给娃起个美好的名字,希望娃有一个美好的人生。这两张对折的纸片,她原打算是在孩子诞生之后才当众打开的。

崇仁理解妻子内心的苦楚,默默上前攥住了她的双手。

"咱娃说,这名字起得不好!"伊人说着梦境中发生的事。

崇仁稍一沉思,惊觉而言:"是不好哩!"

"我本想着,我娘家爹有才学,我婆家爹有才智,我夫君更是有才华、有才能。娃叫个'才'字,极好的么!当时没有细究深想,还想着事先保密……"伊人颇多后悔之意。

360

崇仁指着纸片上的那三个字："单字没啥不好，但与怀字辈配合，就不美气了！怀才……怀才不遇么！"

伊人深感内疚地点点头。

"我有时就在想，这娃的命不好，是不是就因为我没给他起个好名字。所以，这一回呀……"

"这一回？莫不是你又有了……"崇仁惊喜地看着伊人的腹部。

伊人微微点头承认。

"这一回呀，我想去趟法门寺，请寺院长老为咱娃赐个大号，祈请神佛护佑咱娃！"

崇仁兴奋地将伊人抱了起来，连连在她脸上吻着。

"原来这就是你要给我说的悄悄话？好好好！去去去！我陪着你一道去法门寺进香拜佛！"

伊人娇嗔地捶打着崇仁肩部。

"快放下，快放下！我的悄悄话还没说完么！"

伊人被放下后，喘了一口气，正色而言。

"去法门寺进香拜佛，也是替咱娘了还心愿。就在咱娘过世的前一天晚上，她专意对我做过交代。娘……，娘是唱着秦腔《法门寺》的戏文过世的。"

"法门寺……！"

崇仁崇敬的目光望着远方。

四、法门宝刹

周原是古时丝绸之路的咽喉要道。东来西往的中外使节和商贾僧侣，由长安至遥远的西域，都必得由此经过。随着时光的流逝，此地便留下了不少珍贵的历史遗迹。其中就包括佛教圣地法门寺。

相传佛祖释迦牟尼灭度后，笃信佛教的古印度孔雀王朝的国王阿育王，为弘扬佛法而派遣僧团赴境外四处布教。阿育王将佛骨分成八万四千份，送往世界各地，并建立了供养佛骨的八万四千座寺塔。据佛教典籍记载的传说，当时的中国境内即有包括法门寺在内的十余座此类塔寺。传说归于传说。但法门寺确因珍藏着佛祖指骨舍利而闻名于世。

崇仁和伊人如愿踏上了前往法门寺的行程。

"看！那就是大名鼎鼎的法门寺！"崇仁遥指远处。

远处的寺庙建筑，背山临水，颇有神圣庄严之感。

伊人赞叹地观赏着周围的地势。

"这地方真有一股灵气啊！"

为了表示拜谒佛祖的诚心，崇仁和伊人在远离寺庙的地方就下了马车，虔诚而恭敬地弃车步行。

崇仁指点着四周的地势："你看！这地方北依巍巍岐山，南临滔滔渭水，还可遥望秦岭太白主峰，真是个风水宝地啊！"

伊人还是第一次踏入法门圣地，一路赞叹不已，同时也是疑问多多。

"当初他们是如何选中在周原这个地方造塔建寺的呢？"

"当年，西来的高僧大德携带着佛骨舍利，来到东土中原寻访适合供养的吉祥之地。据说刚刚路过这里，就出现了奇迹！"

"奇迹？什么奇迹？"

"传说高僧一踏上这块土地，天空便出现了神奇的五彩霞光，随风飘来阵阵仙乐和种种异香。高僧仿佛感受到了佛祖的旨意，一下子扑下身去，开始就地造塔建寺。"

崇仁与伊人双手合十，默默向远处的寺庙方向遥拜。

伊人闭目自语："神圣、神奇、神秘的法门寺啊！"她的脑海中，浮现出想象中的法门寺景象：雄伟、壮观的寺院，高大、庄严的寺塔。

从想象中醒悟过来，伊人迫不及待地催促起来。

"快走吧！真想早一点儿看到真正的法门寺！"

法门寺寺门处，年久失修，衰败不堪。寺门屋檐后，露出的是一截高度不高、中有竖形裂缝，且已倾斜的寺塔。真实寺门的景状与伊人想象中的景状显然有着巨大的反差。

伊人完全出乎意料。她不禁惊愕地低声自问："这就是法门寺吗？"

"怎么？让你失望了？"崇仁对伊人的感受颇为理解。

进入寺内，走近寺塔。

塔身明显倾斜，已成斜塔。塔身从上至下，有一道较宽的竖形裂缝，好像已将塔身一劈为二。其中的一半，倾斜更甚，似乎随时可能塌落。

塔基不远处，有一个明显的新挖的洞口。

伊人吃惊地望着寺塔，好似不敢相信自己的眼睛。

"现在的这座砖塔，是明朝在唐代寺塔的基础上建造的。前清顺治年间，关中大地震，这座塔被震裂了。别看塔身不怎么样，塔基下的地宫里依然供奉着佛骨舍利，还有大量唐代的珍贵供品呢！"崇仁手指着震裂的塔身，解释说明。

伊人难掩失望之感："法门寺！其名如雷贯耳！但今日眼见其实，未免让人……"

伊人的失望之感，可以理解。是时她所看到的法门寺，既不是百年之后中华盛世时的法门寺，也不是千年之前大唐王朝时的法门寺。清末民初，世道混乱，人心不古。这座有名的寺院，确实年久失修，几近衰败，而且还屡经危难。

崇仁不甘心地回忆起法门寺曾经有过的辉煌。

"想当初，这里可是大唐的皇家寺院，香火兴盛得很哟！法门寺的寺名，是由唐高祖李渊亲自命名的。唐代法门寺的第一代寺主，则是由唐太宗李世民直接敕封的。"

……

一千几百年前的法门寺，规模甚大，然有寺无塔。儒雅英武的唐太宗，在惠业法师的陪同下，亲自巡看法门寺的重修扩建工程。

唐太宗郑重嘱托：惠业法师，供奉佛骨舍利之事可马虎不得啊！当年西来高僧为普度众生，为海内信众皆能瞻仰圣迹，特将佛骨舍利分置于天下名刹，宝刹与有荣焉！先皇高祖特意为宝刹正式更名为法门寺。朕今日特旨敕封惠业法师你为法门寺第一代开山住持！

惠业法师心存大志，及时提出了请求：多承陛下信任！小刹供养的佛骨舍利，对于弘扬佛法、护国安民，确有无量功德。只是小刹在多年战乱之后，破败待修之处甚多。尤其是有寺无塔，这对供奉佛骨舍利未免显得不够虔敬庄重啊！

唐太宗满口答应：不就是要筹措些建塔的木材和费用吗？朕亲自为宝刹筹措！

其时，唐皇家望云宫正在建设过程中。唐太宗携惠业法师，就在望云宫工地现场召见了岐州刺史。

唐太宗严肃询问：张爱卿，你官任岐州刺史，法门寺正在你的辖境之内。如此天下名刹，竟然有寺无塔。此种局面，何时能够结束啊？

张刺史表示为难：启奏陛下，微臣正在为此犯难，最主要的难处是……

唐太宗当然了解情况：是缺木材，对吧？朕今日召你到此，就是让你将这些木材转交法门寺，专供建塔之用。

唐太宗指的是望云宫建筑工地上堆置的木材。

张刺史面露畏缩为难之色：这不是陛下还在建筑中的望云宫吗？岂敢！岂敢！岂敢为寺庙之事而影响圣上的御用啊！

唐太宗雍容大度地表示：朕登基以来，立志实现贞观之治的理想。这就需要首先从皇家自身的去奢省费做起啊！除了日常御极朝会所需、攸关天朝国威尊严的皇宫大殿之外，其余一些离宫别馆，则可少建、缓建！至于朕偶一去往之所，更无须专门营办住所，虽露居亦无伤也。

一旁的惠业法师由衷赞叹：此乃圣君之气度啊！

唐太宗有所垂询：法门寺塔的建造，情系亿兆信众之崇仰，事关千秋文脉之传承，想必惠业法师已有了成熟的建造方案吧？

惠业法师胸有成竹：坚石构筑地宫，供养佛骨舍利；巨木搭建塔身，以供信众瞻仰。

唐太宗沉思着缓缓而言：木质塔身，终或有坍塌之时。石质地宫，当可传之千秋万代。千百年后，也许会有中华圣朝崛起，时当太平盛世，国运昌隆，后人们就可在这石质地宫的基础上，重新建起更加高大壮观的护国安民之塔呀！

张刺史跪倒在地：陛下圣明！

惠业法师闭目垂首，双手合十，默默祷念。

……

唐太宗敕封惠业法师事，停缓望云宫建设、将其木料用于法门寺塔建设事，俱见于唐代史籍所载。有关皇室"去奢省费"的主张，有关少建、缓建、停建离宫别馆的意见，有关皇帝本人临时去往之所"虽露居亦无伤"的言论，均出自唐太宗本人之口。事见两《唐书》《资治通鉴》《贞观政要》。

崇仁的介绍，言出有据。

伊人沉浸在刚才崇仁讲述的氛围中。些许失望、轻慢的神情，变成了崇敬、虔诚的神情。

缕缕透过云层的阳光照来，倾斜崩裂的塔身仿佛笼罩了一层光晕。神圣、庄严的佛塔。

"中华圣朝，太平盛世，国运昌隆……，会在什么时候实现呐！"伊人充满了向往。

"恐怕我们这一代人是看不到喽！"崇仁不无遗憾地感慨着。

人类生生不已，代代相传。一代人有一代人的历史环境。一代人有一代人的时代命运。

崇仁这一代人，生逢乱世。他们注定看不到百年后国运昌隆时的皇皇法门寺。

崇仁和伊人，生逢乱世。他们此行看到了频遭厄运的苦难法门寺。

五、"神佛显灵"

世间真有巧事。

参拜法门寺过程中，崇仁得知：该寺现任住持法名惠业，竟与唐太宗敕封的唐代首任住持同名。崇仁与伊人，在一名少年僧人的带领下，前去拜问惠业长老。

当崇仁就此讯问时，白眉白须的惠业长老不胜感慨。

"是啊！老衲的法名，有幸与大唐贞观年间本寺的首任住持相同。为此，老衲既感荣幸，但更觉惭愧呀！"

崇仁施礼道贺："这真是一种缘分呐！"

惠业长老轻轻摇头，满脸苦涩。

"可惜这缘分仅限于法名相同,际遇作为却是大不相同啊!先祖惠业躬逢贞观盛世,有创寺建塔之功德。老衲惠业恰遇如今乱世,恐遭毁寺破塔之罪孽哟!"

崇仁宽慰劝解:"毁寺破塔之罪孽?年久失修的状况确实存在,但毁寺破塔之说,未免言之过甚了吧?怎么可能会有如此的罪孽呢?"

"世道昏暗,人性迷乱。觊觎之心,肆无忌惮。本寺塔基之下的地宫,自唐末之后,千百年间始终未曾开启。里面所供养的佛骨舍利及大唐皇室供奉的珍宝供品,如今竟然成了土匪和官军两股势力争相盗取的目标。"惠业长老悲苦愤慨难以自抑。

伊人闻言,怒不可遏:"他们竟敢对如此圣物妄起恶欲歹心,难道不怕天谴、真敢下手吗?"

"怎么不敢?昨天夜里,一伙土匪蟊贼差点儿就得手了!你们看!"少年僧人气愤地说着,手指指向塔基不远处。

塔基不远处,有一个明显新挖的洞口。洞口附近,堆放着挖出的石头、砖块和泥土。

惠业长老领着崇仁等人,走至洞口处。

"昨日深夜,一伙土匪蟊贼闯入本寺,公然明火执仗地刨挖塔基,企图挖开地宫的通道。老衲与小徒发现后,虽奋力抗争,却无法阻挡他们的恶行。如若不是神佛显灵……"

惠业长老悲愤地讲述当时的经过。

……

夜色笼罩下的法门寺。

塔基处,在手持火把的照明下,土匪们抡镐挥锹,破挖地基。

少年僧人挣扎着欲扑向抡镐的土匪,却被另处几名匪徒捉手把臂所控制。

惠业长老亦被土匪阻拦而不能近前,悲愤而无奈地捻动着手中的念珠,闭目不忍观看。他的口中喃喃祈祷着:"罪过呀,罪过!佛祖显显灵吧!"

塔基破挖处,挖出了一个洞口。

洞口不断扩大,终于挖通了一条地道。

众土匪围在洞口往里张望,你推我让,谁也不肯率先进洞。

一个匪徒以绳系了个灯盏,想要吊进洞里探看究竟。

洞口近处。吊进洞中的灯盏瞬间熄灭,一股黑烟由洞中冒出。

手持吊绳的匪徒慌忙向上拉起吊绳。吊绳上所系的灯盏已经破碎。

众土匪惊愕而恐惧地相互张望着,然后聚拢在洞口朝里探看。

只听一阵怪响由洞内传来。

众多青蛇吐着一伸一缩的舌芯,嘶嘶作响地由洞内扭动而出,直扑围在洞口的匪徒。

成群的青蛇由洞内窜出。众土匪惊恐地四处逃散。有的慌不择路,相互碰撞跌倒。有的只顾逃跑,脚上的鞋只脱落在地。有的神色失常,连声怪叫。

少年僧人拾起土匪逃跑时扔下的火把,担忧地在洞口处查看。

惠业长老睁开眼睛,惊奇地看着眼前的场景。

塔基处,胡乱扔着锹镐等工具。系着破碎灯盏的长绳、遗落在地面上的鞋只……。并无一条蛇的踪影,亦无一个土匪的人影。

月光下,只有那个新挖的洞口。

……

崇仁和伊人紧张而惊讶地听着惠业长老的讲述,并为最终的结局感到庆幸。

"也许冥冥之中有神佛护佑,那窝子青蛇的突然出现,吓得土匪们连夜逃窜回了山寨。佛塔万幸没有受到更大损害。"惠业长老捻动着手中的念珠。

"报应呐!今晨就有消息传来!"少年僧人报告。那消息说:参与盗挖佛塔的土匪中,一个被蛇咬伤者,未能挺到天明就咽了气。两个逃跑时跌伤了脚。还有一个当场就吓得失了心疯。据说土匪们在逃跑途中个个赌咒发誓,说是再也不敢到法门圣地来干坏事了。

崇仁、伊人虔诚而恭敬地朝洞口方向合十施礼。

在惠业长老的带领下,崇仁、伊人及众僧人、众香客共同动手,搬石填土,填埋那个洞口。洞口被覆盖填平。有人找来工具,奋力将洞口填埋处夯实。填平夯实之处,已不见了洞口的痕迹。

惠业法师颔首合十,向众人致礼示谢。

后来,在茶室品茗休息时,伊人很不好意思地提出了一个问题:"那窝子青蛇的突然出现，真的是神佛显灵吗？"

惠业长老一手捻动佛珠，一手捋着自己颔下的白须，缓缓而言。

"神佛显灵的方式，有多种多样。有时候，神佛的意志，是通过人的行为来体现的。"

崇仁频频点头："咱老先人们的理念中，就有天人合一这一说么。"

惠业长老又讲了一段与法门寺有关的历史故事。

唐太宗敕封法门寺住持之后二百年，时当唐武宗会昌年间，由于朝廷与寺院在经济、政治方面的矛盾不断加深，崇信道教的武宗皇帝在道人的煽惑下，下令在全国范围内"灭佛"。此即佛教史上有名的"会昌法难"。

"会昌法难"中，"凤翔府法门寺"被武宗敕令点名："寺中有佛指节也"，"不许置供"。不仅不许供养佛骨舍利，且敕令"碎殄"。

幸亏当时"衔天宪者"，即奉敕行事的官员，"碎殄影骨，上以塞君命"。即以假充真，欺蒙君上，保护了真正的佛骨舍利。

尊崇道士、禁毁佛寺的唐武宗，最终死于道士之手。因服食道士进奉的"金丹"而一命呜呼，年仅三十三岁。

惠业长老讲过这段史实后，问了两个问题。

唐武宗的下场，固然是其咎由自取，但这不也是一种"神佛显灵"吗？

那位史不具名的"衔天宪者"，抗旨不遵，冒着生命危险，保护了佛骨舍利。这难道不是"神佛"借助于他的行为而"显灵"吗？

惠业长老的问题，颇有佛理和哲理意味，崇仁和伊人默默参悟领会。

少年僧人慌忙跑进茶室，紧张报告了一桩噩讯。

法门寺又将遭受劫难。这回不是"匪乱"，而是"兵祸"。

六、飘落的白绸巾

少年僧人紧张报告："有兵闯进寺内！"

惠业长老及崇仁、伊人刚刚走出茶室，只见一个歪戴帽的士兵耀武扬威地挥动着手中的枪支，硬闯过来。

歪戴帽扫视众人一圈，认准了惠业长老，径直走近其身边，大大咧咧地下达命令。

"你就是管事的老和尚吧？你听着！我们朱排长让我前来传令——明儿一早，我军奉命进驻你们这个寺院，军事演习！届时，香客闲杂人等，一律不准进入寺院。本寺的僧众，只可在僧房和大殿内活动，不许随意擅出房门一步！听清楚了吗？"

"这是佛门圣地！"惠业长老怒目而视，大声抗议。

"这我管不着！哼！洞口填埋得倒是个快！不过，我们朱排长说了，把那洞口重新挖开，不就是个碎碎的事嘛，容易得很！"歪戴帽一摆手，扭头扬长而去。

惠业长老一众人等愤怒而无奈。

"长老，明日之难，难道就没有办法躲避排除了吗？"崇仁担忧地询问。

"昨夜刚刚躲过一劫，明晨又将遭遇一难。老衲也不知如何是好啊！"惠业长老愁苦地直摇头。

瞬息之间，惠业长老神情一变。"如无他法，老衲明日将自焚于塔前，以阻恶行发生！"坚毅的口吻，殉道的决心。

伊人虔诚地合十望空拜了几拜："但愿佛祖神灵再度出手相助，护佑法门宝刹免此劫难！"

少年僧人充满希望地看着惠业长老。

"师父！那洞口里的青蛇还会出现吗？"

惠业法师苦笑一下，摇摇头。

"蛇性喜阴。它们沿着寺塔崩裂的隙缝，钻进地宫甬道。洞口呈开，阴气尽散，游窜而出的青蛇一时半会儿不会再回来了。"

崇仁沉吟着说道："土匪被佛祖显灵吓跑了，官军同样也会被吓跑。咱们还是要借助神灵的护佑啊！"

"可刚才长老说了，那些青蛇一时半会儿不会再回来了呀！"伊人对青蛇的消失十分遗憾。

崇仁想起惠业法师刚才说过的话："神佛显灵的方式，有多种多样。有时候，神佛的意志，是通过人的行为来体现的。"

想了又想，崇仁终于想出了一条妙计。

"长老，明日在下打算演出一场神灵退敌的好戏。今夜请这位小师父与在下配合做些准备。夜间寺内若有什么动静，长老只作不知道就可以了。"

惠业长老不解其意，但却信任地望着崇仁。

清晨。太阳升起。

倾斜的古塔，沐浴在朝阳之下。

二十余名士兵在一个军官率领下，荷枪实弹地进入法门寺。

刚进寺门，歪戴帽惊恐地喊了起来。

"报告朱排长！你们看，那是什么？"

带队的军官朱排长和众士兵顺着歪戴帽所指的方向看去。

倾斜的古塔，顶部垂落着一条长长的白色绸布。寺内静穆森然。

朱排长及众士兵行至塔下，仰头望去。

塔顶上的白色绸条颇有些诡异。士兵们不免有些惊恐畏惧。

晨钟声忽然响起。士兵们受到了惊吓，一片慌乱。有人如临大敌般拉动了枪栓。"佛门圣地，干这坏事要遭报应哩！""看着那塔顶上的白绸条，我的心里就慌慌的，怕是要出事哩！"士兵们议论纷纷。

歪戴帽缩缩脖子："那伙子土匪遇见的神蛇，不知还在不在？想想就怕人呐！"

朱排长色厉内荏，壮着胆子发布命令。

"不怕！咱都把刺刀上好，枪弹上膛！再有妖蛇出来，咱就开枪！"

歪戴帽将朱排长引至一旁，避开众人低语。

"我说朱排长，干这事要小心哩！咱盗挖地宫珍宝献给长官，图的是啥？图的是升官发财么！要是遭到报应，小命丢了，还要升官发财弄啥？"

朱排长不服气地叹息着。

"土匪们已经把地宫的洞口都给找着打开了么！原想着不费吹灰之力，就能弄到一笔飞来横财。可一进到这庙里，不知咋弄的，我心里一直也是感到阴森森地怕人哩！"

众士兵们处传来一阵喧哗声。

朱排长和歪戴帽望去，只见众士兵皆在举头仰望。

塔顶处垂悬着的白绸条，似乎摇摇欲坠地即将飘落。

举头仰望的士兵们议论纷纷。"又没有人，又没有风，那白绸条咋就好像自己要飘落下来一样。""那恐怕就是上天要给咱递话哩！"

话音刚落，白绸条仿佛摆脱了重力的控制，飘然离开了塔顶。

众士兵在塔下一片惊呼。有人已经跪倒在地，不停地朝着空中飘舞而下的白绸条磕头礼拜。

歪戴帽抢在众人之前，拾起了已飘落在地的白绸条。白绸条上字迹清晰可见。

"擅挖佛门圣地，必遭血光之灾！"歪戴帽大声念着白绸条上的文字。

众士兵嚷嚷着纷纷跪倒。"天降戒示，不可不遵呐！""谁挖谁遭血光之灾，我反正不挖！""罪过呀！罪过！"

混乱中，一名手持上了刺刀的步枪的士兵不慎跌倒。刺刀刺中了另一名端枪士兵的胳膊。

端枪士兵的胳膊流出血来。本已十分紧张的他，双手哆嗦着，一个手指已紧扣在扳机处。被刺刀刺中后，他一愣神，手指无意识地扣动了扳机。

枪声响后，又一名士兵喊叫起来。走火的子弹，击穿了他的小腿。小腿处流出血来。

端枪士兵急切辩白着："不是我，不是我！不是我自己开的枪！"

众士兵吓得乱成一团。"除了老天爷，开枪的还能是谁呢？""真是灵验呀！血光之灾已经开始喽！咱快跑吧！"

朱排长已是面无人色："军事演习取消！撤！"

率先快步逃离现场的，就是这个在后面故事中还将出场的朱排长。

歪戴帽及众士兵紧随其后，一个比一个跑得快。

只有那个被子弹击穿小腿的士兵，落在了最后。他挂枪单脚蹦跳着急切逃离，嘴里还不停喊着："等等我！等等我！别把我一个人丢下！"

惠业长老站在寺塔不远处，眼睁睁看着众士兵仓皇逃跑的背影。他单手持在胸前施礼，另一只手拨弄捻动着念珠。"阿弥陀佛！感谢佛祖护佑！感谢佛祖派来有缘施主相助，使本寺又渡过了一难！"

少年僧人拾起那条被歪戴帽慌乱中丢弃的白绸条，走到惠业长老身边，不无遗憾地问着。

"师父，那位施主还会来吗？小僧连一句感谢的话还没来得及对他说呢！"

惠业长老十分肯定地回答："会的，他会来的。这位施主今日之内必来本寺，缘分未尽呐！"

崇仁、伊人与法门寺确实缘分未尽。

当朱排长率兵逃离、寺内恢复宁静之后，崇仁与伊人再次向法门寺虔敬走来。

伊人一路走着一路琢磨，尚未明白底细。

"那白绸巾怎么就能自行由塔顶处飘落下来的呢？"

崇仁一笑，开口解释其中的奥妙。

"在塔顶上固定压住白绸巾的，是一个大冰块。太阳出来，冰块融化，白绸巾自行脱离，自然就从天而降了嘛！"

伊人恍然大悟，赞叹佩服地望着崇仁。

"难怪你昨晚赶着马车进了山，原来是拉冰块去了！"

崇仁知道，这附近山里有一处充作凌室冰窖的冰洞。冬季冰块储存于内，可终年不化。那些冰块在夏季以快马运往省城，供达官贵人和有钱人家消暑享用。正是借助于昨晚从山中弄来的冰块，崇仁才实施了自己的妙计。

走着走着，伊人连呼可惜："可惜呀，可惜！"

"可惜什么？可惜了你的那条白绸围巾？回头我再给你买条新的。"崇仁昨晚正是在伊人的白绸巾上写下了那些警示恫吓文字。

"可惜的是怀远此时不在此处哇！"伊人故作喟叹。

崇仁疑惑不解，不知伊人何意。

"在怀远眼中，他爹可是个大英雄，曾演出过一场赵子龙单骑救主、诸葛亮空城退敌的好戏。今天这戏码，要是怀远知道了，还不知又要起个什么名目哩！"

崇仁假装委屈地调侃："唉！在你心目中，我的分量不够哇！还不足以让你亲自为戏码赐名啊！"

伊人想了想，高兴地拍着手："有了，有了！名目想好了。就叫：大冰块压阵，白绸巾退敌，诚奉虔心护佛，巧施妙计救塔！如何？"

两人说笑间，已行至法门寺寺门之前。

七、"真"字不俗

崇仁与伊人到达时，那名少年僧人已经在关闭着的寺门前恭立迎接。

施礼问讯之后，少年僧人微微笑着说道："惠业长老说，二位施主与本寺的缘分未尽，今日必定前来。果然如此！施主请稍候。"

崇仁与伊人在寺门近前恭敬候立。

突然，门内传出佛乐声响。

大门洞开，门内有夹道欢迎的僧侣队伍。

惠业长老身披袈裟，亲自出迎。

崇仁、伊人惊讶而感动地连忙施礼。

雄伟壮观的大雄宝殿。钟磬声中，崇仁与伊人在殿内跪垫处敬香跪拜。法号声大起。

蓝天白云下的大雄宝殿，在法号声中显得更加庄严神圣。

阳光照耀着倾斜且开裂的寺塔。法号声中，古老寺塔透出一股顽强生存、依然挺立的威严气势。

按照施主崇仁、伊人的请求，寺院隆重举行了超度追荐亡者的佛事活动。

伊人没有忘记婆母孔氏临终前的遗愿。正式法事活动结束后，她专意来到了那块有凹陷痕迹的青石处。经过陪同的少年僧人同意，伊人试探着在青石上跪了下去，满脸虔诚追思的神情。

此块青石，颇有年头。上面的凹痕，相传是明代民女宋巧姣跪拜哭诉冤情时形成的跪窝。这段故事，借助秦腔《法门寺》剧目而流传甚广。

孔氏去世前表达的未了心愿，就是"向往着能去法门寺进香拜佛，看一看那块民女跪拜哭诉冤情的青石板"。此时，伊人替过世的孔氏终于了却了这个心愿。

寺院茶室内，崇仁与惠业长老饮茶对谈。

惠业长老由衷地对崇仁表达了谢意。

"施主路见不平，主动出手，助使本寺安然渡过一场劫难，已是无量功德啊！适才特为本寺留下如此丰厚的布施，又是功德无量啊！"

"些许布施，不足挂齿。在下夫妇二人，此次专程拜谒法门圣寺，原本有两大心愿。一是替亡母了却生前遗愿，二是为早夭之子超度亡灵。承蒙长老玉成，这两大心愿俱已完成。现另有一桩不情之请，不知是否恰当？"崇仁试探着提出请求。

"请讲无妨。"

"在下夫妇想请长老选赐一字，或为人生格言，或为哲理偈语，或为家人名字。总之，以一字以启在下心智。"

惠业长老面露为难之色："本寺各项法事活动中，并无赐字之项目。率而为之，恐坏了规矩啊！"

崇仁闻言，体谅地点点头，不再提说此事。

崇仁、伊人告别离去时，惠业长老亲自送至寺门之外。

崇仁躬身打揖，恳切表达谢意。

"在下夫妇二人，为追荐超度亡故亲人，搅扰了贵寺。承蒙惠业长老亲自主持，法事活动十分圆满。在下夫妇再次深表谢意。"

伊人亦合掌作什致谢。

就在崇仁、伊人将要登车之际，惠业长老招招手，又将二人招至山门前。

惠业长老指了指山门上方匾额上的"法门寺"三个大字，说出一段话来。

"本寺寺名法门寺，历史上曾有多次更名变迁。曾经叫过'重真寺'。真者，无虚无伪曰真，不幻不灭曰真，有实有源为真，守恒守常为真。'真'字不俗啊！"

崇仁闻言，心领神会地再度施礼致谢。

惠业长老告辞后，飘然返回寺中。

马车起动，崇仁、伊人踏上返程。

夕阳残照，法门寺渐渐远去。

马车内，崇仁陷入沉思。伊人则有些兴奋地回顾着寺院之行。

"你知道吗？秦腔戏文中，民女在法门寺告御状伏跪过的青石板，至今还在庙里！咱娘过世前说过，很想去那青石板上跪一跪。今天，我就替咱娘完成了这个心愿！"

崇仁微微点头，没有接口说话。

"来了法门寺，真是不虚此行呐！"伊人还在发着感慨。

崇仁还是微微点头，依旧没有接口说话。

伊人不禁感到有些奇怪，轻推了崇仁一把。

"你咋咧？上车后一句话也没有！"

"我是在想，你的这趟法门寺之行，是不是还有一项任务没有完成。"崇仁缓言提醒。

伊人一下子惊觉，懊恼遗憾起来，双手不自觉地轻抚腹部。

"就是就是！请长老赐名哩，就没顾上么！一开始，又是土匪，又是官军，紧张担心得不得了。再后来，大雄宝殿里的追荐超度的法会，神圣庄严得不得了。一直没有机会提说此事么！"

崇仁不以为然地提示着："怎么没有机会？刚才惠业长老在山门前说了啥？真者，无虚无伪曰真，不幻不灭曰真，有实有源为真，守恒守常为真！"

伊人顿悟，反复吟诵，大喜过望。

"真者，无虚无伪曰真，不幻不灭曰真，有实有源为真，守恒守常为真！……我爹也说过：真心待人，真诚做事！真……，怀真……，姬怀真！"

崇仁、伊人乘坐的马车驶进凤翔城，驶进城里的姬家大院。

看看紧紧关闭着的姬家大院大门越来越近，伊人不由得发出一番感叹："哎呀！就要到家了！时间过得真快。好像刚刚还在盘算着要去法门寺的计划，一眨眼就计划完成，都已经回来了！"

时间真是过得很快。从本故事开篇到此时，已过去了近两年的时光。其间周原所发生的各种故事、姬府所遭受的各种变故，一眨眼都已成了过去。

未来的时间里，周原和姬府还将会发生些什么故事呢？

375

下 部

第十四章　天下在变

一、变与不变

时间过得真快。

自姬府老爷姬崇仁偕太太杜伊人拜谒法门寺之后，十年的时光一晃而过。

十年时间，天下大变。

窃国大盗袁世凯已然死去。勾结列强、祸国殃民的北洋军阀继续统治着中国北方大部分地区。"十月革命"一声炮响，在新的革命理论指引下，一些以天下为己任的先行者们成立了自己的组织，开始了探索救国救民道路的艰苦历程。当下，年轻的中国共产党和中国国民党已经在南方联合起来，准备北伐，以图彻底推翻北洋军阀的反动统治。"南军"与"北军"之间的大战开始爆发。

大局的变化，必然会深刻影响到周原事态的发展。省城依然被北洋系军阀所控制。以于大胡子、杨将军为代表的进步人士组建了靖国军，与南方国民军保持着密切联系，后亦正式进入了国民军序列。"南军"与"北军"之间的战火，同样在周原燃起。

本故事中的各色人物，十年间当然也发生了很大变化。

一生以"传授礼仪、教化乡里"为己任的杜先生，为争取将省立二中迁回周原，在省城相关衙署中不吃不喝、绝食静坐请愿。奄奄一息的状况下，被强行抬回周原。几天后，即仙逝于岐山老家。他的夫人，也就是伊人的母亲，在老伴咽气两个时辰后，竟也神奇地无疾而终。老两口儿生前离居时间颇多，死后同穴而葬。省立二中后来真的迁回了周原，但杜先生没能亲眼看到这一天。他也没能等到伊人所怀孩子姬怀真的出世。

曾经抢劫姬府的北山老爷岭土匪团伙，是时变化最大。北军与南军相抗衡，四处招兵买马、收编土匪。老爷岭土匪内部发生分裂，分别被北军和南军所收编。

内讧的爆发，看似偶然，其实早在二当家曹拐子的密谋之中。

大当家郭复礼收到了于大胡子的邀请函件及相应的委任状，遂在老爷岭"聚义厅"内召集众人会议。

"大当家的！老爷岭走到今天不容易！如今聚起近千号弟兄，哪能轻易就接受招安哩？"曹拐子态度激烈地表示反对意见。

郭复礼坐在虎皮椅上，耐心说服。

"不是接受招安，而是参加义军。于大胡子邀请咱加入靖国军，咋能是招安哩？这就像当年周武王讨伐商纣王一样，会盟天下英雄，共同讨伐无道昏君！当今的无道昏君，就是坐镇北京的北洋军阀和各地的走狗么！"

曹拐子指着于大胡子派人送来的那封函件及一叠委任状，神情极为不满地煽动着。

"既不给枪，又不给钱，只给了大当家一个旅长的空官衔。我这二当家的，不说副旅长，起码也应是个参谋长吧？结果只给了我一个团长的委任状！老三、老四、老五、老六，你们都掂量掂量，连老二我都是个这结果，你们还能有个啥好出息？"

郭复礼不满地看了曹拐子一眼，耐着性子解释。

"于大胡子说了，咱们经过改编整训之后，枪支会有的，军饷会发的。给咱加派个副旅长和参谋长，也是为了帮助咱整训么！"

曹拐子把手一挥，桀骜不驯地发着火。

"那是要架空咱哩！夺咱的权哩！改编整训？说得好听！反正我曹拐子不上这个当！"

说完这番话，曹拐子恶狠狠地背朝郭复礼坐了下来，大有一副分庭抗礼的架势。

郭复礼颇为动怒，站起身来发话。

"江湖之道，义字当先！我郭复礼绝不强人所难！各位弟兄今晚都各自考虑考虑。明日一早，愿意跟我走的咱走！不愿走，愿意回家的，好！每人大洋六块，回家买地种田，抱娃搂媳妇！"

郭复礼停顿了一下，特意瞟了曹拐子一眼，继续发话。

"如果还有哪位兄弟，愿意留在这老爷岭，继续当山大王，也行！山上的粮草给养，我给你留下一半！"

在场的众匪徒反应不一。大多的匪徒纷纷表态"听大当家的""我们跟大当家的走"，有的则盘算着，犹豫着，彼此小声嘀咕着。一撮毛悄悄看着曹拐子，低下头没有表态。

当天晚上，曹拐子的住处内，来了一个特殊的客人。

曹拐子正与那个客人密谈时，屋外好像有人进来。客人遂进入里间躲避。

来人却是一撮毛。他讨好地凑近曹拐子，傻乎乎地问道："二当家的，那咱是不是继续留在山上？"

曹拐子顺手揪扯了一下一撮毛脸颊上的那股黑毛，狞笑着开了口。

"留在山上还能搞出啥名堂？这兵荒马乱的年月，正是强人出头的好机会么！我已跟省城新来的督军刘大人联系好了，说是只要我能把老爷岭的大部分弟兄拉出来，就直接让我当个师长！"

一撮毛羡慕不已，赶紧过去讨好地为曹拐子捶背。捶了没几下，一撮毛突然停了下来，发愁似的提出了一个难题。

"大部分弟兄……，恐怕只会听从大当家的支派。"

曹拐子胸有成竹，早有谋算。

"那要看咱用啥办法哩！咱一直藏着的那挺机关枪，该是派上用场的时候了！"

说着，曹拐子"啪，啪"拍了两下巴掌示意。躲进里间的那位客人应声而出。此人正是当年的县署苟师爷。

"我在这儿哩,师长大人!"苟师爷十年未变,依然一副献媚讨好的嘴脸。此时他的身份是刘督军派来的说客。

曹拐子铁下一条心的神态:"我已决定了,同姓郭的分道扬镳!"

一撮毛凑前担心地询问:"明儿早上,要是大当家,不!要是姓郭的阻挡咱哩?"

"等到明儿早上?那黄瓜菜不就凉了?今日夜里,咱就……!"苟师爷说着,狰狞地做了个往下切刀的手势。

一撮毛又似恍然大悟:"我懂了,我懂了!就是那个那个啥——先下手为强么!"

半夜时分,曹拐子取出了那批潜藏的用"尿罐"换来的机关枪和其他枪支,真就"先下手为强"了。

郭复礼正在连夜准备天亮后投奔国民军的行装。他刚把那部姬老太爷赠送的《周礼正义》珍爱地收进书箱,就听到了山寨里传出的枪声。"哒哒哒"!"哒哒哒"!"哒哒哒哒哒"!

郭复礼凝神一听,顿生疑惑。此乃机关枪发出的连续点射的声响。"山上哪来的机关枪呢?"

几名卫兵冲了进来。有的好像还负了伤,手捂着流血的伤口。"大当家,不好了!二当家反了!他带着人正往这儿杀过来了。不得了!还有机关枪哩!"

郭复礼知道大势已去,机关枪的威力难以阻挡。他抱起书箱,向卫兵下令:"传令咱们的弟兄,撤!"

曹拐子如愿当上了"北军"的师长。

那个年月,"有枪便是草头王"。兵与匪的界线并不明确。"北军"师长曹拐子,"南军"旅长郭复礼,都是土匪出身。当然,他们其后的戎马生涯及人生结局却大不相同。

天下在变,周原在变,姬府当然也在变。

说起变化,姬府中变化最不明显,莫过于老太爷姬秉礼了。年逾古稀的姬老太爷,十年如一日,始终坚持在恒泰和药材庄坐堂问诊。除了须发皆白之外，其他少有变化。日积月累，姬老太爷的"岐黄之术"愈发精深。传统中医称为"岐黄"，是为纪念医家始祖岐伯与黄帝。古时医学奠基之作《黄帝内经》，其主要内容就是以黄帝、岐伯问答的体裁写成。岐伯之与黄帝，亦臣亦师。之所以称作"岐黄"而不是"黄岐"，"岐"在"黄"前，就是强调了在医学领域岐伯作为黄帝之师的地位。岐伯是周原的老先人。岐伯之"岐"，即源自周原岐山之"岐"。每念及此，作为"岐黄之术"的传人，姬老太爷深感自豪。

最不可能发生变化，但却明显有了变化的，是天津的二老太爷姬秉忠。作为愚忠前清的遗老遗少，他多年来始终死心塌地追随着废帝宣统，并表示到死也不会剪去脑后那根具有象征意义的发辫。但此时却态度有变。因为他的那个皇上，从北京跑到了天津，准备要去投靠日本人。二老太爷姬秉忠给大老太爷姬秉礼来信表示，可以作"孤臣"，绝不可作"国贼"。灰心丧气之下，他打算脱离他所终生效忠的皇上，返回故乡周原。

姬府老爷姬崇仁的变化，主要在于他的心态。十年间，在他的主持下，姬府的运行一切正常，家财资产续有增加。但他越来越感到：自己从小为周原"兴三利、除三害"的那些人生理想和奋斗目标，不仅障碍重重好事难成，而且这些好事的意义似乎也没有当初想象中那般"伟大"，显然不是乱世之下济世安民的当务之急。他思索着自己的人生之路，时时陷入彷徨迷茫。

作为一位深明大义、教子有方的母亲，姬府太太杜伊人十年间有得有失。为了让孩子有更多的见识，她早早就将怀远和怀玉送到省城读书。孩子们的迅速成长，使她得到了极大的宽慰。但分隔两地所带来的思子之苦，却使她饱尝情感上的失落，常常在梦中喊着怀玉的名字。她所生下的小女孩姬怀真，已一天天长大。此时年已九岁的怀真，外形面容与其姐怀玉小时酷似，但却更显聪慧精灵。由于动荡混乱的局势，伊人没有将怀真送入学堂。几十年后，著名作家姬怀真同志在填写履历表时，每每在填写"学历"一栏时非常为难。煌煌几部巨著，累累成百万言。她的写作成果说明了她不是文盲，但她确实是一天学堂也没有上过。小怀真的学堂，就是姬府。小怀真的老师，就是她的爷爷和爹娘，还有假期回家时的哥哥怀远、姐姐怀玉。

此时，小怀真日夜盼望的"老师"回家了。姬怀远由省城回到了周原，回到了姬家大院。

十年间，姬家大院没有变。还是那座已延沿成百年的古老建筑群落，还是那扇时常紧紧关闭着的黑色大门。

二、握手礼节

紧紧关闭着的姬家大院大门，缓缓由内打开。

已是二十岁出头的帅气小伙怀远，骑着辆那个年代尚不多见的自行车，由院内行驶而出。他虽然穿着一身学生装，但他已经不是学生了。

"怀远，二中的事办完后，记得早些回来！"母亲伊人由院内追出，大声向怀远招呼着。

怀远转过头来，笑着向伊人挥挥手。

"娘！放心吧，我一定早些回来！回来还要给怀真妹妹上课呐！"

伊人站在门边，目送着怀远骑车远去的背影。

小精灵怀真从母亲身后钻出，也在羡慕地望着哥哥的背影。

"娘，我哥刚回来没几天么，咋就在咱二中认识了那么多好朋友呢？"

伊人颇为儿子感到骄傲："何止咱二中？这几天府中收到的省城信件特别多，都是给你哥的。说明你哥在省城认识的好朋友也很多么！"

"娘，我怀玉姐也该快回来了吧？我都想我姐了！"

"怀真，你真该好好向你哥你姐学习。他们小小年纪就单独在省城进学读书，读的书也多，见的世面也广，还结识了不少好朋友哩！"

怀真不服气地扬起头来："我呀！我要像我哥那样勇敢，像我姐那样聪明，像我娘那样漂亮，唔——还要像我爹那样讲仁义！"

伊人不禁笑着拍拍怀真的脑袋："看把我这小闺女给能的！"

怀远骑车直奔省立二中校园而去。

二中校长白学才和青年教员刘文章在校门处等候。十年的岁月，在他们二人的脸庞和神态上留下了不同的痕迹。白学才更显成熟和刚毅，刘文章则显现出了些许消沉与颓唐。

"白校长、刘老师，让你们久等了！"怀远行至近前，跳下车，喘着气，恭敬地打着招呼。

白学才一把拍着怀远的肩头，热情地表示着欢迎之意："怀远，终于等到你回家的这一天了！"

"嗬！省城读书的秀才回来啦？"刘文章矜持地点头致意。

怀远的目光向校门悬挂校牌处望去。

原先曾悬挂过"陕西省立第二中学校"校牌的位置，重新悬挂着同样的校牌。

怀远收回目光，佩服地望着刘文章："我小时候就听说过，为了保卫这个校牌，刘老师当年还是个学生娃，硬是挺起胸膛面对官军的刺刀哩！"

刘文章仿佛往事不堪回首似的摆摆手，然后说起了感谢的话。

"当时官军连夜抓人哩！还是你爷，冒着风险，救了我们呐！"

白学才指着校牌，感慨万端。

"那时候，我老师杜校长就说过，这省立二中的校牌，一定还会回到咱周原上来的！这一等，就是十年呐！如今，省立二中果然迁回来了，但我老师杜先生却没能亲眼看到这一天啊！"

白学才以询问的眼光看着怀远。

怀远警觉地看了看四周，放低了声音。

"你们都认识的那位贾明老师，托我带回了一些刊物。"

"快拿出来吧！我们不是在这儿等着了嘛！"白学才立刻着急地伸出了手。

怀远轻声一笑，低语说明。

"我怕不方便，没敢直接带来。傍晚时分，咱们在东湖见。"

刘文章听到"贾明"的名字显然有些激动，急切地询问着："贾明老师？自从那晚在姬老太爷帮助下逃到省城后，我们就跑散了。他现在在哪里？这些年还好吧？"

"当过兵，出过国……嗨！一言难尽，我也说不清。"怀远含混其词地回答，显然不想详谈。

白学才似乎想了一想，对着二人交代："晚上七点，东湖君子亭。"

怀远准备骑车离去时，白学才暗中对其做出了"六"的手势。

怀远心领神会地微微点头。

此时的姬怀远和白学才，都是中共地下党员。他们深知秘密工作的纪律。有些话语，只能在单独接头的场合畅所欲言。

当晚六时左右。东湖湖畔，偶有零落的游人。环境十分幽静。

白学才仿佛普通游客一般，在无人处独自观赏湖畔景色。他已经有段时间没有得到组织的消息了。他盼望着"同志"的到来。当然，这新来的"同志"也是他的老相识。

怀远背着一个书包，气喘吁吁赶到。

"六点整，我没迟到吧?"

怀远的话音未落，白学才已经紧紧握住了这位新来的"同志"的双手。

两人热烈地握手。尽管当天他们已在二中见过面了，但此刻却是作为"同志"后的第一次见面。握手，则是那个年代同志之间新兴的见面礼节。

"欢迎你!姬怀远同志!"白学才真情流露的加大了握手摇晃的力度。

"我很高兴回到家乡，协助你工作，白学才同志!"怀远一副少年老成的严肃神情。

怀远虽然年轻，但加入组织的时间比白学才要早。此前他的公开身份是在省城一所大学图书馆工作，同时旁听兼修大学的相关课程。这次奉命回到周原，将以"二中教员"的新身份开展工作。由于形势的变化，怀远的这个新身份尚未实际取用就中止了。几天后，怀远接到了改做军事工作的紧急通知。"兵运"比"学运"当时更为紧迫。当然，戎马生涯也更符合怀远本人的意愿。

几天后的事，慢慢再说。眼下怀远与白学才刚刚接头。

怀远与白学才沿着湖畔边走边谈。

"怀远，快说说，贾明同志有什么指示吗?"白学才急切地想听到党组织的声音。

"贾明同志代表中共上级组织，要我向你及凤翔的党员同志们传达党的指示：当前，面对帝国主义的侵略和北洋军阀的统治，我们党的力量还很弱小。为了战胜强大的敌人，需要有强有力的同盟者。因此，我们中国共产党主动同中国国民党开展合作，以推动中国民主革命的进程。"怀远不慌不忙、有板有眼地传达着上级党的精神。

白学才不停地点着头，沉思着，领会着，询问着。

"那我们当前的工作重点是……"

"考虑到周原的具体情况，贾明同志一再强调，咱们中共党员的身份，目前还不能公开。主要任务是：发展组织，积聚力量，准备迎接革命高潮的到来。"

白学才沉稳地说起了自身的工作情况："二中由省城回迁凤翔时，随迁师生中只有不多的几名党员同志。另外，还有一大批像刘文章老师这样的党外进步青年。我目前的主要工作，就是在师生中宣传进步思想，经过斗争的考验，识别和培养同志，逐步壮大我们的组织。"

"今晚七点钟的诗会，参加者是什么范围？"怀远关心地问道。

"今晚是凤鸣诗社以诗会友的名义聚会，参加者都是些思想进步的师生。有些话，可以在这个范围适当讲一讲，鼓动鼓动嘛！"白学才简要说明。

行至湖畔"林文忠公则徐禁烟遗教碑"处，怀远不由得驻足凝望。

"还记得这块石碑的来历吗？"白学才问道。

怀远默默点头。他当然知道他的祖辈、父辈亲人们为禁除鸦片所做出的努力。

看着石碑上的碑文，怀远思索着发出疑问。

"咱们的前辈，为了禁除鸦片，为了改造社会弊端，付出了不少努力，为什么就一直没能彻底见效呢？"

白学才有着同样的疑问与感慨。

"我也在想，不彻底改造这个社会，没有一个强有力的组织力量，只凭少数人的努力，要办成一些好事，是很难做到的。就像这块碑，虽然立在这里多少年了，但并没有根本扭转周原普遍种植大烟的现实。"

怀远点头表示赞同，并用手指环指东湖一圈。

"就像这东湖。我爹从小就立志要向先贤苏东坡学习，疏通东湖，减少水患，增加水利，并让家乡的父老们能有一处怡养心神的园景。我赵爷爷，就是那个赵善人，你认识吧？"

白学才当然认识："咋能不认识！大名鼎鼎的周原奇人么！咱学堂的建设费用，还多亏了你爹和赵善人呢！"

"赵爷爷出家修道之前，将他最后的一点儿银两交给了我爹，支持我爹疏浚东湖的想法。就在十年前，我爹和众多乡贤共同出资，开始了疏浚东湖的工程。这本是一件好事么，但官府却左刁难、右刁难，征这税、收那费，折腾得我爹他们心灰意冷。"怀远不胜感慨。

白学才当时也参加了募集善款的活动，对东湖整治工程的情况颇为了解。他充满感激地说起了姬府老爷的贡献。

"多亏了你爹，东湖的面貌还是有了不少改观，不然简直就是一个臭水潭。更要紧的是，秋季雨期的水患，得到了一定的控制；天旱时的灌溉用水，也增加了不少。"

怀远由此说起了父亲心态的变化："按照我爹原本的想法，是要彻底建成一个新的东湖哩！可后来的现实，逼得他不敢好大喜功了。我爹说，就像法门寺中的古塔，震裂成那个样子了，但现时却不是建庙造塔的世道。很多利国利民的大事，只能有待将来的盛世才能去做，才能做好。"

"你爹本就是个善良仁义的好人，现在也开始成为一个思考社会问题的哲人了。"白学才感慨而言。

眼看约定的时间将至，两人朝君子亭走去。

三、凤鸣高岗

姬府老爷姬崇仁在顺昌酒坊同梁掌柜议事时，听到买酒顾客传来一个不好的消息：县城驻军情况即将有变，新的驻军头目就是那个曾经抢劫过姬府的原土匪二当家曹拐子。

这消息使崇仁感到很不安。他担心刚刚回府没几天的儿子怀远的安全，遂匆匆结束了手头上的事务，急忙回府。

崇仁满头大汗匆匆进屋时，伊人正在做着针线活儿，怀真坐在桌前认真地看书。屋内未见怀远身影。

"看把你急得！这冷的天还满头冒汗。"伊人心疼地说着，停下手中的活计，动身到铜盆处，拧了一个毛巾把儿递给了崇仁。

"怀远娃哩？"崇仁一边擦着额头上的汗水，一边着急地问着。

伊人一副很得意的神情，夸耀着儿子。

"二中的老师同学成立了一个"凤鸣诗社"，今晚在东湖以诗会友，专意请咱怀远去吟诗作赋哩！"

崇仁闻此，稍觉放心，但仍担忧地说道："县城里乱糟糟的，一会儿放枪哩，一会儿抓人哩。我担心怀远……"

伊人却是一副信任与放心的口吻："怀远已经长成大小伙儿了，这些年在省城见多识广，论成熟老练，也快赶上你喽！"

怀真放下手中的书本，小大人似的一本正经地评论着。

"娘！我觉得我哥比我爹强。"

"啥？那咋可能？"伊人闻言不禁失笑。

怀真仰起小脸蛋儿，认真地辩说着。

"咋不可能？我哥会唱洋文歌，英特纳雄耐尔，我爹会吗？我哥知道苏联，我爹知道吗？"

怀真又拿出一个手电筒，亮起灯柱摇晃着，然后又将其熄灭。"这是我哥带来的洋电棒，比油灯亮多了，还能拿着跑。爹见过吗？"

伊人一时无语。怀真的话还真不好反驳。

崇仁颇显尴尬，有些失落："是啊！一代要比一代强么！等你长大了，也会比你爹、你哥都要强的。"

怀真似乎看出了父亲的些许失落，径直跑到崇仁身边，仰脸望着，又说出一番话语。

"虽然我爹不会唱洋文歌，但我爹是个光想做好事的好人，是像……是像周公一样了不起的英雄！我最爱我爹了！"

怀真说着，在崇仁俯下身来的脸颊上亲了一口。

崇仁闭目享受着，一副陶醉的样子。

伊人看着父女情深的场景，笑了一笑，忍不住调侃崇仁。

"像周公一样？想不到你在女儿心目中的形象，竟然还是这么高大哩！"

崇仁揶揄地指着伊人，笑问怀真："那你娘呐？你娘像谁一样？"

"我娘像……"怀真似乎在认真思考着，好像要努力找出合适的答案。

伊人笑着打断怀真的思索："算了，算了！不说了，知道你的小嘴巴甜，会说哄人高兴的话。"

怀真认真地加以否认："不是的，不是的！不是哄人的话。我说的都是真话。我爹跟我说过，我的名字叫怀真，就是要追求真理，待人真心，只说真话。"

伊人故作惊讶地逗弄着："我咋没听过你爹说这话哩？娘倒要考考你，啥叫追求真理？"

怀真正要回答时，门外传来"吭吭"两下咳嗽招呼的声音。

姬老太爷手持拐杖走进屋里。虽然他的须发已白，但形神俱还健旺。

"爷爷！"怀真呼唤着，扑向爷爷的怀里。

老太爷慈爱地摸着怀真的脑袋，一副替孙女出头说话的神情。

"你爹你娘又为难你啦？有啥过不去的事，找爷爷！爷孙隔代亲，这就是真理！"

崇仁、伊人欲扶持老太爷就座。

老太爷摆摆手，表示了"不坐"的意思。

"就一句话。崇仁，你明日手上的事都放一放，陪我出城去一趟。"

崇仁似早有准备："爹，明日是我娘的忌日。我和伊人早已准备好了，打算着领上怀远、怀真，随爹一搭儿去哩！"

老太爷长叹了一声，摇摇手。

"多少年过去了！用不着大张旗鼓地年年都去了。明儿就咱爷俩儿去看看，我还要到城外庄园有其他事要办。"

当姬老太爷在姬家大院里说着"爷孙隔代亲"的时候，二中师生"凤鸣诗社"的诗会正在举行。

东湖湖畔，天色已晚。

君子亭处，灯笼高悬。灯光映入湖面，流萤点点。些许诗情画意，难掩夜色之沉重。

亭内聚集着十多个热血青年。众人围坐一圈，诗会正在进行。

一个青年学生刚刚朗诵结束。众人礼貌性地鼓掌，朗诵者鞠躬答礼。

刘文章缓缓站起，清清嗓音，开始诵读。

"……今年手自栽，问我何年去？他年我复来，摇落伤人意……。这是当年苏东坡在咱凤翔所作的咏柳诗。由手自栽柳之今年,想到了即将辞柳之何年,进而想到再度逢柳之他年,真是感伤人意啊!"

白学才不以为然地摇着头:"这首诗不怎么样,并不能真正代表苏东坡的诗作水平和思绪情怀。"

"我从中品味到的就是人生之无常、世事之难料啊!"刘文章诉说着自己的体会和心境。

白学才的眼光向人群中的怀远望去。

怀远落落大方地站起身来:"咱这凤鸣诗社的名字起得好!'凤凰鸣矣,于彼高岗。梧桐生矣,于彼朝阳。'我就在高岗之上,诵读一首有关凤凰的诗歌,愿在座诸位与天下学子都能成为朝阳沐浴下的梧桐!"

怀远眼睛望向远方,情感投入地开始诵读。

"……飞来飞去的一对凤凰,唱着哀哀的歌声飞去。……茫茫的宇宙,冷酷如铁。茫茫的宇宙,黑暗如漆。茫茫的宇宙,腥秽如血。……我们这缥缈的浮生,好像那大海里的孤舟。……前不见灯台,后不见海岸,帆已破,樯已断,楫已漂流,柁已腐烂。倦了的舟子只是在舟中呻唤,怒了的海涛还在海中泛滥……"

怀远诵读的时候,他的眼前仿佛浮现出种种幻象:混沌的宇宙,飘忽的星空,黑暗的夜色。波涛汹涌的大海,电闪雷鸣的风暴。风雨交加的洋面上,孤苦无援、险境丛生的一叶小舟。……

众人皆被怀远的诵读所感染,长久地沉浸在诗歌的意境之中。

刘文章发出感慨和疑问:"这正是当前社会现实的真实写照啊!这首诗歌很感人,很有意境。怀远,这是你的作品吗?"

怀远摇摇头。

"这首凤凰涅槃,是当代著名诗人……"白学才刚想说明,却被众人的感慨所打断。

"不管诗歌是谁写,但诗的作者说出的是我们共同的感受啊!"众人感到,诗歌确实发出了大家的共同心声。

"冷酷如铁……,黑暗如漆……,腥秽如血!我们该怎么办呢?"一个女生痛苦地问着。

"是啊！该怎么办呢？"众人随声附和问着同样的问题。

"怎么办呢？这个问题不是只有我们在今天才提出来的。全中国的有识之士们早就在思索和探寻着该如何回答这个问题。"怀远说着，意气风发地又吟诵起了另一首诗作。

"大江歌罢掉头东，遂密群科济世穷，面壁十年图破壁，难酬蹈海亦英雄！——这是当代一位了不起的人物，几年前在面壁思索济世之途时，所表达的一种情怀。如今他……"

"他是谁？如今怎么样了？"一个女生急切地问道。

"如今他在广州参加领导一所军事学校，正在聚集和培养大批的人才，一场讨伐北洋军阀的伟大战争就要开始了！"怀远说着，从随身背着的书包中，取出了几本油印的刊物。

刊物的名称《共进》。刊物的宗旨处标明："提倡桑梓文化，改造陕西社会。"

"这是在北京求学的陕西籍学生们所办的刊物。他们也在思索和探寻'怎么办'的问题。"怀远将刊物分发给众人。

众人传看着，赞叹着。

怀远又拿出一本同样的刊物，递给众人。

"这是最新的一期刊物，大家看看，与前有什么不同。"

同样的刊名，同样的版式。"宗旨"处发生了变化，新的表述是："提倡文化，改造社会。"

"刊物表述宗旨，减少了几个字。"白学才首先发现了新旧刊物在宗旨表述上的变化。

众人恍然，纷纷拿着新旧刊物比较对照。

怀远望着大家，从容解释。

"宗旨表述的字数虽然减少了，但却说明视野胸怀更宽阔了、责任担当更自觉了。我们所要提倡的文化，并不仅仅是桑梓文化，而是民族文化、革命文化、现代文化。我们所要改造的社会，不仅是本地本省的社会，而是全中国的社会、整个人类的社会！——这些话，是贾明老师要我转告你们的。他是这份刊物的创办者和领导者之一。"

白学才反复品味着宗旨表述前后的变化，深有感触。

"这个表述改得好！字数少了，包含的内容却更宽更广更深更多了！"

"白校长，咱们二中也不能只盯着眼前小小的周原，还要看到外面的大千世界。当下，我们就可以往省城、往北京、往广州多输送一些学生嘛！"怀远鼓励地看着众人。

"刘老师，咱搭伴儿去广州吧？"一个男生跃跃欲试。

刘文章退缩着直摆手："我有家哩！我不离开周原。"

"难酬蹈海亦英雄……。刘老师，听说当年你也曾有过这样的豪言壮语。"一个女生仰慕地望着刘文章。

白学才给围听的学生做着介绍："当年咱们二中学生上街游行，反对小日本欺负咱中国的'二十一条'。刘老师在演讲中说，恨不能蹈东海而死，以一死而唤醒国人。当时就感动了不少人哩！"

刘文章却似有些羞愧地摆摆手："那是年轻不懂事，瞎张扬么！"

诗会结束，众人散去。

刘文章稍带惊恐地望望四周的夜色，手抚胸口说着："呀！天都黑成这了！我就怕黑哩！"

白学才不以为然地看了刘文章一眼。

"黑了不怕！天总会亮的！"

四、泥巴糊起来的"马槽"

山边姬氏家族墓园里，清冷静寂。

姬老太爷和崇仁一大早就赶到了孔氏的坟墓之前，清扫了墓地，并在碑前供台上布满了香烛及水果糕点之类的供品。

燃香的烟气袅袅上升。烧过的纸钱灰片随风卷起。

"你娘已经一个人在这儿躺了十年啦。刚才我对你娘说了，让她再等等，用不了多久，我就要去给她做伴儿了！"辞别坟墓时，姬老太爷一边流连地回头张望，一边与崇仁喃喃低语。

紧挨着孔氏坟墓之处，是老太爷为自己预留的墓位。老太爷墓位之后，还有一处预留的墓位。那是姬老太爷为他兄弟二老太爷姬秉忠准备的。

孔氏墓前供台处,有一大束初冬季节的野花。早在姬老太爷和崇仁到达之前,它就已经静静地摆放在那里了。

崇仁回头张望,语气迟疑地推测着。

"在我们之前,可能昨天就已经有人来过了。那一大把野花,会不会是……"

"是她。"姬老太爷看似平静却很肯定地作出了回答。

十年前的此日,孔氏走了,去了天上的极乐世界。

同样是十年前的此日,孟氏走了,去了山下的尼姑庵。

山下,圆觉庵内,尼姑们双腿盘坐着诵经。

人到中年的了空师太,心如古井般的神情,专注于口中的经文和手上捻动的念珠,其他的一切似乎都视而不见、听而不闻。

姬老太爷远远站着,遥望心无旁骛、闭目诵经的孟氏,似乎并不打算走近打扰。在他的眼中,了空依然还是孟氏。

崇仁在其父身旁,闭目合掌,默默祈祷。

了空师太身边的一个小尼姑,抬眼看到了姬老太爷凝视孟氏的专注而复杂的眼神。

小尼姑忍不住悄悄拽了拽了空师太的尼服下摆,小声通报情况。

"师太,那位施主,就是那个老汉,又来了!"

了空好似没有听见一样,但身子却是微微一抖。

姬老太爷静静伫立片刻后,默默转身离去。

"怕是此生最后一遭喽!"姬老太爷这句话,是对自己说的?是对崇仁说的?是对过去的孟氏说的?是对眼前的了空说的?谁也不知道。

了空依然专注诵经的身姿,但微微偏向了姬老太爷离去的方向。依然是端坐合掌闭目,但深深地弯腰俯首。这些有形无形的姿态和动作,都传达了了空的感谢与送别之意。

弯腰俯首的了空,慢慢地起腰抬头。依然是端坐合掌闭目,但紧闭的双眼之下,两行清泪缓缓流淌。

咫尺之间,关山难度。

姬老太爷及崇仁的背影，已遥不可及。

　　姬老太爷和崇仁催马驱车直奔姬氏庄园而去。

　　十年前那个难忘的雪后清晨，姬府遵照老太太孔氏的遗嘱："不管发生什么事，照样搬家，照样过新的日子。"其后十年间，姬老太爷再也没有踏入庄园一步。此番前来，在他潜意识中，是交代后事的意思。

　　除了三五个看家护院的家仆，整个姬氏庄园久无人住。

　　空荡荡的庭院，装满了姬老太爷说不尽的忆念和情思。同样是初冬时节，前院那棵大柿树上同样还残留着几个熟透了的未摘柿果。后院孔氏内宅处，似乎还会传出孔氏的咳嗽声响。那台西洋式梳妆镜，也许还置放在下院孟氏住屋的桌台上……

　　姬老太爷闭上眼睛、晃晃脑袋，努力收摄飘远了的神魄。他长叹了一声后，果断吩咐："去北园子！"

　　崇仁扶着老太爷，走进北园子。

　　老太爷放慢了脚步，充满感情地东张西望巡看着："咱们这城外的姬氏庄园和城里的姬家大院，从最初建造算起，已有三几百年的历史喽！"

　　崇仁亦是感慨不已："根据家谱中的记载，至少有十好几代的姬家老祖先都在这里苦心经营过啊！"

　　老太爷点点头，一番话语重心长，颇有交代后事的意味。

　　"一代传一代啊！这庄园和大院，还将经过我和你之手，传给下一代，下下一代。有些事情，家谱中没有记载，也不好记载。我就是想趁着今天咱爷儿俩单独在此的机会，交代几件事情的。"

　　在北园子马棚里，老太爷让崇仁去观察一个马槽。

　　那马槽造型颇有些奇特，遍体涂满了一层泥巴外壳。崇仁走近，大致一看，没有发现什么特别之处。

　　"你听听，这是什么声音？仔细听听！"老太爷有意加以提醒。

　　马吃草料的咀嚼声中，偶尔夹杂着一种特殊声响。

　　崇仁仔细倾听并观察着现场情况，终于发现：一匹马口中的衔铁并未摘下，吃草料时衔铁撞击马槽发出声响。

　　马槽的周遭均被干涸的泥巴所糊遮。崇仁疑惑地弯起手指，试着敲击马槽。马槽发出金属清脆的声响。

这马槽无疑是姬府先人们留下来的一个秘密。它是何时又是怎样进到姬府的，谁也说不清。姬老太爷年轻时，出于好奇，曾把它洗刷干净查看了一番。

"老天爷呀！竟然是件国宝！西周晚期的王室青铜盘，清晰可辨的铭文就有一百多个哩！"老太爷述说着当时的惊奇发现。

崇仁猜测分析着先人们的心态："如此珍贵的宝物，之所以涂满泥巴，当作马槽使用，也许是有眼不识金镶玉，也许是出于防备的意图。"

老太爷接着说明："防备谁哩？防备官府，防备土匪，防备盗贼，也防备咱姬府自家哪一代的不肖子孙！我也是作如此想，所以重新以泥巴对它做了伪装。"

崇仁长长叹气，无奈地说着自己的想法。

"如今这世道，青铜宝物显摆出来，难免会成为贪利之人的觊觎目标，还不如深藏地下，留待太平盛世的后人们去研究观赏。"

老太爷点头赞同，并对崇仁有所交代。

"说的是啊！自那天夜晚土匪来抢劫之后，我就把咱祖传的一些青铜宝物陆陆续续转移到了地下。蚂蚁的生存智慧嘛！那件'马槽'，你也可以照此办理。"

二人又来到了北园子边端的"天径"小院。这座僻静瘆人的小院里，停放着二十多具不同的棺材。

小院之所以起名"天径"，大约是指通往天堂之路的意思。人死之后，尸骨肉体只能随着棺木一同葬入地下。而脱离肉体的魂灵，总向往着驾鹤西去，飞向天上的极乐世界。有人上天堂，有人下地狱。上天之路不易，不是"通天大道"，只能是小"径"。

姬老太爷站在早已为自己选定了的棺材旁，轻轻拍打着棺身，语气中并无多少悲戚。

"这就是我将来在地下的住房啊！快要派上用场喽！"

"爹！"感到悲戚的是崇仁。他想制止这个话题。

老太爷达观地一挥手，然后又指向另一具形制木质完全一样的棺木："人嘛！都会有这一天的。这一具，是给你二叔预备的。不久之后，他也会落叶归根的。"

领着崇仁来到"天径"小院，并不是专意来看棺材的。老太爷忽然想起来此的本意，又恢复了刚才中断的思绪，继续对崇仁有所交代。

"咱们刚才说到了哪儿呐？噢！在咱庄园里，有不少不为人知的秘密。这处小小的偏僻院子，并不仅仅是停放了几副寿材！据老辈人传说，这里有个洞口，可以经过一条地下通道直通城里的姬家大院。洞口隐藏在哪儿，我不知道，但你二叔小时候好像发现过。"

崇仁颇感神奇但又理解地评论着："这大概是咱姬府先人们为防备非常事态而未雨绸缪、预做准备的吧？"

非常事态时的逃生之路，上天好生之德的援救路径，这或许是"天径"小院得名的另一层含义吧。

老太爷和崇仁由"天径"小院走出，行至北园子园林假山处，意外地遇见了怀远。

"你怎么到这儿来了？"崇仁很是奇怪。

"我来找你们啊！听我娘说，爷爷和爹要到庄园来，我就提前来这等你们了。好长时间没回来了，我也想到庄园里看看。"怀远看似淡然地回复着。

崇仁依然疑惑着，好像不明白怀远是怎么一下子就突然到了眼前。

怀远明白过来，指向密室的隐秘洞口处。

"那儿有一个我小时候玩捉迷藏的洞穴密室。当年咱家遭土匪的时候，我娘就是把我藏在这儿给保护起来了。旧地重游，顿生百感呐！"

崇仁还是不放心地追问着："跑这远的路，专意来找我们，是有啥重要的话要说吧？"

"是啊！"怀远严肃起来。

在前院那棵大柿树下的石几石凳处，爷孙三人坐下开始谈话。

怀远慷慨激昂地说起了事关国家命运的北伐战争。

"南军北伐？……北军的实力是不是要更强一些哩？"老太爷有些担忧地发出疑问。他是在为国家担忧，也是在为自己的儿子担忧。他深信：老二姬崇义一定就在南军中效力，一定会在北伐中征战沙场。

"南军有全国民众的支持，最终一定会打败北军的！"怀远的回答充满信心。

崇仁急切问道："北伐？对咱周原会有影响吗？"

怀远已是一副紧迫的口气。

"南方的国民革命军恐怕一时半会儿还打不到咱这儿来。北军的那个土匪师长曹拐子，马上就要进驻凤翔了。于大胡子的靖国军，有可能很快就同北军在周原开火交战。我急着来给爷爷和爹报告这个消息，是想着咱姬府有没有需要提前防备的事项。"

老太爷感到了深切的忧虑："兵匪一家！周原的老百姓更要遭殃喽！军阀混战，天下大乱。崇仁呐，府中的事要提前安顿好，早些做好应对乱世的准备。"

崇仁忧戚地沉思着："一旦在咱眼皮子底下开火交战，确保咱一门老少、阖府上下人等的安全是第一要务。药材庄和酒坊的生意要根据情况该停就停，该减就减。现在不是做生意赚钱的时候啊！"

五、倾诉与倾听

曹拐子率军进驻凤翔县城了。

一身戎装、脚穿马靴的曹拐子，耀武扬威地来到凤翔县府大堂。同样身着军装的苟师爷、一撮毛及几个随从簇拥在后。

曹拐子抬头将大堂东张西望扫视了一番，接着又用脚跟跺了跺地面。他对这个地点并不陌生。他就是当地人氏。多年之前，他因盗窃失手，被抓获后曾跪在此处堂下受审挨板子。如今，前度刘郎今又来，身份际遇却是大不相同了。

望着大堂正中公案后当年县太爷的座位处，曹拐子不禁有一种衣锦还乡、天上人间的飘飘然感觉。

"想不到哇，想不到！想不到我曹拐子还能有在凤翔县大堂蹭鼻子上脸的这一天！祖坟冒了烟咧！"

如同天下所有小人得志时的心态，他很享受这一刻。

"茅副官！"曹拐子威严地发出传呼。

一撮毛急忙跑至近前，以极不正规的立正姿势答复着曹拐子的召唤。

"在哩，在哩！我在哩！二当家……师座大人有何吩咐？"

曹拐子不满地看了一撮毛一眼，对其改不了口的旧称呼似想发火但又不想败兴，强忍着没有发作，而是下达了另外的命令。

"咱师部指挥所就设在这县署院内，把那狗屁县长撵到别处办差！"

"是！师座！"一撮毛应声回复。

苟师爷此时已官任曹拐子的参谋长。他闻听曹拐子把县长撵走的命令，连连摆手。

"用不着，用不着撵。这年头，县署又改叫县府了，县知事也改叫为县长了。可县长换得像走马灯似的。前任县长搂了笔钱跑毬了。这大半年来，县府就没人理事么，撵人撵谁去呀！"

曹拐子一听，有些着急。

"县府没人理事也麻烦呀，谁来给咱敛钱筹款呢？"

苟师爷一脸无可奈何的神情："县长在，也不顶啥。各项赋税早就收过了，连明年的份额也都给预收过咧！"

"那就加成再收！提前预收后年的！"曹拐子蛮横地叫嚷起来。

"怕是收不上来多少哟！这穷地方，有几家能交得起两三年后的赋税么！"苟师爷愁眉苦脸地表示为难。

曹拐子指着苟师爷的鼻子："参谋长！上峰要求咱就地自筹军饷，你总得给我想出点办法来！"

"不行咱就抢！抢大户！"苟师爷咬牙切齿。

"我说苟参谋长，你好赖也是在县署当过师爷的人么，咋比我这个土匪还要残火哩？现在抢大户，不是等于把乡绅们往南军那里撵么！"曹拐子对苟师爷的建议不以为然。

一撮毛又来卖弄地插嘴。

"就是的，就是的。现在抢大户，就是那个那个啥——为渊驱鱼么！"

曹拐子横了一撮毛一眼。

一撮毛赶紧识趣地缩回了脖子。

"我不是说不可以抢，是没到那个时候！"曹拐子似乎在点拨苟师爷。

匪患兵祸说来就来了。曹拐子率军进驻凤翔后，给当地民众带来了更多的苦难。姬府老爷姬崇仁也不得不收缩了各项经营的规模，以避免造成更大的损失。他想先和自家药材庄的田账房谈谈。

恒泰和药材庄是有上百年历史的老字号，药材营销地域不光是涵盖了整个周原，也包括省城和邻近几省。自崇仁接手经管之后，恒泰和又通过汉口分号，开辟和扩大了南方市场。现时情况的变化，逼得崇仁不得不另做考虑。

崇仁来到药材庄店面门外，伸头往里看了看。

姬老太爷正在为一个病人号脉。坐在候诊处的病人还有不少。

崇仁不欲打扰，径直去了后院。

后院是药材庄加工中草药的场所和储存药材的库房。田账房正领着几个伙计往马车上装载成麻袋成麻袋的药材。

崇仁进来后，也搭手帮着装车。

田账房谦恭地拦劝着，不让崇仁亲自动手。

马车装载完毕，驶离院落而去。

"田账房，这车药材是运往省城的吧？"崇仁拍拍手掌上沾染的渣末，望着马车的背影。

"是啊。世道不好，省城病人比以往更多，市面上药材经常就断顿了。"

"咱周原山中，黄芩、茵陈、柴胡、黄术等野生药材好几十种哩！田账房你勤安排着点儿，多往省城运送几趟。"

"姬老爷说得对！这人离乡贱，货离乡贵。药材到了省城，也能卖个好价。"

崇仁摇摇头，叹口气："咱不希图多赚几个昧心钱，还是按正常价格出售，能治病救人就好。再说你娃我娃都在省城读书，咱也等于是给自家人送药么！"

田账房钦服地点点头。

崇仁开始说起正事："兵荒马乱，交通阻断，咱恒泰和药材庄往南方运售的药材就暂时停止运送吧。田账房，你写信告知咱汉口分号王掌柜一声，他会谅解的。"

田账房连连点头："唉！真的也是不停不行啊！前几天的三车货，就是半道儿被拦阻，没法儿只好白跑一趟中途打转回来了。"

"还有一件事，必须抓紧处理。药材庄柜上不能存放过多的现款，宁肯买成药材放着。万一兵呀匪呀的来抢劫，他们只对现款感兴趣。"崇仁特意加重语气交代。

田账房一拍大腿，连声称是："对对对！这一条太重要了！我抓紧处理。"

崇仁想到了匪兵们会抢现款，却没有想到他们要抢的东西还有很多。就在崇仁与田账房谈话尚未结束之时，酒坊梁掌柜急匆匆寻了过来。

梁掌柜满头是汗，一见面就气愤而着急地诉说起来。

"那帮兵匪们，到了咱顺昌酒坊，二话不说，就把咱的酒一篓一篓往他们马车上抬，还尽挑窖藏的上等好酒，一般的酒还不要。一文大钱也没留下，端直就走了！这不是光天化日的公开抢劫么！咱酒坊往后咋办呀！"

崇仁想了想，果断地作出了决定。

"梁掌柜，你把咱窖藏的所有好酒，尽快运到省城杨老板那里，能运走多少就运走多少。"

梁掌柜连连点头，但又担心地提出问题。

"好！我马上联系车马。但只怕一时半会儿运不完呐！"

崇仁无奈地表示："剩下的也尽快卖光，哪怕价钱低一些，也总比白白让那些兵匪们糟蹋了强。另外，往后咱暂且不再专意酿造好酒了。只生产一些普通的低档酒，不要让农人们的需求断了顿就行。"

"对！眼下也只能这么办了。"梁掌柜思索一番，点头认可，匆匆离去。

田账房在一旁听着，也感觉到了情况的紧急："老爷刚才交代的事项，我这就赶紧去办呀！"说着就赶忙离去了。

崇仁孤零零一个人站在那里，眼神中充满了沮丧和迷茫。他的眼前，浮现出了两个完全不同的自己，说着完全不同的话语。

当年意气风发的崇仁：要把咱西凤烧酒卖到全天下！要让全天下人都知道、都爱喝、都能喝得上咱的西凤美酒！

刚才沮丧无奈的崇仁：剩下的窖藏好酒尽快卖光，哪怕价钱低一些！往后咱暂且不再专意酿造好酒了！

当年踌躇满志的崇仁：咱周原和秦岭所产药材甚多，要开辟新的销路。要争取在南方的药材市场上稳定地占有一席之地，甚至要发展出一些国外的客户！

刚才沮丧无奈的崇仁：咱恒泰和药材庄往南方运售的药材就暂时停止运送吧！

沉思中的崇仁，迷离而惘然。他不知道自己该干些什么，也不知道自己还能干些什么。强烈的受挫感和迷失感，促使他产生了倾诉的欲望。

倾诉，有时只是为了将心中的郁结块垒一吐为快，可以对天倾诉，可以对己倾诉，也可以对牛弹琴。但这并不是真正的倾诉，而只是一种倾泻。

真正的倾诉，需要有人倾听。"倾诉"从"倾听"那里，得到了理解和同情，得到了抚慰和劝导。

崇仁有幸。他有他睿智的老子，有他新潮的儿子，当然还有他开明的妻子。

崇仁的倾诉，有人倾听。

六、人活着该干些啥

崇仁情绪低落地走进药材庄店面，见父亲姬老太爷正在坐诊处开着药方，便找了个不起眼处默默坐下。

站立一旁等候拿取药方的一个老农，与另一候诊的老太太病友交谈。

老农叹息着诉说自己的不幸："这现在就要强行征收后年的赋税哩！我娃刚说了句这是哪家王法，就被兵狗子一枪托把腿给砸断了。幸亏姬老太爷把断骨给接上了。唉！还不知多少日子才能好哩！"

老太太似乎颇了解一些情况，劝慰着说道："姬府家传整骨八法：摸、接、端、提、推、拿、按、摩。姬老太爷亲自接骨，那是你娃的福气！保准好得快！"

姬老太爷将开好的药方递给老农，同时交代着医嘱："伤筋动骨一百天。叫你娃好好养着，不要着急。这是老朽自己配制的接骨丹和生肌散，回去后按药方上的说明服用就可以了。"

说着,老太爷又回头交代抓药的伙计:"这家人可怜,老规矩,药费免收。"

老农千恩万谢而去。老太太坐到了就诊处。

崇仁默默坐着,在自己颓唐迷茫的思绪中沉湎了许久。当他猛地清醒过来,这才发现药材庄里只剩下他与老太爷两个人了。

崇仁走到父亲身边,求助似地望着。

"爹,要不我也跟着你,每天到这儿坐堂问诊吧?"

老太爷不动声色地看了儿子一眼,故作淡然地说了一句玩笑话:"咋?想抢你爹的饭碗?"

崇仁满腹心事似乎又无从谈起:"最近我心里乱得很。人么!人活一口气,人活一张脸,人活一场梦!人到底为啥要活着?人活着该干些啥?"

"你为啥突然想起了这些问题?"老太爷关切而理解地问着。

崇仁内心的痛苦与迷茫尽在脸上。

"也不是突然。这些年来,想干的事,都没干成,没干好……"

姬老太爷心中忽然涌起一股心疼儿子的柔情。

"儿啊!你说的,也对也不对。这些年来,其实你也干成了不少事,不少事也干得很好。你娘活着的时候,我和你娘都为有你这样一个儿子而感到自豪。"

"可我这些年来,常常会被一种强烈的挫折感、失败感所困扰,人也会很沮丧。"崇仁袒露着自己的心迹。

老太爷沉吟了一会儿,娓娓而言。

"为什么会这样呢?一方面是因为你的目标太多,要求太高,很难全部实现。另一方面,更主要的是现在这个世道不好。许多好事善事,生不逢时,根本就不可能实现。"

崇仁从父亲的鼓励与开导中,得到了启发和力量。他思索着自言自语:"那我现在该干些什么呢?"

"现在该干些什么?很简单——回家吃饭!"

姬老太爷说着,站起身来。

崇仁和父亲一道回到姬家大院的时候,伊人已经准备好了晚餐的饭菜。

难得的是，这几日一直东忙西忙不着家的怀远，此时也早早候在了餐桌之旁。

这顿晚餐，餐桌上的气氛颇有些怪异。

怀远显得十分兴奋，说的话多，吃的也多。他"呼噜呼噜"喝完一碗豆花，擦着嘴巴上残留的渣痕，伸手又要了一碗，口中还不停地赞扬着。

"在省城的时候，我是天天想着娘做的饭菜味道啊！娘做的这豆花汤，比咱县城里有名的那家'豆花张'还要好喝哩！"

怀远的兴奋，是有原因的。他刚刚接到了组织上的通知，要他立刻返回省城，准备接受新的任务。省城形势发生了变化，国民军一方开始主导局势，国共合作有了新的发展，共产党人主持校务的中山军事学校正式成立。怀远的新任务，就是到中山军事学校担任教员。离家前夜的这最后一顿晚餐，怀远既充满了对新任务的急切热望，又深深感到了对家人的依依不舍。

怀远马上就又要离家的消息，家人此刻并不知晓。老太爷和崇仁、伊人默默吃着饭，各有各的心事。怀远早已放下了碗筷，几次张口，但又抑制住了即刻说话的冲动。他不想破坏家人进食时的气氛。

机灵的小怀真，已感知到了餐桌气氛的异常。她一边吃饭，一边不停地看看这个、看看那个，观察着众人的神情。

"今天吃饭怎么这么安静呢？谁也不说话。其实呀，我早就看出来了，爷爷、我爹、我娘、我哥，你们每个人今天都有话要说，对吧？"

全家人不约而同地放下了各自手中的碗筷，惊奇地望着怀真，好像真的都被她猜中了心事。

"我娘先说！"怀真好像一个裁判一样，直接发令了。

伊人马上就急切地接口发言："我早就憋不住了，我就想问问怀玉的情况。怀远回来后，一直没跟我详细谈过呢！"

怀远举手示意："我一会儿就说。现在还没轮到我发言呢！"

怀真转向老太爷，撒娇地提出了要求。

"爷爷呢？爷爷，不许赖，你肯定有话要说。"

老太爷被小孙女纠缠不过，连声答应。

"好，好！我说，我说。咱们都去堂屋，坐下来好好说吧！"

怀真欢呼着表示拥护，率先离开餐桌，跑向屋外。

堂屋内，灯烛已经燃起。

姬老太爷清咳嗓音后，开始了正式的谈话。

"今天，有人问了我一个问题。人到底为啥要活着，活着该干些啥？每个人都不一样么。同一个人的不同时候也不一样么。别人我不知道，我只说一个人。这人就是咱姬府的二老太爷，我的兄弟姬秉忠。他这些年来，就是死心塌地为他那个小皇上活着，活着就是为了服侍他的皇上。可是，现在变了！"

老太爷说着，站起身来，从案桌处翻找出了一封信函。待落座后，他又接着说了起来。

"二老太爷来信说，他可能不久就要回咱周原哩！为啥要回老家哩？因为他的那个皇上不甘寂寞，为了一己私利，打算投靠日本人呀！二老太爷信中说，他现在也不知道人到底为啥活着，活着该干些啥？反正他绝不可能为一个小日本的儿皇帝活着！"

怀远忍不住，大声发出赞叹："二爷爷虽然落伍了，落后于时代，但是有骨气！"

"我还没见过二爷爷呐！"怀真天真地表达着自己的遗憾。

崇仁笑着说道："别说你，连我也没见过。二老太爷自从去了北京，就没回来过。"

伊人则是又欣喜又着急。

"啥时候回来呀？我得赶紧做些准备。"

老太爷摇摇手："不忙！他没说准日子。"

崇仁心中有一个疑问，为什么二老太爷的来信中，对前去天津投靠他的老三姬崇德的情况只字未提？此时的崇仁当然还不知道，崇德在天津的行径已使二老太爷厌恶透顶。碍于情面，二老太爷实在不想在给其兄长的信中提及此事。天津的故事，当然后面会讲，此时暂且搁过。

老太爷说完二老太爷来信之事，怀远举手向怀真提出申请。

"现在是不是可以轮到我了？我答应要给你讲一个故事，但有个条件：这故事必须咱娘也一起听。"

伊人故作推辞："哄小娃的故事，也要娘陪绑一起听？"

405

"因为这故事有怀玉。"怀远说明。

伊人立刻全神贯注起来。崇仁和老太爷也神情专注地开始听讲。

"哥,快说,快说!"怀真急切地催促着。

怀远开始绘声绘色地讲起故事。

"从前,大唐太宗皇帝征战一生,曾经骑用过六匹战功卓著的骏马。他在为自己修建陵墓时,就让当时能工巧匠分别雕刻了这六匹骏马的石像,树立在昭陵阙下,以作纪念。"

崇仁点着头,表示确有其事:"有名的昭陵六骏么!"

怀真则因感到失望而大摇其头。

"我不听,我不听!我要听怀玉姐姐的故事!"

怀远安抚着妹妹:"你别急嘛,先往下听。"

伊人也示意怀真,要其安静往下听。

怀远继续讲述。

"这昭陵六骏雕刻得精美绝伦,件件都是国宝。一千多年来,石刻的六骏陪伴着它们的主人,一直安卧在昭陵阙下。可是十几年前,其中的两匹石马突然就不见了!"

怀真大感兴趣又颇为不解。

"石头雕刻的马,咋能跑了呢?"

"不是跑了,是被偷了!"怀远气愤地说着。"一个不法西洋人将两匹石马碎裂成块、装箱盗走。就是被当时的那个陆督军陆屠夫,与袁世凯的大公子合谋,偷运出了陕西。昭陵六骏中的这两件国宝,后来被倒卖到了美国!"

"咣当"一声,愤怒的姬老太爷将手中的茶碗砸向桌案:"这帮不要祖宗的家伙!"

崇仁与伊人感到十分震惊与愤慨。

怀远下面的话,使众人更为紧张。

"不久前,还就是那个得手的西洋人,又来咱陕西了。他勾结官府和当地的不法奸商,打算要向昭陵六骏中剩下的那四骏下手了!现在,怀玉就要在故事中出场了……"

七、离家前夜的坦白

昭陵六骏都有各自的名字。被盗卖至美国的二骏，名曰："飒露紫""拳毛䯄"。

修复成形的"飒露紫"与"拳毛䯄"，由美国费城博物馆收藏展出。它们的历史文化价值和石雕艺术价值，引起了世人的惊叹，也诱发了逐利之徒的觊觎之心。

那个盗取"飒露紫"与"拳毛䯄"得手而尝到甜头的西洋人，贼心不死，故技重施，又一次下了黑手，将六骏中剩余的"什伐赤""白蹄乌""特勒骠""青骓"四骏石雕碎裂成块装箱，准备盗运而走。

风声走漏出来，省城民众和青年学生群情激愤。

当时，十六七岁的怀玉尚是一名中学生，她和她的同学们决心行动起来，阻止恶行，保护国宝。

"可耻！盗卖文物，中饱私囊！我们莘莘学子绝不能袖手旁观！我们要保护好老祖宗留下的国宝！"怀玉紧握着拳头，神情激昂地向同学们动员讲演。

一个短发女生不停地点头表示赞同："怀玉，我家就住在昭陵附近，听说他们已用巨款收买了省府督军家的老太爷，当地官府睁一只眼闭一只眼，不敢管、不想管哩！"

"我们管！我们一定要管！是个中国人，就应该管！"怀玉坚定地表明态度。

"光靠我们几个学生娃，能阻拦得了他们吗？"有人感到担忧。

围观的学生越聚越多，都在倾听着怀玉的讲演。

怀玉神色坦然地说着："咋能光是咱几个学生娃哩？用我爹常说的话，人么！人同此心，心同此理！和我们有同样想法的人多着呢！大家记得吧？贾老师上课时说过：中国的事，必须发动民众、依靠民众才能办好！"

众学生纷纷点头。有人大声问着："怀玉！你说咱们该怎么办？"

怀玉对那位短发女生交代："你赶紧回家，找乡亲们问问情况，关键是要打探到他们盗运国宝的具体时间和路线。"

短发女生一边点头应承一边说着自己的推测。

"他们肯定是要走水路。据说那洋鬼子上次盗运得手就是走的这条道。"

怀玉对在场的几位男同学安排着："你们几个早些去草滩渭河码头。走水路，他们只能是在那儿上船。你们找找那里的船户，动员他们不要替贼运赃、为虎作伥！"

男学生们大声答应着："好！没问题！"

怀玉一面向人交代"通知报馆记者是你的事"，一面又向一个高个男生询问着："大个子！你哥不是在靖国军里当着个啥官吗？"

那个高个子男生自豪地挺挺胸脯。

在当地官府的庇护下，盗运石雕的几辆马车趁着夜色偷偷赶路，拂晓前赶至了草滩码头。码头上，只有一只停靠的木船。

"船老大！卸货装船！"马车上的押运人喊叫着。

"这运的是啥货？运到哪儿？"船老大由船舱里走出，上岸询问。

"啥货？普通石头块儿。运到哪儿？顺渭河，过潼关，出陕西，到河南。"押车人回答。彼时东来的火车只通到河南，陕西境内尚无铁路通行。

船老大已得到学生的通知，故认真地查问着："这远的路，运一些普通的石头块儿，值当吗？"

"你问那么多干啥？不少给你的船钱运费就行咧！"押车人不耐烦地抢白着。

船老大直接跳到马车上，欲打开车载木箱的盖板："我倒要看看，是啥金贵石头块儿！"

"别不识相！赶紧装船走人！小心给自己惹麻达！"押车人掏出枪来，恶狠狠地威胁着。

随行的其他几名押车人员也围了过来，气势汹汹一副打算动手的模样。

一声哨音响起。周围一下燃起了许多火把。

早已埋伏在此等候的怀玉等人，一起簇拥过来。

大个子男生领着一小队靖国军巡逻队也走了过来。

站在车上的船老大用力一掰，掀开了木箱的盖板。

木箱内，裂成数块、注有编号的骏马石雕。

记者的镁光灯对着木箱内的石雕残块不停闪亮。

"不关我事，不关我事！"刚才气势汹汹的押车人，一边用手遮挡着镁光灯的闪亮，一边龟缩着后退。

运载木箱的马车上，坐着一个一声不吭的乡村老太太装束之人。这时"她"趁乱溜下车来，打算偷偷逃离现场。

怀玉冲上前去，一把揪下了那人包裹头部的围巾。

一个狼狈不堪的西洋男人，暴露在众人面前，也给记者提供了拍摄的目标。

"不做贼，干吗这么心虚呢！"怀玉朗声讥刺。

天已大亮。

这几辆被人赃俱获的盗运国宝的马车，离开河边，走上大路，向省城方向驶去。

怀玉等众人紧跟在马车之后，好像是一支押送俘虏的得胜队伍。

……

怀远以讲故事的方式，向家人介绍了妹妹怀玉同民众一起保护国宝的事迹。

"就这样，昭陵六骏中的四骏总算是虎口脱险，现已安放在省城图书馆供人参观。迫于舆论的压力，那个督军大人也没敢咋样。"

怀真使劲拍着双手："怀玉姐姐了不起！"

姬老太爷深为怀玉感到骄傲，但同时又对怀真说着："这不是哪一个人了不起，而是你爹的那个话：人么！人同此心呐！"

崇仁和伊人沉浸在故事中，愈发引起了对怀玉的担忧和思念。

怀远长出了一口气，终于说出了那句很难出口的话。

"我又要离开家了。学校来信，要我赶紧回呀！明天一早我就得动身回省城了。还好，赶在我走之前，总算有机会把怀玉的故事讲过了。"

老太爷不免有所叮咛："当下乱世，你和怀玉在省城，远离父母，自己要多保重，少惹事，注意安全呐！"

"爷爷、爹、娘，你们放心！我们会注意的。不过，我们不仅要顾及个人的安危，还更要关注国家的安危、民族的安危。先国后家，精尽报国，这也

409

是爷爷和爹娘自小对我的教诲嘛！记得多年前，爹送了我一句话：人么！人有雄心当报国，胸怀壮志图救民！"

崇仁吃惊地望着怀远："那已经是十多年前的事了，你还能记得？当时我还觉得，一个不到十岁的小娃，咋能理解报国、救民的含义么？"

怀远充满感情地望着家人，说出了自己的肺腑之言。

"春风化雨，润物细无声。自小到大，耳濡目染。正是爷爷和我爹我娘为人处事的品行德操，为我们兄妹的成长，提供了最好的榜样和老师啊！"

崇仁颇为感慨地询问儿子："真是士别三日当刮目相看呐！你的这些报国救民的见识，是从哪儿得来的？"

"爹，我不是一个人，我们有很多很多同……同学，志同道合，愿意共同为国家的未来吃苦出力，甚至流血牺牲！"

听着儿子的回答，崇仁思索着，没有说话。他突然觉得，自己这代人办不成的事，也许在怀远这代人手里或许就能办成、办好了。

当晚，家人各自休息后，崇仁觉得意犹未尽，又去到儿子房间，打算彻夜长谈。

"爹，你今天好像也有话还没说呢。"怀远探询地望着父亲。

"怀远呐，你这次回来，见识学问、谈吐举止都大有长进，出乎爹的预料啊！怀真娃日前说了句实话——她哥比她爹强啊！现在看来，她姐也比她爹强啊！"崇仁深有感触地说着。

怀远笑着直摆手："这是怀真人小不懂事，说的娃娃话么！我自小就崇拜爹，还记得小时候我就说过，爹是赵子龙单枪救主、诸葛亮空城退敌呢！"

崇仁颇为感伤地摇着头："诸葛亮？爹没有诸葛亮足智多谋那本事，但却有他六出祁山的经历——次次都是全力以赴，回回都是无功而返呐！今天本想趁着你在家的机会，你爷、你娘也都在，我把这些年来心里的苦闷给倒一倒。"

屋外，伊人手捧着几件为怀远准备的衣物走来。欲进屋时，听到屋内的谈话。生怕有所打扰，又想继续听听，她索性就坐在了窗外的台阶上。

屋内的谈话在继续。

"你爹我生在周原，长在周原，喝的是周原的水，吃的是周原的粮。自小就想着要为周原干些好事、干些大事。这些年来，建学堂、疏东湖、禁大烟、卖烧酒……，也算是尽心尽力。但不知为什么，好事总是办不成。或是四处碰壁，半途而废；或是好心难成，事与愿违！"崇仁一副沉思苦闷的神情。

怀远理解而同情地看着父亲内心痛苦的样子，斟酌着安慰的话语。

"我觉得吧，爹完全不必过于苛求自责。人么！人在做，天在看。这些年来，爹实心诚意地为周原办了不少大事、好事。周围的乡亲们都看在眼里、挂在嘴上、记在了心间。爹自己应当无愧于心。至于六出祁山、次次无功而返嘛，说明事情并不完全取决于个人努力，也得有那个社会条件么！"

崇仁若有所思，若有所悟，若有所慰。

"下午和我老子谈了谈，晚间和我儿子说了说，一老一少的开导，让我的心思畅快不少。爹已想好了，现下啥事干不成，我就去钻研金石古文字呀！"

怀远笑了，轻松地开着玩笑。

"这既是一项专门学问，又是一种精神寄托。爹过去就有这方面的基础，现在再一钻研，说不准一下子就从姬老爷变成姬教授了！"

崇仁挥挥手，想撵走自己的灰暗情绪："好了，不说我这些让人心灰意冷的事了。你回省城后，给怀玉捎句话。这些年，爹做对了一件事，那就是答应让你们兄妹俩去省城读书。看看你们俩娃现在的眼界和志向，爹自愧不如啊！"

"当初没有我娘的支持，爹也不会轻易应许这件事的。我娘说过，当爹娘的，如果只想着把娃拴在家门口，不让跑，不让飞，娃就永远长不大，不会有出息的。"怀远回忆着当初的情景，心里充满了对母亲的感激之情。

崇仁叹息着："那是你娘她人前说硬话么！你们走后，她背地里不知淌了多少眼泪哩！"

怀远突然迟疑起来，但终于还是下决心开了口。

"爹！有件事我得跟你和我娘坦白哩！瞒着不说就走了，也许我会后悔的！我这次回省城，并不是返回学校读书，而是去当兵，去国民革命军中工作。这是我们……的决定，当然也更是我本人的愿望。"

怀远信任地望着父亲。他知道，不管是不是组织的人，父亲值得信任。

崇仁似乎小心翼翼而又带点儿崇敬的口吻。

"你是不是已经在什么……党了？"

怀远沉默无语，但他坚定的眼神似乎已经给出了肯定的答案。

崇仁信赖地望着儿子："爹不懂你们的事情，但爹相信你的选择！革故鼎新，周公东征么！"

怀远好像更加迟疑地不好开口。

"爹！怀玉她……怀玉比我更早就参加了国民革命军，现在正在省城的中山军事学校受训哩！"

崇仁大为震惊："啥？一个女娃，才十六七岁！你娘她咋可能应许么？"

伊人闯了进来，同时大声表示着反对的意见。

"我不应许！我不同意！怀远，明早娘要和你一起去省城，娘要找回我的怀玉娃呀！"

伊人一口气说完，眼泪哗哗流下。随之，一阵抽咽，哭出声来。

第十五章 周原再遭劫难

一、路途偶遇

得知怀玉这个十六七岁的女娃竟然"当兵吃粮"的消息,伊人一时很难接受,当下就决定次日随同怀远一起去省城,她要找回她的怀玉娃呀!

次日清晨。周原古道上。一辆早行的马车,缓缓而行。车内只坐着伊人一人。她满脸都是焦急、失落的神情,轻轻跺着双脚,好似要催促车马加速快行。

崇仁与怀远父子俩跟在车后步行,边走边谈。

"爹!你就送到这吧!"怀远停住脚步,心疼地拍拍崇仁长袍下摆所沾染的尘土。

崇仁摇头叹息着:"唉!要不是家里还有你爷和怀真娃,我也就跟着你娘一搭儿去了。"

怀远努力劝慰着:"我娘去了亲眼看一看,也许会改变主意的。爹,你就放心吧,我保证在省城把娘招呼好。……其实,怀玉她们那个军事学校的长官,爹你也认识。"

崇仁不以为然:"爹多少年都没有去过省城了,咋能认识哩?"

"中山军事学校副校长贾明,就是我奶奶娘家的那个孔启民么。他说咱家还是他的救命恩人哩!按说我和怀玉应该称他是表叔吧?"怀远给父亲解释。

未待崇仁说话,突然听到了几声枪响传来。

两人抬头望去,只见一辆马拉的大车在古道土路上奔驶。

大车上蒙盖着草帘。坐在车上的车主催促着车夫加快车速。车夫不时惊恐地回头探望。

车后,有几个大兵跑步追赶并发出威胁:"站住!再跑就开枪打死你咧!"

崇仁、怀远赶紧护住自家的马车,将车靠边停在一个安全处,以躲让土路上飞奔而来的大车及车后的追兵。

大车被士兵撵上,被迫停了下来。

"排长!你来看!"一个士兵喊叫着。

在法门寺兵祸风波中曾出现过的那个歪戴帽,此时已是曹拐子手下的排长了。他的军帽,依然还是歪戴着。

歪戴帽走至车前,将大车上蒙盖的草帘一把掀落。

草帘被掀落后,可以看到:满车装载的都是青铜古器。

"拉的啥货?专跑夜路,肯定不是啥好来路!"歪戴帽随手翻弄着大车上的青铜古器。

车夫刚想说话,被士兵一把推到一边。

车主由旁闪出。此人正是孟老板。

孟老板毕恭毕敬地解说着:"自家屋里堆放的一些青铜古物么,不值啥钱又占地方。本想拉到省城淘换几个零花钱。没想到城里学生娃们闹事哩,怕惹事咱连夜又给拉回来咧!"

说着,孟老板掏出一包香烟,给士兵们每人一支地散发着。"这是外国的洋纸烟,各位长官尝尝!"

歪戴帽接过香烟,并在孟老板殷勤点火时吸着了香烟。

"这一支烟就把我们打发啦?"在贪婪地猛吸一口并惬意地吐出烟气之后,歪戴帽才以不屑的口吻发问。

孟老板点头哈腰地赔着笑脸:"这不是还没淘换下钱么!"

歪戴帽手一挥，接着指向大车上的青铜古物："没钱没关系，把你车上的这玩意儿给弟兄们留下一个就行了。"

孟老板大为紧张，急忙拒绝。

"那可不敢！这都是替别人跑腿哩！少一个咋给东家交代嘛！"

歪戴帽顿时勃然大怒。

"你这狗东西，真是满嘴谎话！刚才还说自家屋里堆放的，不值啥钱又占地方。这会儿倒成了替别人跑腿哩！带走！"

"带到哪儿？"孟老板惊恐地发问。

歪戴帽蛮横地威胁着："带你去见我们师座曹大人！看他不扒下你的一层皮来！"

孟老板一听，松了口气："你们是曹拐子的手下？"

歪戴帽恫声呵斥："你胆子不小！敢直呼我们师长大人的外号！"

刚才点头哈腰的孟老板，一下子挺起了腰板，趾高气扬地将手一挥。

"我跟你们师长是老交情了。走，去会会曹拐……师长。"

刚才蛮横凶恶的歪戴帽，此时软蔫下来。他不知孟老板什么来路，但唯恐得罪了师座的什么亲朋好友。

"见着师座大人，先生要给弟兄们多美言几句噢！我们也是在执行公务么，刚才得罪之处……"

孟老板故作大度："好说，好说！大家都不容易么！"

歪戴帽殷勤地将孟老板扶上了车。两人坐在装载着青铜古器的大车上，有说有笑地驶离而去。

躲在一旁的崇仁和怀远，看到了这一幕。

怀远有些怀疑地看着远去的那辆大车。

"刚才那人不是孟……老板么？"

崇仁鄙夷地看着大车所去的方向："是他。过载店卖了，酿酒坊垮了，你爷爷看在已经出家的老姨太太的情面上，替他把欠农民的高粱钱还上了。可他依旧不学好，又抽又赌，听说最近又在倒卖青铜古物哩！"

"那一大车青铜古物可真不少，真是他自家屋里堆放的吗？"怀远一副不相信的口吻。

崇仁直截了当地揭穿了孟老板的谎言。

"怎么可能？就算孟家祖上留下了那么一件两件青铜宝物，也早就叫这个败家子踢踏光了，还会留到今天？"

怀远问道："那他的这些青铜器物是从哪儿来的呢？"

"肯定是从地下盗挖出来的么！咱周原的黄土之下，时常能挖出成窖成窖埋葬的周代青铜器。大约是周朝天下终了时，那些高官贵族急于逃亡，就将这些不便携带的青铜礼器成批地挖坑掩埋了。种种原因，他们后来未曾取出。这些窖藏的青铜古器，也就成了周原老先人们留给后代子孙的宝物了。"崇仁缓缓而谈。

怀远忧虑地说起："青铜器中有不少重要的国宝哩！我们老师说过，早些年咱周原出土过一个毛公鼎，上有铭文近五百个字，简直就是一个上古时期的历史教科书么！周原青铜器的历史文化价值，堪称国宝！护国宝，咱周原人家有着特殊的责任哩！"

崇仁点头称是："护国宝……，你爷也说过类似的话。"

"记得小时候，咱家在城外的庄园里，还摆放过一些青铜礼器，后来咋就不见了？"怀远随口问起。

崇仁以手指指着地下示意："蚂蚁的生存智慧……"

伊人从马车内挑开轿帘，催促尽快启行。

"还走不走咧？你爷儿俩昨晚谈了一宿的话，还没说够？我还急着要早点儿赶到省城去见怀玉娃哩！"

送别伊人和怀远之后，崇仁返回城里的姬家大院。

姬家大院门外，怀真与姬老太爷一起站立等候着。怀真紧紧揪着爷爷的衣服，望眼欲穿地引颈企望。

"爹！"远远看见崇仁走来的身影，怀真一下子松开了紧揪爷爷衣服的小手，欢蹦着向崇仁扑去。

怀真奔跑中一不小心摔倒在地。她挣扎着，欲从地上爬起。她的额头碰破，流出血来。

崇仁三步并作两步，急忙跑至跟前，抱起怀真，心疼地查看她的伤口。

老太爷也跌跌撞撞快步赶来查看。

崇仁将怀真抱回院内屋里，做过伤口的清理包扎后，让她躺卧在床休息。

怀真双手紧紧拽住父亲的一只手，好像生怕他会消失飞走一样。

"娘走了，我怕爹也走了！就一直拉着爷爷在大门外等你回来。"充满依恋神情的怀真，目不转睛地盯着父亲。

崇仁慈爱地看着小女儿："瓜娃呀！爹咋会舍得把你一个人丢在家里呢？你娘也是对你姐一人出门在外不放心才去看看么！"

"我长大了，不想出门在外，不想让你们为我担心。"小小的怀真，体会着父母对子女的担忧。她为父母的担忧而感到心疼。

"那咋可能么？"崇仁似乎对孩子的话不以为然。

怀真一脸认真的表情："咋不可能！孔子都说过，父母在不远游嘛！我就想守着娘和爹，哪儿都不去！"

崇仁笑了笑，反问怀真："孔子的后半句话呢？子曰：父母在，不远游，游必有方。就是说，该去的时候，该去的地方，还是要去的嘛！"

怀真则是一副更加认真的口气。

"那我就领着爹娘一起去！反正我死也要和爹娘在一块儿！——我说的是真话！"

崇仁突然感到一阵心酸，无语地更加贴近了怀真。怀真幸福安详地闭目睡去。

看着怀真睡去，崇仁轻轻走出门来，由外关上了房门。

还在门外等候的老太爷，即刻迎了上去，关切地问着："怀真娃怎么样了？"

"睡了。伤口没啥大事。"崇仁小声说着。

老太爷放心地点点头，随即说道："你去为怀远和她娘送行，咋去了那么长时间？怀真娃非要在门外等你回来不可。别看她小，就是个对爹娘、对亲情心重的娃。"

崇仁解释着送行时间长的原因。

"嗨！送到城外没多远，道上遇见了官军抓人哩！抓的就是那个孟……老板。"

"他又咋咧？倒霉事不断……"老太爷不无恻隐之心。

417

"人么！祸福无门，唯人自招。他拉了一马车青铜宝物要去省城变卖，遇见了护国宝的学生巡逻队，吓得刚进城就又连夜跑回周原，结果被巡查的官军抓走了。"崇仁的表情与口气，表明他认为孟老板不值得同情。

"盗卖国宝？那是他活该倒霉！唉！世风日下，人心不古。想着靠盗卖老祖宗宝物发财的人越来越多了。就怕官军也打这个主意啊！他们人多势众，破坏更甚！这又会是咱周原的一大劫难啊！"老太爷不无忧虑地说着。

姬老太爷的忧虑不幸而言中。周原的青铜文物真的遭受了一场极大的劫难。

二、耙耙子和匣匣子

凤翔县府衙门，现在成了曹拐子的师部指挥所。

曹拐子在里面的日子，也并不好过。他所投靠的那个省府督军自顾不暇，答应拨付的军饷迟迟没有动静。除了供养军队之外，他自身的开销也迅速增大。

自他"衣锦还乡"、坐镇县城之后，看着他的派头比从前的那些县令、县知事、县长老爷们还大，以往从不来往、甚至对他避之唯恐不及的七大姑八大姨们纷纷找上门来。有的借钱求济，有的谋官寻职。刚开始时，这使他感到很得意，仿佛自己无所不能。但很快他就认识到了，看似呼风唤雨、颐指气使的这份荣耀，实则是他不欲负担、也不堪负担的包袱。

"给上峰发报，再不拨些军饷过来，老子就不干了！还回老爷岭当土匪去呀！"曹拐子催讨军饷未果，焦头烂额地大发雷霆。

身边的参谋人员惊恐地唯唯受命而去。

"师座！"

一撮毛不知察言观色，不识趣地凑近曹拐子的身边。

曹拐子正欲迁怒，不问青红皂白地先责骂起来。

"看你那个怂样！一来就没好事！说！是不是又要用钱？"

一撮毛一根一根扳起手指头，历数起来。

"报告师座：二姨太来信说，她大舅下月过生日，需送贺礼。三姨太的姑奶奶前日过世，前来讨要丧仪费用的人，昨日就已经到了。四姨太派人来要钱，说是要购买换季的衣裳。五姨太随军跟在师座身边，生活苦闷，想花钱请三两个角儿来唱秦腔堂会……"

曹拐子听着仿佛头都要大了，挥挥手打断了一撮毛的汇报，直接下达了指令。

"不说了！不说了！旁的先不管，眼跟前伺候咱的五姨太不要得罪。唱堂会的事，先应承下来，哄哄她，但不要急着真办。明白吧？"

"明白！明白！"一撮毛连连点头。

"报告！"歪戴帽探头探脑地来到县府大堂前，规规矩矩地立正报告。

一撮毛摆头示意其近前报告。

歪戴帽上前几步后，再次立正，大声报告。

"报告师座，我们抓到一个拉私货的，他说他和师座是老交情了，想要会会师座哩！"

曹拐子正在气头上，不耐烦地挥挥手。

"什么老交情！老子在山上当土匪时，亲戚朋友一个个都躲得远远的。现在进城当了师长，整天都有什么自称的七大姑八大姨、好朋友、老交情找上门来。其实，八竿子打不着，老子一个也认不得！"

一撮毛讨好地随声附和："这就是那个那个啥——贫居闹市无人问、富在深山有远亲么！"

曹拐子瞅他一眼，点点头似表赞许。

一撮毛立刻显现出受宠若惊的得意神态。

曹拐子转身对歪戴帽下达命令。

"私货，没收了！人，先给老子关几天再说！"

"好嘞！是！"歪戴帽畅快地领命而去。

县府旁院，便是前清县衙遗留下来的一排牢房。此时，牢房沿用未废，使命依旧。

歪戴帽推推搡搡地将孟老板押至木栅栏的牢房前。

打开牢门后，歪戴帽一脚将孟老板踹进牢内。

"曹师长呢？我要见曹师长、我要见曹拐子！"孟老板扒着木栅栏，气急败坏地叫嚷着。

歪戴帽阴阳怪气地嘲弄着:"你认识曹师长?曹师长却认不得你!"

孟老板急了,扯着嗓门大声喊叫起来。

"曹师长!曹拐子!二当家的——!"

歪戴帽见状不免一惊,生怕喊声惊动了曹拐子,给自己惹出新的麻烦。他重新打开牢门,揪住孟老板前胸,狠狠挥去一拳:"喊!你敢再喊一声,小心老子要了你的命!"

孟老板手捂胸口,胆怯地退缩着,识时务地闭上了嘴巴。

其实,孟老板此时喊叫的嗓门再大,曹拐子也不会听到。曹拐子已离开了县府的师部指挥所,正在酒楼中花天酒地。

县城"群贤居"酒楼门前,并无进出的食客,唯有一名愁眉苦脸的酒楼伙计守在那里。

一群食客结伙而来,兴致勃勃地打算进入酒楼,却被那名伙计拦住。

"咋?今日关门歇业了?""不会是已经客满了吧?门前冷清得很么!"食客不满地询问着被禁止入内的原因。

酒楼伙计无奈地手指酒楼楼上二层处,苦着脸小声说明。

"那个曹师长在楼上有桌酒席哩!"

"他在他的楼上雅间享受,我们在我们的楼下散座吃喝,两不相扰么!"食客不解。

酒楼伙计心有余悸地倒着苦水:"那人每次一来,本店倒贴一桌酒席不算,还不准接待其他客人!本店的生意,只怕做不长久喽!"

"耍得派头倒大!再扎势,也不过就是个老爷岭的土匪老二么!"食客发着牢骚。

伙计吓得直摆手:"小声些!小声些!既知道他是土匪,何苦再去招惹他哩,不是给自己寻麻达吗?"

食客们摇头叹息,悻悻而去。

酒楼二层的雅间里,酒席虽然丰盛,但食客只有三人。曹拐子和他的五姨太,还有苟师爷。一撮毛尚无入席列座的资格,只能在旁站立伺候。

曹拐子对五姨太大手大脚花钱颇为不满,两手比画着发出教训之言。

"周原有句俗话：男人是个耙耙子，女人是个匣匣子。不怕耙耙没齿子，单怕匣匣没底子。男人用耙耙搂钱不易，女人也该把花钱的匣匣关紧些，不敢把钱财都漏光咧！"

打扮妖冶、说话嗲声嗲气的五姨太，不满地翻着白眼："只要你的耙耙能行，还怕我的匣匣没底？"

苟师爷急忙赔着笑脸，缓和气氛。

"五姨太要请人唱堂会的事，就包在苟某人身上。只是恐怕要推后几日。最近，因为筹集军饷之事，师座心情不太顺畅呐！"

五姨太向苟师爷抛着媚眼，娇声夸赞。

"哟！啥事能难住咱苟参谋长么！我家曹老爷就靠着你哩！"

苟师爷不免有些得意忘形，面露逞能之色。

"不敢！不敢！不敢谬承五姨太的夸赞呐！不过，我倒真是想出了个弄钱的好主意，正要向师座报告哩！"

曹拐子啃着鸡腿，似乎对苟师爷的主意并不抱多大希望，只是随口一问。

"你能有啥好主意，说说看吧。"

苟师爷站起身来，拿腔拿调地连说带比画。

"历史常有相似之事。当年师座先祖魏王曹公，也曾为军饷不足而犯愁。有一天，曹公心情不爽，登高望远，一座座汉代的皇陵历历在目。曹公茅塞顿开，心想这不是守着金山银海哭穷么？哪一座皇陵之下，不是一处宝物仓库呢？"

曹拐子越听越感兴趣，扔下手中的鸡腿，狠拍一下自己的大腿，连声叫好。

"对呀！咱老祖先也干过这行当么！现成的仓库，不挖白不挖！"

苟师爷余兴未了，继续说着。

"当时曹公手下兵多将广。因为发掘汉代诸皇陵的规模很大，所以专门委派了'发丘中郎将'和'摸金校尉'来经管此事。"

"啥？发丘中郎将？摸金校尉？"曹拐子似乎没有听懂。

苟师爷耐心解释："发丘，就是挖坟掘墓么。摸金，就是掏摸陵墓中的金银宝物么！"

五姨太端着酒杯，媚笑着给苟师爷敬酒。

"不挖白不挖！苟参谋长的主意就是高！"

曹拐子兴高采烈，兴奋得连饮了两盅酒。

端起第三盅酒时，曹拐子突然有所醒悟，情绪败坏地又将酒盅放回了桌面，扫兴而言。

"挖了也白挖！陕西的黄土埋皇上，汉唐帝王之陵多得数不过来，可惜大多都已被古人的摸金校尉搜寻偷摸过了，剩下的还能有啥油水！"

苟师爷不甘心地接口说道："白挖也要挖！瘦死的骆驼比马大！总是会有所收获的。"

曹拐子不屑地看了苟师爷一眼，问出一连串的问题。

"亏你还是参谋长哩！咱的地盘有多大？兵力有多少？难道你不知晓？哪一座汉唐皇陵在咱周原的地盘上？就咱这一点兵力，值不值当兴师动众，长途奔袭，耗费时日，去挖寻那瘦死的骆驼？"

苟师爷顿时哑口无言，垂头丧气地沉默下来。

曹拐子压倒了苟师爷刚才的狂傲自得的气焰，得意地笑了笑，亮出了自己的底牌。

"挖就不白挖！咱哪儿也不去！就在周原专挖青铜宝物！"

苟师爷似乎学聪明了，顺着曹拐子的话，立即随声附和。

"对呀！这就叫近水楼台先得月、兔子专吃窝边草么！"

一撮毛更是一脸兴奋地手舞足蹈开讲起来。

"师座英明！师座高见！青铜宝物就是咱的发家之源么！当初没有那个青铜尿罐，就不会淘换来那挺机关枪；没有那挺机关枪，咱就搞不过大当家的；搞不过大当家的，就不会有咱师座的今天么！这就是那个那个啥——"

没等一撮毛把话说完，曹拐子恼羞成怒，一声喝令。

"闭上你的臭嘴！话多得很！"

一撮毛赶紧缩紧脖子，以手掩口。

曹拐子断然下令："茅副官，通知牛团长，命令他全团兵力明日开始修筑工事。人手不足，就到附近村子去拉一些民夫。"

"修筑工事？刚才不是说要去挖青铜宝物么？"一撮毛显然不明白曹拐子

的用意，一副丈二和尚摸不着头脑的模样。

苟师爷心领神会地点拨着一撮毛。

"这是师座的高明之处哇！公开挖寻老祖宗留下的宝物，肯定会有人反对的。说是修筑工事，这就成了军事秘密，旁人谁敢言喘！"

曹拐子得意地狞笑着。

三、中山军事学校

在把控了省城局势之后，为了培养政治军事革命人才，国民军联军驻陕总部决定设立中山军事学校。由于国共合作的时代背景，中山军事学校的领导、教员及学员中有很多共产党员。政治部主任是一个小个子四川人，说话干脆利落，很有水平。学校的革命氛围十分浓厚，时有"西北之黄埔"的美称。

为了寻找女儿怀玉，伊人来到省城北院门。在那里，伊人很容易就看到了挂着"中山军事学校"校牌的军校大门。一名精神抖擞的哨兵持枪立正站在门岗处。手挽一个布包袱的伊人，面对陌生的军校，不免感到一丝好奇和畏怯。经过身旁随行的怀远一番交涉，持枪哨兵敬礼放行。

伊人和怀远进入校门，看到的是一派生气勃勃的景状。校园里道路平整，清洁卫生。四处墙壁上可见白灰刷写的、纸条张贴的各色标语："打倒列强""除灭军阀""立宏伟志向、做革命军人"，等等。

"娘，你先自己随意看看，我去校部报到，随后再来陪你。"怀远打过招呼后，向校部所在的一座两层小楼走去。

伊人独自一人在校园内目不暇接地到处张望着。

操场上，一队队身着军装的学员正进行队列操练。一个个英姿飒爽的年轻身影，严肃认真，充满了对未来的向往。女学员的队伍走过来了，伊人好奇而崇敬地看着。迎面而过的女学员队列中，出现了剪着齐耳短发的怀玉的面容。伊人一时激动起来。揉揉眼睛，伊人又向女学员队伍看去。队伍中并无怀玉其人。伊人发觉是自己认错了人，不禁一笑。

教室里，一张巨大的手绘简易地图悬挂在黑板前。一名教官手持教鞭，在地图上指指点点。地图上注有"中国""苏联"等国别标记。黑板上则有粉笔书写的大字:"联俄联共,扶助农工——孙中山。"教室里坐满了全神贯注、认真听讲的学员。伊人站在教室窗外,好奇而崇敬地看着。教室里听讲的学员中,仿佛出现了怀玉认真听讲的面容。伊人不敢相信地看着,揉揉眼睛再去学员座位处寻找。并无怀玉其人。伊人确认又是自己认错人,不好意思地再次苦笑。

一阵歌声传来。

伊人定睛看去。

校园内的小树林旁,一群学员正在齐唱那个时代的流行歌曲。"打倒列强,打倒列强!除军阀,除军阀!努力国民革命,努力国民革命!齐奋斗,齐奋斗!工农学兵,工农学兵,大联合,大联合!打倒帝国主义……"伊人依然是好奇而崇敬地看着,好像又在唱歌的学员中看到了怀玉的面容。但这次她自己也不敢相信了,闭上眼睛,不敢睁眼辨认。

"娘!娘——"突然,一声兴奋的呼喊,从伊人身后传来。

一身军装、剪着短发、正是伊人想象中模样的怀玉,从后跑来,一把紧紧拥抱住了伊人。"娘!你怎么来了?"

女学员宿舍里,几张简单的上下两层架子床。排列整齐的洗漱用具。床铺上,简洁的被褥。色调、样式、位置非常统一。

伊人稍有些局促地坐在宿舍中的长桌边,好奇而关注地看着女学员宿舍中的布设。

怀玉手持一个搪瓷茶杯为母亲递上了开水。

桌边围坐的几个女兵叽叽喳喳,其中就有怀玉当年保护昭陵六骏时的那个中学同学、家住昭陵附近的短发女生。

"怀玉,你娘长得真漂亮!你看你的鼻子,和你娘一模一样!"短发女生一边来回观察比较着伊人与怀玉的长相,一边发表着评论。

伊人幸福而又有些不好意思地笑着。

"真羡慕你呀!怀玉!那么大老远,你娘还专程来看你!"众女兵一副羡慕嫉妒的口吻。

伊人好像突然才想起,连忙打开随身带的那个布包袱,从里往外掏出柿饼、红枣，搁在桌子上，请众女兵品尝。

众女兵也不客气，一拥而上，你一把我一把地大口吃了起来。

伊人目不转睛地盯着怀玉，不时上下打量一番。

怀玉洋溢着发自内心的喜悦，故意打趣。

"娘，你看我们宿舍这几个女兵，一个比一个好看。就是我，是不是越长越丑了？"

伊人一听，颇为紧张，使劲儿盯着怀玉看了又看，然后又挨个看着众女兵的长相。终于是一副放心、自信的神情，好像觉得自己的女儿当然是最棒的。

女学员队的队长，年纪比怀玉等人稍大。她与众女兵们关系极为融洽，也时常一起打打闹闹、开开玩笑。此时，她一边吃着柿饼，一边故作严肃地扮作媒人开玩笑。

"怀玉她娘，就在这宿舍里的女兵中，给你挑一个儿媳妇，咋相？"

怀玉不禁一笑，手指着队长："大嘴巴！嘴上也没个把门的！看把我娘给吓着了。"

怀玉接着转身对伊人解释。

"我哥前一向儿给我们学员作了一个讲座，这几位一下子就成了他的崇拜者。现在好了，我哥也成了咱中山军事学校的人了。也真有人惦记着想做我嫂子了。"

"你哥也参加了你们的这个学员队？"伊人不禁马上发问。

短发女生抢着回答："人家是教官！新调来的校部参谋！"

门外传来男人咳嗽示意声。

已经换穿了一身军装的怀远，站在宿舍门口。他的身后，则是同样身着军装的贾明。

女兵宿舍里顿时安静下来。

除了伊人还不知所以地坐着之外，其余所有女兵一个个全部起身立正，并大声招呼着："贾副校长好！""姬教官好！"

随后，众女兵一个一个地溜出门去，从贾明、怀远身边经过时，还各自举手行着军礼。

425

"大嘴巴"队长临走前，顺手抓了一把大红枣。经过门口时，她趁无人注意，将红枣悄悄塞进了贾明的衣兜里。

宿舍里，只剩下坐着的伊人和站立着的怀玉。

门口处的贾明与怀远走进宿舍。

伊人此行的唯一目的，就是要"找回我的怀玉娃呀！"现在就是一个合适的时机和场合。只有怀远、怀玉和贾明在场。贾明既是军校的领导，又是姬府的亲戚。她可以尽情表达珍爱女儿怀玉的强烈情感，她可以恳请贾明的理解通融，她可以用母亲的名义强拉着怀玉返回周原……。她说了些什么，做了些什么呢？

半个多世纪后，那位在北京担任要职的老奶奶，回到省城北院门中山军事学校遗址凭吊怀旧时，曾对她的孙女说起了这一幕。孙女问道："奶奶，如果当时你娘非要让你从军校退学、非要让你返回周原，你会怎么办？"奶奶诚实地回答："如果当时我娘非要……为了我娘，我也许会……。不会！不会有这种如果！我娘懂得先国后家的道理，也懂得女儿的心、尊重女儿自己的人生道路选择。我娘说，你们忙你们的正事吧，我回呀！她只在省城吃了一碗羊肉泡馍后，就独自返回周原了。"奶奶在讲述这段往事时，她的花白头发上依然别着那个凤凰展翅的发卡。

四、孩子长大了

伊人在中山军事学校第一次见到了贾明。贾明之前去周原时，伊人尚未嫁入姬府。不过，孔启民的名字伊人并不陌生，姬家人时常提起。

人到中年、身穿军装的贾明，显得睿智沉稳，已是一个更加成熟老练的革命者。

"很多年前，我曾对表哥说过一句话，周原是天下的周原，天下是包含着周原的天下。在周原生活做事，但眼界不要只盯着周原，还要看到外面的广阔世界。"贾明陪着伊人，穿过军校的操场，边走边谈。怀远、怀玉跟在他们身后。

伊人感佩地点着头，表示着赞同之意："怀远他爹一直记着这话哩！对娃们、对我,也几次提说过。"

贾明抬头仰望蓝天。高高的蓝天上,恰有几只雄鹰展翅盘旋着翱翔。

贾明收回眼光,继续说着:"如今娃们大了,该到了让他们凤凰展翅的时候了。飞出周原,飞上蓝天,这既是孩子们的人生理想,也是咱民族的需要、国家的需要么!"

伊人不由得微微点头。

贾明停下脚步,语气十分诚恳。

"怀远、怀玉都是有志向有抱负有作为的好娃!他们小时候的情况,我都清楚。你们教育得好哇!我表哥,我姑父,特别是表嫂你!"

伊人有些惶惑地喃喃逊让着。

贾明转身对怀远、怀玉交代:"好好招呼你娘。我还有事,就不陪你们了。噢,我已经替你俩请过假了,放心去吧!"

贾明挥手向伊人告别。

伊人躬身回礼。怀远、怀玉举手行着军礼。

出了军校大门向南,就是省城鼓楼后的一条街,那里是各种特色小吃的会聚之地。

怀远、怀玉在省城有名的"老孙家羊肉泡馍馆"招待母亲。

炉头上,滚沸的羊肉汤热气腾腾,里面翻滚着大块的羊肉及骨架。炉头小灶眼上,师傅手持勺锅一碗一碗操作着泡馍的烩制。

伊人母子三人围坐在食桌前,边掰馍边说话。

羊肉泡馍讲究的是食客自己动手掰馍。将一块半生不熟的烙饼,手工掰成一粒一粒黄豆般大小的馍块,然后加入煮熟的羊肉及羊肉汤逐碗烹制而成。

伊人率先完成了掰馍的过程。她拍拍手上沾着的馍渣,伸手从怀中往外掏着什么。

怀玉已换成一身便装,头上戴着那只凤凰展翅形状的发卡。

"娘就是手巧,掰馍也是掰得又快又细法!"怀玉爱恋的目光,不时停留在伊人身上。

说着,怀玉也结束了掰馍的程序。

伊人从怀中掏出的是一封信函。她将信函递给怀玉。

"这是怀真听说娘要来看你，人都已经睡下了，又爬起来，连夜给你写了封信。写的啥，我也没顾得上看。"

"呀！我妹都会写信啦？"怀玉惊喜地接过信函。

伊人点点头："已经能认、会写千把字哩！"

怀玉慌忙地从信封中掏出信来，急切地看着。

尚在继续掰馍的怀远，在一旁伸长了脖子，但仍无法看到信件的内容，只好着急地催问着怀玉。

"怀真妹妹信上都写了些啥？"

怀玉一边认真看信，一边念出声来。

"姐，我想你了……。我做梦都梦见你好几回了。梦中的你，剪了短发，挺好看的。姐，我知道你和我哥都是想在天上飞的人。你们就放心地飞，使劲儿地飞吧！家里还有我呐！我会陪着咱爹咱娘和爷爷的。"

怀玉手持信纸，不胜感慨。

"这个小妹，说起话来，倒像是我姐哩！"

怀远调皮地对伊人一笑。

"娘！小妹都已经批准我俩放飞了，你还有什么不放心的！"

伊人苦笑一下，略一思索，突然说道。

"你们忙你们的正事吧，我回呀！"

"羊肉泡馍来咧！"伙计手捧托盘，三碗热气腾腾的泡馍端了上来。

待伙计退下，怀远接过刚才伊人的话，爽快地说着。

"好！我和怀玉陪娘在省城玩两天，娘就回。"

伊人摇摇头："不哩！吃罢这碗羊肉泡馍，娘就直接动身回周原了。"

怀玉撒娇地拉过伊人的胳膊："娘！我想多陪陪你么！"

伊人慈爱地抚摸着怀玉的头发，看到了那只凤凰展翅的发卡。

"这发卡，你还戴着呀？"

怀玉眼中立时充溢着对儿时的追忆。

"娘……，这是娘送给我的。除了穿军装的时候有禁令之外，我就一直戴着它哩！"

伊人的心中，即刻感受到了一股柔情。

"怀玉娃呀，你小时候为了保护这发卡，曾经栽进了湖里，差一点儿连小命也丢了哩！"

怀玉似乎感知到了更为浓烈的柔情。

"娘……！这辈子我咋就遇见了一个这么好的娘呢？"

怀远望着母亲和妹妹，心中也充满了感慨。

"怀玉啊，那一次遇险，娘为了救你，不仅自己冒着生命危险，大病一场，而且怀的身孕也……。这些都是我们长大后才知道的。"

怀玉默默点着头，不自觉地向母亲身边靠紧，依偎在了伊人的怀里。

伊人理解而关爱地看着怀远、怀玉。她想起了第一次遇见怀玉时的情景：小怀玉扑扇着两只胳膊，做出小鸟飞翔状：我想要长着两只翅膀，像凤凰一样，飞到很远很远的地方去！她想起了婆母孔氏临终前的交代：总想把娃拴在自己眼皮底下，娃咋能走得远，飞得高么！她想起了崇仁由衷的感叹：这些年做对了一件事，就是答应让你们兄妹俩去省城读书，看看你们俩娃现在的眼界和志向，爹自愧不如啊！她想起了刚才贾明说过的话：该到了让他们凤凰展翅的时候了，飞出周原、飞上蓝天，这既是孩子们的人生理想，也是咱民族的需要、国家的需要！

伊人不无遗憾地长叹了一口气，收回自己跑远了的思绪。

"是啊！不知不觉你们就长大了。长大了就有长大了要走的路。娘急着要回，是不想耽误你们的正事。再说家里你爹、你爷、还有怀真，娘也放心不下呀！不过……"

伊人扭头看看怀远，想起了在女兵宿舍里的谈话，便以认真的口吻对怀玉说起。

"真要是那个大嘴巴女子做儿媳妇，怕是不大合适，年纪有些偏大……"

怀远莫名其妙。

怀玉笑得弯了腰："娘！那是开玩笑哩！我哥还没有那个福气。那女子姓白，是我们女兵队队长，已经结过婚啦！人家那夫妻俩，郎才女貌，志同道合，恩爱得不得了！以后你就会知道了。"

伊人回到周原后，未进家门，直接去到恒泰和药材庄，向崇仁和姬老太爷详细介绍了她在省城的见闻和感受。伊人表示：虽然心疼恋依怀远、怀玉俩娃，尤其是舍不得尚未完全成年的小怀玉，但娃们走的是正道，又是他们自己发自内心的人生选择，咱做父母老人的不该拦阻。

姬老太爷微微点头，满脸认可的表情，当着伊人的面提出了表扬。

"伊人说得好、做得对！崇仁呐，你媳妇识大体、明事理，这样的好女人不多啊！"

伊人对公爹的当面赞扬很不好意思，连忙逊谢不已。

崇仁由衷地表达着对父母的感谢之情："这都得感谢爹和我娘当年在我不知情时为我做的主啊！"

"怀远、怀玉跟着启民，走的肯定是正道。不过，那条道啊，恐怕不好走。风雨雷电，艰难险阻，那是免不了的！"老太爷颇有感触。

崇仁附和同意："是啊！启民这次在省城也对伊人说了，他自己就曾多次遭遇风险。其中有一回，还是多亏了爹的出手相救么！"

老太爷明知故问地突然提起一个话头。

"那个孔启民，为啥改名换姓叫了个贾明呢？"

崇仁以揣测的口吻回答："大约是参加了革命党，怕连累了家人，一人做事一人当，省得旁人顺藤扯蔓。"

姬老太爷强烈地点头表示肯定："就是的！我想你二弟可能也是这种情况。恐怕现在的大号已不叫姬崇义了！唉！自从你上回去南方见着他之后，又有十来年不知道他的消息了。没有他的确切消息，我是死不瞑目啊！到地下见着你娘，我咋给她解说哩？"

崇仁神情坚定地安慰父亲："爹！你放心！我一定会打探到我二弟确切的新消息。"

老太爷说着说着，好像突然又想起了什么，从躺椅上爬起身来，就往外走。

"爹，你要去哪儿？"崇仁一时莫名其妙，连忙追问。

"今儿出门来药材庄时，怀真娃要我给她买本地理书哩！我都差点儿忘了！答应娃的事，就不能哄娃！我得赶紧去书店寻寻呀！"老太爷一边回头说着，一边匆匆向外走去。

崇仁苦笑着对伊人摇摇头，发出感慨。

"唉！刚说着儿子，又想起了孙女。天下的老人呐！"

五、摸金团副

曹拐子在老爷岭当土匪时，积攒了不少抢来的珠宝。他把这些"战利品"私藏在一个酱色木匣中。当了师长之后，木匣中的存货不断增多。

这天曹拐子又在往木匣中增存物件时，五姨太悄悄凑至近旁，贪馋地看着。她轻轻拽拽曹拐子的衣袖，露出撒娇乞讨的神情。

曹拐子在五姨太的屁股蛋上拧了一把，随手从木匣中拿出一串珍珠项链扔给了五姨太。

五姨太接过项链，依然心有不甘，贪得无厌地望着匣中的其他物件。

曹拐子不满地斜睨着五姨太："看什么看！这些都是抢来的筹集来的军饷！没有军饷，谁给咱卖命？没人卖命，咱吃啥喝啥？"

五姨太悻悻然离开木匣处，一边走一边抱怨起来。

"老爷，你不是答应给我请一个堂会么！咋一直也不见个动静？"

曹拐子小心翼翼地将那个酱色木匣关紧匣盖，收放在一个隐秘之处。看看似乎觉得所放之处不妥，又换了个地方将木匣藏起。他的注意力都在木匣上，没有听清五姨太的问话。

"你刚才说的是啥？"

五姨太不满地一翻白眼："堂会啥时候唱哩？"

"噢，是这事。苟参谋长正在操办着哩。"曹拐子挥挥手，应付着打哈哈。

五姨太似乎不太相信："那个姓苟的，这两天一直忙着修啥工事哩，心就没往堂会的事上放么！"

正说话间，苟师爷咳嗽一声后，进入房内。

"师座，修筑工事进展不顺，兴师动众了好几天，啥也没见着。"苟师爷垂头丧气地报告。

"走！去看看！"曹拐子一听，焦躁起来，拿起桌上放着的军帽就往外走。

五姨太还想拉住苟师爷说说堂会的事，但看到曹拐子正在气头上的样子，知趣地掩口退身。

一撮毛正在县府旁院有事，听说曹拐子要去"修筑工事"的现场视察，也想跟着去看看热闹。但尚未及动身，却先碰见了一个曾经相识之人。此人便是孟老板。

孟老板被歪戴帽强塞进木栅栏牢房后，一直无人理睬。谁也不知道他为什么被抓，谁也不知道他将要在此关押多久。

孟老板百无聊赖又无奈其何地坐在牢房一角的地下，眼巴巴地望着木栅栏外的世界。忽然，孟老板好似终于有所发现，一骨碌爬起身来，扑向木栅栏处，"喂！喂！"地高声喊叫着。他看到了一撮毛的身影。他既不知道一撮毛的正式姓名，也不知道其此时的官职称呼，更不敢直呼"一撮毛"的绰号，只能"喂喂"地喊叫着。一撮毛当然不知道这"喂喂"是在呼唤自己，当然也就不会有任何反应。

老天爷帮了孟老板一把。一撮毛从牢房外不远处经过时，一个踉跄。低头一看，原来是一只鞋带松脱，自己踩着了自己的鞋带。一撮毛自嘲地做个鬼脸，停步蹲下收拾自己的鞋带。

孟老板高呼"喂喂"没有效果，急中生智，脱下脚上穿的一只鞋，从木栅栏的间隙处向外扔去。

蹲在地下系鞋带的一撮毛，被突然扔来的一只鞋所惊到。他愣了一愣，抬头四处查看，终于看到了木栅栏里急得直摆手喊叫的孟老板。

"修筑工事"也就是盗挖青铜古物的现场，一面坡地被挖得千疮百孔。一个又一个向下深挖的土坑，土坑旁则是一个又一个的土堆。

众多士兵和民夫无精打采地各自挖掘着。不少士兵三三两两地聚在一起抽烟、闲诨、偷懒。忽然传来有人低声的通报："师长来了！"众人迅即散开，做出卖力挖掘的样子。

曹拐子骂骂咧咧地走着，不时停下脚步，探头看看盗掘所挖出的深坑。苟师爷愁眉苦脸跟在其身后。

一处深坑旁的堆土处，歪戴帽正在偷懒睡觉，丝毫没有察觉有人到来。

曹拐子见此情景，大为恼火，一脚将歪戴帽踢醒。

"妈的！谁呀？"歪戴帽被踢醒后，恼怒地跳起身来，正待发作，却发现是曹拐子，立即畏缩着换了副嘴脸。

"把你们牛团长叫来!"曹拐子无暇计较,喝令一声后,便又去查看其他盗坑了。

曹拐子爬到坡地高处,居高临下地俯看着盗掘的场面。场面虽然壮观,投入的人力虽然甚多,但终无所获。曹拐子丧气地圪蹴下来。

苟师爷也已是一筹莫展,弯腰俯身嘬嘬嚅嚅地解释着。

"事前专门请了阴阳先生来看过风水,说是这块坡地下肯定有宝物,谁知道……"

两人的身后有人插话:"这就不是阴阳先生能看的事!"插话的人,就是孟老板。

曹拐子站起身,转过脸。

一撮毛领着孟老板站在对面。

曹拐子看着孟老板,似曾相识又不敢认定。

"师座,你忘了咱那挺机关枪是咋来的吗?"一撮毛在旁提醒。

曹拐子一拍大腿,认出了故人。

"嗨!这是我的福星嘛!没有他,尿罐咋能变成机关枪哩!"

苟师爷则对孟老板刚才的话语大感兴趣,刨根问底地询问起来。

"你刚才说,这事不该找阴阳先生,那该找谁哩?"

孟老板拍拍自己的胸脯,大言不惭地自我推荐:"眼下就该找我!"

"找你?"曹拐子与苟师爷不约而同地惊疑盯着孟老板。

工地处。歪戴帽领着牛团长向坡顶处走来。

"着急慌忙地把我找来,师长没说有啥事?"牛团长颇有些不耐烦地问着。他正在工地帐篷里打麻将,眼看就要和牌了,却传来了师长传令召见的信息。这使他很不爽。

歪戴帽一边殷勤地扶着牛团长,一边似乎是好意地提醒着。

"团座,脚下小心着点儿!坑坑洼洼不好走哩!——工地上没有挖出东西么!曹师长火大得很,逮着谁就跟谁发火哩!团座你也小心着点儿。"

"挖不出东西,那也赖不着咱么!"牛团长不以为然地翻翻白眼,似乎并不把曹拐子放在眼里。

歪戴帽在曹拐子手里吃过好几次苦头,趁机在老长官面前倒倒苦水:

"唉！人在屋檐下，岂能不低头。牛团长，咱这些弟兄都是跟着你来的，是人家眼里的外来户么！不像那个茅副官，人家是跟着曹师长从老爷岭一道下山的嫡系铁杆儿么！"

牛团长阴沉着脸，没有说话。

坡顶上。一撮毛手舞足蹈地比画着，向曹拐子表功。

"师座，是我把他给寻着带来的。我已经给他说咧，咱修筑工事是假，实则是挖寻地下的宝物么！他说这事咋不找他？对他来说，这就是那个那个啥——轻车熟路么！"

曹拐子闻言大喜，拍着孟老板的肩头。

"好啊！真是我的福星！你咋不早几天来哩！"

孟老板一副酸溜溜的口吻："我倒是早几天就来咧！不是被你关押在牢房里了吗？"

"我不知道这事啊！"曹拐子大感意外。

孟老板索性说明："就连我早先挖出的那五六件宝物不是也被你没收了吗？"

曹拐子挠挠头皮，一副丈二和尚摸不着头脑的神情。

孟老板好像突然发现了证人，手指向不远处："你问他！"

歪戴帽和牛团长已经来到坡顶。

身材肥胖的牛团长已是汗流满面，气喘吁吁。

歪戴帽连扶带拉服侍牛团长十分殷勤。他头上的军帽戴得更歪了。

抬头看见孟老板，歪戴帽先是一愣，心里不免发虚。

"是咋回事情？老实说！"曹拐子瞪着眼睛，两手叉腰，大声喝问。

歪戴帽一时紧张，嘴里吭吭哧哧说不清。

曹拐子大怒："先不说别的！没收的宝物现在在哪里？"

歪戴帽自知抵赖不过，扑通一声跪了下来。

"我只私藏了一件，其余的都在马厩草棚里堆着哩！"

曹拐子一脚将歪戴帽踹翻在地，嘴里还骂骂咧咧着。

"好你个狗怂！竟敢私吞缴获的战利品，按军法就该枪毙了你！"

"师长饶命！牛团长，救我一命吧！"歪戴帽吓白了脸，失声求饶。

牛团长不满地"吭"了一声。

曹拐子斜看了牛团长一眼，改了口风。

"看在你多年跟随牛团长的份上，饶你一回。不过，你的排长是当不成了，去烧火做饭当伙夫吧！"

歪戴帽就地磕了一个响头之后，拾起掉落在地的破旧军帽，歪扣在脑袋上，一溜烟儿跑走了。

苟师爷凑至近前，明知故问："牛团长，这几日收获如何啊？"

牛团长不满地瞟了苟师爷一眼，话里带话地抢白着。

"也不知是哪个瞎了眼的寻下的这鬼地方，漫无目标地挖地三尺，不，挖地九尺，除了黄土，还是黄土。"

曹拐子安抚地拍拍牛团长的肩膀。

"牛团长，消消火。从今儿起，本师长给你委派个团副，摸金团副，干这事儿他是轻车熟路。来来来！孟团副，过来见过牛团长！"

"团副？"孟老板一下子惊喜过望，似乎不知所措。

牛团长见状，不满地发出讥刺之语。

"咋？嫌团副官小？还想直接当上团长？"

"不！不！不！既然师长大人如此抬举，我也就实话实说了。有人欠了我的赌债还不起，就告诉了我曾经发现过宝物的地点。我去那里试着挖了一下，果然大有收获！"孟老板亮出了底牌。

"在哪里？"曹拐子立刻发问。

"在哪里？"苟师爷与牛团长也几乎同时急不可耐地发问。

孟老板长喘一口气后，轻轻说出三个字。

"金家沟。"

"金家沟？……传令部队，转移阵地！"曹拐子不假思索下达了命令。

六、金家沟

金家沟之所以名为"金"家沟，并不是因为那儿的住户人家姓金，而是由于此处多出"金"而得名。金家沟的老住户多姓余，系秦穆公重臣由余的后世子孙。此处亦原称余家沟。

秦穆公在位时，重用各方人才。由余由晋国经戎地进入秦国，官拜上卿。在足智多谋的由余帮助下，秦穆公兼国十二，开地千里，成就了一番霸业。感恩图报的秦穆公称由余为"圣人"，并在由余死后，罢朝三日，为其造墓四座。为了纪念先祖，由余的后人拆其名为姓，一支姓了由，一支姓了余。由余本姓姬，乃周武王之后，老根儿也是周原人氏。

金家沟一带，曾是由余后人余氏的采邑之地。那里有一道自塬坡半腰开始的鸿沟。沟西沟东曾是上古时期重要的民居地和墓葬区。每逢暴雨来临，由于雨水的冲刷剥蚀，时有古器物在沟沿断崖的土壁上偶露峥嵘。古时"铜""金"不分，故余氏人家常有"金器"斩获。

秦穆公死后四百年，时当秦王嬴政也就是后来的秦始皇在位，秦国的国都已由雍城迁往了咸阳。由余的一位余氏后人，在其余家沟采邑内发现了一座制作精美的"金器"，实则是一尊西周时期的青铜簋。簋中刻有一百多字的铭文。铭文记载了一位将军自述的打败戎敌的胜利战果，将军将此次作战胜利的原因归功于其先母亡灵的护佑。为纪念其母，故作此簋，"子子孙孙永宝用"。这件珍惜母子之情、感恩母亲之德的"金器"，后由由余的这个余氏后人献给了秦王嬴政，派上了大的用场。因为当时嬴政正与其母闹着别扭。

秦王嬴政年幼即位，国政大权由相国吕不韦把持。嬴政的生母太后赵姬，嬖爱宠臣嫪毐，并与吕不韦通谋。二十二岁那年，嬴政由当时的秦都咸阳返回周原雍城，祭祀宗庙，拜谒先祖，并隆重举行了标志自己亲政的加冕佩剑之礼。千古一帝的政治生涯，由此正式开幕。

亲自执掌国政之后，秦王嬴政就在雍城的蕲年宫里，亲自指挥，平息了嫪毐盗用太后印信发动的兵变叛乱，不久又罢免驱逐了擅权的相国吕不韦。嫪毐被抓获后，处以车裂肢解之刑。盛怒之下，嬴政将太后与嫪毐的两个私生子、亦即自己的同母异父之弟，活活摔死在雍城宫殿的石阶上，并下令将太后永远囚禁在雍城不得擅自离开。

嬴政返回国都咸阳之后，多有大臣劝谏此事，希望修复母子之情，将太后接回咸阳。嬴政余怒未消，下令：胆敢为太后之事进谏者，一律推出斩首。据史所载，先后有二十七位秦国大臣为此而陈尸于宫门阙下。第二十八位勇敢进谏者，乃是来自齐国的使者。这位使者只说了几句话，便自愿伏首请死。"大王如此残酷暴虐，连生身亲母尚且不容，如何能收服天下人心呢？秦国不是有志于天下吗？"秦王嬴政当然"以天下为事"，否则他就不会成为后来雄才大略的秦始皇了。他亲自扶起并奖赏了这位不怕死且又懂得如何抓住要害进谏的使者。后来，秦王嬴政亲自赶着马车，将母亲太后由雍城接回了咸阳。

据传说中的故事，在秦王嬴政转变心意的过程中，曾收到了有人从雍城进献来的一尊青铜古簋。簋中铭文表达了一位获胜将军对其母亲的怀念感恩之情。进献古簋的那个由余的余氏后人，向秦王嬴政进言：此件古簋埋藏于地下已有千百年之久，此时重现天日，难道不是上天有所训戒垂示吗？簋中铭文表明，尊母爱母，不仅是人之常情，也是天之正道。尊母爱母，方能得到民心所向和上天护佑。将军的战事取胜之道，与君王的兼并天下之道，岂不有相通之处！秦王嬴政闻听此言，沉吟良久，细观铭文，自然会浮想联翩。嬴政亲自赶着马车去接太后时，又把那尊古簋带回了周原雍城，将其安置在了蕲年宫的殿堂之上。有好事者言，此乃：祖宗雍州金地，黄土宝藏金簋，秦王适逢金人，有幸得闻金言。疑者或问"金人"何意？好事者在"余"字下加画一横，即成"金"字："余氏之一言，无乃金玉良言乎？"疑者大悟：难怪余家沟变成了金家沟。

如同其他许多青铜古物一样，不知何年何月、何人何故，那尊古簋又被重新埋入了周原的黄土之下。直到有一天，一位东湖船夫在古饮凤池畔偶然发现了一个铸有双耳的"铁疙瘩"，不明此系何物，就便用来拴系缆绳。直到又有一天，这件青铜古物摆放到了姬府老爷姬崇仁书房的案桌上。

书房案桌上，摆放着那尊由东湖湖畔挖出的青铜簋。崇仁伏在案桌边，时而观赏察看着器物的外形，时而探看查究着簋中的铭文，时而回到书桌前提笔照猫画虎地摹写着上古金文，时而翻阅查对案头摊放的资料。

忽然有所发现、有所醒悟，崇仁欣喜若狂，兴奋地以拳击掌。

姬府老太爷姬秉礼走了进来。

崇仁难掩兴奋之情地迎上前去："爹！我又弄清了铭文中的几个字！整篇铭文也许用不了多久就可以通读下来了！"

崇仁高兴得像个孩子。看着崇仁兴奋的神情，老太爷满意地点着头加以鼓励。

"眼下懂得上古金石文字的人，越来越少了。你的基础不错，只要肯下功夫刻苦钻研，一定会有很大长进的。"

崇仁拱拳向父亲致谢，难得地开着玩笑。

"感谢爹的鼓励！怀远也说过，只要我坚持钻研，就不准哪一天就能变成姬教授哩！"

老太爷无奈地长叹口气："乱世则避。如今时局越来越乱，你能躲开外面的是是非非，集中精力钻研金石学问，未尝不是一件好事啊！"

崇仁有了新的追求和志向，那种沮丧、茫然的心绪似有好转。

"爹，我是这样想的。全国发现西周青铜器最多的地方，就是咱周原。身为周原人，也应当在青铜器研究方面说得起话么！"

老太爷赞赏地拍拍儿子肩头，但紧接着又是一声长叹。他指着案桌上摆放的那尊青铜古簋，向崇仁发出提问。

"崇仁呐，你注意观察那古簋器物造型的特点了吗？那上面有多少凤凰在盘旋着哩！一看就是咱周原老先人的崇尚习惯么！"

姬老太爷对于青铜古物并不外行。这尊西周青铜簋，自在姬府书房放置后，他已观摩揣研多时，颇有一些自己的研究心得。

诚如老太爷所言，这尊古簋的造型极富特色。整体外观，庄严秀丽，超凡脱俗，充分体现了古代工匠的巧妙构思和精细雕琢。尤其是在顶盖、器身及簋耳处，均装饰有高雅的花冠凤鸟的图形，突出反映了周人、周原自古相传的凤凰情结。

"同样是周原子孙，同样是凤凰传人，崇仁你发愤钻研，要当青铜器研究的教授哩！再看那曹拐子，却在大肆盗挖老祖先埋藏在地下的青铜宝物！听说那孟老板，助纣为虐，为虎作伥……"老太爷不胜感慨与愤怒。

崇仁眼中刚才泛起的兴奋神采又黯淡起来。

"是啊！眼下的当务之急，恐怕还不是如何研究青铜器，而是应当如何保护好青铜国宝啊！"

看看眼前的这尊古簋，崇仁颇为不舍地说着："待我再试着研读几日，完事后还是把它埋回地下，留给太平年月的周原有缘后人吧。"

姬家父子俩说话的工夫，金家沟正在遭难。

已身穿军装、荣任摸金团副的孟老板，带着牛团长及全团人马直扑金家沟而去。沿沟的几处小山村，惯常的幽静安宁被彻底打破，四处是鸡飞狗跳的动静。

曹拐子的人马将沿沟地带包围封锁起来。大规模的盗掘行动开始了。

周原地下埋藏的历史文物，遭受了一场重大的劫难。

七、尻子的功劳

孟老板荣任团副，"摸金"立功心切，整日钻在金家沟的挖掘现场上蹿下跳。

山沟处，已挖出了好几个大坑。孟老板神气十足地对士兵们指指点点，指示着挖掘的朝向。

一处大坑旁，孟老板似乎有所发现，伸手阻止了士兵们的挖掘行动。

孟老板直接跳进了一人多深的坑内，仔细观察一番，一无所获，无奈地大摇其头。在士兵们的拉拽下，他爬出了坑外。

拍拍手掌上黏着的泥土，孟老板抓耳挠腮，满脸失望。他焦急地看看四周，信步向他处走去。

大坑旁的士兵们，在其身后做着嘲笑的鬼脸。

山沟工地一角，三块石头支起了一口大锅。锅内冒出鼎沸的蒸汽。

歪戴帽满面烟尘，正在锅前灶下添柴烧火。

孟老板情绪不佳地由此路过。

看见孟老板过来，歪戴帽讨好地迎上前去。

"团副大人！昨日拉土累死了一头毛驴，锅里正煮着哩！味道香得很！我把驴腿腱子肉给团副大人留着！"

孟老板不屑地看其一眼，手一挥，以鄙夷的口气挖苦着。

"当初狗眼看人低！如今咋相？早知今日，何必当初！"

孟老板的那"手一挥"，差点儿扇到歪戴帽的脸上。

歪戴帽本能地向后躲避着，不料脚下一绊，摔了个仰面朝天。

就在倒地后的一瞬间，他仿佛感到了一阵剧烈的疼痛，于是又迅即跳将起来。

歪戴帽回头看去，其臀部一侧的裤子被戳裂了一个大口子，并不算很白的屁股露出了大半个，鲜血正由此处往外流出。

歪戴帽一边掩揉着屁股，一边查看地面。

地面上有一小块突出物。突出物附近，是一小滩新鲜的血迹。

"他娘的！人倒霉了喝凉水都硌牙！"歪戴帽气恼地骂着，为了泄愤抬脚用力向那块突出物踢去。

随着"噢哟"一声，歪戴帽疼得收回了脚，显然是踢着了硬物。

歪戴帽狼狈不堪地弯下腰来，一手捂着屁股部位的伤口，一手用握着的烧火棍下探着伸向脚趾部。

"慢！慢！别动！"孟老板突然连声呼喊，并向前伸出了手臂。

歪戴帽误以为孟老板要来搀扶自己，大有受宠若惊之感，连忙做出辞谢谦让的姿态。

谁知孟老板对其理都不理，而是惊喜地扑向了地面上的那块突出物。

孟老板干脆一屁股坐在地面上，直接用手刨挖着那块突出物四周的泥土。

地面上的那块突出物——一个青铜构件的尖刺，在阳光的照耀下闪着光亮。

"见宝喽！挖到宝物喽！"孟老板近乎失控地狂喜大叫着。

歪戴帽一时没有反应过来，还愣在那里揉屁股。

孟老板走了过去，轻浮地伸手拍拍歪戴帽露出的半拉不算太白的光屁股，兴奋得口不择言。

"我真想趴在你这有福的尻子上亲一口！你的尻子因公负伤立功咧！本团副宣布：自今日起，你的排长官复原职！"

歪戴帽显然没有料到这意外之喜，一下子便将手中的烧火棍扔向远处。

"谢团副恩典！"歪戴帽本想立正敬礼，却"哎哟"一声捂住屁股疼得弯下了腰。

工地挖出宝物的消息，很快就报到了师部指挥所。

曹拐子大白天在内室搂着五姨太乱啃乱摸胡骚情。两人兴起，五姨太娇

440

声呻唤，曹拐子气喘如牛。方要入港，门外传来咳嗽声。

曹拐子扫兴地停止了动作，凝神一听。

苟师爷在门外连声咳嗽着，示意紧急情况。

曹拐子稍稍喘了口气，推开了搂在怀中半裸的五姨太，示意她赶紧整理衣衫。

"进来吧！一个劲地咳嗽啥哩！"曹拐子一边提起自己的裤子，一边向屋外发话。

"祝贺师座，祝贺师座！"苟师爷满面春风，进门就向曹拐子贺喜。

曹拐子因其好事被搅扰，不免觉得败兴。他冷眼看着苟师爷，不冷不热地问道："祝贺啥事嘛？有啥好消息？"

苟师爷喜滋滋地报告着："好消息！好消息呀好消息！孟团副派人来报告，挖到一处青铜宝物的窖藏，已经出土了一二十件，估计还有不少。看样子是老鼠拖木锨——大头在后面哩！"

曹拐子大喜，笑逐颜开，得意地开口说道。

"我就说这家伙是我的福星吧！"

苟师爷偷偷瞄了衣衫不整的五姨太一眼。看着她轻薄内衣里硕大颤动的乳房，苟师爷悄悄吞咽了几口涎水，讨好地报告。

"五姨太想请堂会的事，也有了着落。有个省城的戏班就要来周原了，我这就抓紧去安排安排。"

五姨太一听，喜上眉梢。她一扭一扭走到苟师爷身边，轻佻地用手指在其身上一戳，嗲声地开了口。

"好我的苟参谋长哩！这回可不敢光卖嘴，要咥实活哩！"

"一定！一定！"苟师爷连忙应承。

曹拐子见苟师爷对自己使眼色，便会意地走到一边。苟师爷趋近低声报告："有紧急军情！"

两人到了师部指挥所，单独密谈。

苟师爷神情颇为紧张地开始报告。

"师座，省城形势有变。刘督军早被撵跑，冯总司令和于大胡子的国民军联军已控制了省城及附近区域。据可靠情报，联军打算近期就要向周原一带发兵进剿了。师座，咱们该如何是好呢？"

曹拐子倒不甚紧张，好像早已想好了后路。

"慌什么？一时半会儿他们还顾不上咱这荒僻小县，凤翔的城墙也足以让咱能抵挡一阵子。再说，咱为啥打仗？为钱么！刘督军都跑毬咧，咱还为谁卖命？有奶便是娘！只要联军给咱发军饷，让咱继续当师长、参谋长，咱就全军投降、接受改编么！"

"当今这乱世，师座看得透啊！"苟师爷仿佛茅塞顿开。

曹拐子皱着眉头摆摆手，又对苟师爷有所交代。

"我看得透，不顶啥。关键是要看天意！参谋长，你安排一下，过两天咱去道观抽个签，看看老天爷对此战的前景是啥个说法。不过嘛，眼下的当务之急，就是抓紧时间，赶紧多挖出一些地下的青铜宝物，早些换成枪支子弹和大洋现款。有钱有枪，咱还怕谁哩？"

苟师爷连连点头，但又面露难色："师座说得对呀！只是现在弟兄们已经连着干了好多天，人疲马乏，士气不振呐！"

"是得想些办法，你就看我的吧！我有我的高招！"曹拐子颇为自信。

第十六章　西府秦腔

一、秦腔艺人孙先生

军阀土匪曹拐子在境内大肆盗掘窃取青铜宝物的消息风传出来，周原乡民极为愤慨却无力阻挡。

为了防备兵匪的觊觎之心，姬府老爷姬崇仁将府中收藏的青铜古物分别埋入了不同的地点。几十年后的考古工作者，曾在周原发现过几处成批埋藏的青铜古物。这些文物并非初始藏埋的状态，而是经过了后人的清理，具有明显的后期二次藏埋的特征。何人何时何故埋藏的呢？许多人就会联想起当年的姬府老爷姬崇仁。

府中的青铜古物埋入了地下，崇仁对上古金文的研究不得不中断。"失业"了的崇仁，选择了新的生活内容，每日随同老太爷坐堂问诊。

恒泰和药材庄的店面内，原先只有一处的接诊处，变成了两处。

姬老太爷姬秉礼和姬老爷姬崇仁各坐一处，各自接待着病人，分别为就医者把脉开方。

此时，就诊的病人相继离去。店内一时清静下来。老太爷拿起崇仁桌上的医案和处方，带有审查意味地翻看了一遍。看过之后，老太爷满意地频频点头，将医案和处方放回了原处。

崇仁抬起头来，以目光询问着父亲。

"崇仁呐，论起医家的望、闻、问、切，你也是自幼传习，颇有自己的心得体会。就一般疾病的诊治而言，你的水平并不在你爹之下。咱姬家祖上相传下来的秘方和医术，以骨科见长。这项专长，也该薪火相传、有人继承呐！"老太爷倒背双手，在店内来回踱步，向崇仁指点着。

崇仁提出建议："爹，我突然有了个想法。咱药材庄的诊所，可不可以多招几个学徒，趁着爹的精力还旺健，言传身教，培养上几年工夫，或许咱姬家祖上传下来的骨科专长还能后继有人，不致失传。"

老太爷叹息着摇摇头："这要在太平年月，当然是桩好事。只要能够救死扶伤，造福乡里，咱的祖传秘方和独门医术完全没有必要藏着掖着，可以公开，可以传授。但现在，恐怕还不是时候啊！"

"除了骨科之外，我看咱祖上传下的医案和方子，还涉及不少其他内容哩！"崇仁对自家的传统医术叹为观止。

老太爷加重语气地强调了一个重点。

"崇仁呐，咱祖上还有一些专门对付瘟疫流行的方子，你可千万要多多留意研习啊！瘟疫一来，可是不得了的事啊，要死很多人哩！"

崇仁点头赞同："爹说得是！咱周原已经多年没有发生大的瘟疫了。如果掉以轻心，对此不学无术，一旦有事时，可就当下抓瞎、束手无策了。"

父子俩正在讨论家传医学的传承问题时，店面内走进了一位衣着讲究、神情文雅的求诊者。

"哪位是郎中先生？"求诊者客气地询问。

老太爷朝崇仁点点头，示意由他接诊。

崇仁请来人就座后，关切问道："这位先生哪里不舒服？"

求诊者无言地指指自己的咽喉处。

崇仁示意来人张大嘴巴，自己凑近认真观察了一番，然后说道："稍有红肿，并无大碍。"

求诊者苦笑了一下，无奈说着："唉！虽无大碍，小碍也不美气啊！咱就是靠这个吃饭的嘛！"

崇仁不禁好奇地发问："先生是……"

求诊者不好意思地自我介绍了一番。

"鄙人姓孙，是个唱秦腔的艺人戏子。我们戏班过几日要从省城来此地演出。本人祖籍周原，唱的也是西府桄桄调秦腔。"

"亲不亲，故乡人。原来孙先生还是咱周原乡党么！"崇仁一下子觉得与孙先生亲近起来。

孙先生解释了病因。

"在下自幼漂泊他乡，这次为了返乡拜谒周公庙，特意比戏班同仁早来了几天。不料贪吃豆花汤、臊子面，多搁了些油泼辣子……"

崇仁理解地笑了，轻松地说道："上火了么！好办，好办，只要……"

话未说完，孙先生苦笑着将崇仁话头打断。

"不好办，不好办！丸药和汤药在下均不想服用，不知是否还有其他疗法？"

崇仁想了一想，热心介绍起来。

"孙先生，本庄有一剂自制的'喉风散'，将药面儿吹敷至咽喉处，即可收到清热解毒、消肿止痛的效果。"

孙先生闻言大喜，十分中意这种吹敷疗法。

"好啊！好啊！如此方便，再好不过！"

听着孙先生与崇仁的对话，姬老太爷忍不住走了过来。

老太爷拱手向孙先生致礼："孙先生，见礼了！老朽也是一个秦腔戏迷。听嗓音，孙先生大约是唱须生的吧？"

孙先生一边站立起身拱手回礼，一边答复着姬老太爷的问题。

"老先生眼力神奇，一看一个准。在下正是唱须生的。"

对于秦腔，姬老太爷不仅是个铁杆戏迷，更还是个行家里手。他有板有眼地对孙先生说道："西府的秦腔，唱腔粗犷，气势豪壮。讲究的是火而不爆，沉而不散。没有一副好嗓子，真是不行！就是孙先生刚才那话，虽无大碍，小碍也不美气啊！本庄特制的喉风散，会对你的嗓子有好处的。"

孙先生仿佛喜遇知音一般，面露钦佩喜悦的笑容，拱手相邀。

"这位老先生一听就是个秦腔行家！我们戏班来此演出时，请您老一定到场指教！"

时隔数日，店内恰无就诊的病人，崇仁和老太爷来到药材庄后院，查看药材的加工和储藏情况。

老太爷到了后院，便靠在躺椅上歇息晒太阳，似乎已是"退居二线"的模样。

药材庄的几名伙计，正在院内切割、晾晒药材。崇仁一边搭手干活儿，一边检查着伙计的干活质量，不时上前指教几句或做做示范。

"老爷，前店来了问诊的病人！"前店伙计前来通报。

崇仁朝躺椅上的老太爷点点头示意，自己去了前店。

在店面候诊处坐着的正是前几日来过的秦腔艺人孙先生。

崇仁一见，连忙打着招呼，并关切地询问他的病情。

"是孙先生啊！怎么样，那喉风散用着见效了吗？"

孙先生一副愁眉苦脸的模样，似乎不悦地说着。

"十分见效！见效很快！"

崇仁看着孙先生的表情，听着话中的口气，有些疑惑不解。

"看孙先生愁眉苦脸的，我还以为咽喉疼痛又加重了哩！"

"我倒情愿病情加重，干脆哑了，唱不成戏了，才好哩！"孙先生恨恨地说着气话。

崇仁好心而关切地询问："这是咋咧？遇到啥事了？"

"原本想回到家乡，亮出嗓子，为爱秦腔、懂秦腔的周原乡亲们尽兴地吼几声。唱的人，听的人，都过过瘾。谁知道……"

孙先生气愤地一时说不下去，摆摆手，吐出口气，然后继续说了起来。

"来了个姓苟的参谋长，逼迫我们班主取消了原定的演出计划，强征戏班去做什么'劳军'演出。演出的戏目还挑剔得很！只让演曹操的戏，还不能把曹操演成反角儿！"

崇仁不屑地对孙先生说明着此中的缘由。

"那是因为他们师长姓曹，奉曹操为其先祖哩！"

孙先生恍然大悟。

"难怪哩!《捉放曹》,曹操心狠手辣,滥杀无辜,曹操太狠毒,不让演!《蒋干盗书》,曹操计谋被周瑜识破,反被其用,曹操太愚蠢,不让演!《火烧赤壁》,曹操百万大军被吴蜀联军所败,曹操太倒霉,不让演!你说,啥能演么?"

姬老太爷恰好返回店面,刚刚进门,就听到了孙先生的上述话语。他立在门口,哑然失笑。

"最后让演的戏目,是哪一出呀?"老太爷好笑、好奇、又好气地问着。

孙先生趋至门口处,拱手作揖:"老先生,在下是专程前来登门道歉的。"

店内接待处,老太爷、崇仁和孙先生分宾主而坐。伙计奉上热茶。孙先生诉说着自己的委屈、愤慨以及对姬老太爷的歉意。

"在下本想班门弄斧,在老先生面前粉墨登场,吼几嗓子秦腔,恭请方家指教。可现在……,劳军专场演出,百姓不许入场啊!没有爱戏、懂戏的戏迷捧场,你说这戏还唱得有啥劲儿么?"

姬老太爷忿忿不平地说着:"我已经听说了,他们的露天戏台,就搭在盗挖祖先宝物的金家沟工地上!曹拐子咋敢让老百姓进去么!"

看着孙先生失落无奈的神情,姬老太爷说起了鼓励的话语。

"虽然不能坐在戏台近处欣赏孙先生的扮相,但坐在曹拐子封锁线外的山沟高处,还是能够远远看到戏台,唱腔也能听得一清二楚。难道他们还能把天下爱听秦腔的老百姓们的耳朵全都堵上不成?孙先生,你就好好唱你的,我们都去山沟上为你捧场叫好!"

孙先生拱手致谢,若有所思,轻声问道:"谢谢老先生的鼓励!那个姓曹的师长,就是此地百姓都在咒骂的那个曹拐子?"

"原先就是一个土匪!投靠省城的军阀之后,摇身一变成为官军。欺压良善百姓,强征超额田赋,贩卖鸦片烟土,盗挖祖先宝物……,老百姓咋能不恨他、不骂他么!"

孙先生神色凝重地介绍情况。

"最后让演的戏目是《三战吕布》,戏文结尾是曹操加封为执朝纲、掌兵权的丞相,'万人称,四海名扬'。曹拐子大概就是想要讨这口彩哩!"

崇仁感慨万端地站起身来,沉重地说起:"人么!人生如戏,戏如人生。

咱周原许多不识字、不知书的农人百姓，就是通过戏文，知道了啥是贤妻孝子，啥是忠臣义士，啥是逆贼奸臣，啥是强盗小人！唱戏听戏，既是一种享受，更是一种教化呀！"

孙先生似乎深有所悟，大为感动。他站起身来，庄重地向崇仁深深一揖："先生说得好！在下谨受教！原曾想过，这戏不唱了，一跑了之。但现在，戏——照唱不误！那个奸贼凶徒——真是该骂！"

二、虚云观

金家沟果然名不虚传，曹拐子在此"摸金"大有收获。经过上千人马十多日的大肆盗掘，已先后挖出了数百件青铜古器。

看着成堆成堆的青铜古物，参与盗掘的士兵们并未感觉到此事与己有多大关系。日复一日地挖掘取土，使他们日渐感到疲乏和厌倦。众士兵和民夫们在现场有气无力地继续挖掘着，有的在抱怨，有的在偷懒，有的在磨洋工，士气极为低落。

已恢复排长职务的歪戴帽，四处转悠着查看监工，不时吆三喝四地训斥几句。时间长了，连他也失去了监工的兴致，蹲在已挖出的青铜器旁想入非非。

曹拐子曾对苟师爷自我吹嘘：如何鼓舞提升士气，"我有我的高招"。此时，他开始使出他的"高招"了。

奉曹拐子之命，孟老板晃晃悠悠来到挖掘工地。两名士兵抬着一个箩筐，跟在他的身后。

孟老板站在一个较高的土堆上，准备讲话。人未站稳，差点儿摔倒。土堆都是松软的虚土，不少土渣流灌进了他的鞋里。

倒出鞋中的泥土后，孟老板小声咒骂着，重新站在了土堆上，面向众士兵，开始大声发话。

"弟兄们！师长有令，自今日起，凡参加挖掘工事者每人每天加发一个肉夹馍！"

孟老板话音刚落，士兵们纷纷扔下手中的工具，欢呼着扑向箩筐。

箩筐上蒙着的白布被揭开，满满装的都是已处理好的肉夹馍。

众士兵一拥而上，一双双沾满泥土的黑手伸向了箩筐。捷足先登者手捧肉夹馍狼吞虎咽。动作迟缓者围着箩筐你争我抢。

歪戴帽本在人群外围等候，见此情形，伸手一把，将本已歪戴着的军帽掀得更歪，然后不顾一切冲进人群，参加到肉夹馍的争夺之战中。

曹拐子以及苟师爷、牛团长、一撮毛等人行至工地高处，正好看见了士兵们争抢肉夹馍的热闹场面。

"弟兄们！弟兄们！"一撮毛瞅了一眼曹拐子，自告奋勇地站了出来，扬臂挥手地高声呼喊起来。

虽然一撮毛声嘶力竭地拼命呼喊，但其喊声却淹没在现场嘈杂声中，无人理会，毫无反响。

曹拐子见状，伸手从牛团长身挎的枪套中掏出手枪，对天"砰"的一声鸣放了一枪。

枪声响后，现场安静下来。众士兵惊愕地望向枪声响处。

一撮毛开始扯着嗓子大声宣布："弟兄们！除了肉夹馍，还有好消息！师座专门请来了省城有名的秦腔戏班！咱们白天挖宝，晚上看戏！"

士兵们一片欢呼。

看着士兵们情绪高涨的情景，曹拐子得意地瞅瞅苟师爷，故意咳嗽了两声。

"高！高明！师座的高招就是高！"苟师爷一脸谄笑着伸出了大拇指。

曹拐子忍不住得意之情，哈哈大笑起来。

苟师爷趁机报告，晚上秦腔演出的压轴剧目是《三战吕布》，"这是卑职精心挑选的剧目，师座听到最后就会明白的。"

一撮毛也赶紧报告：根据师座指令，大战之前需弄清上天的旨意。苟参谋长已做好了安排，师团官长将整队前往虚云观，郑重其事，虔诚其心，恭敬抽取签文，以观天意。

返回师部指挥所后，一撮毛看看前后无人，似乎百思不得其解地悄悄询问苟师爷。

"参座，咱让唱的那个戏目《三战吕布》，不就是刘备、关羽、张飞三英战吕布么，同咱师座先祖曹公没有啥关系呀？这就是那个那个啥——马背上钉掌，离蹄（题）太远么！"

苟师爷一脸瞧不起的神色呵斥着："你懂个屁！要的就是整个戏文的最后一句：'奉君命加恩封赏''万人称，四海名扬'！"

说着，苟师爷情不自禁地用秦腔戏文中的唱腔哼唱出了这两句点睛的重点。

哼唱完之后，苟师爷不屑地看了一撮毛一眼，开始解释其中的奥妙。

"你懂了吧？打仗拼命的，是刘、关、张。最后得好处的，却是曹公！"

一撮毛忍不住又要卖弄："我懂了，我懂了！这就是那个那个啥——"

苟师爷不耐烦地打断了一撮毛的话头："好了，好了！你赶紧先去虚云观胡铁嘴那儿打个招呼，让他做好准备，不要在师座面前露了馅！签号记清楚了吗？"

一撮毛点头哈腰地保证着："记清了！保证记清了！九十一号签么！"

虚云观。观如其名，虚云而已。

观前空地处，八九个军官整齐列队。内中有牛团长、孟老板、一撮毛等人。曹拐子军装严整地站在队前领队。

道长胡铁嘴由苟师爷陪同，从观内迎出。

胡铁嘴一身道装，三缕胡须。貌似庄重，难掩奸诈之色。

"敬礼！"曹拐子一声口令，全体列队人员立正举手敬礼。

胡铁嘴连忙还以道礼并说着客套话。

"今日何日，小观有如此之幸！真是将星如云、蓬荜生辉呀！"

曹拐子一副庄重而虔诚的神情，恭敬陈言。

"本师近日将有重大军事行动。此战的胜负吉凶，虽赖全师将士用命，但也要看看天意究竟如何。今日特来贵观求签问卦并请道长指教！"

胡铁嘴故作矜持状，然却不忘自我吹嘘。

"贫道虽然人称铁嘴，但也不敢妄自夸口！不过，小观的观音灵签，那是最灵不过的。将军，请！"

胡铁嘴导引曹拐子及众军官进入观内大殿。

曹拐子恭敬地向功德箱内放入了成封的银圆。

虔诚跪在跪垫上的曹拐子，接过了胡铁嘴递过来的签筒。他嘴里念着："心诚则灵"，闭目摇晃起签筒。

摇晃中的签筒。众多签支摇晃着，很快就有几支从签筒中冒出头来。一支竹签终于被摇出签筒，飞落在地。

胡铁嘴眼明手快地抢先拾起摇落在地的签支，并飞快地瞄了一眼。他不动声色地假意以宽大的道袍衣袖拂拭签支上沾染的尘土，暗中完成了调换签支的过程——将曹拐子实际抽取到的竹签藏进衣袖，又从另一只衣袖中取出事先备好的签支。

装模作样审看签文之后，胡铁嘴随即向曹拐子作揖致贺。

"恭喜将军！将军抽到的是观音灵签第九十一签，乃上上大吉之签！"

曹拐子似乎不敢相信，一把抢过了那个签支。

竹质的签支，竖写的文字。"上上，第九十一签，三战吕布"。

"把第九十一签文呈请上来！"胡铁嘴一招手。

一个小道士递过了印有签文注解的一张纸片。

众军官一拥而上，围在了胡铁嘴的四周，一个个伸长了脖子，企图看看签文。

胡铁嘴手持签文纸片，大声念了起来。

"好把愁眉须展开，大才大用荐将来。一条大路平如掌，凡有施为总称怀。此卦乃前途显运之象，凡事通泰大吉也！"

曹拐子如释重负，露出称心如意的神情。

众军官欢欣鼓舞，交相称贺。

胡铁嘴双臂向前摊开，做出"一切皆很明白"的示意手势，口中还在说明："此签的签文，十分明了清晰，就不用贫道再饶舌解释了吧？"

"请问道长，此签的签名为何？"苟师爷装作不知地大声发问。

"此签的签名是'三战吕布'。凡刘、关、张三姓者抽到此签，诸事顺遂，平步青云。凡曹姓者抽到此签，则是更不得了！入仕，官运亨通！经商，财源滚滚！打仗，战无不胜呐！"胡铁嘴卖力地宣说着。

众军官中，有人高喊："道长！我们师座就姓曹！"

胡铁嘴佯作大惊，一副事前毫不知情的模样。

451

"将军姓曹？贫道真是有眼不识贵人呐！曹将军亲手抽到此签，岂非天意？"

曹拐子则另有所问："道长刚才说，此签的签名是……"

胡铁嘴一字一顿地回答着："此签乃观音灵签之第九十一签，签名为：'三、战、吕、布'。"

曹拐子回过脸来，疑惑地又对苟师爷发问。

"苟参谋长你说，今晚咱们劳军演出要听的戏文是……"

苟师爷也一字一顿地回答着："今晚劳军演出的压轴剧目是：三、战、吕、布。"

曹拐子大惊失色，随即又喜不自禁。

"要听的戏文是《三战吕布》，抽到的签文也是'三战吕布'，都是先祖曹公得利！这么巧哇，看来真是天意啊！"

众军官纷纷向曹拐子称奇、道贺。

曹拐子一挥手，随从人员又在供台上放下了更多的成封银圆。

胡铁嘴假装不动心地平淡致礼，但其贪婪的眼神却瞟向了那堆银圆，仿佛在目测估算着银圆的具体数额。

苟师爷趁众人不注意时，悄悄走到胡铁嘴身后，伸手捣了捣他的腰眼。

胡铁嘴会意，就势将其隐藏起来的曹拐子实际抽到的那个签支，暗中递给了苟师爷。

三、不可泄露的天机

苟师爷所导演的虚云观抽签这场戏，曲终人散。结局看似皆大欢喜，曹拐子抽到了上上大吉之签，胡铁嘴得到了成封成封的银圆。但这出戏到此并没有演完，还有后续演出。

就在抽签结束、众军官列队离开虚云观的时候，胡铁嘴拉拉曹拐子的衣袖，悄悄示意其暂时别走。

待众军官的背影远去消失后，胡铁嘴转身面向曹拐子，摆出一副严肃认真又亲近关切的神情，开口说道："贫道另有两句话，只可对将军一人言说。"

曹拐子大感兴趣，恭顺地侧耳静听。

"将军先祖曹公创立的天下，最终没有亡于敌国之手，而是被自家的臣下所篡位。以古况之，将军不可不防！"胡铁嘴危言耸听。

曹拐子闻言立即警觉起来，马上追问。

"道长的意思是，我的部下中会有反叛之人？"

胡铁嘴捻须不置可否。

胡铁嘴并不是真的替曹拐子担忧着想。他只是深切感受到了苟师爷的阴险奸诈，为了自保他也要提前在曹拐子处进进谗言、打打伏笔。另外，根据事先约定，那供台上成封成封的银圆，将有一半要还给苟师爷作"回扣"。吃进嘴里的肉，又要吐出一半。这使得胡铁嘴很心疼，很不爽。

曹拐子着急想知道下文，胡铁嘴的"两句话"还没说完。

"此其一。道长的第二句话呢？"曹拐子问道。

胡铁嘴仿佛在揭示一个天大的秘密，故作庄重地开口言说。

"将军五行之中，土多金少，金被土掩，出路在于取土摸金。"

曹拐子一听，笑出声来："本师长现在就正在取土摸金哩！"

看着胡铁嘴似乎另有所指的神情，曹拐子不禁再次发问。

"难道道长的意思是，我命中还要再取别土，另摸他金吗？"

胡铁嘴故作神秘地不再详谈："天机不可泄露，到时将军自会知晓。"

胡铁嘴确实有自己蓄谋已久、不可告人的"天机"。此天机当然与"取土摸金"有关。天机的实现，需要同伙。在他看来，贪利而莽撞、且易被蒙骗的曹拐子，正是理想中的合作伙伴和欺骗对象。"天机"待"天时"。这个天时，后来真的到了。数年之后，胡铁嘴与曹拐子再度相逢。两人合作"取土摸金"，过程是果然摸到了真金，结局是金与人俱被土掩。当然，这是后来才发生的故事，眼下还是不可泄露的"天机"。

虚云观抽签的"戏码"结束后，继续演出的不止胡铁嘴与曹拐子，还另有他人。

同胡铁嘴一样，苟师爷也认为曹拐子其人贪利而莽撞、且易被蒙骗。苟师爷早已心存异志，曹拐子暗藏珍宝的那个酱色木匣以及性感的五姨太，都是他的觊觎目标。他也需要帮手，他看中的争取对象就是一撮毛。

由虚云观回到师部指挥所后，一撮毛还在为抽签的结果感到惊讶不已。

"参座真神呐！说是第九十一签，果然师座就抽到了第九十一签！"一撮毛佩服地竖起大拇指，夸赞着苟师爷。

苟师爷哭笑不得地瞪了一撮毛一眼："你是真傻还是装假？师座真正抽到的签在这儿呐！"

说着，苟师爷从衣袖中抽出了一个签支。

一撮毛捧着签支，好奇地看着。

竹质的签支，竖写的文字。"下下，第十七签，话梅止渴"。

"下下签！这么说天意要让师座倒霉了？"一撮毛手捧签支，大惊失色。

苟师爷点着头，口气肯定地说道："可能真是天意！话梅止渴也与曹操有关。此卦乃画饼充饥之意，预示着师座所设想的前景最终都是一场虚空。"

"那咱应该怎么办哩？"一撮毛真诚地为自己担忧了。

苟师爷观察着一撮毛的反应，试探地询问。

"你真打算跟着姓曹的一条道走到黑？"

一撮毛不假思索地连连摇头，表示否认。

"不哩！他对我不仁不义，我怎么会对他不离不弃？他现在重用那个姓孟的，早把我甩到一边了。"

苟师爷不慌不忙地说出了自己早已盘算好了的后路。

"你问咱该怎么办，很简单么！现成堆着那么多的青铜宝物，他姓曹的又不懂。咱只要挑出三五件值钱的，悄悄藏起来……，还怕以后没有饭吃吗？不过，此事目前还是不可泄露的天机，只能你知我知。"

一撮毛连连击掌拍手，叫好不绝。

"对呀！对呀！我咋早没有想到这条路子哩？"

"那以后……"苟师爷盯着一撮毛的眼睛。

一撮毛拍着胸脯表忠心："以后我就是参座的人了！一切都听参座的吩咐，叫干啥就干啥！就是那个那个啥——良禽择木而栖、贤臣择主而事么！"

苟师爷拍拍一撮毛的肩头，以示信任和鼓励，并大度地做出了承诺。

"埋藏宝物的地点我都已经选好了。事成之后，咱俩二一添作五。我不会像姓曹的那样，只知道一个人吃独食！"

一撮毛真诚地表示谦让:"那咋行哩?参座该当拿大头么!你六我四,不!你七我三。嗨!其实只要分我两成,我都心满意足咧!"

苟师爷仿佛不计小节般挥挥手:"这些都好说。眼下咱还要把晚间秦腔演出的事弄好,先要把姓曹的哄高兴了,咱才好下手么!"

一说起秦腔,挠到了一撮毛的痒处,也引起了他的话头。

"弟兄们早就盼着要过过戏瘾哩!但凡是个周原人,就没有不喜欢听秦腔的。想当初在老爷岭山寨时,大当家的还教我唱过几段《打金枝》哩!"

周原人爱听秦腔。尤其是在没有什么其他娱乐形式的那个年代。一个村搭起戏台,请了戏班,十里八乡的民众都会扶老携幼、闻讯赶来。戏迷们不仅爱听艺人唱戏,大多自身也会唱爱唱。遇到喜爱和熟悉的唱段,往往台上一人唱、台下万人和,气势颇为壮观。

曹拐子的所谓"劳军演出",戏台搭在盗挖文物的工地现场。四周属"军事禁地",禁止百姓进入。但这也没有挡住附近民众的听戏热情,金家沟沟顶山坡上早早就聚集了不少前来听戏的戏迷。其中就包括姬老太爷和姬府其他家人。

为了不耽误听戏的时间,姬老太爷这天特意吩咐早些开饭。老太爷和崇仁尚在药材庄未返回时,伊人就早早准备好了饭菜,怀真也早早趴在了饭桌处边看书边等待。

"娘,爷爷给我买的地理书真好,还带地图哩!我爹说,别看地图上只有这么短的距离,实际上就有几百几千里甚至更远的路途哩!"怀真高兴地向母亲诉说。

"看你把这书稀罕的,好像总也看不够。"伊人笑着说道。

怀真认真指点着地图,拉着母亲一道观看。

"娘,你来看。我哥我姐在这儿,这里是省城。这一片是周原,凤翔只有一点点。我二爷爷在天津,天津在哪儿呐?……在这儿!我三叔也在天津……"

老太爷和崇仁走近饭桌,听到了怀真的话语。

"你哪有什么三叔?那个孽子早已被我驱出姬家家门了!"老太爷沉下脸,恼怒地说着。

怀真天真地缩缩脖子，伸伸舌头，又去低头查看地图。

"那我二叔哩？只说是在南方，可南方也太大了。"

"怀真，吃饭！"崇仁显然是担心引发父亲的思子之痛，阻止了怀真往下再说。

怀真快快扒过几口饭后，便放下筷子，蹭到爷爷身边，搂住爷爷的脖子，大约想挽救自己刚才的失言，以转变爷爷不佳的心绪。

"爷爷，我二爷爷和我二叔，还有我哥我姐，他们不管到了多远的地方，最后还是要回到周原来的。爷爷说过，周公东征去了那么远的地方，周公庙还是建在了周原。"

伊人故意逗弄："那你说说，他们为什么一定还要回周原呢？"

怀真认真思索着回答："因为周原好啊！周原有山有水有周公庙，有臊子面、豆花汤，还有秦腔。……这些也对也不全对！最主要的是——因为周原有家！"

崇仁大表赞许："对，说得对！因为有家！每个人都有自己的家。往小里说，有各自家庭。往大里说，有各自家乡。再往大里说，有自己的国家。"

"家、家乡、国家……，哪个更重要呢？"怀真喃喃地重复着思考着。

"你还小，还不懂这些。国家国家，当然是先国后家么！"崇仁想了想，不欲多说。

老太爷心绪有所好转，拍拍怀真的小脑袋。

"怀真娃快些吃饭吧。吃过饭，爷爷领你去听戏。"

怀真立刻欢呼起来："听戏喽！去听戏喽！"

崇仁笑着对怀真说道："你爷是个秦腔迷，一听到板、鼓、钹、钗、锣敲起来，心里就发痒！看来怀真你也是个小戏迷。"

伊人拿过一份请柬递给老太爷。

"县商会送来一份请柬，说是邀请各界名流共同前去劳军，可以进入现场坐在前排看戏。"

老太爷接过请柬，看也不看就丢在了一边。

"咱们就和乡邻们一起，在山沟上远远地听戏。咱是冲着孙先生的戏去的，又不是劳他的什么军！唉！强逼着唱《三战吕布》，孙先生也真够憋

456

屈的!"

姬老太爷并不知道,孙先生当晚演出的剧目中,也掩藏着事前不便告人的"天机"。

四、击鼓骂曹

在苟师爷的一手操弄下,所谓的"劳军演出"终于鸣锣开场了。但在演出最后一个剧目时,却出现了出乎所有人意料的结局。

演出开场时,一切正常。

盗掘文物的工地现场,鳞次栉比的盗坑之间,临时搭建了一个简陋的露天戏台。戏台四周,燃起了堆堆篝火。戏台之上,高悬着数盏照明的马灯。

戏台前的观众席处。前排的椅子板凳上,坐着曹拐子、五姨太及一众军官、士绅。他们的身后,则是席地而坐的士兵们。

戏台上,已有戏目在演出。

戏台下,叫好声不断,喧闹声四起。

山沟沟顶坡地处,可以居高临下看见远处的戏台,并清楚地听到演员的戏文唱腔。人数众多的乡民们,聚集着席地而坐。姬府全家人以及吕管家、顺昌酒坊梁掌柜、恒泰和药材庄田账房等人俱在其中。

随着热闹的锣鼓声戛然停歇,山坡处一片叫好声和鼓掌声。可以远远看到,戏台上的演员退场,显然是一出戏目刚刚结束。众人还沉浸在戏文之中,交头接耳议论着、赞叹着、哼唱着。

本来依偎在伊人怀中看戏的怀真,趁着幕间候场的工夫,窜到爷爷跟前,遥指戏台发问。

"爷爷,唱戏咋也不选个好地方?你看那些大坑,多危险!把人摔下去咋办么?"

老太爷阴沉着脸没有说话。伊人赶紧将怀真哄走。

崇仁遥指着戏台附近的大坑,轻声对父亲说着:"看他们把这儿都挖成啥样子了!听说那个孟老板,现在是孟团副了,就是他引着真还挖出了不少老祖先留下的青铜古物。"

老太爷也低声说着:"古人成窖成窖地把宝物埋藏在地下,为的是躲避乱世。如今乱世又来了,这些周原的不肖子孙们竟然明火执仗……"

崇仁摇头叹息:"就怕一些珍贵的青铜古物被盗卖到国外,对不起咱老祖先呐!"

"现时看来,真还不如让这些古物继续埋在地下,等到将来世道好了,再把它们挖出来流传于世吧。"老太爷无奈地说着。

崇仁指着那些大土坑,担忧地说着:"不知他们盗挖出来的青铜器中,有没有特别需要保护的国宝。"

老太爷也深为担忧:"要想办法打探一下,查清底细。怀远怀玉娃们家都晓得要保护国宝哩,咱们这老一代的周原人家,就更不能袖手旁观么!"

突然,戏台处传来一阵激越的锣鼓声。

新的戏目要开场了。

山沟坡地上的乡民观众们立刻安静下来。

姬老太爷到底是内行。他凝神一听,颇感讶异。

"不对呀!听这锣鼓声,不像是《三战吕布》呀!"

戏台上的压轴之戏开场了。的确不是为曹操称颂扬名的《三战吕布》,而是痛骂曹操的《击鼓骂曹》。秦腔艺人孙先生悄悄改换了苟师爷指定的演出剧目。他不畏强暴,洁身自好,决心要在这惩恶扬善、褒贬是非的戏台上,代表当地民众痛痛快快地吼骂几声。

戏台上,孙先生扮演的戏中人物祢衡出场了。

随着锣鼓点儿,孙先生(祢衡)碎步出场亮相。一番动作之后,祢衡(孙先生)脱去戏服上衣甩在地下,赤裸着上半身,双手各执一鼓槌,击打起台上竖起的一面大鼓。

祢衡(孙先生)一面做着击鼓的动作,一面亮开嗓子激昂地开口唱着戏文中的唱段。

"下席坐了奸曹操,上席文武众群僚。狗奸贼传令如山倒,我舍生忘死在今朝!"

唱腔一起,台下一片叫好。

戏台下的前排观众席处。不明就里的曹拐子带头鼓掌叫好,五姨太浑身发痒似地扭摆着，抓起身边已备好的一把银圆掷向台上作赏钱。一撮毛等一众官军俱随着曹拐子喝彩叫好。

只有苟师爷明白出了差错，面露尴尬，一时不知所措。

他们身后席地而坐的士兵们，更是疯狂地叫着好，

山坡处的乡民观众们大声狂呼着，报以更加热烈的叫好声。原本席地而坐的人们，情不自禁都站起身来。

姬老太爷全神贯注地浸入戏台上的气氛之中，激动地站起身，双手握拳做着击鼓的动作，口中还有节奏地念着该戏目的名称："击鼓骂曹！击鼓骂曹！击鼓骂曹！"

崇仁站在父亲身旁，大声赞叹着。

"孙先生呐！真是周原的一条好汉！"

戏台上，祢衡（孙先生）大义凛然，慷慨激昂地边敲鼓边唱着戏文。

"鼓打一通天地响，鼓打二通振朝纲，鼓打三通扫奸党，鼓打四通国泰康！鼓发一阵连声响，管教你奸贼死无下场！"

戏台下，曹拐子似乎感到情况不对，站起身来，将手足无措的苟师爷招至身边，耳语几句。

苟师爷点头哈腰应承着，向台上跑去。

苟师爷直接跑到戏台上举手喝止孙先生再唱。

孙先生继续手举鼓槌，唱着刚才还没唱完的唱腔。他迈着戏步，在台上舞动转圈。苟师爷狼狈不堪地在其身后转圈追赶。

戏台下，看戏的士兵们开始起哄。有人高喊："我们要看戏！"有人则拾起身边的土块石头，向台上捣乱的苟师爷扔去。

老太爷、崇仁与山坡处的乡民观众们，聚集站立着，一边热烈地鼓掌远远看着戏台上的动静，一边激动地有节奏高喊着："击鼓骂曹！击鼓骂曹！击鼓骂曹！"

不少人齐声高唱刚才戏文中的最后一句唱腔："管教你奸贼死无下场！"

怀真似乎还不大懂是怎么回事，但被周围的气氛所感染，也随着众人学唱着那最后一句戏词："管教你奸贼死无下场！"

戏台下，曹拐子声嘶力竭呼喊着，但无法制止现场的混乱。恼羞成怒之

下，曹拐子拔出佩枪，先是一枪击灭了台上的一盏马灯，随后又朝天连开数枪。

枪声响后，一片寂静。随即便是混乱的嘈杂声。

第二天，全县城都在热传着一条大快人心的新闻：劳军演出砸锅，曹姓奸贼挨骂。老百姓的感受，都体现在街头巷尾的议论声中。

"昨晚的秦腔演出，诸位可曾前去观赏？"

"咋能不去么！省城来的名戏班名角儿！可惜离戏台太远。"

"听说最后一出戏文，原定唱的是《三战吕布》，孙先生临场擅自改变剧目，端直来了一场痛快的《击鼓骂曹》！"

"这两出戏，有啥区别么？"

"《三战吕布》的结局，是曹操荣获封赏，官拜丞相。《击鼓骂曹》，说的是名士祢衡，不甘受曹操所辱，在宴席上裸衣击鼓，当众痛骂曹操。骂得痛快！实在是解气呀！"

"曹操该骂不该骂，咱也说不上个一二三。但是这个拐子曹，确实该骂！"

"只可怜了孙先生，当场被曹拐子派人抓了起来，听说还连夜遭到毒打，被打得遍体鳞伤哩！"

孙先生被抓被打的消息传来，正在药材庄坐诊的姬老太爷十分愤慨。他即刻收拾了一个出诊药包，带着就要出门，打算去监狱牢房探望孙先生并为其疗伤。

田账房不敢阻拦，只是担忧地提醒着："老太爷，听说曹拐子正在火头上，把孙先生看押得很紧，恐怕不会让你去探监的。"

老太爷气愤地拍打着那个药包："蛮不讲理！把特意来咱周原唱戏的艺人打得遍体鳞伤！我去送些金创外伤的药膏，难道还犯法不成？不让探监，老夫我就待在他牢房门口不走！"

正在这时，崇仁由外进来。一看这动静，崇仁就明白了是怎么回事，开口劝慰阻止父亲的出行。

"爹，你暂且不去，再等等看。"

"咋？连你也害怕啦？"老太爷正在气头上，没有理会儿子的好意，故意抢白着。

崇仁笑着将父亲拉过一边。父子俩悄悄说着话。

崇仁低声告知父亲："刚才传过话来，孟团副有请！事由可能与那些挖出来的青铜古物有关。估计是要请我去帮助他们辨识鉴定哩。这正好是个打探情况、弄清底细的好机会。我能不答应吗？"

老太爷一面点着头表示"应当答应"的意思，一面又担忧地说起孙先生的事："可那孙先生的事，咱也不能不管么！"

崇仁缓缓说着自己的计划。

"辨识青铜古物，他们有求于咱哩！我肯定要假意答应下来，但也不能答应得太痛快了，这样反而会使他们生疑。我要提出一些条件，讨价还价么！提出的条件嘛，首先是要为咱保护国宝创造出更多的机会，当然其中也包括搭救孙先生。"

老太爷心悦诚服，连连点头，赞许欣赏地望着自己的儿子。

五、"求见"与"召见"

曹拐子大肆盗掘青铜古物期间，周原的军事形势有了变化。国民军联军对凤翔城的包围态势，已基本形成。即将面对兵临城下的前景，曹拐子并不怎么恐慌。

在曹拐子心目中，坚牢的凤翔城池易守难攻，只要他将全师兵力尽皆收缩城内，就足以与围城的国民军长时期相抗衡。虚云观中抽取的上上大吉之签，天意佑护，也使他增强了获得胜利的信心。最重要的是，现在手头上拥有数百件青铜宝物。这更使他感到有恃无恐。上则加官晋爵，中则改换门庭，下则摇尾乞怜，这些青铜宝物都可以发挥作用。

师部指挥所内，正在召开军事会议。

曹拐子双手叉腰，站在墙边，查看挂在墙上的地图。身旁的苟师爷，指点着地图，介绍情况："这儿，这儿，这儿，估计国民军会从南、北、西三个方面围困凤翔。"

"那东边方向呢？"曹拐子指着地图上苟师爷刚才没有点到的方向。

苟师爷双手掌聚拢，做了个围歼的手势："敌军故意让开大道，网开一面，就是想趁我军在此方向撤退时，提前布好口袋，然后……"

曹拐子不屑地嗤之以鼻："想得倒美！老子怎么会轻易撤退？抽签得来的天意，就是战无不胜、通泰大吉么！传令全师，做好坚守凤翔的准备！先让国民军吃吃苦头再说。"

苟师爷趋近曹拐子，低声报告："据可靠情报，此次前来围攻凤翔的国民军主将，还是师座的一位故交哩！"

就在曹拐子对此消息颇感诧异间，孟老板走进指挥所，站在门口处立正报告。

"报告师座！挖掘宝物……修筑工事，进展顺利，所获大大超出预料。恭请师座前去点看咱们的战利品！"

曹拐子走近孟老板身边，满意地拍拍他的肩头，开口表扬："好！你这个摸金团副干得不错！"

孟老板受宠若惊地一挺胸膛。

在场的牛团长瞟过忌恨不满的眼光。

苟师爷与一撮毛则交换着意味深长的眼神。

众军官一同离开师部指挥所，前往金家沟。

挖掘工地现场临时搭建的席棚库房前，站着持枪守卫的哨兵。

曹拐子在孟老板的陪同下，行至库房门前。

苟师爷、牛团长、一撮毛等人紧跟其后。

曹拐子在门前停住脚步，回看众人一眼，咳嗽了一声。

苟师爷、牛团长、一撮毛等人知趣地停住了脚步。

只有曹拐子和孟老板二人进入了库房。

一进库房，曹拐子立刻就被眼前看到的景象惊呆了。收获出乎他的意料。

几百件出土的青铜器物乱七八糟堆放着，令人眼花缭乱。圆的、方的、大的、小的，鼎、盘、簋、匜，种类众多，琳琅满目。有的完好无损，有的缺胳膊断腿，还有的黏满泥土、不辨真容。

曹拐子在堆放的青铜器物中转了一圈，东摸摸，西敲敲，看不出个所以然。他拍拍手上沾染的泥土，示意孟老板汇报说明情况。

孟老板立刻凑上前去，扳起了手指头。

"眼下挖掘工程已经结束。当务之急有三件事。第一，请人辨识宝物，将其中最有价值的宝物挑选出来。第二，抓紧将破损残缺的宝物修复完好，以便在出手时能卖个好价。第三，尽快联络下家，将宝物变成现款。"

曹拐子点头认可："你说得不错，那就抓紧办呀！"

孟老板双手一摊，表示为难。

"我自己办不了，真的办不了！对这玩意儿，我只懂得一点点皮毛。不是行家里手，是无法准确判明宝物的用场和价值的。"

曹拐子一听，也感到有些发愁。

"到哪儿去找行家里手呢？总不能大张旗鼓地去京城、省城寻人吧？那不是自找麻烦么！再说咱这儿不是马上就要动刀动枪地打仗了吗？"

孟老板不假思索地说明情况。

"这行家里手，咱眼皮子底下就有。满凤翔县城，大约只有两个人认得青铜文字，可以辨识宝物。"

"哪两个人？"曹拐子连忙追问。

"姬府老爷姬崇仁，还有他爹姬老太爷姬秉礼。"

听了孟老板的说明，曹拐子不禁倒吸一口冷气似的打怵了："这两人我打过交道，不爱钱，不怕死，软硬不吃，不好对付呀！"

孟老板毕竟当过一段时间的姬府老姨舅太爷，对姬府老爷、老太爷当然更熟识一些。他摆出一副深知内情的模样，颇为自信地说着。

"我了解么！但这两个人都有一个共同的弱点——重情好义。只有靠哄骗的办法，才能使他们就范。"

曹拐子当然知道孟老板与姬府之间曾经的关系。他阴笑着说道："好啊！那就要看你的手段了！"

说着，曹拐子将头向门外方向一扬，特意提示孟老板要防范内贼。

"这事就由你独自承办，门外那几位就不要他们插手了。……家贼不可不防呐！把这事办好，你孟副团长的那个'副'字，就可以去掉了。"

孟老板喜形于色，又是立正敬礼，又是弯腰躬身地表达着忠心和谢意。

离开这座临时库房之前，曹拐子环指着成堆成堆的青铜古物，着重叮咛："孟团副，大战在即，把这些玩意儿要早些通通运进城里！留在这城外金家沟，万一形势有变，宝物落入他人之手，咱们不就是白忙活了一场吗？"

按照曹拐子的吩咐，孟老板立即展开行动。他的当务之急，是必须尽快面见姬府老爷姬崇仁，以商议青铜古物的辨识事项。如何见法呢？孟老板颇费了一番脑筋。当然不可能是"求见"。登门"拜见"？书信"约见"？这些方式他也都觉得有失身份。如今的孟团副今非昔比，岂能自掉身价？他决定：在师部指挥所正式传令"召见"姬老爷。在这个衙署地点，以这种召见方式，来彰显二人现时身份地位的变化。

崇仁"奉召"随着引路的歪戴帽来到了师部指挥所。

行至大门处，崇仁不由得停下了脚步。他看看大门的建筑，又看看守门的哨兵，自言自语地发出了一番感慨："真是铁打的衙门流水的官呐！"

歪戴帽没有听懂，恭敬地发问："先生说的是什么意思啊？"

崇仁手指大门，感慨而言："十多年前，这里是前清的知县衙门。后来成了民国的县署，再改称了县府。现在又成了你们的师部。房屋还是这处房屋，大门还是这座大门，可里面的主人走马灯似的已经换了多少茬了！"

歪戴帽似乎也感到了一种危机和伤感，不自觉地摇头叹息。

"也不知这个师部还能在这儿待多久哩！"

进入师部接待室，歪戴帽举手敬礼，立正报告："报告！团副大人请的客人到了！"

孟老板由沙发上起身欢迎，先是举手行军礼，似又觉得不妥，改为拱手致礼。

"哎呀！姬老爷大驾光临，欢迎，欢迎！"

崇仁不卑不亢地拱手回礼。

"啊，孟老板！不，不！孟团副！多日不见，刮目相看呐！此时召见，有何公干呐？"

孟老板客气地招呼着："姬老爷请坐！坐下慢慢谈。上茶，上茶！"

歪戴帽殷勤奉茶后离去。

"在下与姬府之间的这个，哎，缘分渊源，就不谈了。现有一事相求，还望姬老爷俯允。"孟老板故作诚恳地表达愿望。

崇仁故作不解地发问："你现在背靠大树，位高权重，还有什么事需要求助我们这些小民百姓呢？"

孟老板确实会演戏，不当演员真有些可惜。他故作坦承，一番花言巧语。

"我们师座，出身草莽，干过不少伤天害理之事。现在幡然醒悟，有心向善，打算将手头上的一些青铜古物，捐赠京城和省城的几所大学，以供研究之用。"

崇仁亦做出很受感动的神情，大加称赞。

"这是好事啊！大约是在你孟团副的劝说下，曹师长才会有如此善举吧！何时捐赠？捐赠仪式可否公开举行？也让我等周原人氏共襄盛举、与有荣焉！"

孟老板生怕穿帮露馅，连忙举手示意，又改口收回了自己刚才的话。

"不！不！不！现在还谈不上这些。在捐赠之前，师座想先请行家里手对这些青铜古物进行辨识鉴定。否则，捐赠的究竟是何物，说不出个子丑寅卯，岂不是显得咱周原无人么？"

崇仁显出颇为理解的神情，点头认可。

"说的也是啊！咱周原自古就是全中国发现周秦青铜器物最多的地方。如果连个器物名称都弄不清，或者张冠李戴弄错了，那真是丢周原的人哩！"

孟老板赶紧抓住这个话头，顺竿往上爬。

"所以嘛，就想劳烦姬老爷亲自出马，帮助鉴定鉴定。"

崇仁做出坚决推辞的样子，一口回绝。

"不行！不行！本人才学疏浅，万一鉴定错了，不说给你孟团副和曹师长丢脸，就我姬府也丢不起这人呐！"

孟老板几乎是在苦苦哀求。

"整个凤翔县城，甚至整个周原，除了你姬老爷和贵府老太爷，再也没人有这本事了。难道你就忍心让捐赠古物这件善事半道儿搁浅吗？"

崇仁做出被打动的神情，长久思索着，最终好像十分勉强地表态同意。

"人么！人敬我一尺，我敬人一丈。既然你孟团副和曹师长如此看得上我姬家父子，我们就尽力而为吧！不过，话说在头里，我们的鉴定结果，你最好还是再找人复核校正校正。"

孟老板看到崇仁态度似有转变，十分高兴。

"哪里哪里！姬府的鉴定意见就是正式结论！一言九鼎么！"

崇仁起身告辞。

六、岂因祸福避趋之

得到了姬府老爷姬崇仁同意帮助鉴定古物的承诺，孟老板十分高兴。他想趁热打铁，一鼓作气，直接将崇仁引至金家沟的临时库房处，尽快商议后续行动计划。

刚刚走出师部指挥所大门，崇仁却停下了脚步，似乎很为难地向孟老板提出了新的请求。

"不好意思啊！孟团副，我也有一事相求哩！"

孟老板生怕崇仁变卦，连忙大包大揽："啥事？你说，你说！在这凤翔城里，还没有咱办不成的事么！好赖也是个团副哩！"

"前几日夜晚唱戏的那个孙先生，乃是我姬府的一个远房亲戚。一时兴起，唱词不合时宜。还请曹师长宽谅，让他早日返回省城去吧！"崇仁直接提出了要求。

孟老板略显迟疑，似乎还不敢马上表态。

崇仁又从另一个角度进行劝说。

"曹师长不是非常尊崇他的先祖曹公么？你去告诉曹师长，当年那个当众击鼓痛骂曹操的名士祢衡，事后既没有被杀，也没有挨打，反而得到了曹操的礼遇和善待。曹操的肚量胸怀，曹氏后人也该效仿么！"

孟老板知道此话曹拐子必定爱听，于是不由得连连点头。

崇仁接着又烧了一把火。

"听说孙先生是让苟参谋长给抓起来的，你这个团副恐怕做不了主吧？是不是就连曹师长也不便插手干预？"

孟老板早已以"师座亲信"自居，渐渐开始不把牛团长、苟参谋长放在眼里了。想起自己身负"师座重托"，他似乎很有底气地打着包票。

"怎么会，怎么会哩？你放心，这事就包在我身上。不出明天，你来接人！"

"好！既如此，咱就先去你的青铜古物库房看看！"崇仁做出一副谈判成交的神态。

崇仁这番被"传令召见"，由于应对得当，促成保护青铜国宝和营救孙先生两件事都取得良好的进展。

第二天上午，被关押在师部旁院牢房中的孙先生获得释放。

歪戴帽将孙先生押解出师部指挥所大门时，一边推推搡搡，一边嘟嘟囔囔："犯在师座手里，我猜想你小子必死无疑！没想到有贵人相救，算你命大！还不快走，磨蹭啥哩！"

孙先生衣衫上沾满血迹，面部多有伤痕。腿部也受了伤，行步走路十分艰难。

崇仁已在门前路边的一辆马车旁等候。

"孙先生！快上车来！"崇仁一边招呼一边和车夫搀扶着孙先生上了车。

马车即刻向城外疾驶而去。

正在恒泰和药材庄坐诊的姬老太爷，很快也得知了孙先生获释的消息。当时他在为一位腿部外伤的患者接诊。

"姬老太爷，小的姓张，是个下苦的苦力……"患者怯生生地说着。

老太爷抬头一看，连忙招呼着："认得，认得。你爹是张老汉么！这么多年，咋不见你过来呢？"

苦力小张连连作揖表示着感谢之意。

"自从我爹在姬老太爷这里抓吃了十几副汤药后，病情大为好转，这十多年再也没有犯过。如今年纪大了，早已回到乡下照看孙娃去了。"

老太爷大为高兴，露出欣慰的神情。

"那就好，那就好啊！你回屋时记得代我向你爹问个好。"

苦力小张十分感动地垂首弯腰致谢。

"谢谢老太爷！当年我爹病重时，老太爷不仅免收了他的诊费和药费，还送了不少挂面、红枣作补品。我爹至今说起此事，还是不停地流眼泪啊！一个非亲非故的乡下穷老汉……"

老太爷连连摆手，止住了苦力小张的感谢话。"不说这些客套话了，你今天来是……"

苦力小张苦叹一口气，卷起裤腿，露出一只鲜血淋漓的小腿。

"官军抓差拉夫，强逼着在挖掘工地上运送青铜物件，不小心把小腿给砸伤了。"

老太爷检查审视了一番，亲自动手为其清创敷药。

"还好，骨头没有伤着。我给你开些外用的药物带上，要记得按时涂抹更换。"

老太爷一边处理苦力小张的伤口，一边头也不回地交代着："田账房，这是张老汉家的娃，在城里做苦力，吃苦受累还挣不了几个钱。诊费药钱照例免收！"

就是在这时，吕管家赶到药材庄，报告了孙先生获释的消息。

"好，我这就去。"老太爷甚感欣慰地点着头。他要亲自去为孙先生送行，并当面表达对这位正气凛然的秦腔艺人的敬意。

老太爷将手头上的工作料理完毕，对着苦力小张点点头。

"还有一个受伤的病人，我得给他送些药去。"

说着，老太爷拿起几天前就准备好的那个药包和另外一个包袱，匆匆向门外的马车走去。

田账房将包扎好了的药物交给苦力小张。

苦力小张接过药物，望着已走出门外的老太爷，眼中充溢着感激的神情。

姬老太爷乘坐的马车一路疾驶，在凤翔城东门之外的七里铺，与在此等候的崇仁、孙先生的马车会合了。

老太爷下车后，即向另辆车内的孙先生处走去。

崇仁由车内跳出。孙先生挣扎着也想下车，被姬家父子劝阻。

老太爷将手持的包袱递进车内："这有一套替换的衣衫。身上的这件血衣，不要洗了。留着让人们看看这是个啥世道！"

车内的孙先生接过包袱，悲愤地点点头。

老太爷又将那个药包递进车里："这是一些金创外伤的药物。原想着要去牢房探监哩，没承想崇仁这事办得还算顺利。"

崇仁扶住情绪有些激动的父亲，轻声劝说着："爹，让孙先生抓紧走吧，免得夜长梦多。"

车内的孙先生接过药包放下，双手抱拳，神情十分激动感慨："大恩不言谢！周原多侠客义士啊！"

"周原的瞎怂小人也不少。路上多小心！"崇仁哂然一笑，挥手告别。

老太爷挥着手，充满希望说着："待世道平稳后，再去省城听你孙先生的戏！"

崇仁又对车夫有所交代后，孙先生乘坐的马车驶行而去。

送走孙先生后，崇仁和老太爷返回了城里的姬家大院。刚进院门，崇仁突然停住脚步，探究地望着父亲。

"爹，上回你曾说过，咱城里的姬家大院与城外的姬氏庄园之间，有过一条秘密的地下通道。具体是个啥情况吗？"

"据说多少辈人之前，确实有过这样一条暗道。后来久不使用，也就被人忘记了。具体情况我是一概不知……，你怎么现在想起问这事了？"老太爷有些奇怪。

"我想找个能够隐藏大量青铜古物的地方。曹拐子他们盗挖青铜古物的现场我去看过了。就那简陋的席棚库房里，堆放的青铜古物有好几百件呐！我粗略看了一下，其中国宝还真不少呢！唉，破损糟蹋得不成样子了！"崇仁十分痛惜地说明了自己去现场后的感受。

老太爷忧戚无奈地问着儿子："就想不出什么好的护国宝的办法了吗？"

"我跟他们说，这破烂的库房，雨淋哩，贼偷哩，根本就不安全么！更不具备清洗、辨识、修复的条件！出路只有一条，就是把这些青铜古物统统运到咱姬家大院来，我负责慢慢清理。他们答应了。"崇仁继续说明情况。

老太爷一下子明白过来了："好啊！如此一来，就可以为咱护国宝创造出更为方便的条件和更多的机会！"

崇仁望着一直理解和支持自己的父亲，恳切地诉说着内心的挚愿。

"爹，我总想着，自己作为一个周原的后人，理应为周原多办一些大事、好事。眼下的大事好事，就是要力争保护好周原的这一批青铜国宝！"

"崇仁啊，在我眼里，你不仅是我的好儿子，也是周公、周原的好后代。你总想着要为周原做些事，能有这个心，就不容易。这些年，我看着你悟出了一些道理。对恶人坏人不能只讲仁义，对小人邪人不能只讲君子之道啊！"

老太爷深有感触。

"爹，我现在担心的有两件事。一是怕时间来不及。这批青铜古物数量太多，辨识鉴定需要一个很长的过程，恐怕他们不会给我们留太多时间的。"

"时间紧，咱先拣重要的来么！"

"我也是这样想的。这段时间，我就啥都不干，集中精力先把其中最重要的国宝挑选出来。护国宝，也得有重点么！"

"挑选出一个，就埋藏一个。这样化整为零，也不容易被他们发现。"

崇仁叹了口气，担忧地说起："这第二个担心嘛，就是怕给咱姬府带来危险呐！"

老太爷沉吟着慢慢说起："危险嘛，当然是会有的。不过……。在我还是个小娃的时候，咱姬府曾来过一位大人物，前清先贤，官任陕西巡抚。离开时，给咱姬府留下了一幅墨宝。那上面写着……"

崇仁默默点头表示自己知晓姬府家史上的这一页。他随口吟出："苟利国家生死以，岂因祸福避趋之。"

七、夜幕下的山路

崇仁关于将这批青铜古物全部运入姬家大院进行清理的建议，恰与曹拐子要将"战利品"尽快迁入城内的意图相吻合，于是搬运计划很快就开始实施了。

这天一大早，崇仁就骑马来到了金家沟。他在那简陋的席棚库房里，独自一人忙活了一整天。他的理由是：大规模搬运之前，需要对如此众多的青铜古物先进行一番初步的辨识和分类，以便妥善安排装车分载事项。这个理由当然会得到孟老板和曹拐子的批准。库房门外有卫兵站岗，不许他人进入，崇仁在里面很安全。他很庆幸，抓紧时机，先将几件制作精美、器形较小、铭文易于辨识的珍贵文物，就地挖坑掩埋保护了起来。库房里古物数量如此之多，少个十件八件毫不显眼。

天黑之后，孟老板带领着几十辆运货马车浩浩荡荡驶进了金家沟，在那席棚库房前排成了一条长龙。

库房门口，立着两个打着火把照明的士兵。

崇仁与孟老板站在库房门口，监督着搬运装车的过程。

士兵们陆陆续续地将青铜文物由库房内搬抬而出，依次放在马车上。

崇仁不时提醒搬运装车的士兵们动作小心点儿，防止摔坏古物。

看着孟老板紧张不安的神色，崇仁故意对其调侃而言。

"孟团副，这么多宝物，直接运到了我姬家大院，你们就不怕我从中掏摸几件么？"

孟老板连忙表示对姬府的信任，并特意说明了他们的防范措施。

"姬府咋会看上这几个小钱？再说师座也明确要求，宝物运进姬家大院后，要逐件登记造册。鉴定、修复后，逐一核对。进账出账，最终要有个交代么！"

说完这段话后，孟老板又低声向崇仁说了一句实话："师座说了，战利品暂存姬家大院是安全的。要是全部运入师部指挥所，没有那么大地方盛放不说，光咱师部指挥所内部的家贼就防不胜防啊！"

崇仁一笑，对随同孟老板而来的吕管家话中有话地作出交代："吕管家，孟团副刚才的话听清了吧？进账出账要有交代哩！登记造册时，可不敢弄乱弄错了！"

吕管家心领神会，连声应答。

此时，歪戴帽与一个士兵抬着一筐青铜器物从库房出来。

"孟团副，这是最后一批了，库房里面已经清空了。"歪戴帽大声报告着。

崇仁特意交代歪戴帽："慢一些！这十几件与那边的十几件，统一装在最后两辆车上。这些原本就是一整套的，不要和其他的弄混了。"

孟老板下达了命令："开拔！我和吕管家在前开路，姬老爷在后压阵。天亮之前，结束行动！"

车队起动。几十辆马车在夜间的山路上形成了一字长阵，首尾不可相顾。

整个装载启运过程，都在两个人的秘密监视之下。苟师爷和一撮毛伏身隐藏在离库房不远的暗处，窥看着刚才库房门口的场景。

"白天不方便吗？咋非要夜里干哩？"一撮毛小声问着。

"成百上千件宝物，光天化日不是招人眼么！师座已下令，从这儿直到城里姬家大院，沿途戒严，只说是军事演习。神不知鬼不觉，就连咱俩也瞒着，宝物就转移了。"苟师爷恨恨地低声答复。

一撮毛有些担心，又有些庆幸。

"一旦宝物都进到了那个大院，咱动手就不方便了。幸亏参座安排今晚行动，咱得抓住这最后的机会呀！"

苟师爷轻轻拍拍一撮毛肩头，低声交代。

"放心！我都提前安排好了。关键是你要把最值钱的那两辆车盯准！"

一撮毛表示为难："我咋能知道哪辆车上装的是值钱货么？"

苟师爷轻声呵斥："瓜怂！你就看着那个姬府的老爷最操心的是哪辆车么——最后两辆！"

夜间的山路。几十辆马车绵延而行。车与车之间的距离渐渐拉开。最后面的两辆与前队之间已有一段距离。

为了减少知情人数量、避免走漏风声，每辆马车上只有一名士兵驾车兼押运。最后面一辆马车上，驾车的是昏昏欲睡的歪戴帽。

夜幕掩护下，两个尾随车队之后的黑衣蒙面人，瞅准时机，一跃而起，挥动手中的枪柄，将驾车的歪戴帽击落车下晕倒。

随后，如法炮制，两个黑衣蒙面人又将此车之前的另一辆马车的士兵击昏倒地。

夜幕中，马车车队逶迤而行，犹如一道不见首尾的长长的黑色剪影。已与前队拉开相当距离的最后的两辆马车，悄然拨转车头，神不知鬼不觉地离开车队，向另外一条岔路驰去。前队浑然不觉，继续前行。

两辆逃离车队、单独驰行的马车，行至一处山崖边，停了下来。

驾车的两个黑衣人扯下蒙面黑巾，正是苟师爷和一撮毛。

两人迅速将车上的青铜器物放入崖边一处洞穴里，接着又从崖洞边的草丛中摸出两把早已备好的铁锹，将一堆同样也是早已备好的黄土铲入崖洞。

一番折腾，终将崖洞填埋无痕。两人坐在崖边，累得直喘气。

"幸亏参座早早做好了准备，不然咱二人咋能干完这下苦的活儿哩！"一撮毛上气不接下气地夸赞着苟师爷。

苟师爷长喘了一口气，觉得大功告成，可以撤离。

"干这事，不能多经人手。天知地知，你知我知。待凤翔这一战结束后，不论胜败如何，咱俩一搭儿再到此地起宝。现在咱赶紧回，免得人家生疑。"

两人起身，赶起马车快速离去。

夜色之下，只剩下静悄悄的山崖。

夜幕之中，还有一双警觉的眼睛，看到了山崖边所发生的这一幕。

按照孟老板交代的分工，姬府老爷姬崇仁单独骑马，在整个车队之后压阵。

事有凑巧。山路边的一棵大树下，崇仁下马在大树的阴影下小解方便。就在此时，远远看见整个马车车队中的最后两辆车，脱离队伍，改变了驶行方向。崇仁条件反射似的刚想大声喊叫，但瞬间又改变了主意，没有作声，静观其变。他在想着，或许有人也同他一样，正在为护国宝而采取行动。崇仁准备不事声张，玉成此事。

当崇仁悄悄跟踪那两辆马车来到山崖处，才看清了原来是苟师爷和一撮毛在作祟。

苟师爷和一撮毛离去后，崇仁由夜色中钻出，走至已被填埋的崖洞处，看了看周围的景况，拾起些树枝落叶，进一步清除和掩藏了填埋的痕迹。完事后，他沉思着笑了笑，快速离去。

崇仁大约知道这最后两辆马车所载青铜古物的特殊历史文化价值。他在席棚初步清理时，从已识的铭文中发现，不少器物出自同一家族先后几代人之手，或者汇载了同一家族几代人追随几代周王建功立业的历史。这些成套的器物铭文，是研究西周某一家族或某一方国历史的独一无二的资料。

如何保护这批没有运入城内姬家大院的青铜古物呢？崇仁设想了许多办法。后来的事态表明，崇仁所设想的所有办法，都没有用。因为用不着。苟师爷和一撮毛回到师部指挥所后，再也没能活着踏出凤翔城一步。他俩都死于凤翔战事之中，死在了自己人的枪弹之下。除了崇仁，他们埋藏这批青铜古物的地点，就成了无人知晓的秘密。

半个多世纪之后，考古工作者根据有关线索，在周原先后发现了不少成套的西周青铜器物，其中一些器物的铭文就涉及单、微等方国或家族的历史。这些重大的考古发现中，有没有与当年崇仁掩护的那个山崖洞穴有关的呢？

谁也说不清楚。

半个多世纪后的岁月，未免过于遥远。当天夜间的故事还需要继续说完，天亮之前的结局总要有所交代。

先说歪戴帽。

夜幕中的山路。被击昏在地的歪戴帽，渐渐苏醒过来。他揉揉脑袋，爬起身来，莫名其妙地看看四周的夜色，似乎不知此刻身在何处。很快，他就突然明白了自己的处境，满脸惊恐之色。此时，另一名被打昏的士兵也清醒过来，爬至歪戴帽身边，有气无力地惊恐发问："排长，咱把宝物丢了，回去咋交代呀？"

歪戴帽揉着自己被枪柄敲击过的脑袋，惊奇地发现，那顶始终歪戴的军帽居然还戴在自己头上。他懊丧地说着："还说啥哩？回去就是个死！"

"上回碎碎个事，就罚你烧火做饭哩！这一回事弄大咧，恐怕……"受伤士兵思前恐后，不寒而栗。

没等士兵说完，歪戴帽决绝地一把揪下自己头上始终歪戴着的军帽，狠狠地扔在了地下。

"走！另寻活路！咱就是回去扯谎蒙混过了关，守城也是个死！那城能守得住？"

夜幕中的山路，可以看到两个背荒而逃的剪影。

一阵夜风刮过，那顶被歪戴帽扔落在地的标志性军帽，随风起舞，翻滚于山崖之下。

歪戴帽的真实姓名，无人知晓。他的下落命运如何，同样无人知晓。在那动荡不安的年月，类似这些可怜甚或可恨的历史无名的小人物，实在太多太多。歪戴帽的失踪，并未引起多大的波澜。人们很快就把他遗忘了。只有那顶标志性的始终歪戴的破旧军帽，偶尔会成为个别人讲故事时的谈资。歪戴帽是幸运的，是夜逃亡使他避免了必死的命运。十几天后，跟随曹拐子防守凤翔城的全师将士，除少数几个侥幸逃脱外，全数被歼，无一生还。其中包括被俘后惨遭集体屠杀的三千名士兵。是年凤翔发生的屠俘事件，史有所载。

再说当夜的姬府老爷姬崇仁。

474

夜幕之下，几十辆马车装载着青铜古物浩浩荡荡地由金家沟运往城内的姬家大院。

姬家大院门内，特意安放了一张桌子。吕管家坐在桌前，执笔登记入册。孟老板倒背着双手，来回踱步就地亲自监督。

几十辆马车所载青铜器物逐一登记，当然花费了大量时间。时近凌晨，负责最后压阵的崇仁方骑马回到府内。

"嗨！忙了整整一天一夜，肚子不舒服，在路边方便了一下。没有耽误事吧？"崇仁一下马，就揉着肚子。

"还有最后不多几件就登记完了。老爷要不要再审看一遍？"吕管家在桌前边登记边抬头请示。

崇仁摇摇头，指指一旁监督的孟老板："有孟团副自始至终亲自监督着，用得着咱再审看么？"

孟老板当然不会知道半道儿丢失了两辆马车的情况。他大松了一口气，轻松说着庆祝的话。

"总算是一切顺利！直到现在，大功告成，天还没亮么！"

崇仁看向天边："很快就要亮了。"

晨曦中的周原大地。

天就要亮了。新的一天，发生了很多变故。

第十七章　梦见周公

一、三千年前的讼案

新的一天开始了。

这一天发生了许多变故。就姬府而言，变故发生在城外的姬氏庄园。庄园里进兵了。消息传到城里姬家大院时，姬家人正在吃早饭。

厅堂内，八仙桌上已摆放好了早餐。早餐颇为丰盛，似有犒劳的意味。因为崇仁昨日一天一夜都在为运送青铜古物之事而辛劳操心。

怀真欢呼着扑向餐桌处。她发现餐桌上只有一个肉夹馍，便狡黠地一笑，故作委屈地发着牢骚。

"娘偏心！这肉夹馍肯定是给我爹一个人的！"

伊人笑着解释："你爹昨晚辛苦了么！"

崇仁也笑着对怀真说道："你要想吃，就拿上吃嘛。"

怀真莞尔一笑。

"我这是激将法！我是要我娘对我爹再更好一些，更偏心一些！"

"为什么呢？"崇仁故意逗弄着女儿。

怀真一脸认真地说着："因为爷爷又表扬我爹了。说我爹过去有仁有义，现在不但有仁有义，还有勇有谋！"

"那你爷爷还经常表扬你哩，也该奖励你呀！"崇仁继续逗弄着女儿。

老太爷也笑着直点头。

怀真则是一副更加认真的表情和口吻。

"我还小，还没有做出真正值得爷爷和我爹我娘表扬的事。但我长大后一定会的！我说的是真话！"

孩子的话，使大人们都颇有一些感动。

怀真突然想起，又问了一个问题。

"昨天晚上，咱家院子里有好大的声响，响了好长时间。我娘也不让我出去看看。咱家发生什么事了吗？"

老太爷抚摸着怀真的小脑袋："你还小么！有些事，长大之后才会明白。"

崇仁想了想，决定对怀真有所教育。

"怀真娃，你读的唐诗和古文，看的地理地图，都是从哪里读到、看到的？"

"书么！"

"书的材料是啥？"

"纸么！"

崇仁循循善诱地述说起来。

"古人发明纸的历史不过两千年。在没有纸之前，书就写在木板竹片上，写在丝绸帛布上。再早一些哩，就刻在石头上，刻在青铜器上。"

怀真认真听着，并作出反应。

"我看到过！那些青铜罐罐上的字，我见过，但一个也认不得！"

伊人笑着告诉怀真："那是专门的学问哩！你娘我也一个认不得，但你爷和你爹都是辨识金石文字的行家里手。"

怀真一听，马上扑到崇仁怀里撒娇："爹！你就给我讲讲嘛！"

崇仁想了想，好像不知道该如何向幼童小儿谈青铜器问题。沉思一会儿之后，崇仁开了口。

"好，我就给你讲个故事吧。差不多三千年前，咱周原有个叫师郑的小官，被人诬告受了委屈……"

……

西周初期，周王的使者奉命审理此案。

使者居中凭几跽坐。当事人师郑与牧牛跪在两侧。

使者的神情庄重而严肃："本使者奉周王之命，就牧牛诬告师郑一案做最终判决。被告牧牛！"

牧牛伏地叩首："小人牧牛在。"

使者据法判决："你曾告发原告师郑盗窃官物，后经官府查证，纯属诬告。你因诬告受了责罚，并认罪具结。可你事后不思悔改，继续诬告，纠缠不休。现在原告师郑，反诉你诬告之罪。本使者经过审理，判定你的诬告之罪成立，决定对你鞭打一千，罚金三百！"

牧牛惊吓不已，叩头求饶："小人认罪！恳请使者大人从轻发落，小人情愿罚金，乞免鞭打。"

使者征询原告师郑的意见。

师郑感激涕零地表明态度："感谢周王严明的法令，感谢使者大人公正的判决，终使小人洗刷了冤屈！只要被告牧牛能够改邪归正，及时向小人交纳罚金，鞭打的数额或可减免。"

使者最终表示："被告牧牛，看在原告替你求情的份上，在你交清罚金之后，鞭打五十，以示警诫！"

原告师郑与被告牧牛具伏地叩首称谢。

……

崇仁继续讲述着这桩三千年前发生在周原的诉讼案件。

"师郑赢得了这场官司，非常激动，很想把这件事情记录下来，传知自己的后代。可是，记录在哪儿呢？"

怀真认真地提问："爹，你刚才说，这是三千年前的事，那时不是还没有发明纸吗？"

"是啊！师郑在此案中得到了罚金，当时所说的金，就是我们今天所说的青铜。师郑便用这罚金也就是青铜铸造了一个盛水的瓢，并把这整个的事情过程作了一篇文字记录，铭刻在了这个青铜器物之上。"

伊人也被这个故事所吸引，忍不住发了一通感慨："今天的人们，如果不是看到这件青铜文物，看到其中的铭文，怎么会知道三千年前的这个故事呐？怎么会知道三千年前我们老祖先的生活状况呢？"

怀真大感兴趣，追问着后文："真有意思！那这个铜瓢后来怎么样了？"

"当然就成了师郑家的传家之宝。后来，不知发生了什么变故，他的后人也许是为了保护这件传家宝，就把它埋在地下藏起来了。"

"再后来呢？"

"再后来，也就是几天前，一些坏人从地下把它挖了出来，只想着把它卖了换钱！"

怀真立刻愤怒了："这些人真坏！就像怀玉姐姐他们抓到的破坏昭陵六骏的那些坏人一样！……那再再后来呢？"

老太爷和伊人同样也是愤慨的神态，同样也是急切想知道下文的表情。

崇仁故作轻松地一笑："再再后来嘛，也就是昨儿下午，你爹我又把这件珍贵的青铜文物埋到地下，重新保护了起来。留待以后世道好了……"

老太爷和伊人都宽慰地松了口气，赞赏地望着崇仁。

怀真则是认真地评论着："难怪爷爷要表扬你，难怪我娘要慰劳你……"

伊人马上关切地提醒着："怀真娃，这些事情在外头可不敢乱说。"

怀真依然是一脸认真的神情："我知道！人么！事辨轻重，人分好坏么！这是我爹常说的话！"

笑声中，全家人继续吃早饭。

就是在这个时候，吕管家过来报告："老爷，城外庄园刚刚来人呈报，咱姬氏庄园里进了兵，成群结队的官军要进驻庄园。守园子的仆人们阻挡不下，不知该咋办哩！"

城外姬氏庄园发生的变故，究竟是怎么回事呢？

老太爷沉吟着提出疑问。

"城外突然出现了大量官军，不会是曹拐子的手下吧？"

崇仁说着自己的推测："不会！曹拐子把他的部队全部调进了城里，号称要打一场凤翔保卫战哩！会不会是前来攻城的联军部队？他们的军号已改成国民革命军了。"

479

老太爷慨然而言:"当今乱世,军阀混战。这个军号,那个军号,也不知道到底有没有真正为老百姓的军头。不过,只要能把曹拐子打败撵跑,也就算为凤翔老百姓除去了一害呀!"

崇仁点头表示赞同:"曹拐子干的坏事太多,民愤极大。眼下谁能把曹拐子打败撵跑,谁就能得到凤翔民众的拥护和支持。就是我,也愿意帮着出把力么!"

"崇仁呐,我得出城去看看。不管是哪个军头,也不能让他们把咱的庄园给祸害了。"

"爹,你一个人去能成吗?要不我也陪你一起去吧?"

"你在这大院里还有一摊事哩!那些青铜古物……"

老太爷提醒的事情确实重要,崇仁无奈地点点头,说出自己的计划:"从今日起,我就把自己锁进屋里,啥事不管,赶紧把最需要保护的国宝挑出来。"

"是得抓紧,天有不测风云呐!我去城外庄园,让吕管家陪着就行了。你不用担心。国民革命军总会比曹拐子这类北洋军阀的走狗要好得多吧?"老太爷说着,吩咐吕管家快速备好车马,即刻出城。

姬老太爷的决断非常及时,倘若延误片刻,凤翔城他就出不去了。

就在老太爷、吕管家乘坐的马车刚刚驶出凤翔城门不久,城门处便响起了一阵急促紧张的哨声。哨声之后,一连串的口令声急促传来:"关闭城门——!""全城戒严——!"

城门开始关闭。护城河上的吊桥"咯吱咯吱"吊了起来。城墙上,不时有"噔噔噔噔"整齐跑步的士兵队列经过。城垛处,设岗布哨的士兵们荷枪实弹,一派大敌当前的气氛。

二、各怀鬼胎

同一天,凤翔城的攻防形势大变。

攻城的国民军一方,重兵包围了凤翔,开始了试探性的攻城行动。守城的曹拐子一方,全部兵力龟缩进城,关闭城门,封城固守。

师部指挥所内，曹拐子召集军事会议，布置守城军务。围坐在桌前的军官中，多有惴惴不安者。

"敌军已将咱凤翔城四面团团围住。这仗怎么打，听师座的将令！"苟师爷躬身请曹拐子发令。

曹拐子狞笑着坐在正中主位上，似乎并无慌张之色。

"诸位不必担心，踏踏实实地守城！坚守十天半月，本师长自有退敌妙计！我已下令，自即刻起，关闭城门，禁止出入！一来防止有人出城资敌，二来也是避免咱自家弟兄开小差，听说昨夜就私跑了几个。"

苟师爷有所补充，恶狠狠发令。

"城内的青壮年男子，一律征作壮丁，轮流参加守城。城内各家商户的粮食肉品，一律征作军用，统一由师部调配。城内凡有捣乱者，一律格杀勿论！"

曹拐子站起身，一挥手，下达了命令。

"散会！战斗今日就会打响，各位各就各的防位！"

与会众军官集体起立，齐声回答："是！"

在散会的混乱中，孟老板凑近曹拐子，悄声说着。

"好险呐！幸亏昨晚连夜行动，才把那些宝物从城外运回了城里。姬老爷还算仗义，能够配合。"

曹拐子悄声安排："你赶紧先挑选几件值钱的上好宝物预备着，我十天半月就要用。其他的就不急了，慢慢再说。反正东西都在他姬家大院，城门关闭，谅宝物也飞不出去"

在散会的混乱中，还有人说着同样感到庆幸的话。

"好险呐！幸亏昨晚连夜行动，不然也就不会再有咱下手的机会了！"一撮毛凑近苟师爷，悄声说着。

苟师爷还在琢磨着曹拐子刚才的话语："你听师座刚才的口气——坚守十天半月，本师长自有退敌妙计！这就是说，姓曹的已给自己安排好了退路。咱们先等等看，耐心守城十天半月，然后……"

一撮毛则有点儿担心地说起了自己另外的顾虑。

"昨晚把我给吓得不轻，那具体地点现在都有些想不起来了。"

"你想不起来才好哩！那我就一个人……"苟师爷半是嘲笑半是恐吓。

一撮毛立刻小声但态度激烈地发出警告。

"苟——参谋长！你可不敢一个人吃瞎账，小心撑着了！"

苟师爷马上狡黠地笑着转变了口气。

"咳！开个玩笑么！咱是一根绳上拴的两只蚂蚱，你我咋能分得开哩？"

苟师爷说完，径直离去。一撮毛猜疑的眼神盯向他的背影。

曹拐子之所以强调要"坚守十天半月"，有着自己的如意算盘。他打算先让对方吃吃苦头，然后再抛出诱饵。只有在对方一时无法轻易破城的情况下，那些适时奉献的青铜宝物才能发挥更大的效用，才能为自己争取更优厚的改编条件。当然，他也准备了最后的逃生之路——重回老爷岭。

凤翔城易守难攻。曹拐子的人马据险固守，确实让对手大吃苦头。

围攻凤翔的战斗开始打响。

进攻的军号声中，攻城部队的士兵们呐喊着端枪冲锋。

守城部队的士兵们依托城墙，居高临下地开枪阻击。

攻城士兵被阻击在护城壕之外。

攻城士兵们匍匐前进，以众多的伤亡代价，勉强在护城壕上搭起了简易便桥。

在己方机关枪密集火力的掩护下，运送云梯的士兵们终于通过便桥渡过了护城壕。云梯尚未抵达城墙边，运送者即被城墙上的守军枪弹所击伤，手捂伤口，不甘心地栽倒在地。云梯横倒在城墙之下。

已抵达城墙下的攻城士兵，被枪弹压制，爬在地下，不敢轻易起身。一名不甘心的攻城士兵，试图向城墙投掷手榴弹。高高抛起的手榴弹，显然到达不了城墙的高度。抛起的手榴弹被城墙碰阻落下，反而在攻城一方的伤兵聚集处爆炸。投弹的攻城士兵无奈地捶胸顿足。

城墙上的守城士兵，看到城下投弹的一幕，得意地哈哈大笑，并向城下嘲弄地喊着："碎娃！有本事再尿得高些！"

几名守城士兵同时举起手榴弹，奋力向城下扔去。手榴弹由高向下飞出一条弧线，直接将护城壕上所搭起的简易便桥炸毁。

撤退的军号声响起。攻城部队无奈后撤。

一连数日，战况反复重演，但结果大抵如此。

师部指挥所内，苟师爷向众军官通报战况。

"敌军以西城为主攻方向，连日来已发起了多次攻城行动，均被我军击退。南城和北城方向的敌军，目前是围而不攻的态势。"

曹拐子关切地询问："东城的情况呢？"

苟师爷回复："东城一线是我军的防御重点，敌军要由此突破，难度甚大，所以反倒相对平静。敌军驻在城东七里铺，隔而不围，尚未逼近城下。"

一名传令兵此时跑步进入指挥所，气喘吁吁地报告军情："报告师座！西城敌军再次攻城！他们抬着云梯，企图强行登城。刚过了护城壕，就被咱弟兄们给收拾咧！连城墙边都没靠近！"

众军官闻言面露喜色。

牛团长颇为自负地吹嘘着："咱凤翔的城墙又高又大又厚实，子弹根本打不透，除非用几门洋火炮来硬行轰一轰……"

一撮毛忍不住插嘴："他们就没有大炮么！要有，早就用上咧！"

孟老板不甘冷落，也想发言："只怕守城日久，咱自己弹尽粮绝就麻达咧！"

"你懂个啥！"牛团长不屑地瞥其一眼。

苟师爷一伸手，止住众人的议论："好！安静些！都听师座的将令！"

曹拐子似乎很有把握的神情："就他们这种攻城法，甭说三回五回，就是再来攻城三十回五十回，结果还就是个这，咋也不咋！告诉弟兄们，放心守城，他们攻不进来！"

看了看众军官，曹拐子换了一种口气，接着说道："我早已说过，坚守十天半月，本师长自有退敌妙计。现在还是这话不变！"

众人散会离去时，曹拐子伸手轻轻拉住了苟师爷。

避开众人后，曹拐子对苟师爷低声交代："东门要防守好，咱得留好后路么！"

苟师爷不免吃惊，小声询问。

"敌军就在东门外七里铺驻扎，布好了口袋等咱往里钻哩！出东门寻后路，不就是自投罗网吗？"

曹拐子诡谲地一笑："这我知道。出了东门，在官道上走不到两里路，咱就拐道朝北，进山！也就是在他们布好的口袋边缘上打个磨旋，然后溜之乎也！"

苟师爷更加吃惊："你是说绕道回老爷岭，重新当土匪？"

"我也不想重新去当山大王。还是在城里吃香的、喝辣的、搂女人、当师长享福啊！但如果真有这一天，临行前咱就先把全县城给洗劫喽！当初你就出了个抢大户的主意，我说时候还没到。现在看来，也许这个时候就要到了！"曹拐子露出狰狞凶恶的神情。

看着苟师爷惊愕的神情，曹拐子话锋一转。

"当然，现在路还没有彻底走绝，我还在想其他办法。这几天早晚可以把北门临时开一开，一方面把城里的死人呀啥的运出去，另一方面也是为了转移敌军的视线，好让他们放松对东门一线的警觉。"

三、"闭关"

曹拐子葫芦里到底卖的什么药，苟师爷一时还琢磨不透。就在他若有所思地来到院内时，看见一撮毛躲在一间空屋前焦急而神秘地向他招着手。

空屋内，一撮毛向苟师爷通报紧急情况。

"昨晚师座偷偷派人溜出西城，去和敌军主将谈判，答应全师投降，接受改编。唯一的条件是：曹师座继续留任师长，其余自参谋长以下军官可任由国民军处罚。"

苟师爷一听，大为愤慨："这事我不知道啊！他竟然连我也瞒着哩！谈判结果呢？"

一撮毛颇有些幸灾乐祸："结果碰了个大钉子！对方答复：接受投降，同意改编。条件也只有一个，那就是只要曹拐子一个人的项上人头！"

苟师爷一时没弄明白，显出疑惑的神情。

一撮毛急忙说明："这就是那个那个啥——冤家路窄么！那人正是咱曹师长的不共戴天的死对头么！"

苟师爷一下子明白过来，心领神会地点点头，仿佛感到自己成了坐山观虎斗的旁观者。

"我明白了。那是他们两人之间的事，与咱无关。对于你我来说，要考虑的是：是曹某人一个人的人头重要哩，还是全师将士包括你我的性命重要哩！"

苟师爷与一撮毛进入这间空屋时，恰被孟老板无意中看见。一撮毛那焦急而神秘的招呼手势，引起了孟老板的好奇与兴趣。他偷偷靠近空屋窗前，听到了上述谈话。他还想继续听下去，不远处却传来有人走近的声响。他只得装模作样地整整衣冠，悄声离去。

空屋内的密谈，还在继续。

苟师爷突然想起，关切问道："昨晚出城谈判的使者呢？"

此人必定了解有关谈判的更多详情，苟师爷打算亲自与此人面谈。

一撮毛摇摇头，一副兔死狐悲的模样。

"被姓曹的下黑手杀死了。大概他是害怕只要一颗人头的条件传出去后，会动摇军心吧！"

苟师爷沉吟着，冷冷地盯着一撮毛的眼睛。

"事不宜迟，当断即断！看来这三两天内咱俩就得下决断了！"

一撮毛有点儿惊恐地发问："你是说……"

说着，一撮毛做出刀切西瓜似的手势动作。

"对！取下一颗项上人头，既可挽救全师将士的性命，又可换取咱二人的飞黄腾达！"苟师爷斩钉截铁般的口吻。

一撮毛讨好地谄媚一笑，同时流露出有所期待的目光。

"到时候，参座自然晋升师座。"

苟师爷投桃报李地拍拍一撮毛肩头，痛快地应承着："没问题！副官自然晋升参座！"

二人相视，无言地露出得意的笑容。

同样的密谈，同样的许诺，也在另一处场所进行。

孟老板匆匆走进指挥所。指挥所内，只有曹拐子孤身一人呆坐着沉思。

"师座……"孟老板小心翼翼地走近曹拐子身边，轻声招呼。

曹拐子抬头一看，招手示意孟老板坐到近处。

"孟团副，找你来是有一件急事。你明天去一趟姬府，在咱们那些青铜宝物中挑两件值钱的，我有用场。"

孟老板似有不解："这会儿忙着守城打仗呀，咱还顾得上弄这事哩？"

曹拐子说明了此时宝物的实际用途。

"就是要用这些宝物来帮助咱守城哩！对面的那个旅长就是个犟驴，不识时务么！我打算明晚派人出东门，直接把宝物送给冯总司令和宗军长。这样，守城之仗也许就不必再打了，你我还是安安稳稳地继续当咱的团长、师长。"

"是！我明天下午就把此事办好，并亲自把挑选出的宝物送到师部。"孟老板明白了曹拐子的用意，满口答应。

曹拐子着重叮咛着挑选宝物的标准："挑选的宝物，最好能有一个说道。不仅要值钱、好看，还要与啥名人故事扯上点儿关系。送礼么！那些大人物就受用这一套。"

"我明白，我明白！"孟老板心领神会。

孟老板告辞离去。刚刚走出指挥所，他就停住了脚步。经过一番思索和盘算，他觉得除了青铜宝物之外，自己还有夤缘攀附的另外机会。他又折身返回了指挥所。

"怎么，还有事吗？"曹拐子抬眼看到重新返回的孟老板，不免觉得有些奇怪。

孟老板走近曹拐子身边，吞吞吐吐地欲言又止。

"师座，有件事不知当说不当说……"

"你说，说嘛！"曹拐子点头应许。

"我刚才无意中听到了苟参谋长和茅副官两人的谈话。他二人的言词，不仅对师座不恭不敬，而且好像还打算着有啥不忠不义之举哩！"孟老板一副义愤填膺的神态。

曹拐子表示信任地拍拍孟老板的肩头，然后冷笑一声。

"上回在虚云观抽签，那个道长胡铁嘴就私下单独告诫过我，要防备自家的臣下篡位。对苟、茅二人，我早有防范。等守城之事一有眉目，我就立刻打发姓苟的上路！"

孟老板的眼神似有所期待，还在等着听取后文。

曹拐子当然心知肚明，慷慨地许着诺言。

"牛团长嘛，就让他来当个挂空名的参谋长。你孟团副，不，你孟团长就是咱全师实际上的第二把交椅了！"

"感谢师座栽培！我孟某人一定终身效忠师座大人！"孟老板感激涕零，以不正规的立正动作，行着不正规的军礼，口中还不忘表着忠心。

曹拐子等人忙于守城作战的几天里，姬府分外寂静安宁。姬老太爷出城去了姬氏庄园查看情况。崇仁已将自己反锁在储放青铜古物的库房里几天几夜，排除一切干扰，争分夺秒地忙于清理辨识古物的工作。府中只有伊人在维持局面。

恒泰和药材庄田账房前来求见崇仁未果，伊人不好意思地将其引进前院客厅。

两人刚在客厅坐定，满面焦急之色的顺昌酒坊梁掌柜也匆匆赶到。

"姬老爷人呢？"梁掌柜看了屋内二人一眼，急不可耐地发问。

伊人柔和地一笑，和蔼地招呼着："别急，别急。梁掌柜先请坐，喝口茶，消消火。"

梁掌柜一边就座，一边接过丫鬟递上的茶水大喝了一口，随即又催促起来。

"不急不行呀！快请姬老爷出来吧！"

田账房无奈地打趣着："姬老爷闭关打坐哩！概不见客！"

梁掌柜双手一摊，语气更急："真有急事哩！你，我，还能算是客吗？"

伊人抱歉地解释着："崇仁带着几天的干粮白水，把自己反锁在那间屋里。之前交代说，就是天塌下来了，也不许打扰。已经两三天了，连我也没有和他见上一面、说上一句话的机会。"

田账房理解地表态："姬老爷这样说这样做，就一定有如此这般的理由，看来真是不能打扰。"

"那咱的这些事咋办呀？"梁掌柜无奈而焦急地问道。

伊人谦和沉稳地表示自己的意见："有啥事，说出来，咱们商议着办么！"

梁掌柜马上就开口诉着苦水。

"酒坊上的年轻伙计，全被狗日的曹拐子强拉去当差了。咱酒坊的活计没人做了么!"

伊人想了一想,果断地发表意见,但口气却是商量的口气。

"梁掌柜,你看这么着行不行:自现在起,酒坊关门歇业。这兵荒马乱的,能尽量减少一些损失就是大幸,还能指望继续开业挣钱么?"

田账房在一旁插话,表示赞同。

"说得对着哩!就是勉强继续开业,也挣不下啥钱么!"

伊人稍一思索,接着说起后续的意见。

"账簿和现洋赶紧找地儿埋藏起来。酒坊现有的伙计人员给些生活费用,全都打发了,能躲就躲,能藏就藏。只留几个老成可靠的,看门照料就可以了。"

梁掌柜稍稍思索后,连连点头,表示同意。

"好!也只能这样了。回头你给姬老爷回复一声儿。"

伊人转身又对田账房交代:"药材庄也同样办理,关门歇业。药材库房要锁严实了。店面偏门要留个缝儿,万一来个急重病患,咱还得给人家抓药配方么。"

伊人将梁掌柜和田账房送出大门后,返回院内。

在客人面前保持平和安稳面容的伊人,一下子露出焦急担忧的神情,急匆匆向院内深处走去。

僻静处的库房,紧紧关闭着的门窗。

伊人几次移动脚步,欲前往库房门前敲门。几次走近,又几次折返。

努力克制了自己内心欲望的伊人,凝视着库房,眼神中充满了关切与忧虑。

独自在库房里关了几天几夜的崇仁,现在怎么样了呢?

四、梦中的灵感

这是姬家大院里一间面积颇大的空置库房。曹拐子一伙在金家沟盗掘而来的青铜古物,就全部储放在这里。

此间库房里有一处外人无法察觉开启的密柜。密柜中本已储藏着几件姬府祖传的青铜古物。崇仁觉得，这个密柜还可以为"护国宝"发挥更大的作用。当孟老板监督押送这批"战利品"要在姬家大院临时置放时，崇仁首先想到的合适场所就是这间库房。

如今崇仁独自一人已在这间库房里忙活好几天了。那些体型较大、引人注目、且一人难以搬动的器物暂搁一边，崇仁首先挑选了几件具有明显历史文化价值的小型器物转移隐藏进了密柜。密柜的空间有限，最需要保护的国宝需要辨识鉴别。眼下崇仁就正在为着解读一件方鼎中的铭文而伤着脑筋。

库房屋内，地面上摆满了各类青铜器物。

案台上，摆放着一尊不足一尺高的四足长方鼎。鼎旁搁置着《积古斋钟鼎彝器款识》《周金文存》等资料书籍。

面目憔悴、满脸胡茬的崇仁，围着案上的方鼎左看右看，仔细端详。鼎的内壁及内底处，隐隐约约呈现出几十个铭文。由于有的字迹不清，有的字义不明，整篇铭文崇仁尚不能读懂通释。但他有两个强烈的感觉：一是这段铭文肯定与周公东征的史实有关，二是这段铭文似曾相识，他好像在其他青铜器物上见过相同的铭文。

崇仁猛然想起，就在姬府祖上传下来的一尊圆鼎中，似乎有着类似的铭文。那尊圆鼎此时可能就在密柜之中。他急忙从密柜中翻寻出一尊双耳三足圆鼎，将它并排置放在案台上的方鼎之旁。

两尊并排放置的青铜鼎，一圆一方，大小高低相近，纹饰风格相同。圆鼎的内壁及内底，同样隐约显现出几十个铭文。

经过仔细辨识，崇仁发现：两尊鼎的铭文中，均有"周公""征伐东夷""归祭周庙""公赏贝百朋"等相同的字样。大致内容都是：鼎主跟随周公东征，获胜后祭告周庙，并获得了周公的奖赏。为纪此事，故铸宝鼎以传世。

崇仁感到很疑惑。两处铭文记载的事件内容基本相同，大部分文字也完全一致，但鼎主的名字却各不相同，鼎的形制上也是一圆一方又有区别。这究竟说明了什么呢？两尊鼎以及各自主人之间又是什么关系呢？

崇仁百思不得其解。他拿起毛笔，题写了"周公东征圆鼎""周公东征方鼎"两个纸签，分别搁置在了圆鼎和方鼎的足下。盯着两尊鼎，他苦苦思索着。

疲惫不堪的崇仁，后仰着坐在椅子上，闭目养神，不知不觉进入了梦乡。

……

在一处宗庙建筑背景下，一张案桌上摆放着那两尊铜鼎。一圆一方。

崇仁在圆鼎和方鼎之间游移思索。

两位西周贵族服饰的青年公子，即古装崇仁与古装崇德来到了鼎前。

古装崇仁手指圆鼎，大声宣布："这是我的，我铸的是圆鼎。"

古装崇德手指方鼎，也是大声宣布："这是我的，我铸的是方鼎，就是要与兄长所铸的不一样！"

古装崇仁手指圆鼎内底："这儿有我的名字。"

古装崇德手指方鼎内底："这儿也有我的名字。我的名字当然和兄长的名字不一样！"

古装崇仁与古装崇德一人一句分别念着铭文的内容。

"跟随伯父周公。"

"从军东征告捷。"

"归祭周庙获赏。"

"铸作宝鼎传世。"

古装崇仁与古装崇德异口同声地："一起出征，同获封赏，纪念铭文，当然就一样么！"

崇仁看着古装崇仁，疑惑地问着："你是我吗？你不是我吧？你是谁呀？"

古装崇仁与古装崇德忽然消失不见。

一位气态轩昂、留有胡须的西周贵族服饰的老者，即古装姬秉礼出现在眼前。

古装姬秉礼大度而言："你问我是谁？我是你的先祖周公姬旦。"

"周公？"崇仁肃然起敬，伏地跪拜。"后辈小子姬崇仁在此叩见先祖周公大人！"

"怎么就你一个人呐？你的兄弟们呢？"古装姬秉礼巡睃一眼问道。

"唉！一言难尽！"崇仁一时不好回答。

古装姬秉礼十分理解，坦然自述。

"正所谓龙生九子，个个有不同啊！就拿我姬旦来说吧。一母同胞兄弟十人，其他庶母所生的兄弟数量更多。伐灭殷商的周武王，是我的兄长。与我共同忠心辅佐两代大周天子的召公、毕公，是我的亲兄弟。但与宿敌勾结、起兵反叛的管叔、蔡叔，同样也是我的亲兄弟。为了国家的稳定和百姓的安宁，随我东征平息管蔡之乱的功臣康叔，还是我的亲兄弟！"

崇仁大为感慨："都是咱周原人氏和周原后人呐！……刚才那两位公子是……"

"那是我兄弟康叔的两个儿子。共同从军东征有功，各自得到了奖赏，都要铸鼎传世留念。兄弟俩互不相让，一个铸了圆鼎，另一个就非要铸成方鼎不可啊！"古装姬秉礼作出了解释。

崇仁再次作揖行礼："后辈小子尚有疑问敢向先祖求教！"

古装姬秉礼做出"请讲"的手势。

"先祖生活的时代，铸作如此之多的青铜器，究竟是为什么呢？"

"首先当然是为了实际需要么！煮炊需要用釜，饮酒需要用爵，作战打仗离不开刀剑箭镞，这都需要铜来铸作啊！除铜之外，我们这个时代，还能用什么呢？"

"为何要在青铜器物上留下那些铭文呢？"

"在那些用于敬天祭祖的礼器上，我们也会刻写一些铭文，叙事纪史，年代久远而不会磨灭。当你们这些后代子孙们，看到青铜器上的铭文时，不就如同看到了我们的这个时代吗？"

崇仁感慨不已："诚如先祖所言！周原所发现的这些青铜宝物，真是一笔宝贵的珍藏啊！由此后辈小子们可以更多地了解先祖生活的那个时代。"

"可惜呀！几千年沧海桑田，有幸流传至你们这一代手中的青铜古物，已经只有很少很少一点儿喽，如果再不好好珍惜保护……"古装姬秉礼叹息着。

突然，一阵枪声传来。

古装姬秉礼发出警示："小心！强盗来了！"

……

后仰在椅上睡着的崇仁，惊醒过来。他揉揉眼睛，看看四周，明白过来刚才只是一场梦。仿佛不甘心梦境消失似的，崇仁再次闭上眼睛，想要重温回味梦中的情景。

491

人类白天干活做事，晚上休息睡觉。睡觉难免就会做梦，有时白日也会进入梦乡。奇妙的梦境，往往潜伏隐藏着所谓灵感。艺术创作的妙思，诗人苦觅的佳句，乃至无解难题的顿悟，偶尔会在梦境中豁然开朗，得到答案，得到启示。

崇仁在梦中读通弄懂了两尊鼎中的铭文。他相信，他对铭文的理解和释义没有错。

就在崇仁为自己的发现惊喜不已时，现实中又有一阵枪声传来。崇仁顿时紧张起来。

看看案台上的两尊铜鼎和满屋子的青铜古物，崇仁不放心地摇摇头。数量实在太多了，如何尽能保护呢？

崇仁首先珍惜地抱起案台上的那尊圆鼎，向密柜处走去。圆鼎下那张"周公东征圆鼎"的纸签不慎飘落在地，崇仁并未发现。

当崇仁将圆鼎放入密柜、又至案台处抱起那尊方鼎时，又一阵急促的枪声传来。情急之下，崇仁无奈先将方鼎放下，急忙先去关闭了密柜的机关，使其恢复了原来的隐蔽状态。

崇仁听听屋外的动静，决定出去了解情况。

案台上，依然摆放着那尊方鼎。方鼎足下，纸签犹存。那张圆鼎的纸签，掉落在地面不显眼处。

五、出入北城门的运尸板车

崇仁连续几天几夜独自反锁在库房内清理文物，已完全失去了时间概念。当他被紧促的枪声所惊扰，打开内锁的屋门走出时，屋外正是黄昏时分。

伊人就坐在近处的石阶上，一直忧心忡忡地望着屋内，想进又不敢进。

看见崇仁由屋内走出，伊人一阵惊喜，急忙迎上前去招呼："哎呀！你可算出来了。"

崇仁急忙问着："外面枪声是怎么回事？"

伊人心疼地看着崇仁憔悴的面容和满脸胡茬，忍不住一把拉住了他的一只胳膊。

"这几天，天天都有枪声，已经听习惯了。不管它！你是先洗澡，还是先吃饭？"

崇仁显然已经感到了饥饿，不假思索地回答着："先吃饭，先吃饭！吃过饭我还要进去继续忙几天哩！"

崇仁独自坐在餐桌处，狼吞虎咽地吃着饭，一副已经好几天没有正式进餐的模样。

伊人在一旁心疼地看着，并不停地为其搛菜添饭："慢点儿吃，别噎着了！"

"怀真娃哩？"崇仁一边口不停食，一边问着。

"你也不看看现在是啥时辰了！怀真娃早就吃过饭回她屋看书去了。"伊人笑着说道。

"咱爹也吃过饭了吧？"崇仁依然埋头进食，并随意问道。

伊人惊讶地望着崇仁："咱爹？你是在那屋里待糊涂了吧？几天前，爹不是就出城去庄园了吗？"

崇仁这才猛然清醒过来，不好意思地摇摇头。

"都好几天啦？我在里面待得真是不知道时间了。你没有派人把爹接回来吗？"

伊人苦笑着叹了口气，担忧地说道。

"你真是与世隔绝了，啥都不知道。就在爹出城的那一天，县城就被曹拐子封闭了。不许进，不许出。唉！也不知道咱爹在城外庄园的情况怎么样了！"

"爹！——"崇仁闻言心头一惊，猛咳一声，嘴里的食物喷吐而出。

听闻父亲近况不明，崇仁心头大乱。他不顾一切地即刻拔腿就走，匆匆向院门处奔去。伊人忧心忡忡地跟在他的身后。

行至大门前，崇仁停下脚步，向伊人交代："我得想办法趁夜混出城去。我的心里木乱得很，不得到咱爹平安的确切消息，啥事我都干不下去了。"

伊人看着崇仁焦急而失神的面容，理解地点点头，默默无语。

"你和怀真娃把大门关紧，老老实实在家待着。等我把爹的情况弄踏实了，就马上回来！"崇仁继续交代。

伊人点点头："家里的事，你就放心吧！"

崇仁迈出大门之后，发现伊人依然紧紧跟在自己身边。

"你回吧！不要出去了，外面危险！"崇仁伸手拦住伊人。

伊人坚定地摇摇头，执拗地说着："那怎么可能？不亲眼看到你平安出城，我能放心吗？"

暮色苍茫的街巷，零星的枪声时而响起，几无路人经过。崇仁与伊人一边注意观察着四周的动静，一边急匆匆地走着。

他们先后在暗处观察了南门和东门的情况。发现两处都是城门紧闭，没有丝毫松动的迹象。城门内侧，士兵守卫森严。偶有路人经过，远远即遭到士兵的驱离。

崇仁无奈地挥挥手，小声说道："走，咱们去北门看看。"

两人来到北门，躲在隐蔽处观察。

城门处，依然有持枪士兵在警卫戒备。

城门不时打开，民夫拉着平板车有出有进。

崇仁与伊人见此情景，感到或有机会，兴奋地对视一眼。天色渐黑，两人耐心等待着合适的出城机会。

伊人看着崇仁连续忙乱几日几夜、尚未及清理的面容和衣装，不禁一阵心酸，轻声叮咛道："出去出不去，你自己都要多加小心！"

崇仁双手攥着伊人的一只手掌，充满关爱的眼神凝望着妻子："你放心吧！我能出得去，一定还能进得来！"

伊人关切问道："屋里的那一大摊东西收拾好了？"

崇仁摇摇头，脸上又浮现出新的担忧。

"我只辨识和隐藏了其中一小部分，大部分还没有来得及。得抓紧时间呐，以免夜长梦多！"

"看这几天把你给熬的！"伊人怜惜地摸了一下崇仁满是胡茬的脸庞。

崇仁突然心头一喜，忍不住向伊人报告着好消息。

"今日下午，我做白日梦，梦见了先祖周公！"

伊人不禁哂然一笑："你有福啊！周公庙正殿前的对联：勋劳自古推元圣，从来梦见有几人！孔子梦周公哩！梦见周公，必是吉兆！"

崇仁崇敬地回忆着梦境。

"先祖周公在梦中交代，要我们好好珍爱那些有幸流传至今的青铜古物。一旦损毁，不可再生。流失在外，则难以复得啊！"

突然，二人发现：夜色中，有一民夫拉着空空的板车，由城外进来，逐渐走近。

崇仁在无人处，拦住了那位民夫。此人正是恒泰和药材庄的病人苦力小张。

"姬老爷？你咋这时候在这儿呀？"苦力小张一见崇仁，大为惊讶。

说着，苦力小张放下手中拉着的车把手，打躬作揖地说着感谢的话。

"我和我爹都曾在姬府的药材庄诊过病，抓过药，疗过伤，诊费药钱全都给免了！想不到今日在这儿遇见了恩人！"

崇仁止住了苦力小张的千恩万谢，直截了当地提出了请求。

"我想请你帮忙，把我送出城去。"

苦力小张表示为难："不好办呐！兵狗子们查得紧！姬老爷此时出城，有啥急事吗？"

崇仁合拳拱手，表达请求之意。

"我家老太爷独自出城好几天了，我实在放心不下呀！"

苦力小张一听，连忙帮着想办法："兵狗子们的上头有令，只许运送死人出城，不许活人出城。我每天晚上都要运送好几回尸首哩！"

崇仁闻言，眉头一皱，想了一个办法。

"为了能见到老父亲，咱就扮一回死人也没啥大不了的。"

城门口内侧，不时有板车出入，守城士兵呵斥着检查盘问。

苦力小张拉着板车，走近城门。板车上躺着一个似乎是死去的士兵，身上简单覆盖着一张草席。

守城士兵喝止住苦力小张，走近板车，掀开草席检查。草席下，一张满面血污、胡乱缠着绷带的面孔，身上穿着留有弹痕血迹的士兵服装。

"唉！这守城一仗，死了咱多少弟兄呐！"守城士兵放下草席，挥手放行，口中还发着感慨。

苦力小张拉着板车，出城门而去。

躲在暗处观察动静的伊人,看到苦力小张的板车平安顺利地出了城门,不由得手抚胸口,放心地大喘了一口气。

城外乱坟岗处,颇多无人照料的弃尸。

苦力小张拉着板车,路过几具弃尸之旁,进入坟岗僻静处。

观察前后左右无人后,苦力小张拍了拍车上草席覆盖之人。

满面血污、缠着绷带、身穿伤兵服装的崇仁在板车上坐了起来。

苦力小张紧张地催促着:"姬老爷,我得赶紧走了,天亮之前必须得返回城里。否则——,家里的老小,还被他们扣着作人质哩!"

"我就不再多说客套话了。等事情过去后,我会专程到你家里登门拜谢的。不过,也许过一两天,我还会在这儿寻你帮忙回城哩!"崇仁拱手致谢告辞。

苦力小张也连连弯腰回礼:"只要我能办得到!能给姬老爷帮忙,也是我的福分"!"

六、平安无事的庄园

听闻城外姬氏庄园进了兵,姬老太爷不放心,亲自出城去查看。谁知刚出城门,凤翔城就戒严封城了。攻城战事一开,城里城外更是消息不通。城里的崇仁和伊人十分担忧城外的老太爷的安危。但实际上,姬老太爷在城外并没有遇到什么风险。

刚出城的那天,沿途确实看到了战事兵乱给老百姓带来的灾祸。路过的村庄里,有哭喊声传来。老太爷驻车观看,只见几名身穿国民革命军军服的士兵,正在村庄里抢夺百姓财物。

一名农妇拽着士兵的衣袖不放,口中苦苦哀求。

"好我的兵爷哩!行行好!不敢断了我们可怜人家的活路!我家掌柜的瘫倒在床,全仗着母鸡下蛋换钱治病哩!"

士兵一把将农妇推倒在地,嘴里骂骂咧咧。

"老子马上就要卖命攻城了,枪炮不长眼!临见阎王前,吃你一只鸡还不行吗?"

士兵拎着抢来的母鸡扬长而去。

农妇趴在地下哭天抢地。

此时为姬老太爷驾赶马车的车夫，正是当日一早由城外庄园赶至城里报信的守园仆人。看到农妇的可怜景况，车夫不由得恨恨说着："什么北军、南军，都和土匪差不多！"

姬老太爷向吕管家眼色示意。吕管家下车，扶起哭倒在地的农妇，并递送了一块银圆。

马车继续行进后，姬老太爷的心绪大为低落。难道怀远、怀玉们热心投奔的"国民革命"军队竟也是如此不堪吗？

车夫絮叨着诉说当日凌晨姬氏庄园门前发生的事件。

天色尚未放亮。姬氏庄园大门外，一群士兵抡起枪托敲击着庄园大门，口中还高声呼喊着："开门！赶紧开门！"

大门里，两名守园仆人从睡梦中被擂门声惊醒匆忙赶来。二人惊恐地对视着，不敢开门，也不敢作声应答。

眼看擂门动静越发激烈，守园仆人壮着胆子发问："门外是什么人呐？"

门外的恶声恶语传了进来。"你们这院子被征用了！我们旅长的攻城指挥部就要设在这里了！""赶快开门！竟敢这长时间装死不应答！"

"庄园主人不在，我们是守园的下人，不敢做主！你们还是另寻他处吧！"守园仆人提高音量回应着。

园外的士兵更为暴躁发火："啥？你说啥？胆敢对抗国民革命军，你还要命不要？""再不赶紧麻利开开门，小心老子把你这庄园大门给砸毯咧！"

两位守园仆人商定：一人赶紧从后门骑马进城，立即向老爷报告。一人坚守园门与士兵盘旋，实在不行只能先打开院门再说。

进城报信的仆人即此刻的车夫，说完当时的情况，十分担心地推测着："咱的庄园大门只怕是挡不住那伙子兵匪，这会儿不知咱庄园糟践成什么样子了！"

姬老太爷皱着眉头沉着脸，一声不吭。

吕管家的眼前，已浮现出了庄园大门被砸毁的惨状。

马车驶近姬氏庄园大门。

姬老太爷和吕管家下车后看到的情景，大感意外。

庄园大门完好无损。大门之外安静如常。

老太爷、吕管家以及车夫均感到疑惑不解。此时，那位留守的守园仆人似乎听到了门外的车马动静，主动开门前来迎接。

老太爷一行进入院内，未见一丝反常情况。

吕管家急不可耐地发问："不是说官军闯进咱庄园了吗？咋没见一丝儿动静哩？到底咋回事？"

守园仆人丈二和尚摸不着头脑："我也不知道到底是咋回事。那帮当兵的正要撒野强行闯进咱的庄园，忽然来了一个大官……"

吕管家插言发问："大官？什么大官？"

"就是他们叫作旅长的一个人。那个旅长独自一个人在园里转了一圈儿，说了两句话，就下令撤兵另寻地方去了。"

吕管家急忙问道："说了两句什么话？"

"说了一句——旧地重游，感慨良多。又说了第二句——贵人宝宅，岂能滥入！"

姬老太爷默默听着，口中喃喃自语地重复着那两句话："旧地重游，感慨良多。……贵人宝宅，岂能滥入！"

稍一思索，老太爷微微颔首点头，已经明白了来者为何人。

老太爷的猜测没有错。来人正是当年曾夜劫姬府的老爷岭土匪大当家、现国民革命军旅长、凤翔攻城前线总指挥郭复礼。

听说姬老太爷已经出城返回姬氏庄园，郭复礼很想登门拜访、一叙旧情。但战事已开，军务繁忙，特别是他在西门方向指挥攻城作战接连失利，心情亦颇为不爽。所以他暂时放弃了再访姬氏庄园的计划，只是派了使者前来致礼问候。

凤翔城戒严封城，老太爷一时无法返回城里。在城外庄园里的两三天时间，他的日子倒也平静安稳，只是心里始终牵挂着崇仁、伊人、怀真及城里的情况。

这天一大早，郭复礼派遣他所信任的黑副官来到姬氏庄园，专意迎接姬老太爷前往他的临时军营相见叙谈。

姬老太爷在营门前下了马车。黢黑瘦小的黑副官恭敬地推开门扇，做出礼请的手势："老先生，请进！"

姬老太爷刚刚迈进营门，一声口令传来："立正！——敬礼！"只见营内道路两侧站满了列队夹道欢迎的士兵。随着口令声，众士兵向进门的姬老太爷致以整齐的持枪军礼。

"黑副官，只说是故人相见，为何又弄这个排场？"姬老太爷一愣，稍有不悦地问着身边陪同的黑副官。

黑副官恭敬地回答："老先生是我们旅座礼请的贵宾嘛！你看，旅长大人也亲自来迎接老先生了！"

"老太爷呀！多年不见，十分想念呐！"当年的老爷岭郭大当家、如今的郭旅长，人未到声音先到。

随着一声招呼，一身戎装的郭复礼兴冲冲赶到了姬老太爷面前，先是一个标准的军礼，然后趋前握住了老太爷的双手。

在郭复礼的陪同下，姬老太爷略显不自然地在夹道士兵中穿行。

"行军打仗，不扰民宅，老夫在此谢了！"姬老太爷边走边拱手向郭复礼表示了谢意。

郭复礼大咧咧地一笑，开口说明："手下不明就里，曾打算强行占用贵府庄园作为旅部指挥所。我去了一看，就说贵人宝宅，岂能滥入，随即下令撤出了。"

姬老太爷浅浅一笑，接着说道："听说旅座还有一句，旧地重游，感慨良多。这'良多'的'感慨'究竟是些啥，老夫倒是颇有兴趣打问一二。"

郭复礼哈哈大笑着将姬老太爷领进旅部屋内。

姬老太爷安坐在椅上。黑副官殷勤奉上热茶。

郭复礼手持当年姬老太爷所赠送的那函《周礼正义》，回忆着往事。

"黑副官呐，你不是多次问起这部善本《周礼》的来源吗？回想当年……"

当年郭复礼率土匪抢劫姬府，中途却因被姬府的善行所感动而中止作恶。姬老太爷看出了郭复礼这个土匪大当家对《周礼》的喜爱和内心崇礼向善的潜藏本能，便郑重其事地双手捧起那函《周礼正义》并勉励有言："这个送给你！喜欢《周礼》，循礼而行，最终定会成为好人的！"

如今的郭旅长轻轻拍着函套，沉浸在忆念的思绪之中："从那时起，这部《周礼》就一直陪伴着我。行军打仗，我都带着它。一定要成为好人！老太爷当年的话，我一刻也没有忘记，当会终身铭记于心呐！"

"旅座，已准备好了。"黑副官点头示意。

郭复礼随即欠身向姬老太爷提出请求。

"在下还有一个不情之请，趁今天这个机会，请老太爷给我手下的这些武夫莽汉们讲讲咱凤翔的历史。黑副官，引路！"

会议室里，坐满了军官。

郭复礼陪着姬老太爷走进。

军官们迅即全体起立，鼓起了军人特有的节奏感很强的热烈掌声。

郭复礼示意停止鼓掌。众军官落座。

就在姬老太爷清咳后准备开讲之际，突有不速之客闯至会议室门外。

郭复礼接报后，惊愕不已，迅即起身，快步走向门外。会议中断，姬老太爷及众军官均不知发生了何事。

会议室门外，不速之客乃是满面血污、头缠绷带、身穿伤兵服装的姬府老爷姬崇仁。他化装逃出城外后，趋奔姬氏庄园，却听说父亲已被带至军营，也不知到底是个啥情况。探父心切，于是便不顾一切，衣服也顾不得换，直扑军营而来。

崇仁简要说明了原委，急切要见到自己的父亲。郭复礼却沉吟着大发感慨。他十分感动而赞佩地望着崇仁此刻的这一身行头，摇头叹息。

"上一回，为救父亲，你是飞蛾扑火，单枪匹马。这一回，又是为救父亲，你乔装打扮，还是单枪匹马！孝子啊！侠客啊！"

崇仁着急地问着："我爹的情况怎么样？"

郭复礼故作不满地发着牢骚："我说姬老爷，咱这也是故友重逢么！你咋连句客套话也没有呢？"

崇仁急切地请求着："你先让我见我爹一面，其他的再说么！"

郭复礼不胜感慨。

"生子如此孝义豪杰。姬老太爷有福、姬府家门有幸啊！"

七、故人重逢

崇仁见父心切，不顾一切闯进了军营。

当满面血污、头缠绷带、身穿伤兵服装的崇仁由郭复礼陪着走进会议室时，众军官一片惊异的目光。

"爹！"崇仁呼唤着直扑姬老太爷的身旁。

上下查看一番，直到确认父亲安然无恙，崇仁方才放下心来。

"你……你这是怎么了？"看着儿子这身打扮，姬老太爷既惊讶又心疼。

崇仁坦然一笑："我没事。曹拐子封闭了城门，禁止出入。我是装扮成死人才混出城的。"

姬老太爷此时有许多话要对儿子诉说，但他看看满座等待听讲的众军官，不忍心中途罢讲退场。

"崇仁呐，你先回庄园休息，洗洗涮涮，换换衣服。我在此处稍作耽搁。其他的话，等我回府后再说吧。"老太爷对崇仁低声交代。

崇仁转身离开时，黑副官的目光一直追随着他的背影。感觉似曾相识，但迟疑不敢肯定。

被打断了的会议继续进行。姬老太爷侃侃而谈。郭复礼、黑副官及众军官聚精会神听着。

姬老太爷首先介绍了凤翔的前身雍城的建城史。春秋战国时期，秦国在凤翔建都三百年，当时叫作雍城。此前秦国曾多次建都、迁都，但立都时间都很短促。只是在雍城建都之后，秦国才真正开启了争霸中原、称雄海内的宏伟进程。当时的雍城，高大雄壮，威震诸侯。秦穆公在位时，曾有外方使者参观雍城，惊叹雍城建筑之不易，"使鬼为之，则劳神矣！使人为之，亦苦民矣！"

上述介绍，并没有引起听讲众军官的兴趣。黑副官插话问道："这雍城与我们此刻面临的凤翔县城，不是一回事吧？"

姬老太爷点点头："现今的凤翔城，源自唐代。当时，按照凤凰展翅之状，构建了四周城墙的总体布局。其后，明清两代都曾多次加以修缮。凤翔是府城建置，规制要远高于一般的县城。"

黑副官继续提出问题："这城墙有什么特点吗？"

姬老太爷详细说明："城墙内坡外陡，城壕水深壕宽。墙高约为三丈，城垛有四千多个。这城墙自古就号称易守难攻。"

说到此处，姬老太爷似乎突然醒悟过来。

"你们并不是真心想听凤翔城的历史，而是要打探如何攻破凤翔城的路径吧？老夫对此可是爱莫能助啊！"

郭复礼坦诚地说着攻城情况。

"凤翔城确实易守难攻，我军屡攻不克，伤亡严重。现已调来数门大炮，只怕是炮弹也轰不塌这厚实高大的城墙。只能调高角度，让炮弹越过城墙，直接轰向城内！"

姬老太爷急忙表示反对。

"不敢！不敢呐！城里既有曹拐子一帮匪兵，但还有更多的无辜百姓。炮弹又没有长着眼睛，隔着城墙乱发炮弹，不就等于是滥杀无辜吗？"

"那如何是好呢？老太爷有何高招？"郭复礼无奈地反问。

姬老太爷沉思不语。

再说崇仁回到庄园，简单洗沐，小憩片刻。换过一身洁净的日常衣服之后，他发现守园仆人厌弃地伸长胳膊用两根手指拎着那身伤兵服装及绷带，扭脸掩鼻地正准备扔将出去。

"就放在那儿，先别扔！说不定还有用场。"崇仁淡然一笑，指向屋角处。

屋外传来老太爷的呼唤声："崇仁儿啊！"

声至人至。姬老太爷与黑副官急匆匆走进屋来。

"儿啊！儿啊！这么危险，你还跑出来干啥？"老太爷一时真情流露，双手轻拍着崇仁的双肩。

崇仁专注地回望着父亲，眼神中充满了柔情："我不放心爹么！"

姬老太爷扭头对黑副官交代。

"我们父子俩还有些话要说，你就先请回吧。回去告诉你们旅长，让他今晚到我府上来一趟。他不是想知道有什么破城高招吗？"

黑副官看着已换过装的崇仁，一眼认出了故人，几次欲插言说话，但看到崇仁的眼光只专注地盯着自己的父亲，根本无暇顾及他人。黑副官只得默默走出屋去。

吕管家将黑副官送出庄园门外，但黑副官却没有要离开庄园的意思。

"你们老爷真是个心诚的孝子啊！见着了他爹，眼光就顾不上朝别人扫一眼了。"黑副官发着感慨。

吕管家误以为黑副官自感受到了冷落，连忙解释："我们老爷绝对不会是故意冷落别人的，尤其是对头次见面的生人。"

黑副官摇头笑着："生人？我们是十多年前就打过交道的故人喽！"

说着，黑副官招手将随行士兵唤至近前。

"你回去禀报旅座，今晚来此听取破城高招。我就留在姬府等着他了。告诉旅座：他郭旅长，是故友重逢。我黑副官，今天也是故友重逢啊！"

吕管家一时不明白情况："故友重逢？黑副官，要不要我去老爷处再作禀报？"

"父子情深呐！你没见他们彼此有好多话要说吗？先让他们父子俩说说话吧。我迟一会儿再去叨扰。"黑副官就便蹲在了庄园的大门外休息。

前院那棵发生过很多故事的柿子树下。

崇仁与老太爷在石凳上促膝而坐。

老太爷感慨地望望四周，说起了往事。

"当年土匪在此抢劫的情形，好像近在眼前。一转眼，十多年过去了。如今凤翔城里，包括咱的大院，又陷在了兵乱之中。唉！这个世道啊！"

崇仁也发着感慨："什么时候才能够天下太平，让老百姓也过过安宁的日子！"

"崇仁呐，爹想和你商议件事。我打算帮助郭旅长他们早日攻克凤翔城，但又不知这个忙该帮不该帮。"老太爷有所犹豫，难以决断。

崇仁思索着，说出自己的意见。

"现在的这个军、那个军，到底谁是真正为老百姓的，咱一时还分辨不清。我知道爹本不想掺和他们之间的事，但那个曹拐子确实在凤翔干尽了坏事，真该尽早把他撵跑。"

老太爷叹了一口气："我就是怕前门拒虎、后门迎狼啊！"

503

"咱不管他虎狼之争谁输谁赢，只是为了让战事早日结束、城里的百姓少受些苦罢了。"崇仁回应说着。

老太爷赞同地点点头，接着说道："城里百姓，也包括着咱姬府家人呐！崇仁呐，你不该出城！不仅你自己身处险境，把伊人和怀真娃单独丢在城里，也不放心呀！"

想起伊人和怀真，崇仁不禁满面忧戚："听说爹一个人被关在了城外，我一下子就慌了神，啥也顾不得想，就连夜冒死出了城。过一两天，我还是设法再混进城去，伊人和怀真娃也好有个依靠。再说，那些青铜古物的事，还没有料理完么！"

老太爷表示赞同："对！你还是早些回去。如何蒙混过关回城，要想好办法，不要太冒风险。"

提起青铜古物，崇仁来了情绪。

"爹，曹拐子他们盗掘的那些青铜器物中，真有一些国宝哩！我已设法转移和埋藏了一些。其中有一尊周公东征方鼎……"

"周公东征方鼎？咱姬府祖上传下的一尊圆鼎就与周公东征有关！"老太爷也想起了此事。

"我把两者做了比较。虽然器形、器主不同，但铸作年代、纹饰风格、铭文内容都基本一致。先祖周公白日托梦给我，说那原本就是两个亲兄弟的战功纪念品。想想也许真就是这么回事儿！"崇仁仿佛又回到了梦境之中。

"咱府上还有不少祖传下来的青铜古物，大多我都埋在了地下，回头我还要给你详细交代交代。这年头，还是埋在地下保险。"老太爷对崇仁的介绍大感兴趣，同时也有所交代。

崇仁充满向往地憧憬着："等到太平盛世，咱就专门修建一座周原的青铜器博物院，把千百年来人们发现的青铜古物集中在一起展览，不仅让咱周原的后辈子孙，也要让全中国、全世界的人们了解咱古老的周原。"

崇仁的眼前，仿佛出现了一片幻景：高大雄伟而外形酷似青铜器物的现代化博物院建筑，"周原青铜器博物院"的明显标牌，宽敞明亮的展室，琳琅满目的青铜展品，川流不息的参观人群……

姬老太爷走到崇仁身边，伸出巴掌在其发呆的眼神前晃了晃，测看着崇仁的反应，同时开着玩笑。

"崇仁呐，你是不是又梦见周公啦？"

崇仁猛然从失神状态中清醒过来，不好意思地笑了笑。这时他才发现，黑副官不声不响地站在面前。

姬老太爷不明内情地问着崇仁："黑副官说，你俩也算是故友重逢？"

崇仁一时没有反应过来。

"姬先生，姬大哥！你还能记得我吗？在下姓黑！……"

崇仁似乎不敢确认："你是……黑营长？就是黑兄弟！不过十来年嘛，你的容貌变化得也太大了吧！"

黑副官一副历经沧桑的苦笑："变化大的，岂止是容貌哟！"

"看来真是多年不见的故友重逢啊！你俩就好好叙谈叙谈吧！"姬老太爷见此情景，好心为久别重逢的二人留下叙谈时间，自己准备动身离去。

崇仁一把抓住了老太爷的手臂："爹，你先别走。他就是我给你说过的那个豪爽侠义的黑营长啊！黑营长是咱姬府的恩人，当年就是在他的帮助下，我才找到我二弟崇义的！"

姬老太爷闻言一个趔趄，感恩地向黑副官深深一躬。

第十八章　古城攻防战

一、危墙之下

伊人将崇仁平安送出城外后，自己一人回到了姬家大院。崇仁和老太爷及吕管家俱不在府中，她的心里不免有些空落落的。为了安全，伊人交代家仆丫鬟紧闭府门，无事不得轻易出入。

怀真不见爹的身影，就向母亲打问："娘，我爹呢？"

"如果有人问起，你就说你爹被人带走了。"伊人不假思索地交代怀真。

怀真一听，有些紧张："我爹被人带走了？什么人？好人坏人？"

伊人抚慰着怀真的情绪。

"放心吧！你爹会回来的。他绝不会扔下我们娘儿俩不管的。"

听着院外不时响起的枪声，伊人叮咛怀真。

"这几天你就老老实实待在家里，不要到院外去玩耍了。听到了吗？乱枪不长眼啊！"

怀真认真地点点头："听到了。我懂！君子不立危墙之下么！"

伊人不禁莞尔一笑。

"还拽起文来了！你懂这句话的意思吗？"

怀真像回答考题似的认真回答着："就是说，要尽量躲避危险，不要轻易把自己置身于险境之中。"

伊人继续提问："那要是不该躲避、躲避不了，又该怎么办呢！"

怀真站起身来，大声回答："君子当舍生以取义。孟子曰：生，我所欲也；义，亦我所欲也。二者不可得兼，舍生而取义者也！"

伊人一把将怀真搂进怀里，忍不住夸赞起来。

"我的小女儿真棒！都是谁教你的呀？"

怀真从母亲怀中扭出脑袋："当然是我爹，我爷，还有我娘教的么！"

正在此时，一个丫鬟上气不接下气地跑来报告："太太，有人不经禀报，就直接撞开大门、闯进后院来了！"

伊人由屋内走出，只见孟老板带着七八个士兵已来到院内。

"打搅了！你家姬老爷呐？"孟老板端着架子，傲慢发问。

伊人佯装不知地反问道："这个问题我倒该问你孟老板——不！孟团副呀！我家老爷被你们带到哪儿去了？"

孟老板闻言大吃一惊。

"姬老爷被人带走了？被什么人带走的？"

"我怎么认识？反正和你们穿着一样的军服。"伊人不屑地虚言应付。

孟老板眼珠儿一转，低声自语思忖："别是苟参谋长横插一杠，搞什么鬼吧？"

"吕管家人呢？"孟老板抬头又向伊人发问。

"吕管家几天前出城办事，现在被你们关在城外，当然是回不来了。"伊人讥讽回答。

孟老板开始有些着急了："那些放在你府里的青铜宝物呢？"

伊人撇撇嘴，嘲弄地回答着："那只能去问我家老爷和吕管家嘛！"

孟老板原地转了两圈，狞笑一下，一挥手，下达了命令。

"事情紧急，对不住喽！搜！"

随行的士兵们立即奔向那间储放青铜古物的库房处。

伊人根本无法阻挡。

库房里，强行闯入的士兵们好奇地围着地面上放着的大件青铜器物查看，完全看不出什么名堂。孟老板也在各类器物中摸不着头脑地看花了眼。案台上摆放的那尊方鼎，引起了他的关注。

孟老板趋近查看方鼎，发现了方鼎足下的纸签——"周公东征方鼎"。他不禁一阵惊喜，急忙俯身查看鼎内的铭文。可惜一窍不通，只能无奈摇头。

孟老板想着：师座交代，送礼的古物一定要有个说道。如果这个方鼎真与周公东征有关，那说道就大了去了！卖价也能比普通的青铜古物翻上多少倍！这纸签是姬老爷亲笔所写，也就是他对这件宝物的鉴定结论和命名意见么！

"就是它了！拿走！"孟老板满意地拍拍方鼎，下达了命令。

一名士兵双手捧起了方鼎，正欲离开。

"慢！"孟老板一声喝止。

士兵莫名其妙地站立在原地未动。

孟老板弯下腰，从士兵脚下抽出了一张被踩着的纸签——"周公东征圆鼎"。

"难道还有一件圆的？真是有一对儿吗？"孟老板手中拿着新发现的纸签，急忙满屋子查看比对着，嘴里自言自语。

左看右看，似乎都不太像。无奈之下，孟老板泄气地随手指向地面上的一尊圆鼎，下达命令。

"就算是它吧！拿走！"

孟老板和士兵们带着两尊铜鼎，打算离开库房。

伊人站在库房门口，将他们拦住："就这么随随便便拿走啦？进门时可是一件一件做过登记的！"

孟老板态度强硬："先拿这两件，紧急军用，手续后办！"

随行士兵推开伊人。

孟老板及两名捧鼎的士兵强行出门而去。

匪兵们撤离姬家大院之后，伊人心神不定。她感到类似的情况还会再次发生，她不想消极无为地继续等待，她也要为"护国宝"主动采取行动。

当日晚间，伊人满院子查找合适的藏宝地点。

怀真看着母亲的行动,似有所觉。

"娘,你在找什么呢?"

伊人想了一想,索性告诉怀真:"娘在找寻可以藏东西的地方。"

怀真马上问道:"是藏那些青铜古物吗?"

伊人点点头,信任地望着小小的怀真。

"还记得你爹给你讲述过的那个铜瓢的故事吗?坏人总想着把咱老祖先留下的宝物卖了换钱干坏事,今天他们不是又从你爹正在清理古物的库房里强行拿走了两件宝物吗?我怕你爹不在,他们还会再来……"

怀真手指一个方向,告诉母亲。

"娘,我知道一个地方,只有小娃们玩的时候才会发现,里面可以放好多青铜古物呐!放好后,埋上土,外面就看不出来了。"

伊人欣慰地望着怀真。

"好!咱娘俩儿尽力吧,能保护多少算多少。"

夜色笼罩下的庭院。院内僻静之地,可以看到伊人与怀真奋力掘土埋物的身影。

在那个动荡不安的年月里,姬府一门三代都曾为保护"国宝"出过力。他们将不少珍贵的青铜古物分别埋藏在了不同的地点。几十年后,姬家后人凭着先辈的交代和记忆,曾找到了一些当年埋藏的古代文物捐献给了国家。崇仁所憧憬的大规模、高水准的现代化青铜器博物馆也在周原脚下建成耸立。当然,由于当事人们的意外消失和涉及场所的毁弃变迁,更多的埋藏地下的青铜古物至今尚未被发现。它们被埋入地下保护了起来,既没有遭到损毁破坏,也没有被盗卖流向海外。它们始终还在,就在周原厚厚的黄土之下。也许某一天,它们还会重见天日,向当时的人们诉说古物自身的故事,同时也会诉说保护这些古物的过程中所发生的故事。

二、人生变异

城外姬氏庄园,崇仁与黑副官故友重逢,自然有很多话要说。但晚餐吃的是岐山臊子面,一碗接一碗,嘴巴被面条和臊子汤占着,说话不甚方便。

直到黑副官几十碗下肚之后,谈话才算开始。

"感谢老太爷的款待,吃了一顿正宗的岐山臊子面!这面条,在我们南方可是吃不到噢!"黑副官揉着鼓鼓的肚子发着感慨。

崇仁已急不可耐。他一把将黑副官拉至座椅处,强摁着他坐下,急切问着情况。

"黑兄弟!快说说,这些年你是咋过的?怎么跑到大西北来了?"

黑副官半开玩笑半认真地看着崇仁。

"咱们分手时,你不是说过希望咱俩能在周原再见、后会有期吗?我也是真想来神奇的周原看看呐!"

"说正经的!究竟是怎么回事?"崇仁催促着,满脸都是真心关切的神情。

黑副官的面色严肃正经起来,感慨地说起了自己的人生经历。

"十多年前,送别你后的第三天,我的炮兵营长就被撤职了,直接官降六级,黑营长成了黑班长。"

"是不是因为那辆当时还很罕见的军用汽车?"崇仁似乎有些负疚地急切问道。

黑副官倒是一副事过境迁、不甚在意的神色。

"说我耍派头,讲豪爽,一时冲动,为一无关之人而擅自动用军事设备!"

崇仁内心感到很对不起,自觉负疚地摇着头。

姬老太爷不解其中缘由,疑问地望向崇仁。

崇仁扭头对父亲解释:"当时情况紧急,我二弟马上就要换防驻地。黑营长怕我去得迟了,我兄弟二人就会失之交臂。因此,黑兄弟不顾个人担责,硬是派拉炮的军用汽车送我百十里地,这才及时赶到见上了我二弟崇义一面。那汽车可是当时他们全营、全师、全军唯一的一部啊!"

姬老太爷立即从座位上站起身来,拱手向黑副官致意。

"为了犬子之事,耽误了黑副官的前程,真是对不住哇!"

黑副官不在意地摆摆手。

"其实,上司对我的桀骜不驯早有不满。汽车之事,不过是个由头罢了。"

"后来呢?"崇仁急切地追问下文。

"后来我就想起了你姬大哥的话,来周原看看。辗转通过关系,调到了西北的军中，投靠在了宗军长的麾下。唉……，也算是因祸得福吧！"

崇仁一时也陷入在回忆之中，感叹着当年黑营长的风范。

"那时候的黑营长，豪爽义气，坦诚率性，真是令人难忘啊！但你的样子变化太大了，我差点儿都认不出来了！"

黑副官感慨万端地叹着气，似有更多的难言之隐。

"变喽！变喽！早就变成另外一个人喽！一次挫折教训了我。从此我就变成了一只只会对上司俯首帖耳、唯命是从的黑狼狗，叫咬谁就咬谁！唉！军人嘛，也应当以服从命令为天职！……如此一来，倒也官运亨通。"

"官运亨通？你这个年纪和资历，才当个副官，太委屈你了么！"姬老太爷关心地评论着。

黑副官摇摇头，似乎还隐藏着一些秘密。

"有些情况你们并不知晓，现在也还不便让你们知晓啊！"

崇仁说着宽慰的话："官大官小不算啥！只要自己自由自在，真实率性地活着，就是好事！"

黑副官摇头摇得更厉害了，好像要摆脱自己内心的痛苦。

"就是这一条，现在做不到了呀！率性少了，奴性多了。奴性多了，人性就少了哇！就像今天与老太爷和你姬大哥之间这样坦诚的谈话，十多年来还是头一遭啊！"

姬老太爷和崇仁并不完全理解地看着黑副官。

人的一生，有时候会发生很大的变化。不知不觉间，就变成了另外一个前后矛盾、截然不同的自己。这个变化的过程和结局，或许自己不曾预料也不可接受，但实际上却无可避免地发生了。"向使当初身便死，一生真伪复谁知？"其实并不尽然。不是真伪掩饰暴露的问题，而是前后蜕化变异的结果。人之所变，有时非己之愿，势使然耳。

黑副官此时的这种心态，别人当然尚难理解。

为了转移心绪，黑副官提起了另外的话头。

"姬大哥，你那个兄弟现在情况如何呀？"

姬老太爷听闻此言，极为关切，全神贯注地倾耳细听。

崇仁也想从黑副官处探问更多的信息："自从十多年前见过那一面之后，

就一直再没有他的确切消息。你是不是还知道些……"

"我和你兄弟没有打过交道,只知道他是个了不起的人物,在军中威信很高。这么多年来,我也没有听到他的消息了。"黑副官并不知道更多的情况。

姬老太爷不免感到有些失望泄气。

吕管家赶来报告:"郭旅长到了。"

姬老太爷一众人前往庄园大门处迎接。

一见面,郭复礼拱手致礼,大发感慨。

"十多年前,在下有幸结识了姬老太爷父子这两位周原的圣人、奇人,获益良多,受教匪浅呐!十多年后的今天,我郭某人又来登门求教喽!切望还能得到周原圣人和奇人的指点!"

姬老太爷笑了一笑,调侃回复。

"你自己不也是周原的一位传奇人物吗?前清穷秀才,土匪大当家,官军旅长官,此后还不知道再能变成个啥哩!"

"造化弄人么!"郭复礼苦笑着接话。

郭复礼本就是应邀前来讨教"破城高招",众人至客厅甫一落座,他即开门见山介绍了相关军情。

"宗军长已到了周原亲自督战,并下了严令,要我三日之内必须攻克凤翔城!还责怪我说,已经调去了数门大炮,为何不用?话说得很难听,问我是不是看在当年同在一山为匪的情分,不忍向难兄难弟下硬手?"

姬老太爷连连摇头,忍不住为郭复礼抱打不平。

"这怎么可能么?郭旅长就不是这种人嘛!你们那位军长说话欠考量!"

郭复礼感激似的对姬老太爷一拱手,继续说着自己的真实心思。

"曹拐子当年背信弃义,自相残杀,害了我多少弟兄?他早已是我郭某人不共戴天的死敌了!如今又是两军对阵,各为其主。论公论私,我都不会对他网开一面的。"

崇仁表示态度并说明了情况。

"曹拐子欺压百姓,祸害地方,确实应该讨伐。家父与我愿意协助贵军早日克城取胜,以免百姓遭受更多苦难。我刚从城里出来,对他们的城防情况略知一二,恐怕强行攻城不是上策。"

黑副官主张服从上司命令，以炮火强行轰城："我看还是按照军座大人的命令，直接向城里轰去几十发炮弹，敌军就会不战自溃的。本人就是炮兵出身，知道在攻城战中大炮的威力。"

郭复礼摇着头表示不同意。

"老太爷不是说过了么？隔着城墙乱发炮弹，就等于是滥杀无辜，而且也没有解决我军如何入城的问题。关键还是要在城墙上找到突破口。"

黑副官为难地摊开双手。

"城上守军居高临下，攻城部队很难接近到城墙之下，更不用说攀爬登城了。这几天的战况，不就一直如此吗？"

"炮弹不行，就用炸药！只是选择何处才会有更好的爆破效果呢？又要怎样才能把炸药平安送到城墙脚下呢？"郭复礼苦苦思索着。

姬老太爷闻听此言，频频点头，并与崇仁交换着眼色。

郭复礼看着姬家父子俩似乎已有主见的神情，便抱拳一揖，直截了当地提出了请求。

"老太爷和姬老爷有何破城良策，还望指教！"

"我就等着你来问哩！"姬老太爷胸有成竹的口气。

三、七具棺材

姬家父子俩一辈子都生活在凤翔，对凤翔城墙的情况自然是了如指掌。为了避免炮火危害城内百姓，也为了尽量减少攻、防双方士兵的伤亡，他们决定为国民革命军攻城部队出谋划策，助其早日破城克敌。

就在客厅的案桌上，崇仁手绘了一张简图，并说明了城内曹拐子师部指挥所的位置及主要的驻军地点。

姬老太爷指点着简图所绘城墙一角，用力点了两下，特意说明。

"凤翔城的基本情况，我刚才已经说过了。只有这里，东南拐角是个薄弱环节。外角塌陷严重，内角已被多处取土。在此爆破，容易得手。"

崇仁在旁进一步补充说明。

"东南城角之外的地形也十分有利，便于掩护，挖洞不易被人发觉。此处有一座废弃的民居，距离城墙很近。从这儿挖地道通向城墙脚下，土方工程量小，估计不到两个时辰就能挖通。"

姬老太爷担心地问道："东南角破城之后，曹拐子会不会从其他方向强行突围呢？会不会又给突围所经之地的百姓造成新的祸害？"

黑副官十分明确而肯定地回复说："东南西北四门之外，俱有重兵埋伏。曹拐子不论从哪个方向强行突围，都是自己找死！只要能在城墙炸开缺口，我军顺利入城，曹拐子的下场只会是束手就擒、全军覆没！"

姬老太爷继续担忧地问道："你们的兵力如果一窝蜂从东南角破城处一拥而入，会不会不分青红皂白地伤及无辜百姓呢？"

"恐怕难免。"黑副官挠挠头皮，无奈的口气。

崇仁打着手势提出建议。

"东南角城墙被炸开后，攻城部队不要急着直线挺进，而应沿着城墙内道，兵分两路，一路先向西再向北，另一路先向北再向西，在城内四面迅速形成一个包围圈，然后向城内中心逐步推进。这样可以从容地区分民与匪，尽量避免误伤百姓么！"

郭复礼与黑副官对视一眼，频频点头，表示认可之意。

姬老太爷笑着对黑副官说道："你不是会用炮吗？东南城角挖洞时，你不妨在西城放上几炮，转移他们的注意力。但一定要直接对着城墙轰，万不可打进城里误伤百姓！"

崇仁也笑着对郭复礼说道："古人三十六计中，有声东击西之计。咱这就算是声西击东吧！"

郭复礼兴奋地一拍大腿，连声夸赞。

"太好了！你们父子俩简直就赛过了我的参谋长！这已经就是一个完整的作战计划了么！"

黑副官皱着眉头，又提出了一个新的问题。

"旅座，炸药还是个问题。目前我们只有散装的土制炸药，量小了没有威力。能够大量集中置放炸药的家什，一时半会儿也不好找寻呀！"

众人一时无语，似乎想不出什么好办法。

姬老太爷沉默思忖着，似乎下了决断。

"跟我走！"姬老太爷说着，率先走出了客厅。

天色已黑。吕管家提着灯笼，在前引路。

众人穿过庭院，进入了北园子。

在"天径"小院门前，姬老太爷停下了脚步。夜色中，僻静的小院显得有些阴森恐怖。

"吱呀"一声。院门被推开的声响，在寂静的夜间似乎格外瘆人。

灯笼的光照下，一排成列的厚实棺材出现在众人面前。

黑副官似乎被此氛围所慑，不由得打了个寒战。

"这些，你们不要动。"姬老太爷指着这些厚实棺材，摆摆手。

接着，他又指着另一方向，点点手："那些，你们拉去用吧。"

郭复礼和黑副官顺着姬老太爷手指的方向看去。院墙处，另有垒放着的七八具略显轻薄的棺材。

在当地农家，为老人预置的寿材，不仅是一般人家的重要资财之一，而且寄托着老人对往生的希望和家人对老人的孝心。棺材寿枋，在观念中具有某种神圣的意味。

看到姬老太爷为了攻城的需要而主动做出的贡献，郭复礼大出意料，十分感动，不好意思地说着："这都是贵府几代人多少年来预置的寿材吧？怎么好意思……"

姬老太爷摆摆手，止住了郭复礼的感谢话语，然后又指向身边的成列厚实棺材，补充说明。

"这些，也不是舍不得让你们用，只是太沉太重，地道里运送不方便么！"

黑副官也是十分感动，连忙表态。

"够用了！有那边的几具就足够了！"

郭复礼为姬老太爷的大义所感，"扑通"一声跪倒在地，由衷而言。

"老太爷呀！你们姬家父子真是攻克凤翔、消灭曹贼的第一功臣呐！"

姬老太爷不以为然地摆摆手，眼睛中出现了些许忧郁的神色。

"啥功臣不功臣的！我只希望你们的战事能够早日顺利结束，百姓少受些苦难，你们攻守双方都能少死些年轻人么！"

天亮之后，西城方向响起了炮声。

东南城角处，城墙上只有稀稀拉拉不多的一些守城士兵在活动。有的偶尔向城外张望张望。有的索性背靠城垛，坐在那里抽烟。

守城士兵们边抽烟边议论。"你们听，西城那边好像有炮声响，咱东城这边倒很安静。""大炮再轰，他也进不了城来。师长说了，只要坚守三五日，就会平安无事的。""这恐怕是那虚云观的胡铁嘴说的哄人话吧？"

这些守城的士兵没有注意到，正是在他们东南城角防御区的城外，已有情况发生。

离城墙拐角不远的一处房屋，四周有高大的树木掩映。乡道上，正有七辆各载一具棺材的马车车队迤逦而来。每辆马车的两侧，都有一些身穿丧服之人步行随护。

马车车队到达那处房屋后，棺材被依次卸下。随护人员将棺材抬进院内。七辆卸空的马车，悄无声息地离去。树木掩映的房屋处，似乎一切都没发生。

院内，一间偏屋的大门被打开，撤去地面上铺着的卷席，一个连夜挖好的硕大地道口露了出来。屋内之人纷纷扯去身穿的丧服，一个个俱是身穿攻城部队军装的士兵。

士兵们相互提醒着，小心翼翼地往地道口内运送着棺材。"轻着点儿！里面可都装着炸药哩！"

一个又一个的棺材，被送进了地道，直达城墙拐角的地下。

城外离城墙东南拐角不远处的一个隐蔽制高点上，五六挺机关枪瞄准着城墙上的守军。机枪手们全神贯注，严阵以待。

郭复礼和姬老太爷等一众人俱在此观察。

黑副官放下手中的望远镜，满意地向郭复礼报告。

"城墙上的敌军，没有丝毫异样。就算他们有所察觉，有咱们这儿机关枪的火力压制，完全可以掩护地道口的行动。"

郭复礼手举望远镜观察了一番，放心地点点头。

"地道口的行动一切顺利。现在万事俱备，只等明日凌晨的总攻信号了！老太爷，你也来看看！"

郭复礼说着，将手中的望远镜递给姬老太爷。

姬老太爷摆摆手拒绝了："我们父子俩的戏文，就唱到此为止。你们忙你们的军务，我们就回去忙我们的家务呀！"

姬家父子与郭复礼、黑副官告别后，离开了那处观察军情的制高点。临离开时，崇仁无意中看到了一个场景。有一军官似乎背着郭复礼，很隐秘地交给黑副官一个信函。接到信函后的黑副官，痛苦、无奈、疑惑、不忍。正是他的这种奇怪而复杂的神情，引起了崇仁的注意和关切。

父子俩并肩走时，姬老太爷回头看到有两辆马车在后随行，随口问道："崇仁呐，怎么还叫了两辆马车跟着？咱们同乘一辆，说话不是更方便吗？"

崇仁停住了脚步，告诉父亲自己的计划。

"爹，你回庄园休息吧。我打算从这儿直接去北门外乱坟岗处，找机会连夜混进城去。明天一早破城之后，城里必定大乱。只有伊人和怀真娃在家，我不放心呐！"

姬老太爷连连点头，表示赞成。

"好吧，你去！我这里你就不必担心了，那个郭旅长眼下不会对我怎么样的。"

崇仁沉吟了一会儿，似另有顾虑。

"郭旅长是从内心敬重爹的，他不会有坏心。只是……，只是那个黑副官，我总觉得有些怪怪的。整天跟着旅长，但又不像服侍长官的副官，倒像是在监视似的……"

姬老太爷不太在意地说明情况："听说这个黑副官，并不是郭旅长自己挑选任用的，而是由他们宗军长直接委派下来的。"

崇仁一听，有些释然。

"哦，这就难怪了。也许是我多疑了。"

崇仁走到自己的马车旁，向父亲告别。

"爹，我该走了。城里平静后，爹也早些回到城里大院吧！城外庄园，毕竟不太方便。"

姬老太爷不放心儿子的安危，关切地问道："混进城里的门道想好了吗？"

崇仁笑着掀开马车的轿帘。

那套沾满血污的伤兵服装及绷带，堆在车内一角。

四、找爹不如找爷

攻城部队的炮声响起，引起了守城部队的一片惊慌。

师部指挥所内，值班的苟师爷在行军床上和衣昏昏欲睡。

几声沉闷的炮声清晰传来。

苟师爷被惊醒，慌忙指使着屋内的士兵去打探情况。"天还没大亮么！这是咋回事，快去看看是啥情况。"

士兵奉命跑了出去。

就在苟师爷神色疑惑地慢吞吞起床之际，一撮毛惊恐地号叫着跑了进来。

"打炮了！打炮了！不得了了，他们有大炮了！"

苟师爷强作镇定地询问着："慌什么？哪里打炮了？"

一撮毛惊恐地摇摇头。

"不清楚，好像是西城方向。"

炮声响起的时候，曹拐子尚在内室双人床上搂着赤身裸体的五姨太睡觉。

两人同时被炮声惊醒。曹拐子稍一愣神，即欲起身下床。

五姨太惊恐地搂紧曹拐子，不让其离去。"你别走！我一个人害怕！"

曹拐子不耐烦地扒开五姨太的手，翻身起床。

"是咋回事，我总要去看一下嘛！"

曹拐子衣冠不整地走出屋去。

袒胸露乳的五姨太，靠在床头处，惊恐而又怨恨地望着曹拐子的背影。

师部指挥所内，前去打探情况的士兵，归来向苟师爷报告。

"炮击是西城方向。炮弹直接射向城墙，破坏不大，城墙基本完好。"

苟师爷要求那名士兵再去西城，有啥新情况，随时再来禀报。

士兵走后，一撮毛似乎松了一口气。

"看来这大炮除了声音大、够吓人之外，也没啥了不起的嘛！"

曹拐子急匆匆赶到，听到了一撮毛的评价，随即厉声呵斥："胡说！这大炮要是连续轰上几天，再厚实的城墙也会被炸失塌咧！"

一撮毛似乎并不服气，敢怒不敢言地躲向一边。

曹拐子直接给苟师爷下着命令。

"参谋长，往西城多调一些兵力，防备他们炮轰后再来攻城！无论如何，都要给我固守三五天！"

说完之后，曹拐子扭头走出了指挥所。

曹拐子走出指挥所，没走几步，便停了下来。他阴险地一笑，警觉地返回指挥所墙外，贴近身子，仔细窥听着屋内的动静。

指挥所屋内，苟师爷与一撮毛的密谈还在进行中。

苟师爷疑惑地说着："你听那曹拐子刚才是咋说的？固守三五天！原先说要坚守十天半月，现在又说固守三五天，看来情况有变化呀！"

一撮毛稍知一些内情。"他昨晚又派人秘密出城了，带着两个不太大但挺沉的木箱，估计又是收买什么人的贵重礼品。"

"什么方向？"苟师爷紧张地问着。

一撮毛不明其意，傻乎乎地回答："出的是东门么！"

苟师爷提出了自己的分析估测。

"攻城的旅部指挥所在西城方向，出东门不是绕远了么！"

一撮毛一经点拨，马上醒悟过来。

"听说他们的军长已经由东而来亲自督战。姓曹的可能要越过西城的旅长、直接去巴结东城的军长了！这就是那个那个啥——孙娃讨糖吃，找爹不如找爷么！"

苟师爷担忧地说道："官大一级压死人呐！如果他们那个宗军长庇护姓曹的，郭旅长的话就不顶事了，咱俩的处境也就危险了！"

"那咱咋办呀？"一撮毛紧张地问着。

苟师爷一咬牙，作出决断。

"不行！咱们一定得在他们宗军长直接干预战事之前，取下那颗项上人头，提前结束守城之战！"

说着，苟师爷拍拍一撮毛的肩头，交代了一项新的任务。

"今晚你也秘密出城，出西门，直接去找你们当年的郭大当家！"

"他跟我有仇哩！我不敢去。"一撮毛有些畏缩。

苟师爷一番好言安抚鼓励。

519

"放心去！咋也不咋！两军交战，不斩来使么！再说你去，一是商议如何纳城投降，二是表明事成之后将要献上他的仇敌的项上人头，郭大当家欢迎还来不及哩！咋相？我的茅——参谋长！"

"能成！我去！"一撮毛精神立刻抖擞起来。

指挥所外，曹拐子紧贴墙边，偷听到了屋内的谈话。怒火中烧的曹拐子，拔出佩枪，几次欲冲进屋去。沉思片刻后，他强压住心中之火，放回佩枪，快步离去。

大战爆发前夜。有人想要出城。有人想要进城。

想要出城的是一撮毛。他奉苟师爷之命，企图绕开曹拐子，直接去找郭复礼商谈守城之军的投降事宜。

当日晚间，一撮毛偷偷溜出了师部指挥所。谁知刚到西门附近，他就被守城士兵抓了起来。

平日狗仗人势、狐假虎威的一撮毛，早已激起了众多士兵的嫉恨。他们巴不得有痛快整治这位平时招惹不起的师座副官的机会。

两名士兵推推搡搡地将双臂反绑的一撮毛押至城门门口处。一撮毛挣扎着，嘴里不断叫喊："你们狗日的胆大包天！竟敢把我……"

押解士兵直接扇了一撮毛两个耳光并厉声训斥着。

"喊啥哩！你平日耀武扬威、牛逼哄哄的茅副官，也有今天！走！少啰唆！"

不远处，牛团长正候在那里。

"牛团长！这是咋回事吗？"一撮毛仿佛见到了救星，连声大叫。

牛团长却不认他的账。

"你知道这是什么地方？"

"西门里嘛！"

"你到西门来干什么？"

"奉命出城执行紧急军务！"

"奉命？奉谁的命令？"

一撮毛一时语塞。

牛团长冷冷地公事公办的口吻。

"本团长也是奉命执行公务。上头命令,只要你茅副官,不,你也不是啥副官了,只要你一撮毛今晚接近西城门,立刻枪决,就地正法!"

一撮毛不相信地反问着:"这是谁的命令?师座的命令?还是参座的命令?"

牛团长手一挥,下达了命令。

"你分毯那么清干啥?不管谁的命令,反正你就是个死!——执行!"

就在两名押解士兵拖拽过程中,一撮毛还在拼命喊叫着:"这一定是姓苟的害我哩!他想独吞那批宝物么!就是那个那个啥——借刀杀人么!"

一声清脆的枪声,一撮毛的喊叫戛然而止。一撮毛到死也不知道,自己究竟是死于何人之手。

想要出城的,没能出得去,最终死于自己人的枪下。想要进城的,情况怎么样了呢?

想要进城的,是姬府老爷姬崇仁。为了护卫自己的爱妻和幼女,崇仁不顾自身安危,决计无论如何要在城破前夜返回城里。作为丈夫和父亲,他一定要在家人最需要的时候,担当自己的责任。

北门外的乱坟岗处。夜色中,苦力小张拉着板车慢慢走来。他将车上所载的一具士兵尸体草草掩埋后,靠在车沿抽烟休息。

夜色笼罩下的乱坟岗,烟头闪烁着一点一点的光亮。

不远处。有一具好像是横躺在地的士兵尸体,发现了烟头的光亮,慢慢朝着苦力小张休息的地方爬了过来。

苦力小张突然发现了"尸体"在移动,吓得毛骨悚然,一下子扔掉烟头,拉起板车就想跑。

"小张——!别怕!是我!姬府姬崇仁!"崇仁尽量以平和的语调低声呼唤着。

苦力小张壮着胆子向后看去。

满面血污、头缠绷带,身穿留有弹痕血迹的士兵服装的崇仁,一边不停地招着手,一边慢慢地爬起身来。

关闭着的北城门。城门外传来事先约定好的有规律的敲击声。

两名守城士兵打着哈欠,懒洋洋地打开城门。

苦力小张拉着板车缓缓走了进来。

守城士兵一眼看到板车上似乎还躺着一具尸体，马上大惊小怪地喊了起来："咋？你咋又把死人给拉回了咧？"

苦力小张作出一副慈悲为怀的神态。

"我看这位兄弟好像还有一口气，就算做善事吧！重新拉回来，再找个大夫给看看，说不定还有救！救人一命，胜造七级浮屠么！"

守城士兵走近板车查看，掀开盖席。

化装后的崇仁，躺在板车上，偶尔向上翻着白眼。

守城士兵倒吸一口冷气，朝着苦力小张挥挥手。

"你真是个好人！走吧，走吧！"

苦力小张拉着板车，走在夜晚无人的街巷。

至一僻静处，苦力小张停下脚步，轻声向车上呼唤："姬老爷，姬老爷！"

满面血污、头缠绷带、身穿伤兵服装的崇仁，从盖席下露出脸来。

五、天圆地方

一撮毛在西门命丧枪下之时，躲在远处暗中监视的曹拐子轻轻吐出一口气。他对牛团长能否严格执行自己的命令并不放心，他要亲眼看到背叛者的下场。

当曹拐子回到师部自己的居室时，又看到了新的背叛。

五姨太慌乱地收拾着金银细软，一副将要仓皇出逃的模样。

"你这是要干啥？莫非你也起了二心，想要私奔潜逃？"看到屋内的情形，曹拐子疑惑而恼怒地责问。

五姨太惊恐慌乱地表白："不……，不是的！西城那边的炮声响得吓人，我这是早些做好准备，到时候好跟着你出城逃命啊！"

"你放心！跟着我，就用不着出城逃命！"曹拐子狞笑着说道。

说话间，孟老板领着一名送信士兵进了屋。

"师座，送信的人回来了。"孟老板报告。

曹拐子直接向送信士兵发问。

"见着宗军长人啦?"

"见着了!"

"东西送到啦?"

"送到了!"

"宗军长咋说?"

送信士兵将一个密封的函件双手呈递给曹拐子。

曹拐子先将密封处查看了一番,怀疑地看了送信士兵一眼。送信士兵顿时吓得面容失色。

曹拐子手持那封函件,只在外表看了又看,并没有急着拆阅。似乎是不经意地,他指点着信函的密封处,淡然地发问。

"这个密件你擅自开拆看过啦?"

送信士兵心虚地一下跪倒在地,语无伦次地开口交代。

"没有,没有!不是我……,是苟参……"

话未说完,曹拐子已迅速拔出佩枪,对准送信士兵就是一枪。

枪声响过,送信士兵应声栽倒在地。

"敢对我不忠,这就是下场!"曹拐子吹吹枪口处冒出的残烟,恶狠狠地说道。

孟老板与五姨太都吓得直打哆嗦。

曹拐子不欲五姨太知道更多的军情,便与孟老板回到师部指挥所另觅它室密谈。

为了表示信任和拉拢之意,曹拐子将密封的函件交由孟老板拆阅。孟老板阅后,向曹拐子转述了信件中的大致内容。

对方对选送的礼物非常满意。宗军长知道周原青铜宝物多,也得知了曹拐子在此地大肆盗挖古物的情形,故行辕中随身跟着几个懂行的专家。他们认为,送去的方鼎,货真名实,价值连城;送去的圆鼎,滥竽充数,名不副实。信函中说,天圆地方,天在地上,圆在方前。方鼎固然可贵,圆鼎必定更有价值。

曹拐子掠过信函自阅,挠挠头皮,重复说着信中开列的条件:"只有方的,饶咱不死。诺!这里已送来了免死的路条!要是再送去圆的,那就能将

523

这项上人头和人头上的官帽一并都保住了！"

曹拐子眼睛盯着孟老板，口气软中有硬。

"孟团副，孟团长！这就要看你的本事喽！"

孟老板急忙表态："我明白，我明白！现在黑灯瞎火的，去了也不好找。明天天亮之前，我就带人再去找，挖地三尺也要把那个圆的找到！"

守城的师部指挥所有人收到了宗军长的密函，攻城的旅部指挥所也有人接到了宗军长的密令。

攻城部队的旅部指挥所里，一阵清脆的闹钟铃声响起。和衣睡在行军床上的郭复礼被铃声惊醒后迅速爬起身来。他看了看闹钟上显示的时间，兴奋地自言自语："城墙爆破和破城总攻的时间很快就要到了！准备出发！"

郭复礼用毛巾擦了把脸，活动活动腰部和四肢，整整衣装，理理帽子，戴好佩枪，似乎已做好了大战前的准备。

就在郭复礼斗志昂扬、信心满怀地准备出门奔赴攻城前线时，黑副官突然由门外进来传达命令。

"旅座，军长口谕！"

郭复礼不在意地问着："马上就要开仗了，这个时候军长大人还有什么训示吗？"

黑副官冷峻地宣布军长口谕的内容："一、暂缓攻城！二、刀下留人！"

"什么？什么？什么意思？"郭复礼出乎意料，大吃一惊。

黑副官明确予以解释。

"军长的意思，就是取消今日清晨的攻城行动，放曹某人一条生路！"

"这是为什么呢？"郭复礼一把摘下了自己头上戴着的军帽，不理解地问着。

黑副官沉默不语。

郭复礼原地转了几圈，认真思索一番之后，重新戴上了军帽，扭头向室外高声呼喊："传令兵！"

"到！"传令兵应声而入。

郭复礼坚决地下达着命令。

"命令：全旅立即进入战斗状态，一切按原定计划执行！"

"是！命令全旅立即进入战斗状态，一切按原定计划执行！"传令兵复述了命令内容后，转身跑步离去。

黑副官无奈地摇摇头。

郭复礼严肃而恳切地诉说着自己抗命的理由。

"万事俱备，箭在弦上，此时如何收得住呢？再要耽搁，只怕之后付出的代价会更大！黑副官，你说难道不是这种情况吗？"

黑副官似乎痛苦地两难着。

"旅座的决断，应该是对的！但军人嘛，总是要服从上司命令的。我的郭旅长啊，你就不想想抗命不遵的后果吗？"

郭复礼显然并没有把此看得很严重，而且还说出了一番自己的理由。

"将在外，君命有所不受。我是攻城现场总指挥，有临机处置之权！再说，这也算不上是抗命不遵，军长之前给我的书面命令是：三日之内必须攻克凤翔城！"

稍停片刻之后，郭复礼又冷冷地加了一句。

"至于刀下留人，也未免言之过早。曹某人现在并不在咱们手上么！说句心里话，我既不会像军长曾指责的那样，'看在当年同在一山为匪的情分，不忍向难兄难弟下硬手'，我郭某人更不会轻易放过曹拐子这个混账王八蛋！只要他在我的刀下，要'留人'？没有那么容易！"

黑副官一时沉默无语。

郭复礼看了他一眼，整整衣装，理理帽子，又是一副马上出发的样子。

看着黑副官似乎很为难的样子，郭复礼自以为理解地拍了拍他的肩头，放缓了说话的口气。

"我知道你有你的难处。军长的口谕，你已传达到了。如果有什么过失，回头我当面向军长解释。战斗马上就要打响，我得上一线去看看！"

就在郭复礼将要踏出门外的一瞬间，黑副官好像下定了决心，伸出一只胳膊将其拦住，并以决断的口吻，下达着命令。

"你，就不用再去了！"

郭复礼被黑副官的强硬阻挡和命令口吻所震惊，一时愣住，愕然地望着自己的副官。

预定爆破城墙的时间就要到了。

六、高高升腾的爆炸烟柱

预定爆破城墙的时间就要到了，但孟老板对此并不知晓。他还一门心思想着执行曹拐子的命令，不顾一切地要找到那尊攸关其性命前程的圆鼎。

天色未明，孟老板带着一二十名荷枪实弹的士兵，涌向姬家大院大门前。孟老板一挥手，士兵们抡起枪托敲门，一阵肆无忌惮地狂敲乱砸。

门人被野蛮的敲门声所震惊，不知所以，睡眼惺忪地刚把大门打开了一道缝，士兵们强行将门完全打开，把门人推至一边，全部涌入院内。孟老板急匆匆地走在众士兵之前。

伊人边系衣扣边由后院走出，前来查看情况。

看到强行闯入的孟老板及众士兵后，伊人鄙夷地提出质问。

"是孟团副啊！我还以为是土匪来了哩！你们不去守城，私闯民宅折腾啥哩？"

"没时间和你啰唆！搜！"孟老板一挥手，众士兵向后院内各处奔去。

面对张牙舞爪的孟老板，伊人完全是一副不屑一顾、视若无物的神态，扭头沉稳地向后院走去。

孟老板似乎被激怒了，不由得失态拔出了手枪，并大声吼叫着："站住！你要去哪里？"

伊人毫不理睬地继续走着，头也不回地斥责着孟老板。

"去哪里还要向你报告吗？这里是姬府！是我家！不是你的营房，更不是牢房！"

怀真在自己的屋内也被外面的动静惊醒，警觉而迅速地穿着衣服。伊人走了进来，一边随手帮着怀真穿衣服，一边小声安慰女儿："不要怕！有娘在哩！"

怀真虽然有些紧张，但很认真、很坚定地回复母亲："娘！我不怕！真的不怕！"

伊人小声交代："别管他们。你该吃饭吃饭，该看书看书，别走出这屋子。娘去对付他们。"

怀真听话地点点头。

庭院内，孟老板急得来回转圈。

分路搜寻的士兵们纷纷返回报告："没有发现！""没有找到！"

孟老板一时也失去了主意，不知该如何下手。好像突然想起什么，他拔腿向那间储放青铜古物的库房处快步赶去。

冲进库房后，孟老板仔细巡查了一圈。屋内放置的青铜器物似乎比前少了一些。他冷笑一声，转身向屋外冲去。

伊人回到院内，看到众士兵一无所获的样子，便讥讽地问道："这天还没亮就兴师动众地搜寻啥哩？是寻人呀，还是寻钱哩？"

孟老板由库房赶来，一来就蛮横地张口质问。

"我问你，那屋里的青铜宝物，咋看着比我上次来时少了好多？"

伊人反唇相讥。

"少不少的，凭账说话哩！不能由着你空嘴说白话！你看着少了，就少了吗？真要少了，也是你上次来时偷走抢走的！"

孟老板无奈地举起双手，直奔主题，开始威胁。

"我没工夫跟你胡搅蛮缠！我们现在要找的是一个有字的圆鼎，是不是被你们藏起来了？师座交代，只要交出这个圆鼎，其他啥都好说。如果隐藏不交，哼！这后果嘛……"

伊人毫不畏惧。

"我倒真想见过这么一个有字的圆鼎，真想把它隐藏不交，真想领教一下你的什么后果！"

孟老板仿佛突然想起。

"哎！——你家老爷咋不见哩？该不会是他带着这个圆鼎潜逃出城了吧？要不就是撇下你们娘儿俩不管，自己在城里啥地方躲起来啦？"

伊人冷笑一声，继续反击。

"亏你想得出！你们不是封城戒严了吗？一个大活人还能飞出城去？飞的时候还要扛着一个死沉死沉的大铜鼎？"

屋里的怀真，听着屋外的唇枪舌剑，忍不住站在了门口处向外张望，悄然打开了道门缝。她从门缝中关切地望着屋外的自己母亲。

孟老板束手无策,急得团团转。突然间,他看到了门缝中的怀真。一股恶意油然而生。

"把那个碎娃带走!"孟老板手指怀真所在的房屋,下达命令。

两名士兵向着房屋冲去。

"对不住啦!姬府大太太!叫你家老爷用那个圆鼎来换令千金吧!"孟老板狞笑着威胁伊人。

两名士兵拽着怀真的胳膊,将她拖出屋外。

"娘!"怀真呼喊着,挣扎反抗。

伊人不顾一切冲上前去,扒开两名士兵,护住怀真。

"你,你真不是个人!"伊人扭头痛骂孟老板。

又有两名士兵上前,分别控制了伊人的两只胳膊。

怀真也再次被士兵拖拽过去。

"住手!"突然一声怒吼响起。

满面血污、头缠绷带、身穿伤兵服装的崇仁,大踏步地冲了进来。

崇仁用力将控制伊人的两名士兵推开,一把将伊人护在自己身后。

"放开!"崇仁睁圆的眼睛喷着怒火,直瞪着拖拽怀真的士兵,一声大喝。

那两名控制怀真的士兵一时愣住,不由自主地松开了自己的手。

怀真迅速跑到了父亲身边。她本无惧色,但看到父亲的"伤痕",一下子忍不住心疼地"哇"的哭出声来。她伸出小手,轻轻地抚着崇仁身上的"伤处",带着哭音问道:"爹!你受伤啦?"

孟老板一时也愣了神。

"姬老爷,你也被拉差去守城墙啦!怎敢劳动姬老爷的千金之躯嘛!"

正在此时,远处突然传来一声巨大的爆炸声响。

一个不断翻腾的爆炸烟柱,在城墙东南拐角方向高高升起。烟柱继续翻腾高升。

随着爆炸声响,一阵激昂而凄厉的军号声由远处传来。姬家大院院内的士兵们惊慌失措地跑到大门口处张望,一个个全都傻愣在原处。

"城墙已被攻破,郭旅长的人马已经杀进城里,你们还不抓紧时间去各寻生路？"崇仁半是恫吓半是怜悯。

"都啥时候咧？还圆的、方的乱寻摸！赶快跑吧！保命要紧！"众士兵一哄而散。

孟老板来回转圈，不知如何是好。

"孟团副！师座要你去牛团长的防区会合！"一名骑马的传令兵一边从门口处疾驶而过一边丢下了一句话。

孟老板也灰溜溜地跑了。

崇仁赶紧关闭了大门。

一家三人紧紧搂抱在一起。

崇仁就手扯去了头上的绷带，顺势擦拭了几把脸上涂抹的假血污。

怀真看到父亲没有受伤，高兴地笑了起来。

伊人情不自禁地亲吻着崇仁的脸颊。

怀真假装不好意思地捂住自己的眼睛，但又从手指缝中偷偷看着，脸上洋溢着幸福的笑容。

巨大的爆炸声响，全城各处都能听到。高高升腾的爆炸烟柱，更是城里城外方圆几十里的范围均可看到。

当巨大的爆炸声响起之后，郭复礼急切而兴奋地由旅部指挥所屋内跑出观察情况。远远望去，高高的烟柱还在不断翻滚升腾。

"成功了！姬府老太爷父子俩的破城良策奏效了！"郭复礼兴奋地高声对紧随来到屋外的黑副官喊着。

"可惜呀！这已经与你郭复礼没有关系了。"黑副官冷峻的语调中，不乏几丝同情。

郭复礼一时愣住，满脸惊愕不解的神色。

黑副官从内衣口袋中掏出一纸信函，似有内疚之感。

"军长的口谕，你可以不认。军长的手令，你总该服从吧？从即刻起，你的旅长职务已被暂时解除，由我代行你的全部职权！"

"就凭你，……一个副官……"郭复礼有些不相信，更多的则是不屑。

黑副官苦笑了一下，似乎不忍心说出真相。

"在下三年前就任职旅长了。之所以屈尊来当你的副官，就是因为军长对你这个惯匪不放心，特意要我在你身边时刻监视着。只要一有违抗军令的情形，就由我即刻代行旅长职权。"

郭复礼接过那函手令看了一下，心绪低落而复杂。

"原来这么长时间，一直没能得到你们的信任啊……"

黑副官平等地拍拍郭复礼的肩头，然后拱手一揖。

"老兄！告别了！你就暂且好自为之，不要给自己再惹祸了。我得执行命令，前去一线指挥攻城作战了！"

黑副官一招手。传令兵牵来两匹战马。

黑副官跃身上马，传令兵紧随其后。

一阵急促的冲锋号嘹亮响起。

冲锋号声中，黑副官与传令兵乘马急驰而去。

冲锋号声中，郭复礼呆若木鸡，孤影独立。

七、城破时分

爆炸后的硝烟散去。

城墙拐角处被炸出了一个巨大的豁口。

嘹亮的冲锋号声中，攻城士兵源源不断地通过豁口涌进城去。

逃窜中的守城士兵，被密集的子弹陆续击倒。

跪地举手投降的守城士兵，则被进击中的攻城士兵抬枪无情地击毙。

黑副官率领众军官已进入城墙爆炸豁口内。看着顺利破城的情景，黑副官一瞬间百感交集，不由得闭上了眼睛。他想象着七具棺材内的炸药同时爆炸的巨大威力。他想起了姬老太爷希望"攻守双方都能少死些年轻人"的叮嘱。他的内心也为郭复礼此刻的处境而泛起一股苦涩和同情。当他睁开眼睛时，心里却只剩下了一个念头：执行命令！他冷漠而机械地传达着命令："军长有令！凡守城敌军，除有特殊手令者外，一律格杀勿论，不留活口！"

率队军官领命而去。入城的攻城部队从豁口处兵分两路，沿着内城墙处分头向前推进。

曹拐子的师部指挥所内，乱成一团。人数已经不多的一些军官和士兵，各自逃命，如鸟兽散。

苟师爷在背人处，悄悄脱下军装，换穿了一身便服，准备开溜。他的手中提着一个酱色木匣，那是曹拐子聚财的"百宝箱"。苟师爷早已暗中盯准了这个目标。

开溜中的苟师爷，无意中看到了孤身一人的五姨太。五姨太花容失色，拎着个小包，似乎不知所措。

苟师爷心头一动，忍不住走过去牵住了五姨太的一只手腕，似有怜香惜玉之态："走吧！跟着我走吧！"

五姨太却似乎没有动身的意思。

苟师爷不禁一阵醋意："咋？还想等着曹拐子？夫妻本是同林鸟，大难来临各自飞嘛！"

五姨太一脸嫌弃的表情："呸！我等他干什么！本来就不是什么正经夫妻！只是我还有不少珠宝首饰没顾上拿么！"

苟师爷哂然一笑，拍拍手中提着的酱色木匣。

"咳！那算什么？我告诉你，曹拐子给你买的那些首饰都是假货，不值钱的！只要咱俩平安逃出城去，除了这个，城外还有下半辈子花不完的钱财等着咱哩！"

五姨太一听，顺势在苟师爷脸上亲了一口："好！那就快走！"

城门内侧，牛团长的防区内也乱成了一锅粥。聚集的士兵七嘴八舌："快打开城门，不开城门，咱咋逃命呀！难道非要在这儿等死不成！""不能开，不能开！城门外有兵埋伏着哩！咱不能白白去送死！"

士兵们群龙无首，谁也没个准主意。

牛团长和几个亲随躲在角落处，焦急地东张西望。

牛团长恨恨地发着火："他娘的！咱打吧，打不过人家。咱投降吧，人家概不接受。咱主动缴枪吧，人家上来就是一枪毙命！姓郭的，真是太心狠手毒了！"

"团长，师座来了！"有人报告。

牛团长立刻满怀希望地望去。

曹拐子、孟老板在几名亲随的簇拥下，匆匆赶来。

531

看到曹拐子狼狈不堪、孟老板垂头丧气的样子，满怀希望的牛团长顿时泄了气，大声责怪起来。

"曹拐子！你不是说只要固守三五天就会平安无事吗？姓孟的，大概是你与城外的生意没做好吧？"

曹拐子抬手制止了牛团长的牢骚。

"这个时候了，咱不要忙着窝里斗！打开城门冲出去，是唯一生路。"

"我也是这样想的！说干就干，打开城门！"牛团长大声下达了命令。

曹拐子扭头对身后自己的亲随们大声交代："咱们都跟着牛团长，一起往外冲！"

城门"吱呀吱呀"地被打开了。

城门附近聚集的溃兵们一窝蜂地冲了出去。牛团长带领他的亲随们紧跟着冲了出去。曹拐子的亲随们也跟着冲了出去。

孟老板蠢蠢欲动，也打算冲出城去逃命。他抬头一看，曹拐子却没有马上行动的意思。

看着牛团长等众人冲出城门的背影，曹拐子悄悄拉了孟老板一把，低声说道："别急，等等看！"两人躲在了一条小巷的僻静处。

城门之外，很快就传来了一阵密集的机关枪声和惨叫声。

孟老板一阵后怕，吓得耸肩缩脖。曹拐子惊恐之余，又露出了一丝早有所料的得意。

孟老板忽有所见，拉了一下曹拐子的衣袖，摆头示意。曹拐子顺着孟老板示意的方向看去。

身着便装的苟师爷，一手提着那个酱色木匣，一手牵着五姨太，弯腰低身地由街巷处向城门方向潜行而来。

"早就料到会有如此作为，想不到的是冤家路窄！"曹拐子狞笑着，抬手就是一枪。

苟师爷扔下手中的酱色木匣，捂着胸部中弹的伤口，伤口处的鲜血汩汩流下。他跌跌撞撞地挣扎了一番，似乎想要看明枪击的方向，但终未能如愿。

倒地身亡的苟师爷，两眼无神地睁开着。

五姨太看着身旁苟师爷的尸体，一声尖叫。

曹拐子稍一迟疑，狠心抬手又是一枪。五姨太的尖叫声顿时止息。孟老板吓得闭紧了眼睛。

走近苟师爷与五姨太的尸体处，孟老板不免有兔死狐悲之感。在曹拐子的示意下，他俯身拾起了五姨太手中拿着的那个小包。

曹拐子拎起那个酱色木匣，看了苟师爷身穿便装的尸体一眼，似乎受到了启发："走，咱也设法换换装。"

城门处的枪声已经停歇。

已换成便装的曹拐子和孟老板，一边观察着动静，一边向城门处走去。

城门处，攻城部队的军官朱团长带领几十名士兵正由城外进入城内。

曹拐子见此情景，似乎并不惊慌。他对孟老板拍拍自己的胸前，颇为得意地小声说道："没事！免死的路条咱随身带着哩！"

说着，曹拐子颇显友好地主动向朱团长招手摇晃。

此位朱团长，正是多年前企图抢劫法门寺的那个朱排长。转投国民军后，因裙带关系，官运颇为亨通。

曹拐子点头哈腰地主动呈递上一张纸函。

朱团长接过后，疑惑地看了一眼。

"确实是军座的手令！老实在这儿待着！我派人再去核实一下。"

一名骑马士兵接过纸函，急驰而去。

朱团长对随行军官下达命令："原地稍作休息。等候两处墙根包抄的部队合围后，再向前推进。"

曹拐子讨好地向朱团长递上一根香烟，主动搭讪。

"刚才我看到曹拐子领着一股人马，就从这城门中冲出去了么！"

朱团长不屑地斜睨一眼。

"冲出去？逃出城门的几百人没有一个活下来了。咱早就在城外布好了口袋，等着曹拐子往里钻哩！"

曹拐子假装赞叹。

"呀！你们郭旅长真是一把打仗的好手！"

朱团长幸灾乐祸的口吻。

"姓郭的已不是旅长，旅长已不姓郭喽！"

好像突然想起，朱团长立刻又盘问起来。

"喂！你咋会有我们军座的手令？你到底是干啥的？"

旁边一个随行军官插话："我们朱团长是军座大人的亲戚。军座要照顾的关系，朱团长都知晓！"

曹拐子正想着如何解释，一旁的孟老板趁机解围："原来是团长大人，失敬，失敬！我俩是古董商人，奉军座密令，在此寻摸一些军长大人感兴趣的古董哩！"

那名骑马士兵疾驰返回，向朱团长报告："长官回复：既是军座手谕，遵令放行！"

"走吧！"朱团长从骑马士兵手中接过纸函，还给曹拐子。

曹拐子急忙示意孟老板，两人转身向城门处快步走去。

"慢！"朱团长一声大喝。

曹拐子与孟老板大吃一惊，生怕又有什么变故，停下脚步，惊恐地望着朱团长。

"就这么走啦？"朱团长不满地看了二人一眼，眼光又向孟老板手中的那个小包瞟去，话中有话提示着。

孟老板明白过来，赶紧将手中那个从五姨太处拿来的小包放在了脚下。

朱团长沉默不语，没有表态，但眼光又扫向了曹拐子手中紧紧拎着的那个酱色木匣。

曹拐子实在不甘心将此"百宝箱"白白奉送。他仍僵站在原地，没有一点儿动作表示。

"识时务者为俊杰。"孟老板一边小声说着，一边从曹拐子手中硬行取下那酱色木匣，一并放在了地下。然后，他一再弯腰躬身地行礼致意，并眼巴巴地望着朱团长，一副摇尾乞怜的模样。

朱团长这才傲慢而得意地摆头示意。

城门口的士兵们挥挥手，孟老板拉着曹拐子仓皇出了城门。

城破之后，攻城部队进展十分顺利，城内的守军基本未作抵抗。军号声、喊杀声、枪炮声，很快就止息了。城内显得很安静，好像什么战事也未曾发生过。

古城的城墙、城门、城堞，一如往常。

风起尘扬，又预示着将有更多的故事发生。

第十九章　城头变幻大王旗Ⅰ

一、洒向人间都是怨

国民军攻克凤翔之后，并没有出现民众欢欣鼓舞、箪食壶浆以迎王师的局面。老百姓还没有享受到曹拐子之流下台后的和平"红利"，却先实实在在的震惊于新军阀的冷酷凶恶和惨无人道。

"群贤居"酒楼中，只有稀稀落落的几桌食客。席间的议论话语，自然离不开局势的最新动态以及他们的感受。

"这酒楼近日的生意不咋样么！"

"昨日中午生意倒像是不错，摆了十好几桌哩！可惜都是些吃白食的国民军丘八。老板甭说赚钱，只要少倒赔些就算烧高香喽！"

"按说曹拐子被打垮了，城里百姓该高兴才是，咋也没见啥庆祝的热闹场面么？"

"咳！还没来得及庆祝哩，先去准备办丧事吧！昨儿夜间，乒乒乓乓枪声不断。战事已经都结束了，这枪声是干啥哩，你们不知道？"

"攻城一战，除了曹拐子本人下落不明之外，他的手下一个也没逃脱。现场被枪子儿打死、被炮弹炸死的不说，被活捉俘虏的就有三几千人哩！这些人现在哪儿去了？全都成了地狱中的冤魂喽！"

"难道……这三几千人一夜之间就全部被斩尽杀绝了吗？曹拐子手下的人马，大多是从周原强拉的壮丁呀！"

"曹拐子是瞎怂，该杀该剐！但这三几千俘虏并不都是罪当该死呀！"

食客们的议论，并不是凭空捏造。凤翔屠俘事件，史有所载。

北伐战争过程中，国民党新军阀开始形成。他们彼此之间以及与北洋军阀残余势力之间多有战事发生。你争我夺，乱哄哄你方唱罢我登场。战争的目的，已失去了北伐初期打倒列强除军阀的进步意义，而只是军阀之间对统治权力的争夺。军阀就是军阀，本质都是一样的。大规模集体屠俘事件，为这一时期的凤翔历史留下了血腥的一页。揭露新军阀的残酷罪行及事件真相，无疑是历史学家的责任。此处是在讲故事，讲故事就有讲故事的讲法。

话说姬老太爷姬秉礼，为着早日结束围城中百姓的苦难、减少攻守双方士兵的伤亡，主动为攻城部队出谋划策并贡献了自家七具棺材以供爆破城墙之用。当时的攻城部队现场总指挥郭复礼夸赞其为"攻克凤翔、消灭曹贼的第一功臣"。

当那七具棺材里的炸药同时爆炸展现巨大威力的时候，姬老太爷站在姬氏庄园庭院中的那棵柿子树下，远远看见了城墙拐角处高高升腾的爆炸烟柱。此刻，他的心里只有一个念头：但愿凤翔战事从此结束。

依据对郭复礼人品性格的了解，姬老太爷判断：城墙一破、战事一停，郭复礼必定会即刻亲自前来庄园，通报破城情形，说些感谢话语。谁知一天过去了，竟未见他的人影。姬老太爷想想，觉得不足为怪。战事甫停，军务繁忙，一时半会儿顾不得客套礼节，也在情理之中。

既然城围已解、城门恢复通行，姬老太爷决定打道回府，返回城里姬家大院与亲人团聚。他让吕管家先行回城告知崇仁：就在城内静待老太爷回府，不必再费心费事地出城迎接。

姬老太爷打算自个儿一个人悄悄绕道东门进城。他想亲眼看看城墙东南拐角爆破后的情形。生于斯，长于斯，他对家乡古老的城墙有着一份特殊的情感。出于自己的建议，完整的城墙可能已被炸出了一个巨大的缺口。姬老太爷心底深处，隐隐有着一种负疚感。

姬老太爷不会想到：这次东门之行，他不仅看到了残缺的城墙，更看到了残缺的人性。他目睹了惨绝人寰的一幕。

城东七里铺附近，有一座关帝庙。庙前场院旁，有一巨型敞口枯井，井深有几十丈。攻城部队军部行刑队选择此处作为行刑场所，五百名俘虏在这里遭到屠杀。

行刑过程非常残忍。两名士兵将双手反缚背后的受刑者拖拽至枯井旁，强逼其跪倒。早已等候在此的行刑者挥舞大刀，手起刀落。受刑者被砍下的头颅直接落入枯井。两名士兵再将无头的尸体一并扔进深不见底的枯井之中。五百名被缚的俘虏在场院中逐一等待就戮。五十名手持大刀的行刑者也在等待着轮番上阵。有的受刑者早已瘫软在地，无法挺颈就刑。行刑者便胡乱砍上一刀然后将其活活扔进枯井。有的受刑者明知难逃一死，不肯多挨刀砍，刚被拖至井边，索性就自己跳了下去。

现场惨叫声不断，血腥气冲天，一派恐怖气氛。也许是为了收到震慑效果，本次行刑刻意没有采取秘密进行的方式。关帝庙附近，聚集着不少围观的人们。有人愤慨，有人悲泣，有人不忍，有人吓得捂住双眼，也有人只是在看热闹。

行刑队中有一位临时而来的特殊人物，正是那个军长的亲戚朱团长朱子虚。朱子虚从军多年，战场上真枪实弹的厮杀经历有过几回，但还没见识过大刀砍人脑袋的场面。他特意向行刑队提出请求，留下一个活口，由他亲自挥刀行刑，以此"练手练胆"。军部行刑队当然知道此人的来历，便将最后一名受刑者为他保留了下来。

整场屠杀已近尾声，最后一名受刑者已被拖拽至枯井之旁。朱子虚也与其他行刑者一样，赤裸着上身，手持大刀，正跃跃欲试地等待着自己动手的时刻。

最后一名受刑者却是拉板车运尸体的苦力小张。他那瘦小的身躯上，穿着一套过于肥大的军官服装。守城部队溃逃时，为了掩盖身份，许多军官都强逼着平民百姓与其交换服装。苦力小张就是其中的受害者之一。自被攻城部队抓捕，直至押解关帝庙行刑之前，苦力小张一直不停地高声喊冤。行刑人员不分青红皂白，索性用一块破布塞进了他的嘴巴。此刻，苦力小张两眼失神无力地望着苍天，老天爷似乎也无法改变他的悲惨命运了。

"冤枉呐！老天爷——刀下留人吧！"突然，一声悲怆的呼号从围观人群中传出。

苦力小张的父亲、白发苍苍的张老汉跌跌撞撞地冲进刑场，直扑井旁而去。他将倒缚双手、跪在井旁的苦力小张搂在怀里，悲愤地大声呼喊着："他是我的儿子！他只是个做苦力的下人，没有吃过一天曹拐子的粮，没有扛过一天曹拐子的枪啊！"

围观的人群骚动起来。

监刑官一时愣住。

已急不可耐等待动手的朱子虚，忍不住亲自上了阵。他支派两名士兵将张老汉拉开，并大声呵斥着："胡说！他就是我们在战斗现场抓获的曹匪军官！你们看看他这身军服！"

张老汉再次扑向自己的儿子。"老天爷！冤枉呐！要杀，你们就连我老汉也一块儿杀了吧！"

朱子虚不愿失去这次"练手练胆"的机会，大声喝道："破坏军法、打劫刑场，同样也是死罪！一块儿砍了，并不冤枉！"他以目光示意，催促监刑官尽快下令动手。监刑官也怕夜长梦多刑场失控，想早早了结此事，清咳嗓音之后准备发令行刑。两名士兵也将张老汉反缚双手捆了起来。

"且慢动手！"随着一声悲愤而又威严的呼喊，姬府老太爷姬秉礼大步走进了刑场。

姬老太爷本打算至东门外看看爆炸后城墙的受损情况，没想到却遇上了关帝庙前行刑的最后一幕。现场的血腥气氛，使姬老太爷悲愤得难以自抑。刑场仅余的两名受刑者张老汉父子都曾是他的病人，都是无辜的周原民众，他不能不挺身而出、极力施救。

姬老太爷庄重地向监刑官一拱手："张老汉所言不虚，老朽愿为张老汉父子俩担保作证！他们都是周原的劳苦百姓，与曹拐子匪军毫无瓜葛！"

朱子虚不屑地瞪着眼睛："你担保作证！你算老几？你是何人？竟胆大包天、干扰军法行刑！"

围观的人群中爆发出呼喊声。"姬老太爷！姬老太爷！""姬老太爷，救救张老汉一家吧！""老天爷啊！你给姬老太爷搭把手吧！"许多民众朝着姬老太爷齐刷刷跪了下来。

姬老太爷走近苦力小张身边，一把扯出了塞在其嘴里的那块破布。苦力小张只呻吟着低喊出一声"冤枉啊！"便昏厥过去。

"你们看看！这下苦出力的手掌，像是一只当军官的作威作福的手吗？"姬老太爷拉起苦力小张干裂黢黑的手掌向众人展示。随后，姬老太爷又弯下腰，将苦力小张的裤腿向上卷起，露出了其小腿处尚未完全愈合的伤痕。

"这是被匪军强拉民夫下苦时受的伤，此处伤口还是老朽亲手为他清理治疗的。至于这身军官服装，是个明眼人就可以看得出来，那是别人给他硬套上的么！"

姬老太爷说得有理有据，围观人群一片赞同之声，就连行刑人员中也有不少人暗自点头。

"至于老朽能否担保作证，尽可以去问你们郭旅长。"姬老太爷此话，乃是出于好汉做事好汉当之意，并非企图借用郭复礼的旅长之势。

监刑官看着群情激愤的围观民众和大义凛然的姬老太爷，知道此时不可强行而为，无奈地挥了挥手。围观民众拥进刑场。张老汉父子俩被众人救了出去。

姬老太爷为救张老汉父子挺身出头，仗义执言，深深得罪了朱子虚。朱子虚失去了"练手练胆"的机会，大为扫兴。听到姬老太爷扯出"郭旅长"，更引发了他的忌恨心理。他早就想将郭复礼扳倒自己取而代之了。"姬老太爷……？哼！"朱子虚又想起了有关曹拐子所盗掘的青铜古物均置放在姬府的消息，顿时心生一条毒计。

二、一名女童与一队士兵的对峙

凤翔城破之后，先有五百俘虏在东门外被斩杀坑埋，其夜又有三千余俘虏被集体处决。这些消息，崇仁当时并不知晓。他还沉浸在诛除曹拐子后的喜悦之中。

姬家大院内，一派其乐融融的欢快气氛。

伊人系着围裙，和面、调馅、擀皮，为包饺子忙得不亦乐乎。

崇仁难得地亲自上手，不熟练地包捏着饺子。

"真稀罕！我爹也亲自上手喽！"怀真也在一旁学着包饺子，同时还监督着父亲的干活"质量"。

崇仁看看自己的劳动成果，抱歉地摇摇头，虽对"质量"自觉不够满意，但仍高兴地说着。

"虽然我包得不好，但也是为了迎接咱老太爷回府！高兴么！"

伊人一边忙着一边随口问道："战事结束都好几天了，咱爹怎么不早些回城里大院呢？吕管家回来说，只让咱在城里静等，也不让去人迎接。老太爷一个人在干啥哩么？"

崇仁不在意地开着玩笑。

"郭旅长说了，咱爹是攻克凤翔、消灭曹贼的第一功臣！肯定是他硬要留着老太爷喝庆功酒哩！说不定还会给爹胸佩红花、敲锣打鼓、抬着花轿、礼送回府哩！"

伊人笑着摇摇头："不会的！咱爹就不喜欢这一套么！"

怀真在一旁听着，认真地提出要求。

"要是爷爷不喜欢戴红花，那就给我戴上！"

看着父母被逗笑的神情，怀真又补充了一句："我说的是真话！"

崇仁喜滋滋地说道："今儿早上，喜鹊在咱院里的树上叽叽喳喳叫个不停。我想着这喜鹊准是来报信的，告诉咱们：赶快把饺子包好，老太爷要回府喽！"

伊人笑着点头。怀真笑着直拍手。

忽然，一阵喧哗声从院外远处隐约传来。

怀真好奇心大发，马上从凳上跳了下来。

"院外好像很热闹，我去看看！你们放心，我不乱跑，只看一眼就回来！我还要等爷爷回来一起吃饺子呢！"

说着，怀真一溜烟儿欢快地跑出了门去。

崇仁与伊人相视一笑，继续忙着手中的活计。这种平和喜悦的气氛，很快就被打破了。

"爷爷！——"怀真凄厉的叫声突然由院外传来。

崇仁与伊人一愣，紧张地站起身来，随即向院外跑去。

姬家大院门前的街道两侧，挤满了围观的人群。

街道正中马路上，约有百十名士兵排着队列向姬家大院走来。

队伍前头，是被押解游街示众的姬府老太爷姬秉礼。

姬老太爷双臂被捆绑在后，绳索的另一端像牵狗绳一样被一名士兵攥着。姬老太爷的胸前，并没有像崇仁所想象的那样佩戴着象征功臣的红花，而是挂着一个大木牌。木牌上写着"土豪劣绅姬秉礼"几个大字，其中"姬秉礼"三字之上画着红叉。一顶纸糊的高帽，在他的头上晃晃悠悠。高帽上写着"反动军阀的走狗姬秉礼"。"姬秉礼"三字之上同样画着红叉。

街道两侧围观人群之前，有手持上了刺刀的步枪维持秩序的士兵。人群中一片议论声、嘈杂声。

队伍前行的道路，前方已被清空。

"爷爷！——"，一声令人心碎的呼喊。

怀真站在士兵队伍的前方，伸开双臂，拦住了他们的去路。队伍停了下来。

清空了的道路上，一个赤手空拳的孤零零的小女孩，与一支荷枪实弹的武装队伍，面对面对峙着。

怀真大声呵斥："不许欺负我爷爷！我爷爷是好人！"

被游街示众的姬老太爷一直闭着双眼，一副苍老失神的面容。听到怀真的声音后，他急切地睁开眼睛，心疼地看着自己侠义而勇敢的小孙女，转身向士兵们投去愤怒的目光。

双臂被反绑、胸前又挂着大木牌的姬老太爷，很不方便地弯下腰，安慰着怀真。

"怀真娃，别怕！"

怀真怜爱地看着自己可敬而此刻却在受辱的爷爷，强忍着泪水。

"爷爷，我不怕！你也别怕！"

怀真指着士兵们，一时气愤得说不出话来。

"你们……，你们！"怀真一把摘下了姬老太爷头上的纸糊高帽，心疼地用小手捋了捋爷爷头顶被弄乱的白发，然后毅然将手中的高帽戴在了自己的头上。她明白爷爷的清白无辜，她情愿替爷爷受苦受辱。

满头白发、双手被反绑、胸前挂着大木牌的爷爷，身边站着头顶纸糊高帽的无畏小孙女。面对持枪的士兵队伍，怀真昂首高声背诵着："孟子曰：老吾老以及人之老，幼吾幼以及人之幼！"

围观人群一片哗然。有人掩目不忍，有人暗自落泪，有人大声咒骂。"不许欺负老人和小娃！"呼声回起。

押解姬老太爷的士兵队伍中，出现了波动。有的充满同情。有的张皇失措。有的偷偷伸出拇指，对怀真表示由衷地赞赏。

此时，崇仁和伊人由院内飞奔而来。

"你们这是干什么？"崇仁直奔过来，怒斥着押解士兵。他一把扯掉了怀真头上的纸糊高帽，扔在地下。接着他又取下了姬老太爷胸前挂着的木牌，摔向地面。

崇仁怒目走向牵绳的士兵。

士兵畏缩着，不由得将绳索丢弃在地。

崇仁解开捆绑老太爷的绳索。

围裙尚未及解下的伊人也赶到了，上前为老太爷揉搓着已有勒痕的手腕。

崇仁、姬老太爷、伊人、怀真一家人紧紧依偎在一起。

围观的人群，开始躁动不安。

士兵队伍中，也出现了人心涣散、士气低落的迹象。

带队的朱子虚见此情形，不免心中发虚，拔出手枪，"砰、砰"朝天就是两枪。

"奉命执行军务，无关人等散开！"枪声响后，朱子虚下达了驱散人群的命令。

士兵们开始驱赶围观人群。人群驱而不散，依然聚集着，围观着，议论着，咒骂着。

朱子虚手指姬家大院，接着下达了新的命令。

"包围姬家大院！进院搜查抄家！"

一群士兵押解着姬家诸人进了姬家大院。

大门口处，已有两名士兵持枪站立设岗。

另有几名士兵在门旁大树树干上张贴了一份布告。

围观人群并未散去。他们关心地围堵在姬家大院门前，关注着院内的动静。布告贴出后，众人围观，议论纷纷。有人挤不到布告近前，便着急地催问着前面围观之人："那上面都说了些啥？姬老太爷犯啥事了？"

前围之人索性大声念出布告的内容。

"查：土豪劣绅姬秉礼及其子姬崇仁，竟与反动军阀曹某相勾结，窝藏重要军用物资，着即查抄收没！"

围观众人哗然，一片指责之声。

"胡说啥哩！他们自己人都说，姬老太爷是攻克凤翔、消灭曹贼的大功臣！只怕是与反动军阀曹某相勾结的，另有其人哩！要不围城围得像铁桶似的，咋能让曹拐子跑了哩？"

"就是的！没有姬老太爷献计献策献棺材，这攻城之战还不知道要打到猴年马月哩！攻守双方和城里百姓也还不知道要多死伤多少人哩！"

"还说啥重要军用物资！不就是想要来抢夺曹拐子盗挖的那些青铜古物么！"

"姬府可怜呐！真是好人不得好报啊！"

三、周原乡党白起

新军阀入城后的所作所为，不仅引起了当地民众的极大反感，也使得郭复礼本人大失所望和极度苦闷。这难道还是"会盟天下英雄、讨伐无道昏君"的正义之师吗？这难道还是他郭复礼改邪归正、循礼而行该走的人生正道吗？此时的他，思无所解。

十多年后，一位八路军将领在抗日前线身负重伤。临牺牲前，他向友人袒露自己的人生轨迹："我这一辈子，做过土匪当家，当过军阀高官。后来之所以能够走向正确的道路，同周原一家人和他们送给我的两本书有关呐！"遵照他的遗言，这两部他始终带在身边的书籍，伴随着他的遗体，永远安葬在了远离周原的太行山区。

这两部书籍,当然还会在后面的故事中出现。眼下还只有一部,就是《周礼正义》。

凤翔城破的那一刻,郭复礼被暂时解除了旅长职务,从攻城前线的总指挥一下子变成了旁观者。

原来的旅部指挥所,现已人去屋空。只有郭复礼和他的那张行军床犹在屋内。

已换成便装的郭复礼,坐在桌前,无聊地翻看着《周礼正义》,独自喝着闷酒。

黑副官悄悄走了进来,理解地看着痛苦而孤独的郭复礼。

郭复礼感觉到有人进来,抬头看了黑副官一眼,没有说话。

"老兄,你怎么还不随部队一道搬进城里去?"黑副官关心地问着。

郭复礼摆摆手,一脸沉痛的表情。

"我没脸走进这座城呐!我问你,杀俘不祥,不得好死!你懂不懂?那三千多俘虏,也都是活生生的人呐!就让你们一两个晚上,突突突机枪一扫,咔咔咔大刀一砍,就给集体屠杀啦?"

黑副官似有恻隐,低头小声说着。

"攻城作战时,军长就有令:凡守城敌军,除有特殊手令者外,一律格杀勿论,不留活口!此令虽然有些过分,但那是在你死我活的作战环境下。战事一旦结束,确实不该……。军部行刑队在关帝庙直接上手,我没办法阻挡,也没有权力制止。唉!我是军人,只能服从命令呐!"

郭复礼一声叹息,说着自己的本意和疑惑。

"按照我的本意,是只要曹拐子一颗项上人头。如今冤魂三千,却让首恶曹拐子溜之乎也、下落不明!其中有什么猫腻?会不会与那个什么特殊手令有关呢?首恶都放跑毬了,其余几千人难道个个该死?"

黑副官俯身更加小声地悄悄说道:"除了那个姓朱的不是个东西之外,你的部下中有好生之德的人还真不少。他们将咱们旅看押的一千多俘虏夜间偷偷给放了。要不然,冤魂可就不止三千喽!作为代旅长,对此类行为,我既不愿阻挡,也不敢公开支持,只能装作看不见。"

郭复礼仰头一杯酒倒进口中，大声问黑副官。

"我们周原有一个乡党，名叫白起，你知道吗？"

"我不认识。"黑副官一时莫名其妙。

"你当然认识不了！他是两千多年前秦国的上将军，率军在长平打了个大胜仗。这本是件好事，但他却把成千上万的俘虏活活给埋了呀！最后，这个白起也受了冤屈没得好死，被秦王强逼着自杀了。他觉得自己曾干过坑杀降卒这样伤天害理之事，理该受到老天的惩罚。临死前，他留下一句话：获罪于天，是足以死呀！"郭复礼感慨万端地说起了关于"伤天害理"的话题。

黑副官嗫嚅不好开口。

"老兄，还有一件伤天害理之事！军长命令，扣押姬家父子，查没姬府家产！"

"这是为啥？"郭复礼闻言"嚯"地一声站立起来。

"就是为了姬府好心保护下来的青铜古物嘛！曹拐子曾拿出其中的两件给军长送礼，所以军长才有暂缓攻城和刀下留人的命令。后来得知了这批青铜古物的价值，军长不满足，想要一锅端。"

郭复礼怒问："抢东西就是抢东西，为啥还要抓人哩？"

"军长说，只有给姬家父子强加一些罪名，才能有理由去姬府彻底搜查。军长交代，要把曹拐子弄到手的青铜古物一件不落地全部运至军部。"黑副官坦诚相告。

郭复礼忍不住悲愤地仰天长叹。

"这叫啥国民革命军么？当初，我还以为这是周武王伐商的义军哩！现在，别说可以恢复我的旅长职务，就是再提拔成个啥，老子也得要重新考虑自己的出路了！"

黑副官提醒似的告诉郭复礼。

"此时此刻，咱的部队正在姬府抄家呢！"

郭复礼仰脖又是一杯酒倒进肚里。

"我本没脸再进这座城，也没脸再见姬家人了，但现在——！"

郭复礼瞪着发红的双眼，喘着粗气，将手中的酒杯往地下使劲一摔，发出一声怒吼。

"走！进城！去姬府！"

便装的郭复礼与军装的黑副官，各骑一匹高头大马，由城外向城里奔驰而去。

姬家大院大门前，挤满了越来越多的围观民众。

在士兵的押解下，一辆接一辆装载着青铜器物的马车，离开姬家大院逶迤而去。

崇仁和姬老太爷都被五花大绑着站立在门边。姬老太爷的面容衰老而失神。崇仁的面容则是愤怒与凛然。

大院的大门敞开着，伊人、怀真及家仆丫鬟们被持枪士兵拦在院内。

吕管家提着一罐茶水及茶碗，不顾士兵的阻拦，来到门边为崇仁和老太爷送水。

年已逾六旬的吕管家，颤步走到姬老太爷跟前，端着茶碗，递至老太爷嘴边："老太爷啊，喝口茶水吧！"

姬老太爷衰老失神的目光仿佛看着很远很远的地方，微微摇摇头，没有丝毫喝水的意愿和表示。

吕管家又端着茶碗，递至崇仁嘴边。

崇仁感激地点点头，伸头张口一口气将碗中的茶水喝完了。

就在吕管家从茶罐往茶碗中斟倒第二碗茶水时，崇仁小声向其悄悄交代："不要怕，不要慌！不会有什么了不起的事！他们的目标是那些青铜古物！不是已经让他们全部抢走了么！"

吕管家也小声通报情况。

"大约抢走了五百多件。咱们特意藏起来的，他们都没有发现。"

崇仁不动声色地微微点头，轻声低语："把有关埋藏青铜古物的记录和账簿全部烧了吧！就让它们永远埋在地下，留待有缘的后人，或者后人的后人。"

吕管家声音虽小但语气却很坚定："老爷，你放心！不管发生啥情况，我一定尽力照看好太太和怀真小姐。再说，还有省城里的怀远少爷和怀玉小姐么，他们也会……"

"吕管家，吕叔！我相信你！"崇仁信任的目光看着吕管家。

姬家大院内的抄家行动已经结束。

朱子虚耀武扬威地挥动着手中的马鞭，询问负责抄家的军官："院子里的所有青铜宝物都拉走啦？"

"报告朱团长，全部装车拉走了！"抄家军官立正报告。

提着茶水罐和茶碗的吕管家，故意在士兵和围观众人面前大声发着牢骚。

"当初曹拐子拉来在这儿暂放时，还知道个造册登记！如今就这样稀里糊涂装车拉走了，将来的去向，谁能说得清！"

朱子虚气恼地瞪了吕管家一眼，无暇答理。他眼冒贪婪之光，悄声追问抄家军官："其他资财情况如何？"

抄家军官趋近朱子虚身边，小声报告："说是个大户人家，其实也没啥油水。除了已经拉走的那些青铜古物，能够抄没的家财也没有多少，还不够咱折腾的！"

朱子虚多少有些扫兴，不甘心地下令。

"有多少算多少，赶紧装车！"

"装好了，已经装好了。"抄家军官回复。

"那就走！把那两个土豪劣绅带走！"朱子虚马鞭一挥，下令出发。

士兵们推推搡搡欲将姬老太爷和崇仁带走。

围观民众喧哗着，抗议着，拥挤着，堵住了士兵们前行的道路。

士兵们也同情地、识趣地停下了脚步。

一方要走，一方堵着不让走。局面僵持着。

气急败坏的朱子虚，一手拔出手枪对空鸣放了一枪，一手扬起了马鞭，作势要向姬家父子方向甩去。

说时迟，那时快。只见一个人影飞身闪至朱子虚面前，一手夺过他手中扬起的马鞭狠狠摔在地下，另一只手当胸一掌，将朱子虚推击得跟跄着连连倒退。

来人正是郭复礼。

四、命令就是命令

郭复礼得知姬家父子遭到迫害的消息，心急如焚，即刻与黑副官一道，纵马疾驰，直奔城里姬家大院。

刚刚驰至大院门前，透过聚集的人群，看到了朱子虚鸣枪扬鞭的那一幕。

未等马匹停稳，郭复礼便跃身下马，一个箭步冲到朱子虚面前，夺过他手中扬起的鞭子，一把将其推了个趔趄。

朱子虚看着盛怒的郭复礼，不觉有些胆怯，一时不知所措，狼狈尴尬地退至一边。

郭复礼环眼一看，看到了被五花大绑着的姬府老太爷姬秉礼和姬府老爷姬崇仁。

"恩将仇报、陷害忠良、天理不容呐！"郭复礼抢步上步，直接跪伏在姬老太爷脚下，悲愤地号叫着。

"天理不容呐！"围观人群中发出了声音更大的呼应喊叫。

郭复礼怒目一瞪，直射那些押解士兵。

押解崇仁和姬老太爷的士兵们吓得哆哆嗦嗦，赶紧手忙脚乱地解开了他俩五花大绑的绳索。

郭复礼继续跪在姬老太爷面前，大声向周围的民众诉说自己的愧疚。

"我郭某人一辈子，不跪天，不跪地，但算上今天，我是三跪姬老太爷！实在是对不起姬老太爷、对不起天地良心呀！还有，攻城之后杀戮太重，我无力阻止，也应向凤翔的父老乡亲们下跪告罪呀！"

说着，郭复礼就地"咚咚咚"连磕了三个响头。

围观的民众，群情激愤。

朱子虚看着激愤的人群，似乎害怕局面失控，便伸手企图将下跪的郭复礼拉起，嘴里还在抱怨着。

"郭旅……老郭，我们正在按照军长的命令执行军务哩！你就不要添乱了！"

郭复礼奋力甩脱朱子虚拉自己的那只手臂，看都不看他一眼，自己站起身来。

朱子虚示意押解士兵将姬家父子赶快押走。押解士兵们眼睛看着郭复礼和黑副官，无人动弹。

黑副官走上前来，向朱子虚伸出手掌，严肃地提出要求。

"命令？军长的命令，我作为代旅长尚不知晓，你团长倒先知道了？朱团长，请你拿出军长的书面命令！"

这一下将了朱子虚的军。他顿时哑口无言，额头冒出了冷汗。军长这些见不得人的勾当，通常都是密令交办，怎么可能会有公开的书面命令。

"命令？"郭复礼鄙夷地看了狼狈不堪的朱子虚一眼，转身面向众士兵。

一身便装、且已被暂免了军职的郭复礼，与一支排列整齐的士兵队伍面对面站立着。

郭复礼的眼神极为复杂，但仍不失长官的威严。

士兵们的神态大多是崇敬中夹杂着畏惧。

郭复礼的眼神巡视着整支队伍，似乎与队伍的每一个士兵都有过目光的交流。

"你们之中，有谁还认我郭某人是你们的旅长？"郭复礼高伸出一只手臂，大声喝问。

"旅长！旅长！拥护郭旅长！服从郭旅长！"士兵们齐声高呼着回应。

郭复礼继续大声喝问："你们之中，有谁曾经认我郭某人是你们的大当家？"

士兵队伍中约有近一半的成员举起一只胳膊齐声高呼着回应。

"大当家！大当家！就是大当家！"

"好！"郭复礼先是举手敬了一个标准的军礼，然后双手抱拳胸前一揖，向自己曾经的部下以两种礼节表示了感谢。

郭复礼转身面向自己身旁的黑副官，严肃地下达命令。

"黑副官！不，黑代旅长！我知道你是一个以服从命令为天职的真正军人。现在，我以你的前任和你曾经的长官的名义，下达命令！命令：立刻释放扣押人员，立刻归还查没物品！"

一身戎装的黑副官，恭敬而严肃地以立正姿态听取了命令，随即举手挺胸致以标准的军礼，并大声回复。

"是！坚决执行命令！即刻释放扣押人员，即刻归还查没物品！"

众士兵一起立正敬礼，并齐声高呼："是！坚决执行命令！"

门口街巷处，群情激奋。

围观的人群中爆发出热烈的欢呼。

被禁堵在院内的伊人、怀真、吕管家及家仆们，透过敞开的院门，看到了院外发生的情景。

伊人与怀真欣慰地紧紧搂抱在一起。

吕管家突然老泪纵横，任其流淌下来。

家仆丫鬟们也在欢呼着。

守门封堵家人的士兵们纷纷主动撤离。有的在撤离时，还不忘向伊人等家人敬礼，似乎表达着歉意。

伊人领着怀真，向门外跑去。吕管家紧跟在她们身后。

看着围观民众以及众士兵的反应，郭复礼与黑副官均流露出了欣慰和踏实的神情。

黑副官靠近郭复礼身边，轻声说道："已经运走的那些青铜古物，恐怕是追不回来了。只能算是缴获曹拐子的战利品上交军部了。"

郭复礼以稍带负疚不安的口吻说道："我这最后一次下达的命令，是有些越职越权了，可能会给你带来一些麻烦。"

黑副官不以为意地摆摆手，苦涩地说道："过去的我，一定也会和今天的你一样，真情待人，率性而为！可现在的我，可怜、可悲、可恨！如果没有你老兄的威望在前面撑着，我自己不敢下达、也不敢执行这样的命令的。"

"对那个家伙，你以后要提防着点儿！"郭复礼好心提醒着，并以眼光示意。

黑副官顺着郭复礼示意的方向看去。

灰溜溜地一个人闪躲在一边的朱子虚，眼中充溢着凶恶阴毒的神色。

已被解开绳索的崇仁，搀扶着姬老太爷缓缓向姬家大院大门处走去。

姬老太爷步履蹒跚，眼光失神，仿佛一下子衰老了许多。

至大门沿途，依然有大量民众围着。当崇仁父子从人群中穿过时，围观民众中不时有人大声慰问着、安慰着、问候着、祝福着。

姬老太爷对外界似乎没有一点儿反应，只是旁若无人、目光直视地走着。

好像想起什么，姬老太爷呆滞的目光又转动起来，急切地在四周巡睃搜寻着，口中喃喃自语地问询着："怀真，怀真娃哩？"

"爷爷!"怀真呼喊着扑了过来。

姬老太爷这才安下神来,一手牵着怀真,一边依傍着崇仁的搀扶,祖孙三人并肩缓慢走着。

走着走着,姬老太爷停下脚步,抽出被崇仁搀扶的手臂,抚着自己的胸口喘息着。

突然,姬老太爷身子一抖,一口鲜血由口中喷涌而出。紧接着,又是一口。

"爹!""爷爷!""老太爷!""姬老太爷!"

众人不同的呼喊声,交织在一起。

五、自责之切

姬老太爷神失气衰,大口吐着鲜血,好像突然一下子丧失了生命的活力。其病根源自他的内心。他的灵魂正在经受着痛苦的折磨。

城东关帝庙前所看到的残酷屠俘的场景,使善良仁义的姬老太爷受到了强烈的刺激。获知三千冤魂一夜升天的消息,更加重了他灵魂深处锥心刺骨的痛苦。他很后悔。后悔不该帮助攻城部队出谋划策,不该贡献那炸城所用的七具棺材,不该误以为军阀中还有好人。他很自责。他为自己成为屠夫的帮凶而自责。他总认为,那些惨忍的屠俘事件中,也有自己的一份责任。姬老太爷当然是无辜的,但无辜的人们有时也会陷入在本无必要的深深自责之中。

姬老太爷病倒在床,躺在屋内静养。守在老太爷屋外的崇仁,满脸忧戚,不安地来回踱步。他不时地停下脚步,断断续续地交代着要办理的事项。

吕管家小心翼翼在一旁认真听着。

崇仁首先想到的事,当然是要让在省城的两个孙娃赶紧回家看望病中的爷爷。

"立即派人去省城,叫怀远、怀玉立马回来!"

"是!老爷!今儿派人就去。"吕管家回复。

崇仁想了想,又补充着说了一句。

"去省城的人，顺便去趟电报局，给天津二老太爷——，唉！还有崇德，发封电报。"

说话间，伊人端着一碗熬好的汤药，走了过来。她默立一旁，也在听着崇仁的交代。

崇仁继续说道："电报上就说老太爷病危，恐有不豫。别的就不说啥，回不回周原，就由着他们自己定吧。"

吕管家回复："好的。老爷！我都记下了。"

"城外庄园，提前收拾一下，也许有用场。"说完这句话后，崇仁看了伊人一眼。

伊人会意是要自己补充，便小声提醒了一件事。

"圆觉庵那边……"

崇仁随即又向吕管家交代："派人去圆觉庵烧些香，进奉些香烛钱。"

伊人看着自己手中的药碗，不禁叹息着说道："咱老太爷身子骨一直还算硬朗，之前从没有出现过吐血的毛病啊！"

吕管家痛惜地说着自己的推测："咱老太爷是多看重脸面名声的人呐！一定是因为当众受了污辱，急火攻心，气出了毛病。"

崇仁摇摇头。他已大致知道了破城后的屠俘情形，也想到了父亲可能会有的内心感受。

"你们不知道啊！老太爷的病，主要是因为自责过深、内心熬煎呐！"

吕管家并不太理解："老太爷又没做过该自责的事，咋会……"

崇仁叹息了一声，接过伊人手中的药碗，吹了吹汤药液面上的浮沫，直接用下嘴唇试了试汤药的温度，然后端着碗与伊人一道向屋内走去。

屋内。姬老太爷躺在病榻上，一副病容。

怀真坐在床前小凳上，拉着爷爷的手。

老太爷疼爱地望着怀真，失神自责的眼光中似有些许欣慰。在邪恶与强暴面前，小孙女表现出的亲情与勇敢，使他内心感到了极大的安慰。

"怀真娃，那天你为啥会那么勇敢不顾自己去护卫我哩？"老太爷向小孙女发问。

"因为你是我爷爷！因为爷爷是好人！"怀真真诚地回答。

老太爷又问出了一串复杂的问题。

"到底是因为我是你的亲人哩？还是因为你的亲人是个好人？那要是你的亲人是个坏人哩？就不是你的亲人啦？你就不管啦？再要是这人是个好人，但并不是你的亲人，遇到这事你也不管啦？"

"这么复杂的问题，我还从来没有想过哩！我得想一想。"怀真被这问题问得愣住了。

崇仁端着药碗，与伊人一同走进屋内。听着老太爷与小孙女间的对话，崇仁好像感到了父亲所提问题中的问题，不由得停下了脚步。

崇仁与伊人静立在门边，没有立即去打扰爷孙俩的谈话。

怀真缠着爷爷，继续着刚才的对话。

"爷爷，你刚才的问题太复杂，我说不清楚。爷爷你自己说说嘛！"

老太爷叹息一声，似乎另有所思，有感而发。

"唉！好人，亲人。即使是好人，出自好心，有时也会做错事、做坏事啊！好人也会因此受到自己良心的谴责和惩罚呀！"

怀真天真地问着："爷爷，你这是在说谁呢？"

老太爷痛苦地摇摇头，没有回答这个问题，而是又跳跃思路进入另一话题。

"亲人，亲人也会有好坏之分。但即使是坏人，亲人毕竟还是亲人呐！再说，好人与坏人之间，哪有什么绝对的界线呢？非好非坏，亦好亦坏，好人变坏人，坏人变好人，这都是可能的呀！"

怀真认真听着，似懂非懂。

"怀真娃，爷爷该吃药了，让爷爷休息一会儿吧！"崇仁和伊人走近床边。伊人招呼着怀真。

怀真懂事听话地从小凳上立起身，转身离去。刚走了两步，她又回转身来，提出了一个问题。

"我还有一个问题，那天那个自称是郭某人的人，说他一辈子不跪天、不跪地，但却三跪我爷爷，我怎么不知道是怎么回事呢？"

伊人笑着说道："第一跪，是为了感动。爷爷的所作所为，感动了他呗！这是你娘我嫁到姬府当天晚上发生的事情。那时候，当然还没有你呢！"

崇仁手中还端着药碗,接过伊人的话题往下说。

"第二跪,是为了感谢。感谢爷爷在这次攻城之战中,为了减少双方人员伤亡、维护百姓利益而做出的贡献和牺牲。"

怀真抢过话头,自己说了起来。

"这第三跪,我知道,是为了感愧。好人被坏人欺负,受了委屈,他感到惭愧呗!不过,我觉得,这事不能赖他,他还是个好人!"

伊人摸摸怀真脑袋,示意她让爷爷休息。

怀真留恋地望望爷爷,挥挥小手,走出屋外。

崇仁将药碗递给伊人,自己将病榻上的老太爷搀扶着坐起,然后伸出手来,又从伊人手中接过药碗,伺候着老太爷将药服下。

老太爷喝过药后,接过伊人递来的毛巾,擦拭着嘴边残留的药痕,一边发出感叹。

"唉!自己的病自己知道。服用这药也没啥大用。"

崇仁笑着安慰父亲:"医家不医自家病。这是专门请的大夫开的方,坚持吃上几服,总有好处。"

老太爷突然好像返老还童,像个有求于、依赖于父母的小孩一样,撒娇地恳求地望着崇仁。

"我想你娘了!也想……其他的一些人了!"

崇仁眼睛一湿,理解地告诉父亲。

"爹,你放心!该打招呼的,我都会及时通知的。"

老太爷平静地点点头,安详地闭目休息了。

崇仁和伊人轻步准备离去。

老太爷眼也没睁地低声交代:"多去烧烧香!为那几千冤魂!"

六、"缘"字照壁

秋月当空。

清冷寂静的庭院内,崇仁与伊人并肩坐在石阶上。姬老太爷的突然病倒及其所表现出的不祥征兆,引发了崇仁和伊人极大的忧虑。他们有很多的事情需要商议。

崇仁忧心忡忡地体味着父亲的心境。

"爹心里还有不少放不下的事啊！自从十多年前我在南方见过二弟崇义一面之后，再也没有他的确切消息。爹说过，不知崇义的下落，死不瞑目啊！"

伊人试探着说道："表弟孔启民那儿，能不能打探到一些消息？"

"我在几个月前，就托人给他捎过信了。有消息他会告诉我的。"崇仁目前再也想不出其他的消息来源和打探门径了。

伊人又想到了在省城的一双儿女，心里十分疑惑而担忧。

"奇怪！这都好几个月了，怀远、怀玉也都一直没有信来！"

崇仁安慰着说道："已经派人去省城传话了。老太爷病重，他们不会不回来的。"

清冷的月光，使得崇仁和伊人感到了寒意。两人靠得更紧了一些，彼此依靠，彼此温暖。

伊人沉吟着说道："圆觉庵那边，我明儿去烧烧香吧！"

"咱俩一搭去。老太爷特意交代，要为那几千冤魂多烧些香！"崇仁想着父亲的负疚心理，决定自己亲自去操办一场正式的法事活动。

伊人却从一个女人的心理出发，想到了另外的问题。

"我总觉得，那……了空师太，作为一个女人，咱老太爷是曾经真心喜欢过她的。"

崇仁对此当然了解。他默默地点点头，过了一会儿才又接着说起。

"我知道。不但是曾经真心喜欢过，就是直到现在，老太爷心里还是时常牵挂着她哩！你还记得吧，老太爷刚说过的话，亲人也会有好坏之分，但即使是干了坏事、是个坏人，亲人毕竟还是亲人呐！老太爷这话，显然是有感而发。大概是想她了，也是想三弟崇德了。"

伊人深有感触："可怜天下父母心呐！老太爷虽然把三弟撵出家门，不认这个儿子了。但还是把他过继给天津二老太爷做继子，也是为了三弟他能有一条好的生路啊！"

崇仁沉吟着，推测着，同时也是期盼着。

"不知三弟他现在过得怎样了？老太爷病重的电报他们也该收到了。二老

555

太爷早先就来信说，想要回周原。三弟能跟着一块儿回来吗？"

秦岭太白山山脚下的圆觉庵中，一场盛大的法事正在进行中。

庄严、神圣的大殿内，众尼姑端坐在蒲团上集体诵经。了空师太在前领诵。

殿内供奉的神像及其他陈设焕然一新。硕大的供桌上，摆满了密密麻麻成排成排的黄铜小灯盏。燃着的灯光忽闪忽闪连成一片。

"恭请南无大慈大悲地藏王菩萨慈悲护持……是故众生，莫轻小恶，以为无罪。死后有报，纤毫受之。……令后世末法，一切恶行众生，闻仁者说，使令归佛。……依止善道，永取解脱。……获福无量，灭无量罪……"

诵经声中，庵内一派肃然。

崇仁与伊人跪在众尼之后，虔诚地随声念着经文。

诵经法事结束。一个小尼悄步走到了空近前，低声报告："师太，布施这场法事的施主来了。"

了空几乎看不出地微微一颔首，依然闭目专心致志地默诵着经文。

崇仁与伊人庄重地拈香燃起，默祷后插入香炉。击磬声中，两人在跪垫上虔诚地起伏跪拜。礼毕起身后，他们默默看了看目不斜视、专注诵经的了空，静静地离开了大殿。

殿外，一个姬府家仆手捧一个托盘恭敬地候立着。托盘上，红纸包裹着成封的银圆。

"这是家父敬奉贵庵的香烛布施。"崇仁从家仆手中接过托盘，双手捧起，恭敬地交给随行的那名小尼。

"待小尼去禀知庵主了空师太，请施主稍候。"小尼接过托盘，恭敬说着。

崇仁摆摆手，以平和的口吻轻轻说道："不必惊扰庵主师太。"

大殿之内，了空根本不可能听到殿外的谈话，但她却莫名其妙地心头一悸，端坐的身躯微微抖动了一下。

当崇仁与伊人由大殿处走出时，伊人边走边沉思着自问："你说，我们来了，那了空师太，看也没看一眼，问也没问一声，她会知道我们是老太爷特意让来的吗？"

崇仁十分肯定地回复着："她会感知到的。老太爷曾经来过这庵寺好几回，虽然回回都是——看也没看一眼，问也没问一声，但每次老太爷走后，了空师太都会大病一场。——这是刚才那个小尼悄悄告诉我的。"

"看来，不仅是咱老太爷的心里没有忘记她，而且她的心里也没有忘记老太爷呀！好像……，好像是他们谁也没有忘记他们共同的那个孩子，咱四弟崇恕。"伊人说着，难抑自己的感伤垂怜的心绪。

崇仁无奈地感叹："虽然彼此还有牵挂，但又能怎么样呢？都是过去多少年的事喽！"

伊人仿佛不甘心地说起："几年前，我还曾经想过这种可能。该不该，能不能，让他们复合。了空还俗，老太爷续弦，这样彼此也不至于过于孤寂啊！"

崇仁摇摇头，似有更多的感慨。

"恐怕不现实，现在就更不可能了。人世间的情字啊，剪不断，理还乱，就凭一个……"

崇仁突然噎住，惊讶地看着前方。

由于近年香火转盛，其中当然也包括姬府捐赠的大量布施，圆觉庵内的庙宇建设有了很大改观。崇仁此时所惊讶地看到的，就是庵内庭院中新出现的一块照壁。照壁上，只有一个大字，就是方才崇仁被噎住没有说完的那句话的最后一个字——缘！

崇仁忍不住，又把刚才因惊讶而噎住的半句话重新轻声说完："剪不断，理还乱，就凭一个缘字哩！"

两人俱停住脚步，默默凝视着照壁，似乎在品味着"缘"的含意。

诵经磬鼓声隐约传来，庵内悬挂的风铃声悠扬响起，更加显出了庵寺的静谧与神秘。

忽然，"缘"字照壁后方，走出一个人来。

来人身穿青布长袍，头戴礼帽，一副墨镜遮住了他的面容。

来人走到崇仁、伊人面前，缓缓摘下墨镜。

崇仁与伊人大吃一惊，不约而同地喊出声来。

"启民老弟！""贾校长……"

面色沉重的贾明站在面前。

离开圆觉寺的乡间土路上，两辆空载的马车缓慢行驶着。伊人随车步行，不时地向后张望。

马车后方，崇仁与贾明并肩边走边谈。他们与前行的马车保持着较远的距离，显然是不希望他们的谈话被别人听到或打扰。

圆觉庵的轮廓已经越来越远地甩在了身后。

伊人频繁地向后张望，几次欲转身回返，好似想去参加谈话的样子，但还是克制了自己。

"男人之间的话咋比女人还要多哩！我心里还急着要打问怀远、怀玉的情况么！"伊人着急地嘴里低声嘟哝着。

伊人抬起头来，忽然看到一个家仆骑马由前方急驰而来。听了家仆传来的消息，伊人拔腿就往后跑。

还在继续谈话的崇仁与贾明，奇怪地望着跑步而来的伊人。

"老太爷派人来，说有急事即刻交代，让我们把其他事都放下，赶紧回府！"伊人上气不接下气地转报了家仆紧急传来的消息。

崇仁面色严峻地与贾明对视一眼。

"你现在要办的事，都是天大的事！老太爷这边，你先不必急着赶来探望了。最重要的那些话，我会告诉老太爷的。你自己要千万小心，多多保重啊！有啥事，有啥需要帮忙的时候，尽管来找我！"

贾明颇为不忍："我连见老太爷一面，都还没顾上去哩！"

崇仁将贾明送进其中一辆马车，挥挥手让驾车的车夫起动。崇仁与伊人坐上了另一辆马车。

两辆马车快速行驰。岔路口处，两辆马车各自分道，朝着不同方向驰去。

看到崇仁与贾明告别时的神态，伊人突起不祥之感。

由于急速的奔驰，车内显得非常颠簸。

伊人紧紧靠着崇仁，不安地问道："发生什么事了吗？"

崇仁脸色沉重严峻，沉默不语。

伊人有些紧张地抓住崇仁的手臂，再次发问。

"你们刚才在路上都说了些啥？是不是有怀远、怀玉的消息？"

崇仁依旧沉默不语。但他不忍心看着伊人焦急担忧的样子，最终还是低沉地说了一句："回府再说！"

贾明的突然造访，带来了些什么消息呢？事过重大，搁后再讲。此处先说说凤翔城破后曹拐子与孟老板这两条漏网之鱼的下落吧。

七、走投无路

曹拐子以青铜古物收买了新军阀，为自己换来了免死的路条。凤翔城破之际，他藉此与孟老板仓皇出逃，侥幸不死。临出城时，他们随身携带的钱财俱被朱子虚之流搜刮一空。腰囊空空的流落逃亡日子并不好过，他们的生路又在何方呢？

曹拐子首先想到的就是重回老爷岭、再当山大王。上山的路径自然是轻车熟路，但尚未走进"聚义厅"、坐上自己熟悉的虎皮椅，刚至山寨寨门前便被挡驾吃了"闭门羹"。

是时，老爷岭仍有土匪盘踞。虽然规模大不如前，但土匪之间的认同感却大为增强。他们不图增强实力，只图内部精诚忠义。他们知道多年前山寨"老二反水"、自相残杀的前车之鉴，因而并不欢迎不了解的外人加入山寨。

曹拐子大大咧咧地来到山寨门前，拿出当年"二当家"的派头，喝令哨兵打开寨门。不料哨兵却不认得此人算是老几，立时拉动枪栓，厉声痛骂："咋说话哩？口气倒大得很！小心老子一枪崩了你这个瘸怂！"

孟老板在一旁连忙解说："这位长官原来就是这山寨里的二当家么！"

哨兵嗤之以鼻："哼！一听就是个不懂行规的棒槌！现在山上的规矩是称作大掌柜、二掌柜。你再敢胡扯什么大当家、二当家，小心叫我们大掌柜知道了，扒了你的皮、抽了你的筋！"

曹拐子知道今非昔比，当年"二当家"的八面威风已是明日黄花。他暗自叹道："唉！虎落平川被犬欺呀！"随后，不觉间便自落身价地提出请求："偌大山寨，总能赏我一碗饭吃吧？"

哨兵不屑一顾地摆摆手："山寨不养吃闲饭的。大掌柜说了，除了在咱山寨过去卖过命的弟兄，其他人等概不收留。"

孟老板闻听此言，觉得有了机会。他把曹拐子拉到哨兵跟前，急切地说明:"这位兄弟就曾在这山寨里卖命多少年哩!那时候,大概你还是个小碎娃么,当然认不得他!"

哨兵看了曹拐子几眼,不相信地摇摇头:"这肥头大耳的,哪像个卖命的主儿么?我们大掌柜就是这山寨的老人,他说过一句话,凡是会唱秦腔《打金枝》戏文的,就有可能是山寨老人。你会唱吗?"

曹拐子一听这话,拉起孟老板就走,头也不回地离开了山寨。曹拐子不会唱《打金枝》,会唱他也不敢唱。因为他知道:现任大掌柜既是山寨老人,必然认得他曹拐子。这位大掌柜如此看重《打金枝》,说明他当年必定是大当家郭复礼的亲信手下。自己此时贸然上山,新仇旧恨,冤家路窄,说不定还真会被他们"扒了皮""抽了筋"。

郭复礼自认是大唐名臣郭子仪的后人。他很喜爱颂扬其先祖郭子仪的秦腔戏文《打金枝》。在山寨做大当家时,他的亲信部下,大多会唱其中的主要唱段,现任山寨大掌柜就是其中之一。

听了寨门哨兵的报告,有人擅闯山寨,自称曾是山寨的"二当家",走路还有点跛。大掌柜立刻带人冲至山寨寨门处,可惜曹拐子已经跑远。当年曹拐子反水时,大掌柜还是郭复礼的亲信卫兵,为了掩护大当家撤退自己负了枪伤。他的心里恨透了曹拐子,如今眼见复仇机会丧失,便即刻下令,只要曹拐子胆敢再次上山,先用枪将其另一条好腿也给打瘸,然后一枪要了他的狗命。

曹拐子重回老爷岭之路已彻底断绝,只能跟着孟老板四处逃亡。两人身无分文,求告无门。万般无奈之下,孟老板领着曹拐子去了圆觉庵,打算从了空师太处乞讨些吃饭钱。

庵门外,孟老板自称是"庵主的亲哥",烦请小尼进庵通报。小尼很快返回,但并无打开庵门的表示,只是彬彬有礼地回复:"师太乃出家之人,并无俗家亲眷。施主请自重,不可妄自攀亲附缘。"

恼怒之下,孟老板在庵门外吵嚷起来:"亲哥求见亲妹子,亲妹竟然拒不相见!这世上还有亲情天理可言吗?"亲情与天理,由厚颜无耻的孟老板口中说出,不免显得有些滑稽。曹拐子想起十多年前所行的罪恶之事,赧颜未敢近前。

吵嚷声引起了附近一些香客的注意。有人似乎认出了孟老板，指指点点议论着。"你看那人像不像当年用白条骗咱高粱款的酒坊老板？""嗯！是有些像！他欠咱的钱至今还没还清哩！""走，咱走近去看看！真要是他，看咱咋收拾他！"

躲在一旁的曹拐子，听到这些议论，生怕又惹出事来，抢先几步赶到孟老板身边，拉起他就走。两人自觉心虚胆怯，匆匆离去，落荒而逃。

秋风萧瑟，暮色苍茫。

荒郊野外一处已废弃无人的破庙。残垣断壁之下，曲蜷着两个人影。正是衣服脏乱、面容不整、饥肠辘辘、狼狈不堪的孟老板和曹拐子，短短几天的逃亡过程，由于求生技能的差异，两人的主从关系很快就发生了变化。

孟老板爬起身，蹭到一处拢起的火堆前。弓着背，弯着腰，伸手烤烤火。随后用根小棍在火堆灰烬中拨弄着寻找。灰烬中埋藏着他从农户地里偷刨出的两个土豆。

一个烤熟的土豆被扒拉出来。孟老板一把将土豆拿起，拍拍烟灰，顾不得烫嘴烧手，一边吹着气，一边在左右手上倒腾着。大约已是饥饿难耐，他急不可耐地将发烫的土豆伸向嘴边，刚想啃上一口，立刻被烫得龇牙咧嘴。

曹拐子曲蜷在一旁，不满地看着孟老板吃独食。孟老板则视若不见地不理不睬。

孟老板下巴颏儿朝火堆处一点，仿佛恩赐般的口吻。

"那儿还有一个，你弄着吃吧。"

曹拐子立刻爬起身来，拾起小棍就去火堆灰烬处拨弄。一个烤得半生不熟的土豆被扒拉起来，他迅即扑了上去。紧接着，又演出了同孟老板刚才吃土豆时完全相同的一幕及流程：拍灰、吹气、倒手、急着吃、烫了嘴。

被烫痛了嘴唇的曹拐子，一时怒从中起，一把将烤得半生不熟的土豆摔在地下。摔裂在地下的土豆，一些土豆泥附着在地面上。

曹拐子突然感到了境况的反差，大声发着牢骚。

"他妈的！想不到老子竟然沦落到了这步田地！"

孟老板冷冷看了一眼，口气更冷。

"你他妈的就是个拐子！还想当啥老子哩！"

夜色沉沉。秋月当空。

孟老板抬头望着月亮，一阵伤感，开口悲叹："日暮途穷，走投无路啊！"

曹拐子更是一副束手无策、一筹莫展的模样，无奈地说着："你说咋办是好哩？连口饱饭也吃不上！还生怕被冤家对头们认出来，活活给打死！在周原恐怕是待不下去咧！不过，我曹拐子一辈子都没有离开过周原。离开周原，又能去哪儿呢？"

孟老板想着想着，突然跳了起来。

"我还有一条门道！走！咱去天津！"

曹拐子似乎感到了新的希望，随即又陷入了新的惶惑："又没有路费，咋去呀？"

孟老板盯着曹拐子的那条拐腿，一脸坏笑。

"你不就是个拐子吗？拐得再厉害些，会有人可怜你赏口饭吃的，我也跟着沾沾光。"

曹拐子仿佛不相信似的反问了一句："你是说，咱沿途乞讨？"

孟老板点点头："连偷带抢加乞讨，那还不是你的老本行嘛！"

似乎感到了饥饿，曹拐子急切地在地面上寻找自己刚才摔下的那个烤土豆。当他欣喜地捧着摔裂开来的半块土豆，正待送往嘴里，忽然听到了孟老板的咳嗽声。

曹拐子抬眼看到孟老板恶狠狠的眼神，不由得强咽口水，恭敬地将手中的半块土豆递给孟老板。孟老板接过后，毫不客气地大口吃了起来。

曹拐子饥饿难耐。他趴在地面上，借助月亮的光亮，用手指刮取着黏附在地的土豆泥，不停地将手指伸进嘴里吮食。地面上溅落的土豆泥，已被刮取得一干二净。

凄凄惨惨的曹拐子心有未甘地吮吸着自己的手指，抬起头来。面前是一座早已废弃的小庙。

残破的殿内，残存着已肢体不全的狰狞神像。

月光下，四大天王手持各自法器，扬善惩恶的面目显得十分威严与狰狞。

曹拐子与孟老板从心底感到了寒意，不停打着冷战。

废弃小庙的额顶处，曾经的庙名虽字迹斑驳，但仍可辨识。月光下，可以清楚看到"善缘寺"三个大字。

很多很多年之前，有人曾在此庙之前获得了一大笔意外之财。奇人奇遇，已见诸前述"善缘寺善人遇善财"的故事之中。善缘，并不是每个人都可以轻易遇到的。

时光流逝。世事多有变迁，小庙已然废弃。只有天上悬挂着的月亮，依然还是那个月亮。

永恒的月光，映照着已然废弃了的善缘小庙。

孟老板打算远赴天津，是想要去投靠在那里的姬府三公子姬崇德，以谋求新的生路。这条路能行得通吗？

天上只有一个月亮。天下共此月光。此刻，皎洁的月光普照着周原大地。而洒映在津门盛景之上的，也还是同样的月光。

第二十章　津门遗老

一、哀莫大于心死

　　姬府老太爷姬秉礼常常挂念的亲兄弟姬秉忠，已在天津做了多年的寓公。

　　天津自古因漕运而兴起。清朝末期，天津被辟为通商口岸，西方列强纷纷在此设立租界。这里工商贸易十分繁盛，城市建设极具特色。清朝灭亡之后，不少遗老遗少离开北京，就近选择天津作为寓居之地。其中就包括前清大员姬秉忠。

　　姬秉忠来到天津，并非自愿，而是奉命到此替他的"皇上"看守一批从宫中转移的珍宝。他在天津租住了一套很小的只有前后两进的四合院，日子过得颇为清苦。对此，他本毫无怨言。近些年来，他在天津的日子并不顺心。忠心侍奉的那个小"皇上"年纪渐长，心萌异动。"老臣"苦口进谏，终不见纳，不免心寒，忧虑深深。再加之前来投靠的侄儿姬崇德不服管教、胡作非为，更给他孤寂简单的生活中增添了无尽的烦恼。多亏府中还有一位忠诚干练的柳管家服侍照应，否则脱离时代、不谙世事的遗老姬秉忠恐怕很难在这个新的世界继续立足。

此刻，五十多岁的柳管家手持一份报纸卷儿，大步返回他们所居住的那个小四合院里。他穿过前院，直接奔向后院正房。

后院的主人姬崇德正躺在床上抽大烟。十多年的岁月，已在他的面容上留下了酒色过度的痕迹。

柳管家进入房内，看着崇德的样子，不满地瞪了一眼。他挥动着手中的报纸，以一口津腔数落起来。

"大公子，看看你都干了些嘛事？新闻纸上又刊登了！老爷见着了，非气死不可！"

"有啥大不了的嘛！拿来我看看。"崇德一副满不在乎的样子，爬起身来，从柳管家手中扯过报纸，一眼看到了其中一则消息的标题。

"前清遗老作孽，纵容养子伤人。"

崇德手持报纸，顺口念出这则消息的内容。

"前清遗老姬某，长期纵容娇惯其养子。日前，其养子在某戏院为争捧坤角儿，与人争执，竟拔刀相刺，致对方重伤云。"

崇德念完后，随手将报纸一扔，依然是一副满不在乎的口吻。

"不是已经赔过二十大洋了嘛！老爷从不看报，只要你柳管家不要多嘴，老爷不会知道这件事的。"

柳管家叹息着为自己的老爷抱不平。

"唉！可怜我的老爷啊！成天为你背负恶名，自个儿还蒙在鼓里不知道呢！"

崇德毫不知耻地夸耀着："我亲爹都管不了我，老爷他又能拿我怎么样么！"

柳管家愤愤不平地大声指责。

"不是我说你啊！自打你来到天津，十多年了，除了逛戏院、抽大烟、钻窑子，嘛好事不干！你一口气连纳三妾，老爷也默认了，把整个后院让给你们，自个儿住在前院偏房，和下人们搅在一起。堂堂一品大员呐！委屈不委屈？"

崇德已经听得极不耐烦，打断了柳管家的指责。

"好了！好了！柳管家，柳大管家！你就不要多啰唆了。还一品大员哩！

都什么年代了？真金白银，有钱花才是正经事。老爷呢？我得找他讨些钱花！"

柳管家依然余怒未消。

"老爷又不是你的摇钱树！哪有那么多闲钱供你瞎折腾！我告诉你啊！老爷晋见皇上去了，回府后心情肯定不会太痛快。你就心疼心疼老爷，少去给他添烦吧！"

"哼！皇上？"崇德不屑而嘲弄的口吻。

姬秉礼此刻正是在晋见他的"皇上"。

一座带花园的洋楼。院前栅栏处，挂着"静园"寓所名称的匾牌。楼前台阶上，门厅两旁各有一名恭身肃立的侍者。

门厅处，可听到厅内的争辩之声清晰传出。

"皇上，这是老臣姬秉忠最后一次犯颜直谏了。……以后再也不会有此机会了。恳请皇上收回北上附日的成命，万万不可在中华史册上留下千古骂名呐！"这是一个苍老诚恳的声音。

一声呵斥，有人在发怒。紧接着，是茶杯用力摔碎在地的声响。

那个苍老诚恳的声音中带有了绝望："皇上！……皇上……"

两名肃立的侍者，神情紧张地侧耳倾听着厅内传来的声音。

厅内的争辩声停息下来。两个身穿长袍马褂，头留发辫的老者，从门厅内缓缓走出。

其中一人似乎是在好言相劝。

"姬阁老，您何必过于认真呐？皇上在日本人的帮助下，赴东北复辟登位，未尝不是一桩好事嘛！"

姬秉忠停下脚步，以刚才那个苍老诚恳的声音表示着不同的意见。

"郑阁老！事有可为，有不可为。此乃万万不可为之事！日本人为什么要帮咱皇上重新登位？复辟的是中华帝国还是大清皇朝？都不是嘛！蕞尔日本不过是为了自身攫取中华利益而对皇上投以诱饵罢了。"

郑阁老似乎也明白这个事实。

"日本人的狼子野心，皇上岂能不知？不过，为了打鬼，只好借助钟馗了。"

姬秉忠大不以为然，连连摇头。

"怕的是鬼没打着，倒让钟馗当了家！就不怕堂堂中华改了姓、灭了种呀！"

姬秉忠一脸沉痛无奈的表情，与郑阁老走出了"静园"院外。忽然，身后传来侍者公鸭嗓子般的呼唤，一听就知道是原清廷中的太监。

"二位阁老请留步，皇上有旨！"

二人停下脚步。侍者赶到。

"郑阁老，皇上请您留步，还有要事商议。"侍者对郑阁老恭身弯腰，伸手做出礼请的姿态。

郑阁老看了看姬秉忠，挥挥手表示告别之意，然后转身返回"静园"。

侍者转身面对姬秉忠，挺起腰身，傲然地宣布。

"姬阁老，您的告假皇上已经准了。皇上口谕：姬秉忠年老心怯，自即日起，开销其所本兼一切差使，回乡养老。钦此！"

"臣姬秉忠领旨谢恩！"姬秉忠一如前清时代领取圣旨的礼节，下跪叩首，并朗声回复。

姬秉忠起身后，侍者走近身边，小声说着另外的事项。

"皇上还说，好像有什么东西一直存放在姬阁老处，请您方便时尽快交还皇上！"

姬秉忠似乎没有听见一样，二话没说，转身默默离去。

天色已暮。

柳管家一直站在四合院门外，等候着老爷的归来。看见姬秉忠由远处蹒跚走来，柳管家快步迎上前去，将其搀扶着共同走进院门。

行至前院偏房屋外，姬秉忠停下了脚步。

柳管家观察着姬秉忠的脸色，揣测地问道："皇上还是不肯纳谏？"

姬秉忠点头，没有说话，心绪显然十分低沉。过了一会儿，情绪稍有平息。他依赖地望着柳管家，缓缓而言。

"哀莫大于心死。日前收到我兄长处的电报时，我还有一丝犹豫。但现在我决定了，明天就动身返回我的家乡，返回周原。"

柳管家的眼睛没有表情，深不可测。

姬秉忠哀求似的提出请求。

"今晚我还有不少事情要处理，不要让外人来打扰我！好吗？"

说着，姬秉忠特意用手指指后院的方向。

后院处，崇德与侍妾、赌友们打牌喧闹的声音，清晰传了过来。

姬秉忠完全是一副可怜而无奈的神情。

"我实在是厌烦、也实在是害怕了他不停讨钱的纠缠！"

"老爷放心！"柳管家坚定地回答。

二、戏台上走下来的历史人物

姬秉忠决定离开天津，与死心投靠日本人的"皇上"分道扬镳。今天晚上他会很忙。纷乱的心绪需要理清，庄重的程式需要完成，重要的行装需要准备。他不想受到崇德无赖式的干扰。走进屋后，他反身关闭了屋门。似乎觉得不放心，又去反复推拉了几次，方才确认屋门已经关闭。

屋内正中高台上，供放着几卷黄绢圣旨。一个红色顶珠的花翎顶戴规整地摆放在台边。衣架上，一套簇新的清代官服五爪九蟒的蟒袍、仙鹤补服，静静地悬挂在那里。

姬秉忠认真地洗手净面后，神态庄重地开始换装。

换装完毕的姬秉忠，身穿一套合规合矩的清代一品官员的正式朝服，神色庄重，犹如前去参加朝会盛典。

昏暗的电灯灯光下，姬秉忠对镜整容，理理头上顶戴的角度。似忽然想起，又从匣柜中取出一串朝珠，摘下顶戴，从项上挂好朝珠，理理垂于胸前的朝珠，然后重新戴好顶戴。

看着镜中衰老的自己，姬秉忠不禁想起了十多年前的往事。

……

辛亥革命爆发，大清皇上退位。愚忠前朝的孤臣姬秉忠痛入骨髓，心如死灰。但大势所趋，大厦将倾，他无力回天。树倒猢狲散。一朝为官的同僚们纷纷剪去发辫，投靠了新的主子。

时年五旬的姬秉忠，年富力强，学富五车，本还可以做出其他的人生选择，但他却始终死心塌地地追随着紫禁城里废帝的"小朝廷"，不做他想。

姬秉忠在"小朝廷"中的官职名号虽有擢升，但并无实际俸禄。他当时的寓所，只能选择在京城平民所居的大杂院内。就在他日常生活陷于困顿之时，有人主动向他伸出了"援手"。袁世凯派来了使者。

使者走进院内，不敢相信似的看着院内的杂乱情景，厌弃地挥手在鼻前扇摆着，仿佛要赶走什么异味或蚊蝇。

姬秉忠一身便装，坐在院内石凳上持卷阅读，那根脑后的发辫十分抢眼。

使者一见姬秉忠，立刻趋前露出媚笑。

"恭喜呀！恭喜！恭喜姬大人！袁大总统有令，素仰姬大人学识品望，特聘姬大人为清史馆主事，参领为前朝修史之事。"

"修史？前朝彻底灭亡之后，后朝才可以为之修史。如今我大清幼帝尚在宫中，大清气运尚未可知。你们也曾身为清朝官，吃过清朝饭，怎么忍心现在就来修撰清史呢？"姬秉忠不屑且气愤地言道。

使者略显尴尬地向后一招手，其随从手捧托盘趋前而来。托盘上有几锭硕大的银元宝和一封聘书。

"这是袁大总统签发的聘书和预支的酬银。姬大人曾是前朝的二品侍郎，可现今你这居住环境也未免太寒酸了！……总得为自己的生计考虑考虑嘛！"使者似乎在好心劝说着。

姬秉忠轻蔑地一把抓过那份聘书，直接掷向地面，下了逐客令。

"本大人的家乡在周原，离首阳山不远。古人伯夷、叔齐，已有垂范。我宁肯饿死首阳山，绝不贪食贰臣餐！你走吧！"

使者看着姬秉忠大义凛然的神态，狼狈地拾起地下的聘书，灰溜溜地与随从一起离去。

时隔不久，还是在这处大杂院里，来人还是那位使者，但姬秉忠的态度却有了截然不同的变化。因为他听到了一个消息，袁世凯将要复辟帝制。这消息使他非常兴奋，以为那个"小皇上"的好日子就要不远了。

姬秉忠兴奋地在院内来回踱步，急切地等待着使者的到来。

还是前次的那个使者及其随从，随从依然手捧托盘，托盘上依然是几锭银元宝和一封信函。

"好啊！好啊！总算把你们给盼来啦！"一见使者的到来，姬秉忠即刻趋身附前，作揖行礼。

使者对姬秉忠的热情态度显然感到很意外，似乎不敢相信地询问："这么说，姬大人是愿意在这份请愿书上签名了？"

姬秉忠毫不迟疑地回复："当然喽！岂止是本人签名，我还要去动员当年的那些同僚袍泽、门生故吏，大家都来共同签名！"

使者十分高兴但又有些疑惑："如此甚好！请愿书在下已经带来了，只要亲笔在此签上大名，还有些许润笔酬银。……姬大人不是一向对袁大总统有成见吗？"

"袁大总统顺从天意，复辟帝制，正所谓迷途知返，去仁不远呐！"姬秉忠坦诚地发出赞扬之声。

使者高兴地说道："袁大总统登基做了皇帝之后，一定会重重赏赐姬大人的！"

姬秉忠一听此言，马上愣住，片刻后才好像醒悟过来："什么？袁某人自己登基做皇帝？……"

"是啊！这不就是你姬大人不但本人愿意签名、还要动员众人共同签名的请愿书吗？"使者说着，从随从所捧的托盘上拿起那封信函，念了起来。

"恭推今大总统袁世凯就任中华帝国皇帝请愿书。写得很明确嘛！"

姬秉忠一把夺过那封信函，扫过一眼，顿时勃然大怒，厉声痛斥："我还以为他袁世凯天良发现，打算归政于我大清皇上。原来他的复辟帝制，是梦想自己龙袍加身啊！真是狼子野心！天下应共讨之、共诛之！"

姬秉忠气得手指哆嗦着，将请愿书重重掷向地面。

距此事又是时隔不久，姬秉忠便奉命来到了天津。与他一同来天津的，就是那个由"小皇上"亲自指派的柳管家。

刚到天津时，也就是在这处小四合院里，姬秉忠庄重地进行了谢恩仪式。

屋内，一品朝服高高悬挂着。案台上，摆放着几卷圣旨和一个明黄色绢帛的包袱卷儿。这个包袱卷儿，可不简单，里面包裹着的尽是清宫中价值连城的珍宝。"小皇上"颇有心机，生怕目前尚在宫中的珍宝有朝一日会被袁世凯们查抄没收，便将它们以赏赐为名，偷偷转移出宫，以图将来大用。

面对案桌上的圣旨和珍宝，姬秉忠恭敬地顶礼膜拜，口中念念有词：

"老臣姬秉忠，叩谢皇上恩典！皇恩浩荡，老臣唯有竭忠守节以为报啊！"

站在一旁的柳管家，看着屋内简陋的摆设，近于调侃地提着建议。

"老爷，咱们能否从浩荡的皇恩中分一杯羹，拿出一两件珍宝换成现钱，把咱租来的这天津小院也装饰装饰。"

姬秉忠立刻神色严肃地明确拒绝。

"万万不可！在老夫看来，这批珍宝不过是由我替代皇上保管而已，当随时听候皇上调用，岂可擅自私用！"

柳管家其实并不是"管家"，而是奉密诏对"姬大人"暗中"监管"。但他为姬秉忠的人品气节所折服，也就真心为其管起家来。

看着屋内高高悬挂着的朝服，柳管家提出建议。

"老爷，那朝服我就替您收藏起来吧！成年累月挂在那儿，也不像回事嘛！"

姬秉忠直摆手："不！挂着，挂着！挂在那儿，老臣就如每日面君一般。"

柳管家不以为然地哂然一笑。

"过时喽！这一品朝服还有什么用呢？穿着上朝吧，朝廷都不在了，哪还有什么朝会？穿着上街吧，老爷您敢穿着这套官服在咱天津的大街上兜兜风吗？"

姬秉忠自己想了想，也觉得似乎不合时宜："倒没有什么不敢，只是怕会引起路人围观、侧目而视啊！"

柳管家笑着说道："人家会以为是从戏台上走下来的历史人物呢！"

姬秉忠仿佛一下子被戳中了心底之痛，沉思着自言自语。

"是啊！穿着干什么呢？不能穿着上——朝了，只能穿着下——葬了。"

……

一转眼，十多年的时光过去了。

姬秉忠已然老去。头发日渐稀疏，但脑后的那根具有象征意义的发辫，依旧顽固地维持着当年的样式。那个被他始终妥善保管着的明黄色绢帛包袱卷儿安然无恙，里面的珍宝不缺一件。

但他就要离开天津了，就要与过去的一切告别了。今夜，他将在这小小四合院内的住屋里，隆重举行只有他一人参加的祈告之礼。他不想被人打扰，可还是有人要来打扰。

三、独自一人的盛典

姬秉忠在屋内筹办自己的"大事"的时候，柳管家也在屋外尽着自己的职责。他蹲在一个僻静处，"吧嗒吧嗒"抽着旱烟。看似悠闲，但他警觉的目光始终关注着姬秉忠住屋附近的动静。夜色中，烟头的光亮一闪一闪。

崇德带着酒态，由后院走来。几个侍妾和赌友叽叽喳喳地跟在其身后。

前院偏房窗户里映出昏暗的电灯灯光。那里正是姬秉忠的住屋，他正在那里举行着庄重的典礼。

崇德看见灯光，大大咧咧地自言自语。

"老爷子回来啦？不声不响的，想要躲着我怎的？"

说着，崇德跌跌撞撞地就想走近偏房屋门。

柳管家迅即出现，伸出一只胳膊，拦住了崇德的去路。

"大公子，你不能进去！"柳管家的口气很坚决。

崇德一时愣住。

身后的侍妾与赌友中有人起哄。

唯恐在这些人面前颜面扫地，崇德不由得提高了音量，蛮横地对柳管家提出质问。

"什么？什么？你在跟谁说话呢？"

柳管家依然不卑不亢："老爷发话：今晚有事，外人不得擅入！"

崇德更加发狠："我是外人？那你又是什么人？"

说着，崇德动手想要扒开柳管家拦住去路的那只伸开的手臂。无论崇德如何发蛮地用力，柳管家的手臂纹丝不动。

"老爷发话：今晚有事，外人不得擅入！在下是老爷的管家。"看着崇德气急败坏的样子，柳管家依然是平静的神色，平静的口吻，再次不卑不亢地回答。

崇德身后的男男女女们起哄声更大了。

"哟嗬！管家就是个奴才！奴才的派头竟比主子还大！"一个光头赌友向柳管家做出污辱的手势。

"以下犯上，还有王法吗？"一侍妾也在旁煽风点火。

光头赌友露出一副无赖的嘴脸，做出动手动脚的比画："王法不顶用。该用家法教训这个目无尊上的奴才！"

崇德在狐朋狗友的挑唆下，更加恼羞成怒，一边挽着衣袖，一边走近柳管家，同时还不忘口出狂言。

"本公子已经宽容你多少年了，今天也该让你这个奴才吃点苦头、长点记性了！"

说着，崇德抡拳甩臂，朝柳管家打去。

说时迟，那时快。随着柳管家一个迅速的反制动作，只见崇德好似胳膊被打断了似的，蹲地捂臂，疼得嗷嗷叫。

众人尚未反应，柳管家一个箭步冲了过来，身手矫健地一脚将那个刚才张牙舞爪的光头赌友踢翻在地。

一众人等目瞪口呆中，柳管家两手交叉在胸前，大气不喘地发问："不服气？你们可以一起上啊！"

看着那帮狐朋狗友畏怯的神情，柳管家索性亮明了自己以往的身份："告诉你们，老子曾是前清内廷的四品带刀侍卫！打过仗，杀过人，还怕你们这群狗崽子！"

柳管家走近还蹲在地下叫疼不止的崇德。崇德吓得蹲着直往后闪避。

柳管家手指着崇德，忍无可忍地发出了警告。

"本大人看在老爷的面上，已经宽容你这个狗东西多少年了，今天也该让你长点记性了！告诉你，从今往后，本大人绝不会宽饶你半分！只要你再敢对老爷有一丝一毫的不恭不敬，那就……"

柳管家抬眼四处一看，正好发现院内有一根木桩，便顺手抡臂用力击去。只听"嘎吱"一声，木桩被拦腰击断。紧接着，他的另一只手挥甩而出，一支飞镖"嗖"地直向远处的院门飞去，稳稳地扎在了门环之中。

崇德等人吓得一动不动。

"滚！"柳管家大吼一声。

光头赌友等几个狐朋狗友抱头鼠窜，一溜烟儿地跑出了院外。

崇德及其侍妾哆嗦着倒退返回后院。

"你！明早过来听取老爷训话！"柳管家指着崇德，威严地下令。

崇德像被施了定身术似的一动不动，只是捣蒜般地拼命点头。

屋内，全套朝服的姬秉忠全神贯注地忙着自己的事情，似乎并没有听到院外的声响。面对桌台上的那几卷圣旨，他如同真实面君一般肃穆庄重，行礼如仪，三跪九叩首，口中念念有词。

"老臣此刻遥拜皇上，乃行三告之礼。一曰告谢，多年仰沐君泽，俯首叩谢天恩！"

伏首叩拜之后，又是一番言词。

"二曰告辞，自此君臣天各一方，俯首叩辞天颜！"

再次伏首叩拜之后，言词却未能通畅表达。

"三曰告罪，……"

说到此处，姬秉忠突然停了下来，叹了口气，换用了另一种口吻。

"唉！皇上，这件事还容老臣多说几句吧。皇上曾赏赐老臣一批珍贵珠宝，并未指定用途。老臣自认是皇上的守财奴，替皇上收管，自身始终未敢擅用。但如今，皇上想把这批珍宝拿去巴结日本人，老臣却心有不甘呐！"

姬秉忠站起身来，从隐藏处取出了那个明黄色绢帛的包袱，放在案桌上慢慢打开。

打开的包袱里，一堆精美的珍宝。灯光下，珍宝熠熠反光，耀人眼目。姬秉忠小心翼翼地又将这些珍宝包裹在那个明黄色绢帛包袱里。随后，又拿出一只不大的棕色皮箱，将那包袱整个放进了皮箱之中。

屋外，夜色中有一个人影贴近了窗边，悄悄观察着屋内的动静。此人正是柳管家。当日姬秉忠回府后神情不对，引起了柳管家的高度警觉。他不仅要制止别人对老爷的打扰，他还要防范老爷自己伤害自己。

姬秉忠将那只装有珍宝的棕色皮箱皮扣扣好，中锁锁定，然后放置在床边。

忙完此事之后，姬秉忠重新又去跪在圣旨之前，继续自己的叩拜之礼，继续自己的禀告之词。

"皇上，老臣决定：将这批珍宝带回周原，用于铺路修桥，开设学堂，救济灾荒。总之，替皇上积德行善！皇上，这是老臣此生第一次抗旨不遵，深感有负圣恩、有违臣德，心里难受啊！老臣在此叩首告罪！将来……，老臣还会以死谢死的！"

姬秉忠又一次伏首叩头。

突然，"咣当"一声，门被推开。

"老爷做得对！老爷没有罪！老爷不能死！"柳管家闯了进来，急切地大声说道。

姬秉忠奇怪地望着柳管家："我没说现在要死啊！"

柳管家不好意思地一笑："我刚在门外听到老爷要以死谢罪，吓我一跳！以死谢罪，何罪之有，用不着嘛！"

姬秉忠苦笑着："不是用不着，而是那个时候还没到嘛。"

第二天一早，崇德规规矩矩地站立在前院偏房门前，静静等候着。

"吱哑"一声，门打开了。姬秉忠伸着腰身走出门来。看到崇德站在那里，不免觉得有些奇怪。

"这么早，你站在这里干什么？"

崇德恭恭敬敬地回答："柳管家昨晚交代，要我今早过来听取老爷训话。"

姬秉忠明白过来，直接告诉崇德。

"不是训话，而是告别。我今天下午就要动身回周原了，你爹来电报说……"

崇德低声嘟囔着："他不是我爹，他已经不认我这个儿子了。"

姬秉忠瞪了一眼，继续说道："你爹病重，我本打算带你一起回去探望的，可你说你宁死不回周原。现在看来，咱们也得分手告别了。去到周原，我就不会再回天津了。"

崇德一听，恐慌着急起来。

"老爷，你要不回天津，我的生计咋办呀？"

姬秉忠冷冷看他一眼："这就是你自己的事喽！孔子曰：三十而立。你已过而立之年，一事无成！唉！我对不起你爹呀！十多年了，未能把你培养成一个有出息的姬家子弟！"

崇德关心的只是老爷能给自己留下多少钱财，马上开口问道："老爷总得给我留一些生活费用吧？"

姬秉忠双手一摊，恳切地说着："我并没有多少积蓄，这你是知道的。"

崇德不甘心地提出了自己心目中暗藏的指望。

"那个宣统溥仪给你赏赐的珍宝呢？其中随便哪一件都是价值连城的稀世宝物啊！"

姬秉忠勃然大怒，正色训斥着："放肆！皇上的名讳，岂是你可随便指名道姓直白的！皇上的财宝，又岂是你可平白无故贪图觊觎的！"

崇德继续耍着无赖，死缠活缠。

"好，好！皇上，皇上！既是皇上对姬家的恩泽，老爷总得也让我分沾一点点的天恩雨露么！"

姬秉忠无奈地掏出一张银票。

"不争气的孽子！这笔钱留给你，省着点儿花，够用个一年半载的了。这期间，你得抓紧找份职事，以后就得自谋生路了。"

崇德抓过银票，急切查看着具体数额。对于他这种人而言，欲壑难填，多少钱都会嫌少的。他失望地抱怨着："只给这么一点点！"

院门处，传来了柳管家的声音。

崇德顿时吓得噤口无语，不敢再说什么。

四、意外的旅伴

柳管家一大早就出门买火车票去了。此刻，他喜滋滋地手持一张纸券，进了四合院的大门。

"老爷，火车票买到了！"一进门，柳管家就高声向姬秉忠报告着。

姬秉忠显然孤陋寡闻，对外面的世界不大了解。

"咱周原也修铁路、通火车了？"

柳管家不以为怪地摇摇头："火车只能通到河南。"

"那也就离家不远了么！河南往西，进了潼关就到了关中，过了东府和省城就是咱西府么！"姬秉忠就要踏上归家之路，不免有些兴奋。

崇德却在一旁冷言冷语，说着家乡的坏话。

"周原？穷山恶水的，还能通个火车？"

柳管家大为不满地瞪了崇德一眼。

姬秉忠还想再做一次努力，劝说崇德同返周原。

"你要觉得天津不好待下去，还不如跟我一起回周原吧！"

崇德连忙摇头，态度坚决，语气决绝。

"不！不！就是饿死在天津，我也绝不回周原！"

说着，他又趋近姬秉忠，纠缠着想多要一些钱财。

"不过，老爷，你不会真的忍心让我饿死吧？银票是不是还能再给我多留一些……"

"吭吭"两声，威严的咳嗽声传来。

崇德扭脸一看，柳管家虎视眈眈地怒目圆睁。崇德惧怕地悻悻然转身离去。

姬秉忠看着崇德的背影，又补充了一句："这院住宅，租金只预付到了今年年底。往后你就……好自为之吧。"

当日下午，天津火车站。

三三两两的旅客，陆续进入车站。

姬秉忠与柳管家也随着人流走向车站候车处。柳管家肩扛着一件硕大的行李卷儿，手中还提着那只棕色皮箱。姬秉忠好奇地东张西望着，肩头也挎着一个不小的包袱卷儿。

候车室内，姬秉忠坐在长条凳上候车。不时有旅客经过，他们看到姬秉忠依然留着的灰白长辫和他那前清遗老的做派，不免在其身后指指点点。

柳管家站立在姬秉忠身旁，完全是一副循规蹈矩的忠仆模样，拘于身份礼仪，即使有空座时也不肯与主人并肩就座。

姬秉忠心里还牵挂着独自留在天津的崇德，想象着甚至是盼望着崇德此时能来火车站送行告别。他不时站起身来，伸头伸脑地向车站外张望，但终还是流露出失望的神色，垂头坐在长凳上。

柳管家明白姬秉忠的心思，怜惜地劝慰着："老爷，上车吧！别等了，他不会来送你的。"

"十多年了，不过是养了个白眼狼！"姬秉忠站起身，叹息着悻悻而言。

旅客们通过站台通道，向停驶的列车走去。人流中，可以看到肩头挎着一个包袱的姬秉忠和肩扛硕大行李卷儿、手提棕色皮箱的柳管家。没走几步，柳管家伸伸手拿过姬秉忠肩头所挎的包袱，自己一个人扛起了全部行李。

那个年代简陋的车厢里，姬秉忠安坐在简易木制座椅上。柳管家爬上爬下，将行李在货架上安顿妥当，然后敛手恭立在姬秉忠座位之旁的过道处。

过道上，人来人往。站立在过道处的柳管家，不时为过往旅客左闪右避地让道。眼看着造成了诸多堵塞不便，柳管家不假思索地索性坐在了姬秉忠对面空着的座位上。

姬秉忠感激地望着坐在对面的柳管家，依依不舍的留恋之情油然而生。十多年来，柳管家是他日常生活的全部依靠，也是他情感精神的重要寄托。他很难想象没有柳管家的日子，自己将怎样度过。就拿此刻的返乡行程来说，光是那三大件的行李，即非姬秉忠一个人所能对付得了的。念及此，姬秉忠一声悲苦的叹息。他所能感受到的最大安慰是：自己的人生归宿就在前方家乡，凄苦的日子和幻灭的痛苦很快就会全部结束。

"这么多年了，我还没说过一个谢字！现在临分别了，请受老夫一拜！"姬秉忠恳切地表示着自己内心的谢意，并在座位处原地站起，深深一揖。

柳管家也急忙站立起来逊让。

姬秉忠指指车外，提醒柳管家。

"火车就快要开动了，你下车吧。早些回去。"

柳管家做出一副不解的面容："回去？我回哪儿去呀？"

"我不是在筹建中的劝业场那儿给你找了个新差事吗？"姬秉忠当然知道柳管家不会回到那小四合院与崇德共同生活，所以已提前为其安排了新的生路。

柳管家率先落座，坦然平静的神态，轻声说道："哦，我和老爷一起去周原。"

说着，他从怀中掏出了自己的车票。

这意外的旅伴使姬秉忠又惊又喜。显然他事前并不知晓。

火车起动了。

车厢内，时而响起的蒸汽机车的鸣叫声，伴随着有节奏的铁轨驶过的声响。众旅客昏昏欲睡，寒暄聊天、小孩哭闹、售卖食物之类的嘈杂渐次平息。

姬秉忠兴奋得似乎毫无倦意。

"老爷已经几十年没有回过家乡了吧？"柳管家看着姬秉忠，好像很能理解和体会这种返乡的心情。

"家乡就快要到了，想想就高兴呐！不过，近乡情怯，这种心情恐怕你是不会理解的吧？"姬秉忠俨然一副想当然的口吻。

"咋能不理解么？我也是周原乡党，我也是回家乡哩么！"柳管家突然一改天津腔调，以一副正宗地道的西府口音说了起来。

"你……"姬秉忠不免有些吃惊。

柳管家好像解除了什么束缚，话多了起来。

"我的老家也在周原岐山么！说起来，与老爷府上相隔没有多远。我爷是个孤儿，自幼习武，练得一手好飞镖，还有其他一些独门绝技。他年轻时在周原投了军，一直在左大帅麾下南征北战。我爹也因武功高强，被选任了内廷侍卫。我虽然从来没有回过家乡，但自小我爷、我爹就始终教育我，不要忘了自己是周原的子孙后代。"

姬秉忠感叹良久："哎呀！乡党呐，乡党！咱都是周原的乡党啊！"

柳管家却有些神色黯然。

"唉！虽说是故乡，但在老家已经没有我的什么亲人了。"

姬秉忠关心地问道："那你回家乡后打算投靠谁呀？"

柳管家毫不犹豫地接口回答："我当然还是跟着老爷您么！"

姬秉忠苦楚凄然地摇着头："靠我靠不住哟！靠不了多久……，大树将倾呐！"

面对面坐着的姬秉忠与柳管家，因同是周原乡党而愈发显得关系密切起来，谈话也更加坦诚。

"当初你怎么来到天津，到我府上做了管家呢？"姬秉忠好奇地问着。

"怎么？老爷不知道？"柳管家显然认为自己的来历早已不是什么秘密了。

姬秉忠不知所指："知道什么？"

柳管家坦然说着："我是皇上派来的呀！那个小皇上要我就近看住你。"

姬秉忠苦笑着摇头："看我做什么！我既不会去投敌——背主求荣，又不会去投毒——替主除贼，我只会去投水——自己一死了之。皇上要你看住的，恐怕是那批赏赐的珍宝吧？"

柳管家爽快地点头承认。

"是的。不过，我的想法和老爷一样。我还想过，如果老爷真打算把这批珍宝交给皇上去巴结日本人，我自己就提前动手，劫此珍宝，替天行道。但如何行善的用场还没想好。现在好了，我就和老爷一起，为皇上积些善德，为家乡做些好事！"

"好！像条周原的好汉！"姬秉忠发自内心地赞扬着。

柳管家受到称赞，有点儿不好意思，但也忍不住炫耀着说了起来。

"多谢老爷夸赞。我自小就跟着我爷我爹习武，练了一些独门祖传的周原武功，确实还有点儿飞檐走壁的功夫哩！"

姬秉忠笑着说道："老夫略知一二，要不咋能年纪轻轻就做了御前四品带刀侍卫哩！"

柳管家不无遗憾地叹息着："可惜在老爷府上做了个没有啥家产和家务可管的管家。英雄无用武之地。一身的功夫也没有个展示的机会么！"

姬秉忠笑吟吟地说出昨夜自己从门缝中看到的情景。

"咋没有机会？昨日晚间，院子里的那根木桩是咋断的？大门门板上的飞镖是谁给扎中的？你不是让崇德那小子长了点记性么？"

柳管家惊讶地问道："老爷从屋里门缝都看见啦？"

"当然么！"

二人相视，开怀笑着。

柳管家收敛笑容，充满向往地盯着远方："回到家乡，我想开设一家武馆，把学到的周原武功再传给下一代周原子弟。"

五、甘棠遗爱

姬秉忠在柳管家陪伴下，一路跋涉，终于回到了家乡周原。一踏上周原的土地，姬秉忠感慨颇多，平素寡言少语的他一改常态，主动为首次回到家乡的柳管家当起了"向导"。

按照姬秉忠的意愿，回府之前他们先去拜谒了岐山县境内的两座庙：诸葛庙和周公庙。柳管家祖籍虽是岐山人氏，但他本人尚是首次返乡，故新奇之感颇多。

岐山诸葛庙坐落在五丈原北边缘处，坐南朝北，象征着诸葛亮毕生向往北伐，追求国家统一。此处即是当年诸葛亮屯兵与敌对阵并最终积劳成疾病死之地。"一诗二表三分鼎，万古千秋五丈原。"

姬秉忠特意来到五丈原，并不完全是为了凭吊缅怀古人先贤。他的内心有许多自身的困惑想在此地思索。"出师未捷身先死，长使英雄泪满襟。"诸葛亮屡败屡战的北伐事业，虽然最终未能成功，但其所追求的毕竟是有利国家统一、符合时代潮流的宏图大业。而他姬秉忠自己哩，一辈子也想做个鞠躬尽瘁、死而后已的忠臣，但他"尽瘁""赴死"的最终目标是什么呢？是否一如诸葛亮北伐般有意义呢？自己这一辈子活的究竟值当不值当呢？诸葛亮知其不可为而为之，勉力扶助的是个"扶不起的阿斗"。而自己死心塌地追随服侍的那个"小皇帝"，是不是比"乐不思蜀"的阿斗还要不如呢？面对这些困惑，姬秉忠并没有思索出明确的答案。他老了，他累了，他倦了。他准备在见过家兄、了偿心愿之后，以一死来了结所有这些思索。

在五丈原这巨星陨落的古战场，姬秉忠和柳管家两个归乡的游子恰好赶上了一场庙会。一阵气势磅礴、威武雄壮、节奏明快的岐山地方特色锣鼓音乐之后，"社火"表演开始了。岐山的社火，以戏剧和传说中的故事为题材，装扮人物，配以锣鼓，但只做表演，并不配唱。

柳管家看得目不暇接，兴致盎然，然略感遗憾。

"这社火表演真是好看！但要是边演边唱，吼上几嗓子秦腔，岂不是更加热闹？"

姬秉忠对此颇为内行："岐山社火的特点，就是只演不唱。看的就是表演的技巧和功夫，讲究的就是各种'耍活儿'，所以叫作'耍社火'。"

看着社火表演队伍中诸葛亮扮演者的各种"耍活儿"，姬秉忠不禁回忆起了自己的少年时代。那时候的他，除了读书之外，也热衷于"耍社火"，也会不少拿手的"耍活儿"。他最喜欢装扮的人物就是诸葛亮。如梦如幻的少年时代,已然一去不会复还。如今的他,一辈子行将结束,蓦然在五丈原的瑟瑟秋风中陷入一阵恍惚。如同庄周梦蝶一样,他也弄不清自己究竟是"庄"还是"蝶"了。前清遗老,这究竟是自己的真实人生呢,还只是自己在"耍社火"时所装扮的人物。

姬秉忠摇摇头,收回了飘远的思绪。他还要去拜谒周公庙。这当然更是他决意辞世前必当了偿的重要心愿。

走进周公庙,虽然身扛全部行李,但丝毫不减柳管家东张西望观景的兴致。

姬秉忠旧地重游,许多景点似曾相识,触景而生情,故而感慨甚多。

"我与兄长年少时,奉家父之命,曾多次前来此处拜谒先祖周公。数十年前往事,犹如昨日!此番返乡途中,能有机会拜辞祖庙,死无所憾呐!"

姬秉忠发着感慨,却发现柳管家肩扛手提、拿着全部行李,行动颇为不便,于是不好意思地招呼着:"柳管……,老柳!把行李放下来歇歇,看看景!"

柳管家把行李放下后,擦了把汗,调侃着姬秉忠刚才的称呼。

"老柳?称呼改啦?对老爷您的称呼,我也得改喽!不能再称呼老爷了。入乡随俗,得随着周原老家的辈分来,得称呼您为二老太爷喽!"

二人相视而笑。姬秉忠的笑容中却包含着一种凄然。

两人来到周公大殿,参拜如仪。

出了大殿,柳管家又对大殿侧边的偏殿感了兴趣,不觉将殿名及殿旁楹联的上联念出声来。

"召公殿……爱遗甘棠留古迹……。爱遗甘棠是什么意思啊?我好像听说过这句话!"

听到柳管家的疑问,姬秉忠缓缓而言。

"召公乃是周公同父异母的兄弟。他二人共同辅佐支撑大周天下。当时规定,以陕为界,自陕以东,周公主之;自陕以西,召公主之。这也是咱陕西这个地名的由来么。周武王灭商平定天下后,将召公封到了燕地。召公也就成了后来燕国的始祖。你我所居住了十多年的天津,古时即属于燕的辖境。说起来,咱们也曾做过燕国的子民么!"

柳管家津津有味地听着，由衷发出了赞叹之言。

"跟着二老太爷出来，就是长见识！"

姬秉忠弯腰向着召公殿连鞠三躬后，接着又向柳管家说起了关于"爱遗甘棠"的典故。

"至于爱遗甘棠么……。相传召公曾在周原种了一棵甘棠树，并时常在此树下休息和办差。由于他治政得当，深受民众爱戴。召公死后，人们怀念他，就连他种的这棵甘棠树都不忍心破坏。"

柳管家不胜感慨："过去我只听说过一句话，爱屋及乌。今天就算又听到了一句话，爱人及树。"

姬秉忠点点头，继续说着甘棠的故事。

"《诗经》里有一首《甘棠》诗，说的就是这件事。诗中说，对于这棵茂盛的甘棠树，不要剪伐败坏，'勿剪勿伐，勿剪勿败'。老百姓把对召公的爱戴与怀念，都寄托在这棵甘棠树上了。"

柳管家沉思着扪心自问。

"召公死后都有三千多年了吧？后人尚有如此遗爱！咱大清皇上逊位这才几年，咋也没见老百姓们遗爱怀念呢？"

一句话，似乎也捅到了姬秉忠内心深处的隐痛。他不愿想、也不敢去想这个问题。

在召公殿前，二人又看到一尊《召伯甘棠图》石碑和一块《甘棠遗爱》匾额。

姬秉忠仔细看着石碑上的刻图和文字，边解释边感叹。

"这碑文中说，当年召公手植的甘棠树后世一直存活着哩！就在离这儿不远的召亭村么！啊呀！正是历代周原的老百姓们'勿剪勿伐，勿剪勿败'，精心呵护，三千年的古树才传承至今呐！"

看过石碑，再看匾额。一看匾额的落款，姬秉忠顿时肃然起敬。他端正身姿，整帽理衣，恭恭敬敬地向着匾额行三跪九叩首之礼。行礼结束起身后，他依然恭敬地注目匾额，似乎面对着一件神圣之物。

"此乃慈禧老佛爷的御笔墨宝。庚子蒙难、移驾陕西时……"看着柳管家不解的神情，姬秉忠小声解释。

柳管家一听此言，恍然醒悟，未等姬秉忠把话说完，便扑身倒地，对着匾额连磕了三个响头。

"我这可不是给慈禧老太后磕头哩！我是给我爹……"柳管家正要解说其中的缘由，旁边一位好心的当地香客插了话。

好心香客看到姬秉忠过于郑重其事的样子，出自好意地提醒了一句。

"你二位大约是从外地来的吧？那匾额就是个假的！也不是假的，只是个复制品。慈禧老太后的真迹在召公祠么！"

好心香客讲述了甘棠的故事和匾额的来历。

相传召公手植的这棵甘棠树，一直存活在周原岐山的召亭村内。"召亭"，这个自古相传的地名，本身就蕴含着与召公有关的历史文化信息。三千年后，这棵甘棠树腰围七尺，高六丈余，老干横斜，着花繁茂。当地的文人雅客据此绘制了《召伯甘棠图》并附有题记，其后又将此图立石刻碑，树于周公庙之召公殿前。甘棠古树的传闻，终于上达了天听。慈禧"庚子蒙难、移驾陕西"时，岐山士绅乡民恳切陈情，请得国库白银五千两，在甘棠树所在地召亭村建立了一座"召公祠"。召公祠落成后，已经结束"蒙难"回到北京的慈禧太后，专门为此题写了一块"甘棠遗爱"匾额。如今，这块匾额依然悬挂在召公祠堂之上，而召公祠就在离周公庙不远处，小半个时辰的路程而已。

"祠堂安好，匾额犹存，那古树的情况如何呢？"姬秉忠听完好心香客的介绍，又好奇地追问起古老甘棠的现状。

"辛亥那年夏天突然一阵狂风大作，竟将这腰围七尺的老树连根拔起，吹倒在地。唉！巨木颓倒，必为凶兆啊！甘棠树倒几个月后，大清王朝就寿终正寝喽！"好心香客摇头叹息着。

"那几千年的古老甘棠树难道就彻底死了吗？"柳管家不甘心地问道。

"当地民众合力又将倒地的巨树重新扶起，重新栽埋加固。如今虽然枝叶不再如往昔般繁茂，但主干犹存、生生不息呐！"好心香客说完，告辞而去。

姬秉忠为好心香客的讲述所感，嗟吁不已。

柳管家继续着刚才被打断的话题。

"我说我咋好像听说过甘棠遗爱这句话么！我听我爹的同僚说过，家父当年就是为护送慈禧老太后为岐山题写的一块匾额而遭难的。他们说，那匾额上写的是'甘棠'呀、'遗爱'呀。究竟啥意思，当时我也没弄懂。我只知道，我爹就是为了保护这块匾额而送命的。"

柳管家的父亲是一名内廷侍卫，当年负责护卫将这块匾额由北京运至岐山新落成的召公祠。他很高兴领受这项差事。他很想借此回周原岐山老家看看，也很想为家乡做些事。但他最终未能如愿。行至途中，意外发生。山洪袭来，道路被阻。这位尽职的侍卫，奋力将陷在泥淖中的载有御赐匾额的马车推出险境，自己却被无情的泥石流冲倒掩埋，尸骨无寻地永远掩埋在了地下。

柳管家讲述过父亲的遭遇之后，伤痛而苦涩地望着姬秉忠，回答了他在火车上提过的一个问题。

"二老太爷在火车上曾问我，咋能年纪轻轻就做了御前四品带刀侍卫哩？这里也有我爹用身家性命换来的一份父荫么！"

二人商议：离开周公庙之后，径直前往召公祠参拜。看看那棵古树，那座祠堂，当然还有柳管家父亲为之殉职献身的那块真迹匾额。

周原刮起了秋风，秋风扫起了落叶。

就在此时，周公庙里突然响起了枪声。这枪声，不仅打乱了姬秉忠和柳管家的既定行程计划，也给他们带来了意料不到的巧遇和遭遇。

这枪声缘何响起以及枪声响起之后的故事，留待稍后慢慢讲起。

姬秉忠和柳管家由天津回到了周原，有人却在相同的时间由周原去往了天津。此处将把发生在天津的故事，提前有所交代，做个了断。

六、报纸上披露的消息

天津的那座小四合院内。

同样刮着秋风，同样吹着落叶。

"爹——！"仿佛有天籁之音从遥远缥缈处隐约传来。

姬秉忠曾经住过的前院偏房里，家具已搬得空空如也，搜寻翻查过的痕迹处处可见。当然，即使是掘地三尺，崇德也不可能再挖掘出什么值钱的物件了。

简陋的卧床处,所有的铺盖被窝之类已被变卖。崇德酣睡在光板床上,显然是一副醉酒后的状态。

突然,崇德像是被惊醒一般,心中一阵悸动并猛地坐起身。他揉揉眼睛,陌生地看看四周,似乎不知身在何处。

"咦?这天才刚黑么,咋就睡到这儿了!奇怪!梦中还有人喊爹哩!"

崇德在梦中所听到的这一声"爹"的凄厉呼喊,正是他的长兄崇仁在几千里之外的周原发出的。此时此刻,崇德的生身父亲姬秉礼刚刚咽下最后一口气。崇仁在父亲临终时的呼喊声,千里之外的弟弟崇德竟然在梦中能够即时听到。父亲咽气的刹那间,千里之外的儿子崇德竟然突发一阵心悸。或许是神秘的血缘关系所致。但现实中的崇德,并没有感知、也不会去感知遥远的亲情,他只操心着自己眼下的处境。

崇德酒后醒来,走出屋门,正好看到他的一个侍妾的身影。侍妾手提两三个包袱卷儿,蹑手蹑脚地慌忙向院门处偷偷溜去。

崇德又气又恼地急忙喊叫起来。

"喂!你要跑哪儿去呀?"

看到已被崇仁发现,侍妾索性大大方方地挺直了腰身,理直气壮地告知崇德。

"走啦!大房早就走了,二房也跟着走了。现在该着我三房走人啦!"

崇德气急败坏地指责起来。

"你!你们!你们花了我多少银子!怎么说走就都走了!还有没有一点儿情义呀?"

侍妾一手拎着那几个包袱,趋近崇德伸出另一只手掌。

"呀!你还知道个情义?情义都是银子买来的!你的银子呢?拿出来让老娘瞧瞧!"

崇德尴尬地往后退缩着。他没有银子了。老爷临走前给他留下的那"够用个一年半载"的银票,早就让他那三个侍妾偷着瓜分了。

侍妾轻佻地在崇德脸颊上拧了一把。

"等你有了银子,再来找我嘛!"

浪笑一声后,侍妾扭着腰肢屁股,向大门走去。

"你去哪儿？"崇德追至门口。

"当然是去找有钱的主儿喽！"侍妾头也不回，径顾走着，出了门外。

崇德追出门外。

只见侍妾已坐在一辆黄包车上。黄包车上等着接人的，正是那个曾被柳管家踢翻在地的光头赌友。光头赌友与侍妾在黄包车上搂抱着，催促车夫起动。黄包车扬长而去。

崇德眼巴巴地看着黄包车走远，恼怒地飞出一脚，不料一脚踢到了石阶上，痛得"噢哟"叫出声来。就在他俯身弯腰企图去揉搓脚部时，看到了一个让他感到晦气的场面。

惨淡的路灯下，大门对面的巷根处，蹲着两个衣衫褴褛、状如乞丐之人。

"晦气！"崇德连连朝地下呸着唾沫，扭头就走。

那两个乞丐显然是专意在此等候着崇德。一见崇德，两人迅即站起身来。正是孟老板和曹拐子。

"三少爷！三少爷！三老爷！"孟老板可怜兮兮地轻声呼唤着。

曹拐子在一旁不停地点头哈腰。

崇德一时愣住，满脸惊奇纳闷的神情。

话说孟老板和曹拐子自凤翔城破之后落荒而逃，虽侥幸不死，却四处碰壁，走投无路，找不到安身立命之所。万般无奈之下，孟老板想起了远在天津的姬府三老爷姬崇德。

崇德年少时，曾屡屡被孟老板所哄骗。在孟老板看来，再次将这个自私自负且又狂傲愚蠢的公子哥儿玩弄于手掌之上，不过就是个"碎碎的事"。他将从崇德在天津的荣华富贵中分一杯羹。在这个信念的驱动下，他和曹拐子一路风餐露宿，连偷带抢，坑蒙拐骗，终于来到了天津的繁华世界。他没有想到的是，千辛万苦找到的崇德，竟是如此落魄的处境。

小小四合院里，最后一批桌椅板凳都卖光了。崇德与孟老板、曹拐子三人只能在院内地面上席地而坐。

最后的一点钱财，最后的一顿晚餐。

地面上摊着报纸，上面放着一些荷叶垫着的包子，一盒硕大的油炸麻花，一瓶白酒。

587

三人轮流拿起酒瓶，直接对嘴灌了进去。

曹拐子用手背擦了一下饮酒后的嘴唇，发表着自己的感想。

"今朝有酒今朝醉，明日愁来明日愁！吃了这有名的狗不理包子和十八街大麻花，天津算是没有白来！"

孟老板不屑地训斥一番。

"你就知道个吃！只有这点儿钱，吃光了你还吃啥呀！"

崇德环视着小小四合院，悲凉地说道："这院里，能卖的都卖了，连个桌椅板凳也没剩下了。"

孟老板也环视着小院，充满希望地试探着崇德的反应。

"这院房屋，还能值不少银子吧？"

崇德则是一副灰溜溜地泄气口吻："哼！租的！这院子住不了几天喽！租期一到，我还不知道到哪座庙里安身哩！"

三人顿时无奈地低落无语。

拿过酒瓶，灌了一口酒之后，孟老板拿起一只包子，一口吞进嘴里。尚未咀嚼吞咽完毕，他又伸出手去拿包子。但那只伸出去的手，伸到一半儿就停着不动了。

崇德与曹拐子不禁感到有些奇怪，疑惑地望着孟老板半途而废的动作。

孟老板好像发现了什么，三下两下急忙把荷叶连同上面的包子拨到一边，抽出衬垫包子之下的那张用以裹物包装的报纸，急切地看着报纸上的消息。

崇德与曹拐子不解但也急切地望着孟老板阅报的脸色变化。

"咋回事？有啥好消息么？"崇德忍不住，着急地问道。

孟老板拍打着手中的报纸，大声骂了起来。

"他妈的！这帮土匪，简直就是夺人所爱、坐享渔人之利么！"

曹拐子一听"土匪"二字，做贼心虚，露出了不自然的悻悻之色。

孟老板看在眼里，索性解释了一句。

"我说的不是你这个土匪！"

孟老板又抓过酒瓶，愤怒地喝下一口酒，这才开始忿忿不平地说着缘由。

"咱们当初好不容易挖掘出的那些青铜宝物，大部分都被那几个司令、军长擅自瓜分，据为己有了！这报纸上说了，那个宗军长的姨太太的娘家就在天津。前几天，就在天津倒手，把一尊周公东征方鼎卖到了美国旧金山。这不就是咱们送去的那一件吗？"

"卖了多少钱？"曹拐子羡慕嫉妒恨地问道。

孟老板气恨恨地发泄着不满："报上没说。那还不得卖个好几万、好几十万，甚至上百万、几百万！唉！卖得再多的钱，也跟咱没有半毛钱的关系喽！"

沉默了一阵后，孟老板似乎下了决心。

"不行！我不甘心！回呀！"

"回？回哪儿？"崇德疑惑地问着。

"当然是回周原！"孟老板口气决绝地回复。报纸上关于那尊铜鼎的消息，给了他极大的刺激。那本是他已经到手的肥肉，如今眼睁睁看着落入别人碗中。个中滋味，犹如苦果难以下咽。他打算返回周原，重打锣鼓另开张，再干"摸金"勾当。

曾经说过"宁死不回周原"的崇德，态度依然坚决，一口回绝了孟老板的提议："要回你们回，反正我是不会再踏上周原一步的！"

曹拐子则是小心翼翼地提出疑问："回周原咱弄啥哩？靠啥吃饭哩？"

"还能弄啥？干咱老本行，找青铜宝物。"孟老板明确答复。

曹拐子似乎觉得此事很难办："这现时咱手下已经没有人手了么！"

"嗨！人多有人多的弄法，人少有人少的弄法！干活的人少，分钱的人还少哩！"孟老板自有他的打算。

曹拐子大为动心："当初咱找那个胡铁嘴抽签算卦，他私下悄悄对我说，说我五行之中土多金少，金被土掩，出路在于取土摸金，还说此中天机不可泄露。看来……"

孟老板极力撺掇："摸金，就是搜寻青铜宝物么！我还当过你的摸金团副哩！取土，你不挖洞取土，咋能寻到青铜宝物么？"

曹拐子经不住蛊惑，也作出了决定："摸金！取土！这是天意！我听你的，回！"

孟老板与曹拐子的目光盯向崇德。

"我不……"崇德退缩着，犹豫着，口气已不似刚才那般坚决。

曹拐子一伸手，将一旁剩下的最后一个包子拿过塞进自己的嘴里，边吃边不客气地问着。

"你不回，就在这儿等着饿死呀？"

孟老板鼓励地拍拍崇德的肩膀，语调中充满了蛊惑。

"咱俩打交道可不止一回两回了。我知道你不肯回周原，主要是不想见、不敢见你家老太爷！没关系！回周原，你也可以不跟他照面么！再说，姬府的财宝，你就一点儿不动心？咋说你也是当今姬府的三老爷么！我俩还打算沾沾你的光哩！"

崇德眼神中的退缩和犹豫已经变成了认可和渴望。

曾经感到已在周原无路可走的这三个人，如今沆瀣一气，又踏上了重返周原之路。等待着他们的，又将是怎样的命运呢？

第二十一章 人生不相见

一、风云突变

　　崇仁、伊人在圆觉庵"缘"字照壁下意外地"巧遇"贾明，其实并不是巧遇。贾明是在探知崇仁的行程后，特意在此等候的。他有许多重要情况要单独告知崇仁。当然，最重要的情况就是国内革命形势的变化。

　　是时，国内形势风云突变。国民党新军阀的政治代表人物公然发动"清党""反共"的反革命政变，大肆屠杀国民党左派人士和共产党人，轰轰烈烈的国内大革命由此走向失败，国共两党的第一次合作宣告终结。在上海，在广州，在江浙皖闽等地，国民党反动派以"清党"名义，对共产党人和革命群众进行了大屠杀。全国陷入"白色恐怖"之中。

　　"清党"之风，终也蔓延到了陕西。贾明被迫转入周原一带进行地下活动。得知姬府老太爷病重的消息，他却不能轻易登门探问。因为他正被敌人所通缉，他不想因自己的轻率而给姬府造成危害。在他所告诉崇仁的消息中，就姬府而言，既有不好的消息，也有好的消息。

　　崇仁与贾明的谈话刚刚结束，路途中就被老太爷派人急速召回，"有急事要即刻交代"。

与贾明告别后，崇仁与伊人不知老太爷又发生了什么紧急情况，一路急行，一路担忧，火急火燎地赶回了姬家大院。

一进院门，吕管家正在此迎候。

"老太爷怎么样了？是不是又……"崇仁二话没说，急着先问老太爷的病情。

吕管家的神情还似平静："看着没啥。老太爷精神头儿还好着哩！只是说必须马上请老爷回府，他有急事要即刻交代。"

崇仁稍觉放心，手抚胸口，大喘了一口气。随后，便与伊人快步向后院处走去。

崇仁与伊人担忧地走进屋内时，看到的却是一幅平静安详的场面。姬府老太爷姬秉礼一身簇新的衣服穿戴得整整齐齐，正在指点着怀真写大楷，完全看不出病重的模样。

"爹！"崇仁松了口气，轻松地打着招呼。

"你先坐。爹正等着你回来，有急事要交代哩！"老太爷指了指正座处的两张太师椅，眼睛却没有离开孙女写的大楷。

崇仁立刻规规矩矩地坐在椅上，端起茶盅，大喝了一口，然后静等父亲发话。

老太爷却不慌不忙，直到看着怀真写完了最后一笔，才拍拍她的脑袋，慈爱地说着："出去玩会儿吧！"

怀真蹦跳着出屋而去。

老太爷依然是不慌不忙的样子，缓步走到太师椅处落座后，看似平静地对崇仁交代。

"我想搬到城外庄园去住，今天就搬。你先去把这事安排了，让他们准备着，你再过来咱俩说话。"

崇仁显然心中有事，刚从贾明处得知的那么多消息都要缓缓地告知父亲，有些消息还得让老人有些思想准备，不敢贸然轻易开口。

崇仁向伊人投去求助的眼光。

伊人会意，自告奋勇地表了态。

"搬家之事我去安排,你们爷儿俩就安心说话吧。"

伊人离去后,屋里只剩父子二人,却突然静了场,好像谁也不知道该从何谈起。

"你怎么也不问问,我为什么要突然搬到城外去呢?"老太爷主动问起。

崇仁对父亲近几日的情绪变化和心理状态当然有所了解,一语就说到了老太爷的心坎。

"爹嫌城里冤魂太多,阴气太重么!爹,残忍屠杀三千俘虏,完全是新军阀的罪过,你根本不必为此而自责!爹没有做错任何事!"

老太爷深深地叹口气,倾诉着自己的心里话。

"唉!知父莫若子啊!我有时会想,是不是不该帮着他们攻城。曹拐子是罪魁祸首,罪有应得,却让他给跑了。但他的手下,大多都是周原农家的子弟啊!其中不少人,是被逼着、被强拉着才去当兵吃皇粮的呀!"

崇仁点点头:"是啊!周原的农家,有几家几户能躲过强拉壮丁的厄运么!"

老太爷继续说着,说着说着激动起来。

"三千精壮男子啊!已经手无寸铁,竟然集体遭此毒手!你记住我这话——必遭天谴呐!看过戏文吧?当年窦娥之冤,尚有三年大旱。周原未来几年,恐有不测啊!"

崇仁早已按捺不住,站起身来,悲愤地说了起来。

"该遭天谴的事还有更过分的哩!北伐尚未最后结束,老军阀还没有彻底打倒,一批国民党新军阀开始当道。他们不仅相互混战,争夺地盘,而且公然背叛中山先生革命的初衷,号称清党,对曾经并肩作战的盟友共产党大开杀戒,下了黑手!"

崇仁说着,眼前浮现出贾明告诉他的一些情景。

工人游行队伍在街头遭到机枪扫射,不少人倒在血泊之中……

被捆绑着的共产党人,当街遭到枪杀……

士兵将革命者双手捆死,塞进麻袋,扔进长江……

青年学生模样的被俘者,双臂背捆,惨遭活埋……

黄土已经埋到了胸部,被俘者仍在不屈地呼喊着:"打倒国民党反动派!"

"打倒新军阀！""维护工农利益！""中国共产党万岁！"……

崇仁悲愤地说着，老太爷惊愕地听着。

老太爷听不下去了。他满脸愤慨地站起身来，一个一个扳着手指头悲戚绝望地历数着。

"大清朝廷、袁大总统、北洋军阀、国民政府，哪一个是真正为咱中国老百姓的么？国家的希望在哪里？周原的希望在哪里？《周礼》中也寻不着答案呐！"

崇仁接着说起："他们在咱省城也开始下手了……"

老太爷突然伸手打断了崇仁的讲述。

"慢！你先慢些说。我问你，你这段日子不是一直在忙着研究那些青铜古物么？你咋知道这些情况的？"

崇仁继续按照自己的思路往下说着。

"在省城，国共合作创办的中山军事学校，成了清党的目标，被强令解散。学校的官长、教师和学员中，有不少共产党员。唉！抓的抓，杀的杀，逃的逃……。造孽呀！启民逃出来了，我今天见着他了。这些情况都是他告诉我的。"

老太爷神情紧张地想起了自己在省城的一双孙儿女。他们满怀青年人的热情投身国民革命，都在那中山军事学校里奉献自己火热的青春。如今，国家大势的突然变故，他们的命运又是如何呢？老太爷一阵心焦，立即发话。

"启民说的话，不会有假。看来情况很严重！不知怀远、怀玉是个啥情况，得赶紧把他们叫回来！"

崇仁似乎为避免刺激老太爷，尽量以平和的口吻说着："已经派人去过了，一时联系不上。"

此前，崇仁已多次派人去过省城，均未能见到怀远、怀玉。去人回来报称：军校校址犹在，然已不复再是军校。打问军校去向，路人皆噤口不言，避之唯恐不及。贾明在说起怀远、怀玉情况时，似乎也有不便详说之态。这些情形，崇仁当然不会详细告知病中的父亲。

"啥叫个联系不上！是啥意思？"老太爷仿佛一阵急火攻心，急切地反问崇仁。

崇仁强忍着自己内心的焦虑揪心，尽量安抚着神情十分激动的父亲。

"找不着人，也没有确切消息。爹！你千万不要着急！我已经又派人再去寻找了，总会找到的。"

老太爷愣过神去，一下子又跌坐在太师椅上。他的神色急剧变化着。

突然，姬老太爷扬手扇了自己一个耳光，一边自打嘴巴，一边涕泪纵横地呻唤着。

"报应呐！三千冤魂呐！马上搬家去城外，就是现在！"

二、残阳枯木

姬老太爷临时交代，要求当日搬至城外姬氏庄园居住。

伊人和吕管家马上安顿此事。庭院内，家仆们开始来回搬运东西做搬家准备。吕管家颇有些百事缠身、不可开交、手足无措而难以应付的忙乱样子。

伊人果决沉稳地不时回复着前来请示事项的仆妇丫鬟们，同时宽慰地对吕管家交代："吕叔，别急！这事咱又不是没经过嘛！人先过去，当下急用的少量物件随车同行。其他的事，放一放，以后慢慢再安顿。最重要的，是要把老太爷照顾好。"

"唉！多亏老爷日前已有交代，城外庄园那边还算有些准备。"吕管家喘了一口气。

伊人想了想，特意着重做出交代。

"马车抓紧备好，说走随时就要能走！"

屋外，为临时决定的搬家忙乱着。

屋内，姬老太爷却为失去怀远的消息而愈发自责。崇仁站在父亲的座椅之旁，一边为其轻抚着胸口，一边尽力劝慰。

"搬家的事，伊人正在安排。今天之内，肯定就能搬到城外庄园去。爹！三千冤魂的债主，是曹拐子和那些新军阀。要说报应，该受报应的是他们！咱老太爷是减少双方伤亡、维护百姓安宁、有益周原大局的功臣！你可不敢给自己乱加罪名，平添心病呐！"

老太爷有气无力地挣扎着说道："把怀远找回来！他是我唯一的孙子，是姬家血脉相承的独苗啊！"

"爹，启民已经说了，怀远好着哩！而且怀远也不是姬家的独苗喽！"崇仁还要解说，但一下子愣住了。

老太爷双眼紧闭，已昏厥过去。

崇仁走到屋外，招手呼唤着庭院内安排事项的伊人。伊人快步来到崇仁身边。

"老太爷刚才一阵心急，晕厥过去了。这会儿又清醒了。"崇仁指指屋内，小声说道。

"我进去看看吧。"伊人急切地抬步欲走向屋内。

崇仁拦住伊人，说着自己心中的担忧和预感。

"让他歇歇吧，暂时不要打扰他。老太爷一醒过来，就嚷着搬家，说是必须搬家！马上搬家！……我咋有一种不好的预感哩！十多年前，咱娘……也是提前换上了一身新衣裳，也是嚷着要搬家……"

伊人理解地叹了口气："遇到老人执意要非办不可的事，特别是在这种时候，咱能顺着就顺着吧。只是老太爷刚犯了病，马车上颠簸，不要紧吧？"

崇仁一声叹息："在城里大院待着，老太爷只会更犯急。咱还是顺着他的心愿吧，能早走就早走。就现在，可以了吗？"

伊人点点头，表示已做好了即刻动身的准备。

太阳西垂。姬府搬家的马车车队驶离了城里的姬家大院，驶出了城门，驶行在乡间土路上。

车行途中，突然停了下来。在老太爷的强烈要求下，崇仁连抱带扶地将其搀下车来。

穿着整整齐齐簇新一身的老太爷，颤颤巍巍地下了车，贪婪地看着四周的景色。

不远处，有一棵孤零零的枯树。

"就到那儿歇歇吧。"老太爷手指大树处，交代崇仁。

崇仁扶着老太爷，缓步向枯树处走去。

伊人、怀真、吕管家以及马车车队中的其他家仆丫鬟们也都下了车。他们不知道为什么停车，不知道老太爷为何下车。众人只能尾随在老太爷和崇仁的身后，向枯树处涌去。

"让我再踏踏周原的地，看看周原的天吧！"姬老太爷自言自语着，轻轻跺跺脚，抬头望望天。

忽然看到围上来的人群，老太爷挥挥手，交代崇仁。

"让他们都走吧，你留下陪陪我就行了。"

崇仁对伊人点头示意。

伊人随即做出安排，让吕管家率众人先行前往姬氏庄园，不必在此等候。

怀真缠着伊人，想要留下陪着爷爷。伊人想了想，摇头拒绝。怀真无奈，随着吕管家上了马车。

马车车队渐渐走远。停车处，只剩下了一辆等候着的马车。还有伊人。

伊人朝枯树处走去。

暮色已然苍茫。枯树下，只有姬老太爷和崇仁、伊人三个人的身影。

"那儿是秦穆公的陵墓吧？"老太爷遥指远处。

暮色中，远处一座隆起的土丘隐约可见。

崇仁观察后确认："就是那儿！当年秦始皇在雍城加冕时，还专门去那儿拜祭过他的这位老祖先哩！爹，你也去那儿给我讲过故事教育我哩！"

老太爷突然来了精神，一口气说了很长的一段话。

"人都是要死的。秦穆公开地千里，称霸西戎，不愧是咱周原历史上的英雄，了不起呀！可现在哩？一抔土而已！古今将相在何方，荒冢一堆草没了！不过，秦穆公却留下了许多儿子。司马迁在《史记》中说，秦穆公有子四十人。姬老太爷我呢？崇仁、崇义、崇德、……崇恕，光算名字，曾有四子。但眼跟前哩？……"

因为想到了伤心处，老太爷身体猛一摇晃。

崇仁赶紧在伊人的帮助下，将父亲扶着背靠枯树坐在地上喘息。

刚才那一阵回光返照之后，老太爷好像就要耗尽最后不多的一点儿精气神了。自知大限将至，他还想要说更多的话。

"崇仁儿呐！爹自有预感，恐怕到不了今夜就要走了。该交代的，我都已经给你交代过了。……我走后，不要急着把我下葬。倒不是图什么排场，我是真想和你们一起再多待一些日子啊！再说，我还要等人哩！等人的消息哩！

……崇义、……怀远……。二老太爷回来后，就不要再让他去天津了。崇德靠不住哇！"

崇仁赶紧插话表态，以免老太爷心有遗憾。

"爹，你放心！我会好好照顾二老太爷、为他养老送终的。"

"我弟他一辈子孤身一人，将来把他也葬在我的坟旁吧。兄弟一场，几十年没见，到了地下就可以天天在一起喽！"老太爷的眼神飘忽起来。

崇仁蹲在树下老太爷身旁，以自己的胳膊垫衬托扶着无力的父亲。

在老太爷最后时刻来临之前，崇仁还有一些重要的话要说。

"爹！这次见到启民，他还告诉了我一个大消息。我二弟崇义他还好好地活着哩！就像爹估摸的那样，为着不给家乡的亲人们带来危险，崇义现在使用的是化名。"

老太爷一阵激动，挣扎着抓紧了崇仁搀扶着他的手臂。

"好哇！活着就好！崇义和启民他们都是好人，我相信他们干的事也一定是好事！看看现在这个世道，也许……也许国家的希望就在他们身上啊！"

崇仁略显兴奋地继续说着。

"启民还说，崇义在他们共产党内担负着重要的工作，威望很高。他一刻也没有忘记周原、忘记爹。有一次，崇义向他们的组织介绍家族背景时说：由于家父的学识传承和人品禀性，相信他一定会成为我们党必然的好朋友和支持者。"

姬老太爷不无得意地轻笑一声。

"这小子！他相信我，我还不一定相信他哩！"

崇仁招招手，让一直在旁倾听的伊人站得更近一些。随后，他更为欣喜地说出了一番话。

"爹！头晌儿我就说哩，怀远并不是咱姬家血脉唯一的男娃独苗。早些年，崇义就和负伤时救助过他的一个女护士结了婚，生了一对双胞胎男娃。按咱周原姬姓的排辈，是怀字辈。他俩的大号，一个叫姬怀智，一个叫姬怀勇，智勇双全么！"

姬老太爷眼睛深处不由得闪动着喜悦慰藉的光亮，口中轻声喃喃念着孙儿们的名字："怀远、怀智、怀勇……"

崇仁祝贺似的说着："您现在至少有三个孙子男娃了，将来还会有更多的孙娃和更多更多的重孙男娃的！"

"现在，我就没有什么遗憾了。再让我歇一会儿，咱就走。"姬老太爷欣慰地点点头。他感到了极度的疲乏，闭上眼睛，出了口气，平静地背靠着枯树，好像睡着了一样。

他没有睡着。他还在等着一个人的出现。他相信，在自己生命的最后一刻，那个人一定会来的。

三、往事不尽如烟

姬老太爷仅存一丝游气尚在等待的人，是他当年曾宠爱过的侍妾孟氏、如今的圆觉庵庵主了空师太。他总觉得：十多年青灯古佛的孤寂生活，并非出自那个青春艳丽、尘缘极重的孟氏的本愿。越是到了老年，他越发觉得当年的是非对错并不重要，也越发从内心深处产生了对孟氏的一种负疚之感。他想在临终时得到孟氏的宽恕。

自孟氏出家之后，姬老太爷虽然也曾多次去过圆觉庵，但除了正常的法事活动之外，两人之间并没有单独照过面，甚至连一句最简单的尘世问候话语也未曾有过。姬老太爷的临终愿望，当然无从传递。圆觉庵的了空师太当然也无从知晓。

世间多有奇事发生。周原的奇人奇事则更为多见。

崇仁与伊人在圆觉庵为超度三千冤魂而举办的法事活动结束时，了空师太突然莫名其妙地心头一悸。虽然她在整个法事活动过程中始终心无旁骛地闭目诵经，"看也没看一眼，问也没问一声"，但她知道姬府家人定是受姬老太爷的嘱托而来、而姬老太爷本人也定是为那三千冤魂妄自背负了一份本不该有的疚责执念。

当日午时，游人香客散去。圆觉庵内清静安然。

庵寺大殿屋檐一角，有几只悬挂着的风铃。一阵风过，檐下风铃似乎有些怪异地响起。

庵内殿堂。诡异的风铃声传来，闭目诵经的了空，猛然一惊，心有所动。

冥冥之中，她仿佛感知到了来自远处的一种渴求和召唤，也觉察到了自己内心的一种悸动和回应。她迟疑片刻，默然起身，向殿外走去。

一袭灰色尼服的了空，出了圆觉庵庵门，沿着乡间土路下山而去。这是她自入庵以来，第一次踏出庵门远行。十多年来，心如古井的她，早已习惯了幽居庵寺、与世隔绝的生活。

出了庵门的了空，沿着乡间土路快步走着。去往哪里？她似乎并没有十分具体明确的目标，直觉引导着她的脚步。这条小路，正是当年那个下雪的夜晚，出走姬府的孟氏所走过的艰辛之路，也是由孟氏成为了空的超脱之路。

了空了空，尘缘已了，万般皆空。然而，尘缘已了，也还会有未了的时间；万般皆空，也还有未空的空间。

在这样的时刻，这样的地方，了空走着走着，似乎又变回了孟氏。恍若隔世般的尘封往事，一一又翻腾了出来。

她想起了待字闺中、企盼良缘归宿且贪慕虚荣时的自己。

她想起了初入姬府、备受宠爱且喜欢揽镜自赏时的自己。

她想起了在山林中遭土匪凌辱且事后又自甘沉沦、自暴自弃时的自己。

她想起了痛失爱子后悲苦愤怨、获得宽容后愧疚悔恨而自剪青发时的自己。

如烟往事。往事并不尽如烟。了空思之念之，心中依然还会感到伤痛。伤痛中，她走了很久很久。

夕阳西下，残阳如血。了空还在快步走着。她看到了孤零零停在乡间土路路边的一辆等待着的马车，也看到了不远处的那棵大树以及背靠大树席地而坐的那个老人。

几只乌鸦掠过，留下了几声"呱呱"地鸦叫。

日暮枯树昏鸦，似是不祥之兆。了空不禁打了个寒战。

大树之下，崇仁与伊人惊愕地抬眼望去。

一袭灰色尼服的了空，满头汗水地站在面前，合掌问讯。

"了空师太！"崇仁连忙招呼并作揖还礼。

伊人随着还礼后，急忙从怀中掏出手绢，为了空轻轻拭去额头上的汗珠。

了空凝视着树下闭目靠坐着的姬老太爷。她的面容好似平静，但内心深处却是百感交集。

姬老太爷的声音飘然而至。

"我知道你会来的,一直在等着你呐!"

姬老太爷仿佛未卜先知,头未抬眼未睁地说出这番话来。说完此话之后,才慢慢睁开了眼睛。

崇仁与伊人惊异地互望了一眼,对老太爷与了空的这次不期而遇感到不可思议。

"我知道你不是一个人来的。"姬老太爷凝视着了空,依然是未卜先知的口吻。

崇仁和伊人奇怪地观察四周,除了了空,并无他人。

了空怔了一怔,似乎也感到惊异地慢慢点点头,慢慢从怀中掏出一张对折的纸片。

对折的纸片被打开,上面是"姬崇恕"三个大字。

深秋的山风,"忽"地刮起。

了空的眼睛直视前方,好像看到了很远很远的地方,也听到了很多很多的声音。但那声音都是姬老太爷一个人当年的声音。

"我给咱娃的大号都起好了!"

"这孩子就是姬家的血脉。"

"这娃,就是我姬秉礼亲生的娃,老四姬崇恕。"

"我知道,你还想做一个好人。我说过,我们是一家人!"

了空收神摄魄,回到现实中的大树下。她珍惜而庄重地将对折后的纸片交给了背靠大树而坐的姬老太爷。

当年出走姬府时,孟氏珍惜地将这张老太爷亲笔所写的"姬崇恕"儿子大号的纸片随身带走,心中隐隐有着这样的含意——她要带着自己的儿子一同离开姬府,她不想让自己尚未出世便遇害夭折的儿子孤零零留在姬府。如今,姬老太爷临终之际,她将此纸片郑重交还其手,则是有着让儿子回府归宗的象征含意。一张纸片的传递间,所隐喻的微妙意味,只有姬老太爷与了空二人彼此心领神会。

姬老太爷从了空手中接过纸片后,怜爱地看了又看,然后郑重托付地转

601

交给崇仁。

崇仁明白了父亲的心意，双手庄重地接过纸片，小心翼翼如同手捧婴儿。

"我还知道，你是专为解脱我心中的执念而来。"姬老太爷眼睛盯着了空，缓缓而言。

了空更加惊异地直视着老太爷，迅速地点点头。这直视的目光、迅速的点头，表明了了空自己早已将往日的恩怨情仇彻底放下，也表明了她不希望老太爷心存妄自疚责的执念。

姬老太爷的眼里，充满了怜爱和真诚的谢意。

"谢谢你，崇恕他娘！你是个好人，出自好心，不想让我在临终时内心还有自责和痛苦。"

说完这句话后，仿佛又是对另外一个人在表达谢意，姬老太爷的眼睛里，情感的成份已然褪去，只剩下了一片空灵和淡悟。

"谢谢你，了空师太！我的执念已然放下。此因此果，彼因彼果，有因……有果，非因……非果……"

姬老太爷的音调低沉而断续，终于彻底停顿消失。他的头突然垂落下去。

"爹……"崇仁轻声呼唤，姬老太爷毫无反应。

崇仁轻轻扳过父亲的身躯。了空也俯身趋近关切地看着。

姬府老太爷姬秉礼安详的面容，已然了无生气。

"爹！——"崇仁悲痛而凄厉的呼叫声，在空旷野地中传得很远很远。

了空的诵经声与伊人的呜咽声中，崇仁呼叫的余音绵长而悲切。

深秋的山风，吹卷起满地的落叶。

古老的周原大地，笼罩在沉沉的暮霭之中。

四、领路的人

姬府二老太爷姬秉忠由天津返回家乡，在参拜周公庙时，突然庙中传出枪声。这一天，周公庙确实有大事发生。

当天早晨，周公庙内游人香客稀落。一身青年学生服装的怀远，犹如普通游客一般在庙内东张西望。不过，他的眼中流露的不是好奇的神色，而是警觉的目光。

白学才走了过来。两人犹如偶遇的游客，并肩站在殿前，抬头仰看着古老的建筑。

白学才手指着大殿屋顶，仿佛在介绍和欣赏着屋顶的雕刻，但其实他的口中却小声说着别的内容。

"地点知道了吧？在后山的窑洞里，除了咱们自己人，敌人是不会知道这个地方的。"

怀远装作欣赏建筑的样子，眼光却警觉地四处巡查着，并小声通报情况。

"我刚才在附近巡查了一遍，通往后山的小路相对安全。你告诉参加会议的同志，如有意外情况，可以向后山撤退转移。"

白学才微微点点头，先行离去。

怀远警惕地与白学才分道而行，边走边察看着附近的地形和通道情况。

白色恐怖之下，他们的秘密活动不得不保持高度警惕。

近山处的一个窑洞里，七八个人围着一张木桌，好似在品茗休憩。其中包括贾明、怀远、白学才等人。

贾明警惕地看了看窑洞之外的动静，向白学才询问："当地的党员同志，还有谁来参加今天的会议？"

"还通知了刘文章。你认识的。按说这会儿也该来了呀！"白学才有些着急地向外张望着，一边回复着贾明的问话。

贾明果断地决定："不等了，咱们开会！"

会议在窑洞里开始。贾明严肃地介绍着面临的形势和任务：国民党反动派在上海发动四一二反革命政变后，各地的新军阀先后开始"清共""反共"。我们党的力量遭受了极大的摧残。根据形势的变化，党决定了新的土地革命和武装起义的方针。革命胜利，不仅需要笔杆子，当前更需要枪杆子！我们党必须要有自己的武装，必须走向武装革命夺取中国政权的道路。南昌起义，秋收起义，……党所领导的中国工农红军已经建立了！

与会人员全神贯注听着贾明所传达的党的最新精神，明确了方向并深受鼓舞。

"我们这里该如何行动呢？"白学才跃跃欲试地询问。

贾明以有力的手势表明着坚定的信念。

"陕北的清涧起义，东府的渭华起义，虽然都先后失败了，但其所播下的革命火种，必将会燃起熊熊的烈火！领导渭华起义的一些同志，近期将会转移到周原来。我们将在周原召开一次重要会议，确定新的行动计划。目标是直接在新军阀控制的军队中，实行兵变！"

仿佛要接受战斗任务似的，与会人员全部神情严肃地从座位上站立起来。

贾明接着说明："当前我们的具体任务：一是要保障此次会议的顺利进行和绝对安全。二是要打好群众基础，争取群众的理解和支持。三是要注意保密和我们自身的安全。我们要防范的，不仅有残暴的敌人，也有我们内部经不起考验的叛徒啊！"

贾明关于防范叛徒的提醒，非常及时。就在他们开会时，叛徒已经开始活动了。

周公庙前大路上，一队荷枪实弹的士兵在跑步前进。队前一辆马车上，两名士兵押解着一个便装之人。此人用围脖遮住了大半个脸庞。团长朱子虚也在车上。

"共党分子开会的具体地点在哪儿呢？"朱子虚凶恶地问着。

那个便装之人颤抖着用手指向后山方向。

朱子虚不耐烦地对押解士兵使了个眼色。

押解士兵心领神会地点点头，转身抡圆了胳膊对那便装之人猛扇了一巴掌，口中骂骂咧咧地问道："狗东西！我们团长问你话哩，说清楚了！"

这一巴掌把那人遮脸的围脖打得脱落开来，露出了刘文章猥琐畏缩的面容。他心有余悸地捂着刚才被打的脸颊，小声说道："就在那庙后半山腰的窑洞里。……我就不用再跟着去了吧？"

朱子虚不屑地哼了一声："哼！想得倒挺轻巧！在头前把路引好！"

"你小子别忘了！你婆娘、你娃、你爹，都在我们手上哩！"押解士兵恶狠狠威胁着。

刘文章面如死灰，灰溜溜地垂下了脑袋。

窑洞的会议就要结束时，突然听到附近传来了枪声。贾明略一判断，果断地一挥手，立即做出了决定："散会！按事先侦察好的路线，各自分散撤离!"

白学才依依不舍地看着贾明。

贾明关切地拍拍白学才的肩头,特意对其交代。

"你是当地名人,认识你的人多。你先到后山无人处躲一躲,不要急着出来,以免撞上敌人的枪口。"

白学才感谢地点点头。两人握手告别。

随后,贾明又关爱地看了怀远一眼,匆匆对其小声说道:"我见过你爹了。你爷病危,你可以用新的身份回去看看,但一定要注意安全!"

参加会议的众人,由窑洞撤出后,迅速分头向不同方向快速离去。窑洞口处,已是一片宁静。

洞口下方的土路台阶处,一群士兵正在向窑洞处登坡而来。刘文章缩头缩脑地躲在队伍中,手指哆嗦地指向窑洞处。士兵们端着枪,喘着气,加快了登山的步伐。朱子虚手持手枪,骂骂咧咧地在后压阵。

众士兵将窑洞出口包围后,开始喊话。

"共党分子,快出来吧!你们已经被包围了!"

窑洞内没有回音。

一名士兵小心翼翼地接近窑洞口处,一脚踢开窑门,迅即又紧张地闪身躲避一旁。

窑洞内依然没有动静。

众士兵一拥而入。刘文章也被身后的士兵推了进去。

窑洞内空无一人。

朱子虚走进窑洞,一看扑了空,懊恼地责问道:"刚才是谁先开的枪?"

士兵们互相指责地你指我指,最后指向其中一人。

朱子虚转身一个耳光扇了过去,嘴里还在厉声呵斥。

"谁叫你开的枪?这不等于就是给共党分子通风报信嘛!"

"走……走火了么!"挨打士兵捂着脸,吓得直往后躲闪。

刘文章似乎是为了证明自己没有谎报军情,特意向朱子虚指了指桌上的七八只茶碗,表功似的说道:"团长大人,你看这些茶碗,说明刚才他们还在这儿么!"

605

朱子虚伸手一摸茶碗，立刻又兴奋起来，马上下达着命令。

"茶还没凉，共党分子不可能跑远。回庙里，搜！"

五、有缘相见无缘相识

为了探清查明敌人的真实意图，也为了掩护同志们向后山撤退，怀远在会议结束后回到了周公庙。庙内通道和周边环境他事先已侦察清楚，需要撤退转移时可以从容应对。

姜嫄殿前，怀远似乎在饶有兴致地辩看着殿前石碑上的文字。两名搜查的士兵路过。其中一个士兵捅捅另一个士兵的胳膊，示意其向怀远所在的方向看去。

"嗨！一个学生娃么！哪像个共党分子！"被捅士兵不以为然地说着。

怀远故意大声念着碑文并主动与士兵搭腔。

"'育一门圣子神孙，培万世奇男异女。'喂！咱都是周原子弟、姜嫄后代。你说说，你们到底算是奇男哩还是异女？咋在老祖先这地方乱开枪哩！"

两名士兵知愧地没有搭腔，无趣地走开了。

怀远警觉地观察着四周的情况。他看到一位留着白发苍苍发辫的老者正在观览姜嫄殿前的楹联，并无异常举动。他再向远处望去，突然发现了士兵队伍前走着蓬头垢面的刘文章。"不好！刘文章叛变了！"怀远一念闪过。虽然刘文章对怀远的真实身份所知不多，但身处今天秘密会议地点这个敏感的地方，难免会使敌人生疑。怀远迅即决定抽身离去。就在他转身抬脚之时，忽然听到"唉哟"一声。回头望去，却是那位白发老者不慎由殿阶上跌落下去。

白发老者正是姬府二老太爷姬秉忠。那一声走火枪声响起的时候，姬秉忠与柳管家正说着甘棠遗爱的话题。听到枪声，姬秉忠感到奇怪："如此庄重神圣之地，难道竟有土匪不成？"稍候片刻，并无后响。姬秉忠便放心地随步来到了姜嫄殿前。

姜嫄殿前的楹联引起了姬秉忠的极大兴趣。他站在殿前欣赏地看着，大约是因站的位置距离太近，无法一览楹联的全貌，便倒退着拉大了与大殿的距离。他只顾不断倒退着，没有意识到身后的危险。二尺多高的殿阶，就在他身后脚下。

怀远听到的"唉哟"一声，正是姬秉忠由殿阶摔下时发出的。殿阶之下，一位白发苍苍的老者，面容痛苦不堪，脚部好似受了伤，几次欲站立起来均未成功，只得呻吟着趴坐在地上。

本欲向殿后躲避的怀远，看看远处越来越走近的士兵队伍，再看看殿阶下受伤苦痛的老者。终不忍心，又转身返回殿前，一个箭步跳下了殿阶。

柳管家此时带着大包小包的全部行李，正在另处观景。见姬秉忠跌落阶下，他便扛着行李急速奔来。但当看到殿阶下的情景时，他显然放了心，停下脚步喘着气，赞赏又喜爱地静静看着。

怀远跳下殿阶后，直扑姬秉忠身边，关切地将其扶起坐在殿阶边上。

"老人家，没有摔伤吧？"怀远亲切地询问。

姬秉忠勉强站起，踩地试了试，依旧坐回殿阶，无奈地说道："好像脚腕处扭了。"

怀远蹲下身去，捧起姬秉忠的脚，仔细查看了一番。

"老人家，不要怕疼好吗？我给你捏捏揉揉，你就可以走路了。"

怀远动手在姬秉忠的脚部按摩揉捏着。一番操作之后，姬秉忠重新站起身，又去踩地试了试，似乎见到了明显的效果。

"你这个学生娃真是个好娃呀！手上的功夫也有两下子，老夫的脚真是感觉好多了！"姬秉忠感激而惊奇地看着怀远。

怀远一笑："手上的功夫还谈不上。祖传的，但我没有专门学过，只是小时候看过我爷爷的手法。他可是周原有名的骨科大夫哟！"

姬秉忠闻言，正欲细问，搜查的士兵已经走近。

士兵中有人大声说着："就是那个学生娃！管他是不是共党分子，抓起来再说！咱空手返回，也不好交账么！"

怀远立即警觉地站起身来，抱歉地对姬秉忠说着："对不起了，老先生，还没给您治好哩！"

说着，怀远纵身一跃，跳上殿阶，飞快地向殿后跑去。一群士兵追赶而去。

姬秉忠未及向善良好心的"学生娃"表示内心的谢意，遗憾地直摇头。他回到周原后，见到的第一个姬家亲人就是怀远。怀远也是目前姬府家人中第一个见到二老太爷之人。他俩有缘在此情境下相见，但却无缘彼此相识。一个不知他就是自己的二爷爷，一个不知他就是自己的侄孙。

柳管家看见怀远主动出手搭救姬秉忠的一幕，非常感动。他一直赞赏而喜爱地远远看着怀远。

当看到一群真枪实弹的士兵去追赶怀远时，柳管家不禁流露出为怀远担忧的神情，忿忿不平地自言自语："这么多如虎似狼的士兵，欺负一个赤手空拳的学生娃！我这带刀侍卫，岂能坐视不管？"

有着一身绝世武功的御前带刀侍卫柳管家，平素就爱打抱不平，此刻更不想让寡不敌众的那个纯真学生娃身处险境。他将随身所带的行李一把扔掉，然后追随着士兵追赶的方向，飞步向殿后奔去。

被柳管家扔落地面的行李中，那两个大包袱卷儿落在了显眼处，那只不大的棕色皮箱则落入了殿前甬道的灌木花丛之中。在茂密的花草遮掩下，装有清室珍宝的棕色皮箱极不易被人发现。

殿阶之下，姬秉忠试着站立走了几步，似还能勉强行走。他停在原处，焦急地关注着殿后方向的动静。不时有打斗之声和叫喊呻唤之声传来，随后又是几声枪响。

陆续有人从殿后处走出。

三四个被飞镖扎伤的士兵，捂胳膊揉腿地边走边议论着。"那人的飞镖百发百中么！""再厉害的飞镖，也跑不过咱的枪子儿！那人还不是被咱抓住啦？""倒叫那个学生娃给跑咧！"

五六个士兵押解已戴着手铐的柳管家，从姬秉忠身旁走过。

姬秉忠急忙上前阻拦，企图与他们论理。

"光天化日，为何平白无故抓人哩？"

士兵蛮不讲理地一把将姬秉忠拨开："平白无故？就凭他是个共党分子！"

"他……他怎么会是共党分子么？"姬秉忠哭笑不得。

柳管家则是一脸若无其事的神情，抱歉地安慰着姬秉忠。

"二老太爷,劳驾您自个儿慢慢回府吧。别担心,我没事。这儿有不少当年我的老部下哩!过了几天,我就会找您,吃驴肉夹馍,喝豆花汤!"

此时的柳管家,并不担忧自己的处境。他的神情,不仅甚是乐观,而且还有些得意。因为在他的掩护下,那个"共党分子"学生娃没有受到半点伤害,平安无事地远走高飞了。但他没有想到的是,在这周公庙姜嫄殿前的一别,竟是他此生与他的老爷姬秉忠之间的最后一面了。

十多年的朝夕相处,孤独悲苦而耿直愚忠的遗老姬秉忠,早已深深获得了柳管家由衷的同情和尊重。柳管家暗自决定,将终身追随服侍自己的老爷并为其养老送终。他知道,老爷的心底始终飘荡着以身殉节的阴影。他将尽力阻止这个在他看来是无谓的举止,可由于被捕终使他失去了最后的机会。他被士兵们押解离开姜嫄殿时,最后一眼看到的是姬秉忠担心忧虑和愁苦无奈的神情。

众士兵押解着柳管家,仿佛得胜回朝似的兴冲冲离开了姜嫄殿。一个士兵拍拍刘文章的肩头,一副恭喜的口吻:"这下你可立功啦!抓到了一条大鱼!共党的一个武林高手!"刘文章灰暗的脸上,尴尬地浮出一丝苦笑。

瞬间冷清无人的殿前庭院里,只剩下姬秉忠孤零零一人。他摇头叹息着:"这世道!周原竟也如此!"

看看四周,无人可以求助。姬秉忠只好无奈地挎起了那两个大包袱卷儿,勉力地一步一步向庙外走去。自天津动身之后,一路上全部的行李都是柳管家独自一人在照料。姬秉忠无须操心这些俗务细事,多一件还是少一件行李,他根本没有概念。

一场意外遭遇之后,那只装有价值连城珍宝的棕色皮箱就这样被遗弃在了无人发觉的庙内花草丛中。

庙后山林中,寂静无人处。

随着几声联络的鸟语声,贾明与白学才接上了头。

"你没事吧?"白学才略显紧张地询问着。

贾明淡然一笑:"小小风浪而已。咱们的同志都安全转移了。刚才我见着怀远,他是从庙里脱险逃出的。他说亲眼看到领着敌人前来搜查的,是你们二中的那个刘文章。他今天未能如约到会,本身就很可疑。"

"他过去的表现，还是积极进步的。有了家室之后，似乎有了退缩之意。特别是在敌人实行清党大屠杀之后，确实他有一些动摇的表现。"白学才汇报了刘文章的情况。

"革命者谁没有家室亲人？随时也都会经历生死考验的。"贾明沉痛说着。略为思索后，他又明确向白学才交代："你就不要再回二中了，太危险！近期找个地方隐蔽起来。"

白学才点点头："我们二中党支部新任书记姓贺，我和他是单线联系，刘文章不知道他的身份。"

贾明特别叮咛："那个重要会议期间，要特别注意叛徒的破坏和敌人的动向。我会通过二中老贺与你保持联系的。"

"怀远的处境会不会也有危险？刘文章并不完全知道怀远的实际身份，但他还是会怀疑到怀远的。"白学才担心地提醒着。

贾明颇为放心地笑了笑："怀远这小子机灵得很！别看年纪不大，已经经历过好几次大的风险了。好在他如今又有了新的掩护身份喽！"

六、"无憾"很难

姬府老太爷姬秉礼去世之后，迟迟没有依礼下葬。

姬氏庄园前院厅堂前，设置了肃穆的灵堂。一副高大厚实的灵柩，停放在灵堂之中。

孝子姬崇仁在院门处送别拜谢前来吊唁的宾客。他身穿毛茬白孝衣，胸缠背结绞孝白布，头戴孝帽，脚穿白布鞋，腰系麻辫，一整套那个时代的周原标准孝服。

唁客中的梁掌柜和田账房，走出院门后，扭头回望灵堂处，低声发着议论。梁掌柜掐着手指头算日子，沉吟着说道："老太爷停灵待葬的日子，恐怕已经超过了礼数吧？也不知道姬老爷是咋想咋安排的。"田账房推测着说道："老太爷临走前，特意留下话，说是不要急着下葬，怕是要等什么人、等什么事发生吧？"两人嗟叹着离去。

返回灵堂前的崇仁，看着灵前父亲的遗像，忍不住悲伤地又跪在了灵前孝子的跪垫上。崇仁叩首抬头时，盯着供台上丧家的主供品上写着的抬头与落款。

抬头："先父姬公讳秉礼大人千古。"落款："不孝男长子崇仁、次子崇义、三子崇德。"

"取笔墨来！"崇仁看着落款处，抬手招呼一旁的家仆。

家仆送来笔墨后，崇仁自持毛笔，亲手在"三子崇德"之后，加添了"四子崇恕"四字。

姬老太爷所要等待的人，终于回来了。

"回来了！回来了！二老太爷回来了！"吕管家匆忙进院，一边连声报告着，一边指向门外。

姬秉忠风尘仆仆，肩挎手提着两个大包袱卷儿，脚步稍有不便地走进了院落。

崇仁抬头一看，急忙迎上前去。

姬秉忠一见灵柩，扔下身上的包袱，颤颤巍巍，一步一步走了过去，边走边悲呼着。

"哥、哥呀！兄弟我回来得晚了！哥呀！你怎么不等等我哩？"

"二叔！"崇仁悲痛地扶着姬秉忠，安抚着他激动的情绪。

吕管家特意说明："二老太爷，老太爷临走前，特意交代，暂且停灵不葬，就是为着要再见二老太爷一面呐！"

姬秉忠悲怆地扑在灵柩上，一只手拍打着棺木，泣不成声。

"哥呀！你是不是就在这儿等着我呐？"

随着姬秉忠低沉沙哑的声音，灵前忽然一阵风起。纸钱、烟灰、落叶纷纷扬扬地被吹起飘舞，好似冥冥之中老太爷在向二老太爷致意。

为了迎接二老太爷回府，伊人早早就在城里姬家大院做好了各种准备。如今临时决定搬家到了城外姬氏庄园，一时措手不及，只得就便将怀远的常住之屋暂作二老太爷的下榻之处。

"给二老太爷安顿的住房，也不知道合不合老人家的心意。"伊人心有不安，悄悄问着崇仁。

"我去看看。"崇仁说着，便前往探望。

二老太爷正在自己的临时住屋内收拾带来的行李。打开那个硕大的包袱卷儿，里面包裹着的主要是那套清朝一品官员的朝服，打开第二个包袱卷儿，依然是些衣服、书籍类的杂物。

"皇上赏赐的那些珍宝呢？"二老太爷一边自言自语，一边在两个包袱中来回翻找。仿佛突然想起，他猛然一顿足。"糟了！都在那只皮箱里，可皮箱丢到哪儿去了呢？火车上？周公庙？……"

二老太爷拍拍双手沾着的灰尘，不再翻寻查找。焦急、疑惑的神情，一下子又变成了懊恼、丧气的神情。

"唉！来——也不知怎么来的。去——也不知怎么去的。反与正，都是一样；有与无，皆是前缘。终局还是落了片白茫茫大地真干净呐！"长叹一口气后，姬府二老太爷神情渐趋释然。

"二叔，侄儿这会儿没有打扰到您吧？"崇仁轻步走进，看着屋内翻弄着的行李，略带拘谨地招呼着。

"没有，没有。崇仁，你坐，咱说说话。"二老太爷也略带客气地回应着。虽说是亲叔侄，毕竟是第一次见面，难免彼此还会感到陌生。

崇仁抬眼看看房间的陈设，诚恳地说明情况。

"早就知道二叔要回来，已经在城里姬家大院专门为您安置好了住房。现在因为我爹，……临时到了这城外庄园，起居家什一时可能配置不够周全。如有啥欠缺需要的，二叔您直接交代侄儿去办……"

姬秉忠摆摆手，急切地问起了别的话题。

同一个人，因时因事会有不同的身份和角色。刚才还是远离家乡的亲人姬府二老太爷，但他骨子里还是前清遗老姬秉忠。此刻，"忠臣"还在关注着"昏君"的动向。

"崇仁，你这儿能看到京城、省城的报纸吗？"

崇仁的回答当然是肯定的。"能啊！不过晚些天而已。不看报怎么会了解周原之外的世界呢？二叔要看报，明儿我就让人挑一些新近的报纸送过来。"

姬秉忠并不关心时政新闻。他只是暗中还怀着一丝希望，希望他的那个"皇上"能够迷途知返，在最后一刻悬崖勒马，不要陷入万劫不复的"卖国"罪恶泥淖之中。

"不，不！我不是要看报。我是想知道……天津的情况。离开皇……离开天津已经有一段时间喽。不知会不会有什么变化？"姬秉忠的眼中还残存着一点儿可怜的希冀之光。

崇仁理解姬秉忠的心思，直截了当地挑明了话题。

"二叔是关心前清宣统逊帝在天津的最新情况吧？京城的报纸中，倒是有一些关于他的报道，说宣统在天津的外国租界中很活跃。"

姬秉忠马上追问："有没有关于皇上和日本人打交道的消息？"

崇仁想了想，以抱歉的口吻说道："侄儿平时对那个宣统逊帝的情况不大关心，有些消息看过也就忘了。……对了，前些天的报纸上曾提到，有个叫土肥什么的日本人……"

"土肥原贤二！"姬秉忠马上接口说道。

崇仁点点头："对，对。就是这个名字。消息说这个日本人潜入天津与宣统密谈，宣统已打算移驾北上云云。"

"看来皇上是铁了心了。"姬秉忠悲怆地自言自语着，眼神中最后的一丝希望之光彻底黯淡下去。

姬秉忠本已生无所恋，只想着死无所憾，但"无憾"这个愿望显然也是无法实现了。本想着临终前回到家乡，能够最后见亲兄长一面，谁料想老太爷竟撒手人寰、先走一步，只见到了那副高大厚实的灵柩棺房。本想着将那批珍宝替"皇上"积德行善，为家乡办些善事好事，谁料半道儿节外生枝，竟然将其丢失不见了。除此之外，姬秉忠心里又有了两个新的遗憾。不知柳管家的此刻下落和未来生计，他心有所憾。未能当面向自己意外受伤时那位主动出手援救的善良"学生娃"表示谢意，他心有所憾。

"自古人生谁无憾。"姬秉忠喃喃地自我宽慰着，站起身来。他只剩下最后一件想要做的事了，就是再次看看自己自小生活的家园——城外的姬氏庄园和城里的姬家大院。

"崇仁呐，这儿也曾经是我的家，你能陪我在庄园四处看看吗？"二老太爷恳切地提出了希望。

崇仁陪着二老太爷在庄园里四处走动时，伊人和怀真守在灵堂。

"娘，我爷爷是不是被那些坏人气死的？"看着爷爷的遗像，怀真忍不住悲戚地发问。

伊人沉默了一会儿，慢慢说着："你爷爷说的最后一句话是：此因此果，彼因彼果，有因有果，非因非果。"

"娘，我不懂这是什么意思。"

"娘也不太懂。慢慢咱们都会懂的吧。"

怀真提出了要求："我能去看看二爷爷吗？我还一直没见到二爷爷呢！"

伊人摇摇头。她自己也很想去陪陪二老太爷，却不忍心前去打扰。

"你二爷爷离开这个家，已经好几十年了。刚回来，他肯定有很多的回忆、很多的感触，不想被打扰。再说，也许他还有事情要忙着与你爹商议。既然你二爷爷已经回家了，以后在一起的时间还长着哩！他一定会给你讲好多好多的故事的，他可是在京城见过大世面的人呐！"

怀真期待地点点头，又提出了新的问题。

"娘，我哥我姐怎么还不回来？他们知道爷爷的事了吗？"

"咳！娘也正为这着急上火呢！问了几遍，你爹都没有说清。你爹他心里难受，又忙得焦头烂额，娘也实在不忍心一个劲儿地追问给他添烦么！"伊人的焦急与担忧溢于言表。

七、少小离家老大回

行走在阔别数十载的老家故园，曾经熟悉的场所不时进入眼帘，诸多难忘的往事源源涌上心头。触景生情的二老太爷，不觉随口吟诵起此刻最能反映其心境的诗篇。"少小离家老大回，乡音无改鬓毛衰。儿童相见不相识，笑问客从何处来？"

崇仁十分理解二老太爷沉湎于回忆之中的心境，一路走来，随处停步，默默听着老人讲述的记忆片段。

在书房内。二老太爷指着屋里的几张书桌和板凳，感叹地说着："人生不相见，动如参与商。我和你爹已好几十年没有见过面了。小时候，我们兄弟俩就是在这儿一块儿读的书。挨先生的板子，也是抢着替对方挨啊！"

二老太爷的眼前浮现出当年的情景：两个学童在这间书房的书桌前各自

读书。手持书卷和戒尺的私塾先生，倒背双手在课桌间来回踱步。一个学童站立背书时，一时遗忘卡壳，急得抓头挠腮。另一坐着的学童偷偷以口型不出声地加以提示。教书先生发现后，示意坐着的学童站起伸出手掌，扬起戒尺准备责罚。背书卡壳的学童见状，急忙将自己的手掌抢先置于戒尺之下。先生高高举起戒尺，却轻轻落下击打。两名学童每人受到责罚一下，相互对视一笑，又在各自书桌前专心读起书来。

在庄园大门前。二老太爷指着门前石头拴马桩处的空地，讲述了一段往事。"当年我与你爹同榜考中了举人。父母喜极而泣，乡里传颂一时啊！可就在这儿，因送喜报的两支队伍各要争先而互不相让，还差点儿闹出笑话啊！"

二老太爷讲述着当时的情景：两支报送考试捷报的队伍，吹着唢呐敲着锣，从两个不同方向走来。两支队伍相遇在门前拴马桩处的空地，手捧喜报的人员几乎同时奔向庄园大门。二人争着率先进门，互不相让。"这是大公子的捷报，理应先行报送！""这封喜报的考中名次在前，当然应该先报！"就在相争不下之时，两个青年公子并肩走出院门，并肩深揖致谢，并肩接过了各自的喜报。两名争执的报喜人员相视一笑，彼此作揖致歉。两支队伍合力，锣鼓唢呐喜庆之声更加热闹。

前院厅堂内，正中供台上摆放着姬老太爷的遗像。"先父姬公讳秉礼大人千古"的挽幛下，依次写着：长子姬崇仁、次子姬崇义、三子姬崇德、四子姬崇恕。二老太爷看看兄长的遗像，又看看孝子们的名字，继续对崇仁发着感慨。

"回首当年的那些功名利禄，无非是过眼烟云啊！中举那年，你爹和我均未曾婚配。造化弄人，我是一辈子孤身一人呐！你爹哩，……昔别君未婚，儿女忽成行啊！"

二老太爷欣赏、欣慰、欣喜地看着崇仁，由衷发出感慨："你爹有子如此，足矣！"但紧接着他又垂首长叹："唉！崇德他……，不成器啊！同是一家人，共吃一锅饭，兄弟之间差别怎么就这么大呢？"

储藏棺木的"天径"小院内，二老太爷环视一圈院内储放的棺材，对崇仁指点着说起往事。

"我小时候到这里，看见棺材心里还有些害怕，不明白咱姬府早早弄这许多棺木干啥。后来明白了,这就是人死后在地下的住房么!古人曰:事死如生。咱姬府的先人们呐,一代又一代,为活着的人修建传承着城里的姬家大院和城外的姬氏庄园,也为一个又一个终将要死去的姬家成员提前安顿好了地下的住房。"

崇仁接口说起了先人们所建造的"地下住房"的一次特殊用场。

"国民军攻克凤翔城时,我爹还让他们从这儿抬走了七具棺木,用于盛放破城的炸药。"

二老太爷摇头哂然:"古往今来,棺材的这种特殊用场,恐怕唯此一例,不见于经传记载啊!"

走到一具高大厚实的棺木前,二老太爷停住了脚步,认真看了一番,甚至踮起脚尖,往棺内张望。他手扶着这具棺木,托付似的对崇仁说着:"这寿材和你爹用的那具一样的吧?就是它了!"

看着这处神秘而有些阴森的小院,二老太爷还有更多的童年记忆。"小时候,我和你爹玩捉迷藏时来过这里。你爹老实,躲藏的地方我总能找到。可我要藏起来,他就是几天几夜也找不到啊!"

听到此言,崇仁突然想起一事。

"二叔,我爹说过,小时玩捉迷藏时,二叔曾发现了祖上留下的一条密道……"

二老太爷记忆犹新:"有这事。多少年都过去了,恐怕除了我,再无第二人知道此事了。你怎么现在有了访古探险的兴趣了?"

崇仁坦然告知:"如今这乱世!我想利用这条密道,埋藏一些老祖先留下的青铜古物,保护国宝么!"

二老太爷点头赞许:"好!我这就带你去看那个密道入口。咱姬府是该为将来太平盛世的后人们保护留存一些先人古物!"

说着,二老太爷脸色黯淡起来,想起了另外的憾事。

"这次回周原,我带来一些皇宫内廷的稀世珍宝。本想委托你替皇上积一些善德、替家乡做一些好事,没想到也找不见了。唉!丢了就丢了吧!与我随行的管家,居然也被当成什么'共党分子'给抓走了!"

崇仁宽慰地说明:"二叔,您还没到家哩,岐山那边的朋友就传过话来。

有个柳大哥被误抓了，已说明是咱姬府的客人，办个手续，一半天就放人了。"

"这我就放心了。要不，又是一件死不瞑目之事啊！"二老太爷喘了一口气。

崇仁在二老太爷指点下，查找到了"天径"小院内那条通往城里姬家大院的密道入口。时已近暮，未及细究。

二老太爷连日奔波，回府后又四处探看旧地，思绪联翩，说话甚多，自然已是十分疲乏劳累。崇仁将他送回住房时，已是晚饭时分。

"二叔，晚饭就在家里将就吃些。过几天，再请您到城里……"崇仁客气地说着。

二老太爷似乎是只想一个人待在屋里的意思，摆摆手说道："叫下人送进来些简单的吃食就行，我就不出这屋了。屋里已有现成的笔墨纸张，……还要一把剪刀。"

崇仁答应着准备离去，二老太爷突然又将其叫住。

"崇仁，二叔我这次回来，恐怕会给你平添一些麻烦事。二叔在这儿先就谢过了！"二老太爷颇动感情地说着，双手一拱作揖行礼。

崇仁惊得赶紧单腿跪地避让："侄儿咋敢受叔父这礼么！不管为二叔办啥事，都是侄儿应当的本分么！"

二老太爷扶起崇仁，欣慰地说道："这趟周原我没有白回！看到你的行事为人，姬家有后、姬家有福、姬家有希望啊！"

"姬府二老太爷回府了，姬家会有新的希望的！"崇仁同样高兴地说道。

二老太爷扭头间，忽然看到墙上挂着的一张青年军官的照片，不禁随口问道："那是谁的画像呀？"

"照片上那是侄儿的长子，二叔您的侄孙怀远。二叔，您明天的日程咋安排呀？"崇仁关心地问着。

"明天？……明日隔山岳，世事两茫茫！明天的事，谁知道呢？"二老太爷的注意力从怀远照片处收回，眼光迷离地喃喃说着。

"那侄儿就明日再听二叔的交代。"崇仁告辞离去。

崇仁离去时，二老太爷尚在迷离状态。他忽然感到照片上的人似曾见过，便急忙秉烛趋近细看。

"是他！就是他！"二老太爷恍然大悟似的惊喜自语。

照片上怀远的英姿与微笑，一下子就让二老太爷想起了周公庙姜嫄殿殿阶下的那一幕，想起了那个善良可爱的"学生娃"。

二老太爷盯着照片，喃喃发着感慨。

"好娃呀！咋又是个军人哩？……是军人，同时又是一个好娃！是好娃，就一定也会是个好军人！……周原代代有英豪，姬家真是有希望啊！"

前清遗老姬秉忠忽然觉得，其实自己已无所憾。他蹒跚着向桌边走去。

"皇上呀！老臣真要跟你说再见喽！哥呀！我去寻你，咱俩一搭儿走！"

苍凉而衰老的自语声中，姬秉忠来到桌前，就着行将熄灭的烛光，提笔在摊开的信笺上颤颤巍巍写下了第一行字："七十之年，只欠一死……"

姬秉忠秉烛夜书、袒露自己心迹的时候，柳管家正独自一人在乡间陌道上星夜赶路。

也许是独身赶路无聊，也许是感到了重获自由，柳管家连续几个功夫跟头，瞬间窜行了老远。站定后，他得意地拍拍胸口，不无调侃地自语着："咱大清御前四品带刀侍卫，前朝余孽么！咋就成了'共党分子'？真是瞎了他们的狗眼！"

大约刚才用力过猛，柳管家似乎有些不适，皱眉咧嘴地揉着腰身，一副不得不服老的口吻："到底是老喽！不过，当年行军打仗，老子也没有一夜之间走过这么远的路啊！"

柳管家在夜空中仰头大声喊着，加快了步伐。

"老爷！二老太爷！等着！我来也！"

初冬的夜晚，周原大地苍凉静谧。

柳管家的喊声，传得很远很远。

第二十二章　家人家园家乡

一、绿林好汉

雄鸡破晓。太阳冉冉升起。

周原的村庄上方，炊烟袅袅。一如寻常平静的清晨。

这是姬府二老太爷姬秉忠时隔数十年再度回府后的第一个清晨。为了欢迎二老太爷回家，姬府当日的早餐吃食比平时丰盛了许多，就餐场所也显得更正式一些。

餐桌上，四套碗筷各据一边。崇仁、伊人、怀真已各坐一端，空着的主位座席显然是留给二老太爷的。

"二爷爷怎么还不来吃饭呢？昨天晚饭他也没来，到现在我还没见到二爷爷人哩！"怀真急切地盼着早些见到自己还从没见过面的二爷爷。

伊人十分体谅地解释着："你二爷爷昨天肯定累了，今天是要多休息一会儿的。"

崇仁点点头，面向伊人说着："二叔昨天就是累坏了。赶路不说，整个庄园又转了一圈，回想起好多的往事，又说了不少的话。……不过，有些话听着怪怪的。"

"人老了么，容易触景生情。你想，少小离家，老大返回，奔波千里，却晚到一步，唯一的兄长未能见上最后一面，心里别提多难怅了！"伊人理解地说着。

吕管家进屋报告。

"老爷，早饭不用等二老太爷了。天还没大亮，二老太爷就让派一辆马车送他进城。二老太爷一再交代，不让惊动老爷、太太。"

"进城？没说进城干啥去呀？"

"说是要去城里姬家大院再看一眼。"

伊人轻松一笑："也是思家心切呀！昨日在城外庄园看了一圈，今日又急着要去城里大院看看。以后有时间再缓缓去看，让崇仁陪着看，多好么！"

崇仁闻听了二老太爷的动向，知道不用再等，便一指餐桌，向伊人、怀真说道："好吧，那咱就不等了，抓紧吃吧，今儿事情还不少哩！"

三人正要开始进餐，一名家仆匆匆赶来禀报。

"老爷，大门外有客求见。"

伊人感到有些奇怪："吊唁的客人不会来这么早吧？"

家仆禀报："不像是前来吊唁的。"

崇仁起身，与家仆一道离去。

怀真拾起了刚才的话题："娘，我觉得不该让二爷爷一个人进城，应该带上我呀！二爷爷心情不好，我去了还可以给二爷爷做个伴么！"

"你二爷爷的伴儿来喽！"崇仁返回，接过了怀真的话头。

同崇仁一起走近餐桌旁的，是夜行一路、风尘仆仆的柳管家。崇仁给柳管家介绍了自己的家人，又对伊人说道："这位柳大哥，是咱二叔在天津十几年的……知己好友。"

彼此见礼寒暄之后，崇仁指着原为二老太爷预备的主座席位，邀请柳管家入席："柳大哥，正好赶上早饭，请！"

柳管家极力谦让，在崇仁的坚持下，最终只好落座。

柳管家显然早就饿了。开吃之后，三口两口，一个油饼下肚；呼噜呼噜，一碗豆花汤见了底。

伊人连忙起身，将更多的油饼和豆花汤挪至柳管家近前。

柳管家一边继续狼吞虎咽地吃着，一边不好意思地解释："吃相不好，见笑了！饿坏了，又赶了一夜的路。"

崇仁对伊人说明缘由。"柳大哥陪着咱二老太爷一路由天津赶来。刚上了周原，就在周公庙被当作'共党分子'给抓了起来。昨儿刚放出来，就急着来寻咱二老太爷了。"

伊人正要说话，却被怀真抢了先。

"柳伯伯，他们肯定是冤枉你了。你一点儿也不像'共党分子'！"

柳管家不禁一笑："共党分子有什么像不像的？你小小年纪，知道什么是共党分子吗？"

怀真摇摇头，认真地回答说："不知道。"

"你既然不知道，凭什么说我像不像哩？"柳管家逗弄小娃的口吻。

怀真天真地夸赞着："因为你像绿林好汉！"

众人皆笑。

柳管家一边笑着一边拱手致谢："承蒙夸赞！不过，要说我是共党分子，他们也不是凭空胡说。当时，他们要抓一个年轻的学生娃，我看不过，出手相救。那年轻娃是个这！"柳管家伸出大拇指摇晃着，接着说道："好娃呀！但他可真有可能是个共党分子哩！"

怀真听得入神，连忙追问："那你把那个学生娃救下了吗？"

柳管家露出得意的一笑："当然么！别看他们拿着枪，我一出手，就伤了他们三四个。那学生娃趁机就远走高飞喽！"

怀真兴奋得鼓起掌来，随后溜下凳子，跑到柳管家身边，扳起他的手掌看了看，认真地发表评论。

"我就说你像个绿林好汉嘛！"

众人再次笑了起来。

柳管家揉揉肚子，打着饱嗝，问起二老太爷的情况。

"这回真是吃饱了！哎？咋不见我家老爷，不，咱家二老太爷咋没来吃饭哩？"

崇仁并没觉得有什么奇怪，平静地说着："一早儿就没见人。一个人进城

621

去了,走前也没说干啥去咧。"

柳管家立刻警觉起来,马上追问。

"没说啥时候回来?"

一旁的吕管家插话回应。

"不知道么!早起送二老太爷进城的马车,一进城门,就给打发回来了,说是要一个人闲转哩。"

柳管家立刻继续追问:"这么说,二老太爷身边没有一个人陪着?"

吕管家点点头。

柳管家神色紧张起来,急忙又去问崇仁。

"县城附近有没有水?我是说河呀湖呀之类的。"

崇仁不解地回答:"有哇!有名的东湖么!"

柳管家一听就更加着急了,即刻站起身来。

"糟了!可能会出事!赶紧给我派辆马车!二老太爷说过:投敌不会,投毒不敢,唯有投水!我去东湖!你们去二老太爷住屋查看查看!"

众人不由得都紧张起来。柳管家跟着吕管家快步奔向庄园门外。

崇仁与伊人对视一眼,也快步向二老太爷住屋走去。

住屋内,收拾得整整齐齐。一套悬挂起来的清朝一品官员的朝服十分显眼。那个大包袱皮儿折叠着放在台面上。

书桌上,笔墨纸砚之旁,醒目地摆放着一封信函。信函处,还有一把引人注目的剪刀。

崇仁三步并作两步地走到书桌前,拿起信函。

信函上写着"崇仁贤侄台启"几个正规的楷书毛笔字。

崇仁连忙取出信封中的函件,急速阅看。

伊人担忧地注视着崇仁的神色变化。

崇仁的神情,由疑惑而惊讶而茫然而悲切地变化演进着。

"二老太爷!——"崇仁低沉悲切的呼喊。

二、剪断的发辫

东湖湖畔,一叶扁舟系于岸边。

东湖船夫冻得"嘶嘶呵呵"地更换着身上的湿衣。他刚刚从冰冷的湖水中，打捞出了一具投水老者的尸体。岸边围绕着不少旁观的人们。

围观人群闪出一条道来，柳管家满面悲怆，双手横抱着姬秉忠的遗体，一步一步由岸边走来。

姬秉忠的衣服浸透了水，一滴一滴尚在往下滴落着。头部的辫子已被剪断，灰白的齐耳短发凌乱地粘在脑部。两只胳膊一只无力地下垂着，另一只则握在胸前。胸前紧握的拳头中，紧紧攥着剪下来的那根灰白发辫。

柳管家自责地认为，自己晚到了一步。其实，即使早到了一步，也未必能扭转事情的必然结局。一个铁心赴死之人，自然有着其内心深处的抉择逻辑和达成意愿的无数机会。旁人很难理解，也很难阻止。

姬氏庄园大门内，本已重孝在身的崇仁、伊人、怀真及众家仆们，跪倒在门内道路两侧。

门外传来柳管家的喝道声。

"二老太爷回府喽！——"

柳管家满面悲怆，双手横抱着姬府二老太爷姬秉忠，一步一步由门外走了进来，穿过众人跪迎的行列。

"二老太爷！"众人一片哭喊声。

敞开的棺材里，二老太爷姬秉忠已经入殓。他的面色安详中带有几丝愁苦。全身朝服入棺，正是他特意从天津带来的那套簇新的仙鹤补服的五爪九蟒蟒袍。朝珠也正规地挂在胸前。但是，却没有顶戴。头上不伦不类地扣着一顶日常瓜皮帽。辫子剪断后的灰白短发尽皆显露出来。屈搭在胸前的手臂上，拳头紧握。握住的依然是那根已剪断的灰白毛辫。

姬府二老太爷、前清遗老姬秉忠就这样走了。他内心情感的悲凉与苦楚，人生道路的纠结与无奈，临终之际的决断与嘱托，都浓缩在了他短短的遗书之中。

崇仁当众宣读了这封遗书，人们仿佛听到了姬府二老太爷、前清遗老姬秉忠本人以苍凉悲怆的语调倾诉着自己的内心。

——七十之年，只欠一死。经此世变，义无再辱。遵君命，则大义无存；守大义，则臣节有亏。两难之择，惑矣！痛矣！唯有一死了之！生，能再踏

623

周原故土一步，余愿足矣！葬，能无离兄长亲人九尺，余愿足矣！朝服盛敛，谢前清之皇恩。顶戴去除，弃浮云之虚名。发辫剪落，与旧我之两断！呜乎！吾去也！心有所慰者，乃姬家有后耳！品须崇仁，志尚怀远。姬门有幸，周原有望矣！

崇仁宣读过遗书之后，俯身向棺内再次凝视着二老太爷的遗容，为其整理了一下胸前的朝珠和手中紧攥着的灰白毛辫。

伊人无言地递过了那块折叠整齐的包袱皮儿和剪刀。那包袱皮儿，包裹着只能用于下葬而再也不能用于上朝的朝服，由天津千里迢迢专意带到了周原。里面包裹的，其实是姬秉忠对既往的一种深深的留恋和不舍。那剪刀，姬秉忠用它在自己一生最后一个五更时分亲手剪断了脑后一直保留着的发辫。作为一种象征，"咔嚓"一剪下去，无疑体现了姬秉忠在这凌晨时分的某种醒悟和了断。

崇仁接过包袱皮儿和剪刀，庄重地将它们轻轻放入棺内。包袱皮儿和它曾经包裹过的朝服，剪刀和它所剪断的发辫，一同伴随着姬秉忠，静静躺在棺内。

巨大的"吱吱"声响中，棺盖缓缓合拢。

姬氏庄园前院庭院处，还是那座已然搭建好了的灵堂。灵柩停放处，两副一模一样的高大厚实的棺材并排停放在一起。高亢而悲切的起吊吹鼓乐声中，吊唁致祭的人群络绎不绝。

出殡的时刻到了。

随着"起——灵！"一声令下，鞭炮燃爆，哀乐骤起，送殡队伍起动出发。孝子崇仁执拂前行。两副灵柩前后起行。

送殡队伍刚刚走出姬氏庄园大门，上天开始飘落起硕大的雪花。送葬人员及围观的人们不约而同地惊异上望苍天。

苍茫的周原大地。飞舞的漫天雪花。

雪幕中，相随而行的两辆灵车，首尾相连的两副灵柩。送葬的队伍绵延不断，越来越长。沿途不少民众，自发地陆续加入了进来。

落葬时分，突然下起的大雪突然又停了，突然遮蔽的太阳突然又出现了。

雪后初晴，雾日艳阳。

山边姬氏家族墓园处，薄薄一层积雪。

两丘新起的坟墓，两座新立的石碑。姬府老太爷姬秉礼与他的兄弟姬府二老太爷姬秉忠前后相邻而葬，两墓相距不足九尺。

姬府的这场奇特葬礼，当然在周原引起了不小的轰动。人们就此有着种种的传说、纷纷的议论。

群贤居酒楼内，此刻即聚集了一群食客。他们关注的话题，就是姬府两位老太爷的葬礼。

有人站在酒楼内窗边，看着街道上已然不多的残雪痕迹，不觉脱口而出："今年周原的第一场雪，真有些奇怪！下得如此之早、如此之大！却又是下得如此突然、如此短暂呐！"

有人神秘解说："都说是姬府老太爷、二老太爷显灵了么！天上的日头，一直好好挂着。到了起灵出殡的时刻，灵柩刚一出大门，日头'哗'地一下眨眼就被遮蔽了，雪花'唰'地一下立马就飘下来咧！"

有人感慨而言："姬府的两位老太爷，当年同日中举，如今同时下葬。这真是咱周原罕见的奇人奇事啊！"

有人惊异不解："大老太爷一生讲究礼仪，死前却交代孝子不必按日子准时下葬，说要多停灵几日等待什么人哩！果然等来了几十年没见过面的亲兄弟，两人携手共赴地府。难道大老太爷能预知未来？能掐会算？真是神咧！"

有人尚有疑惑："要说神，二老太爷也够神的。前清皇上逊位都快二十年了，二老太爷始终留着项上的毛发长辫坚持不剪。投湖自尽前夜，却拿起剪刀自己动手，'咔嚓'一下！既已剪断，说明执念已然放下，可为什么临死还要将剪断的辫子紧紧攥着不放哩？"

有人由衷慨叹："唉！这正是二老太爷的心中之痛、心中之苦啊！他遗书的内容都听说了吧？长期留着长辫不剪，说明二老太爷不愿做'贰臣'，对前清皇上的忠诚始终痴心不改。眼下，在大义和臣节两难选择时，他却宁愿有亏臣节而不肯违背民族大义呀！"

有人恍然有悟："我明白了！发辫剪落，意味着他与那个投靠日本人的前清皇上分道扬镳、一刀两断！但他内心深处，仍在为有负皇恩、有损臣德而感到自责痛苦，所以才会投湖，以一死而谢之！也才会对那根剪断了的辫子依依不舍而不肯丢弃！"

众人嗟叹不已。

有人突然提出了新的问题："诸位注意到没有，两位老太爷出殡下葬的现场，咋没有见到姬府大少爷、大小姐的人哩？"

姬府大少爷和大小姐缺席两位老太爷的葬礼，引起了乡邻旁人的注意，当然更是姬府老爷和太太的心中之痛。

虽经多方打探，怀远和怀玉依然下落不明。种种不祥的猜测，时时咬啮着崇仁和伊人的心。好在时隔不久，他们就见到了儿子怀远，也得知了女儿怀玉的消息。

三、斯人独憔悴

姬府老太爷和二老太爷的葬礼结束后，崇仁及柳管家众人回到了姬氏庄园。

崇仁陪着柳管家来到二老太爷生前曾住过一夜的那间住屋。柳管家心欲在此凭吊一番。

居室内人去屋空。朝服、包袱皮儿、剪刀俱已不在，均被送往棺内随葬。唯有桌上的纸墨纸砚犹存。

柳管家默默看着空荡荡的房间，想象着二老太爷在此屋内活动的身影以及他最后一夜的心境。

柳管家眼中似乎浮现出那夜的情景：姬秉忠颠颠悠悠走到书桌前，捻亮了油灯，铺纸研墨。他凄然坐在桌前，面容苦楚之中透着淡然，持笔思索片刻之后，开始缓缓写下：七十之年，只欠一死……

柳管家揉揉眼，摇摇头，回到现实之中。想象中的二老太爷已然不见，眼前只有陪同他的崇仁。

崇仁遗憾的目光在屋内扫视，感慨而言。

"二老太爷在这间屋里也就只住了一个晚上……。说起来，二老太爷是我爹唯一的亲兄弟，我们是嫡亲的亲人。但几十年来，彼此之间只有书信来往，我对二叔还是不够了解啊！此次二老太爷返乡，虽然相处时间很短，但我心目中却有了二叔活生生的形象。"

柳管家深为感佩地说道："你的二叔，我的老爷，姬府的二老太爷，虽然他似乎不合时宜，一门心思只知效忠那个已经成为前朝的大清皇朝，但他不愧是条周原汉子！不肯背主求荣，不肯趋炎附势，不肯罔顾大义！"

柳管家说起了遗老姬秉忠在北京时的生活情景。清亡之后，俸禄中断，生活陷入拮据困顿之中，姬秉忠只能靠卖字为生。即使如此，他仍不为袁世凯的重金所惑，依然故我，坚守着自己的气节。可是后来，袁世凯企图复辟帝制，强迫人们签名请愿以伪造民意。"咱二老太爷一反常态，心里那个高兴哟！积极表态，强烈支持……"

崇仁甚为疑惑："当时在周原，也强迫着乡绅们在劝进请愿书签名哩。这本是一件坏事么，咱二老太爷咋会积极表态、强烈支持呢？"

柳管家苦笑了一下："嗨！误会了么！"

当时，姬秉忠误以为袁世凯"天良发现"要复辟旧朝，心里确实大大地高兴了一阵子。后得知这只是袁世凯本人企图"龙袍加身"的窃国梦，方对之深恶痛绝、痛斥怒骂。这件事情的结局，深深触动了姬秉忠心底残存的一点点奢望。他终于明白：袁世凯复辟帝制逆流而动，不得人心，是不可能实现的白日梦。同样，已经被历史潮流淹没了的大清皇朝企图复辟归政，也只能是逆流而动、不得人心的白日梦。从此，他绝不再做"皇上复辟"之梦，他只存"孤臣死节"之念。

柳管家又讲起了姬秉忠在天津度过的岁月。

"十多年前，咱二老太爷奉命去了天津。自那时起，我也奉命去做了他的管家。我这个管家，可不敢与贵府的吕管家相比。基本上没有啥家产、家当、家人、家务可管，就是和老爷做个伴儿而已。临离开北京前，那个紫禁城里的前清宣统皇上，倒是给了老爷，噢，也就是咱二老太爷一些恩典和不少赏赐。"

崇仁也记得此事，接口说着："当时，二叔曾在给我爹的信中，提说过此事。信中二叔对他的那位皇上可是说了不少感恩戴德的话哟！"

柳管家苦笑着摇摇头，神色与口吻中都难掩对他的老爷的同情和尊重。

"恩典？擢升一品顶戴，那不过只是个前朝的空头官号而已，既无职权，又无俸禄。内廷行走，就连那个宣统皇上自己，在紫禁城里也待不住了，被人撵了出来，又有什么内廷可言？赏赐？赏赐倒是真金白银，一批珍宝，但可惜并不是给咱二老太爷本人的。即便如此，咱二老太爷对皇上的恩典和赏赐，还真是感激涕零啊！"

到了天津之后，柳管家动用原在内廷做护卫的关系，终于弄到了一笔数量不多但相对稳定的生活补贴。对此，姬秉忠并不知情。他只是忠心耿耿地替"皇上"看守着那批珍宝，从未产生过要为自己的生活而变卖哪怕一两件珍宝的念头。

就在姬秉忠只住过一个晚上的房间里，柳管家滔滔不绝地回顾了他的老爷的诸多往事。此情此境下的回顾，往往不是为了回顾而回顾，而更大程度上是为了排遣而回顾。排遣骤失亲人后的恍惚不适，排遣触手可及的痛苦忆念。

从柳管家的回顾与介绍中，崇仁对二老太爷有了更多的了解。他想象着二老太爷在北京和天津时经历的心路，突然脑海中浮出几句唐人的诗作："出门搔白首，若负平生志。冠盖满京华，斯人独憔悴。孰云网恢恢，将老身反累。千秋万岁名，寂寞身后事。"

崇仁回想着二老太爷的遗书，不胜感慨地说道："一代人有一代人的活法。前人的所作所为和所思所想，不一定能得到后人完全的理解和赞同。不管世人或后人如何评价，我觉得，二老太爷骨子里始终流淌着周原的血啊！"

柳管家在二老太爷的遗物中，始终没有发现那只装有稀世珍宝的棕色皮箱，一时不好直言询问，此时便委婉地问道："二老太爷临终前的那天晚上，还交代过什么事情、留下其他什么话了吗？"

崇仁当然没见过、也不知道棕色皮箱之事。但他却想起了二老太爷对柳管家未来生计的关切之情。

"二老太爷说，他本带回来了一些珍宝，想替他的皇上积一些善德，替家乡父老做一些好事，还想帮助你开一家武馆。没承想半道儿给丢了，可能就是在周公庙的那场混乱中丢失的。二老太爷说，丢了就丢了吧，全当是已经积了善德、做了好事，但开武馆的事不能不管。我懂他的意思，柳大哥的事，就是我们姬府的事。不知柳大哥眼下有何具体打算？"

柳管家双眼迷茫："我自己现在也还不知道啊！"

崇仁宽慰地说道："不急！你就在府里住着，慢慢考虑。"

"我和二老太爷都是单身光杆儿，这十几年相依为命，彼此习惯了。突然一下，人就没了。唉！……"柳管家摇头叹息。

崇仁很想问问三弟崇德到天津后的情况，一直没有机会开口。二老太爷在天津时，来信本来就少，信中对崇德只字不提。返回周原后，二老太爷虽然在姬府待的时间很短，但同崇仁却说了不少的话，其中也是没有只言片语涉及崇德的具体情况。崇仁见柳管家似乎也没有主动谈起崇德的意思，只好自己开口发问。

"我三弟崇德他……，还好吧？"崇仁试探着向柳管家问道。

一提起崇德，柳管家顿时火冒三丈。他摇着头，气恨恨地说道："你那个兄弟崇德，真不是个东西！二老太爷被他磨缠和欺负得不成个样子！说句不好听的话，你就全当他已经死了吧！他真不像是你们姬家的人呐！"

崇仁一看话头不对，只得作罢，不好继续细问下去。

接下来的几天，柳管家虽然住在姬府，但天天早出晚归，天天都去二老太爷坟前磕头烧香，一去就是一整天。

崇仁理解柳管家此时心中的孤苦难受，特意对其交代："听说这几日你天天去坟园与二老太爷说话，出门要嫌乘马车不自在，也可以自己骑马前去，直接让吕管家安排就行。"

柳管家当然乐意接受这种安排。他喜欢一个人骑着马自由自在地去陪伴他的老爷。

四、马匹在原上追逐

在党组织的巧妙安排下，怀远顺利进入了杨将军的部队，任职骑兵营营长。有了这个身份的掩护，他可以在周原公开活动了。

自周公庙遇险之后，怀远隐蔽了一段时间，对姬府发生的事情一无所知。这天清晨，怀远如约和一位同志接头，接头地点是虚云观。接头之后，怀远获准回府探望家人。怀远已经很长时间没有回家了，他十分想念他的家人。

他知道，他的家人一定也在牵挂想念着他。

当身着军装的怀远和他的卫兵骑着马来到虚云观前时，正在道观门口的观主胡铁嘴好像感到生意来了，主动疾步迎上前去。

胡铁嘴在怀远身前身后上上下下打量了一番，一副故作惊叹的神态和口吻。

"哎呀！晨风劲起，旭日疾升！此时此地，恰逢此人！贫道人称胡铁嘴，擅长预测吉凶。这位小哥印堂有喜，不出三月，必升连长之职！小观的观音灵签，那是最灵不过的，可否进观一试？"

怀远与卫兵俱已下马。卫兵接过怀远手中的缰绳，听到胡铁嘴竟把自己的长官看低了，不由得勃然大怒，厉声呵斥道："放屁！这是我们营长大人！"

胡铁嘴尴尬不已，但又随机应变地瞅准了卫兵本人，马上改口说道："不！不！贫道说的不是这位官长，而是你呀！"

"真的吗？"卫兵闻言大喜。随即向怀远提出请求。"报告营长，我可否进观抽取一签？"

"去吧！抽完签后，请这位道长好好给你讲解讲解签文。别忘了留下香火钱噢！"怀远挥手示意。

卫兵急忙将马拴好后，随着胡铁嘴进入观内。

怀远清静一人，仔细观察了四周动静后，沉着地向观内接头地点走去。

接头人是二中新任党支部书记老贺。老贺身穿长袍大褂，一副乡村文人模样。他和怀远犹如观赏道观建筑的香客一般，指指点点议论着。其实他们所谈的，却是别的内容。

"老贺，情况你都知道了，今后就是咱俩单线联系了。你的公开身份是二中的教师，我的身份是国民革命军的骑兵营长——花钱买的，但货真价实。"怀远向老贺介绍了相关情况及今后一段时间的主要工作任务，并叮嘱其要注意自身安全。

老贺频频点头："我刚到周原不久，情况不熟，没人认识我，倒也相对安全。你土生土长，熟人太多，也是有利有弊啊！"

"有了这掩护的身份，我就可以在周原公开露面活动了。组织已经批准，同意我回家看看。我已经好长时间没和家里联系了，也不知我爹我娘我妹怎么样了？特别是我爷，前段时间听说病重……"

道观门外，卫兵大约是因为抽到了好签而兴奋异常。他手持签文，兴高采烈地反复仔细看着。

怀远由观内走出，假装很有兴趣地问道。

"怎么样？签抽得准不准？"

"准！真准！一定准！"卫兵笑着连连点头。

怀远逗趣地一笑："那怎么刚才把我的官职预测得越来越小了呢？"

卫兵连忙为胡铁嘴的失言不准而辩护："营长大人的面相少嫩得很，就像个年轻的学生娃么！难怪胡观主的铁嘴也说不准哩！"

怀远点头表示认可："我也觉得自己的面相太少，官威不足啊！不过，我已有准备。"

说着，怀远背转身装饰一番，又返转过身来。

"你看现在如何？"

怀远经过一番装饰之后，与前判若两人。脸上戴了一副圆框眼镜，上嘴唇处粘贴了假的胡须，一下子显得老成了许多。

"走！随我回府！"怀远兴奋地下令。

两人上马奔驰而去。

当日清晨，柳管家一如既往，骑着马，由姬府前往二老太爷墓地。途中却遇到一桩意外之事，使得抱打不平的柳管家耽搁了一段时间。

乡村土路上，四五个地痞流氓拦住了一个路过的少女，秽言调戏，动手动脚。少女东躲西躲，无法脱身。

骑马路过的柳管家见此情形，随即大喝一声。

"嗨！光天化日，你几个竟敢胡作非为，胆子不小哇！"

柳管家跳下马来，出手干预。流氓们放过少女，向柳管家围攻而来。少女趁机安全逃走。

众流氓恶言恶语，提棍子，捡石头，一窝蜂向柳管家逼近。赤手空拳的柳管家，身陷以一敌众的局面。

乘马而来的怀远和卫兵，远远看到了上述场景。

卫兵愤愤不平，摩拳擦掌地希望上前助阵。

"以多欺少，算什么英雄好汉？营长，咱们要不要上去助那人一臂之力？"

怀远勒住马，稍稍观察了一番，沉着地交代。

"沉住气！先看看再说，也许那位好汉就不需要我们的帮助。"

远处的打斗现场，柳管家沉着轻蔑地面对那四五个流氓，施展拳脚，很快就将其中的三四个人制伏在地。

众流氓受到惊吓，退缩着开始逃去。跑出一段距离后，流氓们才有胆量扭头发出威胁。

"有本事的不要走！我们叫官军去！"

柳管家无意追赶，只是轻蔑地一笑。

一位路过的农人，同情而赞佩地望着柳管家，好心地怯怯提醒。

"好汉不吃眼前亏，你还是快些走吧！你打的那人是官军连长的兄弟！官军驻地就在近处，说到立马就到咧！"

柳管家一听，自言自语地思忖着："周原乃礼仪之乡么！咋有这么多坏人哩！唉……还是少给姬府惹些麻烦吧！老子去也！"

柳管家翻身上马而去。

怀远和卫兵骑着马驻留原地，观看了打斗的过程。怀远边看边连声赞叹，卫兵也看得佩服不已。

"好！好身手！路见不平，拔刀相助，是条好汉！"怀远赞叹着，突然有似曾相识之感。仔细观察了一番，似乎得以确认："此人好像是……，对！就是他！"

怀远一挥手，卫兵随其一同纵马向柳管家前行的方向追赶而去。

乘马正常前行的柳管家，感到后边有人追赶，回头望去，只见两名官军服装之人正在后方纵马而来。

"这官军动作倒是快，说来就真来了！对不起，老子有事，恕不奉陪！"柳管家自言自语着，一抖缰绳，双腿一夹，口中发出了驱马的口令。

柳管家胯下的乘马加快速度，开始奔驰起来。

"别跑！别跑！我找你有事！"怀远看到柳管家驱驰而去，不免着急，一边喊着，一边加速追赶。

一匹马在前飞奔，两匹马在后追赶。

三匹马在原上奔驰追逐着。

后面的两匹马膘肥体壮，奔驰有力，不久就超越了前马并将其逼停。

柳管家眼看着跑不过对方，索性跳下马不跑了，懊恼地看着自己骑乘的这匹不争气的马。

追赶上来的怀远，喘着气跳下马来。他手指着柳管家所乘之马，不无调侃地说道。

"你那是农家拉车的马，我这是骑兵部队的战马，你咋能跑得过我么？"

柳管家不服气地看了一眼怀远的乘马，不悦地回应着。

"战马不去作战，平白无故在这儿撵我干啥哩？"

怀远先敬了一个潇洒的军礼，十分尊重的神态和口吻，客气地问道："请问这位大哥尊姓？"

柳管家不意对方如此彬彬有礼，不觉间也放缓了口气。

"在下姓柳，不是坏人！"

"我知道你不是坏人！行侠仗义的好汉么！"怀远的语气十分肯定，似乎对柳管家并不陌生。

柳管家气哼哼地问道："知道我是好人，为啥还要在后面撵着不放？"

怀远"嗤"地一笑，扬头反问："你既不是坏人，为啥还要在前面拼命逃窜？"

柳管家一时无语，但仍是一副气哼哼的模样。

五、说来话长

在柳管家路见不平、出手搭救无辜少女的打斗现场，怀远已经认准确定：此人就是自己在周公庙遇险时主动施救的那位善使飞镖的"侠客"。怀远事后一直很想找到这位"侠客"，当面表达感谢之意。怀远还想找到与"侠客"同行的那位脚部扭伤的老者，询问其脚伤是否疗愈。怀远急于找到他们，并不仅仅是为了感谢侠客、慰问老者，更重要的是有一件东西想要尽快归还他们。

可是，要找到这两位素不相识、只有一面之缘的人，谈何容易，踏破铁鞋无觅处啊！怀远没有想到，竟然能在路途中有此偶遇。良机岂容错过，于是纵马追赶，终将"拼命逃窜"的柳管家拦截成功。

"柳大哥，我找你，是有事哩！今天能在这儿遇到你，是天意！不然，人海茫茫，到哪儿去寻你呀！"怀远喘着粗气，开口解释。

柳管家一时困惑不解。

"你我素不相识，寻我能有啥事嘛？"

怀远略一沉吟，似乎明白过来，自己原是经过了一番化装。

一笑之后，怀远摘下了化装所用的眼镜和假胡须。

"柳大哥，你不认识我啦？……周公庙姜嫄殿后，你那几支神奇的飞镖……"

柳管家似乎认出但又不敢肯定，语气中颇多疑问。

"你……你不就是那个共党分子学生娃么！这才几天工夫，咋就成现在这……"

怀远急着将其问话打断，直接问道："现在没工夫说这些。那天你们是不是在周公庙丢失了什么东西？"

柳管家一想，猛然一惊，不敢相信似的反问一句："你是说……，一只棕色皮箱？"

怀远点点头。讲述了当时的情况。

怀远摆脱了士兵们的追赶之后，并没有跑远。他操心着其他同志的安全，并需要将刘文章是叛徒的消息及时转告组织。事定之后，他又返回了周公庙附近，隐藏在后山一棵大树的树杈上，居高临下地观察着周公庙姜嫄殿殿前发生的情况。他很想看到侠客与老者的平安无事。然而，他什么也没有看到。戴着手铐的柳管家，已被士兵们押解而去。挎着两个包袱卷儿的姬秉忠，也已跛着脚一步一步走到了庙外。怀远看到的只是：静悄悄空无一人的庙区，静悄悄遗落在甬道花丛中的那只棕色皮箱。

怀远向柳管家说明："当时，为着行动方便，我就趁着无人时机就近将那皮箱在山林中埋藏了起来。一直想着，咋样才能找到你们交还这物件呢？正发愁哩，好不容易撞见了你，你还想跑！差点儿就撵不上你喽！"

说者怀远轻松地说着。听者柳管家却是神情复杂地听着。

"那皮箱你打开看过了吗?"柳管家试探地问着。

"当然看过了。我想看看里面有没有查寻你们的线索嘛!"怀远坦然地答着。

"既然你已知道那是价值连城的珍宝,就没有想过把它给自己留下?"柳管家继续试探地问着。

"非己之物,岂可贪图!"怀远依旧坦然地答着。

终于找到了失主,怀远感到一阵轻松和释然。

"总算找到你了,可以完璧归赵了。"

柳管家想起了这些珍宝的直接关系人、前清遗老姬秉忠,不由得神情黯然:"它们……,也不是我的。非己之物,岂可贪图?"

"那是怎么回事?"怀远感到有些奇怪。

柳管家长叹一声:"唉!说来话长!"

柳管家心里忽然涌出一股很想与眼前这个"共党分子学生娃"倾心交谈的欲望,便摆出了一副准备长谈的架势,沉吟着说道:"说起那只皮箱里的物件,有一个很长很长的故事,真是说来话长啊!"

怀远抬头看看日头,回家心切,不免有些着急。

"既然说来话长,那就以后找机会再说吧。把你人找到了,就可以物归原主了。那东西暂且埋藏在山林中,也问题不大。"

柳管家似乎相见恨晚,不欲就此分手,心有不甘地问道:"怎么?小兄弟这就要走?"

怀远真诚地表示着歉意:"我今天有急事,不能再多耽搁了。这样吧,柳大哥,明天中午我在县城群贤居酒楼请你喝酒,感谢你那天出手搭救之恩!"

怀远与卫兵上马离去。

柳管家牵马站在原处,默默看着怀远远去的背影,满脸感慨、感动、感伤的神情。他的心里正在无声地告诉他的老爷、姬府二老太爷姬秉忠:"周原坏人不少,但好人更多!看看这娃,一笔本可顺手牵羊的意外之财,竟然毫无据为己有的私念!我的老爷、二老太爷呀,你总说世风日下,人心不古!可惜你没有亲眼看到这年轻的学生娃、这共党分子的高风亮节啊!"

柳管家乘马而去。他打算:一会儿到达墓地之后,要在二老太爷坟前禀

635

告丢失的珍宝重新找回的消息，还要陈说为他疗过脚伤的那位"共党分子学生娃"不图意外之财的高风亮节。

怀远与卫兵在原上纵马疾驰。

姬氏庄园远远在望。怀远的脸上洋溢着急切、期盼、喜悦的神情，情不自禁地呼喊着："快到家喽！"

到了庄园门外，怀远跳下马，将缰绳朝卫兵一扔，急不可耐地向园内快步走去。

刚进院门，怀远立即被园内的丧事痕迹所震惊。正紧张疑惑间，吕管家迎了过来。

"少爷回来啦？老爷、太太还不知道吧？"吕管家苦涩的神情中又有一丝惊喜。

怀远急切地追问："府里出什么事了？"

"老太爷过世升天，已经出殡下葬了。"吕管家悲切地告知了这个消息。

怀远立刻拔腿就向园内跑去。刚跑了几步，他又回转身来，向园外跑去。

"禀告我爹我娘，就说我先到墓地给爷爷磕头去了！"怀远一边跑，一边向吕管家喊着。

疾风吹拂的原上，怀远纵马疾驰。

纵马疾驰的怀远，脸上流淌着成行的泪水。

"爷爷！——孙子不孝啊！"怀远大声呼喊着，不停地挥鞭催马加速。

庄园内的人们，已经得知了怀远回府的消息。

崇仁急切地由屋内跑出，报信的吕管家紧随其后。

"怀远真的回来了？快给我备马！我去途中迎他！"崇仁大声交代。

伊人与怀真随后也由屋内跑出。

伊人急切说着："我也去！"

怀真也大声喊着："我也要去！"

"让她们坐马车在后跟着！我先去了！"崇仁率先跑了出去，边跑边向吕管家交代安顿。

怀远一到墓地，直扑姬老太爷墓前，趴在坟堆上号啕大哭。怀远自小受到爷爷的宠爱，爷孙俩的感情非比寻常。此时怀远心中的悲痛可想而知。他沉浸在悲痛之中，尽情宣泄着自己的疚责。由于情感思绪过于专注，姬老太爷坟墓之外的情景人物，都没能使怀远分神注意。

祭拜结束，泪痕犹存的怀远，依依不舍地凝望着姬老太爷的坟墓，转身走向自己的系马之处。

墓边的一棵树下，树干上系着拴马的缰绳。

怀远伸手欲去解缰。另有一只手主动伸来，解开缰绳，并将缰绳递给怀远。

怀远抬眼望去，递来缰绳的是柳管家。

"你怎么在这儿呢？"怀远一时感到惊愕和疑惑。

柳管家同情而有些歉意地说明了缘由。

"我早就在这儿了。我刚祭拜过我的老爷，也就是你的二爷爷。看见你来了，听着你的哭喊，才弄明白了你们之间的关系。刚才，看着你伤心难过的样子，不忍心过来打扰……"

怀远神色凄怆地诉说着自己的内疚之感："那是我爷！从小看着我长大的亲爷爷啊！病重——没回来。去世——不知道。下葬——不在场。孙儿真是不孝啊！"

几声怪异的鸟叫突然响起。

两人向墓地看去。

两只不知名的鸟儿腾空而起。

墓前供台上。尚在燃香的笔直烟柱，猛然抖动，变幻方向飘然而去。

刚刚燃烧过的纸钱的残灰被风吹起，忽忽悠悠地盘旋飞舞，好像听到了什么召唤。

六、好娃遇好汉

怀远在墓地哭祭过自己的爷爷姬府老太爷之后，遇见了同在墓地祭拜二老太爷的柳管家。从柳管家处，怀远才得知周公庙偶遇的那位老者竟是自己的二爷爷，也才听说了老太爷与二老太爷同日下葬前后的情景。于是，怀远又返回墓地，向自己的二爷爷补行了祭拜之礼。

离开墓地后，两人没有急于上马，而是倒背双手牵着马缰，一路并肩步行。

看着怀远悲痛而疚责的神情，柳管家以方才供台上燃香烟柱的变化为由头，说着宽慰的话。

"小兄弟呀！香烛之烟气，上通于天庭，下入于地府。看看刚才那烟气柱儿的变化，本是端端的直线上升着哩么，突然一下就像是被人给扭住了，拐着弯儿飘走咧。这就是说，你在墓前哭诉的一片心意，老太爷已经收到了，还在向你打招呼哩！"

对于柳管家的好意宽慰，怀远心存谢意。

"要真是这样就好了。爷爷临走前，一定还在为我操心担忧哩！但愿那烟气柱儿能为我们爷孙俩传传话。烟气柱儿的变化……。柳大哥，你懂得的还真不少哇！"

"哪里哪里！这都是从我的老爷，也就是你二爷爷那里学来的。十几年的管家，没有白当么！唉！二老太爷虽然见过你一面，你还为他揉过脚治过伤，但当时却素不相识。可惜他还不知道，这么一个好娃，这么一个了不起的共党分子，就是自己的亲侄孙呐！"柳管家感慨而言，不无遗憾之意。

怀远看着抱打不平、豪爽忠诚且武艺高强的柳管家，由衷地发出赞叹。

"在我这个'好娃'看来，柳大哥更是一条好汉！"

柳管家颇有点儿受宠若惊，一时兴起，提出了一条建议。

"承蒙小兄弟夸赞！既是好娃遇好汉，惺惺相惜，莫若咱就结缘拜为兄弟如何？"

怀远并不排斥地轻声一笑："义结金兰？绿林好汉这一套！"

柳管家大为惊奇："你小妹一见我，也说过这话——绿林好汉！"

"不过也没什么不可以。反正你是好人！来，击掌为誓，义结金兰！柳大哥！"怀远伸出手掌。

柳管家欣喜地伸出手来，痛快地与怀远连续击掌三下。

"好啊！从此我就有你这么一个好兄弟啦！……不行，有点问题。你爹称呼我为柳大哥，你也叫我柳大哥，这辈分怎么算呐？"柳管家兴奋之余，稍有疑惑。

怀远一怔，随之释然："称呼嘛，也就是个称呼，何必过于认真？柳大哥，你今后如何打算？"

柳管家沉吟着，不确定的口吻："我本想是开设一家武馆的……"

怀远突然灵机一动："柳大哥武功高强，不如到我的骑兵营来当武术教官如何？"

柳管家先是一喜，继而犹豫。

"跟着你老弟，我当然高兴还来不及哩！只是……我不想穿着你这号老虎皮，去欺压良善百姓、抓捕什么'共党分子'。"

"'好汉'！要相信我这个'好娃'是不会干这号事的！军服嘛……，会变的！"怀远拍拍自己身上的军装，充满信心地说着。

远处，崇仁骑马疾驰而来。

骑马疾驰的崇仁，挥手高喊着怀远的名字。

"爹？是我爹来了！"怀远惊喜地向前奔去。

崇仁跳下马，直扑而来。怀远跑步迎上前去。父子俩紧紧拥抱在一起。

柳管家感慨地看着父子俩见面的情景。

远处，一辆马车疾驰而来。

"怀远娃！——"伊人从马车中探出头来大声呼喊。

"哥——"怀真也从马车中伸出手来招呼着。

怀远已经很长时间没有回过家了。崇仁和伊人也是很长时间没有得到怀远、怀玉的确切消息了。这期间，怀远、怀玉们经受了许多许多的磨难和考验。周原和姬府也发生了许多许多的变故。他们有许多许多的话要说。

屋内，灯烛燃起。

崇仁、伊人和怀远挑灯长谈。

怀真躺在一旁的床铺上，似已睡着。

崇仁小声示意伊人。"去看看怀真娃睡着了没有，有些话还是不要让小娃听到为好。"

伊人走近怀真卧处，见怀真似已熟睡，便无声地向崇仁作了"睡着了"的口型。

侧卧的怀真，虽紧闭双眼假装睡着，但眼皮却动了几下。显然她也在偷听着这场谈话。

崇仁盯着怀远，回顾了当时的情况。

"国民党新军阀下黑手之后，一直联系不上你和怀玉，我和你娘都要着急死了。你爷还说，要是没有怀远这个姬家独苗男孙娃的确真消息，他是死不瞑目啊！多亏那天巧遇启民，他说你已安全转入军队工作，但对怀玉的情况却只字未提。"

怀远悲愤地说起了敌人的残暴行径。

"敌人举起了屠刀，残酷地杀害了我们多少同志！给爹传话的那位……，怎么会是巧遇？他是冒着生命危险专门来找爹的，就是为让老太爷知道他心里放不下的孙男还活着，让老太爷能够走得安心一些。"

"启民啊……"崇仁得知真相，感慨万端，百味杂陈地喃喃着。

"其实，当时他自己正强忍着内心的悲痛，因为他心爱的妻子刚刚被敌人在省城北关外残忍地活埋了！……"怀远哽咽着，一时无法继续说下去。

"贾校长的媳妇？……"伊人不禁心头一紧，微微颤抖起来，似乎不敢相信。

怀远喘过一口气来，轻轻说道："娘见过的。就是你们开玩笑，说是大嘴巴的那个姓白的女兵队长。"

伊人立刻想起了她去中山军事学校探望怀玉时的场景。

女兵宿舍里，众女兵围着探望怀玉的伊人。"大嘴巴"故作严肃地扮作媒人的口吻："怀玉她娘，就在这宿舍的女兵中，给你挑一个儿媳妇，咋相？"怀玉笑着说道："大嘴巴！嘴上也没个把门的！看把我娘给吓着了！"羊肉泡馍馆里娘仨单独吃饭时，伊人认真的口吻："真要是那个大嘴巴女子做我儿媳妇，怕是不大合适，年纪有些偏大……"怀玉笑弯了腰："娘！那是开玩笑哩！我哥还没有那个福气。那女子姓白，已经结过婚啦！人家那夫妻俩，郎才女貌，志同道合，恩爱得不得了！以后你就会知道的。"

想起自己说过的话，伊人感到很不好意思。她以抱歉、疚责的口吻解释着："我不知道她是……。我当时只是觉得白姑娘有点话多。"

"在自己亲人面前话多，但在敌人面前，为了掩护同志，也包括掩护我姬怀远，她是宁死也不吐一字啊！"怀远眼中闪着泪花，讲述了白姑娘被捕遇害的情景。

国民党新军阀发动四一二反革命政变之后,全国各地有无数共产党员、志士仁人惨遭杀害。白姑娘就是其中之一。敌人将白姑娘绑在老虎凳上,强逼着她说出"共党同伙"的下落。白姑娘紧闭嘴巴,咬紧牙关,宁死不肯出卖同志。凶恶士兵用铁钳捅进她的口中,企图强行撬开她的嘴巴。白姑娘张开嘴,连血带肉,愤怒地吐在凶恶士兵的脸上。省城北关城墙下,敌人挖掘了一个很大的土坑。白姑娘等八九个革命者,五花大绑,口塞破布,被凶恶士兵们残忍地推进土坑。一铲一铲的土,被扔进坑内。土坑渐渐填满,终于彻底填平。古老的城墙,悲凉的秋风。多少英烈忠魂,长眠于地下。

听着怀远的讲述,伊人沉浸在伤痛之中。崇仁则有着更多的内心体验。他义愤填膺,他悲痛难当。但他也从启民怀远们的坚忍奋斗和白姑娘的英勇献身中,看到了周原的希望和国家民族未来的希望。他觉得:人么!人生的理想目标就应当像关学大儒张载所说的那样——为天地立心,为生民立命,为往圣继绝学,为万世开太平。而启民怀远们的不懈奋斗和英勇牺牲,初心不也正是要为天下劳苦大众创立一个万世太平的好世道吗?在崇仁的心底,隐隐唤醒了一种萌动。他也想要加入启民怀远们的行列,或者力所能及地为"未来的希望"做些事情。

一波未平,一波又起。

怀远接下来的话语,更是揪紧了崇仁、伊人为人父母的心,也触痛了小小的怀真。

"和白姑娘同时被捕的,还有怀玉!"

七、"总有"的"一天"

怀玉下落不明已经很长时间了。崇仁虽然多次派人前往省城,终未能探知准确情况。在圆觉庵"缘"字照壁下"巧遇"贾明时,从他谈及怀玉时吞吞吐吐、不欲明言的举止,崇仁即隐隐约约有了一些不祥之感。崇仁不想把这种担忧告知当时重病中的老太爷,更不想告诉忧女心切的伊人。崇仁能够理解伊人与怀玉之间的那份特殊的母女情缘。

猛然听到怀玉被捕的消息，大大出乎了崇仁和伊人的意料。他们二人惊愕紧张地望着怀远，急切地等待着听到其后的消息。

躺在床上装睡的怀真，身体不由自主地颤抖了起来。

怀远讲述着怀玉被捕后的情景。

同被捕的其他同志一样，怀玉遭到了敌人的严刑拷打。牢房内，不足二十岁的怀玉被双手反绑，高高吊起。手持皮鞭的凶恶士兵，一下一下用力抽打着。遍体鳞伤的怀玉，坚贞不屈地怒目射向敌人。

仿佛亲眼看到了怀玉受苦受难的场景，伊人浑身哆嗦着，眼泪不由自主地"哗哗"流下。

崇仁心痛而愤怒地捏紧了拳头。

躺在床上的怀真，颤抖着无声抽泣，终于强忍不住，"哇"地一声哭了起来。

伊人擦擦自己的眼泪，向床边走去。

怀远抢先一步，把怀真抱了起来。

怀真搂着哥哥的脖子，索性放声大哭起来。

伊人从怀远怀中接过怀真，自己泪流满面，却伸手替怀真擦去泪水。

"怀真娃，好孩子，别哭！听你哥继续说。"

"幸运的是，关押怀玉的监狱中，有几位我们自己的同志。为了营救怀玉和其他被捕同志，组织上想了很多办法……"怀远讲述了营救怀玉的过程。

怀远率领几名士兵提着酒菜食盒来到监狱门外。守门卫兵会意地开门放行。怀远及所带的士兵与狱卒们大吃狂饮。在怀远的指挥下，士兵们将醉酒的狱卒们分别捆绑、塞上嘴巴，锁进牢房里。

夜半时分，怀远背着怀玉，另有七八名士兵各背一个负伤的被捕同志，由牢房中鱼贯而出。

监狱门外，一辆接应的军用卡车发动机已经启动，贾明指挥劫狱的人们迅速上了车。卡车扬长而去。

乡村路边，送行的怀远向怀玉挥手告别。

怀玉招着手，乘坐马车驰向远方。那是一辆运送酒篓的马车。驾马赶车的车夫，就是崇仁因卖酒而结缘的省城的杨老板。

杨老板后来活到了很大年纪，年近八十岁时无疾而终。他晚年生活的最大乐趣之一，就是夏夜坐在省城城墙根下的板凳上，摇着大蒲扇，美滋滋地抿上几口西凤酒，炫耀地回忆几十年前的往事。他不会忘记，当年他就是因"真假李逵"酒品之争而直奔周原，从而与顺昌酒坊的东家姬老爷相识结缘。他还会自豪地说起，一辈子最骄傲的事，就是驱车近千里地将一名越狱的坚贞年轻女共产党人由省城护送到了陕北。而这名年轻的女共产党人，恰恰是姬老爷的亲闺女。有好事者问道，不顾自身风险，驱车近千里地，救人原因何在？是被救者系"越狱的坚贞年轻女共产党人"，还是因其"恰恰是姬老爷的亲闺女"？耄耋老人杨老板略一思忖，诚实地回答：两个原因都有，但恐怕主要是后者。

怀远向父母讲述了营救怀玉的经过，并表达了对杨老板的深深谢意。"多亏了爹的那位朋友杨老板，亲自赶着马车掩护怀玉逃出了省城。不久前刚得到消息，怀玉安全转移到了陕北。临告别时，怀玉对我说的最后一句话说是：我想咱娘、咱爹、咱爷了！想我可爱的怀真妹妹了！想咱的家乡周原了！"

众人长久地沉默着。

"总有一天，怀玉姐姐会来找我们的，会回到周原来的！"怀真童真的话语，却是坚信的口吻。

这"总有"的"一天"，最终还是来了。但来得很晚很晚，晚到了几十年之后。当五星红旗在全国飘扬之后，怀玉本有机会可以早些从北京回到周原看看，但她没有。工作过于繁忙、不图衣锦还乡，都是理由。真正的原因则是她害怕回到家乡。早在延安"抗大"学习时，她就得到了令她心肝俱裂的消息。自小生活的家园姬家大院早已经被一场大火烧成了废墟。城外的姬氏庄园也已破产被分割变卖，既不属于"姬氏"，也不再是一个完整的"庄园"了。家里的亲人们生死下落不明，一直杳无音信。从此，一想起她娘、她爹和她小妹，一想起她和她哥从小在爷爷奶奶呵护下生活过的家园，她就会整夜整夜地流泪。后来，她曾托人前去周原探问。去人只带回了一把家乡的泥土。家园早成废墟，家人无影无踪。家园，没有了。亲人，没有了。除了一把泥土，周原家乡还有什么呢？她怎么敢去让她触景生情、痛断肝肠的既无家园又无亲人的家乡呢？直到很久之后的某一天，她在某次会议参会人员名单中偶然看到了作家姬怀真的名字。这才有了她后来的周原之行。

这些当然都是后来的故事。

当怀远说完怀玉的脱险经过后,众人长久地沉默着。

伊人则陷入了沉思。她想起了许多许多的往事。

幼年时的怀玉所说的那些话。"我想要长两只翅膀,飞到很远很远的地方去!""伊人姐姐,你长得真好看!就跟我娘一样漂亮。""娘,以后我什么事都可以找你吗?娘,以后你有什么事也可以找我!"这些话语仿佛又在伊人耳旁再次响起。

中山军事学院怀玉学习活动时的那些场景。怀玉在队列中严肃行走,在教室里认真听课,在操场小树林里引吭激情高歌。这些场景好像也在伊人眼前重新演过。

众人的沉默和伊人的沉思,被咴然传来的马匹嘶鸣声所打破。

怀远站起身,整整军容,规规矩矩地向崇仁、伊人行了一个标准的军礼,又向怀真行了一个潇洒的花式敬礼:"爹、娘,孩儿告辞了!小妹,再见!"

崇仁、伊人相继起身。

怀真起身动作更快,并直接跑到怀远身边,拉住了哥哥的衣角,抬头提出了请求。

"哥哥,我可以骑一下你的马吗?"

怀远拍拍妹妹的小脑袋:"快去吧!就在大门外。骑在马上可别害怕啊!"

"我不怕!我要像哥哥、姐姐一样勇敢!"怀真蹦跳着率先跑出屋去。

屋外。皓月当空,天还没有破晓。

崇仁、伊人与怀玉并肩向庄园外走去。

"爹,娘,不必送了。过几天我还会回来的。爹,到时候也许我们还有事要请您帮忙哩!"怀远说道。

崇仁爽快地答应:"没麻达!你们要干的事,都是有利于国家、有利于民众的好事!爹懂!"

庄园门外,卫兵一人手牵三匹马的缰绳正在等候。柳管家从其中一匹马的马背上将怀真抱了下来。

"娘,我骑过哥哥的战马了!"怀真高兴地向伊人跑了过来。

崇仁看着柳管家和卫兵手中牵着的三匹马，感到有些奇怪，不禁发问："柳大哥，你这是……"

柳管家爽朗开心地说明情况。"姬老爷、姬贤弟，我和你的这个好娃儿子结拜成兄弟了。从今以后，我就是他的带刀侍卫了！今日暂且将贵府的这匹马借过一用，等到了我们骑兵营地，再托人设法归还。到时我也不愁没有好马可骑喽！"

怀远补充说明："爹，柳大哥一身好武艺，为人行侠仗义，我已把他聘为我们骑兵营的武术教官了，今夜我们就一起走了。"

崇仁对怀远的"柳大哥"的称呼大为不满："柳大哥？你咋称呼哩？该叫……"

柳管家一副不容置疑的口吻："姬老爷，姬贤弟，这是我和他兄弟之间的事，你就不要干预了。"

一旁站着的怀真，冲着柳管家大声发问。

"那我该怎么称呼你呢？柳伯伯，柳大哥，都不对呀！"

柳管家略一停顿，接口回答："你还是按你的习惯，就叫我绿林好汉吧！"

怀真拍着手欢呼叫好。

众人皆笑。

怀远、柳管家跨上马后挥手告别。

三匹马在月色中奔驰而去。

第二十三章　自作孽不可活

一、地下暗道

　　周原的黄土层很厚。自古以来，周原的大户人家就有将财物埋藏在地下的习俗。不知多少代人之前，姬氏家族的当家人突发奇想，挖掘了一条连接城里姬家大院和城外姬氏庄园的秘密地下通道。老太爷姬秉礼在世时，曾将此事大略地告知了崇仁。直至二老太爷姬秉忠回府的那天下午，崇仁才问清了两头进出口的详情。

　　料理完老太爷和二老太爷的葬礼之后，崇仁抽出时间，准备亲自进入这条秘密通道一探究竟，以备后用。

　　这天晚上，崇仁在伊人的陪伴下，准备进城。

　　"老爷，马车已经备好。这么晚进城，是不是有什么急事？要不要我也一起……"吕管家关心地询问着。

　　崇仁摆摆手："我和太太要去城里大院处理一些事情，你就不必跟着去了。这些日子吕叔你也累坏了，歇息歇息吧。"

　　伊人叮嘱交代道："今夜我和老爷就在城里大院歇息了。明早怀真娃醒来后，劳烦吕叔哄着点儿，就说我们吃午饭前肯定就回来了。"

城里姬家大院的书房内，燃亮着微弱的烛光。

一身短打扮的崇仁，与伊人一起仔细观察着书房内一面整墙的连体书柜处的情况。

"二老太爷这次回来，我专意打问了有关秘密通道的情况。二老太爷说，城里大院的这头密道出入口，就在这书房的书柜处。"崇仁小声说着。

伊人颇为担忧："二老太爷还是小娃时进过这密道，都是五六十年前的事了。不知密道现时是个啥情况，还能有用吗？里面危险不危险？"

"所以我就想趁着今夜亲自踏勘一番，说不准啥时候这条密道就能派上用场哩！"崇仁边说边查看着。

经过一番查找，终于在二老太爷所说的部位找到了暗道机关。看似十分沉重、年代久远的书柜，在崇仁的操纵下，缓缓转动着，闪开了一条狭长的通道。通道尽头的下方，隐藏着一扇可开启的暗门。

崇仁搜寻到机关，暗门打开，底下露出了洞口。

"我进去了。时间可能会长些，要不你先去歇息一会儿再过来。"崇仁关心地叮嘱伊人。

"怎么可能？我就一直在这儿等着你！"伊人当然不放心崇仁在洞内可能会遇到的各种情况。

崇仁接过伊人递过的马灯，向洞口走去。

"等等！这是怀远给咱捎回的洋电棒，这下有用场了。"伊人又递给崇仁一个那个年代的手电筒。

崇仁试着用了用手电筒的开关按钮，走进洞去。

室内的伊人惊奇地看到，密道的暗门缓缓关闭，沉重的书柜缓缓自行转动着恢复了原位。

通过地下通道，由城里姬家大院到城外姬氏庄园的直线距离其实并不很远。

城外姬氏庄园的"天径"小院内。夜半时分，十分幽静。一个隐蔽角落里，遮掩的木板似乎被人由下方轻轻地挪动。木板慢慢被抽开，露出一个隐秘的洞口。

洞口内，有人试探地伸出半个脑袋，环视观察着四周的动静。

洞口外，空无一人的静寂庭院。几具空置的棺材垒放着。那人确认，此处正是姬氏庄园放置寿材的僻静小院"天径"，便由洞内钻了出来。

一身短打扮的崇仁从洞内钻出后，拍拍沾着灰土的双手，惊讶地看着出口处的情景，自言自语地感叹道："原来进出的洞口藏在这儿！暗道还真能通行！"

大致观察一番后，崇仁按原路返回。

遮掩的木板被已经进入洞内的崇仁由下方轻轻挪动。木板被复归原位。

幽静院落的隐蔽角落，一切如旧。好像什么事情也没有发生过。

城里姬家大院书房内，伊人疲惫而紧张地一直坐在椅上等候。

书柜处，三声轻微的弹叩声响传来。

伊人连忙起身，以同样的节奏，在书柜处回复了三声弹叩之响。

不一会儿，书柜如同前次操纵时一样，缓缓转动，闪开一条狭长的通道。通道尽头的地下，隐蔽的暗门慢慢打开。暗门打开，露出洞口。

崇仁手持马灯和手电筒，由暗道洞口走出。

伊人急趋至前，接过崇仁手中的马灯，并递上一碗茶水。

"哎呀！这么长时间！我都急得恨不能钻进洞里去寻你哩！"伊人手抚胸口，似乎后怕不已。

崇仁接过茶碗痛饮了几口，长喘了几口气之后，才兴致勃勃地说起暗道里的情形。

"这暗道说长真长，但其实也不算长。比从地面上走，要近得多哩！暗道直通咱城外庄园里的'天径'小院。我走了个来回，畅通无阻。"

伊人好奇地问道："里面黑得很吧？"

"有这就不怕，方便得很么！"崇仁指了指马灯和手电筒。

好似要为伊人演示一般，崇仁操控机关，将暗门及书柜俱复归原位。然后他大发了一通感慨。

"进出暗道的机关，从外从里都能操纵。暗道中有好多天然通气孔，至今都没有堵塞。还有一些可储放物品的密室。咱姬府当年的老先人们，为修建这暗道，下了多大的功夫啊！图的啥么！"

伊人也深有感触地说着:"你曾经告诉过我,咱城里的姬家大院和城外的姬氏庄园,都有好几百年的光景了。你想想,这期间,兵荒马乱,土匪盗贼,总要防着些么!你不是也想着找到这条暗道,把青铜古物藏起来,保护国宝么!"

崇仁却由此生发了更多的联想。

"是啊!青铜古物的确是国宝,当然应该保护。不过,近来我总是在想,国宝不仅是物更是人!咱古代贤君就有'以人为宝'的说法么!像启民、白姑娘这些人,包括咱怀远、怀玉,他们为了啥而不顾个人的生死安危?为了国家,为了民众!难道他们就不能称为国之瑰宝吗?"

伊人深有同感地说道:"我在省城时亲眼看到,他们那个组织叫啥……党!都是些热血方刚的年轻人么!特别是听了贾校长一番话后,我觉得心里更清楚了:国家的希望,周原的希望,就是在这些年轻娃们身上哩!"

"唉!这世道,总有人见不得光明,容不下好人!好人干好事,还要担着多大风险哩!咱也干不了啥了,但也不能袖手旁观!总该尽力保护这些为国为民的国之瑰宝,保护咱的好娃么!"崇仁说的是自己近来一些新的人生感悟。

伊人频频点头,表示赞同。但她好似突然想起了什么,急忙动手收拾着马灯、手电筒等物件,同时急切地催促着。

"咱赶紧收拾收拾回城外庄园。忙乎了一整个晚上!怀真娃发现爹、娘不见了,还不知急成啥样哩!"

回到城外庄园后,崇仁和伊人决定把暗道之事告诉吕管家,共同商议如何让这条暗道在保护国宝方面发挥更大的作用。

崇仁与伊人坐在客厅正座的太师椅上,好似正式接待客人的模样。

"老爷,找我有事?"吕管家匆匆走进。

"吕管家,吕叔,你先请坐。"崇仁指了指侧边的座椅。

吕管家却依然站着回话。

"老爷有啥事尽管交代,我站着回话习惯了,也是规矩么!"

伊人站起身,将吕管家拉到座椅边,强让着使其坐下:"吕叔,坐下慢慢谈。老爷有好些个事要和你商议哩!"

吕管家只得侧棱着半坐了下来。伊人也回到了自己的座位上。

崇仁缓缓问道:"吕叔,你做姬府的管家几十年了,府里储藏财物的一些隐秘地方大致都晓得吧?"

吕管家点点头说道:"咱周原的大户人家,谁家没有几个密室暗窖?西偏院我的住房里就有一个隐藏着的暗箱,里面储放着咱姬府的一些重要账簿和日常花销的银两。"

"那暗箱我知道。我们兄弟几个还是小娃的时候,老太爷就给我们交代过。当时,老太爷说,你们兄弟之间,不论将来谁当家,都要账目公开。亲兄弟,明算账么!唉,现在轮到我当家,可我跟谁去明算账哩?老二、老三……"崇仁说着说着伤感起来。

伊人理解地望着崇仁,小声加以提醒:"……今天不是谈账目的事。"

崇仁拉回思绪,继续谈起本次谈话的主题。

"吕叔,咱城外庄园和城里大院的一些房间里,还有几处密室。有的你可能知道,有的你可能还不知道。我今天要说的,不是这些。我要说的是一条暗道,一条可以联通城外庄园和城里大院的地下暗道!"

吕管家大吃一惊,仿佛感到不可思议。

"怎么可能会有这么一条暗道哩?"

"过去我也只是隐隐约约听到一星半点的传说,直到二老太爷回来的那天,才从他那里坐实了这件事。昨天夜里,我亲自在那暗道中探了个来回。"崇仁大致说明了情况。

吕管家惊讶地望着崇仁,一时说不出话来。

伊人恳切地说道:"吕叔,今天请你过来,就是想咱们一块商议商议,如何利用好这条老祖先留下的暗道,多办一些对今人有用的好事。"

"暗道的具体情况,哪天方便时,我引着吕叔悄悄去两头看看。现时除了咱们三人,还不敢让其他人知道这件事哩!"崇仁谨慎地叮嘱着。

吕管家为获得的信任而感动,但同时又有一些犹豫踌躇:"老爷和太太的信任,我心领了。只是……,这暗道,是姬家祖上不知从何时起留下的一个秘密。我一个外姓人,恐怕不便详细知晓啊!"

崇仁走了过去,拉住吕管家的手,诚恳地说道:"相处几十年了,多少风险磨难都在一起经历过了,咱们早就成了一家人了。特别是老太爷和二老太爷走后,在我姬崇仁心目中,吕叔就跟我亲叔一样的,是姬府目前健在的唯一长辈了。"

吕管家颇为动情,眼里泛起泪花。

二、墓园之夜

皓月当空。月色中的墓地。

崇德跟随着孟老板和曹拐子,一路由天津返回了周原。三人趁夜来到了山脚下的姬氏家族墓园。

曹拐子提心吊胆,胆怯地四处张望,走着走着不时还惊惧地猛然回头探看,好像生怕有鬼在后的样子。

"半夜三更的,往坟墓堆中乱跑啥么!也不怕冤鬼来索命讨债!"曹拐子不满地小声嘟囔着。

"闭上你的乌鸦嘴!白天人多,咱敢来吗?"孟老板不客气地小声训斥。

崇德一直畏缩在后。孟老板一把将其拉上前来,指着不远处的姬老太爷的墓碑,狞笑说道。

"你不是不敢见你家老太爷吗?他已经死了!告诉你你总不相信!今晚就是要让你自个儿亲眼看看,那墓碑上刻的坟主的尊姓大名,到底是不是他!"

崇德半信半疑,畏惧地向墓碑处走去。

月光照耀着墓碑。崇德走近墓碑,一眼看清了墓主的名讳,不由得跌坐在墓边。他心情极为复杂地自语着:"这是真的吗?……这是真的!"

好像突然想起了什么,崇德一翻身,又向墓碑处爬去,再次仔细端详着墓碑上所刻的文字。

月光下,墓碑孝子落款处的字迹十分清晰。

崇德看清了上面所刻的文字:"长子姬崇仁,次子姬崇义,三子姬崇德,四子姬崇恕。"

崇德的手在"三子姬崇德"落款处摸来摸去,神情有些意外,更有些激动。他喃喃自语着:"这儿还有我的名字!他还认我这个儿子!他……,他……。爹!"

心情极为复杂又有些激动的崇德,一边低声呼唤着爹,一边跪在墓前行叩首之礼,其间还夹杂着几声呜咽。

孟老板走近崇德,拍拍他的肩头,拉扯着他站起身来:"喂!喂!起来!起来!还真当起孝子来咧!忘了咱回周原是要干啥事的吗?"

三人聚坐在墓地僻静处。崇德情绪低落,垂首不语。曹拐子心神不宁,不安地四处张望。孟老板则在摇头皱眉地苦思冥想。

"有啥事就快些说,咱也好早些离开这阴森森的地界儿。瘆人得很么!"曹拐子眼神飘忽,心有余悸。

孟老板没有理睬曹拐子,而是将眼神直接盯住了沉默的崇德。

"这下你该相信你家老太爷已经真的死了吧?姬府再也没有你害怕的人了,你说说咋样才能从姬府弄出些钱来?"

崇德依然是情绪低落的状态。"老太爷不在了,二老太爷却回来了!你们不知道,那个御前四品带刀侍卫,真是心狠手辣呀!呃……,不对呀!老太爷旁边的那座新坟,又是谁的哩?"

崇德等三人走近那座墓前,查看墓碑所铭刻的墓主姓名。

看清楚之后,崇德不敢相信。"二老太爷回来没有几天么,咋也死了呢?……他的那包值钱的东西……"

"啥值钱东西?"孟老板与曹拐子不约而同地急着问道。

崇德似乎兴奋起来,眼中露出贪婪的神色,嘴里也喷出了唾沫星子:"二老太爷一辈子本无多少积蓄,但到天津时却得到了那个宣统赏赐的一批珍宝。真是皇宫中的稀世珍宝啊!每一件都价值连城呐!用一块明黄色绢帛包着,有那么一大包哩!说是赏赐,其实就是宣统在偷偷转移宫中的宝藏么!"

在天津时,崇德曾偷窥见到过那明黄色绢帛的小包袱卷儿。但前清遗老姬秉忠视"皇上"交存的物件如生命,藏匿甚为隐秘,崇德根本没有机会下手。姬秉忠离开天津后,崇德将那座小小四合院翻了个底朝天,未见那个明黄色绢帛包袱卷儿的影子。他相信,姬秉忠绝不会将这批珍宝放在天津,一定是带回了周原。

"现在二老太爷也死了,那批珍宝会去了哪里呢?"崇德看着眼前的坟墓,自言自语思忖着。

"会不会埋到那里面呢?"孟老板眼睛盯向二老太爷的坟墓,推测地问道。

曹拐子顿时来了兴趣:"要不咱挖挖试试?取土摸金嘛!"

崇德摇摇头,十分肯定地说道:"不要白费这个劲了!这两个的为人,都不会往棺坟里面放值钱物件的。现在东西肯定还在姬氏庄园里!"

三人继续聚坐在墓地僻静处,眼冒贪婪之光,做着发财梦。

"要是咱们仨能把这批宫廷珍宝弄到手,你们都想干点儿啥?"孟老板一副心痒难耐、急于得手的欲态,又好似探囊取物、已经得手的神情。

崇德大受诱惑而亢奋起来,一下子站起身,扳着手指头,诉说自己的理想。

"要是……哼!今日得手,我明日就返回天津!让那三个嫌我没钱、拔腿跑路的小娘们儿瞧瞧,老子又有钱了!老子更有钱了!我还不要这三个臭娘们儿了,再找三个更年轻更漂亮的!不!我一口气同时找六个!"

曹拐子可怜兮兮但又透着不满地盯着崇德。

"不能光管你自己吧?我们俩呢?我当年也有五个姨太太哩!"

崇德仿佛财富已经到手,大度而轻篾地一挥手,不屑地对曹拐子说道:"就你那点儿小肚鸡肠!都有!都有!你能想象出那些珍宝值多少钱吗?一辈子咋用也用不完么!咱三个都用不完么!"

孟老板忽然觉得,一笔巨额财富就近在眼前,触手可及。他也迅即起身,急不可耐地说道:"那还等啥?干么!克里马擦抓紧干么!那东西会藏在姬府什么地方?"

崇德略一思索,也下定了动手的决心。"藏在什么地方?应该就在二老太爷的住房里。他的宝贝,他随身不离么。我大哥,呸!姬府现在的那位老爷,肯定会安排二老太爷住在那套最好的客房里,他也不会去翻弄查看二老太爷的随身物品。刚办完丧事,遗物也许还顾不上清理。要干,咱就早下手,以免夜长梦多!"

孟老板抬头看了看熹微的天色,似乎为耽误了良机而深感遗憾。

"这会儿天就快亮了!弄啥都来不及了。咱赶紧就近找个地方躲一躲,免得被人认出来咧!咱仨都还算是周原名人么!等天一黑,咱就下手!"

653

曹拐子意味深长地瞅了崇德一眼，说起了十多年前的往事。

"附近的地形我熟，有一个合适的藏身地点。十多年前，我和你这个当年的姬府三少爷来过嘛！如今就算是旧地重游！"

崇德似乎也想起了往事，气恨恨地瞪了曹拐子一眼。

曹拐子却陷入了风光不再、英雄气短的心境之中。"唉！上一回咱人多势众，硬抢哩！这一回只能做个鸡鸣狗盗的梁上君子，暗偷吧！"

三、前度刘郎今又来

曹拐子所说的"合适的藏身地点"，就是指当年土匪抢劫姬府时曾潜伏过的那座废弃砖窑。

如今，崇德、孟老板、曹拐子三人又一次早早进入砖窑潜藏，在此等待着天黑之后的动手时机。

曹拐子对当年的事件记忆犹新。"当年的三少爷领着咱老爷岭的弟兄们抢劫姬府，白天就是在这儿藏身，直到晚间才开始动手的。看来我曹拐子与这砖窑还是有缘分的。"

孟老板那时候不是土匪，没有参加抢劫姬府的行动。但他从曹拐子的多次吹嘘中，早已了解了那次抢劫的全过程。此时，他强调地说着："现在的情况有所不同。当年你们人多，可以明火执仗，公开抢劫。此番咱们人少，只能窃取。所以动手时间还得更晚一些，等到夜深人静咱再行动。"

曹拐子似乎还沉浸在往事的回忆之中，颇有不解地向崇德发问。

"我说三少爷，噢，如今已经是三老爷了。你们姬府恁大个家业，咋也好像没有多少浮财？那一回咱上百个弟兄折腾了一晚上，如果不是撤退前你老太爷那一跺脚，跺出了些银圆大洋，真就是白忙活了。"

崇德一撇嘴，看不上眼的神态："土老财的做派么！姬府祖传的家规，财不外露，金银财宝就知道埋在地下。我在汉口、在天津，总算明白了一个道理，有钱就得花么！花了享受的钱，才是自己的。存下不花的钱，那都是别人的！"

孟老板仿佛想要追寻出些线索："经你老太爷之手埋藏的钱财，旁人谁能清楚呢?"

"恐怕只有那个吕管家了。老太爷在世时，最信任、最依赖的下人就是他。"崇德回答。

孟老板继续追问："这些事，老太爷连你们兄弟也瞒着?"

崇德一副气恼的口吻："咱是庶子么！啥都不知道。那个老大，老太爷不会不对他说的。"

"到底是嫡庶有别么！那个老大，表面上看对你这个老三还是不错的，心里还不知咋防范着你哩！兄弟之间呐，自古就说不清。"孟老板阴阳怪气地挑唆着。

孟老板的话，一下子勾起了崇德内心深处的积怨和嫉恨，好像有无限的感慨："兄弟？唉！一尺布，尚可缝；一斗粟，尚可舂。兄弟二人不能相容啊！"

曹拐子显然不知此语出处，未能听懂，一副丈二和尚摸不着头脑的神情，傻乎乎问道："你说的是啥嘛？布啊，粟的，啥意思吗？"

崇德轻蔑地看了曹拐子一眼，不耐烦地说着："告诉你，你也不懂！"

"告诉了，不就懂了吗？"曹拐子颇不服气。

孟老板拍拍曹拐子肩头："别不服气！你还真就不懂，没文化么！这是两千多年前的一首民谣，说的是汉代的一位皇帝与他兄弟之间的一段故事。"

"啥故事，讲一讲么！反正现在闲着也是闲着，夜里咱才忙活哩么！"

孟老板指指崇德，示意曹拐子现在不是讲故事的时候。

看着崇德情绪十分低落地呆坐在那里，曹拐子不满地撇撇嘴。

"咱可事先说好。我给你们画好草图，指明路线，说清地点，我自己不进庄园。毕竟曾经是自己的家么，还得顾个脸面！"崇德抬起头来，表明自己的态度。

曹拐子闻言嘲讽地一笑，随手将一块黑色蒙面巾扔给崇德，然后开口讥刺说道："你又不是第一回咧！还是个没有开过苞的黄花闺女？给！到时把这戴上！脸面？脸一蒙，也就不要脸咧！"

时隔十几年，崇德再度潜身于这处废弃了的砖窑之中。旧地重游，顿生百感。他的脑海中突然不伦不类地浮现出一句唐人诗作"前度刘郎今又来"。

"今又来",来干什么呢?还是领人抢劫自己的家。人呐,一旦干了坏事,就很难收手。

崇德等三人在庄园之外的废弃砖窑里躲藏的时候,崇仁与吕管家正在庄园忙活着。

崇仁引着吕管家再次进入暗道踏勘了一番。当他们走出"天径"小院的暗道出入口时,天色已近黄昏。崇仁回头看看吕管家身上沾染的泥土,很自然地俯身举手替他轻拂拍去。吕管家则谦恭地逊让着。

"老太爷生前曾对我说过,这处小院并不仅仅是个储放寿枋棺材的场所。"崇仁不由得想起了上次与老太爷踏看此处时的情景。

"就我所知,这院内的地下,埋藏了不少青铜古物哩。"吕管家也知道小院的一部分秘密。

"老太爷只知道暗道的出入口有可能就在这小院之内,但具体情况他并不知晓啊。"崇仁感慨地望着暮色中的这座小院。

崇仁与吕管家走进马棚。

"那儿曾经有一个糊满泥巴的马槽,不知你有没有印象?"崇仁手指马槽处,向吕管家发问。

吕管家摸不着头脑地想了想,似乎不敢肯定。

"好像有点儿印象。一个形状怪怪的马槽,后来又不知道到哪里去了。"

"其实那是一件很有研究价值、很有观赏价值、很有传承价值的国宝!按照老太爷的交代,我已经把它埋到了地下。"崇仁轻声说明。

吕管家慨叹道:"咱姬氏庄园的地下,还有城里的姬家大院也一样,不知道埋藏了多少不为人知的秘密呀!"

崇仁则开始说起了自己的另外一种担心。"咱是为了保护国宝,把一些珍贵的青铜古物埋到了地下。可这么多古物,咱都是分散埋藏着。万一知情人有个啥意外,太平盛世时的后人们咋能发现么!"

吕管家好像终于明白过来:"噢!原来老爷、太太说的如何利用好老祖先留下的这条暗道,就是想要更好地保护青铜古物么!"

"是啊。我想把咱分散的青铜古物都集中转移到暗道中来。一是为了保护得更加隐秘。二是为了万一出事时,可以两头转移。三也是为了给后人一个集中的交代。"崇仁说着自己的想法。

"好！这个想法好！"吕管家表示赞同。

崇仁的这个想法，最终未能实现。吕管家当天晚上就出了事。这条暗道后来又曾临时派上更重要的用场。时隔不久，整个姬家大院沦为一片废墟。姬氏庄园亦被零星分割而不复完整存在。随着当事人的消失和外部环境的变化，这条隐秘暗道的进口走向以及诸多青铜古物分散埋藏的具体地点，都成了后人只有略闻而不可详知的秘密了。

当崇仁说出将隐藏的青铜古物集中转移至暗道中的想法时，吕管家大表赞同，但同时也说明了自己的担忧之处。一些体型笨重的青铜器物转移至暗道的过程并非易事，搬运需要人力，但暗道的秘密又不应让更多的人知晓。如何是好呢？

崇仁当然也有同样的担忧："我也正为这犯愁哩！不急，吕叔不是明天要回家吗？等你探亲回府后，咱再商议具体转移的办法。"

吕管家的家，离姬府说远不远，说近不近。由于府务缠身，忠于职守的吕管家平时不常回家。近来，姬府大事不断，吕管家已经很长时间没有回家探望了。

念及此，崇仁感到十分抱歉。

"吕叔，最近府里事多，你一直都没顾上回自己家看看……，对不住你家里的人呐！"

说着，崇仁又有了其他的联想："人么！人生一世，草木一秋。外出的人呐，还是应当常回家看看！……唉！咱二老太爷离家几十年，总算回了家，可在府中就只住了一个晚上……"

吕管家看到崇仁忽然又为二老太爷之事而伤感，连忙劝慰着说道："老爷不必难过了。这人啥时候走，咋样走，都是个命么！老天爷管着哩！"

崇仁又回到了刚才的话题，关心地对吕管家交代："吕叔，明儿回了，就在家多住几日。"

"谢谢老爷！今晚上我还有些账目上的事要处理一下，明儿一早就回呀！家里老伴儿身子不畅快，也该回去看看啦！"吕管家不禁流露出对回家的期盼。

"我已交代咱药材庄的大夫去看过脉了。抓好的药和买的一些吃食,都搁在你住屋的桌上了。明儿走的时候,不要忘了拿上。另外,今晚你也不要忙到太晚。"崇仁关心地说道。

"让老爷费心了!"吕管家由衷地表示着谢意。

四、墓碑除名

夜间的庭院,清冷的月光。

三个黑衣蒙面人蹑手蹑脚地窜至姬氏庄园院内。崇德在前,轻车熟路地指点着路径。孟老板和曹拐子在后,紧紧跟随着崇德轻步潜行。

在一间客房门前,三人停下脚步。前后左右探望一番后,曹拐子伸手轻推屋门。屋门发出轻微的"吱哑"声响,被打开了一道缝隙。三人依次溜进屋内。

二老太爷回府后,并未在这间客房居住。即便是他曾住过一晚的那间屋内,也没有任何遗物留存。这些情况,崇德等三人当然不会知晓。他们进屋后看到的,只是间空无一物、久已没人居住过的空屋。

庭院内,吕管家一手提着灯笼,一手捂嘴打着哈欠,疲惫地准备回屋休息。刚才那声"吱哑"声响,引起了他的注意。抬头循声看去,发现了问题。

"奇怪!这屋门刚才看着还关得严严实实的,这会儿咋自己开开咧?"吕管家自语着走近屋门,举着灯笼查看。

屋门开着一道缝。吕管家伸出另一只手,准备去关闭屋门。突然,屋门内有人伸出手来,强行将毫无防备的吕管家拖进屋去。被打落丢弃在门外地下的灯笼,忽闪忽闪后熄灭了。

屋内光线虽暗,尚能辨物。

蒙面黑衣的曹拐子和孟老板将吕管家拖拽在地。同样是蒙面黑衣的崇德闪身避后。

"说!二老太爷从天津带回的东西在哪儿放着呢?"曹拐子恶狠狠地发问,说着用一把匕首顶住了吕管家的喉部。

吕管家疑惑地轮流看着三个蒙面黑衣人,渐渐冷静沉着下来,不屑地伸手将顶在自己喉部的那把匕首拨了开去。

"有啥话好好说,把这东西先给我拿开!"

曹拐子又重复了一遍自己刚才的问题:"二老太爷带回的东西在哪儿?"

"在棺材里放着哩!二老太爷带回的东西,都随着他一道入土为安了。"吕管家不慌不忙地说道。

曹拐子继续追问:"是不是有个小包袱?"

"包袱?包袱倒不小,里面包着的就是二老太爷下葬时穿的那一身官服么!连包袱皮儿都一并入了棺咧!还是老爷亲手把包袱皮放进去的。"吕管家依然沉稳地回答着。这些情况当时都是众目睽睽,没有什么可保密的。

曹拐子与孟老板失望地对视一眼,似乎相信了吕管家的话。曹拐子懊恼地松开了揪拽吕管家的手。

"你们是谁?想要干啥哩?"吕管家趁机站起身来。

曹拐子索性伸出一只巴掌:"大爷们既然进了姬府,就不能白来一趟!交出姬府的钱财!交钱免灾吧!"

吕管家自有一套搪塞的说词:"姬府的钱财,从不搁在明处。咱只是一个下人,咋能知道主家的秘密呢?"

一直闪身避后的崇德,将曹拐子拉过一边悄声耳语。吕管家怀疑的目光,射向了这个蒙面黑衣人。

曹拐子再次上前,蛮横地揪拽着吕管家的前胸处,凶恶地发出威胁。

"你不老实!西偏院南边第二间屋,是你吕大管家的住屋吧?靠墙的大柜中有一个暗箱,里面放着姬府日常备用的银票,少说也有好几千大洋吧?走!领着大爷去取!"

没有内贼,不可能知道如此详细的情况。吕管家确认和愤怒的目光盯向蒙面黑衣的崇德,并向其走去。

崇德不由得倒退几步,慌乱中撞倒了笔筒架。吕管家上前一把扯下了其蒙面的黑巾。惊慌而凶残的崇德露出了真容。

"你!三……,你就不是个人!"吕管家气愤而鄙视地斥责着。

露出真容的崇德,又惊又怕,恼羞成怒,四处一打量,随手将撞倒在地的厚实的乌木笔筒捡握在手。

659

吕管家轻蔑地毫不畏惧地盯着崇德。崇德挥起手中的笔筒，狠狠向吕管家头部砸去。吕管家手捂头部，鲜血不断渗出，随即仄身倒地。

慌乱中，崇德扔掉手中握着的笔筒，不顾一切地向屋处跑去。孟老板与曹拐子亦随之逃窜。

天亮之后。本打算踏上返家行程的吕管家，哪儿也去不了了。他头缠绷带，气息奄奄地躺在床上。屋内桌上，还放着崇仁特意为其准备的探亲物品。

忧心忡忡的伊人劝说着，将满面泪痕的怀真领出屋去。屋内只剩了崇仁和病床上的吕管家。

崇仁坐在床沿，握着吕管家的手，心里十分悲痛。

"是谁干的？如此凶残！"崇仁忍不住内心的愤怒。

吕管家躺在床上，一动不动。但他的手指在轻轻蠕动着，慢慢地伸出了三根手指。

崇仁惊疑地望着吕管家的神色和伸出的那三根手指。

"三……三……"吕管家上气不接下气地挣扎着吐出不连贯的字音。

"三！你是说三老爷？是老三崇德干的?"崇仁惊疑地问道。

吕管家确认地、肯定地轻轻点点头。

崇仁一下子站起身来，愤怒地说道："他！又是他！他……，他真不是个人！"

崇仁的眼前，闪现出既往的一系列场景。

……

父亲姬秉礼哆嗦着双手，陷入极度悲愤的情绪之中。"姬府咋就出了这么一个东西！出生难产，克死生母；年少轻狂，气走家兄；成人无行，竟然领着土匪，抢劫亲爹，还险乎出卖嫡亲侄儿！你们说，这还是个人吗?！"

父亲姬秉礼将随手找到的扫帚猛地砸向崇德的脑袋。"滚！姬家没有你这个畜生！今天晚上就滚出去！"

母亲孔氏厌恶地将眼光扭向一旁，不愿正眼瞧崇德一眼。"你不要叫我娘，我也没有你这样没人伦、没人性的娃！"

柳管家提起崇德就气愤难抑。"你那个兄弟崇德，真不是个东西！二老太爷被他磨缠和欺负得不成个样子！说句不好听的话，你就全当他已经死了吧！

他真不像是你们姬家的人呐!"

……

病床上,吕管家躺着一动不动,全然没有了呼吸。

伊人、怀真及众家仆丫鬟们哭泣着围在吕管家的遗体之旁。

"拿斧头、凿子来!"崇仁难抑心头的悲愤。

在征得其家人的同意后,吕管家被安葬在了姬氏家族墓园离姬老太爷姬秉礼之墓不远的地方。崇仁亲执孝子之礼,为一辈子勤恳忠诚服侍姬府的吕管家吕叔举办了隆重的葬礼。

在吕管家葬礼当天,崇仁跪在姬府老太爷姬秉礼的墓碑前,举起手中的斧头和凿子,一下一下在墓碑上凿着。

墓碑上四位孝子的名字处,"三子姬崇德"几个字被崇仁亲手凿去。墓碑上,只留下了一处空白的痕迹。

五、签运上上大吉

崇德与孟老板、曹拐子合伙夜盗姬氏庄园没有得手,受到惊吓,慌不择路逃窜而去。

凌晨时分,他们逃至一处围墙外。又累又饿的三人,背靠围墙坐在地下休息,有如丧家之犬般狼狈不堪。

"真是日暮途穷、走投无路啊!"孟老板丧气地悲叹着三人目前的处境。

崇德犹如惊弓之鸟,想起姬府就害怕。"我要走!赶紧走!就是死,我也不想死在周原、不想死在姬府跟前。"

"不管走到哪儿,总得要些盘缠路费吧?咱没有么!"曹拐子无奈地说着,沮丧地站起身,向另处走去。

曹拐子行至围墙拐角处小解。提裤收拾间,抬头远远一望围墙的院门,大有惊异之感。他快步趋前扫了一眼,扭头就向崇德和孟老板处跑来。

"天无绝人之路!你们看,咱跑到啥地方咧?"曹拐子大惊小怪地将崇德和孟老板引到围墙的院门处。

围墙之内正是"虚云观"。

曹拐子手指院门上方的牌匾"虚云观",兴致勃勃地说道:"咱本是信马由缰、慌不择路么!老天爷却把咱专意引到这儿来咧!"

崇德和孟老板疑惑地看着曹拐子,一时不明白,"虚云观"与"天无绝人之路"之间有什么关系。

曹拐子对虚云观及其观主胡铁嘴记忆犹新。

"这里的胡观主号称铁嘴,骗了我不少钱。咱正好找他要回些路费么!"

天色微明。曹拐子"咚咚咚"地敲响了虚云观的观门。

胡铁嘴被敲门声惊醒,只道是天色微明即有送上门的生意,心头大喜,起身披袍,开门迎客。

一见三位来客,胡铁嘴喜形于色,主动迎上前去,热情打着招呼。

"三位施主拂晓来访,可是来小观抽签的?要说小观的观音灵签,不是贫道夸口,那真是再灵不过的!"

"灵个锤子!你不认识老子啦?"曹拐子恶狠狠地张了口。

胡铁嘴一脸惊愕:"贫道每日都要接待上百位签客哩,哪能个个都记住哇?"

胡铁嘴说的倒不是假话。骗子骗的人太多,确实不可能将被骗之人个个记住。何况他更不会想到,眼前这个状如乞丐的落魄寒酸之人,竟会是当时那个出手阔绰的威风凛凛的"曹将军"呀!

被骗之人则会对骗子和受骗经过没齿不忘。

曹拐子上前揪住胡铁嘴的道袍前襟处,大声呵斥:"你把老子骗惨了!今天要你这个铁嘴钢牙把骗我的钱吐出来!"

胡铁嘴好像想起了一些往事,不免感到心虚,灵机一动,使出了新的脱身之策。

"施主息怒!若是过往所抽灵签不准,今日贫道为你免费重抽一签,再测天机,如何?"

曹拐子还想发火,孟老板拉拉其衣襟制止。凤翔城攻防战前,曹拐子专程来此抽签之事,是由苟师爷一手操弄的。孟老板并不知道其中的受骗详情,他还对此时的签运抱有希冀。

"让他再给咱们抽一签,如若不准,一并找他算账。"孟老板对于"重抽一签、再测天机"颇为动心。

曹拐子松开了紧揪胡铁嘴的手。

"抽签欲问何事？"胡铁嘴抖抖道袍，重新神气起来。

孟老板急不可耐地立即发问："我等三人，日暮途穷，欲知出路何在？"

曹拐子愤愤不平地算着旧账："上次抽签问卦，你说我命中金被土掩，出路在于取土摸金，还说天机不可泄露。这次我倒要问问，天机究竟是啥？"

众人来到签台前。胡铁嘴摇动签筒，伴为闭目，口中念念有词。曹拐子紧张地看着签筒，同时监视着胡铁嘴的一举一动。崇德与孟老板则大感兴趣地挤上前来围观。

签筒摇动。一支竹签渐渐被晃至筒沿，眼看就要蹦出。

曹拐子突然伸出一只手掌，将那支行将跳出的竹签重新按下塞回签筒。然后，他一把从胡铁嘴手中掠过签筒，不信任地瞪其一眼。

"慢！让我自己来！"曹拐子虔诚地摇动签筒，同时闭目祈祷着。

一支竹签终于被摇出，翻出签筒掉落地下。

曹拐子急忙俯身捡拾起来，急忙凝神辨识签文。

竹签上的文字："第九十一签，三战吕布，上上大吉。"

曹拐子看过签文，大惊失色，似乎不敢相信地将竹签举交众人观看。

"你们看！怪不怪？抽到的居然还是这第九十一签，上上大吉！跟上回一模一样么！"

胡铁嘴似乎自己也对此次的签运深信不疑。他看着签文，额手称庆。"此乃天意！天助我也！"

"什么天意？老天爷咋说哩？"曹拐子不解而急切地问道。

"三位现如今可是囊中羞涩、走投无路？"胡铁嘴大咧咧地直接发问。

孟老板垂头丧气地直言相告："岂止是囊中羞涩？羞涩毕竟还有些遮羞之物，咱现在是浑身精光、一丝不挂、钱袋彻底空空的了！"

"三位现如今可是盼着天降横财哩？"胡铁嘴再问。

崇德急不可耐地抢着说道："我做梦都在想着，突然有一座金山银山出现在面前。有了这多的钱，干啥不成！有了钱，首先我就要离开这鬼地方！"

"三位现如今可是真有取土摸金的决心和胆量？"胡铁嘴又问。

曹拐子一挥手，生怕别人瞧不起似的神态和口吻："说啥哩？也不看看咱是谁！土，咱早都取过多少回咧！金，咱也确实摸到了不少。只是取到手的宝物，都被别人给截和了！现如今，再多取几次土，多摸一些金，还有啥不敢的哩？"

"既如此，就不瞒各位了。取土摸金，贫道不仅早有此意，而且也早有目标、早有准备。只是一直在静候其时、等待帮手而已！"胡铁嘴抛出了诱饵。

曹拐子不信任地盯着胡铁嘴，讥讽地说道："哼！早有此意、早有目标、早有准备？那你还不早就下手了？还会等到今天！"

胡铁嘴不慌不忙地摆摆手，一副诚恳而言的模样。"施主有所不知。此事非一人能为，须得四人合力方能成功。魏公曹操总要和刘、关、张联手才能打败吕布么！如今贫道能得三位好汉相帮，岂不如签文所言：凡有施为总称怀，凡事通泰大吉也！"

孟老板曾干过不少掘坟挖墓盗取文物之事，还担任过曹拐子手下的"摸金团副"，故对"取土摸金"的勾当颇为内行。听到胡铁嘴大言不惭地说道"早有目标"，不禁觉得有所怀疑，于是便开口问道："你有目标，目标是啥？"

"离小观不远，周原上的汉王陵！"胡铁嘴举手指向观外。

一听"汉王陵"，孟老板顿时泄了气。他瞧不起地瞟了胡铁嘴一眼，以内行的口吻说道："啥铁嘴么！我看你就是满嘴都是外行的胡说！陕西的黄土埋皇上，但汉唐皇陵大多在咸阳原和东府么！在咱周原，秦公陵墓多得很，就是你在地面上找不着。西周的青铜古物，倒也是挖不完。可要说汉代王陵，在周原上就没有听说过么！"

孟老板所言，大致没错。汉代诸皇陵，没有一座在周原。周原一带地域，汉代属于中央直辖的京畿三辅右扶风之地。既无分封的诸侯王存在，又何来的"王陵"呢？

胡铁嘴并未被孟老板之言所动，只是摇着头叹息："非也，非也！那是你孤陋寡闻！"

六、周原上的汉王陵

为了证明周原确有一座汉代王陵，胡铁嘴准备讲一段历史故事。但开口讲故事的却是崇德。这故事崇德很熟悉。因为他自小就多次听父亲姬秉礼讲过。

……

话说汉文帝在位时，其同父异母的兄弟淮南王刘长骄纵不法，其罪当诛。朝廷公议时，多数大臣的意见是判处死刑。汉文帝不忍心处死自己的兄弟，就罢免了他的王位，将其流放到蜀地。流放途中，刘长使小性子，坐在押送的刑车里，拒不进食。后来，汉文帝决定对其赦免。传达赦免诏令的使者，从皇城长安出发，一路追赶，半道儿撵上刑车时，才发现刘长已经在车内绝食而死了。刘长死后，时有"一尺布，尚可缝；一斗粟，尚可舂。兄弟二人不能相容"的民谣，说的就是这段皇家兄弟失和的故事。

……

曹拐子听故事听得津津有味，但对这故事与他们"取土摸金"的计划有何关联，却是稀里糊涂。孟老板也是一脸茫然，疑惑地看着崇德。

胡铁嘴显然对之略知一二，此时便卖弄地说了起来。

"汉文帝派出的使者在半道儿撵上了刑车。这'半道儿'在哪儿，就在咱周原么！那个淮南王刘长，流放途中死在了周原，也葬在了咱周原么！"

孟老板看着崇德，开始对这个故事深信不疑了。"这故事一定是听你家老太爷说的吧？只要是姬老太爷说的，就一定是真的。他懂哩！看来咱周原是真有一座汉王陵喽！"

胡铁嘴接着说道："那个淮南王刘长死在周原，汉文帝下令就地厚葬。皇帝逼死了自己的亲兄弟，还是绝食饿死的，传出去不好听么！咋办哩？厚葬么！多多赏赐金银财宝，统统随葬王陵地宫，让他这位饿死的兄弟到地下去过富足的生活么！"

曹拐子顿显贪婪神色，垂涎三尺地说道："王陵……，又是厚葬！里面的珍宝一定少不了！但不知这取土摸金的难度大不大呀？"

胡铁嘴遥指远处可以望见的一座不大的土丘，兴奋地说道："早有目标！那儿就是咱的目标——汉王陵！"

胡铁嘴又引着崇德等三人去查看了自己所准备的绳索、吊篮、马灯等物品，一副成竹在胸的得意口吻："早有准备！墓道已经摸清打通，就等着咱摸金出货咧！"

当日夜间，胡铁嘴一行四人悄悄来到了荒野之中的那座土丘旁。离土丘不远处，有一块大圆石头。胡铁嘴让众人将所携带的绳索、吊篮等物放在大圆石旁，并燃亮了两盏马灯。

曹拐子发愁地看着那座土丘，连连摇头说着丧气的话："取土？要把这大坟上的土都取了，咋可能么？"

胡铁嘴瞧不起地将曹拐子扒拉到一边，举手招呼孟老板过来。两人吃力地推挪开了那块大圆石头。

一个不大的盗洞洞口显露出来。

崇德就近往下一看，不由倒退了半步。

孟老板拣起一块小石头扔进洞去，听着声响以判断洞的深度。

按照胡铁嘴的安排，四人将两根绳索的各自一端分别固定在了大石头上。胡铁嘴抓住其中一根，用力拽了拽，以检验其捆绑的牢靠程度。崇德、孟老板、曹拐子三人傻愣愣地站在一旁，尚不知如何是好。

胡铁嘴却好似驾轻就熟地将绳索的另端捆在自己腰间，然后提起了一盏已燃亮着的马灯，走向洞口，并开口交代："我先下去了。接到信号，你们就用力把我拉上来。"

当夜皓月悬空，月色皎洁。月光照耀下的盗洞洞口，好似披上了一层神秘的色彩。

胡铁嘴进入洞内后，迟迟不见动静。崇德等三人颇有些心急地围着洞口往下探望。

洞口石头处系牢的绳索垂直落入洞中，一动不动。忽然，洞内的绳索似乎有人在牵动，几声微弱的呼喊也从洞里传了上来。

孟老板和曹拐子合力向上一把一把提拽着绳索，终于将胡铁嘴由洞里拉了出来。

"墓里东西多不多？摸金的油水大不大？"曹拐子急不可耐地向胡铁嘴追问。

胡铁嘴先后从怀中掏出一面铜镜，几枚玉璧，随后整理了一番自己的衣怀，喘着粗气，眼中冒光。

"不少，不少！东西多得很！得两个人下去弄哩！"

崇德好奇地问道："下面是个啥情况？"

胡铁嘴指着洞口说道："这个盗洞本是前人企图摸金时所挖，挖到二丈深就以为没指望而废止了。后来贫道发现后，继续挖了不到一尺，就连通墓道了。墓门不知多少年前就被人打开咧，方便着哩！咱就抓紧弄吧！"

说话间，孟老板不信任地看着胡铁嘴，直接伸手在其怀中一阵掏摸。

胡铁嘴极力躲闪着，但最终还是被孟老板摸出了两三块汉代金饼。

孟老板就着月光，仔细观察了金饼一番，如获至宝，兴奋地说着自己的发现。

"噢呀！这是汉代皇室的马蹄金么！值钱得很哟！"

曹拐子闻言，立即横眼瞪着胡铁嘴，发出责问。

"这么值钱的宝物，你竟然私藏起来，是想一个人独吞咧？"

胡铁嘴心虚地辩解着："还没有来得及掏出来么！再说下面还多着哩！咱人人都有份！"

"我下去看看！"曹拐子看着金饼，眼红心热，拉过绳索就打算往自己身上捆绑。

胡铁嘴连忙说明："这活儿得四个人合力干哩！两个人下去拣拾东西，两个人在上面负责起吊。"

孟老板想了一想，眼光在其余三人身上轮流扫了几个来回，犹豫着说道："咱咋分工哩？谁在上面，谁下去哩？"

胡铁嘴连忙说道："都是自家兄弟，甭争甭抢。咱听天由命。扔麻钱，字面朝上的，就留在上面。"

说着，胡铁嘴从怀中掏出一枚铜钱，朝空中一抛。落地后的铜钱，字面朝上。

胡铁嘴似乎很失望，喃喃地发着抱怨："真想再下去一趟开开眼，天不从

667

愿呐！"

孟老板看着胡铁嘴的神态，阴笑了一下，抢先拾起地上的铜钱，轻轻往上一抛。铜钱落地，还是字面朝上。

"妈的！我的运气真不好！没福进入王陵了！"孟老板一副遗憾而无奈的神情，失望地说着。

曹拐子见状，大为兴奋，连忙招呼崇德。

"老天爷把他俩留在了上面，咱俩就不用再去扔麻钱了。命里该着咱要去土里摸金喽！"

曹拐子急忙开始在自己腰间捆绑绳索。

崇德有些畏惧胆怯，又有些跃跃欲试，也开始慢吞吞地在腰间拴系绳索。

"先把值钱的运上来，其他的看时间，能弄多少算多少。"孟老板切切地叮咛着。

清冷的月光下，一阵寒风吹过。

曹拐子和崇德不禁打了一个寒战，朝洞口走去。二人顺着绳索，先后进入洞内。

同样的清冷月光，同样是一阵寒风吹过。距离汉王陵盗墓现场不过几十里路的姬氏庄园里，柿子树下的石凳上坐着孤独的崇仁。

初冬时节的柿子树，叶已落尽，犹有不多几个残留的干瘪红柿，依然悬挂枝头。

伊人默默走来，默默将手中拿来的衣物披在了崇仁肩头，然后默默坐在了崇仁身边。

崇仁的心绪显然十分低落，沉默了许久，才勉强抬起头来，开口问道："吕叔家中的情况……"

"吕叔家我已去过几次了，该安排的我都做了安排。"伊人轻声说道。

崇仁略觉宽慰地点点头，又陷入了沉默。

伊人关切地看着崇仁，主动提起话头："他们三更半夜，跑到咱庄园无人居住的客房里，瞎翻腾什么呢？"

"二老太爷从天津带回了一些宫廷的珍宝，半道儿遗失了。他们大概就是冲着这批珍宝来的吧。"

"钱财啊,真是害人哩!为了贪图钱财,他们什么坏事都敢干,都能干得出来!"伊人感慨而言。

"钱财当然是个诱惑,但关键在人的自处么!君子不取不义之财,古人早已说了多少年了!有的人……,唉!我用凿子把姬府所有墓碑上的姬崇德几个字全给凿了。他不配做姬家的后人,也不配他名字中的那个'德'字!"崇仁心情复杂地说着。

伊人表示理解地点点头:"咱爹咱娘在世时,对他都已经有了明确的态度。不是咱们把他逐出家门,而是他自己……"

崇仁站起身来,望着清冷的月色,缓缓说道。

"自作孽,不可活啊!他是不会有什么好下场的。当年,老太爷曾对我们兄弟讲过一个汉王陵的故事,还特别告诫他不要走那个骄纵不法的淮南王刘长的路。可如今的他呢?恐怕连刘长也不如啊!"

月光照耀下的庭院甬道,崇仁与伊人并肩而行。

伊人驻足举头望明月,发着感慨。

"明月几时有?天下人共此月光。共此月光的天下人,所走的路却各各不同啊!"

"是啊!就像今夜这皎洁的月光,有人在月光下乘兴作诗,也会有人在月光下乘机做贼!这就是大千世界的人生百态呀!"崇仁颇有同感。

姬崇德的最终下场,他的亲哥姬崇仁及姬家后人都不知晓。就是在这个姬崇仁说着"自作孽不可活"的月明之夜,姬崇德走完了自己人生的最后一步。临终之际,姬崇德似乎有所悔悟。他感到了金钱之无用和亲情之可贵。他也想起了"自作孽不可活"这句话。可惜他的悔悟太迟了。

七、到手的马蹄金饼

月光下的盗墓勾当还在继续进行。

月光照耀下的盗洞洞口处,光线十分明亮。

孟老板和胡铁嘴卖力地一把一把倒替着往上拽提着绳索。绳索的另一端,系着一只竹篮。竹篮被提出洞口,里面装满了盗运上来的古物。

洞口旁边，已堆积了不少玉璧、玉圭、铜镜以及少量的金器和漆器。

盗洞洞底处，马灯燃亮着。

盗洞已连接墓道，进入墓道就可以直通墓室。

曹拐子在洞底处往竹篮里放置所盗的物品。他将一些金器挑选出来搁置一旁，另将一些陶器放入篮内。

竹篮由下往上慢慢被吊起而去。

崇德不解地看着被搁置一旁的金器，扭头询问曹拐子："不是说先把值钱的运上去吗？"

曹拐子面露不信任的神色，头朝洞口上方一扬："值钱的，最后再上。省得让他们动了私藏的念头。"

洞口上方。孟老板与胡铁嘴费力地往上提拽绳索。绳索扎系的竹篮被拉出洞口。篮内装的都是陶器。

"下面再没有值钱的物件了吗？"孟老板翻看着竹篮内的陶器，向胡铁嘴发问。

"大概也就这些油水了。墓门早早被打开了，咱的摸金先人们可能已经光顾过多少回咧！"胡铁嘴说着坐了下来，掏出那枚铜钱在手上翻弄把玩着。

孟老板似乎累得瘫坐在地上，眼睛痴呆呆地望着那堆盗运上来的文物。

胡铁嘴一边盯着那一堆"战利品"，一边观察着孟老板的反应，试探地说道："今晚摸金的战果，说多不多，说少不少。要是分成四份哩，每份就不算太多。可要是只分成两份哩，那就真不算少哇！"

"你是什么意思？"孟老板佯作不解。

胡铁嘴手中抛接着那枚铜钱，诱惑着说道："咱听天由命，扔麻钱！如若字面朝上，就是老天爷眷顾咱俩，让咱俩拿着这些宝物走人。里面那两位嘛，就让他们和两千年前的淮南王做伴儿去吧！"

孟老板一把抢接过了那枚铜钱，佯笑着说道："我要是连扔三下，次次都是字面朝上，你是不是也到下面去和他们做伴呢？"

胡铁嘴大惊失色。

孟老板把手中的铜钱翻看了一番。那是一枚正反两面都是字面的骗人所用的铜钱。

"你玩的这套把戏，骗得了别人还能骗得了我！你打定主意自己不下去，不就是为了……"孟老板揭穿了胡铁嘴早已打好的小算盘。

"贫道佩服！你既已识破这麻钱的秘密，却不曾对那二人明言，说明你我心同此想！此事天知地知，你知我知，再无人知！来吧！"胡铁嘴说着，站起身来。

孟老板仿佛下定决心做决断的样子，将那枚铜钱又扔给胡铁嘴。然后以阴冷的目光盯着胡铁嘴，微微点头，示意自己接受了他的提议。

胡铁嘴迅即将捆绑在石头上固定的绳索解开，毫不犹豫地扔进了洞里。

"来吧！"胡铁嘴向孟老板招招手。

坐在地上的孟老板爬起身来，似乎心有不忍的模样。

"来吧！都到这时候了，就不要再装猫哭耗子咧！"胡铁嘴催促着。

孟老板似乎极不情愿地随胡铁嘴一起去推动那块大圆石头。

石头已近洞口时，孟老板突然停了下来，扭头对胡铁嘴说道："你让我再跟他们说几句话，问问下面还有啥值钱东西没有。"

胡铁嘴与孟老板一起，围着洞口往下观看。

洞底处传来的漫骂之声，可以隐约听到。

孟老板后退半步闪避，似不忍再听下面的绝望呼喊之声。

"不要喊了！人各有命，认命吧！明年今日，贫道为你们多烧些香！"胡铁嘴在洞口边缘处，探头向洞内张望着，同时大声向洞内发话。

就在胡铁嘴喊话时，孟老板趁其不备从身后将他推进洞口之中。胡铁嘴的哀号声从洞里传了上来。

清冷的月光下，洞口外只有孟老板一个人了。他面露阴险凶残的笑容，看着洞口旁边的那一堆"战利品"，得意地自语着："就这些宝物，分成两份，真不算少。可要是只有我独一份哩？岂不是更多！"

孟老板没有丝毫的犹豫与疲态，精神抖擞而又决绝地向大圆石头处走去，拼尽全力地推动着。大圆石头一点一点向洞口处滚动挪去。

洞底处，崇德与曹拐子扒着洞壁向上张望。摔在洞底、趴在地下的胡铁嘴也仰头向上张望。洞口处，尚有一线光亮泄入洞内。三人眼睁睁看着洞口的最后一线光亮被彻底遮暗。黑暗的洞底，只有马灯微弱的光亮。

洞口上方，已被那块大圆石头严严实实地塞死。丝毫看不出，其下方竟会有一个通往墓道的盗洞。

冷瑟寒风中，似有绝望的声音从地下很远很远的地方微弱传来。清冷月光下，可以远远看到孟老板身负重物的潜逃背影。

洞底处。马灯尚有微弱的光亮。

微弱的光亮中，已经喊哑了嗓子的曹拐子不甘心地企图沿洞壁向上攀爬，几次尝试均告失败，终于绝望地瘫坐在洞底。

微弱的光亮中，跌落洞底的胡铁嘴摔伤了腿，爬在洞底呻吟。曹拐子随手抓起了一个汉代陶罐砸向胡铁嘴，并骂出了他人生中的最后一句话："他妈的！都是上了你的当！你这个臭妖道，明年今日看谁给你烧香哩！"胡铁嘴挣扎着从怀中掏出那枚正反两面完全相同的铜钱，好似还想说出什么话，但一个字也没能吐得出来，头就歪倒向了一方。

微弱的光亮中，崇德蜷靠着洞壁而坐，两眼呆滞无神。他的身旁，放着一小堆的汉代金饼。

呆滞的崇德忽然眼前一亮，仿佛弥留中想象到了另外的场景。

……

阳光明媚的周公庙内，父亲姬秉礼满脸庄重而期待的神情，指着阳光照耀下的周公大殿及旁侧的召公殿，对着自己的孩子们勉励有加："娃呀！你们要向周公、召公兄弟一样，走正道，办大事，做好人！"

阳光下，兄长姬崇仁殷切的目光和激励的神情："咱兄弟虽不敢与周公和其他老先人相攀比，但只要同心协力，也一定能为周原办成一些大事好事！人么！人行有脚印，鸟过有落毛。一辈子咱不能白活，总要留下一些足以为后人所称道的痕迹吧！"

阳光下，父亲姬秉礼遥指远处的一座不大的土丘，语重心长地说着："崇德娃呀！还记得汉王陵的故事吧？那个淮南王刘长骄纵不法，自作孽不可活啊！兄长是皇上，也救不下他，也不该救哇！你可万万不敢走上他的这条路啊！"

……

盗洞里的黑暗，与想象中阳光明媚的世界形成了强烈的反差。盗洞底部，只有一盏忽闪忽闪、似欲熄灭的马灯。

两眼呆滞、靠坐洞壁的崇德侧头看去。曹拐子状极痛苦地僵卧在洞底。胡铁嘴无声无息地爬卧着一动不动，他的嘴还张开着，好像一句话还没能说出就咽了气。

崇德忽然感觉到冷了，一股从心底涌起的寒意。他想起母亲孔氏带病连夜为他加工缝制的棉袍，那件被他毫不在意扔进江边垃圾堆的棉袍。他打着冷战，哆嗦了一下，有气无力地自语着："走了他的路，进了他的墓！天意呐！爹！哥！……娘！"

崇德看了看将熄的马灯，又看了看身边的一堆金饼。这堆金饼确实价值不菲，可现在又有什么用呢？

崇德一块接一块地将金饼向墓道深处扔去。他的胳膊突然无力地落下，没有扔出的金饼掉落在他的身边。他的脑袋，忽地低垂歪斜，彻底闭上了眼睛。

洞底处，马灯一闪一闪地终于完全熄灭。洞里一片黑暗。

洞外的世界，一如往常。

凌晨时分的荒野，杳无人迹，万籁俱寂。那块大圆石头旁，没有一丝声响。不远处的那座不大的土丘，安卧如常，仿佛千百年来从未被人打扰。

冷劲寒风吹过，几片落叶被吹到了很远很远的地方。

第二十四章 吹箫引凤的传说

一、诱饵

当年老爷岭土匪大当家、后任国民革命军旅长的郭复礼，因"公然违抗军令"被降职担任了团长。此时的郭复礼，已对国民党新军阀的做派深感失望，故而降职之事他并不十分在意。倒是接替他正式就任旅长之职的黑副官，心境与处境俱为不佳。

这一天上午，郭复礼悠闲地待在自己的团部里看书，看的还是那部姬老太爷赠送的《周礼》。他半躺在躺椅上，手持书卷看书，不时从旁侧的茶几上端起酒盅小饮一口，又往嘴里丢进一两颗花生米，神情颇为自得。

"报告团长！旅座大人已到团部门前。"卫兵匆匆进来报告。

"知道了。"郭复礼漫不经心回复后，依然半躺着看书。磨蹭了一会儿之后，才慢吞吞地起身，随手将书卷放在了茶几上。

黑副官已气冲冲地快步走了进来。

郭复礼大大咧咧地一拱手，口气很随便地打着招呼。

"哎呀！旅长大人驾到，属下未及远迎，罪过，罪过！旅座怎么今日有空，屈尊来到城外我这小小的团部啊？"

"你呀，你呀！不是我说你！郭旅长！"黑副官抑制不住地发着火。

郭复礼连忙伸手制止并更正着："不是旅长，是团长。郭团长！"

黑副官大为恼火地质问道："听说你下达了'三不去'的军令？率兵进城——不去！抓人剿共——不去！抢夺民财——不去！"

郭复礼佯作奇怪地反问："是啊，有这事。我郭某人确实给自己的部下下达了'三不去'的军令。这有什么不对吗？不进城，是因为城里冤魂多、阴气重嘛！胡逮乱抓、滥杀无辜，这样的命令能服从吗？至于不抢民财，那就更不用说了。"

郭复礼拿起摊在茶几上的那本书卷，递到黑副官眼前翻弄着。

"你来看看！咱老祖先周公是咋说的。周公说，当政者要'明德''慎罚'，要'知稼穑之艰难''知小民之依'。属下的大名叫郭复礼，复礼复的就是这周礼么！"

黑副官抬手拨开了递到自己眼前的书卷："你不要嬉皮笑脸跟我胡扯！你总不能公然抗命不遵嘛！宗军长已经专门派人来查问此事了！"

郭复礼正色而言："让他查好了！已经由旅长降为团长了，大不了再把我从团长降为营长、连长，总不能把我也当成'共党分子'给枪毙了吧？"

黑副官爱恨交加又无奈地慨叹道："我都是为了你好啊！我的老长官！"

卫兵匆匆进来，立正后向着黑副官报告。

"报告旅长，城里来报，朱团长正在集合队伍，准备包围省立二中，全面搜查校园。"

"胡闹！军队强闯校园，不怕激起民愤吗？我已明令制止，他竟敢擅自违抗军令吗？"黑副官大为光火。

郭复礼好心提醒道："他敢抗命不遵，是凭着上头有人撑腰么！我就说过，对那个家伙，你要提防着哩！"

还是那处院落，曾经的县衙、县署、县府，曹拐子的旅部指挥所，此时挂的新牌子是"凤翔警备司令部。"

院内，集合着几十名士气不振的士兵。队列不整，议论纷纷。"集合这么长时间了，咋还不出发？""到哪儿去？干啥去呀？""旅长管不了团长，团长

675

要捉弄旅长！有好戏看咧！""嘘！小声点儿，旅长来了！"

议论声中，黑副官怒气冲冲走进院内。众士兵慌忙闭嘴，站好了队列。

司令部内，朱子虚坐在藤椅上，双脚搭在桌面，一副洋洋得意、守株待兔的神情。

黑副官沉着脸，气冲冲地走进。朱子虚若无其事地慢慢站了起来。

"朱团长，院子里集合的士兵准备到哪里去啊？我不是已经下令，不准你强行搜查校园吗？"黑副官沉着脸责问。

朱子虚一副戏弄的口吻："属下自己可以遵命不去，但校园还是要遵命前去搜查的。"

黑副官恼怒地问道："什么意思？"

"这意思很简单、很明确么！这校园是一定要去搜查的，而搜查校园的任务还得黑旅长亲自带队去完成才行哩！"朱子虚的神情口吻颇为放肆。

"放肆！谁给谁下命令呢？"黑副官更加恼怒地斥责。

朱子虚嘲弄地一笑："喏！那儿有个洋玩意儿电话，军长大人正在那头等着与你通话哩！"

那个年代的周原，电话还真是个稀罕的洋玩意儿。经宗军长特批，朱子虚的团部暨凤翔警备司令部加装了一部。这是黑副官所部全旅唯一的一部电话。朱子虚为此十分得意，时常在上司、下属和同僚中炫耀。

黑副官皱着眉头，不情愿地走向电话机旁。电话兵递过来一个老式电话对讲听筒。

黑副官以立正姿式恭敬地接听电话："喂！是我！……是！……是！……是！属下执行命令！"

将电话筒交还电话兵后，神情愤然、颓然、凄然的黑副官二话不说，看也不看朱子虚一眼，径直走出屋去。

朱子虚幸灾乐祸地坏笑着，故意朝着黑副官离去的背影说着风凉话："这电话方便吧？可以直接通往军部！你旅部还没配备吧？想用了就过来，哎？"

黑副官沉着脸走到院内。众士兵好奇而同情地窥探着他的神情脸色。

"出发！"黑副官目不斜视、走过士兵们的队列，头也不回地下达了命令。

众士兵跟在黑副官身后，列队小跑着离去。

司令部室内，望着黑副官和士兵们离去的背影，朱子虚露出得意的狞笑。

刘文章由里间伸头伸脑张望一番后，走了出来。

"黑旅长去啦？真的去了？"刘文章探看着室外的动静。

朱子虚一副傲然的神色和口吻："哼！他敢不去！军长大人直接给他下的命令！"

刘文章讨好地赞叹着："刚才的那一幕真精彩！倒像你是上司长官下达命令哩，他是下级部属只能遵命照办！"

朱子虚自负地说道："离这一天，也不会远！军座已委任我兼任凤翔警备司令，虽然官级和团长一个毬样，但全县的治安就都归我管了！"

下令搜查省立二中校园，是根据刘文章所报送的情报。对于这个情报的准确性，朱子虚心存疑问。之所以通过军长之势强逼黑某人去执行这一任务，朱子虚打着自己的如意算盘。如果搜查"共党分子"有获，自然是自己这个警备司令的功劳。如果搜查无果，那就只能算是他黑某人无能，由此惹出什么事端也由他去承担责任。

朱子虚疑惑不定地瞟了刘文章一眼："说说你的这个情报到底准不准吧。"

刘文章拍着胸脯打包票："咋能不准？省立二中就是个周原的红窝子！我敢说，全县的共党分子，起码有一半儿都窝藏在二中！"

朱子虚半信半疑地摇着脑袋："一个小小的二中，值得共产党委派那么多人马？倒是军队系统，要小心共党的渗透！上司派你来做我的秘密情报员，咱这儿的情报工作，本团长，不，本司令可就全靠你了！"

"还秘密啥哩！上次去周公庙抓人之后，我就暴露了。不少学生碰面都朝我吐唾沫哩！教员们也都尽量躲着我。唉！二中我是无法再回去喽！"刘文章颓然失落地说着。

"秘密不行，就公开嘛！你就去县警察局任职好了。"朱子虚开出了封官许愿的支票。

刘文章闻言心头窃喜，充满期冀地询问："去警察局任职——任啥职吗？"

朱子虚意味深长地一笑："局长的宝座空着哩！就看你咋表现么！"

刘文章立即感激涕零地恭敬鞠了一个大躬："全靠团长大人，不，全靠司令大人栽培！卑职一定尽力！"

677

"尽力干啥？"朱子虚明知故问的口吻。

"尽力干啥？……当前就是尽力抓捕共党分子么！其他……，一切唯司令之命是从！"刘文章点头哈腰地急忙表态。

朱子虚满意地点着头。

二、突发的奇想

朱子虚新官上任，急于立功。兼任警备司令之后，他整日在城内搜捕"共党分子"，弄得人心惶惶，鸡犬不宁。为了避免引起敌人注意，中共地下党组织减少了在城内的活动。一次原定在城里举行的重要会议，经怀远与二中老贺同志商议，改在城外姬氏庄园里进行。

怀远打算先行回府做些安排。

姬氏庄园，大门关闭着。一身军装的怀远，骑马快速而来。下马后，怀远敲击门环。大门由内打开，守园仆人迎出门来。

"我爹呢？在府里吗？"怀远急切问着。

守园仆人接过怀远手中的马缰绳，边走进园内边回答着："老爷和太太这几天都是一大早就去了城里大院，晚上才回来哩。"

怀远想了想随即对守园仆人做出交代："一会儿有几位朋友要来参观参观，我招呼着就行了，你们就不用管了。"

守园仆人热心回复："那我就把大门开着，在这等候客人。"

怀远摇摇头："不用。大门就照常关着吧。把后院小门开着就行。"

姬氏庄园的大门，一如往常紧紧关闭了起来。

"参观的客人"陆续到达，由后院小门进入庄园。开会的地点，就在那处寂静无人打扰的"天径"小院杂物间里。

怀远在城外姬氏庄园安排开会的时候，崇仁与伊人正在城里的姬家大院忙着安顿青铜古物的事情。

姬家大院庭院内，无人走动，显得冷冷清清。自从吕管家遇难去世后，伊人就直接承担了管理府务的责任。她觉得，整个姬府无须那么多人服侍。绝大多数原来的仆人和丫鬟们在领到一笔安家费用后，先后离开了姬府。许多家务杂役，都由伊人亲自上手料理。

崇仁边走边看着庭院内冷清的景况，不由得发出了感慨。"老太爷在世时，经常感叹府中人口太少、院子太冷清了。我现在好像也能体会到这种心境了。"

伊人似有同感。"就咱们几个人住着，院子确实显得太空旷冷清了。过去咱老祖先们是一门数代、举族共同居住着哩。现在时代不同了么！你就想想怀远，他还会不会再回到这院子里继承你当这个姬府的老爷？不可能的了么！"

崇仁好似突发奇想。"多少年后，也许这姬家大院咱就不要了。让它成为一座博物馆，让后人们随意进来参观，看看老先人们盖的房屋、过的日月。再把咱保护下来的青铜古物一一摆放出来，多好啊！"

伊人好像也被这个想象中的前景所触动所吸引，不停地点着头表示赞同。但她马上又想到了另外一个问题。

"到了那个时候，咱俩住到哪儿去呀？"

崇仁憧憬地望着远方："咱俩么……，也像怀远怀玉他们一样，也长上一双会飞的凤凰翅膀，飞到很远很远的地方去。四海为家，周游世界么！"

伊人仿佛在幻想中陶醉着迷失着，眼神中浮现出浓浓的向往："就像传说中的萧史、弄玉吹箫引凤一样……"

萧史、弄玉吹箫引凤的故事，是很早就流行于周原一带的美好传说。相传秦穆公有一爱女，名曰弄玉。不仅长相如花似玉，且擅长吹笙。笙声绝美，宛如凤鸣。弄玉苦苦寻觅知音，终于等到了善于吹箫的萧史。经过一番曲折，两人终得穆公恩准，如愿成为眷属，笙箫和鸣，伉俪情深。然而，幽居深宫大院、与尘世隔绝的生活，并未使他们感到幸福。他们在高台上吹奏着渴求自由的箫声，引来了上天派遣的凤凰。夫妻俩乘凤升天，成仙飞翔而去。

如同一代又一代的周原孩子们一样，崇仁、伊人们也是在孩提时期就听过吹箫引凤的神话故事。凤翔城东，有一土台，名曰"凤女台"，据说就是当年萧史、弄玉吹箫引凤之高台的遗址。其北不远处，相传是秦穆公专为萧史和弄玉建造的住所"萧史宫"。其村的村名，至今尚叫作"萧史宫村"。这些故事和遗迹，使崇仁、伊人们很小就感受到了一种对纯洁真挚爱情的向往和

679

对自由幸福生活的追求。但此时此地的他们，提说起这则美妙的传说，则是出自另外的心境。

崇仁与伊人沉湎于迷幻中不久，思绪又回到了现实之中。

伊人似乎猛然惊醒，又一次想到了别的问题。

"咱俩变成了飞翔的凤凰，升天成了仙，怀真娃咋办呀？她还太小！"

崇仁也是随即清醒过来，想起了自己要干的正事："眼下咱的大院还不能办成博物馆，咱的那些青铜古物现在还不是能够摆放出来的时候，而是要抓紧埋藏保护起来哟！"

崇仁和伊人近来天天一大早由城外庄园来到城里大院，本就是为了转移埋藏那些青铜古物。

书房室内，崇仁一身干活儿的装束，正在查看着手中的手电筒。手电筒的灯光，随着开关，一亮一闭。伊人在旁收拾着一盏马灯。

"这洋玩意儿是方便，但走道儿可以，在密室干活儿还是马灯亮堂一些。"崇仁看着手电筒，发表着自己的评价。

"里头不冷吧？"伊人关心地问道。

"不冷，还热哩！要出力干活儿哩么！"

"这些日子，你差不多天天都要进去，小心累着了！"

"我想把老太爷交代的那些古物，还有咱从曹拐子手里抢救下的，归拢埋藏在一个安全的地方。不想让外人知道，就得自己干，还得抓紧干！"

伊人觉得不必过于急切："现时好像再不会有啥危险了吧？曹拐子人都不知道跑到哪儿去了。咱这院子也被新来的官军兵匪们彻底搜查过了么！"

崇仁摇摇手，严肃地说着："天有不测风云呐！今天我听到了一个消息，那尊周公东征方鼎，已经被新军阀们倒腾地卖到美国去了！唉！真可惜呀！多珍贵的一件国宝！"

"你听谁说的？"

"一个你想不到的人！"

"谁呀？"

"孟老板，孟团副！现在的称呼，不知又改成啥咧！"崇仁不屑但有些不安地说道。

伊人心头一紧:"他一露面,准没好事!"

崇仁点点头:"就是的。他还操心打问咱姬府是否仍有隐藏的青铜古物哩!看样子贼心不死啊!"

"那咱是得抓紧时间了!"伊人不安地说道。

书柜密门处,伊人启动机关开关,密门打开。

崇仁手持马灯和手电筒进入暗道,两人举手示意告别。伊人好奇地说着:"啥时候我也跟着一起下去看看。"崇仁笑了笑:"好的。下面的暗道走熟后,其实很方便。我今天就准备要从暗道中走到城外庄园那头再看看哩!"

崇仁消失在暗道中。伊人将密门关闭。

书房书柜处又恢复了原样。

地下暗道的另一端。城外姬氏庄园的"天径"小院里,暗道通口处,寂静无人。

遮掩着的木板被慢慢抽开,露出了隐蔽的洞口。崇仁探出脑袋仔细观察后,谨慎地由洞内钻出,并随即关闭了洞口。他仔细看了看关闭后很难发现的洞口,满意地点点头。

储放棺木的这处僻静小院,似乎平静如常。

忽然,好像有人低声说话的声音。崇仁颇感奇怪,顿生警觉,轻手轻腿地循着声音找去。

小院内的杂物间门外,崇仁悄步走近。

杂物间内传出有人低声说话的声音。崇仁侧身隐蔽静听。崇仁的身后,有一黑影跟随潜行。

地下党的秘密会议正在杂物间内进行。怀远来到庄园安排此次会议时,没有见到自己的父亲。崇仁当然不知道这件事情。

崇仁凑近静听时,听到了里面传出的贾明的声音。

"……条件成熟时,发动武装起义,把我们党已有工作基础的部队直接改造为公开的红军武装,以壮大革命力量!目前,怀远同志所在的骑兵营,连排长骨干中有不少我们的党员,完全可以成为兵变的基本力量……"

"怀远?"崇仁低声自语着。

大约是因为听到了怀远的名字,崇仁更感兴趣地凑近会场,想要听得更清楚一些。

就在这时,崇仁身后跟踪潜行的那个黑影,身手矫健地冲至近旁,抡起一根木棒,朝着崇仁脑袋砸去。

三、隐约的意愿

"天径"小院的杂物间里,贾明、怀远、白学才、老贺等六七个人随意坐在杂物上,正在开会。贾明刚刚说到"郭复礼先生的那个团,也是我们可争取的力量……"忽然从屋外传来了一声"咔嚓"木棒断裂的声音。

屋内之人警觉地站起身来,静静听着外面的动静。"我去看看。"怀远小声说着,向屋外走去。

杂物间外,刚才跟踪崇仁的那个黑影正是负责会场警戒的柳管家。当他发现有人在会场外偷听时,误以为是敌人的密探,便抡起手中的木棒向其头部砸去。大棒挥击途中,才发觉情况不对,临时改变了击打方向。木棒砸向了旁边的石头墙壁上,顿时断成了两截。

柳管家一手捂住胸口,吓得直喘粗气,另一只手则拎着半截击断了的木棒。他看着面色惊愕的姬府老爷姬崇仁,心有余悸地说道:"吓死我了!幸亏我中途发现不对,临时变了方向,要不然,这一棒下去……"

崇仁看着掉落在地的那半截断裂木棒,摸摸自己的脑袋,似乎也感到了有些后怕。他庆幸地说着。

"你使了多大的劲么!一棒下来,我的脑袋还能受得了?幸亏……"

柳管家好似倒有些抱怨:"好我的姬老爷、姬贤弟呀!你咋偷偷摸摸的!再看看你这身打扮!我差点儿把你当成了那群王八蛋的密探了!"

崇仁低头看了看自己的装束,因为要在暗道干活而换上了一身短打扮,确实与平时自己的形象迥然不同。但柳管家的话语,却使他心里有些不悦。

"我在我的府里,咋就成了偷偷摸摸?倒是你,不去好好当你的教官,跑到这儿偷偷摸摸干啥哩?"

就在柳管家支支吾吾无辞以对时,怀远走来。崇仁没有想到会遇见怀远,不禁愕然。怀远看着父亲的一身装束,也感到有些奇怪。柳管家知趣地悄然退去。

"爹,你咋这身打扮?不是说你和我娘去城里了吗?"怀远问道。

"你们这是……"崇仁顾不得解释。

"爹,我们在这儿商议些事。事先来不及和你打招呼。爹呀,门口有我们的人放着暗哨哩,你咋就能不被发觉地进来咧?难怪柳大哥把你误以为是敌人的密探哩!"

"你们商议的是些秘密的事吧?"

"爹,你在门外都听到了?"

崇仁坦诚地说道:"听到了一些。兵变么!起事么!这要走漏了风声,真不得了!"

怀远信任地望着父亲:"所以一定要找个安全的地方商议大事么!爹这里最保险!爹是我们最信任的人么!"

崇仁似乎感到了一种安慰,但又有一丝失落。"这柳大哥,也成了你们的人啦?连你爹我还不是哩,他倒后来居上了。"

怀远听出了父亲话中的意思,不禁一笑,并开口解释。

"柳大哥主要负责警戒,带刀侍卫嘛!会议研究的秘密事项他并不清楚。他目前还不是我们党的党员。"

崇仁沉吟了一会儿,诚恳地表示态度:"党员……。有啥需要爹出力的事,你就言传。"

怀远两手一下攥住了崇仁的双手:"爹!真有一件为难的事,想求爹帮忙哩!"

一次极为重要的秘密会议,即将在凤翔召开。如何选择一个安全的会址呢?怀远正在为此犯愁。

杂物间内,贾明等在场人员尚在警觉地等待屋外的消息。"是怀远他爹姬老爷。"柳管家走进报告。

贾明等人听此消息,不禁都松了口气,放下心来。

柳管家似乎是为自己的警卫失职而感到抱歉,连忙做着解释:"咱在门口的暗哨,一直没有发出过来人的信号。大门始终关着,小门有人守着。不知道姬老爷是怎么过来的,突然一下子就出现在这小院里了。刚才我差一点儿就对他下了狠手，还以为是敌人的密探哩。"

"这毕竟是人家自己的家里，路况地形都熟悉么。"贾明说着，立即就做出了决定。"大家就分散撤离吧。再过几天，前来参加会议的外地同志就要到了。如何确保他们的安全和会议的顺利进行，我和怀远、老柳商量好意见后，再与各位联系。"

除贾明、柳管家之外，其余在场人员陆续离去。

崇仁和怀远躲在不易被人发现的小院僻静处，低声交谈。

"哪里最安全？……城里，城里姬家大院！让你们的那些重要客人都住在姬家大院，又安全又方便。除了咱府上留下一两个看门的下人，大门一关，里面都是你们的自己人。"崇仁出了个很好的主意。

怀远思忖着，分析着，最终表示十分赞同这个方案。

"住在城里，就不用每天进城、出城，少些麻烦和危险。住在咱家大院，提前储备些生活给养，吃呀喝的，全在院内解决，也就用不着成天出出进进的，容易引起旁人的注意。爹的这个主意，真是个好主意！"

崇仁站起身来："还有一条最大的好处哩！你跟我来！"

崇仁领着怀远走到暗道通口的隐藏处。

"这儿藏着一个隐秘之处，你找找看！"崇仁环指四周，对怀远示意。

怀远查找了一番，摇着头，无果而返。

崇仁示范地打开了遮掩的木板。

看着突然出现的暗道洞口，怀远大出意料，目瞪口呆。

崇仁又示范地关闭了密门。暗道通口处，了无痕迹。

"这条暗道，可以直接通往城里的姬家大院。万一你们的那些重要客人在城里大院遇到了危险，就可以从那里通过暗道到达咱庄园这儿，然后安全转移。"崇仁向怀远说明了暗道的走向和可能发挥的作用。

怀远还有点儿不相信："这条暗道爹走过吗？"

崇仁淡然一笑："我今天就是通过暗道从城里大院到这儿的。不然我怎么会突然出现在这小院里呢？你爹又不是会缩地术的孙悟空、土行孙！"

怀远充满感激地叫了一声："爹！"

崇仁钻进了暗道的洞口，向怀远挥挥手。"我还得按原路返回城里大院，你娘还在那头等着哩！"

说着，崇仁由洞里操纵机关，关闭了密门。

暗道通口处，了无痕迹。

怀远匆匆返回杂物间处，柳管家迎面而来。

"人都走了？"怀远问道。

"走了。但里面还有人在等你。"柳管家指了指杂物间屋内。

刚才开会的杂物间里，只有贾明还在等着怀远。

怀远汇报刚才与父亲商议的结果。

"我爹说，参加会议先期到达的同志，可以全部秘密住进城里的姬家大院。会议的地点，也可以设在那里。大门一关，里面就没有旁人。事先准备好吃喝物品，一切在院内解决。省得那么多人进进出出引人注目。"

贾明不禁连连点头称赞："是个好主意！"

怀远又补充说道："还有最重要的一条好处。我爹发现了一条暗道，万一有事，咱们的同志可以通过暗道安全撤退转移。"

贾明兴奋之余，略显迟疑地："这个方案是再好不过了，但只怕给你爹惹上什么麻烦啊！"

怀远想起了父亲隐隐约约地表达出的意愿，便吞吞吐吐地开了口："我爹不怕什么麻烦和危险！贾明同志，对于我们党的情况，我爹他多多少少有所了解。从他平时言谈来看，好像有着加入我们队伍的思想基础和主观愿望。我觉得，是不是可以考虑进一步加强对他的引导和考查……"

贾明沉吟着说道："你爹的情况，我很清楚。他是一个好人。将来，也一定会是我们的好同志！"

怀远兴奋地说道："他现在也一定会成为我们的好同志的！"

"这我当然相信！不过……"对于怀远代表其父所表达的加入革命队伍的愿望，贾明很理解、很感动。

时下白色恐怖盛行，革命队伍中的一些人经受不住生与死的考验，有的消沉退缩了，有的投敌叛变了，但那些坚持追求光明的信念的人们，那些为了人民大众的利益而不顾小我的人们，依然有着飞蛾扑火般的勇气、精卫填海般的信心，愿意投身于正处在波涛汹涌、恶浪翻滚的革命潮流之中。这种勇气和信心，自觉不自觉地来自革命者们的人生理想和价值理念。

在贾明心目中，崇仁完全具备成为这样的人的基础条件。但贾明还有另外一番考虑，他发自内心地对怀远说着："目前革命处于低潮，处境十分危险。抛头颅、洒热血的事，理应由新一代年轻人来担当！一代人有一代人的责任，一代人有一代人的生活。还是让你爹他按既往的生活轨迹走下去吧！我真不忍心看到有仁有义、有情有爱的姬老爷遇到什么灾难呐！"

这个话题就此搁过。怀远接着说起了有关即将召开的重要会议的安全保卫问题。

"我这一两天内就去一次城里的姬家大院，提前做些安排。另外，恐怕还得另选一处备用的会议地点，以防临时情况有变。"

四、靠山

城里姬家大院。大门紧紧关闭着，门前显得十分安静。

一身军装的怀远骑马而来，远远看着大门处的景况，满意地微微点头，拨马而去。

怀远牵着马，走近姬家大院后院小门处。

门人迎出，殷勤地接过了马缰绳，开口问候道："少爷这次回府，能够多住几日了吧？"

怀远点点头："我和我的一些朋友，是要在此多住几日，读书写作，不想被打扰啊！"

"老爷都已经交代过了。正门不再开启，人员都从这后院小门出入就可以了。"门人热心说明。

"正门进出的人多了，邻里乡亲会误以为是老爷、太太回城里来常住咧，访客就多么！我想图个清静。"怀远掩饰着做了解释。

怀远将马交给门人后，自己并没有一同进院，而是步行去了东湖。

东湖附近不见游客来往，只有三两个便衣特务似的人在鬼头鬼脑地徘徊探望着。怀远信步走来，见此情景，不禁觉得有些奇怪。

"这位长官是哪部分的？"一个便衣特务拦住了怀远，口气还算客气，因为他看到了怀远的一身军装及军衔标记。

"哪部分的，关你什么事？今天我就是一个普通游客嘛！"怀远口气强硬，不想买特务的账。

特务伸手拦住怀远的去路："对不起！普通游客不能进！省府一位厅长大人正在游园，朱司令和县上的头面人物都陪着哩！这儿戒严咧！"

怀远恼怒地说道："当年苏东坡先生开建这东湖，难道只是为达官贵人专修的吗？"

"这我不管。我只是执行局里的命令么！看！咱县警察局管事的来咧！"特务说着，手指向不远处。

怀远抬头看去，身穿警察服装、面色憔悴灰暗的刘文章出现在面前。

"呀！真是士别三日，当刮目相看呐！学兄现已在警察局高就啦？"怀远不无讽刺地打着招呼。

刘文章面有赧色，似乎不好意思地解说着："临时当差，临时当差！名分还没有明确么！"

"不管局长的名分明确不明确，与当年那个热血方刚的学生娃，总不能同日而语了吧？还记得吗？挺着胸膛，顶着刺刀，高喊着要以一死而唤醒国人！此事犹如昨日啊！咋今天就一下子变了一个人哩？"怀远还是一副讽刺的口吻。

刘文章连连摆手："莫提往事！往事不堪回首啊！当年你姬怀远不是也高喊着要提倡文化、改造社会么？现在摇身一变，投笔从戎，少校营长咧！愚兄我自愧不如啊！"

怀远不客气地说道："你是该感到自愧！我记得，你好像怕黑？小心黑心事做多了，黑道上遇见鬼！"

刘文章好似有些惊异："你咋知道的？我现在神经衰弱得很，一个人走夜道，真有些怕鬼哩！晚上做梦，几回都梦见掉落水中差点淹死！"

"人么！白天不做亏心事，晚上不怕鬼敲门！你好自为之吧！"怀远鄙夷地说着，扭头走去。

刘文章连忙从怀远身后打着招呼："你不是要逛东湖么？别人不让进，有我一句话，还能不让你进？"

怀远头也不回地说道："人鬼不同道啊！我走咧！"

刘文章怅然又带些恨意地望着怀远的背影。

就在刘文章面色抑郁地呆立在湖岸边时，突然有人在其身后猛击一掌。

刘文章吓得魂不附体，惊恐地差点儿跌倒在地。

奸笑着的孟老板，站在刘文章面前，嘲弄着说道："看你这点儿胆子！还想当警察局长哩！厅长大人和朱司令都已经走了，你这警戒放哨的，也该撤岗咧！走！老兄我请你去喝几杯！"

刘文章喘过气来，看清来人是孟老板，不免有些喜出望外。"你老兄不声不响，突然一下子就登上了县禁烟局局长的宝座，是该请客咧！我正要找你哩，有些话要向你讨教哩！"

两人朝湖边酒家走去。

东湖岸边，崇仁、伊人领着怀真走来游园。只见近岸处围聚了不少游客。游客们议论纷纷，怨声载道。

"这位老哥，这里发生什么事了吗？"崇仁疑惑地向一位老者打听。

老者忿忿不平地说着："刚才有一个当官的赏湖景，就不许老百姓靠近湖边了。这不，瘟神走了，才开始放行么！"

崇仁愤怒而无奈地摇摇头，同伊人、怀真随着放行的游客人流，向湖边走去。

伊人边走边小声问道："你今天怎么不去忙那暗道里的活计了？"

崇仁也小声回复道："暗道的事我已告诉了怀远。他们在城里大院住着，万一有啥情况，可以通过暗道及时转移么！咱在暗道里的事，就停几天。万一在暗道中和他们碰着了，两下都不方便么！"

伊人笑着调侃："难怪你今天有时间陪着我们娘俩来逛东湖了。"

怀真独自蹲在路边玩耍的时候，忽然旁边伸过一双大手蒙住了她的双眼，并将她高高地托举了起来。

"哥！"怀真拼命挣脱蒙眼的大手，一下子惊喜地高叫起来。

抱起怀真的，是笑眯眯的怀远。

怀真高兴地抱怨着："哥！你吓死我了！我还以为狼来咧！"

"狼来咧？"怀远一时没有明白小妹妹的意思。

"狼来咧,就是偷偷摸摸来的坏人么!大灰狼的故事,还是你给我讲的嘛!"怀真天真地解说着。

怀远点点头:"好,好!咱们都要提高警惕,小心狼来咧。怎么就你自己?谁带你来的?"

怀真的小手指向不远处的君子亭。

君子亭边,崇仁和伊人高兴地向孩子们招着手。怀远抱着怀真大步走来。

"怀真娃,快下来!看把你哥给累着了。"伊人眼中充满了喜悦。

"我不!"怀真搂着怀远的脖子不放。

"那边,都安顿好啦?"伊人上前将怀真领了过来,关切地小声询问怀远。

怀远默默点点头。

崇仁关心而疑惑地问道:"事情那么多,你咋还有时间到这儿来闲逛哩?"

怀远把崇仁拉过一边,小声解释着。

"爹,我觉得这君子亭也是个不错的会议地点。游人众多,我们的同志隐身其中,就不招人眼目。而且这地点警戒、撤退都很方便。"

崇仁有些担忧和不安:"是不是咱姬家大院那边条件不够合适?"

"咱家大院仍然是会议地点的第一选择。不过嘛,狡兔三窟,也得考察落实好备用的地点,以防万一。"怀远沉稳地说明了自己的想法。

崇仁赞赏地点着头,对儿子的成熟干练流露出满意的神色。随后,他又提醒式地问道:"大院书房里的暗道机关已弄清楚了吧?"

"已经弄清楚了。爹通过暗道送过来的吃食等物品也都看到了。"

怀远说着,心中突然升腾起一种超越单纯亲情的强烈情感。他尊敬、爱戴、信任、依赖、感激地望着自己的父亲,非常庄重地举手行了一个标准的军礼。

"爹!我代表我的同志们向您致敬!"

怀真跑到了父亲与哥哥之间,抬头看看这个,又抬头看看那个,说出了一番妙语。

"娘!小时候,我觉得我爹当然比我哥强。后来吧,又觉得我哥比我爹强。现在呢,我觉得还是我爹比我哥强!"

伊人笑着追问:"这又是为什么呢?"

崇仁也调侃说道:"是啊,你爹我又不会唱英文歌!"

怀真仿佛看穿一切似的说道:"我哥要干的事,我爹都能知道。我爹就是我哥的靠山!"

全家人都笑了。

五、孔方兄的功用

孟老板与刘文章在酒楼里把酒言欢。两人之前并没有什么友情交谊,但此时却称兄道弟,推杯换盏,好似关系十分密切。其实,不过是彼此各有所图而已。

刘文章心里很郁闷。他朝思暮想的那张县警察局局长的委任状,好似成了一种看得见、闻得着,却就是吃不进嘴里的诱饵。看到孟老板一步登天直接做了县禁烟局局长,他很羡慕,很想向其讨教其中的路径门道。

孟老板用盗墓得来的汉代金饼和玉器收买了省府的高官,直接将委任状越级下到县里。这件事激发了他更大的胃口。他觉得:要当官,很容易,有钱就行。他还想当更大的官,因此他还需要更多的钱。他想和警察局代理局长刘文章联手掠取一笔现成的巨额财富。

酒楼雅间内,孟老板殷勤劝酒,刘文章已有些许酒意。

"来来来!再喝一杯!杯酒解千愁!愁啥哩!不就是个局长的名分么!"孟老板端起酒杯,说着表面是宽解的话,实则直戳刘文章的心窝子。

刘文章带着酒意,捶着酒桌,不服气地问道:"我连良心、廉耻都卖咧!到现在迟迟得不到那份正式的委任状么!你咋毬弄得……,一下子就直接到手了?姓朱的为啥对你就高看一眼哩?"

孟老板不禁想起了面见朱子虚的那一幕。

……

孟老板再次走进曾经的旅部指挥所、现如今的警备司令部时,感慨颇多。"风水轮流转。十几年工夫,这县衙大院的主人换过多少茬了!什么时候,也能轮到咱坐镇大堂过过瘾么!"带着这样的梦想,他走进了屋内。

朱子虚仰靠着藤椅,双腿搁在面前的桌沿上,双臂交叉在胸前,似乎在闭目养神。

孟老板小心翼翼地走近，见如此轻慢无礼的待遇，只得尴尬地站在门边。

朱子虚微微睁开一条眼缝，暗中盯了孟老板一眼，依旧不动声色。

孟老板偷眼观察着朱子虚的反应，终于按捺不住地轻咳一声："司令大人，在下冒昧……"

"你门道不小哇！上一回，弄到了军座的免死通行路条。这一回，日鬼捣棒槌地又买到了官帽！上面倒是有人发话了。不过，这事不该我管。有县长么！"朱子虚依然保持着刚才的坐姿，一副居高临下的傲慢神态。

孟老板恭敬地站着点头哈腰，恭维地说着："县长就是个摆设！如今凤翔城里的大小事情都是司令大人说了算！"

朱子虚这才站起身来，指了指桌上摆放的一张纸片，恩赐般地说道："知道就好！喏！你的委任状。"

孟老板急不可耐地扑到桌前，一把抓起了委任状，欣喜地看了又看。

"县禁烟局局长兼禁烟稽查大队大队长！这可是个重要的位置哟！还是财神爷格外关照的一个衙门哩！"朱子虚话里有话提醒着。

孟老板将委任状珍惜地藏入怀中，转身面对朱子虚，连连鞠躬，一迭声地致谢："谢谢司令大人！谢谢司令大人！"

"光是嘴上说声谢谢就完啦？"朱子虚斜睨一眼。

"怎么会么？在下早有准备。"说着，孟老板打开随身带的黑皮包，一件一件往外掏着盗墓得来的文物——几块汉代金饼和几件汉代玉器，并将其摆放在桌面上。

朱子虚走近桌前，先后拿起金饼和玉器看了看，似乎还算满意的神情。

孟老板眉飞色舞地吹嘘起来："这些都是在下，不，都是卑职家中祖传的汉代皇室宝物，在咱周原真不多见呐！"

朱子虚对其自我吹嘘颇感不满，鼻子里"哼"了一声："哼！不多见？大烟鬼当禁烟局长，恐怕也是不多见呐！"

"嗯……卑职是有这两口嗜好。不过……"孟老板难掩窘态。

朱子虚一摆手："我也不管你的这些小事。不过，有一条你可要记清了！你所收缴的烟土，要全部运到我的司令部来！胆敢有所藏匿私留，可别怪我不客气！唉——并不是我本人要这玩意儿，上面有人要哩！要的数量还不小！"

看着朱子虚伸出朝上指着的一根手指，孟老板心领神会鸡啄米似的连连点点，并作出郑重保证："卑职明白！请司令大人放心！卑职保证把收缴的烟土全部及时上交司令部，自己绝不敢私留一斤半两。"

"本司令我就相信你一次吧！孟局长！"朱子虚狞笑一声。

……

对于手握实权的朱子虚，孟老板虽然心存一定畏惧，但并没有完全放在眼里。他更崇拜金钱的力量。他相信，只要有了更多的钱，就有可能把朱子虚拱倒，自己取而代之。钱在哪里？孟老板心里已经有了目标，也想好了实施的行动计划。这计划当然一定要瞒着朱子虚，还须得到刘文章所掌管的警察局的全力协助。

酒楼里酒酣耳热之际，孟老板开始对刘文章做动员工作了。

"刘老弟，你也算是咱地方上的文人名士么！可曾听过'亲之如兄，字曰孔方。失之则贫弱，得之则富昌'这句话？"

"孔方兄？钱么！此话出自晋人的《钱神论》么！"刘文章毕竟是读书人出身，随口又念出了此文中的另一段话。"'钱多者处前，钱少者居后；处前者为君长，在后者为臣仆。''钱之所在，危可使安，死可使活；钱之所去，贵可使贱，生可使杀。'——现实确实如此啊！"

孟老板拍拍刘文章肩头："你老弟啥都明白么！那文章我也读过，只记住了其中的一句话：'官尊名显，皆钱所致。'刚才你问我，姓朱的为啥对我高看一眼？为的就是钱么！想当官，就得下本哩！有钱才能当官，当了官就能更有钱！那姓朱的咋就变成了朱司令？全靠着往上头送烟土么！"

刘文章懊恼地摇着头："我的家境……，目下拿不出多少啊！"

"咱周原有句老话，马无夜草不肥，人无外财不富！撑死胆大的，饿死胆小的。就看你有没有弄取外财的胆量！"孟老板诱惑地说道。

刘文章趁着酒兴，使劲地一拍桌子，仿佛下定了决心。

"狗急了会跳墙，兔子急了会咬人。人急了，啥事都敢弄哩！"

孟老板一拍自己的大腿："好！就等你这句话哩！实话告诉你，这小小的县上的禁烟局长，我就没放在眼里！还想往上走哩！现在我手里已经有了不少悄悄扣留下的烟土，还想和你这个警察局代理局长联手再干一票大的！"

"大的？弄啥？"刘文章好像也来了兴趣。

孟老板恶狠狠地说出了自己的目标："姬家大院！"

刘文章满脸惊愕，一时没有接话。

孟老板俯下身，凑近刘文章，低声密语。

"当初，曹拐子把盗挖的青铜古物临时堆放在姬家大院。此事经过我的手，好家伙，那一大堆子，好几百上千件哩！"

刘文章不觉有些泄气："这事我知道。姓朱的曾去姬府抄了一次家。那些青铜古物都被他多少辆马车拉着去巴结省城的大官喽！现时的姬家大院，还能有多大油水么！"

孟老板又抛出了新的诱饵："朱司令当时查抄的青铜古物数量不对，姬府肯定私藏了不少。那个二老太爷又从天津带回了一批前清宫廷里的无价珍宝，一直下落不明，说不定也在府中藏着。怎么样？油水够大吧？值得弄吧？"

"能弄成？"刘文章显然信心不足。

孟老板则信心十足："我的禁烟稽查大队的团丁和你手下的警察，合起来不下百十号人哩！半天工夫就能把姬家大院翻个底朝天，还怕搜不出宝贝来？过去我也曾是姬府的常客，府里哪些地方可以窝藏东西，我也能猜个八九不离十。"

刘文章感到还有为难之处："平白无故咋能去姬府搜院抄家哩？"

孟老板拍拍自己胸脯："有我哩！查烟土！咱就干的这差事，吃的这碗饭么！这一两天咱就动手！"

孟老板看了刘文章一眼，又特意交代道："这事咱俩悄悄干就是了，千万不要让姓朱的事先知道风声！"

六、一夫当关

前来参加会议的重要"客人"们，按照计划陆续到达并住进了姬家大院。

贾明、怀远将来客安顿好后，信步来到庭院的柿子树下。怀远看着枝头仅存的一两个干瘪残果，想起了在东湖偶遇刘文章之事，便开口说道。

"小时候，我爷给我说过，咱周原人呐，心不能太贪。树上的柿子熟了，不能摘光取尽，要给鸟儿留点吃食，给树儿留点念想。刘文章就是太贪了，先是贪生怕死，现在又是贪图官位钱财，恐怕已经很难回头了。咱得小心这个叛徒变成疯狗！"

贾明发着感慨："同样都是周原人，同样也是读过书的人。一个自甘沉沦堕落，一个却打算弃暗投明……"

"你是说郭复礼郭团长吧？他已决定和咱们同时兵变、联手起义！我这就动身去找他，更详细地了解一下他的部队的情况。明天开会时，咱也好心中有个数。他的驻地离城不远，我争取早去早回。"怀远说着，准备离去。

贾明叮嘱交代："明天的会议，就不必通知他参加了。一方面他还不是咱的正式党员，另一方面也是为了避免目标太大，容易引起敌人注意。"

怀远临走前，又专门对柳管家交代了一番。

"远道来的客人都已经到齐了。明天一早，还会有一些近处的客人来参加聚会。我这会儿有事到郭团长那儿去一趟，时间不会耽搁太长。柳大哥，这大院和客人们的安全，就全拜托你啦！"

"你不说，我也清楚这事的分量！你放心去吧，不过还是要尽早回来！"身穿正规军官服装的柳管家十分严肃地应答回复。

怀远出了后院小门，跃身上马而去。

此次会议的筹备情况，敌人毫无所知。但意外情况还是发生了。姬家大院大门前，突然涌来了一群警察和团丁。孟老板和刘文章开始行动了。

大门本就一直紧紧关闭着。门人看着情况不对，赶紧加固门闩。柳管家隐身在屋顶高处，观察着门外的动静。看明情况后，他由高处纵身跃下，向院内深处奔去。

听了柳管家的报告，贾明思索着分析情况："门外来人主要以禁烟稽查大队为主？叫嚷的又是收缴烟土？也许他们的目标并不是针对咱们的客人的。但要硬行闯入彻底搜查，也会有很大的麻烦和危险！"

柳管家立即表示："我去大门外，尽力拦住他们，不让进院！"

贾明略一思忖，果断安排道："他们要硬闯，你一个人也拦不住哇！这样吧，你先派人赶紧去找怀远，院里暗道的入口只有他知道。小心一会儿后院小门也被围困，人就出不去了！你去大门外尽量多争取一些时间。我去后院把客人们安顿好。"

门人由后院小门出院后，骑马飞驰而去。

姬家大院大门前，一名团丁不停地击打着门环。门内毫无反应。门外则聚集着近百名的警察和团丁。

孟老板此时不敢过于声张，下令不得轻易开枪。他不想让枪声惊动了同在一城的朱司令朱子虚。

"咱们这次行动，你没有报告朱司令吧？"孟老板还是有些担忧地向刘文章再次确认。

刘文章真是有一些胆怯："没有么！要是朱司令知道了，会不会怪罪下来？"

"他要是知道了，必定来插手！大院里面的青铜宝物呀、宫廷珍宝呀，还能有咱俩的份？咱抓紧干！把里面的东西弄到手，藏起来，再去给他报告。"

"咋向他交代哩？"

孟老板早已想好了对策："给他送去两箱烟土，就说是从里面搜出来的战利品！"

刘文章摇摇头："姬府的人，我多少了解一些。姬家大院里就不可能有烟土么！"

"你咋这么傻哩！他没有，不等于我搜不出！你看，我早给他准备好了！"孟老板得意地指了指团丁队伍后面事先抬来的两箱烟土。

"你这不是栽赃……"刘文章有些惊讶。

"栽赃也得能栽得进去才行呀！到现在，门还没敲开哩！"孟老板有些着急了。在他的示意下，团丁开始大声喊叫并用枪托使劲去击打门扇。门内依然没有反应。

"最近姬府老爷和太太一直在城外庄园里住着。城里这大院中恐怕没有人呐！"刘文章忽然想起。

孟老板给手下的团丁挥手示意："看守院子的下人总该有几个吧？再说没有人更好，不会有人阻拦咱干事么！把门再敲响些！如果还没有人应答，咱就把这大门给砸咧!"

"哟嗨!是谁这么大的口气!光天化日,平白无故,就要公然叫嚣去砸良善人家的大门?"院墙上方的柳管家接过话头,轻蔑地发出了质问。

说话间,柳管家身轻如燕地由院墙上方飞身跃下,横身在大门之前。

刚才用枪托击打门扇的团丁,吓得倒退着离去,一不小心跌倒在门前台阶下。众人皆被柳管家的轻功所震慑,一个个目瞪口呆。

身穿军装、未戴军帽的柳管家,独身一人与众团丁对峙着。

"你是何人?竟敢阻拦我等执行公务?"孟老板声色俱厉地斥问。

柳管家不慌不忙地从口袋中掏出军帽,在手上拍打两下后,戴到头上。这一身正规的军官服装和柳管家的威严气势,吓得门前的团丁和警察中的不少人缩脖耸肩地后退着。

"你又是何人?竟敢在此张牙舞爪?"柳管家轻蔑地斜视着孟老板。

孟老板挺了挺胸:"鄙人乃本县禁烟局局长!"

柳管家满不在乎地走到孟老板身边,上下打量着,俯身就近在其身上嗅闻着。

孟老板莫名其妙,转着身子极力躲闪。

"放规矩点儿!你要干什么?"孟老板紧张而迟疑地问道。

柳管家"扑哧"一笑:"规矩点儿?你还懂个规矩?啧啧啧!瞧你这一身的大烟味气!瘾头不小吧?"

团丁中,有人掩鼻而笑,有人暗暗伸出大拇指。

孟老板则是一副尴尬无比的丑态和恼羞成怒的神情。

柳管家端正身姿,一改刚才嬉笑怒骂的神态,一脸正气地大声斥责孟老板。

"就你这样的一个大烟鬼,怎么好意思当禁烟局长呢?先不说该向老百姓和你的这些部下咋交代,就你自己,也不觉得羞你先人吗?"

众团丁和警察中有人哄笑起来。

孟老板手指着柳管家,气急败坏地向着刘文章大声喊叫。

"刘局长!这人就是一副共产党的腔调!你警察局不该把他抓起来吗?"

众警察本来就对孟老板盛气凌人、指手画脚的样子看不顺眼,在此次行动中一直缩在团丁队伍之后，不欲为其冲锋陷阵。此时更有一些警察公开起哄："孟大局长，你有没有搞错？什么时候轮到你禁烟局给咱警察局下抓人不抓人的命令哩！"

刘文章曾在周公庙与柳管家打过交道，知道此人的身世和武功。他心有余悸地对孟老板说明："此人曾在周公庙被我们当作共党分子抓过一回，抓错了，和共党没有一点儿关系。他是前清朝廷的御前带刀侍卫，武功了不得！"

孟老板气恼至极，挥手向自己部下的团丁下达命令。

"前朝的残渣余孽么，还张狂啥哩！弟兄们，上！把他给我抓起来！"

柳管家一夫当关，挡在门前。

七八个团丁向赤手空拳的柳管家围了上去。

这些平时养尊处优、缺乏训练的团丁，欺压良善百姓时个个凶神恶煞，但在"带刀侍卫"面前却不堪一击。不一会儿工夫，这七八个团丁被柳管家打得哭爹叫娘，纷纷倒伏在地。其余的团丁噤声不敢近前。众警察则更是作壁上观，如同看热闹一般。

孟老板还在一旁声嘶力竭地叫喊着。柳管家冷笑一声，随手一扬，一支飞镖"嗖"地飞出，正正扎在孟老板头顶的帽子上并将其击落在地。

孟老板吓得紧缩脖子，口中的叫喊立刻停了下来。很快他又回过神来，横下一条心，恶向胆边生，凶巴巴地拔出了佩戴的手枪。

七、飞镖插向脑门

怀远与郭复礼的会谈很顺利。双方在兵变起义的一些重大问题上沟通了情况，达成了一致。怀远操心着城里姬家大院中的客人，正事谈完便匆匆与郭复礼告别而去。

郭复礼将怀远送至驻地营门外，只见姬府门人急匆匆骑马赶来。接获发生意外情况的消息后，怀远便向郭复礼提出了一个请求，借用一个连的兵力，火速赶回姬家大院救援。

援兵列队完毕，郭复礼不放心地询问怀远："要不我也一同去吧！"

"不劳郭团长大驾。有你借我的这一个连的弟兄，足矣！我的骑兵营，又不归他朱司令管辖，他不会把我怎么样的。至于那帮团丁、警察的乌合之众，还真敢和咱这正规军交手吗？吓也吓死他！"

郭复礼面对援兵队伍，大声下达命令："弟兄们听着！一切行动听从姬营长的命令！"

"是！"众士兵齐声回答。

郭复礼继续下达口令："立正！向左转！跟着姬营长，跑步前进！"

士兵们整齐地左转，开始小跑。

怀远骑马在前，众士兵跑步跟随着前进。

郭复礼的团部驻地离城不远。怀远率领一个连的援兵很快就进了城门。进城之后，怀远勒住马，招呼带队军官近前，交代了一项任务："你带两个班的弟兄，先去把这事办了……"

怀远继续纵马急行。身后仍然是跑步跟进的士兵队伍。

带队军官领着一二十个士兵，向另一方向分道而去。

姬家大院门前的对峙还在继续。

孟老板已经下定了破釜沉舟的决心，打算不顾一切地冲进姬家大院。就在他张牙舞爪地挥动手枪准备击发时，一个团丁骑马而来，低声向其报告："姬府的少爷领着兵进城咧！有百十号人哩！"

孟老板一听慌了神，急忙交代："快去报告朱司令，就说有重要情况，请求紧急增援！"

骑马团丁急驰而去。孟老板挥手将刘文章招至近前，指了指团丁队伍后面所携带的那两箱烟土，急切说道："咱不能让那一个前朝余孽坏了咱俩的大事么！只要冲进大门，把那两箱东西往院里一搁，那就是姬府私藏烟土的罪证么！咋样搜查，还不就由着咱咧？"

刘文章无奈地说道："问题就是进不了大门么！"

"刘局长！关键时候就要看你警察局的威风哩！"孟老板知道自己手下的这帮团丁实在是无能，只能指望警察们能够强行攻进院去。

众警察的神情似乎并不把刘文章放在眼里，更不乐意去买孟老板的账、替他去干火中取栗之事。起哄声起："查禁烟土，那是禁烟局的差事么！跟咱警察局有个毬相干！得到的好处，还不是让他孟局长一个人独吞咧！"

刘文章垂头丧气地向孟老板打起了退堂鼓："孟局长、孟老兄，兄弟我还不是正式局长，腰杆不硬，说话不灵呢！"

孟老板急得直跺脚，终于眼露凶光，抬起手枪向柳管家瞄去。

怀远带领士兵，已经赶至门前不远处。

柳管家忽然瞄见怀远及士兵们赶到，不由得兴奋地大叫一声。

孟老板被这叫声一惊，随即咬牙切齿地扣动了手枪的扳机。

"柳大哥！小心！"随着一声大喊，怀远纵身张臂扑向柳管家身前。

枪声响了。

怀远应声倒地。柳管家扑向怀远身边。

众团丁和警察被枪声所惊，一时愣在原处。

怀远所带来的士兵们，以整齐的步伐，小跑着来到门前。他们行动迅速，紧贴大门，面向门外，站成了围护着大门及院墙的几列横排，犹如一道威武严实的人墙。

靠近门前的团丁和警察们狼狈地向后窜去。

柳管家扶着受了伤的怀远坐起。怀远疼得一咧嘴。他的左前臂被子弹贯穿，鲜血汩汩流出。

"好我的学生娃小老弟哩！咋就不要命地替我挡子弹么！"柳管家如同自己受伤一般，心疼得一哆嗦。

怀远查看了一下小臂的伤势，迅即站起身来。柳管家也赶紧随着站起身来，着急地扶着怀远受伤的左臂。

怀远平端着左臂，右手拍了拍倒地时身上沾的灰土，露出浅然一笑。"没事！只当是被毒蛇害虫咬了一口。"

"绷带！"柳管家向士兵们呼叫。

接过士兵递上的一卷绷带，柳管家开始为怀远包扎伤口。

朱子虚骑着马，带着更多的士兵，也来到了姬家大院门前。

"怎么回事？"朱子虚骑在马上傲慢地问道。

"报告朱司令！他……，他……，姬府里发现了大量烟土！"孟老板一时紧张，前言不搭后语。

朱子虚已大致看清了情况："你连姬府的大门都没能进去，咋就发现了里面有大量烟土哩？竟敢谎报军情愚弄本司令！有个狗屁重要情况！还他妈的要求紧急增援！你当老子的部队是你屋里养的小狗娃吗？"

孟老板吓得张口结舌，浑身哆嗦着不敢应答。

朱子虚斜睨了刘文章一眼，厉声斥责道："你不去干你的正事，不去搜捕共党分子，在这儿凑什么热闹？是不是也对烟土感兴趣，想弄点儿油水？"

"卑职不敢！卑职不敢！"刘文章吓得连连后退。他赶忙招招手，其手下的警察们跟着他灰溜溜地先行撤走了。

怀远的左臂已经包扎好了。他用右臂向朱子虚一招手，并转身向另一侧指了指，大声说道："朱司令，要说重要情况，真有重要情况。你看！这是从孟局长住宅里搜出的烟土！"

大门另侧，先前分兵而去的那名带队军官及两个班的士兵正在赶来。他们的队列中，拉着两三辆人力板车。板车上，载满了成箱成箱的烟土。

朱子虚的眼中冒出了凶光："孟局长！你不是保证收缴的烟土全部及时上交，自己绝不私留一斤半两么？这些……，可不止一斤半两吧？哼！欺哄到老子的头上来咧！"

孟老板双腿哆嗦，站立不稳，口不择言地辩白着："是……，不是……，我还没有来得及……"

"孟局长，你还没来得及出手，是吧？货太多了么！找下家买主还不得费点时间？"怀远讥刺地说着。

"朱司令，要不是我的手下及时发现，他早就瞒着你把这批烟土出手私吞咧！这个小人，因为这事怀恨在心，就想着到姬府来公报私仇，栽赃陷害！"怀远一边继续向朱子虚进言，一边指着团丁队伍所携带的那两箱烟土说道："这恐怕就是他们还没有来得及放进院里的赃物吧？看看，看看！连包装都和孟局长住宅中私藏的烟土一模一样嘛！"

朱子虚恶狠狠地盯着孟老板。

怀远不小心碰着了负伤的左前臂，疼得龇牙咧嘴发出了呻唤。柳管家看在眼里，痛在心中，也把仇恨愤怒的目光盯向孟老板。

"卑职下次不敢了！下次再不敢了！"孟老板哆嗦着跪了下来。

"下次？不会再有下次喽！"朱子虚狞笑着拔出手枪，对准孟老板，连开两枪。

孟老板的前胸被击中，鲜血迸然而出。与此同时，柳管家一扬手，一支飞镖应声飞出。飞镖直接插入了孟老板的前脑门。

倒地身亡的孟老板，胸口流着鲜血，脑门插着飞镖，两眼尚睁，直望着苍天。

八、好人与好人走到一起

由于柳管家"一夫当关"挡在门外争取了宝贵的时间，由于怀远的及时赶到和妥善应对，一场由意外事件引发的危机安然渡过。引发这起意外事件的两个小人，一个灰溜溜地先行撤走了，一个直挺挺地死在了光天化日之下。

朱子虚冷漠地看了孟老板的尸体一眼，贪婪的目光又转向了那几辆人力板车上的烟土，乞讨般地对怀远说起："姬老弟，那些烟土……"

怀远只想着尽快恢复姬家大院一带的安宁、确保院内重要客人的安全，便大度说道："当然是交由你警备司令部去处理了。"

朱子虚一直担心怀远不会轻易放弃已到手的"肥肉"，听闻此言，一下子放下心来。"好！好！那就好！本司令告辞了！"

朱子虚率领其手下的士兵，押着那些烟土，心满意足而去。禁烟稽查大队的团丁们，抬着孟老板的尸体，随之狼狈逃窜。大院门前排成人墙护卫的士兵们，也已撤防列队准备离去。

姬家大院门前恢复了宁静。

"多亏了你呀！"怀远伸出右手紧紧握住了柳管家的一只手掌，由衷表达了谢意。

柳管家的另一只手掌，轻轻托着怀远受伤的左前臂，同样也是感激的目光："也多亏了你返回得及时！"

怀远轻松地一笑："我现在得先去郭团长那里，一是交还他的部队，二是要面谢他的借兵之恩嘛！"

柳管家关切地表示："你负了伤，我陪你一起去。"

怀远稍一思索："好！你也该认识一下郭团长。不过，你先进院去报告意外事件已经平息的消息。我们在前面慢慢走着等你。"

柳管家施展轻功，飞身腾越院墙，进入院内。

众士兵看得目瞪口呆，一片欢呼。

"看看！什么叫周原武术？这就是！"怀远赞赏地对士兵们说道。

怀远率领士兵们刚刚出了城门，迎面碰上了另一支赶来增援的部队。带队的是团长郭复礼本人。

"事情解决了吧？我怕你带的人手不够，想着赶来增援哩！咋？你负伤了？"一见面，看到怀远左臂上的绷带，郭复礼立即关切地问道。

怀远笑着摆摆右手："擦破了点皮肉，没伤着骨头，小事一桩！"

"早点儿把伤养好！咱马上就要准备干大事哩！"郭复礼兴奋地说着。

同样感到兴奋的怀远调侃着说道："我这小学生娃能和你郭大当家的成为并肩作战的战友，幸莫大焉！"

"你看我把啥带来咧！"郭复礼一摆手。

一名卫兵手捧那套《周礼正义》恭敬站立。

郭复礼感慨而言："我能有今天，全是因为老太爷的教诲指点呐！我本就想着，今天完事后，要去老太爷的墓前祭拜哩！"

说话间，柳管家纵马赶到。怀远为二人作了相互介绍。柳管家谨慎地小声报告："院内的客人们安然无事。他们在里面也已作好了应急的准备。得知院外的意外事件顺利平息，大家都很高兴。"

怀远一听，放下心来，便对郭复礼说道："你不是要去老太爷墓前祭拜吗？我们一起去！"

姬府老太爷姬秉礼墓前供台上，清烟燃起，那部《周礼正义》供放在香烛之前。

郭复礼恭敬如仪地跪地三叩首后，站起身来。他大声发出口令，并率先举手致以军礼。

"向姬老太爷敬礼！"

墓前，排列成行的士兵们举枪对空齐射，鸣枪三响。

郭复礼恭敬地从供台上捧起《周礼正义》，交给了卫兵，并交代道："好好替我收着！"

随后，郭复礼转身面向怀远和柳管家，回顾着说道："这部《周礼》，是很多年前姬老太爷送我的。那时，我还是一个土匪大当家的。老太爷要我克己复礼，克制一己之私欲，复成社会之公礼。老太爷还说，喜欢《周礼》的人，终究会成为好人！我相信他的话！"

郭复礼拍拍怀远肩头，又从口袋中掏出一本薄薄的小册子："现在，我也相信你的话。这是你前不久送给我的书，要我认真拜读。好书呀！"

郭复礼珍爱地凝视着小册子的封面。封面上《共产党宣言》的书名十分醒目。

手持《共产党宣言》小册子，郭复礼大为感慨地说道："好书呀！爷孙俩各送我一本好书！这书里咋说的……。全世界无产者联合起来！……无产者在这个革命中失去的只是锁链，他们获得的将是整个世界！……说得多好啊！真带劲！用咱周原的话说，就是土帮土成墙、穷帮穷成王么！"

怀远也是十分激动地说道："是啊！说得好！只有天下劳苦大众都牵起手来，才可能去彻底改造这个黑暗的旧社会、努力创造出一个理想的新世界！让我们共同奋斗，为了周原和全中国美好的明天！"

怀远的右手与郭复礼紧紧握在一起。

柳管家在二老太爷墓前祭拜之后，赶了过来，羡慕地看着，却不好意思前来。

"你也来！"怀远鼓励的目光望着柳管家。

柳管家激动地将手在衣襟上擦了擦，毅然走上前去。

三只手掌叠握在一起。

"惺惺相惜！好人与好人，终归要走到一起！"怀远发出感慨。

"三人成众！'众'的力量，可就不得了啊！"郭复礼发出感慨。

"朝闻道，夕死可矣！"柳管家发出感慨。

在历史的洪流中，一个共同的理想，出自同样的初心，许许多多不同出身、不同年纪、不同阅历的人们先后汇聚到了一起，从而形成了改天换地的巨大力量，推动着人类社会的不断进步。

怀远和柳管家、郭复礼发现了墓碑上的变更之处。

墓碑上的落款孝子姓名中，"三子姬崇德"字样已被凿除，只留下一行空白的痕迹。

三人感慨万端地望着那处空白痕迹。

怀远缓缓说出一段话来。

"我爹常说：人么！人非圣贤，孰能无过。哪怕走过一段旁路错道，只要心存善念，还会重新走向光明坦途。但有的人，行若狗彘，自甘绝路，最终必然会遭到人们包括亲人们的唾弃！"

第二十五章　凤凰涅槃 !

一、讲真话

贾明、怀远们根据组织的决定而精心筹备的重要会议，如期召开了。会前接获情报，敌人近期突然加强了对周原的警戒。出于安全的考虑，会议地点临时变更为东湖君子亭。

一大早，参加会议的重要客人在贾明、怀远的分别陪同下，或是长袍礼帽，或是一身戎装，仿佛一群兴致颇高的游客，陆续到达了会议地点。柳管家则早已在君子亭附近布置了多重暗哨。

会前接获的情报，并非空穴来风。敌人真是有所动静。一大早，凤翔警备司令朱子虚正在给县警察局刘文章训话时，就接到了军部的紧急电话。

朱子虚以立正的姿势，恭敬地接听着电话："是！是！卑职明白！"随后，他又换了一种弯腰垂首的姿态，通话也是另一种腔调了。"姨夫，您要的那批烟土，我已派人押送过去了……"

显然电话那头传来了斥骂之声，朱子虚顿时像触了电似的猛然一个立正："是！是！卑职不敢！"

朱子虚放下电话，掏出手绢擦了擦额头上吓出的冷汗，不满地斜睨了在场的刘文章一眼。"根据有关情报，共党的一些重要分子近期可能要到周原活动。军座严令，必须一网打尽！如果贻误了这个大事，送啥也没用，等着军法从事吧！"

刘文章吓得一阵哆嗦。

朱子虚轻蔑地看了刘文章一眼，威胁着说道："这是说我哩！你嘛，警察局长的委任状就在那儿搁着哩，办好差事你就拿走！差事办不好嘛，禁烟局孟局长的下场，也在那儿搁着哩！你自己掂量着办！"

"卑职一定把差事办好！"刘文章希冀中带着惊恐。

"咋样才能把事办好？要动脑子想想么！外地的共党分子来到周原，总要吃饭和住宿嘛！酒楼饭馆、旅店客栈，就是你警察局侦看探查的重点么！"朱子虚颇有经验地指点着。

"谨遵司令大人的指教，卑职这就去安排！"刘文章恭顺地领命而去。

一大早，崇仁在城外姬氏庄园里颇有些心神不定。他已听说了日前城里姬家大院门前所发生的意外事件，心里很为怀远、贾明及重要客人们的安危担忧。他打算独自进城，在姬家大院附近暗中为会议站岗放哨。如有需要时，也可就近帮着出把力。

崇仁看着正在屋里做针线活的伊人和翻看书籍的怀真，准备向她们告别后即刻出发。

这时，正在出声念着一本地理书籍的怀真，忽然卡了壳。"陕北高原，地形复杂，沟……什么纵横。爹，这个字怎么念？"

崇仁接过怀真递过来的书籍，扫过一眼，又还给怀真。"壑。沟壑纵横，就是山大沟深、纵横交错的意思。"

伊人忍不住插话："你这小碎娃呀，咋就对地理这么感兴趣呢？看看别个像你这么大的娃，除了会念几句《三字经》，旁的书还都不会念哩！"

怀真认真地回答："人么！人各有志，不可相强！"

伊人不禁与崇仁对视一笑："看你学说你爹的口头语，神态口气都是一模一样的！"

怀真好似突然想起地问道："爹，我可以问你一个问题吗？"

"当然可以啊!"崇仁回答。

"爹以前经常说,人么,人么,可现在为什么很少说了呢?"

崇仁与伊人仿佛一经提醒,也意识到了这个变化。

伊人想了想,点头确认。"真是的!真是有好长时间没有听你说过这话咧!"

崇仁挠挠头皮,思索着说道:"这还真把我给问住了,为啥现在很少说了呢?我得想想。"

伊人笑了笑:"不用想,我来替你说。在你的心目中,人性都是善的。只要是个人,就一定会想着仁义,讲着诚信,按照一个标准行事。可是……"

怀真抢过话头:"可是,人和人不一样。这世上还有不少坏人,他们不会和好人一样去想,去做的。我说得对吧?"

崇仁连连点头:"你们娘儿俩说得对!这些年我总算明白过来,世上总有一些小人、坏人、恶人,跟他们讲仁义道德,那真是对牛弹琴!"

怀真接着问道:"爹说过,好孩子一定要讲真话!但是对坏人呢?我也一定要讲真话吗?"

"对待坏人么,也不可一概而论。有的时候,应当舌枪唇剑、针锋相对。有的时候,嘴上要有把门的,坚不吐实。有的时候,可以随机应变,瞒天过海么!你还小,大了自然会明白这些道理的。"崇仁思忖着娓娓道来。

怀真认真思索着重复自语:"针锋相对……,坚不吐实……,随机应变……"

崇仁看看屋外的日头,对伊人使着眼色:"时候不早了,我该进城去了。"按照崇仁的交代,伊人需要在城外庄园里留守,做好在庄园这头的暗道出口处的接应救援的准备,以防万一。

"爹!我也想跟你进城!"怀真跳跃着提出请求。

崇仁想了想,觉得带个孩子有利于掩护,便同意了。

城里的警察已经出动了。刘文章很想在抓捕"共党分子"的行动中有所斩获,局长的委任状就近在眼前。他也不敢疏忽轻怠,孟老板饮弹中镖惨死的情景,让他想起就心寒胆战。

为了在朱子虚面前有所表现,刘文章直接上阵,带领一名长着双对眼的警察，在县城的大街小巷上蹿下跳。

在群贤居酒楼内，刘文章盘问酒楼伙计："这几天到你酒楼吃饭的外乡人多不多？"伙计回答："咋说哩？每天都一样，既有熟客，又有生人。近日也没有啥大变化么。"刘文章又问："从姬家大院出来到这儿吃饭的客人多不多？"伙计摇摇头："那倒没有。姬府老爷和太太也没有在大院住么，自然也不会有需要招待吃喝的客人。"

颇感失望的刘文章，与对眼警察来到街巷巡逻窥察，不时拦住路人盘问。突然，街巷对面身穿长袍的一个人影引起了刘文章的注意。那人好似是白学才，但经过了一番化装。刘文章不敢认定，便挥手将对眼警察招呼到身边，指指对面路人中的怀疑对象，示意其跟踪而行。

那人确实就是白学才。因为会议地点临时变更，白学才未能及时得到通知。他仍按原定计划前往姬家大院，途中获知情况有变，这才匆匆改变方向，准备前去东湖参加会议。

白学才匆匆而行。对眼警察笨拙地跟踪其后。刘文章则狡猾地躲在对眼警察之后，保持一段距离，小心地跟踪随行。白学才对身后的对眼警察有所觉察，但并没有发现尾随的叛徒刘文章。

坐在马车里进城的崇仁，恰好看到白学才被跟踪的情况。他略一思索，示意车夫跟在刘文章之后随行。

"怀真娃，你能认识那几个人吗？"崇仁指着车外，小声向怀真发问。

怀真坐在车内，隔着车帘，抬眼辨识着："咋不认识！后面那个就是二中的刘老师。前面那个好像是二中原来的白校长，但又不太像。"

崇仁明确告知："白校长还是好人白校长。可悄悄跟在后面的那个人哩，已经不再是老师了。你没看看现在的他，穿的是啥衣服么！"

怀真憎恶地看了一眼："那是坏人警察穿的衣服。"

"穿这衣服的，不一定都是坏人。但穿这衣服的这个人，已经不再是好人了！学校的刘老师变成了警察局的刘局长了！"崇仁不屑地盯着刘文章的鬼祟身影。

"这个坏人刘局长为什么要偷偷地跟在好人白校长的身后呢？"怀真警觉地问道。

崇仁稍作思考，吩咐车夫停车。

"怀真娃，你就坐在车里不要动，爹下去帮白校长一把。"崇仁叮嘱着，跳下车去。

刘文章只顾火急火燎地盯着前面的目标，不料突然有一个人拦住了他的去路和视线。

刘文章正想发火，抬头一看是崇仁，先自软了下来。

"啊！是姬老爷。对不起失陪了。在下还有公务在身。"刘文章应付地打着哈哈，急于抽身离去。

崇仁一把拽住了刘文章的衣服："不要急着走么！刘老师，不，刘局长！现在见你一面不容易。听说你趁着我城里大院没人的机会，要强行进院搜查烟土哩！现时我姬崇仁人就在这儿，你要去哪儿搜查，我都陪着你！去城里大院，还是城外庄园啊？"

刘文章尴尬不已："看姬老爷说的！在下哪敢呐？那都是禁烟局孟局长在瞎煽火么！"

崇仁讥刺地问道："那个瞎煽火的孟局长，现时人到哪里去了呢？你咋没跟着一起去享享福？"

刘文章又气又急："姬老爷，本局长真有公务在身哩！"

等到刘文章急忙窜出身、四处搜查张望时，目标早已不见了踪影。他懊恼地在原地直跺脚。

崇仁冷笑一声，正眼不瞧一眼，昂然从刘文章身边径直走过。

回到马车旁边，崇仁没有急于上车。他思索着低声自语："这会儿应该是他们开会的时间呀！白校长急匆匆是要去哪儿呢？难道会议的地点变了？"

崇仁想起了怀远曾说过的话。"狡兔三窟，也得考察落实好备用的地点。""君子亭也是一个不错的会议地点，不招人眼目，便于警戒和撤退。"

"有可能！得去看看！帮着他们减少点风险！"崇仁低声自语着，回到车内。

"去东湖！"崇仁吩咐车夫。

二、茅厕中的长袍

白学才确认身后有人跟踪时,东湖已近在眼前。为了不暴露会议地点,他随即改变了直赴君子亭的路线,拐进了湖畔的一座公用旱厕里。

跟踪的对眼警察看看身后,刘文章并没有跟随而来。似乎担心势单力薄,对眼警察未敢贸然进入公厕,而是远远站在门外等候。

白学才进入公厕,假装入厕。

待其中唯一的入厕游客离去后,白学才迅速换装。他脱掉长袍,露出一身军装,从口袋中掏出军帽戴上,又在上唇处贴好一抹假胡须。

经过变装、已俨如他人的白学才,由公厕内大摇大摆走出,扬长而去。在外守候的对眼警察,根本没有认出此前的跟踪对象,依然在原地守候傻等。

白学才多绕了几个弯之后,才向君子亭处走去。

柳管家貌似悠闲观景,实则在亭外警觉地巡查。看见白学才匆匆走来,他便迎上前去接应,小声说道:"快进去吧!会议已经开始一会儿了。"

白学才神情稍有一些紧张:"途中好像有人跟踪,没敢直接过来。甩掉尾巴后才赶过来的。"

待白学才进入亭内后,柳管家自语着更加警觉地查看四周。"有人跟踪?难道是狗鼻子闻出点儿味道了?"

跟踪白学才的那个对眼警察依然在公厕外傻等。每一个由里面出来的入厕游客,对眼警察都要上下打量半天,然后自己摇头否定。

对眼警察还在傻等,但半天也不见有人出来。他终于忍不住,冲进了厕所。

不一会儿,对眼警察惊慌失措地喊叫着跑了出来。"不见了!不见了!人不见了!难道飞了不成?"

刘文章因跟丢了怀疑对象,十分懊恼。他满脸丧气地在街巷巡查,不时像鹰犬般盯看着过往的路人。路人们都厌恶而畏惧地躲避着刘文章,背过脸则朝其吐着唾沫。

对眼警察慌乱地由远处跑来。

刘文章立刻来了精神："你跟踪的那个人，后来去了哪里？"

"去了茅厕。"对眼警察上气不接下气地报告。

"他妈的！拉屎撒尿还用得着你汇报？去了茅厕之后，又去了哪儿？"刘文章厉声斥骂。

对眼警察赶紧详细汇报。

"那人进了茅厕之后，就一直没见出来么！自他进去后，每一个出来的人，我都盯着哩！眼睛都没敢眨一下！你说怪不怪，最后人就不见了，就像飞了一样不见了！"

刘文章顿时大起疑心。

"这就更加可疑了！是在哪里的茅厕不见人的？"

"离东湖不远么！"

"走！咱再去看看！"

刘文章与对眼警察急忙赶到了那处公厕。

厕所里污水横流，臭气熏天。刘文章厌恶地以手掩住口鼻，仔细查看。对眼警察不解地说着："就是这大点地方，飞也没处飞去么！"

高台式的旱厕。土坯垒的隔挡，隔开了一个挨一个的蹲坑口。高台上的蹲坑，其下储藏秽物的空间甚大。刘文章一个蹲坑一个蹲坑地查看着。最靠里的蹲坑下方，发现了一卷衣服。

二人绕到厕所后方的清除秽物出口处。

刘文章一手掩捂口鼻，一手拎出件沾满粪便秽物的长袍。

对眼警察也不顾污秽，近前查看。

"没错！就是它！那人穿的就是这件衣服！"对眼警察好像有了重大发现似的大声叫嚷起来。

刘文章将那件污秽的长袍直接甩打在对眼警察的头上、脸上、身上，并发怒地斥骂起来。

"你这个混蛋、笨蛋加臭蛋！这么重要的线索都让你给跟丢了！"

对眼警察大觉委屈："你不是也跟丢了么！连你人也寻不见了。要是你跟紧些，咋会出这事么！"

刘文章敏感地觉察到这是一条重要的线索。此处离东湖不远，东湖肯定有情况。他想了想,向对眼警察作出了一番交代。"好,好,好!咱都将功补过。我马上去报告朱司令,带人来搜查东湖!你就在这儿守着,特别要注意君子亭方向的动静。一会儿我再给你派来个帮手。"

崇仁领着怀真来到了东湖附近。外围的情况,好似还算正常。湖畔只有不多的零星游客。崇仁不觉松了一口气,脚步放慢下来。

突然,怀真挣开父亲牵着的手,跑近湖岸,向远处望去。随后,她回过头来向父亲招招手,高兴地说道:"爹,我好像看见'绿林好汉'了,就在君子亭那儿!"

崇仁闻言,暗自想道:君子亭附近?既然"带刀侍卫"在此,看来怀远他们正在这儿开重要会议哩!我不能走,我就在远处为他们望风放哨!

"爹,我想去找'绿林好汉',可以吗?"怀真望着远处君子亭,心向往之地提出了请求。

崇仁摇头不允:"不行!他们也许有他们的正事。你去了会添乱的。咱们就远远地替他们看着,别让坏人来捣乱。好不好啊?"

"好!"怀真听话地点点头。

"好人办正事,要是坏人来捣乱,我们该怎么办呢?"崇仁仿佛自言自语地思索着。

怀真毫不犹豫地接口说道:"咱们就出手帮好人一把,就像刚才爹帮助好人白校长一样!"

"坏人不是一个人,而是一群恶狼,咱们怎样才能帮上忙呢?"崇仁还在思索着自语。

怀真出着主意:"那怎么办?坏人来了,我就使劲儿喊叫,狼来咧!"

崇仁摇摇头,觉得这主意不妥:"那样有时候反而会引来恶狼。"

怀真天真地说道:"要是我有一个肉夹馍就好了,扔给恶狼,把恶狼从好人身边引开。"

"肉夹馍?到哪儿找肉夹馍呢?"崇仁不在意地说着。

接获刘文章"共党分子可能正在东湖聚会"的情报,朱子虚如获至宝,立即亲自带队,率领一群士兵跑步向东湖进发。刘文章不想失去"立功"的机会,也率领着众警察一同前往东湖。士兵和警察们如临大敌般的紧张神态以及队列跑步声响引起了路人的关注，不知又发生了何等事端。朱子虚骑在马上，不停地催促着："快！快！一网打尽！一个也别让跑了！"

崇仁领着怀真在东湖外围望风，忽然听到很远的地方隐隐约约有队列跑步的声响，不免感到有些紧张，不知发生了什么情况。

正在此时，那名对眼警察和另一个前来增援的小警察一同走来。两人的对话引起了崇仁的注意。

"看样子真有大情况哩！"对眼警察卖弄地说道。

"啥情况？说说嘛！"小警察好奇地发问。

两人走进了那座公厕。

崇仁闻听此言后，十分警觉，决意跟进厕所探听信息。

"怀真娃，你就在附近转转，不要走远，爹去方便方便。"崇仁不放心地叮咛怀真。

怀真点点头，懂事地催促着："爹你快去！我懂。"

三、"肉夹馍"

对眼警察与小警察进入公厕后，并肩蹲在相邻的茅坑处，边方便边议论。

崇仁走进后，选择了距他们较远的一个坑位，宽衣解带，也蹲下做方便状，实则凝神听着两个警察的议论。

对眼警察大言不惭地吹嘘着："这个线索是我和刘局长发现的。搜捕共党重要分子的行动成功了，刘局长肯定就立了大功，升官发财么！我也能跟着沾点儿光。"

小警察不解地问道："那刘局长为啥不抓紧直接动手哩？"

"咱人手不够么！朱司令一会儿就亲自带兵来咧！刘局长说，共党的会聚地点很可能在君子亭，过去那儿就是共党的一个活动窝点。"

"刘局长咋能知道哩？"

"咳！刘局长自己原就是个共党分子么，他当然清楚喽！"

君子亭处。怀远满脸兴奋地快步由亭内走出，张望着四周的动静。柳管家由隐身处走来，迎上前去。

怀远小声地通报情况："会议马上就要结束了。会议决定，近期在陕甘交界处发动兵变，建立由中国共产党领导的红军支队！"

柳管家激动得直点头。

怀远指了指柳管家身上的军装，憧憬地说道："你不是不想穿这身欺压老百姓的老虎皮吗？咱们很快就要公开打出人民军队的旗帜了，当然也就会换成红军的服装。"

"什么时候行动？"柳管家似乎已急不可耐了。

怀远正式通知的口吻："会议结束后，你把有关同志护送至安全地方后立即返回，咱们接着开会，研究什么时候行动。"

柳管家不解地望着怀远。

"会议决定，成立一个军事小组，具体研究决定详细的军事行动计划。你我都是这个小组的成员。咱们接着要开的会，就是这个小组的会议。"怀远做了说明。

柳管家似乎还不敢相信组织对自己的信任。他迟疑地问着："我？一个'绿林好汉'，一个'带刀侍卫'，也能参加这个小组？"

怀远严肃而诚恳地说道："这不仅是因为你有军事指挥的能力和经验，更重要的是，我们相信你，相信你一定也会成为我们的同志！"

柳管家激动地一下抱住了怀远，但很快就发现他弄疼了怀远受伤的左臂，于是抱歉地笑了笑，松开了用力拥抱的双臂。

"同志……，同志！"柳管家主动握起了怀远没有负伤的右手。

崇仁在公厕里耐心等到两名警察先行离去后，自己才谨慎地走了出来。可他出来后，却发现怀真不见了。找了一圈，附近没有见到小女儿的身影。抬头望去，君子亭处平静如常。刚才隐约听到的队列跑步的声响也消失无闻了。崇仁心里不免为小女儿的安危下落着急担忧，但他想到刚刚获知的信息，情况紧急，不容耽搁。他决定先去君子亭处给怀远们报警，然后再来寻找怀真的下落。

怀真去了哪儿呢？

原来怀真在公厕外等待前去探听信息的父亲时，远远看见"坏人刘局长"领着一群警察和士兵正朝这儿跑步而来。他们肯定是来给"办正事的好人"

捣乱的。怎么办呢？怀真急中生智，想出了一个方法。她决定：向恶狼们抛出一个"肉夹馍"，把他们引到离东湖远远的地方去。

"刘老师！白校长和他的一大帮朋友在一起吃饭时，咋也没有请你参加哩？原先刘老师不是和白校长关系很好么？"怀真迎上前去，主动和刘文章打起招呼。

"白校长？和他的一大帮朋友在一起吃饭？在哪儿？"刘文章认识怀真，知道她是怀远的小妹妹，也知道姬府一家与白学才关系不错。他相信怀真的话。

"那地方我认得，但具体地名叫不上。"怀真认真地回答。

"你可以带我们去找那个地方吗？"刘文章哄骗着提出请求。

"可以呀。不过，得让我骑着你们的马去！"怀真似乎提出了童真的要求。

怀真骑在马上，没有丝毫畏惧或做假的痕迹，而是很高兴地引着警察和士兵队伍掉头朝着离东湖越来越远的方向走去。

东指西指，七拐八拐，怀真领着刘文章、朱子虚的队伍，来到了群贤居酒楼门前。

"就是这儿！"怀真神色自若地手指酒楼处。

朱子虚如临大敌般紧张地一挥手。众士兵和警察们立即将酒楼团团围住。

士兵们端着枪冲进酒楼。酒楼内只有零星几个惊愕的食客。朱子虚撒气地随手抽了两名食客耳光。挨打的食客捂着脸，敢怒不敢言。

刘文章见状，冲出店外，一把将怀真拉下马来，并恶狠狠地踢了一脚。"你这个小丫头！是不是在故意骗我们呢？你说你看到白校长和他的一大帮朋友在这儿吃饭，人呐？"

怀真"哇"的一声哭了起来，边哭边说："我没骗人！我是说去年我看到白校长和好多人在这儿吃饭，又没说是今天！你自己听错了，还赖人！"

朱子虚咬牙切齿地说道："上当了！快！回东湖！杀他个回马枪！"

刘文章也气急败坏地盼咐手下的警察："把这个小共党分子捆起来，带走！"

湖畔小径，君子亭遥遥在望。

一些游客被拦阻在小径处。拦阻者正是对眼警察及其帮手小警察。

715

"咋？不让过？为啥不让过？"崇仁走了过来，见此情形有些着急。

众游客也七嘴八舌地发出质问。

"有任务，有任务哩！"对眼警察伸出双臂阻拦着众游客的去路。

"这东湖又不是你家的院子，说不让过就不让过啦？凭啥哩？"崇仁看着远处的君子亭，故意放大了声量。

被阻游客群情激愤。"你的啥狗屁任务，跟我们有啥相干么！""走！咱过咱的，不理识这些挡道的黑狗！"

众游客一哄而过。两个警察无法阻挡，只好退让。

崇仁正准备继续前行君子亭，忽然听到对眼警察兴奋的喊声："来咧！来咧！刘局长和朱司令他们来咧！"

顺着对眼警察的目光看去，崇仁看到：跑步行进的警察和士兵队伍，正朝着此处前来，越来越近。

"咋样给他们报个信哩？"崇仁思忖着，忽然想起了怀真曾说过的关于"狼来咧"的话。

崇仁放开喉咙大声喊了起来。

"怀真娃——，你在哪里？小心！狼来咧！"

整个湖区似乎都回响着"狼来咧"的警告声。

朱子虚、刘文章带领的队伍，被"狼来咧"的呼喊所震惊，一时愣住，停下了脚步。

队伍中，被捆绑着的小怀真，听到了父亲的呼唤，也不顾一切地高声回应着："爹！——就是狼来咧！"

朱子虚恼羞成怒，在马上扬起马鞭，朝怀真脸上抽去。

怀真脸上顿时出现伤痕。

不远处的崇仁，看到这一幕，怒不可遏。他飞步上前，一把将朱子虚拖下马来。接着又夺过朱子虚手上的马鞭，抡圆了甩过一鞭。

朱子虚脸上立时一道长长的血痕。

惊恐的朱子虚拔出手枪，朝天就是一枪。

四、"狼来咧"

崇仁高亢洪亮的一声"狼来咧",再加上后来响起的枪声,如此明确的报警信息,参加会议的同志们当然都接收到了。

朱子虚被鞭抽打后,他的卫兵们上前夺过了崇仁手中的马鞭,并将崇仁反拧双臂控制了起来。

枪声响后,崇仁看着君子亭处,反倒松了一口气。

枪声响后,朱子虚因鸣枪示警等于报信而懊丧,迁怒地对着刘文章发火:"还愣在这里干什么?枪声都响了,还不赶快冲进去抓人!"

刘文章率人冲进君子亭内。

冲进亭内的刘文章,一脸愕然地愣住了。

亭内,只有怀远、柳管家与另外两名军官正在悠闲地打着麻将。

"哟!是刘局长呀?有兴趣也来上两圈?我这位置不错,手气好哟!让给你?"怀远嘲讽地说道。

朱子虚及士兵们押着怀真、崇仁涌进亭内。

一看亭内景况,朱子虚顿时傻眼,暗自心虚。他转身抽了刘文章一个嘴巴,同时厉声责骂:"你他妈的这是什么情报?"

"畜生!"怀远这时才看到被捆绑的怀真,不由得愤怒地大叫一声。他用没有负伤的右手,狠狠向刘文章扇去。

刘文章被扇倒在地。

怀真流着眼泪,看着柳管家:"'绿林好汉',我想来看你,他们就用皮鞭抽我的脸!"

柳管家被激怒了,愤然起身。他将怀真拉到自己身边,解开捆绑的绳索,将她交给怀远。

怀远将小妹搂在怀里,心疼地看着她脸上的伤痕,不由得两眼喷火,拔出了腰间的手枪。

柳管家理解地看着怀远,但还是拉拉他的手,摇摇头示意劝阻。

柳管家走到被扇倒在地、惊吓过度的刘文章身边,突然一发力,双臂将

717

其高高举起。然后稳稳地走到亭边，像扔个麻袋似的将这个狼狈不堪的叛徒扔进了湖里。

控制崇仁的几名卫兵皆傻愣住了，仍然反拧着他的双臂未放。怀远、柳管家这时才发现崇仁的景况，两人怒不可遏地冲上前去。

怀远右手挥动着手中的手枪枪柄，直接朝一名凶恶卫兵的脸部砸去。那名卫兵松开了控制崇仁的手臂，捂着自己流出鼻血的脸部，号叫着躲避到了一旁。

其余的几名卫兵已被柳管家三拳两脚打倒在地，一个个捂着伤痛处哀号不已。

摆脱了士兵控制的崇仁，立即扑到怀真处，心疼地查看她脸上的伤痕。眼泪从他的脸上缓缓流下。

"你这个猪狗不如的东西！前番你当众凌辱了我们姬府的老太爷！今天，你又在我这个当爹的面前，公然用马鞭抽打这么小的一个小女娃！你还是个人吗?！"崇仁指着朱子虚的鼻子，愤声怒斥。

朱子虚看着盛怒拼命模样的崇仁，不禁畏惧胆怯地后退着。眼看大事不妙，他拔出手枪，企图抽身离去。

柳管家一个箭步冲了过去，夺过了朱子虚手中的枪支。随后，柳管家将朱子虚双臂反拧，并用刚才捆绑怀真的那根绳索把他捆了起来。

亭子内外，朱子虚带来的士兵中有少数人蠢蠢欲动。怀远监视着他们的举动，并沉着脸发出警告。

"你们谁要想死在这个猪狗司令的前头，就动动看！"

亭子内外的士兵们皆束手不敢再动，反倒像是成了看热闹的观众。

被捆绑起来的朱子虚，真正感到了害怕。他跪在地下不停地向崇仁、怀远叩头求饶。

怀远看着手中的手枪，两眼喷火，没有说话。

朱子虚苦苦哀求着："我不想死啊！姬老爷，姬营长，饶了我吧！我以后再也不敢了！我要再找姬府的麻烦，就让我不得好死！要不，你再抽我两鞭解解气！卫兵，快把我的马鞭拿来！"

卫兵巴不得似的飞快拿来马鞭，递交给了怀远。

怀远掂了掂手中的马鞭，猛然转身，"啪、啪"两鞭直接甩在朱子虚面部。

朱子虚脸上顿时又添了两道血痕。

脸上三道血痕的朱子虚，畏怯沮丧，似乎连疼痛都顾不上管了。

"黑旅长来咧！"人群外传来一阵喧哗声。

黑副官跳下马，穿过人群，径直走到崇仁面前。

"我对我的部属做出如此恶劣的行为深表歉意！"黑副官正式地向着崇仁敬了一个举手军礼。

随后，黑副官又转身面向怀远，先行了一个致歉的军礼，然后问道："姬营长，事情我都已经听说了。让令尊大人受委屈了！特别是对令妹，那真不是个人能干出的事！我想问问，姬营长打算如何处置这件事呢？"

"很简单。我打算把他押回县城，公审后当场枪毙，以平民愤！残害百姓，敲诈勒索，贪赃枉法，私吞烟土，克扣军饷……，论国法军规，哪一条哪一款不够死罪！"怀远明确答复。

围观的士兵和人群中有人叫起好来。

朱子虚闻听此言，吓得不停地磕头求饶，并扑向黑副官脚下。黑副官不屑地看了他一眼，一脚将其踹开。

"姬营长，你不是我的直接部下，因此我不能对你下达命令。但是，你能否看在我的面子上，把他交由我来处理？"黑副官恳切地向怀远提出请求。

怀远明知故问："交由你处理？不知黑旅长尊意是如何处理法呢？"

黑副官无奈地苦笑一下："这令尊大人是知道的，我只能听从上级的命令。"

怀远故作沉吟不语。黑副官将怀远拉过一边小声耳语："小兄弟，听我一句劝。这家伙作恶多端，必受报应，终不得好死。你何必逞快于一时，给自己找些麻烦呢？"怀远小声回复："我得吓唬吓唬他，让他吸取些教训！"

两人返回众人处。

怀远两眼瞪着朱子虚，喝斥道："猪狗不如的东西！黑旅长替你求情了，你是什么态度啊？"

朱子虚跪行至怀远面前："我保证改邪归正、不再做坏事了！"

719

"看在黑旅长面子上,这次我可以饶你不死,但总得让旅长大人关你几天禁闭吧!"怀远好似松了口。

"不劳旅长大驾,今天回去我就自己关自己禁闭一个星期,闭门思过!"朱子虚如获重生,赶紧作出承诺。

"好!我就相信你这一回!如果禁闭期间,你擅自出门行动,休怪我的手下一枪打爆你的脑袋!滚!"怀远厌恶地一挥手。

朱子虚叩头如捣蒜。"谢姬营长不杀之恩!谢旅长大人搭救之恩!"

连捆绑的绳索也顾不得解开,朱子虚灰头土脸地与士兵们慌忙逃窜。

黑副官拱手告辞,随即离去。

从冰冷湖水中爬出的刘文章,浑身湿衣未干,两眼呆滞,逢人即作揖请罪,时或自扇嘴巴。路过的游人指指点点议论着:"那人坏事干多了,恶鬼附身喽!""哪里?那是惊恐过度,失心疯咧!"

君子亭内,安静了下来。

崇仁关切地搂住怀真,好似生怕她再次丢失。

"刚才你跑哪儿去了?我从茅厕一出来,咋也寻不见你了。"

怀真认真说着:"恶狼来了,要抓好人。我就扔了一个肉夹馍,把恶狼引走咧。"

怀远和柳管家一时摸不着头脑,不知此话何意。

"啥意思?肉夹馍?"柳管家好奇地问道。

"我就说我在城里酒楼上看见白校长和好多人吃饭哩!他们就逼着我引路寻人呀,我就趁机把他们引得离东湖远远的。"怀真说明了"肉夹馍"引开恶狼的经过。

柳管家摇晃着脑袋,不胜钦服地说道:"这小女娃不得了!还没长大哩,就已经是一条绿林好汉了!"

怀远也感慨不已:"我这聪明勇敢的小妹,真是给我们争取了不少时间呢!"

崇仁心里对朱子虚余恨未消。他不相信这个凶残狠毒的家伙能够转变。"你真相信那家伙能够改邪归正?"他小声提醒怀远。

怀远小声说明了自己的想法。"按我心里的真实想法,现场就一枪崩了他！但是时候不对啊。现在不能为此惹出事端，影响我们的兵变计划！小不忍则乱大谋么！至少这几天他再不敢出门张狂了。这对参加会议同志的安全撤离，创造了条件。同时，也有利于我们抓紧进行兵变起义的准备工作。"

崇仁由衷地表示赞佩之意。"你做得很对！考虑得很周全。一场风波总算平安过去了，你就抓紧办你的正事去吧！"

怀远、柳管家诸人挥手与崇仁告别后，快步离开了君子亭。

怀远刚刚走出几步，又跑步返回。他依依不舍地搂住父亲的肩头，说出一番话来。

"爹，你那一嗓子'狼来咧'！声音真洪亮，我们都听到了！贾明同志还说，爹这么好的嗓音不去唱秦腔，真是可惜了！"

五、雪地中的车辙

时已隆冬，漫天大雪。

飞舞的雪花笼罩着雄浑的周原大地。

曲折的山路上，一支由四五辆拉货马车组成的车队艰难地行进着。马车上，装载着满满的柴火。车队之后的雪地上，留下了一行行深深的车辙印迹。车辙印迹连绵不断。

领头的车夫，看着越来越近的姬氏庄园，扬鞭催马。车队加快了前进的步伐。姬氏庄园的大门已近在眼前。

屋内，生着火盆。火盆中燃着的木炭，虽然没有冒出熊熊的明火烈焰，但其散发出的内在热量，却也使得屋内暖意融融。

伊人独自一人正在桌前扒拉着算盘，翻看核对着桌面上的账簿。

"太太，送柴火的到咧！"门人走进屋内报告。他的身后，跟着那个领头的车夫。

伊人显然感到有些意外，但仍热情地招呼着车夫。

"这大冷的天，一路上辛苦了。先坐下烤烤火吧。"

说着，伊人转身又对那个门人交代道："快去给车把式们熬点姜汤，多放些红糖，每人喝上两碗，热热身子！"

门人答应着转身离去。

伊人这才抱歉地向车夫问道："我家老爷有事出外,不在府上。他临走前,没有说过买了柴火的事呀。你们是……"

车夫背转过身,摘下了遮盖住大半张脸的皮帽子,又取下了化装用的假胡须,慢慢转回身去。

"怀远?……怀远娃!"伊人惊喜地叫出声来。

"娘!娘……"怀远扑到了伊人怀里。

伊人紧紧搂住儿子,但又很快将其推开,关切地上下检查着他的身体是否有伤。随后,伊人又去摸了摸怀远的左前臂:"你这儿的枪伤怎么样了?"

怀远有意大幅度地活动着左臂:"早就好了,啥也不影响!"

伊人急切地发出询问:"你……你们的情况咋样咧?这一向儿各种不好的消息满天飞,你爹和我急得呀……"

"娘!这些话咱回头慢慢说。外面那些马车的柴火堆下,还有我们几个负伤的同志哩!先把他们安顿好再说。"怀远迅即站起身,向屋外走去。

是时,中国共产党领导的武装力量还很弱小。南昌起义、秋收起义,以及陕北清涧起义、东府渭华起义先后爆发,先后失利。但革命浪潮总是此起彼伏,滔滔不绝。一次起义的暂时失败,即意味着下一次起义的蓄势待发。

怀远他们东湖会议所决定的陕甘边界兵变起义,在敌人重兵围剿之下,寡不敌众,兵败失利。根据组织的决定,怀远将率起义部队余部转战陕北。出发之前,怀远打算将几名伤势过重、不便随队行动的伤员就地安置疗伤。依靠谁来安置这些伤员呢?他首先想到了自己的父亲母亲。

怀远、柳管家护送着包括郭复礼、白学才在内的五六名伤员,冒雪来到了姬氏庄园。在伊人的照料下,伤员们被迅速送到了温暖的房间内临时安置。

伊人回到了自己房内,站在火盆旁,紧张地搓着双手,不时向屋外张望着。

怀远挑帘而入。伊人连忙迎上前去。

"先这样临时安顿吧。这地方不安全,三天两头有人上门来盘查哩!指名道姓要追查你的下落!"伊人向儿子说明情况。

"娘!我们这次起义,因为环境险恶,兵力悬殊,未能取得胜利。但我们不会屈服、不会退缩，还将投入到新的战斗中去。"怀远一副不屈不挠的神情。

伊人鼓励地说道："胜败乃兵家常事么！只要你、你们好好的，留得青山在，不怕没柴烧！"

怀远深情地感恩地握住了伊人的手，心里的话一吐为快。有些话不及时说出来，也许一辈子就再也没有说的机会了。

"娘！我一直庆幸自己能有一个你这样深明大义的好娘！记得我小时候，曾经怕黑……。十多年前，就在土匪抢劫姬府的那一天夜晚，是娘给了我勇气，也给了我铭记终生的教诲。"

那天的夜晚，儿时的怀远脱口而出：刚才娘说了，只要心里想着灯笼是亮的，再黑的天也不会害怕了。那是他第一次开口称呼伊人为"娘"，尽管是不自觉地脱口而出，但却是发自他内心深处对"娘"的感受。

"娘的话，孩儿我一辈子也不会忘记！是啊！只要心中有着光明的理想，坚持向着光明前进，就一定能够战胜黑暗！冬天之后，不就是春天吗？"怀远如今有着更多的感慨和更深的领悟。

伊人由衷感叹着："孩子！你，你们，比你爹你娘这一代人看得远呐！"

"娘，我爹昨日动身外出，是贾明同志约见他。为了安全，地点选在了周公庙。可惜孩儿这次回家，不能见爹一面了。"怀远十分遗憾地说着。

伊人不舍地问道："你不能在家多住几日么？"怀远叹了口气："山上还有百十号弟兄等着我哩！安顿好伤员，立马我就得走。只是我爹不在，这伤员们的事……"

伊人果决地做出了安排："把伤员通过暗道转移到城里姬家大院安置养伤！这事娘就能做主，暗道通口我也清楚。你就放心吧！你爹回来，也会赞成这个安排的。"

怀远依依不舍又有些感伤地望着伊人。

"娘！孩儿已经长大成人了，非但未能在父母身边承欢尽孝、晨昏侍奉，反而远走高飞，只是把这些麻烦、这些危险、这些忧念留给了爹和娘了。"

"自古忠孝不能两全。娘知道，你们现在的奋斗和牺牲，都是为了咱周原、咱中国能有一个美好的明天么！"伊人充满憧憬地说着。

"娘!"怀远感动无语。

"娘能问一句么?你和山上等你的百十号弟兄,离开周原,准备去哪儿?"伊人小心翼翼地问道。

"陕北。那儿有我们的红军和根据地。"怀远手指远方。

庄园门外。便衣化装的怀远和柳管家,乘马离去。骑行不远,两人再次转身向依然立在门边送别的伊人挥手告别。

远去的双骑背影。

依门孤立的伊人。

经过一段时间的艰苦转战,怀远他们终于摆脱了敌人的围追堵截,与自己的战友胜利会师了。

冬日阳光照耀下的陕北高原。

山峦起伏,沟壑纵横。

山沟里,经过长途跋涉的怀远们,虽然几近弹尽粮绝,但整支队伍依然斗志昂扬地顽强行进着。

山坡上,另有一支红军部队迎面而来。山坡上的红军战士们不停地向山坡下的怀远们招手示意。

两支队伍在山坡处胜利会合。两支部队的战友们相互激动地握手、拥抱。

柳管家喜悦地笑着,悄悄擦去眼角激动的泪花。怀远沉毅的目光望向了远方。

冬日骄阳,军旗猎猎。迎面招展的军旗上,清楚注明着"中国工农红军陕甘游击队"。

……

几十年后,作家姬怀真顺着当年怀远他们兵变起义失败后艰苦转战所走过的道路,沿途采访探寻革命历史的痕迹。在兵变起义纪念馆里,她看到了这面军旗。当然,这只是一面展览所用的复制品。怀远当时所看到的那面真正的军旗,后来在一次激烈的战斗中被打得弹痕累累,裂成了碎片。怀远和战士们庄重地将其埋在了黄土高坡之下。怀远他们后来又有了新的部队建制、新的番号军旗。

在采访探寻过程中,作家姬怀真听到了许多许多有关哥哥姬怀远的传说。

这些传说中的一些细节真伪，已无法找到当事人自己求证。因为哥哥姬怀远已经在抗日战争中英勇捐躯了。和他一起牺牲的，还有一位姓柳的警卫营营长。作家姬怀真相信，为掩护哥哥怀远而牺牲的柳营长，一定就是自己小时候心目中的那位"绿林好汉"。

整个采访探寻过程中，始终未能找到一张哥哥怀远身穿革命军队军装的照片，这使作家姬怀真深感遗憾。如同无数英烈一样，怀远们的光辉形象即使没有物质的照片传世，同样会永远留在人们的心中。在作家姬怀真心目中，哥哥怀远的眼神坚毅果敢、睿智机敏，还有一张永远长不大的"学生娃"般的年轻俊朗的脸庞。

六、枯柏复生

贾明就要走了，要去很远很远的地方。离开周原之前，他的心中有着诸多的不甘与不舍，但也有着更多的憧憬和希望。他很想再见姬府老爷姬崇仁一面，有话要倾诉，有事要交代。两人会面的地点，约定在周公庙。

雪后初晴的周公庙，背后是巍巍的凤凰山。那就是传说中"凤鸣高岗"的地方。按照周原的传统风水理念，理想的建筑格局是前临水、后靠山。凤凰山就是周公庙的靠山。

看着周公庙的整体布局，贾明浮想联翩。"靠山"，怀真在描述崇仁与怀远父子关系时曾用过这个词汇。贾明听怀远说过此事，觉得怀真用词非常确当。人民大众就是历史先行者和社会革命者们的靠山，历来如此。当年武王伐纣、周公东征，实现了历史的进步。他们的靠山，不就是那些箪食壶浆、以迎王师的人民大众吗？回顾自己在周原一带从事革命活动的经历，贾明由衷觉得：有类似姬府祖孙三代这样的千千万万的周原人家做靠山，无论还要经过多少痛苦和磨难，他们当初的"改造社会"的理想，终究能够实现。

贾明和崇仁漫步到了庙内一棵半边枯萎的巨大古柏树下。相传这棵古柏唐朝时因战火而半侧枯萎，似死而又复生。一千多年来，始终生机盎然。"枯柏复生"，遂成为当地著名的"八景"之一。

贾明扶着古柏树干，充满信心地说道："这次起义虽然没能取得胜利，但它极大地震慑了敌人，鼓舞了民众的斗志，播下了革命的火种。野火烧不尽，春风吹又生！就像这棵古柏，虽然半侧枯萎，但却重新复活，依然枝叶繁茂！"

崇仁感慨地说道："生生不息，乃天之常道。生机不息总由天嘛！周原的一位先人，曾为枯柏复生留下了颂扬的诗句：古柏已枯还复茂，独留瑞物万斯年。"

贾明赞叹道："写得好哇！瑞物者，国宝也！这种珍爱生命、追求光明、不屈不挠、生生不息的精神，体现了自周公以来数千年所形成的周原风骨，更是值得我们后人传承'万斯年'的一种民族精神！这难道不是真正意义上的国宝吗？"

两人手抚古柏树干，仰望大雪压枝的树冠。

"来年的春天，这古柏的枝叶想必会更加的繁茂啊！"崇仁不禁发着感慨。

当二人来到姜嫄殿前时，看着"培斯世奇男异女，育周家圣子贤孙"的楹联，贾明拍拍崇仁的肩头，语重心长地说了一番话。

"姜嫄，这不正是传说中你们姬姓人家的第一位远祖母亲么！自古以来，就像母亲一样，周原大地孕育了一代又一代的无穷子孙，其中涌现出了多少志士仁人啊！就拿你姬府一门三代来说吧。老太爷一心克己复礼做个好人。你呐，一门心思想为周原办些好事。做好人，办好事，当然好！但现时更重要的是要创立一个好世道。怀远他们这一代，正在为此而奋斗而牺牲呐！"

崇仁深有感悟地说道："这些年来，我也有所感悟，为啥好人难做、好事难成？关键是没有一个好世道！我还没有弄清的是，咋样才能有个好世道哩？"

"周原有句俗话：一块砖垒不成墙，一根椽盖不起房。只靠一个人的愿望、少数人的奋斗，当然是不成的。所以我们要有党，要有军队，要靠人民大众的广泛支持和共同努力。"贾明说的是自己的心里话，是他投身革命以来风风雨雨中悟出的真理。

步出周公庙，二人告别的时刻到了。

贾明抬头望着山门前"飘风自南"的牌匾，将自己未来的行踪告诉了崇仁。

"我们党已经在南方的罗霄山脉建立了新的革命根据地。'飘风自南'呐，从那儿燃起的星星之火，总有一天可以形成燎原之势，当然也包括燃烧到咱们的周原！根据党的决定，我就要去南方了。也许会见到怀远他二叔。希望有一天，我能陪着他，一同重返周原！"

握手告别后，崇仁怅然地望着贾明远去的背影，不禁回想起了这么多年来两人交往的点点滴滴，也想起了贾明曾经对自己说过的许多话。

……

这"许多话"，作家姬怀真当然没有亲耳听到过。但父亲对这"许多话"的转述，却给童年时期的她留下了深刻的触动和难忘的记忆。对于贾明本人，作家姬怀真童年时只见过寥寥几面，没有什么深刻印象。从资料中得知，贾明到达中央苏区时，正赶上中央红军反围剿斗争失利、被迫实行战略大转移。后来，作家姬怀真在查阅两万五千里长征途中牺牲的红军将领名单时，看到了"孔启民（贾明），原籍周原人氏"的记载。

……

在周公庙会面时，贾明特意告知崇仁："怀远要我转告你，就在这周公庙后的山林里，藏着二老太爷从天津带回的一批珍宝，希望能用得其所。"受怀远之托，贾明详细说明了这批珍宝的埋藏经过和具体地点，也说出了怀远曾经有过的想法。

怀远曾和柳管家商议，打算取出这批珍宝购买武器用于革命武装斗争。思忖再三，他们放弃了这个想法。怀远觉得：非己之财，岂可贪图，自己无权决定这批珍宝的用途，还是按照二老太爷姬秉忠的本愿，让它们去积德行善吧。

崇仁明白二老太爷临终时的遗愿和心思，更理解儿子怀远取舍之间的原则和理念。他记住了那批珍宝的埋藏地点和怀远"希望用得其所"的交代。他没有匆忙从山林中取出那批珍宝，更没有着急地决定"用得其所"的具体方式。

那批有着奇特经历的稀世珍宝，依然静悄悄地埋藏在周原岐山凤凰山下周公庙后的山林之中。送走南下的贾明之后，姬府老爷姬崇仁是空着双手离开周公庙的。自此之后，他再没有来过这个神圣而神秘的地方了。

七、不祥的预感

崇仁自周公庙返回后，整个人有了很大变化。说话很少，做事很多，常常陷入沉思之中。仿佛命运中有了一种预知感、使命感、紧迫感，引导着他，催促着他。他开始着手做了一系列的事情。做什么事？为什么做？伊人并不十分理解，但她相信崇仁，愿意陪着自己的夫君赴汤蹈火、上天入地。

顺昌酒坊建筑依旧，但大门紧闭。酒坊库房内，巨大的"酒海"已寥寥无几。库房的空间，几乎全堆满了装着粮食的麻袋。

梁掌柜指挥着伙计们继续往库房里抬去一麻袋一麻袋的粮食。就在梁掌柜抽空擦汗时，看到崇仁走了进来。

"姬老爷，按照你的吩咐，咱酒坊已经停止酿酒了，正在大量购进储备粮食。真要是饥荒年月来咧，只有粮食，才能挽救灾民的生命，才能保存咱周原的元气啊！"

崇仁忧郁地无言点点头。

恒泰和药材庄招牌依旧，但门庭冷落。坐堂诊病处，再也看不到姬府老太爷和老爷的身影了。

药材庄库房内，堆满了成麻袋成麻袋的各类药材。田账房正在指挥着伙计们往库房里抬放着药材。他口中报着药材的品种和数量，一边在账簿上做着记录，一边指示着置放的位点。

"黄芩，十二麻袋，放到这边！甘草，九麻袋，放在那边。姜半夏，……"

就在田账房歇气抬眼时，看到崇仁走了进来。

"姬老爷，按照你的吩咐，咱药材庄已大量购进了防备瘟疫流行的药材。有些药材，因咱的储备量太大，货源一时不足。没想到，昨夜间也不知道是谁，在咱药材庄门前堆了几十麻袋的药材。全是咱急需购进而又货源不足的药材。放了一张纸条，只说让咱把这些药材留着备用。自己的姓名却没有留下。真是一个怪人，一个善人呐！"

崇仁接过纸条一看，似曾相识的苍劲笔迹。这笔迹，他在很多年前的

"善缘簿"上，就已经看到并记在心里了。

"姬老爷，你知道这人是谁吧？"田账房问道。

崇仁感慨万端地凝望远处，默默地点点头。他当然知道，此事一定是当年的赵善人、如今的赵道人所为。赵善人一定也预感到了一场巨大灾难即将在周原降临。

崇仁的眼前，仿佛出现了如下场景。

……

秦岭大山深处。赵善人一身道服，须发皆白，身手矫健但颇为艰难地在山间攀爬着采集草药。分散在山间的众多道人们，也在为采集草药而辛劳着。

山间茅屋前，草席上铺满了晾晒中的草药。赵善人与其他道人正在将已晾晒好的草药装入麻袋。草席旁，已堆放着几十只满载的麻袋包。

山边小路，夕阳西下。赵善人与众道人吃力地肩挑背扛，携麻袋由山上陆续而来。

小路边的马车上，已装满了麻袋。车夫以绳索捆扎固定好车上的众多麻袋。赵善人将那张纸条压在了已捆紧的绳索之下。

夕阳下，马车渐渐远去。仙风道骨的赵善人忧戚的目光凝视着远方。

……

恒泰和药材庄院外，远山在望。

崇仁手持那张纸条，默默地向着远山处，鞠躬致意。

慢慢抬起头来的崇仁，如同想象中的赵善人一样，忧戚的目光凝视着远方。

姬氏庄园内的那处僻静的"天径"小院。崇仁、伊人在凌晨时分提着灯笼，领着怀真来到这里。

暗道通口处，密门打开。郭复礼、白学才等五六个伤愈的同志陆续由暗道中走出。

崇仁、伊人关切地查看着众人的伤情。

郭复礼有意大幅度地活动着手脚，以示伤情已彻底疗愈。他高兴地说着：

"好了！好了！伤全好了！有你姬老爷的高超疗技和姬太太的精心照顾，好吃好喝好药，伤口还能不好得快吗？这些日子，踏踏实实在姬家大院养伤，我把姬府爷孙俩各送我的书，又都认真重读了几遍。不仅身体健康复原了，这思想境界也有了新的提升么！"

白学才握握崇仁的手，又尊敬地朝伊人点点头，再去拍拍怀真的小脑袋，感慨地说道："依靠姬府的这条神奇的暗道，我们得以在敌人的眼皮子底下高枕无忧地养伤疗病。这真是人生中难忘的一段经历。也许将来有一天，我会把咱周原的这些奇人奇事，都写进书里！"

"白校长、白老师，这书里会有我吗？"怀真天真地问道。

白学才想了想，以一种托付似的口吻说道："也许有一天，我在战斗中牺牲了。写作这部周原的故事的愿望，还得靠你怀真娃来完成哩！"

"周原的故事……"怀真沉思着。她记住了白学才的这番话。

姬氏庄园大门外，停靠着几辆准备出发的马车。

郭复礼、白学才及其他伤员庄重地向姬家三人致以军礼，表示感谢与告别之意。

"该走了！怀远他们还等着我们归队参加战斗呢！"郭复礼挥挥手，急切地望着前方。

"冬天到了，春天还会远吗？等着我们重返周原的那一天吧！"白学才充满信心地说道。

几辆马车远去的背影。

挥手告别的崇仁、伊人和怀真，依旧站在大门处。"天快亮了！"伊人抬头望了望凌晨夜空中的启明星。

穿着崭新正装的崇仁、伊人、怀真三人，来到了山脚下的姬氏家族墓园。他们在姬府老太爷姬秉礼、姬府老太太孔氏、姬府二老太爷姬秉忠的墓前依次跪拜祭祷。

三人离开墓地后，又回首望去。

墓前燃香的烟气，笔直升天。

怀真发现了墓碑上刻字的变化，小心翼翼地低声说道："爷爷奶奶的墓碑上，有几个字被凿去了……"

崇仁沉默不语。

"怀真娃，记住！你爹说过：人么！人在做，天在看！"伊人没有直接回答怀真的问题。

"人……，天……"怀真沉吟了许久。

身着崭新正装的崇仁等三人乘坐马车行至山边岔路口处。伊人以眼光发出"去吗?"的询问。崇仁微微点头无声地示意"去!"马车拐入一条岔道。

崇仁等三人来到圆觉庵前，小尼迎出。

"施主，小尼已在此等候多时了。"小尼施礼问讯。

伊人一边连忙还礼，一边惊奇地问道："难道了空师太预知我们今天要来?"

"了空师太已经在下大雪的那天清晨圆寂升天了。"小尼垂首合掌说道。

崇仁、伊人俱感震惊，连忙双掌合十默祷。

"当年，了空师太也是在一个下雪天的清晨来到圆觉庵的。乘雪而来，乘雪而去。因缘呐！只是……"小尼话说一半，喘了口气。

崇仁、伊人都疑惑地等待着"只是"之后的下文。

"只是有一桩事情，小尼始终没有弄明白。了空师太圆寂前的最后一句遗言是'从速'，说了几遍，也没有说清楚要我们从速做什么事情……"小尼始终疑惑不解。

伊人心头一惊，随即发出深深的感叹："从速?……崇恕！唉，女人呐！母亲呐！"

身着崭新正装的崇仁三人，回到了姬氏庄园。

三人默默穿过冷落寂静、空无一人的庄园。崇仁、伊人留恋忆念的目光，扫过了庄园的前前后后。

庄园大门，曾历经多少迎来送往场景的那座大门。前院厅堂，曾在堂前历经婚礼、丧礼场景的那处厅堂。庄园中的庭院。庭院中的那棵高大的柿子树。树下的石几石凳。

柿子树枝头，犹有一颗干瘪的经冬柿子孤挂枝上。一阵寒风吹过，硕果仅存的唯一柿子也被吹落下来。

光秃秃的柿子树树冠。静悄悄的姬氏庄园。

怀真突然感到：父亲母亲似乎是在告别，与既往的人生轨迹告别，与熟悉的家乡家园告别。

"天径"小院内。

暗道通口处，打开的密门。

通口处，依旧是崭新正装的崇仁等三人。

崇仁做出手势，示意伊人与怀真进入暗道。

"咱们一起下暗道去看看吗？我还是第一次进暗道呢！"怀真颇有些惊喜。

"下暗道！但不是为了看暗道。而是要通过暗道去往城里的大院，再去看看咱们的家！看看咱们老先人们留下的姬家大院！"

三人进入暗道后，崇仁由内操纵关闭了密门。

毫无痕迹的暗道入口。静谧无人的孤寂小院。

八、《微子之命》

由于郭复礼所部兵变起义，身为旅长的黑副官受到了上司的训斥和究责，他的内心却有了另一番的触动。他很理解甚至很羡慕郭复礼的人生选择，但他自己已经习惯了"服从命令"，失去了率性的能力和勇气。苦闷之中，他曾和他的"姬大哥"姬府老爷姬崇仁谈了一次话。

崇仁给他讲了一段故事。

……

商朝末年，在位的商王帝乙共有三个儿子。王位本应由老大微子继承，但最终却是老三登上了王位，老大做了老三的臣下。

即位的老三，就是历史上有名的暴君商纣王。纣王在位期间，荒淫无道，凶残暴虐，引起了天下百姓的仇恨和反对。老大微子衷心希望弟弟能够改邪归正，然多次苦谏不听，终于愤而出走。

当周武王替天行道、讨伐商纣王之时，微子主动造访周军营地，"肉袒面缚""牵羊把茅"，表明了自己与商纣王划清界限的决心。

周武王对微子弃暗投明的行为大为赞赏，亲释其缚，复其位如故。后来，周公东征获得胜利，将微子封于宋。微子遂成为周朝宋国的始祖。

……

"你知道我为什么要给你讲这段故事吗？"崇仁向听故事的黑副官发问。

黑副官不得其解地摇摇头。

"十多年前，我曾答应过当年那位豪爽率性的黑营长，要给他讲讲咱姬氏和黑氏两家老祖先们的故事。黑姓，微子之后也。微子就是你们黑姓人氏最早的始祖啊！后来，我们姬姓的老先人周公，专门替周成王写了一篇文章，称颂你们黑姓的老先人'功加于时，德垂后裔'，还特别赞扬了微子顺应时代潮流的行为。这篇文章，就是《尚书》之中的《微子之命》。你作为微子的后世子孙，真该看看这篇文章呐！"崇仁一口气说了很多，终于了却了十多年前承诺过的夙愿。

黑副官回忆着往事，喃喃说道："姬大哥当时对我说过，姓黑也好，脸黑不怕，重要的是心不能黑！我始终没有忘记，但却没能做到啊！"

临分别时，崇仁又说出了最后一句话。

"在新的时代潮流面前，希望你能和你的老先人微子一样，站在历史的正确一边，千万不要一条道走到黑呀！"

黑副官听从了崇仁的指教，找到了《尚书》中的《微子之命》，一边看着，一边想着。他想到了黑姓老先人微子的命运变迁，也想起了自己这十多年来的变化。黑营长、黑班长、黑副官、黑旅长，变化的岂止是官职。此时的他尚没有想到，他的官职马上又要变化了，"黑旅长"变成了"黑司令"。当然，这是降了职的、贬了值的、屈辱性的"司令"。

凤翔警备司令部内，一群军官各自忙碌着。突然，门外传来一声呼报："旅长大人到！"众军官连忙就地立正。

随着一阵马靴声响，志满意得的朱子虚傲然走进。他的脸上，三道鞭痕犹然隐隐未退。

众军官面露惊讶之色。"黑旅长呢？"有人悄声发问。

话音未落，黑副官面色沉郁地随后进来。

"奉军座大人手令，本旅长今日正式就任新职！咳——，诸位没有想到吧？"朱子虚洋洋得意地自我宣布。

朱子虚睨视众人一圈后，特意戏弄地望着黑副官，轻篾地说道："至于我的前任黑旅长，委屈他做了我的属下，就去担任那个警备司令一职吧。不过，那也就是个空头司令的名义而已。我原来的那一个团的兵力，你可是无权调用一兵一卒的哟！另外，这处警备司令部的办公场所，即刻改为旅部指挥所。至于你的警备司令部嘛，你就另去寻找安身之所吧。反正也不会给你留下几个人的。听明白了吗？"

"听明白了。"黑副官不情愿地答复回应。

朱子虚摆出一副上司的派头，斥责着说道："回答上司的问话，声音要洪亮！重来一遍！听明白了吗？"

黑副官无奈地立正并大声回答："是！旅长大人！听明白了！"

众军官见此情景，有人不忍地闪开目光，有人小声议论着。"官场争斗，黑旅长岂是朱旅长的对手！""哼！小人得志！忘了他跪地求饶的时候啦？"

军营门外，士兵们已经列队完毕。

朱子虚骑在马上，行至队列之前，傲然下令："出发！"

黑副官情绪低沉地骑马跟在朱子虚身后，无奈地发问："这又是要去哪里？"

"包围姬家大院！"朱子虚扬起马鞭，直指前方。

"为什么？"黑副官惊愕问道。

朱子虚狞笑一声："据可靠情报，姬家大院里可能藏有共党起事部队的伤兵！"

姬家大院大门紧紧关闭着。大门里寂静无声。

朱子虚率领士兵将大院紧紧包围起来。包围者们如临大敌，紧张中透露着内心的胆怯。

骑在马上的朱子虚示意士兵叫门。士兵们谁也不敢或者不愿靠近大门，只是七嘴八舌地喊叫着："开门！""快开门！""朱旅长来咧！"门内毫无反应。

朱子虚恶狠狠地下令："去砸门！"

士兵们你推我让地谁也不肯靠近门前。朱子虚恼怒不已，拔枪向空鸣放了一枪。

枪声响后，士兵们惊奇地望去。

姬家大院的大门由里慢慢打开。门开处，并排站立着都是一身崭新正装的崇仁、伊人、怀真三人。

崇仁等三人的神态高贵庄重，犹如神佛般不可侵犯的一股气场笼罩着他们。

　　前排的士兵们不由得感到了震慑的力量，纷纷向后倒退了几步。

　　朱子虚一脸惊恐，但仍色厉内荏地叫嚷着："把你们窝藏的共党伤病员交出来！"

　　崇仁、伊人、怀真岿然不动，神色凛然。

　　姬府老爷姬崇仁轻篾地瞟过朱子虚一眼，视若无人地又将大门由里慢慢地关闭起来。

　　紧紧关闭的大门。

　　朱子虚的乘马不停地惊恐嘶鸣，打着转地后退。士兵们愣在原地，一动不动地不知所措。

　　"冲！给我往里冲！"朱子虚强勒住马，气急败坏地连声下令。

　　士兵们无人上前。有士兵在队伍中喊着："不敢冲！怕是空城计哩！"

　　"难道里面还真有重兵埋伏不成？"朱子虚摸摸自己脸上犹存的三道鞭痕，既余恨未消又心有余悸地自语着。

　　紧紧关闭的大门。门内依然寂静无声。

　　朱子虚终于忍不住了，狗急跳墙般狂呼着："多运些柴火来！把姬家大院四周全部给堆满，再多浇上些煤油！"

　　黑副官满脸惊愕："你要干什么？"

　　朱子虚咬牙切齿地叫嚷着："我要火烧姬家大院！把整个大院彻底烧毁！我倒要看看，里面的人是等着活活烧死哩！还是乖乖地滚出来！"

　　姬家大院正门处及四周院墙俱堆满了柴火木头。士兵们提着煤油桶向柴火堆上泼浇。一些士兵手中的火把已经燃着，冒出了燎人的火焰。

　　黑副官忍无可忍地跳下马来，激动地快步走到大门前，转身面向朱子虚及士兵们，伸展出双臂保护性地拦住大门。

　　"不能烧！千万不能烧！朱旅长！弟兄们！姬家大院已经建立几百年了。虽然我是一个外乡人，但我知道，这大院是周原的一段历史、一个脸面！这大院现在的主人，更体现着周原的仁义和良心！谁要放火烧毁这大院、伤害这大院的主人，谁就是伤天害理、必遭天谴！"

众士兵中有人连连点头，有人小声叫好，也有的士兵扔掉了手中的火把。

朱子虚再次对空鸣放一枪，并恶毒地下令：“我说烧就得烧！不但要烧，本旅长还要命令你黑某人亲手点火！让他点火！”

一名手持火把的士兵，按照朱子虚的命令，强行把火把硬塞到了黑副官手中。

黑副官气愤至极，愤怒地将燃烧着的火把直接向朱子虚扔去。

朱子虚的须发被火焰燎过，冒出了刺鼻的气味。胯下的乘马受惊一阵乱跳，将骑乘在上的主人掀落地下。

狼狈不堪的朱子虚，看着士兵们嘲笑的神情，更加气急败坏，指着黑副官大骂起来。

"他妈的！反了你了！不执行命令，就军法从事！"

黑副官反而神情放松下来，一改卑屈恭顺的神态，好似恢复了年轻时放荡不羁、豪爽任性的本色。他轻蔑地看了朱子虚一眼，吐出一口恶气，尽兴地说道："服从命令？得看是什么人的命令、是什么样的命令！军法之上，还有天理！老子真是委屈了自己十来年，是该反了！临死前，做一回真正的自己！"

朱子虚好似疯了一样，一边狂喊着："点火！点火！立刻点火！"一边领头将一个燃着的火把扔进了柴火堆。

已浇透煤油的柴火堆迅即被燃着了，冒出了火光。一个又一个火把扔进了柴火堆。柴火堆冒出熊熊的光焰，火势越来越大。姬家大院四周俱被火焰包围。烈火吞噬了整个姬家大院。

混乱中，只听见了一声枪响。

九、浴火凤凰

被彻底焚毁的姬家大院成为一片废墟。

废墟旁，众多路人唏嘘不已。

"这几百年的姬家大院，算是彻底毁了！罪孽哟！"

"那大院里的人哩？逃出来了吗？"

"听说清理火场时，只发现了一具烧焦的尸体。死者就是警备司令部的黑司令。有人说，他是被那个猪狗不如的朱旅长开枪打伤后推进火海烧死的。也有人说，是他天良发现，向朱旅长开了一枪后，自己闯进火海，要去救姬老爷，结果进去就出不来咧！"

"放火烧毁姬家大院的那个朱子虚，恶有恶报，立马就报！大火烧了两天两夜，火刚熄灭，姓朱的莫名其妙就死翘翘了！大院里烧焦的尸体，不是黑司令，而是姓朱的！"

"唉！这些周原故事啊！谁也不知道到底是咋回事，恐怕只有老天爷知道！"

"这些年来，恶人坏事太多，杀气戾气太重，好人善人遭殃！老天爷动怒了，只怕会给周原降下更多的灾祸和更大的苦难哟！"

灾祸和苦难很快就降临了。

烈日当空。久旱无雨而龟裂的田地。

荒芜的周原大地，到处是面黄肌瘦的灾民和拖儿带女逃难的人们。

漫天飞雪。饥寒交迫的灾民时有倒地死亡者。

瘟疫盛行，新坟遍野。拉载死尸的架子车一辆又一辆。拉车者时有突然倒地死亡者，自己也成了死尸。

哭天喊地的送葬者。神情麻木的送葬者。到处都是死去亲人的送葬者。更有绝门绝户无人送葬的幽灵人家。

没有了人烟、没有了鸡鸣狗吠的荒芜了的村庄。

据相关方志记载，二十世纪二十年代末至三十年代初，饥荒与瘟疫同时降临周原大地。

……

——春，无雨。夏麦亩收数升。饿殍载道。

——夏秋无收。冬遭大风雪。饥民多冻死。

——是年大旱，川塬地颗粒无收。

——飞蝗群起蔽日，秋禾全被食光。

——饥荒。外逃谋生者甚众。

——霍乱大流行。患者上吐下泻，腿肚转筋，死人甚多。

——急性霍乱蔓延。是月,全县死亡6740余人。

……

……

城里,原姬家大院废墟前,树立着"姬府义粥"的旗标。旗标下,支起了成排成排的大锅。每口热气腾腾的粥锅前,都挤满了前来求取义粥的饥民。

顺昌酒访的梁掌柜,指挥着伙计们在施粥。

"各位乡亲不要担心,姬府在城里和城外都设立了粥棚,尽量帮助乡亲们渡过饥荒。"梁掌柜一边热情地为携领幼孙的老妇盛粥,一边大声向饥民们报告着施粥的消息。

城外,原姬氏庄园大门前的空地处,同样树立着"姬府义粥"的旗标。旗标下,所支的大锅数量比城里更多。众多灾民成堆成堆聚集着,一边捧碗大口大口贪婪地吞吃着稀粥,一边议论纷纷。

"见天能喝上这么一碗粥,就不会饿死了呀!"

"那儿贴着告示说,姬府义粥,铁锅二百口,天天不空锅,时时不撤火,一直要到明年开春哩!"

"善人呐!老天爷保佑姬府吧!"

恒泰和药材庄门前,人头攒动。众人围观着墙上张贴的一张大字告示。告示的标题是"姬氏祖传秘方"。有人在围观,有人在抄录,有人大声念着秘方的内容。

求药的患者们议论纷纷。"功德无量啊!为了救治更多的病人,祖传的秘方不要钱就这么公布了。""看那儿,还有免费供应的防治瘟疫的汤药哩!"

不远处,田账房领着伙计们给求医问药的人们分发着药材包和熬好的汤药。

初春时节的周原大地,冰雪开始消融。

季春时节的周原大地,春暖花开,大地复苏。

瘟疫总算过去了,饥荒也算是快过去了。

活下来的人们,感念着姬府的恩德,同时也有很多的疑问。

"姬府功德无量啊!没有姬府的祖传秘方和救命汤药,我怎么可能活到今天哟!"

"受到姬府恩惠的,何止你一个人呐!'姬府义粥'的那两百口大锅里,可是煮出了全县灾民大半年的救命粮啊!我在乡下的那些穷亲戚,如果不是仗着姬府义粥的支撑,恐怕早就闭门绝户喽!"

"这赈粮和义诊的费用,可不是个小数字。城里的姬家大院被彻底烧毁了,城外的姬氏庄园也分割变卖了。这善事的巨额费用,又是从哪儿来的呢?"

"你们没有听说吧?姬府二老太爷从天津带回了一批珍宝。有人惦念着,偷哩、抢哩、寻哩,一直不见踪影。可到了救灾的关键时刻,它竟然自动到了姬老爷的面前。"

"说起姬老爷,你们发现没有?自从姬家大院被纵火焚毁后,人们就再也没有见到过姬府老爷、太太和他们的千金小女儿。"

"对呀!对呀!这长时间了,只见姬府在赈粥、在赈药、在干事、在救人,但一直没有见过姬老爷出场么!"

姬家人的下落,成了周原一个难解的谜。很长时间以来,流传着许多不同版本的神奇故事。有人说,姬老爷领着太太和小女儿,从一条神秘的暗道中逃离了火场,去陕北投了红军。也有人说,姬府遭受大火那天,有三只凤凰,两大一小,从火焰中腾空而起,扑扇着翅膀飞到很远很远的地方去了。又有人说,上述两种传说又对又不对:——其实那天浴火腾飞的凤凰不是三只,只有两只。凤与凰相拥哀鸣着重又投入火海之中。凤与凰不想离开周原、不想抛弃家园,情愿与之共同化为灰烬。——其实那天从神秘暗道逃离火场的不是三人,只有一人。只有一个小姑娘活着逃离了火场。救她的人姓黑心不黑。

传说毕竟是传说。真相只能向当事人求证。可当事人又在哪里呢?

白云蓝天,浩瀚苍穹。

苍茫无垠的周原大地。

神秘深邃的周原大地。

几十年后的某天,姬家的众多后代子孙们,齐聚在凤翔古城。他们计划着在废墟原址上重新建立一座姬家大院,也盼望着能为国家找寻出他们的先人所埋藏保护起来的周代青铜国宝和清宫稀世珍宝,为这传奇的周原故事,再增添新的一页。